HISTOIRE GÉNÉRALE DE PARIS

COLLECTION DE DOCUMENTS

PUBLIÉE

SOUS LES AUSPICES DE L'ÉDILITÉ PARISIENNE

TOPOGRAPHIE HISTORIQUE

DU

VIEUX PARIS

L'Administration municipale laisse à chaque auteur la responsabilité des opinions développées dans les ouvrages publiés sous les auspices de la Ville de Paris.

TOUS DROITS RÉSERVÉS.

HISTOIRE GÉNÉRALE DE PARIS

TOPOGRAPHIE
HISTORIQUE
DU VIEUX PARIS

OUVRAGE COMMENCÉ

PAR FEU A. BERTY

CONTINUÉ

PAR L.-M. TISSERAND

INSPECTEUR PRINCIPAL HONORAIRE DU SERVICE HISTORIQUE DE LA VILLE

AVEC LA COLLABORATION

DE M. CAMILLE PLATON

ATTACHÉ AU SERVICE HISTORIQUE

RÉGION CENTRALE DE L'UNIVERSITÉ

Grand sceau de l'Université
(demi-grandeur)

PARIS
IMPRIMERIE NATIONALE

M DCCC XCVII

VILLE DE PARIS.

COMMISSION PERMANENTE

PRISE AU SEIN DE LA COMMISSION DES TRAVAUX HISTORIQUES

ET CHARGÉE DE LA SURVEILLANCE.

MM. DELISLE (Léopold), G. O. ✣, I. ✥, Membre de l'Académie des Inscriptions et Belles-Lettres, Administrateur général, Directeur de la Bibliothèque nationale, *Président*.

COUSIN (Jules), ✣, Conservateur honoraire de la Bibliothèque et des Collections historiques de la Ville de Paris.

GUIFFREY (Jules), ✣, I. ✥, Directeur de la Manufacture nationale des Gobelins.

LAMOUROUX (Docteur Alfred-Martial), Membre du Conseil municipal de Paris.

VILLAIN (Georges), ✣, Membre du Conseil municipal de Paris.

LE VAYER (Paul-Marie-Victor), I. ✥, Inspecteur des Travaux historiques, Conservateur de la Bibliothèque et des Collections historiques de la Ville de Paris, *Secrétaire*.

RODOUAN (Marcel), ✥, Sous-chef du Service des travaux historiques de la Ville de Paris, *Secrétaire adjoint*.

AVANT-PROPOS.

Le Service des travaux historiques de la Ville publie aujourd'hui le sixième volume de la *Topographie historique du vieux Paris*.

Dix années se sont écoulées depuis la publication du volume précédent. Ce long intervalle est dû aux difficultés du travail, aux nombreuses recherches qu'a nécessitées la rédaction du tome VI, enfin à un malheur imprévu : M. Tisserand, chargé de la publication de ce volume, est décédé subitement le 15 janvier 1893, sans avoir pu mettre la dernière main à ce travail.

M. Tisserand est loin d'être un inconnu pour les lecteurs de la collection de l'*Histoire générale de Paris*. Chargé après la mort d'Adolphe Berty de continuer la *Topographie historique*, il en a publié les tomes III, IV et V, sans parler du présent volume. Il avait auparavant collaboré avec M. Le Roux de Lincy à la rédaction de *Paris et ses historiens au XIVe et au XVe siècles*, refondu et complété le travail de M. le comte de Coëtlogon sur les *Armoiries de la Ville*. Le Service historique de la Ville a donc perdu en lui non seulement son ancien chef, mais aussi un de ses plus dévoués collaborateurs.

Né à Arnay-le-Duc en 1822, M. Tisserand avait appartenu de 1845 à 1859 à l'Université et professé dans le collège de la Réole et le lycée de Sens. En 1859 il renonça à la carrière de l'enseignement et fut attaché au Service des travaux historiques de la ville de Paris. Il en devint le secrétaire-archiviste en 1866, fut nommé, le 30 juin 1871, chef du Bureau des beaux-arts et des travaux historiques et reçut enfin, par arrêté du 18 décembre

1875, le titre d'Inspecteur principal des publications historiques de la ville de Paris. Admis, en 1883, à faire valoir ses droits à une pension de retraite, et nommé inspecteur principal honoraire, il continua, jusqu'à sa mort, à collaborer à la publication de l'*Histoire générale de Paris*.

La rédaction du présent volume a été achevée par M. Camille Platon, attaché au Service des travaux historiques de la Ville. M. Tisserand, dont il était le collaborateur, l'a déjà cité avec éloges dans l'avant-propos du tome V. Les mêmes éloges lui sont dus pour la publication du tome VI. Grâce à de patientes recherches faites aux Archives nationales, il a pu compléter, sur bien des points, les notes précieuses laissées par Berty, et pour d'autres points, dont Berty ne s'était pas occupé, il les a entièrement traités lui-même. Les églises, couvents, collèges, hôtels de la noblesse ont été particulièrement étudiés par lui. Il a consigné, dans des appendices très développés, les documents qui n'ont pu trouver place dans le corps même de l'ouvrage. Enfin il a revu et relu avec le plus grand soin l'ensemble du travail et a fait les efforts les plus louables pour ne laisser échapper aucune inexactitude.

Pour les tomes VII et VIII de la *Topographie historique*, le choix du Conseil municipal s'est porté sur M. Fernand Bournon, qui a déjà publié dans la collection de l'*Histoire générale de Paris* un important travail sur la Bastille. Par une délibération en date du 26 décembre 1893, le Conseil municipal l'a chargé de la publication de ces deux volumes : le tome VII traitera de la région orientale de l'Université, et le tome VIII des faubourgs Saint-Marcel, Saint-Victor et Saint-Jacques. Quant à la topographie historique de la Cité, elle sera l'objet des tomes IX, X et XI, dont la rédaction a été confiée, dès l'année 1890, à M. Auguste Longnon.

Il suffira au lecteur de jeter un regard sur le sommaire du texte ou simplement sur la table des matières pour apprécier tout l'intérêt qu'offre le présent volume. Il traite de la partie centrale de la région de l'Université, c'est-à-dire du quartier qui renfermait les collèges les plus fameux, la maison de Sorbonne, le cloître des Mathurins, les collèges du Plessis, de Marmoutiers et de Clermont, les écoles de la rue du Fouarre, les écoles de Décret, le Collège de France, sans parler des édifices religieux, tels que l'église Saint-Séverin, l'église et le cloître de Saint-Benoît, l'église Saint-Julien-le-Pauvre, la commanderie de Saint-Jean-de-Latran, etc. On y trouvera également une étude sur l'hôtel de Cluny et le palais des Thermes.

SOMMAIRES DU TEXTE.

CHAPITRE I.

LES CLOS, LES ENCEINTES, LES PORTES.

SOMMAIRE : Les clos; *villœ* gallo-romaines qui les ont formés; mise en culture et peuplement de ces clos. — CLOS MAUVOISIN; étymologie probable de ce nom; son étendue. — CLOS DE GARLANDE; ses dimensions; ses propriétaires successifs; époque où il commença à se peupler. — CLOS BRUNEAU; son étendue; établissements qui s'y fondèrent. — CLOS L'ÉVÊQUE. — CLOS SAINT-SYMPHORIEN; chapelle de ce nom. — CLOS SAINT-ÉTIENNE; emprise qui y a été faite pour la création d'une place au-devant de la nouvelle église de Sainte-Geneviève. — CLOS DES JACOBINS; sa formation successive; ce qui y était contenu. — CLOS DE LAAS, DU CHARDONNET, LE ROY, DRAPELET, ENTÉLÉCHIER, DES POTERIES; mention sommaire. — LES ENCEINTES, première et deuxième enceinte de la rive gauche. — Tours qui flanquaient la seconde enceinte. — CHÂTEAU DE HAUTEFEUILLE et PARLOIR AUX BOURGEOIS; allées au-dessus des murs et basses des murs. — PORTES de la seconde enceinte, ou enceinte de Philippe Auguste. — Concession qui en fut faite à diverses époques.

CHAPITRE II.

VOIES COMPRISES DANS LA RÉGION CENTRALE DE L'UNIVERSITÉ.

SOMMAIRE : RUE DES ANGLAIS; origine probable de sa dénomination. — Description topographique de ses deux côtés. — RUE BERTHE, DES BOUTICLES ou DU CHAT-QUI-PÊCHE. — POISSONNERIE ET BOUCHERIE GLORIETTE. — Légende du Chat-qui-pêche. — Description topographique des deux côtés de la rue. — RUE DE LA PETITE ou VIEILLE BOUCLERIE (Bouclerie orientale), dénommée également REGNAULT LE HARPEUR, NEUVE SAINT-MICHEL, DE L'ABREUVOIR MASCON et DE MASCON. — RUE BOUTEBRIE; origine de ce nom; autres appellations qu'elle a reçues; description topographique des deux côtés de cette voie. — CUL-DE-SAC BOUVARD; son origine; ses appellations diverses et leur raison d'être; son importance relative. — GRANDE ET PETITE BRETONNERIE; raison de leur dénomination respective; ce qui en reste aujourd'hui; description topographique des deux côtés de cette voie. — RUE DE LA BÛCHERIE et ses trois annexes : LA POISSONNERIE DU PETIT-PONT, LA RUELLE DU TROU-PUNAIS, LA RUELLE DES PETITS-DEGRÉS; origine de ces trois dénominations; modifications apportées à ces voies dans les temps modernes. — Description topographique de leurs deux côtés. — POISSONNERIE ET BOUCHERIE DE PETIT-PONT, *alias* RUE ou RUELLE DE LA POISSONNERIE, RUELLE DU PORT A MAISTRE PIERRE, RUELLE DE LA BUSCHERIE et BOUCHERIE DE PETIT-PONT, RUELLE OÙ L'ON VEND POISSON DE MER ET D'YAUE DOULCE. — Ancienneté de ces voies et origine de leurs dénominations; description topographique de leurs deux côtés.

CHAPITRE III.

ÉCOLES DE MÉDECINE DE LA RUE DE LA BÛCHERIE.

SOMMAIRE : Assemblées anciennes des médecins de Paris. — Achat de maisons dans la rue de la Bûcherie; agrandissements successifs; décisions prises par la Faculté, de 1454 à 1745, relativement à des travaux de bâtiments : salles de cours, amphithéâtre, ou théâtre anatomique, appropriations, constructions nouvelles, etc., d'après les *Registres-Commentaires* de la Faculté.

CHAPITRE IV.

SUITE DES RUES DE LA RÉGION CENTRALE DE L'UNIVERSITÉ.

Sommaire : Place de Cambrai; terrain qu'elle occupait originairement; aspect qu'elle présentait. — Terre de Cambrai; origine de cette dénomination; témoignages des anciens élèves du collège de Cambrai. — Collège de France ou Collège Royal; première idée de cet établissement en 1300; commencement de réalisation en 1530; plans du collège; suspension des travaux, additions successives; état actuel. — Rue Chartière; date de son ouverture; origine de sa dénomination. — Hôtel de Bourgogne. — Collège de Coqueret, Coquerel ou Conqueret; son installation première; sa transformation; ses agrandissements; sa décadence; achat de ses bâtiments par les fondateurs de Sainte-Barbe. — Description topographique des deux côtés de la rue Chartière. — Le prétendu Hôtel de la belle Gabrielle. — Rue des Chiens, *alias* de Saint-Symphorien et Jean Hubert; origine de ces trois dénominations; état sordide de cette voie; époque de sa suppression. — Chapelle de Saint-Symphorien-des-Vignes; son origine; son emplacement; son architecture; sa décoration. — Suite et fin de la description topographique de la rue. — Hôtel de Chalon.

CHAPITRE V.

SAINTE-BARBE.

Sommaire : Origines de cette maison; ses fondateurs; son installation primitive; ses développements; annexion successive de divers immeubles; dotation et transformation de la maison libre en établissement public. — Geoffroy Le Normand, Martin Lemaistre, les Dugast, Robert Certain. — Décadence au xviie siècle; renaissance au xviiie; absorption pendant la période révolutionnaire; reconstitution, au xixe siècle, à l'état de maison libre. — Les maisons dites de Sainte-Barbe et celles qui l'avoisinaient.

CHAPITRE VI.

SUITE DES RUES DE LA RÉGION CENTRALE DE L'UNIVERSITÉ.

Sommaire : Rue des Chollets. — Origine de cette dénomination. — Description topographique des deux côtés de la voie. — Collège des Chollets; sa fondation; ses extensions; sa chapelle; son absorption par les établissements voisins. — Rues Fromentel et du Cimetière Saint-Benoît. — Distinction nominale et réunion effective de ces deux rues; leurs dénominations diverses; étymologies et variantes orthographiques; Oseroye, Noyeroie, etc. — Description topographique des deux côtés de ces voies. — Second cimetière de Saint-Benoît. — Ruelle Fromentel; sa situation; son origine. — Rue du Cloître Saint-Benoît; ce qu'elle était en réalité; absorptions successives. — Ce qui en reste à l'époque contemporaine. — Description topographique des deux côtés de cette voie.

CHAPITRE VII.

Sommaire : Église Saint-Benoît. — Ancienneté de cette église; ses vocables primitifs; son double caractère; étymologie de son dernier vocable; origine des divers qualificatifs ajoutés à cette appellation; constructions partielles et agrandissements; chapelles et chapellenies; désaffectation, transformation en magasin et en théâtre; destruction totale. — Description qu'en a laissée un archéologue contemporain.

CHAPITRE VIII.

SUITE DES RUES DE LA RÉGION CENTRALE DE L'UNIVERSITÉ.

Sommaire : Rue du Clos-Bruneau, *alias* Jean ou Saint-Jean-de-Beauvais, et Rue aux Écoles de Décret. — Situation et ancienneté de cette voie; ses diverses appellations et leur origine; ce qui en reste aujourd'hui. — Son nom transféré à une autre rue voisine. — Description topographique des deux côtés de cette voie. — Collège de Tonnerre. — Anciennes écoles de Décret; leur formation, leurs dépendances; grandes et petites écoles de droit canonique; écoles privées.

CHAPITRE IX.

COLLÈGE DE BEAUVAIS OU DORMANS-BEAUVAIS.

Sommaire : Collège de Beauvais ou Dormans-Beauvais. — Date de la création de cet établissement; ses fondateurs; son architecte; ses bâtiments; sa chapelle, les tombeaux et les inscriptions funéraires qui la décoraient; interruptions, reprises et achèvement des travaux. — Vicissitudes du collège; jonctions, disjonctions, absorption, transferts; ventes successives et désaffectation des bâtiments; restauration moderne; découvertes archéologiques, etc.

CHAPITRE X.

SUITE DES RUES DE LA RÉGION CENTRALE DE L'UNIVERSITÉ.

Sommaire : Rue de Cluny. — Sa situation, son origine; sa dénomination. — Description topographique des deux côtés de cette voie. — Collège des Dix-Huit. — Rue des Cordiers; époque de son ouverture; motif de son appellation. — Description topographique de ses deux côtés. — Ruelles Coupe-Gorge et Coupe-Gueule; leur situation, leur origine, raison de leur dénomination. — Description topographique de leurs deux côtés. — Rue d'Écosse; sa situation; noms qu'elle a portés. — Description topographique de ses deux côtés. — Collège de Thou; peu important, peu connu et oublié par la plupart des historiens de Paris. — Rue des Grès, ou Saint-Étienne-des-Grès; ses dénominations successives et leur origine; étymologies diverses. — Description topographique des deux côtés de cette voie. — Les Petites Maisons de Vezelay. — A l'opposite, le Grand et le Petit Vezelay. — Le Collège de Lisieux; sa fondation, ses diverses phases; ses déplacements. — Rue du Foin; son origine, sa situation; raison de divers noms qu'elle a portés. — Description topographique des deux côtés de cette voie. — Le Cloître des Mathurins. — Le Bureau des Libraires, etc.

Appendices et pièces justificatives. (Voir la Table des matières, page 591.)

SOMMAIRES DES PLANCHES.

I. — PLANCHES HORS TEXTE.

		Pages.
I.	Quatre plans de la région centrale de l'Université............................	9
II.	Quatre autres plans de la région centrale de l'Université....................	16
III.	Vue perspective et plan général du Collège de France.......................	48
IV.	Substructions romaines des rues Jean-de-Beauvais et de Lanneau................	99
V.	Chapelle du Collège de Beauvais...	104
VI.	Substructions gallo-romaines de la rue Galande.............................	164
VII.	Caves de l'hôtel du Grand Becq..	226
VIII.	Plan général du couvent des Jacobins......................................	249
IX.	École de Saint-Thomas..	255
X.	Vue de l'église, plan du réfectoire et porte du couvent des Dominicains.............	256
XI.	Plan du Collège du Mans et de l'église collégiale des Grès.......................	277
XII.	Plans de divers collèges de la région centrale de l'Université.....................	286
XIII.	Plan de la commanderie de Saint-Jean-de-Latran.............................	291
XIV.	Chapelle de la commanderie..	292
XV.	Tranchée d'égout ouverte rue Saint-Julien-le-Pauvre...........................	295
XVI.	Église de Saint-Julien-le-Pauvre...	297
XVII.	Coupe longitudinale de ladite église.......................................	300
XVIII.	Cours de l'aqueduc des Thermes..	320
XIX.	Plan de l'hôtel de Cluny...	326
XX.	Sa façade sur la rue des Mathurins.......................................	326
XXI.	Façade de l'aile occidentale et de la chapelle...............................	326
XXII.	Vue de la grande cour et de la tourelle...................................	328
XXIII.	Vue perspective du Petit-Châtelet et autre vue prise du Petit-Pont...............	363
XXIV.	Église et Collège de Cluny...	380
XXV.	Chapelle du Collège de Cluny (XIII° siècle), clés de voûte, chapiteaux, consoles......	383
XXVI.	Façade principale de l'église de Saint-Séverin................................	412
XXVII.	Façade septentrionale de la même église...................................	414
XXVIII.	Façade méridionale du susdit édifice.......................................	416

II. — BOIS GRAVÉS DANS LE TEXTE.

I.	Enseigne de la maison de Saint-Julien, rue Galande, n° 42 (1894)....................	167
II.	Vue du portail des Jacobins...	257
III.	Chapelle Saint-Yves, en 1702...	262
IV.	Vue du portail de Saint-Yves (1790)...	264
V.	Palais des Thermes. — Vue de la grande salle................................	322
VI.	Vue de la salle des Thermes, en 1826..	325
VII.	Hôtel de Cluny. — Vue de la façade ouest, sur la cour, en 1832..............	328
VIII.	Hôtel de Cluny. — Intérieur de la chapelle..................................	329
IX.	Église des Mathurins (1790)...	331
X.	Vestiges de cet édifice, en 1863..	334
XI.	Collège de Cluny. — Chapelle basse...	382
XII.	Église et charniers Saint-Séverin. — Plan d'ensemble........................	413

III. — FEUILLE DE PLAN.

Plan restitué de la région centrale de l'Université, juxtaposition des fragments du plan archéologique dressé par Berty.

TOPOGRAPHIE
HISTORIQUE
DU VIEUX PARIS.

RÉGION CENTRALE DE L'UNIVERSITÉ.

CHAPITRE PREMIER.

LES CLOS, LES ENCEINTES, LES PORTES.

SOMMAIRE : Les clos; *villæ* gallo-romaines qui les ont formés; mise en culture et peuplement successif de ces clos. — CLOS MAUVOISIN; étymologie probable de son nom; son étendue. — CLOS DE GARLANDE; ses dimensions; ses propriétaires successifs; époque où il commença à se peupler. — CLOS BRUNEAU; son étendue; établissements qui s'y fondèrent. — CLOS L'ÉVÊQUE. — CLOS SAINT-SYMPHORIEN; chapelle de ce nom. — CLOS SAINT-ÉTIENNE; emprise qui y a a été faite pour la création d'une place au-devant de la nouvelle église de Sainte-Geneviève. — CLOS DES JACOBINS; sa formation successive; ce qui y était contenu. — CLOS DE LAAS, DU CHARDONNET, LE ROY, DRAPELET, ENTÉLÉCHIER, DES POTERIES; mention sommaire. — LES ENCEINTES; première et deuxième enceinte de la rive gauche. — TOURS qui flanquaient la seconde enceinte. — CHÂTEAU DE HAUTEFEUILLE et PARLOIR AUX BOURGEOIS; allées au-dessus des murs et basses des murs. — PORTES de la seconde enceinte, ou enceinte de Philippe Auguste. — Concession qui en fut faite à diverses époques.

Avant d'entamer l'histoire topographique de la région à laquelle ce volume est consacré, avant d'indiquer les voies qu'on y a successivement tracées, de reconstituer l'ancien parcellaire de chacune d'elles et de faire revivre les édifices de diverse nature dont elles étaient bordées, il nous a paru indispensable d'esquisser, comme nous l'avons fait dans le volume précédent, la physionomie de cette partie du Vieux Paris, au moment où le mouvement de construction y a commencé.

On sait que le plateau de la montagne Sainte-Geneviève et ses versants étaient divisés en clos, plantés de vignes pour la plupart, et couvrant l'emplacement des jardins qui entouraient les *villæ* gallo-romaines de l'ancien mont Leucotitius, *villæ* abandonnées depuis l'occupation de Lutèce par l'invasion franque. Livrés alors à la culture, coupés de chemins qui les desservaient et habités seulement par des vignerons et des laboureurs, ces clos offraient de vastes espaces vides et formaient des espèces de fiefs, tant ecclésiastiques que laïques. Dans la région que nous étudions, Sainte-Geneviève, Notre-Dame, Saint-Marcel, Saint-Julien, Saint-Étienne-des-Grés, et autres églises, en avaient leur part; mais de hauts seigneurs et de nobles dames en possédaient aussi, le clos de Garlande notamment, qui était l'un des plus considérables. Les bourgeois de Paris avaient aussi le leur, contigu à leur parloir, et le Roi, indépendamment de ses droits sur les autres, en possédait un en propre, qui portait son nom. Il en était de même de l'Évêque.

Le peuplement de ces divers clos est peut-être un peu antérieur aux invasions normandes; mais il dut être arrêté par les déprédations auxquelles se livrèrent les hommes du Nord. La construction de l'enceinte de Philippe Auguste, en mettant une partie de ces clos à l'abri, derrière de solides murailles, permit de réparer les désastres causés par ces ravageurs, et de reprendre le mouvement d'accensement interrompu par eux, si tant est qu'il ait commencé avant leurs incursions. La nouvelle enceinte laissa quelques clos en dehors, soit en tout, soit en partie, ceux des Francs-Mureaux, de Saint-Victor et des Arènes notamment; mais ceux dont l'annexion a contribué à former la région parisienne qui nous occupe y furent enfermés, et l'on ne tarda pas, selon l'expression des historiens de Paris, «à les bâtir»; on devança même, sur certains points, l'achèvement de la muraille.

Félibien a relevé les textes à l'aide desquels on peut les délimiter. En procédant du nord au sud, c'est-à-dire de la Seine à l'enceinte de Philippe Auguste, il distingue d'abord :

Le clos Mauvoisin, longeant le petit bras du fleuve, contre les débordements duquel aucun ouvrage ne le protégeait, ce qui constituait pour lui un mauvais voisinage. Là est peut-être l'explication du nom qu'on lui a donné.

Un arrêt du Parlement, de l'an 1321, cité par Félibien, dit positivement que la rue de la Bûcherie, «qui mene du bout de la rue de la Huchette à la place Maubert, estoit anciennement appellée *le clos Mauvoisin*, clos qui n'estoit pas encore occupé de maisons en 1202, puisque, dans la transaction passée entre l'evesque de Paris et l'abbé de Sainte-Geneviève, on régla l'estat de ceux qui demeureront dans le clos Mauvoisin, s'il arrive qu'on y bastisse dans la suite». Un texte latin, cité également par Félibien dans ses *Preuves*, localise bien ce clos, en le confondant avec la rue de la Bûcherie, qui en était la voie principale, bien qu'elle n'y fût pas comprise tout entière : il s'agit d'une maison sise à Paris, outre Petit-Pont « *in vico de la Bûcherie, qui quidem vicus antiquitus vocari consuevit* LE CLOS MAUVOISIN [1] ».

LE CLOS DE GARLANDE, que beaucoup d'historiens ont confondu avec le précédent, y était contigu, mais en était distinct; il avait pour artère principale un ancien chemin qui le traversait, ou le longeait, de l'est à l'ouest, et qui est devenu la rue Galande. Félibien a consacré à ce clos un article descriptif et historique, dont nous reproduisons les parties les plus intéressantes.

« Autrefois, dit-il, c'estoit un fief, qui d'abord relevoit du Roy et des seigneurs de Garlande, et releve depuis du Chapitre de N. D. et de Sainte Genevieve. D'un costé, il tenoit à la ruë S. Jacques et aux environs; de l'autre, il s'estendoit jusques aux ruës du Fouarre, des Rats, des Anglois, du Plastre, des Trois Portes, de Saint Julien le Pauvre et à la rue Galande [2] ».

Moins exposé aux débordements de la Seine que son voisin et un peu plus élevé sur le versant septentrional de la montagne, le clos de Garlande était encore en culture au commencement du XIIe siècle, puisque Étienne de Garlande, archidiacre de Paris, fit alors don, aux chanoines de Saint-Aignan, d'un clos de vignes « qui lui appartenoit là, au pied de la montagne Sainte Genevieve », et qui était sans doute compris dans le grand clos, puisque, quelques années après, en 1124, un autre membre de la famille de Garlande, Guillaume, qualifié de sénéchal, *dapifer*, donne à Saint-Lazare « deux muids de vin, à prendre tous les ans, sur son clos, près le Petit-Pont ». Dix ans plus tard, ajoute Félibien, « Louis le Gros se défit, en faveur de N. D. et des chanoines, de la terre d'Estienne de Garlande, où estoient des vignes qu'il avoit fait arracher. Il leur abandonna de plus la voierie, toute la justice et tous les autres droits, à la réserve seulement de dix huit deniers de cens [3] ».

On n'attendit point l'achèvement de la muraille de Philippe Auguste pour livrer le clos de Garlande aux bâtisseurs. « Dès l'an 1202, dit Félibien, on pensa à y bastir. Mahaut de Garlande et son mari, Matthieu de Marly, ou de Montmorency, donnèrent à cens, à plusieurs particuliers, un clos de vigne qu'ils avoient en ce lieu, à condition qu'ils y feroient bastir des maisons, que ceux qui y demeureroient seroient paroissiens de Saint Estienne du Mont, et payeroient à leur curé les dixmes grosses et menues, avec tous les autres droits deus par les paroissiens; qu'à mesure que l'on bastiroit des maisons, lui et sa femme pourroient augmenter leurs cens et rentes, et jouiroient de la moitié des lods et ventes, du tonlieu, du rouage, du forage, de la justice et de tous les autres droits seigneuriaux; mais que les abbé et religieux de Sainte Genevieve ne pourroient rien exiger des

---

[1] *Preuves*, t. I, p. 327. — [2] *Ibid.* — [3] *Ibid.*

habitans des deux ruës, dont l'une descendoit de la montagne de Sainte Genevieve à la rivicre, et l'autre y conduisoit par la rue Galande[1]».

Cet acte a son importance au point de vue de la topographie parisienne, parce qu'il est le point de départ du peuplement du clos de Garlande. Les actes qui le suivent, et qui remplissent le xiiie siècle, nous touchent moins, en ce qu'ils s'appliquent surtout à des cessions de droits seigneuriaux, à des fondations de chapellenies et d'anniversaires. Toutefois il faut considérer saint Louis comme ayant favorisé le mouvement de construction dans le clos de Garlande, puisqu'il déclara, en l'an 1248, «que la justice de ce clos appartenoit au Chapitre de N. D., et que ceux qui y demeuroient estoient francs de toutes sortes de tailles à son égard, excepté celles du pain et du vin en certains tems[2]». Le quatrième registre des *Olim* confirme la décision royale : il y est dit, dans un arrêt rendu en 1312, que «la basse justice appartient au Doyen et au Chapitre de l'église de Paris, au milieu de la voierie de Garlande située à Paris, c'est à dire du côté des maisons dudit Chapitre vers la montagne Sainte Geneviève et l'eglise Saint Etienne des Grecs : *in media parte voerie Garlandie Parisius situate, videlicet ex parte domorum dicti Capituli versus montem S. Genovefe et S. Stephani de Grecis ecclesiam*».

LE CLOS BRUNEAU, *clausum Brunelli*, dit également BRUNEL et BURNIAU, du nom d'un particulier qui le possédait ou l'habitait, continuait celui de Garlande, au midi, en gravissant la pente de la montagne Sainte-Geneviève. Il avait pour seigneur, dit Félibien, le Chapitre de Saint-Marcel, et, pour limites, la rue des Noyers, celle des Carmes, devant Saint-Hilaire, et la rue Saint-Jean-de-Beauvais, nommée autrefois et assez longtemps «le clos Bruneau, la rue du clos Bruneau». Le Chapitre de Saint-Marcel ne le possédait pas tout entier, puisque l'évêque de Paris, Eudes de Sully, y avait une vigne, en 1202, et la vendit à la charge d'y construire des maisons dont les habitants seraient paroissiens de Saint-Étienne-du-Mont. Le clos Bruneau commença donc à se peupler en même temps que celui de Garlande. Il s'y établit, à des époques différentes, des écoles, tant universitaires que privées, des écoles de décret, ou de droit canonique, un collège, celui de Tonnerre et un hôpital de Saint-Jean-de-Jérusalem, érigé plus tard en commanderie, ce qui y favorisa le mouvement de construction.

LE CLOS L'ÉVÊQUE avait peu d'importance ; il était presque contigu au clos de Garlande, comme le clos Bruneau, et tenait, en 1177, aux terres de l'hôpital de Saint-Jean-de-Jérusalem. Gérard, procureur de cet hôpital, acheta une vigne qui dépendait du clos et touchait à l'établissement hospitalier. Une autre pièce de vigne, «qui estoit tout devant la porte dudict ospital», lui fut donnée en 1230,

---

[1] *Preuves*, t. I, p. 327. — [2] *Ibid.*

ce qui prouve que le mouvement de construction avait été plus lent dans ce clos que dans les précédents.

Le clos Saint-Symphorien était situé « entre les rues de Reims, des Chollets, de Saint-Étienne-des-Grés et des Sept-Voies ». Il tirait son nom de la chapelle placée sous le même vocable que la rue Saint-Symphorien, lesquelles paraissent avoir existé avant le mouvement de construction qui remplaça les vignes par des bâtiments. « Dès l'an 1209, dit Félibien, il y avoit déjà des maisons, dont quelques-unes furent achetées par l'aumosnier de Sainte Geneviève, en 1244, 1252 et 1260. L'evesque d'Arras, ajoute-t-il, y logeoit en 1260, et depuis il n'en est resté qu'une petite chapelle dédiée à saint Symphorien, dont les religieux de Sainte-Geneviève sont collateurs, et dont ils ignorent la fondation[1] ».

Dans l'article relatif à la rue des Chiens, nous consacrons une notice à cette chapelle, dont la construction a dû déterminer le peuplement du clos de vignes qui servait à la dénommer; au XIIIe siècle, on bâtissait volontiers, en effet, à l'ombre d'un édifice religieux, comme on a bâti plus tard dans le voisinage d'un collège.

Le clos Saint-Étienne continuait, au midi, celui de Saint-Symphorien, dont il était séparé par un ancien chemin transformé en rue dite de Saint-Étienne-des-Grés. Planté de vignes, comme tous les autres, il touchait presque à l'enceinte de Philippe Auguste. Sa situation entre une église, un collège, — celui de Lisieux, — le mur de ville, dont le collège le séparait, et le voisinage du clos Sainte-Geneviève, en retarda le peuplement. Les deux « Bretonneries » y touchaient, et la porte Papale en était très rapprochée; mais aucune voie de quelque importance n'y a été tracée jusqu'au moment où le travail de dégagement, exigé par la construction des écoles de droit et par la création d'une vaste place au-devant de la nouvelle église Sainte-Geneviève, s'est opéré, en partie, aux dépens de ce même clos.

Le clos des Jacobins diffère des précédents, en ce qu'il s'est formé (1218-1280) par l'adjonction de diverses portions de terrain bâti et non bâti, dont la réunion a fini par former le pourpris du couvent des Frères-Prêcheurs. Ce travail de formation ayant été lent et laborieux, nous n'avons pas voulu en scinder l'exposé : on le trouvera aux articles *Passage des Jacobins, Couvent, Église, Écoles des Jacobins*, et *Parloir aux Bourgeois*. Contrairement à ce qui s'est passé pour les autres clos, celui des Jacobins a été plutôt un obstacle qu'une aide au peuplement de la région.

---

[1] *Preuves*, t. I, p. 327.

Les autres clos, dont il est question dans les anciens titres, étaient situés en dehors de la région à laquelle est consacré le présent volume. Celui DE LAAS, que nous avons décrit dans le tome précédent, s'étendait, à l'occident, vers Saint-Germain-des-Prés; celui DU CHARDONNET se prolongeait, dans la direction contraire, en deçà et au delà de la porte Saint-Victor; le CLOS LE ROY, les CLOS DRAPELET et ENTÉLÉCHIER étaient compris dans les faubourgs Saint-Jacques et Saint-Michel; celui DES POTERIES, enfin, faisait partie du faubourg Saint-Marcel.

LES ENCEINTES. Le volume précédent (*Région occidentale de l'Université*) contient, sur les deux enceintes de la rive gauche, une étude à laquelle nous renvoyons le lecteur. On sait que la première est très contestée, et n'a laissé que peu ou pas de traces. Quant à la seconde, dont il subsiste encore quelques fragments, elle n'avait, dans la région à laquelle ce volume est consacré, qu'un parcours très limité. Entre la porte Gibard, d'Enfer, ou Saint-Michel, que nous avons décrite dans le volume précédent, et l'extrémité orientale du mur d'enceinte longeant, au midi, l'enclos de l'abbaye de Sainte-Geneviève, il n'existait que deux ouvertures donnant entrée dans la ville : la porte Saint-Jacques, et la porte Papale. Huit tours, les unes rondes, les autres carrées, flanquaient l'enceinte : cinq entre les portes d'Enfer et Saint-Jacques, trois entre cette dernière et la porte Papale. Il en est, dont nous parlerons aux articles du COUVENT DES JACOBINS et du PARLOIR AUX BOURGEOIS, et qui ont subsisté jusqu'à notre époque, dans un jardin situé en contre-bas de l'ancienne rue Saint-Hyacinthe. On sait que cette rue fut ouverte à travers le clos des Jacobins et sur la déclivité produite par l'amoncellement des terres, résultant du creusement des fossés autour de l'enceinte de Philippe Auguste, après la bataille de Poitiers.

Le fameux château de Hautefeuille, ancienne villa gallo-romaine, dont le Parloir aux Bourgeois était peut-être un reste, faisait partie de ces ouvrages en saillie sur le côté extérieur de la muraille. Il se peut que les fondations seules de ce château aient été conservées et qu'on ait construit, au-dessus, d'abord la salle que nous décrivons à l'article PARLOIR AUX BOURGEOIS, puis le réfectoire et le dortoir des Jacobins. Une partie de ces restes fut respectée, et l'on fit, dit A. Bonnardot, «tourner le fossé autour; de là la forme ondulée de la rue Saint-Hyacinthe, jadis le chemin de Contrescarpe[1]». Quant à la partie plus avancée au midi et devant être occupée par la ligne des fossés, Jean de Venette, continuateur de Guillaume de Nangis, en a raconté la démolition dans un texte bien connu[2].

---

[1] Bonnardot, *Dissertations sur les enceintes de Paris*, p. 52.

[2] «*Circa centrum fossatorum, ante domum Predicatorum, prope murum, ab extra, reperta sunt fundamenta turrium et castrorum tantæ fortitudinis, ut vix instrumentis ferreis posset opus dissolvi... Ut fertur, olim ibi fuerat palatium, vel castrum, quod Altum Folium vocabatur.*»

Intérieurement, l'enceinte avait son « allée au-dessus des murs » et son « allée basse des murs », ou chemin de ronde ; nous en avons parlé dans le volume précédent.

LES PORTES. — Quelle que fût leur importance, les portes d'Enfer et Saint-Jacques ont été, comme les tours et les murs, l'objet de concessions diverses, à titre de jouissance, et sauf restrictions en cas de guerre. Les Jacobins ont acquis ou reçu, à titre de don, des constructions accolées à ces portes et des « places » les avoisinant, de telle sorte que leur couvent les englobait presque dans son pourpris. Avant qu'on les démolît comme obstruant le passage, ces portes étaient décorées de divers ornements, statuettes, écussons, étoiles, etc. Quant à la porte Papale, ouverte dans la muraille pour le passage d'un souverain pontife, c'était une simple baie, habituellement fermée et donnant entrée dans le clos Sainte-Geneviève. Elle était située à peu près dans l'axe de la rue des Sept-Voies, aujourd'hui rue Valette, et de la moderne rue d'Ulm.

TOPOGRAPHIE HISTORIQUE DV VIEVX PARIS

RÉGION CENTRALE DE L'VNIVERSITÉ
Extrait du Plan de Braun (1509)

TOPOGRAPHIE HISTORIQUE DV VIEVX PARIS

RÉGION CENTRALE DE L'VNIVERSITÉ
Extrait du Plan de tapisserie (1570) réduit par Gaignières

RÉGION CENTRALE DE L'VNIVERSITÉ
Extrait du Plan de Truschet et Hoyau (1552)

RÉGION CENTRALE DE L'VNIVERSITÉ
Extrait du Plan de Quesnel (1609)

CHAPITRE II.

VOIES COMPRISES DANS LA RÉGION CENTRALE DE L'UNIVERSITÉ.

Sommaire : Rue des Anglais; origine probable de sa dénomination. — Description topographique de ses deux côtés. — Rue Berthe, des Bouticles ou du Chat-qui-pêche. — Poissonnerie et Boucherie Gloriette. — Légende du Chat qui pêche. — Description topographique des deux côtés de la rue. — Rue de la Petite ou Vieille Bouclerie (Bouclerie orientale), dénommée également Regnault le Harpeur, Neuve Saint-Michel, de l'Abreuvoir Mascon et de Mascon. — Rue Bouteerie; origine de ce nom; autres appellations qu'elle a reçues; description topographique des deux côtés de cette voie. — Cul-de-sac Bouvard; son origine; ses appellations diverses et leur raison d'être; son importance relative. — Grande et Petite Bretonnerie; raison de leur dénomination respective; ce qui en reste aujourd'hui; description topographique des deux côtés de ces voies. — Rue de la Bûcherie et ses trois annexes : la Poissonnerie du Petit-Pont, la Ruelle du Trou-Punais, la Ruelle des Petits-Degrés; origine de ces trois dénominations; modifications apportées à ces voies dans les temps modernes. — Description topographique de leurs deux côtés. — Poissonnerie et Boucherie de Petit-Pont, *alias* Rue ou Ruelle de la Poissonnerie, Ruelle du Port à Maistre Pierre, Ruelle de la Buscherie et Boucherie de Petit-Pont, Ruelle où l'on vend poisson de mer et d'yaue dollce. — Ancienneté de ces voies et origine de leurs dénominations; description topographique de leurs deux côtés.

RUE DES ANGLAIS.

Cette petite voie, qui aboutissait, d'une part, à la rue Galande et, d'autre part, à celle des Noyers, tirait son nom des étudiants de la nation d'Angleterre, à laquelle avait succédé, en l'Université de Paris, la nation d'Allemagne (1432). Elle ne le devait point, comme certains historiens de Paris l'ont prétendu, à la domination anglaise, pendant l'avant-dernière période de la guerre de Cent ans.

Les rôles de confiscation, attribuant à des sujets anglais, ou ralliés à la cause de Henri VI, les maisons qui appartenaient à des Parisiens tenant pour Charles VII, ne frappent pas, en effet, sur cette rue, d'une manière exceptionnelle, au point d'en faire une voie *anglaise*. On la trouve, d'ailleurs, mentionnée dans la seconde moitié du xiiie siècle; un acte de 1296, du fonds de Saint-Benoît, énonce, sous le titre de collège de Dace, ou de Danemark, « une maison des escholiers de Suesse, de la nation d'Allemaigne », maison que les écoliers disent alors « posséder en fief ». Ce collège, dont nous parlons plus loin, occupa successivement deux emplacements distincts; le second, très voisin de la rue des Anglais, a suffi pour motiver le vocable de cette voie.

Fortement entamée, de nos jours, et laissée en contre-bas par l'ouverture du boulevard Saint-Germain, qui a fait disparaître le côté septentrional de la rue des Noyers, dans laquelle elle débouchait, la rue des Anglais, dont le parcours a toujours été assez restreint, n'est plus aujourd'hui qu'un tronçon.

CÔTÉ ORIENTAL

(du Nord au Sud).

JUSTICE ET CENSIVE DE SAINTE-GENEVIÈVE.

Maison sans désignation (1509), contiguë à celle qui faisait le coin oriental de la rue Galande.

Maison, également sans désignation, mentionnée dans le censier de la même année.

Maison de l'Ymaige sainct Esme (1509), énoncée, dans le censier de cette même année, comme appartenant aux abbés de Pontigny. C'était, en effet, leur seconde demeure à Paris. Antérieurement, le monastère bourguignon de l'ordre de Cîteaux possédait, en la rue de la Huchette, où nous l'avons indiqué à sa place, un hôtel dont il est fréquemment fait mention dans les titres des XIIIe et XIVe siècles. Cette résidence, appelée la Maison de Pontigny, était placée vis-à-vis de celle d'Arnauld de Corbie, chancelier de France. Acquise, le 22 septembre 1370, par les religieux de Clairvaux, essaim nouveau de l'abbaye cistercienne, la Maison de Pontigny n'en conserva pas moins son ancienne appellation; mais Pontigny, restée fille de Cîteaux, acheta, pour remplacer l'hôtel de la rue de la Huchette, une maison sise en celle des Anglais. Cette maison prit le vocable de Sainct-Esme, ou Sainct-Edme, en souvenir du célèbre archevêque de Cantorbéry, dont le séjour à Pontigny est consigné dans l'histoire.

Maison sans désignation.

Maison de l'Ymaige Notre-Dame (1509).

Maison de l'Ymaige sainct Jehan (1509) paraissant avoir été dénommée, en

1380, Maison de l'Estoille. Les maisons à «ymaige» sont nombreuses dans le vieux Paris.

Maison du Mouton d'or (1514), sans autre désignation.

Jardin de la Maison du Mouton d'or, contigu à celui qui faisait le coin de la rue des Noyers et paraissait avoir dépendu d'une maison portant l'enseigne du Chapeau rouge. Ce jardin, qui se rattachait, en 1380, à la Maison des Trois-Escus, sise également en la rue des Noyers, en fut détaché plus tard, pour être joint à celui du Mouton d'or.

CÔTÉ OCCIDENTAL
(du Sud au Nord).

PAROISSE SAINT-SÉVERIN.

JUSTICE ET CENSIVE.

Maison des Coquerilles, dénommée du Cochel en 1540. Elle était contiguë à celle qui formait l'angle occidental de la rue des Noyers.

Deux maisons contiguës, sans désignation.

Maison, également sans désignation, faisant le coin de la rue du Plâtre.

Maison du Miroir (1602), contiguë à celle qui formait l'angle septentrional de la rue du Plâtre.

Maison de l'Ymaige sainct Nicollas (1597).

Maison sans désignation, dite, dans un document de 1538, «tenir au Cerf». Elle aboutissait, en effet, à la Maison de la Corne de cerf, ayant façade sur la rue Galande.

Les immeubles de la rue des Anglais ayant eu généralement peu d'importance, sauf l'hôtel des abbés de Pontigny, il en est un notamment qu'il n'a pas été possible d'identifier. C'était non seulement une «maison sans désignation», mais probablement une dépendance ou un démembrement d'un immeuble plus important.

RUE BERTHE,
DES BOUTICLES, OU DU CHAT-QUI-PÊCHE.

Cette triple dénomination, qu'on trouve avec des variantes dans les anciens titres, s'applique à une ruelle existant encore aujourd'hui, mais ayant été fermée par une grille à l'une de ses extrémités. On l'a confondue quelquefois — Jaillot notamment a fait cette erreur — avec la ruelle des Trois-Chandeliers, qui est, en réalité, une continuation de la rue Zacharie — l'antique Sacalie — et en porte aujourd'hui le nom. Mais cette confusion ne saurait tenir devant les titres nombreux qui établissent la complète distinction de la rue *Berthe*, *des Bouticles* ou *du Chat-qui-pêche* d'avec ladite ruelle des Trois-Chandeliers. Les Livres de la Taille de 1296, 1297 et 1298, et son identité avec les *Bouticles* en font foi.

On la trouve encore appelée, en 1395, « *ruelle par où l'en va aux bouticles à poisson* »; en 1407, « *ruelle des Bouticles de Petit-Pont* »; en 1462, « *rue Berthe, dicte des Bouticles* ». Les « estaulx de marée et d'yaue doulce », que la proximité de la Seine y avait fait établir, formaient, à l'orient du Petit-Pont, le pendant de la Poissonnerie et de la Boucherie Gloriette, situées à l'occident et débouchant sur la rue de la Bûcherie.

Sauval a dû commettre une erreur, en donnant à cette ruelle le nom de « rue de la Triperie », qu'il faut attribuer à l'impasse *Gloriette* (voir l'article relatif à la rue de la Bûcherie). Cependant on la trouve, dans une copie d'acte de 1341, appelée « ruelle Berthe la Trippière », ce qui s'explique par les pierres, ou étaux à abats, que la proximité de la Seine avait dû y faire établir.

Les noms de « ruelle des Estuves » et de « rue du Regnard », qu'on rencontre dans divers titres, notamment dans un censier de Sainte-Geneviève pour 1540, sont moins contestables. Quant à l'appellation de « Chat-qui-pêche », que cette petite voie a conservée jusqu'à nos jours, elle serait due à une légende selon laquelle il aurait existé, en ladite ruelle, un puits communiquant avec le petit bras de la Seine. Les chats du voisinage se donnaient, dit-on, rendez-vous dans ce puits, où le fleuve amenait quantité de petits poissons, et s'y livraient au plaisir de la pêche. Cette légende enfantine peut être comparée à celle du « Puits qui parle ».

Si peu vraisemblable que soit le fait, il est resté dans la nomenclature de la voie parisienne, et sert encore aujourd'hui à dénommer la petite voie dont nous parlons.

Le peu d'étendue de cette ruelle n'avait permis d'y construire qu'un petit nombre de maisons; encore étaient-elles séparées par des « places vuides ».

CÔTÉ OCCIDENTAL

(du Sud au Nord).

Maison des Trois-Poissons, formant le coin occidental de la rue de la Huchette.

Maison sans désignation (1528), attenant au même angle et appartenant à l'église Saint-Séverin, dont on lui donnait quelquefois le nom.

Escuries de la Fleur de lys (1523), dépendant de la maison de ce nom, sise rue des Trois-Chandeliers.

CÔTÉ ORIENTAL

(du Nord au Sud).

Dépendances de l'ostel des Estuves Notre-Dame, situé rue des Étuves. Il existait, en 1529, sur cet emplacement, six propriétés dont voici la succession :

Portion de la Maison de l'Escu de la France;

Place vuide,

Maison, sans désignation, qui appartenait à la Grande Boucherie et dans laquelle se trouvait un « eschaudouer »;

Deux places vuides;

Maison du Chauldron, occupant à elle seule les deux tiers du côté oriental de la ruelle.

Aux termes d'une *Déclaration* publiée par Hippolyte Cocheris[1], cette maison avait, vers la fin du siècle dernier, pour enseigne l'Y, et appartenait à Thomas Charles de Lastre, marchand mercier.

---

[1] Le Beuf, éd. Cocheris, t. III, p. 61.

RUE DE LA PETITE OU VIEILLE BOUCLERIE

(BOUCLERIE ORIENTALE)

DÉNOMMÉE ÉGALEMENT

REGNAULT LE HARPEUR, NEUVE SAINT-MICHEL,

DE L'ABREUVOIR MASCON, ET DE MASCON.

Cette voie, qui forme la limite séparative des régions occidentale et centrale de l'Université, a été décrite en partie dans le volume précédent. Nous avons donné l'historique de la rue et énuméré les immeubles qui bordaient le côté compris entre la Grande Boucleric et l'extrémité orientale de la rue Saint-André-des-Arts. Il nous reste à parler de ceux qui s'alignaient sur le côté opposé, depuis la rue de la Huchette jusqu'au carrefour de Saint-Séverin, point où commence la rue Saint-Côme, ou de la Harpe.

CÔTÉ ORIENTAL
(du Nord au Sud).

PAROISSE DE SAINT-SÉVERIN.

CENSIVE DE SAINT-GERMAIN-DES-PRÉS.

MAISON DE LA CROIX, puis DU LYON D'OR (1441) et du LYON D'ARGENT (1538), faisant le coin occidental de la rue de la Huchette, ou de Laas, ancienne voie gallo-romaine, qui traversait le clos de ce nom. (Voir ce que nous en avons dit dans le volume consacré à la *Région occidentale de l'Université*.)

Cette maison, grâce à sa situation angulaire, formait originairement trois immeubles distincts, le premier sur la rue de la Huchette, le second sur celle de la Petite ou Vieille Bouclerie. Le corps de logis le plus méridional portait le nom de LA MADELEINE, et le vocable de LA CROIX était resté à celui qui formait le coin de la rue de la Huchette. Celui qui s'ouvrait sur cette dernière voie avait pour enseigne L'ÉCREVISSE. Au xvɪᵉ siècle, ils furent réunis en une seule maison. L'histoire de ces réunions et de ces disjonctions, commandées le plus souvent par des raisons d'industrie et de commerce, ou par des nécessités de famille, jette, ainsi que nous en avons fait plusieurs fois la remarque, beaucoup de confusion dans le parcellaire restitué du Vieux Paris.

MAISON DE L'OURS (1543), ayant antérieurement porté l'enseigne du LYON D'ARgent, fort commune en cette région. Elle avait dû constituer un des corps d'hôtel de la Maison de la Croix, qui changea deux fois d'enseigne, et elle dut en changer elle-même, en se détachant de l'immeuble principal.

Maison de la Heuse ou Heuze (1363), enseigne qu'on rencontre en plusieurs autres endroits du quartier «d'Oultre-Petit-Pont». En 1439, elle aboutissait à la rue de la Huchette, très probablement au moyen d'une allée, comme il en existait beaucoup à cette époque, entre les maisons de la même rue, ou de la voie située postérieurement. Cette allée devait longer la Maison de l'Ymaige saincte Catherine, ou saincte Marguerite, en façade sur la rue.

Maison du Lyon noir (1520), formée par la réunion de deux immeubles jadis distincts. Les Lyons «noirs, d'or ou d'argent» étaient appendus à beaucoup de maisons de ce quartier. Une enseigne fort répandue également en cette région était celle de

La Corne de Cerf (1040), portée par une maison qui en changea plusieurs fois dans le cours d'un siècle. On la trouve dénommée, en 1506 et 1578, Maison de l'Annonciation de Notre-Dame; en 1572, «Maison de l'Ymaige sainct Jehan, et en 1605, Maison du Bastillon. Ces variantes avaient sans doute pour raison des changements de propriétaire. D'autre part, les maisons situées sur le côté oriental de la Petite Bouclerie, aboutissant à la partie postérieure de celles qui avaient leur façade sur celle de la Huchette, avec lesquelles des allées les faisaient communiquer, ont dû, plus d'une fois, leur servir de dépendances, et réciproquement. De là, de nombreuses mutations dans les vocables.

Allée entre la Corne de cerf et l'Escu de sainct Georges.

Maison de l'Escu de sainct Georges, puis de la Pomme rouge (1527) ayant, à une époque antérieure, absorbé l'allée qui la séparait de la maison précédente. Il est probable que le tout dépendait jadis de la Maison de l'Annonciation, en bordure sur la rue de la Huchette.

Maison de la Bannière de France (1543), enseigne qu'on retrouve rue Galande, au lieu où fut transféré le Collège de Danemark, de Suesse, ou de Dace, après qu'il eut quitté la rue de la Montagne-Sainte-Geneviève. Cet immeuble aboutissait à un autre plus considérable, en façade sur le carrefour Saint-Séverin.

Maison de la Roze (1518) et de la Roze blanche (1543), dans une situation analogue à celle de la précédente.

CENSIVE DE L'ÉVÊCHÉ.

Maison de l'Asne rayé (1489) « tenant, dit un titre daté de 1511, à Jehan Carlier et aboutissant à l'Ymaige sainct Eustace », hôtel considérable, touchant, par les murs de fond, à cinq immeubles de la rue de la Petite-Bouclerie.

Maison de la Trinité (1575), détachée de l'une de celles qui lui étaient contiguës, probablement de la précédente, dans laquelle on la voit comprise, en 1520.

Maison du Plat d'estain (1489), faisant le coin occidental de la rue Saint-Séverin et ne pouvant, par conséquent, être confondue avec celle qui était située de l'autre côté de la rue, et portait la même enseigne. On retrouve, d'ailleurs, ce vocable sur plusieurs autres points du Vieux Paris.

Les notes assez confuses, qui nous ont servi à établir le parcellaire de la rue de la Petite-Bouclerie et de ses voisines, mentionnent ici une Maison de la Caige, ou de la Plastrière, qu'on ne retrouve pas sur le plan de restitution dressé par A. Berty, et dont il n'est fait, d'ailleurs, aucune description. Ne serait-ce point une confusion avec la Maison de la Hache, située de l'autre côté de la rue, et dans les dépendances de laquelle se trouvait une plâtrière, genre d'exploitation existant sur plusieurs autres points de la région. (Voir ce que nous en avons dit dans le volume consacré à la *Région occidentale de l'Université*, notamment à l'article de la rue Hautefeuille.)

La Maison du Plat d'estain formant l'angle de la Petite-Bouclerie et de la rue Saint-Séverin, il n'y avait point là, ce semble, place pour la Maison de la Caige, ou de la Plastrière.

RUE BOUTEBRIE.

Comprise entre les rues du Foin et de la Parcheminerie, cette voie, d'un parcours peu étendu, est ancienne, et les nombreux documents qui en font mention la désignent d'une façon différente. L'appellation primitive paraît avoir été *Erembourg de Brie*, du nom d'un bourgeois de Paris, qui y demeurait sans doute. Des chartes de 1265 et 1284 l'énoncent *Vicus Eremburgis de Bria* et *Braia;* le Rôle de la Taille de 1292 et le Dit de Guillot (1300) la nomment rue *Erembourc de Brie*. Le compte des confiscations anglaises pour 1421 altère un peu ce vocable : on y lit *Bourc de Brie,* ainsi que dans la *Description de Paris* par Guillebert

TOPOGRAPHIE HISTORIQUE DV VIEVX PARIS

RÉGION CENTRALE DE L'VNIVERSITÉ
Extrait du Plan dit de Saint Victor (1555)

TOPOGRAPHIE HISTORIQUE DV VIEVX PARIS

RÉGION CENTRALE DE L'VNIVERSITÉ
Extrait du Plan de Gomboust (1652)

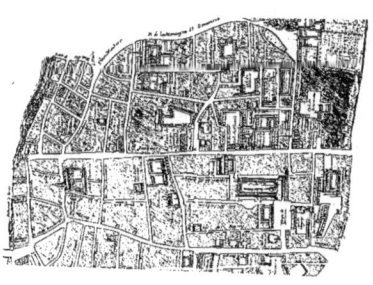

RÉGION CENTRALE DE L'VNIVERSITÉ
Extrait du Plan de la Caille (1714)

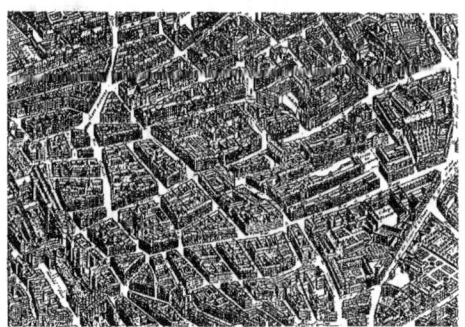

RÉGION CENTRALE DE L'VNIVERSITÉ
Extrait du Plan de Turgot (1736)

de Metz (1434). L'altération continue : aux xve et xvie siècles, on lit, en effet, *Bourg de Brye* en 1449; *Au bourg de Brie* en 1499, et enfin *Bout de Brie* et *de Brye* dans Corrozet (1586) et le *Journal de l'Estoile* (1593); *Boutebrie*, en un seul mot, est une forme plus moderne.

Malgré toutes ces variations, une seconde appellation a été donnée à la voie qui nous occupe. La proximité de la rue de la Parcheminerie y ayant attiré des enlumineurs, ou miniaturistes, — et cela dès le xiiie siècle, puisque le Rôle de la Taille de 1292 en nomme huit, — cette circonstance lui valut le nom de *rue aus Enlumineus, vicus Illuminatorum*, désignation qui disparaît au xve siècle.

Enfin le voisinage du Collège de Notre-Dame-de-Bayeux lui a fait parfois donner le nom du fondateur, Maître Gervais Chrétien, ainsi qu'on le voit dans un acte de 1532.

Raccourcie à son extrémité méridionale par l'ouverture du boulevard Saint-Germain, la rue Boutebrie est continuée aujourd'hui, sous une même dénomination, par celle des Prêtres, ou du Cloître-Saint-Séverin.

CÔTÉ OCCIDENTAL
(du Nord au Sud).

CENSIVE DE LA SORBONNE.

Maison faisant le coin de la rue du Foin, à l'opposite du collège de Maître Gervais Chrétien, ayant son entrée principale sur la rue du Foin, tenant, d'une part, dit un acte de 1541, «tout au long de ladicte rue du Bourg de Brie, d'autre, à deux maisons, l'une l'Escu de sainct Georges, l'autre le Daulphin, aboutissant, d'un bout, à la rue du Foin, d'autre, à la Maison du Pape, en la rue Bourg de Brie».

En 1530, cette maison avait été vendue par Charles Guillard, ou Grillart, président au Parlement, et Jeanne de Vignacourt, son épouse, à Louis Guillard, leur fils, évêque de Chartres.

On ne peut la qualifier de «maison sans désignation», puisqu'elle s'est appelée successivement Hostel de Bourbon et Maison de la Royne Blanche. La raison de ces deux dénominations est purement historique : un membre de la famille de Bourbon l'a possédée antérieurement à 1380, puisque, à cette date, elle est désignée sous le nom de Maison de la Royne Blanche.

On sait que les veuves de nos rois portaient le deuil en blanc; d'où le nom fréquemment donné aux maisons où elles se retiraient pendant leur veuvage. Quelques veuves royales ont dû l'habiter, aux xive et xve siècles; mais il est certain que, au commencement du xvie siècle, Marie d'Angleterre, veuve de Louis XII, fit choix de l'hôtel des abbés de Cluny, pour y passer la durée de son deuil. Or la maison dont il s'agit était située à l'opposite de l'hôtel de Cluny, dont elle n'était séparée que par une «granche».

Donc rien d'étonnant à ce que le séjour de la sœur de Henri VIII ait fait donner à l'ancien Hostel de Bourbon le nom de Maison de la Royne Blanche, qu'une tradition, inconsciente peut-être, lui a conservé jusqu'à nos jours.

La Maison de la Royne Blanche, qui formait l'angle des rues Boutebrie et du Foin, appartenait, en 1517, à Henri de Marle. Un acte de cette époque, relatif à une maison contiguë, contient, en effet, cette mention : «Maison du Lyon vert, tenant et aboutissant, en partie, à l'hostel qui fust Maistre Henry de Marle, qui fait un des coings de la rue Erambourg de Brie.»

Maison du Pape (1548), contiguë à celle qui formait l'angle occidental de la rue du Foin.

Cette Maison du Pape devait peut-être son nom au voisinage du collège de Maître Gervais, dont la fondation fut approuvée par Grégoire XI, et à la contiguïté de la Maison de la Royne Blanche, habitée, en 1530, par Louis Guillard, évêque de Chartres, puis, de 1575 à 1592, par Nicolas Fumée, évêque de Beauvais[1].

CENSIVE DU PARLOIR AUX BOURGEOIS.

Maison sans désignation, dépendant autrefois d'une autre maison sise en la rue de la Harpe.

A cette mention sommaire s'en rattachent trois autres, qui concernent des maisons indiquées dans les notes, mais non désignées sur le plan. Ce sont :

Partie postérieure de la Maison de la Magdeleine;

Derrière de la Maison de la Barbe d'or et du Lyon d'or;

Maison des Rosettes.

Ces immeubles, la Maison des Rosettes exceptée, étaient sans aucun doute des dépendances que projetaient, sur la rue Boutebrie, des maisons ayant leur façade sur la rue de la Harpe.

[1] Voir le *Gallia christiana*, t. IX, p. 765.

CENSIVE DU PARLOIR AUX BOURGEOIS.

Maison de l'Escu de France (1468), puis Maison de la Corne de Cerf (1575).
Cet immeuble est dit, en 1468, 1516 et 1533, être situé «ruë et devant le collège de Messire Gervais Chrestien, et au jardin dudict», puis tenir «à l'hostel de la Roze, en la rue de la Harpe, par devers la Parcheminerie».

CENSIVE DE SAINT-BENOÎT.

Maison des Deux-Boules (1600). Ce n'était, au commencement du xvie siècle, qu'une portion de la Maison de la Roze, en la rue de la Harpe.

Maison de la Trinité (1556).

Portion de la Maison de la Couronne faisant le coin de la rue de la Parcheminerie.

Les quatre maisons qui précèdent, et qui étaient situées dans le censive de Saint-Benoît, avaient d'autres enseignes en 1585; mais leur identification est certaine.

CÔTÉ ORIENTAL.

La partie de la rue Boutebrie faisant face, du côté oriental, aux immeubles que nous venons de désigner, était occupée par les murs et bâtiments du collège de Notre-Dame-de-Bayeux, fondé par Messire Gervais Chrétien, lequel collège avait son entrée sur la rue du Foin. (Voir à l'article de cette rue.)

CUL-DE-SAC BOUVARD.

Cette voie sans chef, *via sine capite*, ainsi que l'appelle un document de 1260, est mentionnée, dès le xiiie siècle, dans une charte faisant partie du Cartulaire de Sorbonne. Mais était-ce, à cette époque, une rue, une ruelle, ou une impasse? C'est un point sur lequel les historiens de Paris ne sont pas d'accord. Le Beuf croit qu'elle était primitivement la principale voie du quartier, et qu'elle coupait le Clos Bruneau, dans toute sa longueur, pour aller aboutir à la rue des Noyers. Jaillot affirme, au contraire, que la rue ou ruelle, dont le cul-de-sac Bouvard, dit-il, constitue le reste, n'existait pas au xiiie siècle, attendu qu'il n'en est fait mention ni dans le Rôle de la Taille de 1292, ni dans le Dit de Guillot (1300).

Mais ce silence ne prouve rien, en présence de la charte que nous venons de citer et qui constate que la voie existait vers le milieu du xiii° siècle.

Le point en litige demeure celui-ci : existant alors à l'état d'impasse, à quelle époque avait-elle pu être rue, ruelle ou *longue allée,* comme on la trouve dénommée parfois? Ce ne peut être au xii° siècle, puisque le Clos Bruneau n'était point encore bâti à cette date ; les constructions ne s'y montrent, en effet, que dans la première moitié du xiii°.

Mais, alors même qu'on admettrait son existence primitive à l'état de rue, il n'en faudrait pas conclure, avec Le Beuf, qu'elle était la voie principale du quartier. Il est évident que les rues Saint-Jean ou Jean-de-Beauvais et des Carmes, qui délimitaient le Clos Bruneau, étaient plus passantes. Cette dernière surtout, dont l'existence est constatée dès le xiii° siècle, et qui, continuant la rue des Sept-Voies, conduisait à la porte Papale, était certainement beaucoup plus fréquentée.

Selon toute vraisemblance, la voie qui a donné naissance au cul-de-sac Bouvard n'était, dans l'origine, qu'un sentier conduisant à quelque portion particulière du Clos Bruneau, ou ménagé à dessein pour la commodité des propriétaires, lorsque l'on commença à construire des maisons sur les terres des Carmes et de Saint-Jean-de-Beauvais.

Ce sentier, long et étroit, a naturellement pris le nom, si commun alors, de *longue allée,* auquel s'est substitué, vers la fin du xiv° siècle, celui de *ruelle Jousselin* et *Josselin, Jusselin* et *Jusseline;* on trouve aussi, en quelques titres, *ruelle Saint-Hilaire.*

Quant à l'appellation moderne, elle ne remonte pas à plus de deux siècles. Jaillot croit qu'elle la devait à des étables où l'on renfermait les bœufs ; il est plus raisonnable de supposer que *Bouvard,* ainsi que *Josselin* et ses altérations, était un nom propre.

L'impasse Bouvard n'a pas de topographie parcellaire, parce que les maisons qui la bordaient n'y avaient que leur partie postérieure, les façades étant tournées vers les rues des Carmes ou Saint-Jean-de-Beauvais ; ce qui contribuait à la rendre déserte. Un mémoire imprimé, du commencement du xvii° siècle, dit que les nombreux assassinats dont elle était le théâtre amenèrent les propriétaires des maisons qui la longeaient à en usurper successivement le sol.

On ne cite, au xvi° siècle, qu'une maison, dite DE L'IMAIGE SAINCTE KATTERINE, ayant issue sur la ruelle Jousseline et située derrière la maison de la Longue-Allée ; le plan de restitution l'identifie.

RUES DE LA GRANDE ET DE LA PETITE BRETONNERIE.

La première de ces deux voies était qualifiée de *grande*, uniquement pour la distinguer de sa voisine qui était plus *petite*, moins ancienne, et la rejoignait à angle droit; elles ont été détruites, l'une et l'autre, lors du percement de la première partie de la rue Soufflot. Il ne reste, de leur situation, d'autre trace que l'angle en retrait formé par l'une des maisons du côté méridional de cette dernière voie, entre la mairie actuelle du ve arrondissement et la rue Saint-Jacques, sur laquelle débouchait la *Grande Bretonnerie;* elle aboutissait, d'autre part, à l'une des portes de l'ancien collège de Lisieux.

Elle devait, ainsi que *la Petite*, son appellation au fief de la Bretonnerie, qu'elle longeait, mais sur lequel elle n'était pas située, contrairement à ce que dit Jaillot. On la nommait également *Ancienne Bretonnerie*, *rue aux Bretons* et *des Bretons*, et *rue du Puis*, *vicus de Puteo*. Elle était ainsi désignée en 1244, comme on le voit par une charte de cette année, relative au couvent des Jacobins, qui en était très rapproché. Un puits qui s'y trouvait, et qui paraît avoir existé jusqu'aux remaniements opérés sur ce point au xviiie siècle, lui avait fait donner ce dernier nom, qu'on rencontre concurremment avec les autres, notamment dans un acte de 1427, où on lit : *rue du Puis, dite des Bretons*.

Géraud, dans son édition du Livre de la Taille de 1292, a donc eu tort de confondre cette rue du Puits des Bretons, avec celle du Puits du Mont-Saint-Hilaire, comprise entre les rues Traversière et Saint-Victor, le puits auquel cette dernière devait son nom n'ayant été creusé qu'au xvie siècle.

Le fief de la Bretonnerie a son histoire, que Sauval expose dans les termes suivants :

« Ce fief, assis près ladite porte Saint-Jacques, faisant partie de la rue anciennement dite *du Puits*, à présent Bretonnerie ou des Bretons, en allant à Sainte-Geneviève, joignant les murs de la ville, contenant cinq arpents et demi de terre, anciennement plantés en vignes, et sur lesquels est bâti le collège de Torci, dit *Lisieux*, avec cinq autres maisons près d'icelui s'entretenant l'une l'autre, tenant d'une part audit collège, d'autre bout sur et quasi joignant ladite porte Saint-Jacques, aboutissant par derrière aux murailles de la ville, et par devant sur ladite rue des Bretons, lequel fief a été inféodé dès l'an 1219, par le roi Philippe II, qui en investit un nommé Thibault de Chartres, détempteur dudit lieu à titre de censive; à présent appartient aux Religieuses, Abbesse et couvent de l'Humilité de Notre-Dame dite *de Longchamp*, par acquisition qu'elles en ont faite des hoirs dudit Thibault. Et pour raison duquel fief lesdites religieuses ont obtenu sentence du Trésor à leur profit, contre le substitut de Monsieur le Procureur général, le sept décembre 1585 [1]. »

---

[1] *Antiquités de Paris*, II, p. 426-427.

L'abbaye de Longchamps était encore propriétaire du fief de la Bretonnerie, à l'époque de la Révolution.

GRANDE-BRETONNERIE.

CÔTÉ MÉRIDIONAL
(d'Orient en Occident).

PAROISSE SAINT-BENOÎT.
JUSTICE ET CENSIVE DU FIEF DE LA BRETONNERIE.

MAISON À L'ABBÉ DE SAINT-BENOIT-SUR-LOIRE (1263), paraissant avoir eu pour enseigne, deux siècles plus tard, L'YMAIGE SAINCTE KATTERINE. Au commencement du xve siècle, elle n'appartenait plus au monastère de Saint-Benoît; ce qui explique son changement de dénomination. Vers la fin du xvie, elle fut divisée en deux corps de logis distincts.

MAISON DU CHEF SAINCT JEHAN (1538), dont une portion fut occupée par le marché de la Porte-Saint-Jacques, que Louis XIV accorda, en 1658, pour remplacer celui de la place du Pont-Saint-Michel. Les concessionnaires de ce marché étaient les filles de la Congrégation de Charonne, ou Bénédictines mitigées, fondée, dix ans auparavant, par Claude de Bouchavane. La fondatrice était veuve de M. Viguier, directeur des finances.

DEUX PETITES MAISONS sans désignation, dont l'une formait l'angle méridional de la rue Saint-Jacques. Elles ont dû faire partie de la MAISON DU CHEF SAINCT JEHAN, ou avoir été construites postérieurement à 1472, car cette dernière est dite alors, « attenante vers l'occident, à une grande place vuide située devant la porte Sainct-Jacques ».

CÔTÉ SEPTENTRIONAL
(d'Occident en Orient).

PAROISSE SAINT-BENOÎT.
JUSTICE ET CENSIVE DE SAINT-ÉTIENNE-DES-GRÉS.

MAISON DU DAULPHIN (1587), contiguë à celle qui faisait le coin septentrional de la rue Saint-Jacques. Elle échangea plus tard ce nom contre celui de ROSE DE PROVINS, ainsi que le témoigne la note suivante, extraite par A. Berty de quelque document authentique : « LE DAUPHIN, contigu au PAON, tenant, d'autre part, à LA CORNE DE CERF, de présent LA ROSE DE PROVINS ».

Maison de la Corne de Cerf (1587).

Maison de l'Ymaige sainct Anthoine (1587).

Maison sans désignation, appartenant au chapelain de la chapelle Saint-Julien, fondée à l'évêché de Paris; ladite maison formant l'angle occidental de la rue de la Petite-Bretonnerie.

Maison du Moulinet (1571), faisant le coin oriental de la rue de la Petite-Bretonnerie, et contiguë au collège de Lisieux; elle était composée de deux corps de logis.

PETITE-BRETONNERIE.

Cette voie, moins ancienne et plus courte que la précédente, aboutissait, d'une part, à la rue Saint-Jacques, et, de l'autre, en formant un angle droit, à celle de la Grande-Bretonnerie; elle devait son nom au voisinage du même fief. Ce n'était primitivement qu'une ruelle séparant la grande maison de l'Escu de France des maisons voisines. On ne la trouve mentionnée dans les titres qu'à partir de 1642. Elle a été détruite à la même époque que la Grande-Bretonnerie.

CÔTÉ MÉRIDIONAL
(d'Orient en Occident).

PAROISSE SAINT-BENOÎT.

JUSTICE ET CENSIVE DE SAINT-GERMAIN-DES-PRÉS.

Maison sans désignation sur le plan, mais appartenant au chapelain de la chapelle Saint-Julien. Elle devait faire corps, ou se confondre, avec l'immeuble possédé par le même bénéficiaire, et en façade sur la Grande-Bretonnerie.

Maison sans désignation.

Maison de l'Ymaige sainct Nicolas (1587), contiguë à la maison faisant le coin méridional de la rue Saint-Jacques, laquelle avait pour enseigne l'Ymaige Nostre-Dame.

CÔTÉ SEPTENTRIONAL

(d'Occident en Orient).

PAROISSE SAINT-BENOÎT.

JUSTICE ET CENSIVE DE SAINT-ÉTIENNE-DES-GRÉS.

Passage servant d'issue à la MAISON DU CROISSANT, en façade sur la rue Saint-Jacques, et séparant celle qui formait l'angle septentrional de cette rue d'avec la MAISON DE L'YMAIGE SAINCTE ANNE (1587), désignée peu d'années auparavant sous le nom de LA LIMACE. Une note, extraite de divers titres, porte, en effet : «LA LIMACE contiguë à L'YMAIGE NOSTRE-DAME, d'autre part, à un passage du derrière du CROISSANT». En 1596, cette maison est dite «appartenant aux Chollets».

MAISON DE L'YMAIGE NOTRE-DAME (1596), faisant le coin de la ruelle par où passait la procession du Chapitre, au jour de la Fête-Dieu. Nous parlons plus loin de cette ruelle, à l'article de la rue des Grés.

MAISON DES CARNEAULX (1448), puis DE LA COUR DU POMMIER (1560), ou PAULMIER (1587), à l'autre coin de la ruelle, contiguë à la maison formant l'angle de la rue de la Grande-Bretonnerie. Cet immeuble, qui paraît avoir, en 1517, porté le nom de LA CARIZÉE, est dit, en un titre, appartenir «à la Grande Confrérie de Nostre-Dame» composée, comme on le sait, de seigneurs, prêtres, bourgeois et bourgeoises de Paris, et ayant son siège dans l'église de la Madeleine, en la Cité.

La censive de cette grande confrérie était fort importante. Il en est question dans un grand nombre de titres relatifs aux rues et aux maisons de cette région.

RUE DE LA BÛCHERIE,

ET SES TROIS ANNEXES :

LA POISSONNERIE DE PETIT-PONT,

LA RUELLE DU TROU-PUNAIS,

LA RUELLE DES PETITS-DEGRÉS.

Cette voie, qui est parallèle au petit bras de la Seine, a pour point de départ, à l'est, les Grands-Degrés, la rue du Pavé de la place Maubert, et pour aboutissant, à l'ouest, la descente, ou rue du Petit-Pont. Les anciens titres lui donnent deux noms qui impliquent des origines différentes : *bûcherie* indiquerait le voisinage d'un port aux bûches, sur le bord du fleuve naturellement; *boucherie* viendrait d'un groupe d'étaux, ou marché à la viande, à moins que ce ne soit une altération orthographique du premier mot. Aussi lit-on *vicus de Bocheria* dans le censier de Sainte-Geneviève de l'année 1243, et *vicus de Boucheria* dans celui de 1250.

Ce qui porte à penser que cette dernière lecture est vicieuse et provient d'une erreur de copiste, c'est que l'orthographe véritable se retrouve dans les mêmes pièces : ainsi, dans le censier de 1243, où se trouve *vicus de Bocheria*, on lit également *vicus de Buscheria*, et, dans celui de 1248, *de Buscharia*. Le titre le plus ancien que nous ayons rencontré, une charte de 1219, fait mention d'une maison située *retro Buscheriam Parvi Pontis*; désignation qui devient la plus fréquente, soit en latin, soit en français, dans les pièces des xiv° et xv° siècles. La voie qui nous occupe y est communément appelée *rue de la Buscherie de Petit Pont*, dénomination qui se retrouve au xvi° siècle, mais abrégée : on écrit alors, dans le censier de 1509 notamment, *rue de la Buscherie* seulement.

Deux autres appellations se rencontrent dans des titres des xii° et xiii° siècles et donnent lieu à des étymologies conjecturales : dans le censier de 1243, on lit *in furcosa*, et, dans celui de 1176, *in furtosa, videlicet in buscheria*. *Furca* signifie à la fois fourche, ou bûche allongée, et fourche patibulaire; la première acception se rattache tout naturellement au mot *bûcherie;* quant à la seconde, elle indiquerait un lieu d'exécution choisi précisément dans une rue *voleuse, furtosa*, non qu'elle fût habitée par des voleurs, mais parce qu'il s'y commettait beaucoup de vols.

Mais il n'y a là, nous le croyons, que des conjectures, les altérations orthographiques que nous avons relevées plus haut ayant parfaitement pu se produire dans des pièces de la même époque.

Comme la rue de la Bûcherie longeait au nord le clos Mauvoisin, elle en a quelquefois pris le nom, ce que constate un titre de 1307. A cette date, le clos était couvert de maisons; mais le mouvement de construction n'avait commencé qu'au siècle précédent, et c'est probablement à l'extrémité occidentale de la rue, dans le voisinage du Petit-Pont, autour du prieuré de Saint-Julien-le-Pauvre, que les premières habitations se sont groupées. A l'autre bout, la dépression du terrain ayant rendu nécessaire l'établissement d'une levée avec « degrés », il y a tout lieu de croire qu'on y a bâti un peu plus tard.

La rue de la Bûcherie avait conservé, en grande partie, son ancien aspect, jusque dans ces dernières années, bien que le quai Montebello l'ait laissée en contre-bas.

Le prolongement de la moderne rue Monge, les démolitions et les nivellements, conséquence de cette opération éditilaire, ont notablement modifié la partie orientale de cette antique voie.

CÔTÉ MÉRIDIONAL
(d'Orient en Occident).
PAROISSE SAINT-ÉTIENNE-DU-MONT.
JUSTICE ET CENSIVE DE SAINTE-GENEVIÈVE.

Maison de la Serpent de pierre (1380), faisant le coin oriental de la rue du Pavé de la place Maubert.

Maison de la Teste noire (1446), ayant issue sur la rue des Trois-Portes.

Maison du Plat d'estain (1544), ayant, au commencement du xvi⁰ siècle, fait partie de l'une de celles qui lui étaient contiguës.

Maison de l'Ymaige sainct Marc (1440), aboutissant rue des Trois-Portes. Sur son emplacement, ou dans son voisinage immédiat, il en existait, en 1380, une autre qu'on appelait la Maison du Panier.

Chantier (1509) et plus tard Jeu de Paulme (1561).

Chantier (1380), faisant le coin oriental de la rue des Rats.

Ces deux chantiers occupaient peut-être, sur le bord de la Seine, l'emplacement de l'ancienne Bûcherie.

Maison du Soufflet (1567), formant l'angle occidental de la rue des Rats et ayant probablement eu pour enseigne la Corne de cerf, en 1506. Elle fut acquise, en 1568, par la Faculté de médecine, pour agrandir les bâtiments de son école.

Maison des Troys Roys de Coulongne (1509), acquise, cinq ans plus tard, par la Faculté de médecine.

Maison de la Couronne (1352). Au milieu du xv⁰ siècle, ce n'était plus qu'une «masure» et même un terrain nu, puisqu'on lit, dans un titre de 1445, «place, autres fois maison de la Couronne de fer». En 1458, on lui donne pour aboutissant «l'Ostel de Celsoy». Une note, sans indication de source, porte qu'elle fut vendue, au xiv⁰ siècle, à Thevenin Bernier, à la charge de «xl sols de rente pour les religieux de l'Ostel-Dieu».

Maison sans désignation, achetée en 1469, ainsi que l'emplacement de la précédente, des Chartreux qui la possédaient, par «les maistres de la Faculté de médecine, pour y establir leurs escoles». Dix-sept ans auparavant, elle est ainsi désignée : «Maison tenant à la place DE LA COURONNE, devant LA FLEUR DE LYS, tenant, d'autre part, à l'Ymaige saincte Katterine, acquise par Guillaume Cartelier, docteur en décrets». C'est la «grande maison des escholes», dit une note.

MAISON contenant «deux corps d'ostel, avec cour au milieu, et ayant pour enseigne L'YMAIGE SAINCTE CATTERINE, tenant, d'une part, aux Escoles de médecine, d'autre, faisant le coing de la rue au Feurre, d'un bout, par derrière et d'autre bout, par devant, à la cour de la Buscherie». Cette maison est dite appartenir alors au collège de Tréguier. En 1608, dit Du Breul (p. 563), la Faculté de médecine acquit L'YMAIGE SAINCTE CATHERINE «avec une grande masure, pour y bastir un magnifique théâtre anathomique».

MAISON sans désignation, faisant le coin oriental de la rue du Fouarre, et ayant, en 1559, formé une dépendance de la précédente.

MAISON DU CIGNE COURONNÉ (1509), puis de L'YMAIGE SAINCT PÈRE (1546), faisant le coin occidental de la rue du Fouarre.

MAISON DU LYON D'ARGENT (1480).

MAISON DU LYON (1308), puis DU LYON FERRÉ (1380) et ENFERRÉ (1509), ayant une issue sur la rue du Fouarre. Elle paraît avoir porté, en 1372, concurremment avec ce nom, celui de MAISON DE LA LONGUE ALLÉE; mais la première appellation semble avoir été beaucoup plus employée. Deux pièces imprimées par Sauval et Félibien ne la désignent, en effet, que par l'enseigne du «LYON FERRÉ».

Dans le testament de Robert de Jusiers, *de Jussiaco*, chanoine de l'église Saint-Germain d'Auxerre, on lit : «*Volo et ordino quod executores mei vendant domum meam dictam* AD LEONEM FERRATUM, *in Buscheria Parvi Pontis, et, de pecunia venditionis, emantur redditus, de quibus possint sustentari unus vel duo pauperes scholares perpetui, oriundi dicte ville de Jussiaco*[1].»

LE LYON FERRÉ est ainsi décrit sommairement dans une pièce de 1320 : «*Item quod in dicta domo erat un pignon, a parte anteriori, supra dictum vicum* (la rue de la Bûcherie) *et quedam figura leonis de petra, elevata et interclusa trelis de ferro*, etc.»
Ainsi la maison dont il s'agit avait «pignon sur rue», et, sur le mur de devant,

---

[1] *Histoire de la Ville de Paris*, t. III, p. 121.

se voyait un lion de pierre, enlacé dans un treillis de fer : d'où l'expression Lyon ferré.

Maison de l'Ymaige sainct Georges (1425), ayant dû faire partie de la suivante, qui était la

Maison de l'Ymaige Notre Dame (1426), laquelle n'était probablement elle-même qu'un démembrement du Lyon ferré. On ne l'en distinguait pas au xive siècle.

Maison du Cheval blanc (1454), puis de la Trinité (1489). On la trouve ainsi désignée dans une pièce de la fin du xvie siècle : « la Trinité, de présent le Poing d'or et la Main d'argent ».

En effet, la Maison du Poing d'or et de la Main d'argent, qu'un titre de 1543 désigne comme non distincte de la suivante, pourrait n'en avoir été qu'un morcellement.

Maison de l'Ymaige sainct Martin (1380). Un document de la fin du xvie siècle semble appuyer cette conjecture; on y lit, en effet : « Sainct Martin, en trois maisons, jadis en une ». L'une d'elles était peut-être la

Maison de la Granche (1380), puis de l'Ymaige Notre Dame (1501) ou de la Belle Ymaige (1547), faisant le coin oriental de la rue Saint-Julien-le-Pauvre.

L'Ymaige Notre Dame n'était, au commencement du xvie siècle, qu'un corps d'hôtel dépendant de la Maison de la Granche.

CENSIVE DE SAINT-JULIEN-LE-PAUVRE.

Maison du Coq et de la Poule (1539), formant l'angle occidental de la rue Saint-Julien-le-Pauvre.

Maison du Moustier (1598), ayant dû faire partie de la précédente. On la trouve ainsi désignée dans un titre de 1386 : « Maison en la rue si comme l'en va de la Poissonnerie de Petit-Pont à la Buscherie, tenant au Coq et à la Geline, c'est la Chaisne ». En 1433, dit une note, sans indication de source, c'était « la Chayère ».

CÔTÉ SEPTENTRIONAL
(d'Occident en Orient).

CENSIVE DE SAINT-JULIEN-LE-PAUVRE.

Maison du Papillon (1489), faisant le coin oriental de la ruelle du Carneau, ou ruelle du Port à M⁰ Pierre, dénomination qui lui venait d'une maison riveraine appartenant à M⁰ Pierre de Guigners. Derrière cette maison, il s'en trouvait deux autres longeant la ruelle, dont l'une, au moins, existait en 1537. Elle est ainsi désignée dans un titre de 1574 «maison appelée de tout temps et anciennement la maison de M⁰ Pierre de Guigners».

Maison des Quarniaux (1308) ou des Carniaulx (1380). Les Carneaux, ou créneaux, qui ont servi à dénommer cette maison et la ruelle voisine, ont désigné beaucoup d'autres immeubles du vieux Paris.

Quant à M⁰ Pierre de Guigners, il a donné, comme nous venons de le dire, son nom à la rue ou ruelle de la Poissonnerie, comprise entre le Petit Châtelet et la Seine, comme il est dit à l'article suivant; ruelle qui pourrait avoir, à son ordre alphabétique, un article à part, mais qui se lie trop intimement à la rue de la Bûcherie pour qu'on l'en détache.

POISSONNERIE ET BOUCHERIE DU PETIT-PONT,
alias RUE OU RUELLE DE LA POISSONNERIE,
RUELLE DU PORT À MAISTRE PIERRE,
RUELLE DE LA BUSCHERIE, ET BOUCHERIE DE PETIT-PONT,

RUELLE OÙ L'ON VEND POISSON DE MER ET D'YAUE DOULCE [1].

Ces dénominations diverses servaient à désigner les «pierres à poisson» et les «places», ainsi que les étaux où se tenaient des poissonniers et des bouchers. Lesdits étaux, places et pierres se succédaient dans l'ordre suivant, depuis le Petit Châtelet jusqu'aux Grands-Degrés du Pavé de la place Maubert; on y accédait par les Petits-Degrés et par les deux extrémités de la ruelle.

---

[1] Bien que ces «Poissonneries, Boucheries, rues et ruelles» aient été séparées par la rue du Petit-Pont, ce qui semblait en former des groupes distincts, elles constituaient, en réalité, un ensemble, par leur spécialité marchande et par les communications qu'elles avaient entre elles.

Deux étaux faisant, dit un titre de 1586, « les premier et deuxiesme, à l'entrée de la Boucherie de Petit-Pont, dite Gloriette, lesquels sont addossez contre les murs dudict Petit Chastellet ».

— « Item, dit le même titre, tous les autres estaulx, estans assiz audict Petit Pont, à la pointe de ladicte boucherie Gloriette, appellez les pierres à poissons; le premier desquels fait le coing de ladicte rue de Petit-Pont, et continuant en descendant jusques à la rivière, aussi adossez contre les murs dudict Petit Chastellet. »

Maison percée « estant devant lesdicts estaulx », lit-on dans un autre texte de 1573; elle avait sans doute une ouverture assez large pour permettre aux acheteurs d'arriver jusqu'à « l'estal à marée » qui était derrière; d'où sa dénomination.

Places à bouchers, et à poissonniers sans doute, adossées aux murs du Petit Châtelet, « commençant, dit un titre de 1563, depuis le Pavé de la rue dudict Petit Chastelet jusques à la dessante de la riviere, faisant un aultre coing dudict Petit Chastellet ».

Ici semblent pouvoir être rangées, à défaut de localisation plus précise :

Deux places « contre le grand mur du Chastellet, où l'on souloit cy-devant vendre poisson d'eau douce ». Un titre de 1618, qui les mentionne, ajoute que « à présent il y a appentis et estaulx servant à vendre ».

Cinq estaulx à vendre poisson de mer; « les trois assiz à l'entrée de la Boucherie de Gloriette, et les deux aultres estans et assiz du costé de la Poissonnerie fermée de pierres de taille prez du Petit Pont », est-il dit dans un titre de 1501.

Maison mentionnée dans un censier de 1329, « d'un costé le Chastellet, tenant à la ruelle où l'en vent le poisson d'yaue doulce ».

Les sept articles qui précèdent s'appliquent à la Boucherie Gloriette; ceux qui suivent se réfèrent aux côtés nord et sud de la « Buscherie de Petit Pont ».

La Chaisne, autre maison indiquée dans une pièce de 1386, faisant partie du Cartulaire de Sorbonne, et dénommée dans un autre titre de 1433 « la Chayere ». Le premier document la désigne ainsi : « en la rue si comme l'en va de la Poissonnerie de Petit Pont à la Buscherie, tenant au Coq et à la Geline, d'autre part, en censive du Roy ».

Nous mentionnons cette maison à l'article de celle du Coq et de la Poule.

Viendraient ensuite, mais sans localisation précise, plusieurs

Maisons sans désignation (1322, 1339, 1363, 1378), «sises prez le Chastellet, à Petit Pont» et appartenant à la Sainte-Chapelle, partie en la censive du Roy, partie en celle des hoirs Raoul de Pacy. Elles sont dites être situées «entre la ruelle où l'en vent le poisson d'yaue doulce et la rue où l'en va à la Buscherie».

Place vuide (1459) «où jadis estoit meson», contenant trois toises et demie de largeur, sur huit toises quatre pieds de longueur. Cette place, ou peut-être une autre voisine, fut vendue en 1502, par la Sainte-Chapelle, «à la charge d'y faire bastir mesons».

Places vuides (1384) «estans en la Buscherie de Petit Pont, au bout, par devers la place Maubert, sur la riviere, entre les murs qui nouvellement ont esté faicts sur ladite riviere, et derriere plusieurs mesons qui sont à l'endroict d'icelles places».

L'existence de ces «places vuides» et de ces «mesons» nous est révélée par un différend que soulevèrent les religieux de Sainte-Geneviève à propos de leurs droits de censive et de justice. Il fut décidé qu'ils auraient le fonds de terre, attendu que «jaçois ce que lesdictes mesons feussent en leur terre, toutes foys par avant que lesdicts murs neufz feussent faicts, icelles places estoient communes et n'estoient point des appartenances d'icelles mesons, et ne servoient que pour aller et venir à la riviere; par quoy vente et baulx n'en pouvoient yssir».

Il résulte de ce jugement qu'une partie du sol en bordure de la ruelle, celle surtout qui touchait à la Seine, n'était point considérée comme pouvant constituer une propriété privée, alors qu'il y avait intérêt public à en disposer. Ainsi fut-il déclaré, par sentence du Châtelet, en date du 19 novembre 1538, sur les remontrances du commissaire du quartier de Petit-Pont, portant que, «pour la décoration de la ville, il estoit à propos d'abattre plusieurs estaulx à poisson, au bout du Petit Pont». Les «gens du Roy» furent autorisés à s'y transporter et à prendre les mesures nécessaires.

On usait de plus de ménagements avec les grandes seigneuries religieuses. Ainsi, en 1570, l'Échevinage parisien ayant autorisé le dizainier, ou «capitaine de la dizaine», à faire construire un corps de garde près du Petit-Pont, la Sainte-Chapelle permit cette construction sur une place à elle appartenant et joignant la maison dont elle était une dépendance, «à la charge de desmolir quand la guerre sera finie».

Il ne reste plus aujourd'hui aucune trace de la Poissonnerie et de la Boucherie de Petit-Pont, pas plus que de la Ruelle à Me Pierre.

Ici devrait topographiquement prendre place la partie des bâtiments de l'Hôtel-Dieu construite sur la rive gauche de la Seine; mais la date de leur édification étant postérieure à 1610, le premier auteur de ce travail n'a pas cru devoir les faire figurer sur son plan. Qu'il nous suffise, dans le texte, pour éviter le reproche d'omission, de rappeler sommairement ce qu'en disent les historiens de Paris, contemporains de cette construction.

«En 1636, dit Félibien, les administrateurs de l'Hostel-Dieu augmentèrent les bastiments d'un grand corps de logis sur la riviere, auquel est adossé le Petit Pont de l'Hostel-Dieu. On vient encore d'accroistre tout nouvellement les édifices de cet hospital, qui ne sera jamais assez spacieux, quoi que l'on fasse»[1].

L'abréviateur anonyme de Félibien complète ce récit en précisant la situation des constructions nouvelles et en jugeant de l'effet qu'elles produisaient : «Les administrateurs de l'Hostel-Dieu, dit-il, ont ajouté depuis de grandes salles au delà de ce Petit Pont et sur la rue de la Bûcherie; ce qui, à vrai dire, offusque entièrement ce quartier; mais on ne pouvait se passer de ces nouveaux édifices»[2].

L'année 1636, ou plutôt 1634, est la date terminale de ces travaux, qui furent commencés en 1625.

PAROISSE SAINT-ÉTIENNE-DU-MONT.
JUSTICE ET CENSIVE DE SAINTE-GENEVIÈVE.

MAISON DE LA LONGUE ALLÉE (1332). A cette dénomination, très répandue dans le Vieux Paris, succéda celle du LOUP (1380) et de LA SERVOYSE (1441), sans doute parce qu'on y fabriquait ou l'on y débitait de la cervoise. L'identité de cette maison, qui formait deux corps de logis, résulte de la note suivante extraite de documents authentiques : «Fin du XVIᵉ siècle. — De l'autre costé, à commencer à LA SERVOYSE, que l'on dict LA LONGUE ALLÉE, en remontant le pavé du costé de Seine, LE LOUP».

MAISON DU LION (1332), puis DE L'YMAIGE SAINCT LOYS (1380). On trouve, en 1612, cette mention : «Saint-Loïs, avec quay».

MAISON DES MARMOUSETS (1483), sans autres indications; elle devait sans doute cette appellation, ainsi que la rue de ce nom, en la Cité, aux figures qui en décoraient la porte ou les murailles.

CENSIVE DE L'HÔTEL-DIEU.

MAISON DU PASSE-TEMPS (1576), non autrement déterminée.

---

[1] *Histoire de la Ville de Paris*, t. I, p. 394. — [2] *Ibid.*, t. V, p. 329.

Maison du Tourbot (1364), puis de l'Ymaige Nostre-Dame (1366) et enfin de l'Homme saulvaige) (1521), appellations successives dues évidemment à des changements d'enseigne.

Estuves à femmes (1364), ayant eu pour enseigne Sainct-James en 1576, et la Queue du regnard en 1587. Cette maison formait l'angle occidental de la Ruelle du Trou-punais, ou Lieu pugnais (1481-1490).

Les pièces de la fin du xive siècle ne lui donnent aucune désignation particulière ; mais antérieurement on la distinguait, en la nommant l'Archet, parce que l'on y pénétrait par une arcade dépendant d'une maison voisine. On trouve la preuve de ce fait dans plusieurs titres de l'Hôtel-Dieu, et notamment dans un acte de 1292, où est consignée la mention suivante : *duabus domibus in Bucheria Parvi Pontis, quarum una situata est super* Archeto, *per quod itur ad Secanam, et alia contigua est domui que dicitur de* Larchete.

Cette maison de l'Archete doit être la Queue de regnard, ou celle du Couperet ; mais l'identification absolue n'est pas possible.

En 1529, pour élargir une des maisons qui la longeaient sans doute, on rectifia l'alignement de la Ruelle du Trou-punais, en lui conservant quatre pieds deux pouces, dans toute sa longueur. Il est dit, dans l'extrait des *Registres du Parlement*, où se trouve consignée la mention de ce fait, que «la ruelle a tousjours esté fermée et ne sert que pour esgoutter et avaller partie des eaux venues de ladicte rue de la Buscherie en la riviere». Cette circonstance explique le nom de Trou punais, donné au cloaque qui en résultait.

PAROISSE SAINT-ÉTIENNE-DU-MONT.
JUSTICE ET CENSIVE DE SAINTE-GENEVIÈVE.

Maison du Couperet (1480), faisant le coin oriental de la ruelle du Trou-punais.

Maison de l'Escu de France (1481), dénommée, dans un titre de 1446, «le Lyon d'or de Flandres».

Maison de l'Ymaige Nostre-Dame (1488) et du Cigne (1493). La situation en est déterminée par les deux mentions suivantes portant, l'une la date de 1536, l'autre celle de 1604. Dans la première pièce, qui est un «compte de la recepte du cens sur les quays estant derriere la maison de ladicte rue» (la Bûcherie), il est dit : « L'Hostel-Dieu, pour le cay fiché sur quatre pieux, estant au derriere de leur maison ». La seconde est plus précise : « Quay assis sur les pieux dans la rivière de Seine, estant au derriere de la maison du Cigne, en la rue de la Buscherie. »

Maison de l'Ymaige sainct Liénard (1509), ou saint Léonard, comme on lit en un censier de 1646.

Maison de la Croix d'or (1536).

Maison de l'Imaige Nostre Dame (1601).
Cette appellation, très fréquente dans le Vieux Paris, s'appliquait ici à un corps de logis détaché, comme la Maison de la Croix d'or, de celle de l'Ymaige saint Liénard, ou Léonard.

Maison de l'Escouvette d'or (1509), achetée, comme les huit précédentes, par l'Hôtel-Dieu, ainsi qu'il est dit dans un censier de 1646, en vue des constructions annexes dont nous avons parlé plus haut.

Maison de l'Ymaige saincte Barbe (1509), acquise, avec la suivante, toujours au témoignage du censier de 1646, pour l'exécution du même travail. « Sainte Barbe et le Moulinet, y est-il dit, ont esté demolis depuis dix ou douze ans, pour faire un portail à l'Hostel-Dieu. »

Maison du Moulinet (15..), faisant le coin occidental des « Degrés » situés devant la rue du Fouarre et ayant probablement eu, en 1398 et 1427, l'enseigne du Croissant. En 1489, elle est dite « tenante à ung chantier aboutissant à la riviere », et, en 1496, on l'appelle « de présent le Mortier ».

Ainsi qu'on l'a vu plus haut, derrière la plupart des constructions bordant le côté septentrional de la rue de la Bûcherie, se trouvaient des *quays*, ou *cays*, c'est-à-dire des planchers reposant sur des pieux fichés dans le fond du fleuve, ce qui suffisait pour que lesdites maisons relevassent de la seigneurie de l'Évêché.

Degrés placés devant la rue du Fouarre (1398), à l'extrémité d'une petite ruelle ou impasse qu'on trouve diversement dénommée, et dont nous avons relevé les appellations; les voici :

Rue ou Ruelle des Petits-Degrés, par opposition aux Grands-Degrés du Pavé de la place Maubert. Plusieurs titres donnent les désignations suivantes :

« *les degrez de Seinne, les degrez menant à la rivière, la descente par où l'en va à Seinne* ».
Dans un acte de 1561, on lit : « *la descente du Port aux Tripes* », lequel était très voisin du « Port au Charbon », désigné dans le censier de 1586 et autres documents postérieurs. Les mêmes degrés y conduisaient et avaient valu à la ruelle cette nouvelle appellation.

D'autres « Degrez », placés en face de la rue des Rats, et dont nous parlons plus loin, étaient également l'aboutissant, vers le petit bras du fleuve, de cette rue et d'une partie de celle de la Bûcherie, et reliaient avec le voisinage ces *quays*, *cays*, ou planchers dont nous avons parlé plus haut. L'établissement, en contre-haut, du quai Montebello (1840) a mis fin à cet état de choses.

Maison du Cressant (1398), puis du Mouton (1476), faisant le coin oriental des Petits-Degrés devant la rue du Fouarre.

Maison de l'Estoille (1483), détruite peut-être peu d'années après, puisque le lieu est qualifié de « chantier », en 1489. Un document de 1654 prouve qu'elle subsistait encore à cette époque, ou qu'elle avait été reconstruite, puisqu'elle y est ainsi désignée : « l'Estoile, donnée pour les convalescents »; ce qui indique qu'elle servait aux malades, après leur sortie de l'Hôtel-Dieu.

Maison de la Fleur de lyz (1483).

Maison de l'Ymaige Nostre Dame (1429).

Maison de l'Ymaige sainct Pierre (1427).
Ces appellations, qu'on retrouve ailleurs, et qui étaient très communes au moyen âge, jetteraient quelque confusion dans le parcellaire que nous reconstituons, si l'ordre dans lequel les censiers énumèrent les immeubles ne nous servait de guide.

Chantier dépendant de la maison précédente, puis Maison faisant le coin occidental des Petits-Degrés, devant la rue des Rats.

Autres Petits-Degrés, conduisant de cette rue à la Seine, et probablement aussi anciens que ceux de la rue du Fouarre.
Après l'établissement du quai Montebello et surtout depuis la reconstruction du Pont-au-Double, il était resté, sur ce point, une pente assez forte, supprimée tout récemment pour l'établissement de la rue Lagrange.

Maison de l'Ymaige sainct Nicholas (1369 et 1427), formant l'angle oriental des Petits-Degrés situés devant la rue des Rats. Elle figure dans le compte des confiscations anglaises pour l'année 1421, compte publié par Sauval : «Maison en la Buscherie de Petit-Pont, faisant le coing de la rue des Rats, sur laquelle Pierre de Berry, qui fut précipité ès prisons à Paris, prenoit cent solz parisis de rente»[1].

Maison et Chantier par derrière (1444).

Maison de la Corne de cerf (1509), avec Chantier et Jardin, par derrière.

Maison, avec Chantier.

Maison de l'Ymaige sainct Jacques (1509). Elle changea d'enseigne, postérieurement à cette date, puisque le censier de 1646 la désigne ainsi : «La Chasse, auparavant Saint Jacques».

Maison sans désignation.

Maison de l'Ymaige sainct Jehan (1451), faisant le coin occidental du Pavé de la place Maubert.

---

[1] *Antiquités de Paris*, t. III, p. 295-296.

CHAPITRE III.

ÉCOLES DE MÉDECINE DE LA RUE DE LA BÛCHERIE.

SOMMAIRE : Assemblées anciennes des médecins de Paris. — Achat de maisons dans la rue de la Bûcherie; agrandissements successifs; décisions prises par la Faculté, de 1454 à 1745, relativement à des travaux de bâtiments : salles de cours, amphithéâtre, ou théâtre anatomique, appropriations, constructions nouvelles, etc., d'après les *Registres-Commentaires* de la Faculté.

Moins heureux que les théologiens, les canonistes et les artiens qui eurent leurs écoles dès le XIIIe siècle, les « mires » ne purent avoir les leurs que dans la seconde moitié du XVe, et encore les installèrent-ils en de vieux bâtiments, fort mal appropriés à leur nouvelle destination. « On raconte, dit le savant continuateur de Du Boullay, que les médecins se réunissaient dans l'église Sainte-Geneviève des Ardents, et quelquefois à Notre-Dame, autour des grands bénitiers de pierre placés sous les tours. Pendant le règne de Charles VII, la Faculté fit sans succès quelques démarches pour changer cet état de choses. Mais, peu d'années après, un de ses docteurs, Me Despars, lui ayant fait don de 300 écus d'or, elle jugea l'occasion favorable, et, par deux délibérations successives, elle décida qu'elle achèterait aux Chartreux, pour la tenue de ses assemblées et pour ses exercices, une maison en la rue de la Bûcherie. »

Ce n'est pas seulement une maison, mais encore l'emplacement d'une autre « que les maistres de la Faculté de médecine » acquirent, en 1469 ou 1472. Maison et emplacement sont ainsi désignés dans un titre de 1452 : « MAISON tenant à la place de la COURONNE, devant la FLEUR DE LYS, tenant, d'autre part, à L'YMAIGE SAINCTE KATTERINE », achetée puis vendue, avec la place contiguë, aux Chartreux, par Guillaume Cartelier, docteur en décrets; elle fut, après quelques travaux d'appropriation et d'agrandissement qui furent terminés en 1477, le lieu d'assemblée de la Faculté, qui s'y réunit pour la première fois en 1483, mais ne put encore y installer ses cours, à cause de l'insuffisance des locaux.

Les agrandissements nécessaires se firent très lentement, faute de fonds : une petite chapelle provisoire fut construite en 1490 et ne subsista que trente ans. Inaugurée en 1502, avec les salles d'école qu'on venait d'achever, elle fut démolie en 1529, pour faire place à un édifice plus digne de la Faculté.

Jusqu'en 1568, cette installation modeste dut suffire à l'enseignement médical; mais, à cette époque, la Faculté fit une nouvelle acquisition : elle acheta la Maison du Soufflet, et, cinq ans plus tard, celle de Troys Roys de Coulongne; ce qui augmenta sensiblement le pourpris de ses écoles. Il faut aller ensuite jusqu'en 1608 et 1678, pour constater de nouveaux agrandissements; enfin, c'est en 1744 que le petit amphithéâtre en bois, qui datait des premières années du xviie siècle, et avait été réédifié en 1620, non plus au coin de la rue du Fouarre, mais sur le terrain que couvrait la Maison du Soufflet, fit place à la rotonde existant encore aujourd'hui à l'angle des rues de la Bûcherie et de l'Hôtel-Colbert.

Comme l'ancienne maison de Sainte-Barbe, les vieilles écoles de médecine ont trouvé de nos jours leur historien spécial. Feu le docteur Chéreau a recueilli de nombreux éléments pour en écrire la monographie, et nous ne saurions mieux faire que d'emprunter, comme lui, aux *Registres-Commentaires* de la Faculté, les faits et les dates constituant les annales topographiques de ces anciennes écoles. On se convaincra, en effet, en parcourant ces sortes d'éphémérides, que le premier établissement et le développement successif de ces écoles ont été l'œuvre de plus de deux siècles.

HISTOIRE SOMMAIRE DES ÉCOLES DE MÉDECINE DE LA RUE DE LA BÛCHERIE,

D'APRÈS LES REGISTRES-COMMENTAIRES DE LA FACULTÉ.

Jeudi, 24 novembre 1454. — Dans l'église Notre-Dame, autour du grand bénitier, Jacques Despars, docteur-régent, chanoine de Tournay et de Paris, appelle l'attention de la Faculté sur les moyens à employer pour obtenir du Roi un bâtiment propre à recevoir les Écoles. Pour son compte, il offre, pour cela, 300 écus d'or, la plus grande partie de ses meilleurs livres, et même plusieurs meubles (*ustensilia*) destinés à garnir les écoles futures et leur bibliothèque. La Faculté s'empresse d'applaudir à cette généreuse proposition et elle décide qu'elle emploiera tous les moyens pour que les vœux exprimés par Despars soient promptement exaucés. Elle nomme dans ce but une commission ainsi composée : maîtres Odo de Credulio, Jean Episcopi et Denis Desoubz-le-Four, doyen.

20 mars 1469. — Réunion chez Enguerrand de Parentz, l'ancien des Écoles. On décide, à l'unanimité, qu'on achèterait une maison sise rue de la Bûcherie, appartenant autrefois à Guillaume de Canteleu, et que ce dernier, par son testament du 4 août 1368, avait léguée aux Chartreux. Cette maison possédait une cave, une cour derrière et un jardin avec masure; elle était contiguë à la maison portant pour enseigne l'*Image sainte Catherine*. Après l'achat, la Faculté se contentera de faire à cette maison des Chartreux les réparations urgentes et nécessaires.

2 mars 1471. — La Faculté nomme une commission chargée de faire réparer le mur qui sépare la maison (des Chartreux) qui lui appartient maintenant, de la maison de l'évêque de Chartres. Cette commission est ainsi composée : maîtres Denis-soubz-le-Four, Guillaume Basin et Jean Avis, doyen.

3 avril 1471. — Les maçons, en faisant une tranchée pour asseoir le mur mitoyen intermédiaire entre la nouvelle maison de la Faculté et celle de l'évêque de Chartres, trouvent une antique fosse d'aisances. Il s'agit de combler cette fosse. Les maçons demandent 10 l. 16 s. La Faculté et l'évêque de Chartres payeront cette somme, chacun par moitié. (convention du 9 décembre 1471). Ce mur mitoyen avait 4 toises 10 pieds de long. La Faculté eut à payer 28 l. 4 s. 10 d. et l'évêque de Chartres autant.

3 juin 1472. — On s'occupe beaucoup des écoles futures. La maison de Guillaume de Canteleu a été renversée de fond en comble; à sa place on a commencé l'édification d'un bâtiment neuf. Mais l'on n'a pas assez d'argent pour conduire jusqu'au bout la construction; on s'arrêtera lorsque le bâtiment sera construit à ras de terre. On écrira à Robert Poitevin, médecin du Roi, qui avait promis au moins cent francs (*sic*). On écrira pareillement à Conrad Hemgarch, autre médecin et astrologue de Louis XI.

27 février 1473. — La Faculté fait marché avec le maçon Pierre Henri, pour l'édification de la maison des Écoles jusqu'au premier plancher. La charpente coûtera 110 livres tournois.

29 janvier 1474. — On décide que le maçon Pierre Henri se mettra à l'œuvre immédiatement, et qu'il continuera sans interruption. Le susdit maçon s'y engage par contrat.

3 septembre 1474. — On arrête que les maîtres qui abandonneraient leurs honoraires pour la construction des écoles, ne le feraient que sous forme de prêt, et que la Faculté les rembourserait. Guillaume de Algia abandonne ainsi 4 écus; Denis-soubz-le-Four, Rasso Madidi, chacun 10 écus; Jean Rosée en est quitte pour 6 écus. On convient encore que les docteurs qui prêteraient de l'argent seraient remboursés avant tous les autres, et que celui qui donnerait le plus serait remboursé le premier. On donne en garantie tous les biens de la Faculté, comme appert d'un acte fait par les notaires Godin et Eveillard.

1475. — La maison des Écoles est terminée; on y place une chaire qui coûte 4 écus d'or, des bancs pour les écoliers; la porte d'entrée occasionne une dépense de 4 autres écus d'or. Il y a déjà une bibliothèque (librairie).

1478. — On parle déjà de réparer la maison. Procès avec les maçons et les entrepreneurs.

1491. — On protège les fenêtres des Écoles d'un treillage en fil de fer; on construit des latrines. Tout le pourtour des Écoles est garni de plaques de marbre pour les garantir de la pluie; ces plaques coûtent 4 écus 21 sols parisis. On constate encore l'existence d'un bureau (*burellum*) de la Faculté. Ces treillages en fil de fer ne suffisent pas encore pour garantir les vitres contre les vagabonds qui les brisaient à coups de pierres. Les comptes de l'année 1492 enregistrent une dépense de 4 livres parisis de fil d'archal, qu'exige un fabricant de Paris, le seul qui eût voulu se charger de cet ouvrage, «*propter penuriam fili, ratione belli durantis*».

28 juillet 1493. — Il est question de construire sur la porte extérieure des Écoles un petit monument qui servirait de chapelle. On nomme même pour cela une commission composée de Amici, Helani, Gaufridi et Michel de Colonia, doyen. Mais après mûre réflexion, et «*propter certas causas*», ce projet est renvoyé à une autre époque.

26 octobre 1493. — Des députés avaient été chargés d'étudier la question de savoir si l'on devait acheter un certain jardin et une vigne pour les anatomies. Ce terrain, situé près de la Faculté, coûtait 110 francs. Le doyen verra si la chose est à faire. On parle aussi (25 juin 1494) d'acheter, pour faire les anatomies, un jardin près de l'abbaye de Saint-Victor. (Ces projets n'ont jamais reçu d'exécution.)

30 mai 1499. — La Faculté fait paver la rue devant les Écoles. On place un heurtoir en fer à la porte extérieure «*ne amplius quateretur ostium lapidibus*».

14 janvier 1500. — Réunion touchant l'édification d'une chapelle au-dessus de la porte d'entrée, suivant un projet déjà conçu sept ans auparavant (juillet 1493). Mais il a tellement plu, l'accès aux Écoles est tellement difficile, que peu de docteurs ont répondu à la convocation. On renvoie cette affaire à une autre assemblée. Le 24 du même mois, on prend cependant un parti : on construira cette chapelle le plus tôt possible. Richard Helain, Théodore Le Cirier, Michel de Creil y aviseront.

31 octobre 1500. — On fera construire dans la cour des Écoles, contre les murs, deux espèces de bornes, fournies chacune de trois marches en pierre, afin que les docteurs puissent monter facilement sur leurs mules et en descendre. Cette construction coûte 54 sols parisis.

1500. — On achète (14 s. 4 d.) quatre charretées de sable pour élever le sol de la cour des Écoles détrempé par les eaux. On répare en même temps le mur des latrines détérioré par la même cause.

17 mai 1502. — La Faculté décide que, pour rendre l'air plus pur, il sera fait aux Écoles deux ou trois nouvelles fenêtres.

25 juin 1502. — Pour la troisième fois, on parle de la chapelle à construire au-dessus de la porte d'entrée des Écoles. Cette fois, la Faculté, après avoir fait visiter les lieux par les maîtres maçons Gondeval et Baudin, fait marché avec le maçon Nicolas Tréteau. Un contrat est passé le 7 août, et porte la dépense à 1,500 livres tournois. La chapelle aura 9 pieds de hauteur. A l'occasion de ce contrat, les maçons sont abreuvés de 28 sols parisis de vin. Ils travaillent si bien que le petit monument est terminé à la fin de l'année. Malheureusement, un maçon tombe de l'échafaudage et s'y blesse gravement. Les maîtres régents se cotisent et donnent à sa femme 60 sols parisis.

17 octobre 1514. — Pierre Rosée, docteur-régent, au nom de la Faculté, baille à titre d'échange, but à but, à Jehan Jacquin, enlumineur, et à Philippe de la Marre, sa

femme, 6 l. 40 s. de rente. Moyennant quoi Jacquin transporte à ladite Faculté la septième partie, par indivis, de la maison dite *des Trois-Rois;* cette maison se compose de deux corps de bâtiment, l'un devant l'autre, séparés par une cour, et ayant une cave.

1ᵉʳ février 1515. — Nicolas de la Marre et Pierrette Guyart, sa femme, vendent à la Faculté une septième partie de la maison dite des Trois-Rois.

21 décembre 1518. — Nicolas de la Marre et Pierrette Guyart, sa femme, Jehan de la Marre, Alix Grandeur, sa femme, François de la Marre et Geneviève Guyart, sa femme, garantissent à la Faculté la possession de deux septièmes de la maison des Trois-Rois.

20 août 1521. — Sébastien Fournier vend à la Faculté la septième partie de la maison des Trois-Rois.

22 avril 1525. — La maison des Trois-Rois appartient tout entière à la Faculté. Mais que va-t-on en faire? Les temps sont mauvais. On se contentera d'y faire percer à l'orient deux fenêtres vitrées. D'ailleurs, l'ancienne maison a besoin de beaucoup de réparations; un voisin, nommé Richer, se plaint que, par la faute des docteurs, sa maison est envahie par les eaux.

14 novembre 1527. — Les docteurs s'étant assemblés dans la maison de leur collègue, maître Zoline, Théodore Le Cirier démontre la nécessité d'agrandir les Écoles à cause de la foule des élèves. Il offre ses propres biens pour cela. La Faculté nomme une commission composée de : Théodore Le Cirier, Michel de Credulio, Pierre Laffilé, Louis Braillon, Guillaume Zoline, Michel Dumonceau et Jehan de Hartil.

15 août 1528. — Michel de Colonia, chantre à l'église de Paris, et docteur-régent, offre de construire, à ses frais, une chapelle, et de payer un chapelain qui serait présenté par la Faculté. On nomme des commissaires qui seront chargés de déterminer le lieu et la forme du bâtiment.

Louis Peteau, maçon juré, visite les lieux pour la construction de cette chapelle; il visite aussi la maison des Trois-Rois pour l'agrandissement des Écoles. Mais le devis qu'il dresse n'est pas accepté. On s'entend avec un autre maçon nommé Bastier. Le 27 septembre, ce dernier reçoit une première somme de 80 livres tournois. Le 19 octobre, un serrurier reçoit pareille somme de 80 livres. Il paraît au maçon qu'on ne peut construire sur le premier plan, à cause de la faiblesse du mur mitoyen entre les Écoles et la maison Richer. Il vaudra mieux la faire «*ad modum cujusdam aulæ*», plus élevée cependant que l'ancienne chapelle.

21 décembre 1528. — Mᵉ Charles Gauthier, procureur au Châtelet, et Nicolas de Vallancourt, marguilliers de l'église Saint-Étienne-du-Mont, cèdent, par rachat, à la Faculté, 8 sols parisis de rente, qu'ils percevaient sur la maison des Trois-Rois appartenant à ladite Faculté; ce rachat consenti moyennant 7 l. 4 s. t.

1535. — Un charpentier reçoit une certaine somme pour la construction d'une étable à chevaux. On plante aussi un nouvel érable dans le promenoir des Écoles.

19 octobre 1542. — Le quartenier de la ville ordonne, sous peine de confiscation, que la Faculté contruise des latrines dans la maison des Trois-Rois. Ces latrines coûtent : 62 l. o s. 20 d.; pour le charpentier, 15 l., dont 6 s. pour le siège.

1546. — La grande cour des Écoles est pavée de dalles de pierre; ces dalles mesurent 9 toises 1 pied de long, sur 1 3/4 de largeur. Le pavé de cette grande cour contenait 10 toises, et le pavé de la petite cour, 2 toises 1/2.

15 octobre 1547. — La Faculté décide que pour établir une communication entre les deux maisons des écoles on construira un escalier (*trochlea gradaria*).

1548. — Cet escalier est muni d'une corde à puits pour faciliter l'ascension aux Écoles supérieures.

1552. — Un maçon reçoit 10 l. 16 s. 2 d. pour avoir réparé les cheminées et les tuiles des Écoles, que les vents avaient emportées, plus, 30 sols pour «refaire les pissoeres de l'étable et vuider la fosse».

23 novembre 1566. — Des maisons voisines des Écoles sont à vendre. On décide qu'on les achètera afin de pouvoir agrandir ces mêmes écoles et bâtir un théâtre anatomique. On prendra pour cela l'argent provenant des nouveaux docteurs.

3 juillet 1567. — On décrète qu'on achètera la maison Richer et Gilbin (le Soufflet), voisine des Écoles.

4 juillet 1567. — Les deux architectes Thiersault et Le Peuple, accompagnés des quatre docteurs Le Gay, Denizot, Pretre et Jean Rochon, doyen, visitent cette maison et l'estiment à 2,500 livres. Maître Jérôme de Varade tâchera de s'arranger avec Isambert pour la troisième partie de l'immeuble.

29 novembre 1567. — Jérôme de Varade apporte le contrat de vente de la troisième partie de la maison du Soufflet.

15 janvier 1568. — Au nom de la Faculté, Jérôme de Varade achète ce qui restait de la maison du Soufflet, et qui appartenait à Marc Gilbin et Alexandre Richer, pour le prix de 420 livres. Notaire : M⁰ Malieux. On ne paye pas comptant, mais on assigne une rente aux vendeurs, en donnant pour garantie tous les biens de la Faculté. Le contrat de vente est du 6 juin 1568 et le contrat de garantie du 12 juin.

18 août 1568. — La Faculté apprend que la maison Richer (dite aussi du Soufflet) qu'elle vient d'acheter, menace ruine. On l'abattra complètement au premier jour.

1569. — On l'abat en effet; et le maçon, Nicolas Aubin, reçoit pour cela 145 livres.

25 janvier 1578. — On parle d'agrandir encore les Écoles à cause du grand nombre d'élèves qui les fréquentent.

20 novembre 1578. — Le doyen, Henri de Monanteuil, prononce un discours sur l'état actuel

de la Faculté. Entre autres choses, il fait remarquer que les chirurgiens ont acheté à Paris, près des Franciscains, un grand terrain dans lequel ils se proposent d'élever des bâtiments d'une grande splendeur et un théâtre anatomique; il faut de toute nécessité que la Faculté prévienne ce qui serait un grand malheur pour sa gloire, en augmentant ses Écoles et « en baptissant un théâtre anatomique »; la Faculté doit nommer un conseil pour travailler au rétablissement des finances, au renouvellement de la discipline, et à la construction d'un amphithéâtre qui servît à l'anatomie et à la chimie.

Ce conseil est nommé; il se compose de dix-huit membres, savoir : Jérôme de Varade, Vincent Mustel, Nicolas Le Grand, Gérard Denizot, Philippe Allen, Jean Rochon, Claude Rousselet, Simon Piètre, François Brigard, Pierre Laffilé, Louis Duret, Michel Marescot, Martin Girard, Guillaume Braillon, Nicolas Millot, Nicolas Hellain, Bonaventure Granger, Jean Riolan.

18 février 1599. — On s'occupe du théâtre anatomique. Sera-t-il construit en bois? Le sera-t-il en pierres? Grande divergence parmi les docteurs à cet égard; ce qui fait que le bâtiment n'est pas commencé.

10 juillet 1599. — La Faculté décrète qu'elle fera percer, dans le mur ou pignon qui regarde le jardin botanique, trois fenêtres correspondantes à celle du mur opposé.

3 août 1599. — Trois maçons jurés, François Petit, Claude Guérin et Denis Fleury, accompagnés des docteurs-régents, Pierre Laffilé, Claude Rousselet, Albert Lefebvre, Henri de Monanteuil, Nicolas Ellain, Guillaume Lussoy, Jean Lemoine, Georges Cornuty et Jacques Cousinot, vont examiner ledit mur ou pignon et donnent leur consultation (voir cette consultation, *Registre de la Faculté*, t. IX, p. 97 r°).

28 août 1599. — La Faculté charge Claude Guérin, maçon, de faire ces réparations, moyennant 250 écus au soleil. Ces réparations n'ont pas été bien faites, car en l'année 1607 on était obligé de soutenir ce même mur avec deux ancres de fer, qui coûtèrent 16 l. 10 s.

29 novembre 1600. — La Faculté fait paver la cour des Écoles « *quadratis silicibus* », pour donner issue aux eaux. Le paveur, Claude Voisin, reçoit pour cela 71 l. 5 s.

1601. — Guérin, maçon, construit dans la cour des Écoles deux bornes en pierres et en moëllons, afin que les docteurs puissent monter plus facilement sur leurs chevaux.

16 avril 1608. — L'amphithéâtre de 1604 était indigne de la grande École de Paris. Des architectes experts vinrent visiter l'IMAGE SAINTE CATHERINE, destinée, de par le Roi, à la construction de l'amphithéâtre nouveau. André du Laurent, premier médecin de Henri IV, se rendit lui-même sur les lieux, accompagné du lieutenant civil, François Miron (13 août 1608). Il fallut un arrêt du Parlement (18 septembre 1617), qui ordonnait que le bâtiment serait élevé, non plus sur l'IMAGE SAINTE CATHERINE, mais bien au coin de la rue des Rats, à l'endroit même de la MAISON DU SOUFFLET.

16 octobre 1617. — Les travaux sont donnés par adjudication, la maçonnerie (690 livres) à

Le Mercier, la charpenterie (730 livres) à Clément; la toiture (240 livres) à Thomas; la plomberie (357 livres) à Nicolas Rion, et le treillage des fenêtres à Jacques Boulanger [1].

Le 20 décembre 1629, Riolan disséquait dans le nouvel amphithéâtre.

12 mars 1643. — Les Écoles menaçaient ruine : Michel Le Masle des Roches, chantre de Notre-Dame, conseiller d'État, protonotaire apostolique, fait don à la Faculté de la somme de 30,000 livres, à la condition «que ce trésor servirait à la restauration des Écoles qui tombaient de vétusté». Par un vice du testament du donateur, sa donation se réduisit à 20,000 livres.

Cette somme servit, non à la réédification, mais à la restauration des bâtiments.

17 janvier 1741. — Tous les docteurs-régents convoqués, il fut enfin décidé au scrutin (12 voix contre 11) que le théâtre anatomique de Riolan serait démoli et reconstruit.

Enfin, au commencement du mois d'octobre 1742, le premier coup de pioche fut donné par le gravatier Bestin. L'architecte Barbier de Blignier avait dressé le plan. Les travaux ne coûtèrent pas moins de 120,000 livres. Entrepreneur, L'Héritier; sculpteurs, Duhamel et Lange; serruriers, Jean Tarue et Sornet; couvreur, Jacquemard; menuisier, Bayot; plombier, Gillot; peintre, Tourbat; marbrier, Pourrez; vitrier, Finet.

Le 18 février 1745, l'amphithéâtre fut inauguré par l'anatomiste Jacques-Bénigne Winslow, comme celui de 1617 l'avait été par Riolan.

---

[1] Ch. Jourdain explique dans les termes suivants les causes du retard de neuf ans que subirent les travaux :

«Des lettres patentes de 1608 avaient ordonné l'acquisition d'un terrain pour la reconstruction de l'amphithéâtre où avaient lieu les dissections. Une rétribution de 60 écus, imposée aux nouveaux licenciés, devait être employée à subvenir aux dépenses. Par une malencontreuse parcimonie, que sa pauvreté expliquait sans la justifier, la Faculté de médecine faillit mettre entrave à cette sage mesure, en détournant, pour ses dépenses ordinaires, une partie des fonds destinés à ces travaux. Enfin, après de long délais, l'affaire fut débattue devant le Parlement qui ordonna, en janvier 1617, que la totalité des rétributions acquittées par les licenciés reçussent l'affectation qui leur avait été assignée. Un nouvel arrêt rendu en septembre, par la Chambre des vacations, décida que l'amphithéâtre serait élevé dans la partie du jardin du Collège de médecine attenant à la rue de la Bûcherie; le soin de surveiller les constructions était confié au doyen de la Faculté et à trois docteurs, Mes Nicolas Ellain, Jean Riolan et Denis Guérin, qui devaient passer bail au rabais pour les travaux, pourvoir à leur achèvement, et rendre compte à la Cour.» (*Histoire de l'Université de Paris aux* XVIIe *et* XVIIIe *siècles*, p. 91 et 92.)

CHAPITRE IV.

SUITE DES RUES DE LA RÉGION CENTRALE DE L'UNIVERSITÉ.

Sommaire : Place de Cambrai ; terrain qu'elle occupait originairement ; aspect qu'elle présentait. — Terre de Cambrai ; origine de cette dénomination ; témoignages des anciens élèves du collège de Cambrai. — Collège de France ou Collège Royal ; première idée de cet établissement en 1300 ; commencement de réalisation en 1530 ; plans du collège ; suspension des travaux, additions successives ; état actuel. — Rue Chartière ; date de son ouverture ; origine de sa dénomination. — Hôtel de Bourgogne. — Collège de Coqueret, Coquerel ou Conqueret ; son installation première ; sa transformation ; ses agrandissements ; sa décadence ; achat de ses bâtiments par les fondateurs de Sainte-Barbe. — Description topographique des deux côtés de la rue Chartière. — Le prétendu Hôtel de la Belle Gabrielle. — Rue des Chiens, *alias* de Saint-Symphorien et Jean Hubert ; origine de ces trois dénominations ; état sordide de cette voie ; époque de sa suppression. — Chapelle de Saint-Symphorien-des-Vignes ; son origine ; son emplacement ; son architecture ; sa décoration. — Suite et fin de la description topographique de la rue. — Hôtel de Chalon.

PLACE DE CAMBRAI.

La place de Cambrai est d'origine relativement moderne, puisqu'elle ne date, en tant que place, que du commencement du xviie siècle ; jusqu'à cette époque, le terrain qu'elle a occupé appartenait au cimetière de Saint-Benoît et à la rue Saint-Jean-de-Latran, dont elle ne couvrait que la partie occidentale.

Un titre de 1482 donne d'intéressants détails sur l'aspect que la future place de Cambrai présentait, vers la fin du xve siècle. On y voyait alors « ung cymetierre estant en la rue Sainct-Jacques et faisant le coing de la rue par laquelle l'en va de ladicte rue à Sainct-Jehan de Latran ; lequel cymetierre, qui est cloz de murs, est front à front de ladicte eglise Sainct-Benoist et appartenant à ycelle eglise ; ouquel cymetierre a deux portes fermans, l'une du costé devers ladicte rue Sainct-Jacques, et l'aultre du costé du collège de Cambray. Au bout duquel cymetierre, devers ledict college de Cambray, a une petite place commune, estant en la haulte justice de ladicte eglise Sainct-Benoist et de Saincte-Geneviefve ; et laquelle place s'extend jusques auprez de la grande porte de la principale entrée dudict collège de Cambray, et jusques à une tournelle contre laquelle est enclavé ung marmozet de pierre de taille regardant sur une borne, laquelle a accoustumé estre sur le bout de la chaussée de ladicte rue de Saint-Jehan de Latran; lesquelz borne et marmozet que on dit faire la separation des haultes justices de Sainct-Benoist et de Saincte-Geneviefve ".

Ce texte, fort curieux au point de vue descriptif, nous fait connaître ce qu'était, en 1482, l'emplacement qui devint plus tard la place de Cambrai. Voici, d'après Sauval, qui en parle en historien contemporain, l'aspect que présentait la place, peu de temps après sa transformation : « Les libraires et les escoliers du Mont Saint-Hilaire et de la rue Saint-Jacques se promènent les soirs, après soupé, sur la Terre de Cambrai, qui aboutit à la fontaine Saint-Benoist et passe outre le College Royal, le collège de Cambrai et la Commanderie de Saint-Jean de Latran. Elle estoit couverte du cimetiere de Saint-Benoist, vers le commencement de ce siècle [1]. »

Et maintenant, quelle est l'origine du nom donné à cette « terre », ou « terrain de Cambrai », — car les deux mots se trouvent dans les titres et chez les auteurs, — nom que la place a gardé après sa transformation et qu'elle porte encore aujourd'hui? Faut-il la faire remonter à Guillaume d'Auxonne, évêque de Cambrai, lequel, en août 1336, acheta du curé de Saint-Benoît « une maison sur une place qui est devant Saint-Jean de Latran »? — « On le dit généralement », ajoute Le Beuf, qui cite ce texte; mais son savant annotateur, Hippolyte Cocheris, est, avec plusieurs autres historiens de Paris, d'un avis contraire; il fait, avec raison, honneur de cette appellation au collège de Cambrai, qui avait sa principale entrée sur la « terre » ou « terrain » dont il s'agit. La discussion à laquelle il se livre, et qu'il appuie de textes probants, mérite d'être intégralement reproduite.

« D'abord, dit-il, plus d'un siècle après l'acquisition de l'évêque de Cambrai, la place en question n'avait point encore de dénomination, et l'on était obligé de décrire les lieux environnants pour l'indiquer; en second lieu, cette place appartenant au collège de Cambrai, il est plus rationnel de croire qu'elle a reçu son nom de l'établissement qui le possédait [2] ».

Il en possédait tout au moins la partie qui l'avoisinait et sur laquelle il avait son entrée; et ce qui le prouve, c'est le procès qu'il eut à soutenir, en 1481 et 1482, contre l'église Saint-Benoît, propriétaire du cimetière auquel la « terre de Cambray » était contiguë. Elle n'était alors, ainsi que le constate une pièce transcrite par Hippolyte Cocheris, qu'un jardin entouré d'une haie, muni de portes fermant à clef, et clos, un peu plus tard, d'une muraille qui fut démantelée par les religieux de Sainte-Geneviève et les chanoines de Saint-Benoît.

---

[1] *Antiquités de Paris*, t. I, p. 633. — [2] Le Beuf, édit. Cocheris, t. II, p. 84.

D'anciens élèves du collège de Cambrai, appelés sans doute à témoigner dans l'instance, certifient « avoir veu, douze ou quatorze ans en çà, une place ou jardin, qui est devant et joignant, d'un costé, le collège de Cambray, d'aultre costé, un cymetiere de la cure de Sainct-Benoist le bien tourné; et à une place qui est devant ledict collège et Saint-Jehan de Latran, estre fermée d'espines et y avoir ung huis fermant à clef, par lequel les maistres et escolliers dudict colleige, à qui ledict jardin appartient, y entroient et yssoient chascun jour ».

Malheureusement cette jouissance était quelque peu troublée, à raison de la contiguïté du jardin et du cimetière : « iceux de Sainct-Benoist, disent les anciens écoliers du collège, en faisant procession le jour des Cendres, demandoient toujours la clef à ceulx d'icelluy colleige, qui l'avoient et la gardoient ».

Ce n'est pas tout : « les mesmes anciens disent en oultre qu'ils ont veu, puis quatre ans en çà, clorre d'espines et desclorre icelluy jardin, par ceux du colleige de Cambray, et commençoient à le faire fermer de muraille, quand les religieux de Saincte-Geneviefve et lesdicts de Sainct-Benoist par force le rompirent ou firent rompre ».

La seconde pièce visée par l'annotateur de Le Beuf est un autre certificat vu antérieurement par Berty, et dont nous avons placé un extrait en tête du présent article.

Le cimetière de Saint-Benoît, qui, par sa contiguïté, avait donné lieu à ces différends, fut transféré, au commencement du XVIIe siècle, derrière le Collège Royal, où une portion de rue a gardé son nom. Avant cette translation, on le nommait communément « le grand cimetiere, le cimetiere de Cambray, le cimetiere de l'Acacia » — à cause d'un arbre de cette espèce qu'on y avait planté — et enfin « le cimetiere du corps de garde », à raison de la proximité d'un poste qu'on y avait établi. La « terre » ou « place de Cambrai » avait pu en faire originairement partie; mais elle en était depuis longtemps détachée. (Voir les articles relatifs aux rues FROMENTEL, DU CIMETIÈRE-SAINT-BENOÎT, et SAINT-JEAN-DE-LATRAN. — Voir également, pour se rendre compte de l'emplacement occupé par le Collège de France, les notices relatives à ceux de Tréguier et de Cambrai, ayant leur entrée sur cette dernière voie.)

Les notices que nous leur avons consacrées, à l'article de Saint-Jean-de-Latran, concilient les deux opinions émises à propos de l'origine du nom de Cambrai. Guillaume d'Auxonne, évêque de la première de ces villes, et habitant, à Paris, un hôtel ainsi désigné, l'ayant légué pour en faire un collège, où s'installèrent les premiers boursiers, le nouvel établissement, qui donna plus tard son nom à la place, prit naturellement celui du diocèse et de la résidence parisienne de l'évêque fondateur.

COLLÈGE DE FRANCE [1].

Cet établissement supérieur d'instruction publique, qui est de fondation royale et n'a jamais appartenu à l'ancienne Université de Paris, occupe une place à part au milieu des collèges parisiens, créés, presque tous, par les libéralités des évêques, des abbés, des dignitaires ecclésiastiques et des particuliers.

C'est la première affirmation de l'idée moderne : donner l'enseignement est le droit et le devoir des gouvernants. « Dès l'an 1300, dit Le Beuf, Raymond Lulle avoit sollicité, auprès du roi Philippe le Bel, l'établissement d'un collège de l'espèce dont est celui-ci; mais cela n'a été exécuté que sous François Ier; encore le bâtiment qui se voit n'est-il que du tems de Henri IV [2]. »

La conception de Raymond Lulle fut reprise, plus de deux siècles après, par le roi-chevalier. Depuis l'alliance contractée par le frère de Charles VI avec Valentine de Milan, les relations avec l'Italie étaient devenues très fréquentes [3]. Les guerres de Charles VIII et de Louis XII amenèrent beaucoup de Français à franchir les monts et à connaître les savants que la chute de Constantinople avait forcés de se réfugier dans la Péninsule. François Ier les connut après Marignan et se souvint d'eux, même après Pavie; il distingua également, à Paris, les lettrés auxquels ne pouvait suffire l'enseignement élémentaire des collèges : c'étaient Vatable, Pierre Galland, Guidaceris, professeurs au Cardinal-Lemoine, à Boncourt et aux Lombards. A ce premier groupe s'adjoignirent d'autres maîtres, et le roi prit dès lors la résolution de fonder dans Paris, dit Félibien, « un nouveau collège où il espéroit d'attirer, par des récompenses, les plus savants hommes de l'Europe ».

C'est en 1530 qu'il y eut un commencement sérieux d'exécution.

« Le Roi, dit l'historien que nous venons de citer, commença par instituer, en 1530, les professeurs royaux des langues grecque et hébraïque, aux gages de deux cents écus d'or. A ces professeurs il en ajouta d'autres, à mesure qu'ils se présentoient, et l'on en fit monter le nombre jusqu'à douze en tout, savoir : quatre pour les langues, deux pour les mathématiques, deux pour la philosophie, deux autres pour l'éloquence, et autant pour la médecine, avec les appointements de deux cents écus d'or pour chacun des lecteurs royaux. On voit, par les lettres patentes de François Ier, en date du mois de mars 1545, qu'il leur donna la qualité de

---

[1] Le Collège de France, que nous plaçons à la suite de l'article relatif à la place de Cambrai, peut être également rattaché à la rue Saint-Jean-de-Latran, puisque son installation première a eu lieu dans les salles des deux maisons scolaires ayant leur entrée sur cette rue, Tréguier et Cambrai.

[2] *Histoire de tout le diocèse de Paris*, t. II, p. 602.

[3] Voir à cet égard le poème d'Astesan et la notice que nous lui avons consacrée dans le grand ouvrage intitulé *Paris et ses historiens aux XIVe et XVe siècles*, p. 515 et suiv.

TOPOGRAPHIE HISTORIQUE DU VIEUX PARIS

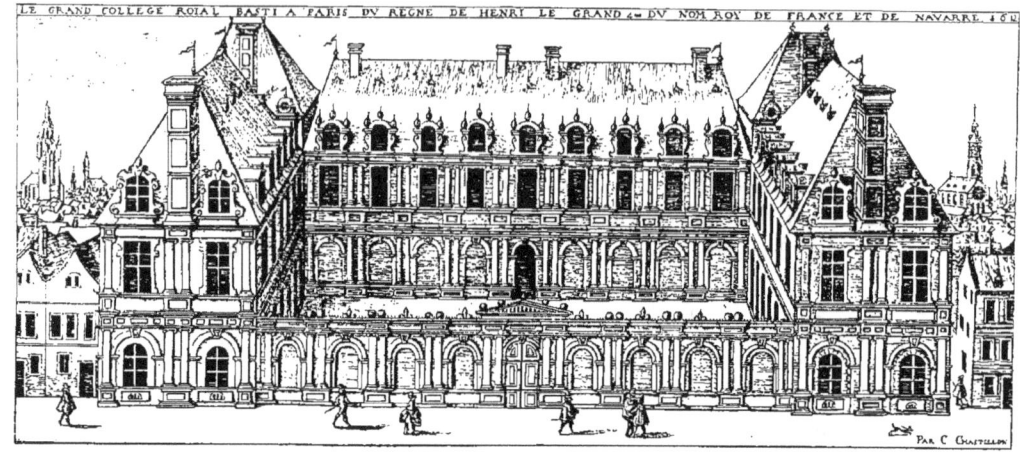

Plan suivant l'État Primitif. 1774.

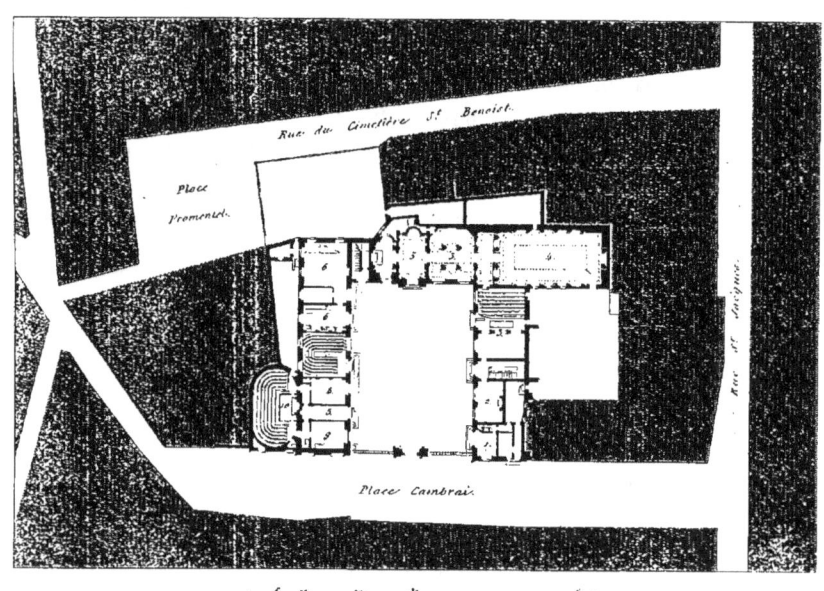

COLLÈGE DE FRANCE
1. Vue perspective — Réduction héliographique d'une estampe de Chastillon
2. Plan général (1774)

conseillers du roi, le droit de *committimus*, et les fit mettre sur l'état comme commensaux. Ce n'était toutefois que le prélude d'une plus ample fondation... Ce collége devoit être bâti dans la place de Nesle vis-à-vis du Louvre, avec une église magnifique et les autres édifices, suivant les dessins qui en avoient été faits. Mais le chancelier du Prat, ou Poyet, fit avorter cette entreprise... On ajouta à cette faculté (la médecine) deux autres chaires, l'une de chirurgie, érigée par Charles IX, et l'autre d'anatomie et de botanique, fondée par Henri IV... Henri III fonda, en 1587, une chaire de professeur en langue arabe..... Louis XIII en fonda une seconde, et une autre de droit canon; et enfin Louis XIV en a fondé une pour la langue syriaque et une deuxième de droit canon. Après la mort de François Ier, Henri II, son fils, soutint l'établissement du Collége Royal fondé par le roi son père. Mais comme il n'y avait pas encore de bâtiments, il ordonna qu'en attendant les professeurs du Collége Royal feraient successivement leurs leçons dans les salles du collége de Tréguier et de Cambray. Les guerres civiles qui survinrent ne permirent pas que l'on travaillât à la construction du Collége Royal jusqu'en 1609. Alors le cardinal du Perron persuada au roi Henri IV d'abattre le collége de Tréguier, ruineux, et d'en bâtir un autre à sa place sous le titre de *Collége Royal de France*, doté de trente mille livres de rente... Mais la mort du roi survint en même temps, et cet ouvrage fut réservé à Louis XIII, son successeur. Il posa, le 18 août 1610, la première pierre du nouvel édifice, qui est resté imparfait, comme on le voit aujourd'hui [1] ."

Félibien, dont Ch. Jourdain a reproduit le récit, nous apprend en outre ce que devaient être les locaux du nouvel établissement. Il y fallait d'abord quatre salles spacieuses pour les leçons publiques et des logements commodes et suffisants pour les professeurs, sur une cour de dix-huit toises de long et de douze toises de large, ornée d'une fontaine. Il devait y avoir, en outre, une grande salle, de toute la longueur du bâtiment, pour y placer la bibliothèque royale, qui était alors à Fontainebleau.

"Une commission, dont faisaient partie le cardinal Duperron, Sully et le président de Thou, avait été chargée d'aller reconnaître les terrains; les plans définitifs étaient arrêtés, les travaux sur le point de s'ouvrir, lorsque la mort du roi en compromit l'exécution. La reine mère, Marie de Médicis, annonça d'abord l'intention qu'ils fussent poursuivis avec rapidité; elle conclut les derniers arrangements pour la cession partielle du collége de Tréguier, moyennant la somme de cinq mille quatre cents livres; et, le 8 août 1610, le jeune roi, accompagné d'un brillant cortège, vint poser la première pierre du nouvel édifice... Deux ans après, le collége de Cambrai fut à son tour acquis par le Gouvernement, et une partie fut immédiatement démolie pour faire place au Collége Royal. Mais la construction, plusieurs fois suspendue par des troubles civils, n'avança que très lentement... Les travaux, lentement continués sous Louis XIII et sous les règnes suivants, restèrent inachevés; et, quand la dernière heure de la monarchie vint à sonner, les projets de Henri IV, pour l'installation du Collége Royal, attendirent encore leur entier accomplissement."

Ils l'attendent encore aujourd'hui, même après les additions successives faites aux bâtiments primitifs. Isolé du côté de la rue des Écoles, ainsi que vers les rues

---

[1] *Hist. de la Ville de Paris*, t. II, p. 985.

Saint-Jacques, Fromentel et du Cimetière-Saint-Benoît, le Collège de France est encore engagé, à l'est, dans les vieilles constructions qui restent de la rue Saint-Jean-de-Latran; il est appelé à former plus tard un îlot, par l'annexion de ces anciens corps de logis, sur l'emplacement desquels seront édifiés de nouveaux bâtiments.

RUE CHARTIÈRE.

Cette petite voie, qui existe encore aujourd'hui, mais à l'état d'impasse, se dirige du nord au sud, ayant pour point de départ le carrefour Sant-Hilaire, où se voyait autrefois le puits Certain, et pour aboutissant la rue de Reims, sur laquelle se profilent les bâtiments récemment annexés à l'institution Sainte-Barbe et au lycée Louis-le-Grand.

On n'en trouve aucune mention dans le cours du XIIe siècle, époque où elle n'était sans doute qu'un chemin de charroi; d'où lui est venu son nom. Le Livre de la Taille de 1296 est le premier document où il en soit question : elle y est nommée rue *de la Charretière*, et rue *à la Charretière*, dans celui de 1297. Le Dit de Guillot l'appelle *Charterie*. On trouve encore, dans des pièces de 1301, 1303 et 1313, les vocables *Charrière* et *Chartère*. Certaines pièces du XIVe siècle, rédigées en latin, la nomment *vicus Plaustri*. Enfin, Corrozet et Bonfons, en souvenir de l'origine probable de sa dénomination, l'appellent rue *des Charrettes*.

Elle est aujourd'hui limitée, du côté occidental, dans presque tous son parcours, par les bâtiments que le lycée Louis-le-Grand s'est annexés, ou a fait construire.

CÔTÉ ORIENTAL
(du Sud au Nord).

PAROISSE SAINT-ÉTIENNE-DU-MONT.

JUSTICE ET CENSIVE DU CHAPITRE SAINT-MARCEL.

Hôtel de Bourgogne. Cet hôtel, qu'il ne faut confondre ni avec le collège de ce nom, situé rue des Cordeliers, ni avec le manoir des comtes de Flandre et d'Artois, qui devint la résidence parisienne des ducs, par suite du mariage de Philippe le Hardi avec Marguerite de Flandre, et dont le donjon subsiste encore aujourd'hui, cet hôtel, disons-nous, fut vendu, en 1412, par ses propriétaires, et transformé en collège. Pour ne point en scinder l'histoire, nous avons réuni, à l'article *Collège de Reims*, tout ce que les documents nous en apprennent.

L'hôtel de Bourgogne formait l'angle oriental de la rue de Reims, sur laquelle il avait sa principale entrée.

PAROISSE SAINT-HILAIRE.

COLLÈGE DE COQUERET, COQUEREL OU CONQUERET.

Cet établissement scolaire, qui datait de 1418, est l'un des moins connus de la région qui en comptait de si nombreux et de si célèbres. Plusieurs historiens de Paris, Le Beuf en particulier, n'en parlent pas et il n'existe aux Archives nationales que très peu de documents le concernant. Jaillot le traite de «collège imaginaire» et de «prétendu collège». Cependant Félibien lui consacre quelques lignes, que Laverdy a reproduites dans son *Compte rendu* aux Chambres assemblées (12 novembre 1763).

Le collège, désigné par les trois appellations que nous avons recueillies, paraît avoir été, topographiquement du moins, le frère cadet de celui de Reims, dans la cour basse duquel il s'installa modestement. Maître Nicolas Coqueret, Coquerel ou Conqueret, natif de Montreuil-sur-Mer, avait tenu de petites écoles, disent Du Breul et Félibien, puis «de locataire, il s'en était rendu propriétaire *par subtilité*», c'est-à-dire qu'il était parvenu à ajouter la propriété de l'immeuble à celle de l'établissement scolaire qu'il y dirigeait. Sauval dit qu'il avait fait bâtir la maison sur un sol qu'il tenait à cens et à rente; c'est sans doute la possession du terrain qu'il s'attribua subtilement.

Si peu régulière que fût cette propriété, M° Nicolas Coqueret parvint à l'embellir, puis à la vendre, sans qu'il se produisît de réclamations. «D'une masse informe, dit Sauval, il fit un assez beau collège, et, entre autres choses, il l'orna d'un degré, en partie de pierre, en partie de bois, qui tourne en quatre branches sans colonnes, dans le milieu, bordé de balustres.»

L'acquéreur de la maison ainsi acquise et ornée fut Simon du Guast ou Dugast, dont le nom est intimement lié à l'histoire de Sainte-Barbe. Succédant, comme propriétaire et comme principal, à Nicolas Coqueret, qui mourut en 1463, après avoir fait de nombreux legs au monde universitaire, Simon Dugast devint bientôt un rival redoutable pour Reims, Montaigu et Sainte-Barbe. Élu recteur de l'Université en 1481, il céda la principalité à son neveu Robert, lequel *subtilisa*, à son tour, Coqueret, au profit de Sainte-Barbe.

Jaillot a contesté l'exactitude des dates de vente données par Félibien, ainsi que la réalité de l'acquisition faite par les Dugast, attendu qu'elles ne concordent point avec celle de la fondation de Sainte-Barbe, en vue de laquelle la maison de Coqueret aurait été achetée. Mais Jules Quicherat croit que cette aliénation a eu lieu réellement et à la date indiquée; il en donne pour preuve l'existence d'un «ancien fonds de Coqueret», dans les corps de logis successivement ajoutés à l'établissement fondé par les Dugast.

Coqueret fournit un exemple curieux de la transformation d'une «petite école» ou «pédagogie», en un établissement secondaire libre, puis en un collège.

Par suite de la rivalité existant, à Paris, entre les Grands-Chantres de Notre-Dame et les docteurs de l'Université, certains «permissionnaires» gradués s'affranchissaient de l'autorité cantorale, sous prétexte qu'ils enseignaient le latin, et que leurs établissements étaient ainsi d'ordre supérieur. L'Université se les agrégeait alors, et c'est ce qui advint à Coqueret, petite école fondée d'abord dans la basse cour du collège de Reims, ainsi que nous l'avons dit. Dans son *Index chronologicus Chartarum pertinentium ad historiam Universitatis Parisiensis*, Ch. Jourdain cite en note un manuscrit de la Bibliothèque Sainte-Geneviève où il est dit que les écoliers de Coqueret prennent rang, dans les cérémonies universitaires, après ceux du collège de Reims [1].

Confondu d'abord avec Reims, mêlé ensuite à Sainte-Barbe, Coqueret ne devait avoir et n'a eu, en effet, que peu de notoriété. Son principal, Robert Dugast, qui était tout à la fois docteur-régent en droit canon, curé de la paroisse Saint-Hilaire et directeur de la maison de Sainte-Barbe, ne pouvait, en effet, suffire à ces diverses tâches; aussi se vit-il, en 1551, enlever la principalité, à la suite de plaintes articulées contre lui par les régents. Reims et Sainte-Barbe se partagèrent ses dépouilles.

Si obscur qu'il ait été, au point de vue scolaire, pendant sa courte existence, et surtout depuis sa disparition, le collège de Coqueret a pourtant compté quelques beaux jours. Au XVIe siècle, il a servi à localiser une imprimerie parisienne; Hippolyte Cocheris a retrouvé, en effet, une édition d'un discours de Cicéron imprimé à Paris, en 1519, «*e regione collegii Conqueretici*», c'est-à-dire en face du collège. D'autre part, Jules Quicherat a fait remarquer, après Bayle, que Dorat, principal *in partibus* de la maison vide, où il ne se donnait plus d'enseignement, y avait amené et logé Baïf et Ronsard, les chefs de la fameuse Pléiade.

La sentence universitaire ayant retiré à Coqueret son privilège de scolarité, les classes vaquèrent, et les bâtiments demeurèrent en l'état jusqu'à l'année 1572, époque où eut lieu l'exécution judiciaire. La maison saisie fut vendue aux enchères et adjugée à un sieur Antoine de la Porte; puis, en 1604, elle passa à un sieur de Cordes. Toutefois l'adjudication première et la seconde vente ne durent pas comprendre la totalité de l'immeuble, puisque, en 1643, une inspection universitaire eut lieu dans ce qui restait du collège. Il est vrai, fait observer Ch. Jourdain, qu'elle constata l'absence du principal et des boursiers, ainsi que la présence de gens mariés, d'ouvriers et d'artisans divers qui y demeuraient.

Au temps où écrivait Félibien, il ne restait plus, du collège de Coqueret, qu'un seul bâtiment donnant sur la rue Chartière, «bâtiment où sont logés aujourd'hui

---

[1] *Post collegium Remense, inter gymnasia quorum scholares processionibus Academiæ aderunt.* (*Index chronologicus*, p. 290.)

les Barbistes aspirant aux écoles spéciales», dit Jules Quicherat. Sainte-Barbe a donc été et est encore le principal héritier de Coqueret. La notice que nous lui avons consacrée, et que le lecteur trouvera à l'article de la rue des Chiens, est par conséquent la continuation de celle-ci.

CÔTÉ OCCIDENTAL
(du Nord au Sud).

PAROISSE SAINT-HILAIRE.

JUSTICE ET CENSIVE DU CHAPITRE SAINT-MARCEL.

Maison de l'Escu de France (1389-1584), formant l'angle méridional de la rue Fromentel, ou du Cimetière-Saint-Benoît.

Cette maison contenait deux corps d'hôtel et faisait front sur la rue Fromentel, ou, en d'autres termes, sur le Carrefour du clos Bruneau, vis-à-vis le Puits Certain.

Elle paraît avoir porté, au xve siècle, le nom de Maison de l'Ysore, et son changement d'appellation a sans doute inspiré les auteurs qui ont cru trouver là un palais d'amour, c'est-à-dire le logis donné par le Vert-Galant à Gabrielle d'Estrées. — «La tradition est, dit Le Beuf, que la duchesse de Beaufort y a logé et y a reçu quelquefois Henri IV.» De son côté, Piganiol assure avoir vu, dans le contrat de mariage de César de Vendôme, fils de Gabrielle, contrat passé à Angers le 5 avril 1598, qu'elle fait élection de domicile à Paris «en son hostel rue Fromenteau».

Mais il existait alors à Paris deux rues de ce nom, l'une voisine du Louvre, et l'autre continuant celle du Cimetière-Saint-Benoît. Berty lui-même paraît s'y être mépris tout d'abord, après Piganiol et Le Beuf, puisqu'une de ses notes porte cette mention :

«1730. Maison du Grand Henri, faisant le coin de la rue Fromentel, vis-à-vis le Puits Certain.»

Heureusement, ses recherches sur le quartier du Louvre l'ont amené plus tard à identifier «l'hostel de la Belle Gabrielle», qu'il est beaucoup plus naturel de chercher dans le voisinage du Louvre qu'au milieu des ruelles du quartier Saint-Hilaire [1].

Hippolyte Cocheris, dans ses *Notes et additions* au texte de Le Beuf, s'est rangé à cet avis : «La maison de l'*Écu de France*, dit-il, n'a aucun rapport avec celle

---

[1] Voir le volume de la *Topographie* consacré à la *Région du Louvre et des Tuileries*.

de Gabrielle, qui était réellement située derrière le Louvre. Berty en a retrouvé l'emplacement certain. Cette découverte positive annule les conjectures un peu trop affirmatives du savant abbé [1]. »

La bonne foi de Le Beuf avait été évidemment surprise, tant par le vocable de la maison que par diverses inscriptions dues à ce même vocable. « On voit, dit-il, par une des inscriptions qui sont au frontispice, qu'elle a été rebâtie en 1606 et mise alors sous la protection du daufin Louis : on y lit, en effet, *Ludovice, domum protege.* Il y a, à la même façade, plusieurs inscriptions en lettres capitales grecques, et, à une cheminée du bas, d'autres sentences grecques et latines sur le marbre. Au coin de la maison, entre les deux rues, à la hauteur du premier étage, est, dans une niche, la statue de Henri IV, en manteau royal. Il y a apparence que c'est un professeur qui l'a fait rebâtir [2]. »

La maison de l'*Escu de France* a donc eu sa légende et son épigraphie.

Maison de l'Ymaige sainct Sebastien (1397) ou Ostel de Josaphat (1487).

Le dernier nom de cette maison lui fut donné parce que, au XVᵉ siècle, elle appartenait au couvent de Josaphat-les-Chartres. Elle devait le premier à une enseigne.

Ostel des Trois Pignons (1389),

ainsi désigné parce qu'il avait trois pignons sur rue. On le trouve aussi dénommé, en 1586, Ostel des Trois Pigeons, ce qui implique l'existence d'une enseigne, ou résulte peut-être d'une orthographe vicieuse. Il est dit alors « tenant et aboutissant à l'Ostel de Josaphat, d'autre part à Anthoine de Bencourt ». Un siècle plus tard, en 1661, il est dit « tenant par en bas et derrière à Saint-Sébastien ». Une épitaphe, relevée dans l'ancienne église Saint-Hilaire, permet de constater qu'il fut donné, en 1388, à la cure de cette église par Amand Raymond, conseiller du Roi. Enfin il fut baillé, en 1586, à Robert Croissant, ce qui lui valut la dénomination nouvelle de Ostel des Trois Croissans.

Maison du Chef saint Denis (1584),

formée de deux corps de bâtiment et devant très probablement son nom à l'un de ses propriétaires « Maistre Berthauld de Sainct-Denys » qui devint chancelier de Notre-Dame en 1290 ; ce qui fait remonter ladite maison au XIIIᵉ siècle [3].

---

[1] Le Beuf, édit. Cocheris, t. II, p. 15.
[2] *Ibid.*
[3] L'*Histoire littéraire de la France* (t. XXV, p. 317) contient, en effet, la mention suivante : «En 1288, dans les archives fiscales de l'Université de Paris, la maison que Mᵉ Berthault de Sainct-Denys habite rue de la Chareterie, *in vico Plaustri*, est taxée pour la somme de douze livres et demie ».

Huis de derrière, ou issue du collège du Plessis, qui avait sa principale entrée sur la rue Saint-Jacques.

PAROISSE SAINT-ÉTIENNE-DU-MONT.

Maison du Treillis verd (1584), laquelle renfermait un jardin contigu aux dépendances du collège du Plessis. C'est sur une partie de ce jardin que fut construite la chapelle du collège.

Entre la Maison du Treillis verd et le collège du Mans, il existait un emplacement qui dut être occupé primitivement par le collège d'Arras, lequel fut ensuite transféré dans la rue à laquelle il donna son nom, sur le flanc septentrional de la montagne Sainte-Geneviève.

PAROISSE SAINT-HILAIRE.

Ruelle des Marmoutiers donnant, au collège de ce nom, issue sur la rue Chartière, ainsi qu'on l'avait pratiqué pour le collège du Plessis.

PAROISSE SAINT-BENOÎT.

Portion du collège du Mans s'étendant jusqu'à la rue de Reims. Il existait primitivement, sur tout ou partie de cet emplacement, une maison appartenant au collège de Marmoutiers et contiguë à la ruelle.

Les possesseurs de maisons en la rue Chartière payèrent, comme les autres propriétaires de Paris, leur tribut à la domination anglaise. Dans les *Comptes des Confiscations de la Ville de Paris pour les Anglais* (1421), Sauval signale «un grand hostel rue de la Charriere, au dessus du clos Bruneau, qui fut à M° Jean de Londe, tué ès prisons».

La situation de cet immeuble ne peut être précisée; toutefois, comme on le qualifie de «grand», il semble qu'on doive l'identifier soit avec l'Escu de France, soit avec l'Ostel des Trois Pignons.

RUE DES CHIENS, *alias* SAINT-SYMPHORIEN ET JEAN-HUBERT.

Cette petite voie, courte, étroite et sordide, aboutissait, du côté oriental, à la rue des Sept-Voies, et, du côté occidental, à celle des Chollets. Elle paraît avoir été, à l'origine, une sorte de cloaque, où hommes et animaux allaient déposer leurs ordures : d'où le nom de la rue des Chiens, et un autre, plus inconvenant, dans lequel l'*n* est remplacé par un *u*.

Ces deux appellations vulgaires ne se trouvent pas dans les titres anciens, bien qu'elles aient été communément employées; une chapelle et un prétendu fondateur de collège ont contribué successivement à dénommer la rue d'une façon plus convenable.

La chapelle est celle de Saint-Symphorien, à laquelle nous consacrons plus loin une notice; le prétendu fondateur de collège est « maistre Jehan Hubert » qui a donné à la rue le dernier de ses trois noms.

On lit, dans un acte de 1209, *vicus Sancti Symphoriani*, et jusque dans les titres du commencement du xviie siècle, « rue Saint-Symphorien ». La chapelle placée sous ce vocable avait emprunté ou donné, dès le xiie siècle et peut-être auparavant, son nom au clos planté de vignes au milieu duquel elle était située. Ce clos semble avoir été circonscrit par des chemins, ou sentiers, qui sont devenus depuis les rues de Reims, des Chollets, des Sept-Voies et des Grés ou Saint-Étienne-des-Grés.

Celle des Chiens n'était pas la plus habitable, bien que plusieurs maisons y eussent des entrées et des issues. Elle partageait avec celle des Chollets le nom de Saint-Symphorien; mais l'aspect repoussant qu'elle présentait justifiait davantage l'appellation grossière que le peuple persistait à lui donner.

« La rue qui séparait les deux collèges n'était pas, dit Jules Quicherat, des plus fréquentées de Paris, ni des plus propres. A la nuit noire, elle devenait un de ces repaires où les voleurs allaient concerter leurs mauvais coups. Jamais peut-être, depuis qu'elle existait, le balai n'y avait passé. Les ordures de toute sorte y formaient une litière épaisse d'où s'exhalait pendant l'été l'odeur la plus fétide. Pour l'assainissement du quartier, le corps de ville décréta en 1522 qu'elle serait pavée immédiatement. Sainte-Barbe et Montaigu firent, chacun pour leur part, les frais de cette opération, qui fut, contre les prévisions de l'édilité, un remède pire que le mal.

« Il faut nommer les choses par leur nom. Les urines de Montaigu s'écoulaient d'ancienneté sur la voie publique, et s'infiltrant par le sol meuble qu'avait formé l'entassement des ordures, elles gagnaient les profondeurs de la terre. Lorsqu'il y eut du pavé, elles séjournèrent à la surface et s'en allèrent, à cause du niveau mal établi de la chaussée, former devant Sainte-Barbe des mares infectes [1]. »

Plus loin, l'historien de Sainte-Barbe donne de nouveaux détails :

« Il fut convenu, dit-il, que l'on pratiquerait sous la rue Saint-Symphorien un égout souterrain pour conduire les eaux immondes de Montaigu dans le jardin contigu à Sainte-Barbe; là elles se perdraient dans un puisard creusé à cet effet. (*Procès-verbal d'une visite judiciaire à Sainte-Barbe en 1559*, Arch. nat., S 6516, liasse 11.) »

La voie qui nous occupe paraît être celle que désigne un titre de l'an 1500, contenant « permission de faire clore une ruelle appelée la rue des Alemandiers,

---

[1] J. Quicherat, *Histoire de Sainte-Barbe*, t. I, p. 45, 46, 49.

aboutissant, par l'un des bouts, à la rue des Sept-Voies, et, par l'autre bout, à la chapelle Saint-Symphorien, accordée au colleige de Montégu, à ses frais, et ce pour empescher que les mauvais garsons et ribleurs, qui ont accoustumé de fréquenter en icelle rue et y faire plusieurs maulx, ne puissent plus aller et venir ».

Les aboutissants de la ruelle qu'il s'agissait de clore se confondent avec ceux de la rue des Chiens, et les «maulx» qu'y faisaient «les mauvais garsons et ribleurs» étaient sans doute de nature à justifier l'altération grossière de ce nom. Si l'appellation de «rue des Alemandiers» lui est appliquée, c'est qu'elle a pu être regardée comme formant la continuation de cette dernière voie, dans l'axe de laquelle elle était à peu près située.

Ce ne fut pas la seule concession, intéressant la rue des Chiens, que le collège de Montaigu ait obtenue en cette année 1500. On lui permit, à la même date, de faire construire une galerie «à travers la rue Saint-Symphorien», pour faire communiquer ses bâtiments avec le jardin qu'il possédait en face.

La rue des Chiens, qui a également, avons-nous dit, porté le nom de Jean Hubert, fondateur supposé de la première maison de Sainte-Barbe, a été, de nos jours, presque complètement absorbée par les constructions modernes qu'a fait élever cet ancien établissement, renouvelé et considérablement agrandi.

CÔTÉ MÉRIDIONAL

(d'Orient en Occident).

PAROISSE SAINT-ÉTIENNE-DU-MONT.

JUSTICE ET CENSIVE DE SAINTE-GENEVIÈVE.

Tout ce côté de la rue était occupé par une partie des bâtiments du collège de Montaigu, par les murs postérieurs de l'hôtel de Vézelay, ainsi que par l'enclos de la chapelle de Saint-Symphorien.

CHAPELLE SAINT-SYMPHORIEN-DES-VIGNES.

Cet édifice, — que le nom du clos où il était situé distinguait de l'église de même vocable, contiguë à Saint-Denis-de-la-Chartre, dans la Cité, — remontait à une époque assez ancienne. Jules Quicherat, dans sa savante monographie de Sainte-Barbe, a résumé en quelques lignes le peu que l'on en sait. «Devant l'hôtel de Chalon, dit-il, de l'autre côté de la rue des Chiens, se présentait de flanc la chapelle de Saint-Symphorien, antique édifice d'architecture romane avec un portail richement décoré. Elle avait été desservie anciennement par les religieux de Sainte-Geneviève; mais, depuis les guerres civiles, on avait cessé d'y célébrer l'office. Toutefois, par habitude, le peuple y venait encore en dévotion, le 22 août, jour de la fête du saint. Les marchands, qu'on rencontre toujours où se porte la foule, y venaient aussi : de sorte que, tous les ans, il se tenait là une sorte de foire, sur un petit parvis qui précédait l'église[1]. »

Les historiens de Paris ont peu parlé de Saint-Symphorien-des-Vignes; c'est dans les archives du collège de Montaigu que se trouvent les principaux documents où il en soit question. Il y est dit que la chapelle avait, dans œuvre, quinze pieds de largeur, neuf toises de longueur, et que l'épaisseur des murailles était d'environ trois pieds. La nef devait former deux travées aboutissant à un chœur, ou abside. Elle était entourée d'une enceinte et précédée du parvis, ou petite place, dont parle Jules Quicherat. L'emplacement qu'elle occupait est précisé par un plan d'alignement de 1687, lequel donne la situation exacte des deux contreforts de la façade.

Une «estimation», portant la date du 28 novembre 1514, décrit ainsi sommairement la chapelle et ses dépendances :

«Une chappelle, laquelle contient neuf toises de long sur quinze pieds de large, ou environ, à prendre par dedans euvre;

«Item, ung jardin joignant à ladicte chappelle, du costé de ladicte rue Sainct Symphorien, contenant unze toises de long sur trois toizes quatre piedz de large, ou environ;

«Item, une allée estant au chevet de ladicte chappelle, contenant huict piedz et demy de large, sur trois toizes de long, ou environ;

«Item, une maison assise à Paris, en la rue Sainct Estienne des Grés, faisant le coing d'une rue par laquelle on descend de ladicte rue Sainct Estienne des Grez ou colleige Saincte Barbe, et en la rue des Sept-Voies, contenant deux grands corps d'ostel en forme d'esquierre, caves, celier et grand court, tenant d'une part à ladicte chappelle.»

Un procès-verbal, en date du 3 septembre 1555, contient une longue description de l'état de délabrement dans lequel se trouvait alors la chapelle, état qui avait dû, autant que les querelles religieuses, y faire cesser le service divin. Après en avoir déterminé la situation et les aboutissants, l'auteur du procès-verbal donne les détails suivants :

«Ladicte chappelle est bastie et edifiée d'ancienneté, et des premieres de Paris, de grosses estoffes, matieres et pierres de taille, et est faicte de vostes antiques et de gros arcs, ou pilliers boutans... Et en toutes les parties d'icelle, en la forme et modelle antique, et les fondements d'iceulx arcs et pilliers boutans s'etendent dedans la terre, prez de ladicte chappelle, et de plus d'une toyse... Et est ladicte chappelle separée et sequestrée, par toutes les parties et endroicts d'icelle, de tous edifices... Le cueur et grant aultel de ladicte chapelle sont

---

[1] *Histoire de Sainte-Barbe*, t. I, p. 14.

RÉGION CENTRALE DE L'UNIVERSITÉ.

tombez par terre jusques aus fondemens, estans à fleur de terre, et sont appareus, à fleur de terre, estre de trois piedz de largeur, ou environ, et le grant aultel estre environ de quatre piedz, et y avoir des gros arcs et pilliers boutans, allant en longueur en terre, comme les aultres de ladicte chapelle, qui sont encore debout[1]... »

Deux autres procès-verbaux, datés l'un de 1570, l'autre de 1665, et figurant dans les archives du collège de Montaigu, achèvent de nous faire connaître la chapelle Saint-Symphorien-des-Vignes et ses dépendances, réduites alors à un état d'abandon qui leur enlevait presque toute leur valeur, à en juger par le bas prix auquel on les estime.

On lit, dans la pièce de 1570 :

« Place assise prez du colleige (Montaigu), contenant unze toyses deulx piedz de proffondeur, a prendre du dehors euvre du mur sur le carrefour, jusques au dedans du mur dudict colleige, sur neuf toyses quatre piedz et demy de large, à prendre par son millieu, y comprins une espoisse de murs sur la rue et la demye espoisse du mur mitoyen...

« En laquelle place y a une chappelle couverte de tuille en comble, appellée la chappelle Sainct Symphorien. A costé et au dessus du portique, y a deux petites chambres; par bas, une petite aysance; ung petit corps d'ostel à costé dudict portique, faisant luiz du coing de ladicte place... Une petite court à costé, en laquelle y a deux vieilz appentiz, couverts de bardeaulx; ung petit jardin entre ladicte court et chappelle, cloz de murs... Estimation à dix huit cents livres tournois, et soixante de rente. »

Le procès-verbal de 1665 contient quelques lignes descriptives que nous transcrivons ici : il y est parlé de « quatre fenestres à vitraulx de sainct Pierre et sainct Paul; et au dessoubz sont les représentations de deux abez..., un crucifix en peinture, avec des armes en escusson, dans lequel sont trois massues ». C'était sans doute le blason des deux abbés ou de l'un d'entre eux.

La chapelle Saint-Symphorien a donc eu bien des vicissitudes avant de disparaître du sol. Le Beuf et son annotateur les ont exposées, et nous les raconterons après eux, pour achever l'histoire de cet antique édifice. Voici d'abord ce que dit Le Beuf :

« Sauval assure qu'il y a eu, entre la rue de Saint-Etienne-des-Grez et la rue des Chiens, une chapelle de Saint-Symphorien, où dans sa jeunesse il avait vu célébrer la messe, le jour de la fête de ce saint. Je crois pouvoir conjecturer qu'elle auroit été d'abord bâtie par S. Germain, évêque de Paris, Autunois de naissance et fort dévot à ce saint, puis rebâtie après les guerres des Normans. Ce que j'en ai trouvé m'a appris qu'au moins elle existoit dès le XIIe siècle, et qu'elle avoit alors communiqué son nom à tout le canton des vignes qui en était voisin; de sorte que l'on disoit : telle vigne est située à Saint-Symphorien, *Vinea sita apud S. Symphorianum*. Ce sont les termes employés dans une charte du roi Philippe Auguste de l'an 1185. C'étoit dès lors une chapelle assez déserte. Mais un nommé Ausdone *Sylvaticus*, chevalier cremonois, contribua,

---
[1] On trouvera, aux Appendices, le texte entier de ce procès-verbal, qui est long et très descriptif.

en 1220, à la mettre en état d'être fréquentée. Il donna à l'abbaye Sainte-Geneviève le revenu qu'il avoit à Provins, à condition qu'il seroit employé à former la prébende d'un chanoine, que cette abbaye obligeroit d'y célébrer chaque jour; elle y est dite située *intra terminos parochiæ et territorii dicti Monasterii S. Genovefæ;* et ce chanoine est appelé *Rector Capellæ S. Simphoriani* dans le bref du pape Honorius II, de la même année, qui permet d'y avoir des cloches. Le terrain qui en dépendoit fut quelquefois appelé le clos de S. Symphorien, et d'autres fois le cloître S. Symphorien, et il y avoit quelques maisons dans ce clos [1]».

Hippolyte Cocheris fait les additions suivantes au texte de Le Beuf :

«L'antiquité de cette chapelle ne me paraît pas douteuse, et il est possible que ce soit l'église indiquée, en 700, dans le testament d'Hermentrude, sous le nom de *Basilica Sancti Sinsuriani.* Au XIIIe siècle, cette chapelle servait aux boursiers du collège de Montaigu. On lit, en effet, dans une charte du 1er novembre 1294 (Arch. nat., L 883) que les pauvres écoliers, étudiants en théologie, sont autorisés à posséder une clef de la chapelle de Saint-Symphorien et d'y célébrer l'office divin. Enfin, au XVe siècle, dans une transaction (Arch. nat., L 883), passée le 24 mars 1416, entre l'abbé de Sainte-Geneviève et celui du Mont Saint-Michel, on voit que ce dernier est autorisé à jouir paisiblement d'un hôtel sis à Paris, dans la censive et seigneurie de Sainte-Geneviève, tenant à l'hôtel de Chalon, *en dedans les mettes duquel hôtel est assise la chapelle de Saint-Symphorien,* dont ledit abbé du Mont Saint-Michel aura l'entrée et usage, sauf le droit d'y percevoir les oblations et d'en toucher les revenus.

«Plus tard cette chapelle servit au collège des Chollets, qui la garda jusqu'en 1504... Vendue au collège de Montaigu, le 9 septembre 1662, la chapelle Saint-Symphorien ne tarda pas, dit-on, à être démolie [2]».

CÔTÉ SEPTENTRIONAL

(d'Occident en Orient).

MÊME PAROISSE ET MÊME CENSIVE.

HÔTEL DE CHALON, et non DES ÉVÊQUES DE CHÂLONS, comme on l'a dit par erreur, en confondant *Cabillo* avec *Catalaunum*... C'était originairement le logis parisien de Jean de Chalon, chef d'une illustre famille bourguignonne, logis très voisin de l'hôtel que les ducs possédaient en ce quartier, et qui, lorsqu'ils l'eurent abandonné, devint le collège de Reims.

Jules Quicherat a été amené, par son sujet, à rechercher ce qu'était l'hôtel de Chalon, dans lequel s'installa d'abord l'établissement dont il a écrit la monographie. «Il avait, dit-il, son entrée sur la rue des Chiens, son flanc sur la rue des Cholets, et une aile en retour sur la rue de Reims. Nous ne savons rien de l'apparence qu'il offrait, sinon que sa façade était munie au moins d'une tourelle, et que, dans le tympan de la grande porte, on voyait sculptées les armes des princes d'Orange, de la dynastie de Chalon. De là la dénomination d'HÔTEL DES

---

[1] *Histoire de la ville et de tout le diocèse de Paris,* édit. de 1864, t. I, p. 597. — [2] *Ibid.,* t. II, p. 666.

Cinq Écus, qui lui fut donnée quelquefois, parce que ces armoiries étaient formées par l'assemblage de cinq écussons [1]. "

Ces indications, qu'on trouve dans un acte de 1407, pour le collège de Montaigu contre l'abbaye de Sainte-Geneviève, permettent d'identifier l'Ostel des Cinq Escus avec celui de Chalon, contrairement à l'opinion qui donne au premier une existence distincte.

L'hôtel de Chalon ou des Cinq Écus était une demeure importante. Entre les divers corps de logis dont il se composait, il y avait, dit Jules Quicherat, « une cour entamée, du côté de la rue de Reims, par de petits jardins attenant à trois masures..., après lesquelles venait, sur la même rue de Reims, la façade d'une maison décorée du nom d'hôtel et ayant pour enseigne les Trois Coulons, c'est-à-dire les Trois Pigeons " [2].

A la mort de Jean de Chalon, son hôtel passa à son second fils qui l'abandonna à l'abbaye bourguignonne de Vézelay, pour agrandir le logis qu'elle possédait dans le voisinage, ce qui permit, dès lors, de distinguer entre le grand et le petit Vézelay. Nous parlons plus loin de ces deux hôtels, à l'article de la rue des Grés, où ils avaient leur entrée principale, bien que l'historien de Sainte-Barbe les ait en quelque sorte rattachés à la rue des Chiens et à la chapelle Saint-Symphorien, dans le passage suivant de son livre : « Derrière le chevet de Saint-Symphorien, s'élevaient le petit et le grand Vézelay, deux hôtels, dont l'un servait de résidence aux abbés de Vézelay, lorsqu'ils venaient siéger au Conseil du Roi, et l'autre était destiné à ceux des profès de l'abbaye qu'on envoyait prendre leurs grades dans l'Université [3]. "

Cette question d'entrée jette une certaine obscurité sur la topographie parcellaire de la région, coupée de ruelles et divisée en îlots de peu de profondeur. Par suite d'agrandissement ou de réduction des locaux scolaires, les portes principales étaient déplacées; celles du fond devenaient parfois celles de devant, et le collège était dit avoir son entrée là où, précédemment, il ne possédait qu'une issue, ou porte de derrière. C'est ainsi que la partie de l'ancien hôtel de Chalon, ou de Vézelay, dans laquelle eut lieu la première fondation de Sainte-Barbe, était située, disent la plupart des historiens de Paris, « en la rue de Reims ". Mais, a fait observer Jules Quicherat, « elle n'y tenait que par ses derrières ". La rue des Chiens, ou de Saint-Symphorien, est donc le lieu où la notice relative à cette maison doit trouver place, et cela, avec d'autant plus de raison, que le troisième vocable de la rue est dû à Jean Hubert, auquel on a longtemps attribué la création de l'établissement primitif.

---

[1] *Histoire de Sainte-Barbe*, t. I, p. 12, 13. — [2] *Ibid.*, t. I, p. 13. — [3] *Ibid*, t. I, p. 15.

CHAPITRE V.

SAINTE-BARBE.

Sommaire : Origines de cette maison; ses fondateurs; son installation primitive; ses développements; annexion successive de divers immeubles; dotation et transformation de la maison libre en établissement public. — Geoffroy Le Normand, Martin Lemaistre, les Dugast, Robert Certain. — Décadence au xvii° siècle; renaissance au xviii°; absorption pendant la période révolutionnaire; reconstitution, au xix° siècle, à l'état de maison libre. — Les maisons dites de Sainte-Barbe et celles qui l'avoisinaient.

La monographie de cet établissement célèbre a été écrite de main de maître, par l'un de ses anciens élèves, Jules Quicherat, qui a puisé à toutes les sources et envisagé le collège sous tous ses aspects. Notre tâche est plus modeste; nous n'avons qu'à localiser topographiquement cette fondation scolaire, qui s'est perpétuée jusqu'à nos jours, après avoir subi de nombreuses vicissitudes.

Postérieure, d'un siècle environ, à la création de la plupart des petits collèges qui peuplaient le sommet et les versants de la montagne Sainte-Geneviève, la fondation de Sainte-Barbe, qu'on avait généralement fait remonter à 1430 et attribuée à Jean Hubert, docteur en droit canon, doit être fixée à l'année 1460, et il en faut faire honneur à Geoffroy Le Normand, qui fut principal du collège de Navarre et recteur de l'Université. Ce fut le premier collège *libre*, c'est-à-dire sans dotation, et obligé, par conséquent, de se suffire à lui-même, par opposition aux collèges rentés.

Installé dans l'hôtel de Chalon par Geoffroy Le Normand, à qui succéda, en 1474, Martin Lemaistre, le nouvel établissement reçut de ce dernier, dit Jules Quicherat, « tous les genres d'accroissement ». Il s'agrandit de trois maisons situées sur la rue de Reims et d'une propriété ayant appartenu à Jean Hubert. Ce n'est point qu'il les possédât, puisqu'il n'avait pas d'existence propre, en dehors de ses directeurs; mais il les occupait.

Ses autres accroissements datent surtout de l'époque où les Dugast le convertirent en collège régulier, c'est-à-dire propriétaire et doté. Robert, ayant été reconnu principal en 1553, s'occupa immédiatement d'en consolider et d'en agrandir les bâtiments.

« Aussitôt qu'il fut installé, dit Jules Quicherat, le vieil hôtel de Chalon, qui menaçait ruine, fut livré aux maçons. On le répara de fond en comble après avoir reconstruit les autres maisons qui y avaient été ajoutées, de manière à produire une enceinte de bâtiments uniformes... Les premiers travaux furent conduits sur l'ancienne propriété de Jean Hubert, dont la presque totalité fut couverte par de grands corps de logis. L'un de ces bâtiments s'est conservé jusqu'en 1840. C'est celui qui se présentait avec son escalier posé de flanc dans une tour pentagone, et un perron sur la devanture... Robert Dugast l'avait destiné au logement du principal [1]."

La fondation de Sainte-Barbe fut donc des plus modestes, et son historien ne dissimule point l'humilité de ses débuts; voici comment il s'en exprime dans les premières pages de son livre :

"Tous les historiens de Paris ont répété, après Félibien, que Sainte-Barbe doit sa fondation à un professeur de droit canon, nommé Jean Hubert, lequel prit à cens de l'abbaye Sainte-Geneviève une maison avec un terrain, situés dans la rue de Reims, en face du collège de ce nom. On cite comme preuve de cela un contrat passé par-devant le prévôt de Paris, à la date du 10 mai 1430. Mais ce contrat, dont l'original nous a été conservé, ne dit pas que Jean Hubert ait fait son acquisition pour fonder une pédagogie, et le contraire est démontré par d'autres documents, d'où il résulte qu'après lui la maison qu'il occupait devint la propriété d'un drapier et chaussetier établi au carrefour Saint-Séverin. D'ailleurs le nom de Sainte-Barbe ne se rencontre ni du vivant de Jean Hubert ni pendant les premières années qui suivirent sa mort. C'est en 1463 qu'on le voit paraître à propos du cens payé à l'abbaye de Sainte-Geneviève "pour la maison qu'on souloit dire l'hostel de Chalon et qui de présent est nommée le collège "de Saincte-Barbe", de sorte que l'existence de Sainte-Barbe a commencé non pas dans la maison de Jean Hubert, mais dans l'hôtel de Chalon, et longtemps après 1430 [2]."

Plus loin, l'historien de Sainte-Barbe localise ainsi la maison qui fut le siège du nouvel établissement :

"L'hôtel de Chalon était situé sur les rues des Chiens et des Cholets, *ne tenant à la rue de Reims que par ses derrières*. C'était le pied-à-terre que Jean de Chalon, chef d'une très ancienne et très illustre famille bourguignonne, s'était choisi à proximité du palais que le duc de Bourgogne, son suzerain, possédait alors dans la rue de Reims. Ce Jean de Chalon épousa une riche Provençale qui lui apporta l'héritage de la principauté d'Orange. A sa mort, sa maison de Paris échut à son second fils... Il passa avec les religieux de cette abbaye (Vézelay) un contrat par lequel il leur abandonnait son hôtel de Paris. L'abbaye ne resta pas longtemps propriétaire de l'hôtel de Chalon; elle le céda à son tour à un professeur de l'Université de Paris, nommé Geoffroy Lenormant [3]."

Enfin, quelques pages plus loin, Jules Quicherat précise la date de la fondation de Sainte-Barbe, placée trop haut par les historiens de Paris :

"C'est alors (1460), dit-il, que Geoffroy Lenormant acquit l'hôtel de Chalon pour y transporter ses élèves à la prochaine rentrée des classes; et ainsi Sainte-Barbe fut fondée le 1ᵉʳ octobre 1460, la dernière année du règne de Charles VIII [4]."

[1] *Histoire de Sainte-Barbe*, p. 304.
[2] *Ibid.*, p. 2 et suiv.
[3] *Histoire de Sainte-Barbe*, p. 4.
[4] *Ibid.*, p. 8 et 9.

Le côté topographique de la nouvelle institution devait nous occuper tout particulièrement; aux historiens universitaires appartient, en effet, tout ce qui regarde les statuts, l'enseignement, la discipline et les ressources de toute nature réunies pour assurer la prospérité de la maison transformée. Sous ces divers rapports, la générosité et l'activité du fondateur ne se démentirent point. « Robert Dugast, dit encore Jules Quicherat, rédigea les statuts et leur donna force légale par un acte notarié en date du 19 novembre 1556, qui contenait en même temps la dotation du collège [1]... Outre le sacrifice qu'il fit en émancipant Sainte-Barbe, puisqu'il renonça par là à l'une des sources les plus fructueuses de son revenu, il lui abandonna une rente sur l'Hôtel de ville et la propriété de deux immeubles, à savoir : une maison sise à Vitry-sur-Seine, avec dépendances en terres et en vignes, et l'ancien collège de Toul, converti alors en bâtiments de location [2]. »

A cela ne se bornèrent point les efforts de Robert Dugast : aux libéralités il joignit les bons offices. « Il était, ajoute Jules Quicherat, du nombre des gens de lettres que protégeait le cardinal de Lorraine. Ce grand personnage, tout-puissant auprès de Henri II, lui fit accorder gratis l'amortissement de Sainte-Barbe (février 1557) [3]. »

Voici, d'après un titre cité par A. Berty, quel était le groupe de bâtiments et dépendances du nouveau collège, au moment où allait commencer la seconde période de son existence dans le vieil hôtel de Chalon complètement réédifié. Il se composait de « plusieurs corps d'ostel tenant, la totalité, d'une part, à ung jardin estans des appartenances du colleige de Reims, et faisant le coing de la rue de Bourgongne », — la rue de Reims, où les ducs de Bourgogne avaient un hôtel qui fut converti en collège, — « d'aultre part, à une court nommée le *royaulme d'en bas* des pauvres du colleige de Montaigu, aboutissant, d'un bout, par derrière, audict jardin du colleige de Reims, d'aultre et devant, à la rue Sainct Symphorien. »

Le nouveau Sainte-Barbe était donc plus large que l'ancien; mais ce mouvement d'extension avait causé quelque inquiétude aux collèges voisins : Montaigu s'en émut et voulut s'y opposer. Il intervint, heureusement, à la date du 14 février 1561, un arrêt du Parlement qui, tout en imposant certaines charges aux Barbistes, les encourageait dans leurs travaux d'agrandissement. Jules Quicherat cite cet arrêt, par lequel « dict a esté que, ayant aucunement esgard à la requeste desdicts de Ste Barbe, la cour a condamné Mrs de Montaigu à délaisser auxdicts sieurs portion d'un jardin, suivant l'encoignure du viel corps d'hôtel dudit collège

---

[1] L'acte de fondation est dans Félibien, t. III, p. 652.
L'original sur parchemin est aux Archives nationales, M 190.

[2] Nous parlerons de cet ancien collège en son lieu.

[3] La pièce originale est aux Archives nationales, X 8610, fol. 24.

Ste Barbe, et donner à Mrs de Montaigu, pour récompense d'icelle portion, une partie de la place vague entre le jardin contentieux et ledit vieux corps d'hostel et autre portion du jardin desdits de Ste Barbe, près de la traverse de l'autre costé du jardin de Montaigu, à la charge par le collège de Ste Barbe de changer les vues du pignon dudit vieux corps d'hôtel et les mettre tant sur la rue que sur leur cour, et faire, par ledit collège Ste Barbe, approprier à leurs dépens les lieux, pour lesdites places demeurer à l'avenir auxdits de Montaigu, de pareille nature que leur étoit ledit jardin, dépens compensés, et pour cause[1] »

L'influence des Guises, hauts protecteurs de Robert Dugast, ne fut sans doute pas étrangère à cette transaction qui avantageait Sainte-Barbe, sans dommage pour Montaigu. Mais les nouveaux Barbistes étaient beaucoup plus riches que les pauvres «Capettes» : indépendamment de leurs immeubles et des revenus affectés à leur entretien, ils possédaient encore, dans leur voisinage immédiat, un hôtel nommé

LE CHAULDRON. Ce logis est ainsi désigné dans le titre de 1556 que nous avons cité plus haut: «Une maison, avec jardin, située au mont Sainct-Hilaire, et qui s'estend jusques au colleige de Reims, à laquelle pend pour enseigne LE CHAULDRON, tenant au presbytere, jardin et cymetierre de ladicte eglise — Saint-Hilaire — et au colleige de Kalambert (*sic*), d'aultre part à la rue d'Ecosse, aboutissant, par derriere, à la rue du Four et audict colleige de Reims, et, d'aultre part, par devant, à la rue Saint Hilaire. »

Les écoliers, principaux et régents durent occuper la partie des bâtiments contiguë au collège; le reste, mis à loyer, donna des revenus qui s'accrurent, lorsque LE CHAULDRON fut converti en cinq maisons distinctes, qui subsistaient encore au xviiie siècle sous les noms de SAINT-AMBROISE, LA FONTAINE OU LE MÛRIER, L'ÉCUSSON SAINT GRÉGOIRE, SAINT-JÉRÔME et SAINT-AUGUSTIN. Elles formaient une continuité de constructions, interrompue seulement par le presbytère et la communauté des prêtres de Saint-Hilaire.

Jusqu'ici nous avons assisté au développement de la prospérité matérielle et scolaire du nouveau collège; mais cette prospérité ne survécut guère aux Dugast, et le siècle suivant ne se termina pas sans un amoindrissement considérable de l'œuvre si puissamment fondée. Une mauvaise administration, un enseignement défectueux ayant sans doute contribué à la diminution du nombre des élèves, les bâtiments furent jugés trop vastes, et l'on résolut d'en vendre une partie. Nous empruntons à l'historien de Sainte-Barbe le récit de cet événement :

«Contre tout droit, toute loi, toute bonne foi, dit Jules Quicherat, l'administration de Sainte-

---

[1] *Histoire de Sainte-Barbe*, p. 309 et suiv.

Barbe, concentrée tout entière en la personne de Louis Delaroche, aliéna pour la somme de 48,750 livres sept corps de logis représentant la totalité de l'ancien hôtel de Chalon, plus la partie de cour comprise entre ces bâtiments. Par là Sainte-Barbe fut réduite à l'autre moitié de cour et aux seuls bâtiments posés sur le fonds de Jean Hubert. Singulier collège, qui n'eut plus ni chapelle, ni salles d'études, ni porte d'entrée, car toutes ces choses étaient dans la partie vendue. Mais ce qui est encore plus singulier, c'est le calcul qui poussa l'Université à cette acquisition. Lorsqu'elle eut sa portion de Sainte-Barbe, elle ne sut qu'en faire. Ayant aussitôt renoncé à y établir son chef-lieu, elle s'arrêta, après bien des incertitudes, au parti de louer les bâtiments; et, au lieu de profiter de ceux qui existaient, qui étaient tous bons, sauf un seul, afin de justifier les craintes de ruine simulées au moment de la vente, sur sept, elle en jeta cinq par terre.

« De ce nombre fut l'aile établie sur la rue des Cholets. Elle était flanquée de trois escaliers en tourelles et munie au dernier étage d'une galerie qui donnait sur la cour. Une fois abattue, elle ne fut pas remplacée. L'Université s'arrêta, effrayée de ce qu'elle avait dépensé pour rebâtir le reste. Elle s'endetta d'au moins 100,000 livres[1], sans compter ce qu'elle perdit pendant cinq années, qui s'écoulèrent à préparer l'opération, et deux autres années employées à l'accomplir.

« Lorsque les nouveaux édifices furent en état, elle les loua pour presque rien au pensionnat célèbre, dit de la *Communauté de Sainte-Barbe*...

« Il était dit dans le contrat que l'Université se mettrait chez elle, en joignant par un mur l'extrémité des deux retours d'équerre qui terminaient son lot au nord et au midi. Comme les bâtiments reconstruits ne pouvaient servir qu'à loger des étudiants, on réfléchit qu'il valait mieux ne pas faire de séparation, afin que les locataires qui viendraient fussent sous la surveillance d'un membre de l'Université, comme serait toujours le principal de Sainte-Barbe. De là l'idée d'une porte commune aux gens du collège et à ceux de la partie aliénée; et cette porte fut établie dans le bâtiment qui faisait face à la rue Chartière, pour que le principal, habitant le corps de logis du perron, pût voir de sa chambre les entrées et les sorties.

« L'architecte employé par l'Université fut Delamer...

« L'ouvrage de Delamer à Sainte-Barbe fut exécuté en 1688 et 1689. Il porta sur les deux ailes de la rue des Chiens et de la rue de Reims. Il n'en reste absolument rien. Les bâtiments de la rue des Chiens tombèrent à la fin du siècle dernier; ceux de la rue de Reims ont disparu en 1852[2]. »

La vente des bâtiments est de l'année 1683; la reconstruction, on vient de le voir, eut lieu en 1688 et 1689. Elle ne respecta pas l'ancienne chapelle qui se trouvait comprise dans les parties aliénées, et l'on fut obligé d'en édifier une nouvelle. Voici, d'après Jules Quicherat, ce qu'était cet oratoire, contemporain de la fondation du premier établissement, et ayant servi au second pendant plus d'un siècle :

« En 1556 la chapelle de Sainte-Barbe était établie dans le corps de bâtiment qui faisait face au collège du Mans, sur la rue de Reims. Elle avait seulement 22 pieds de long; mais au besoin elle pouvait s'agrandir du réfectoire, qui n'en était séparé que par un treillage. Cette disposition, commune à plusieurs collèges, avait à Sainte-Barbe un inconvénient particulier,

---

[1] Archives de l'Université, carton 22; *ibid.*, Reg. 37, et Archives nat., S 6814. — [2] *Histoire de Sainte-Barbe*, t. II, p. 179-182.

parce que la chapelle était entre le réfectoire et la cuisine, celle-ci se trouvant placée derrière le sanctuaire. L'autel, tourné à l'orient, s'élevait à peu près sur l'alignement du côté droit de la rue Chartière. La décoration intérieure devait être peu de chose. Toutefois il y avait sur la cour de grandes verrières, ornées de plusieurs panneaux de peinture. Une petite porte de dégagement sur la cour était couronnée d'un entablement que supportaient deux colonnes. (Arch. nat., H 2808.)⁽¹⁾„

D'après les dernières volontés de son oncle, Robert Certain devait construire une chapelle.

« L'ingrat, poursuit l'historien de Sainte-Barbe, ne se donna pas seulement la peine d'entretenir l'ameublement de l'ancienne chapelle. Tout était dans un tel état de délabrement à sa mort que le premier soin de l'administration qui lui succéda fut d'acheter un coffre et un panneau de bois sculpté pour faire un autel à retable. Les parements eux-mêmes n'étaient pas plus présentables; on s'en procura d'autres en satin vert et blanc. (Arch. nat., H 2808.)

«... La chapelle, se trouvant dans les bâtiments vendus à l'Université, fut détruite avec ce bâtiment en 1688... Une nouvelle chapelle s'éleva en moins de dix-huit mois sur une partie du terrain désigné par Robert Dugast. Si elle n'avait pas 10 toises de long, selon le vœu du fondateur, elle en avait 6. L'édifice existait encore il y a seize ans. Il régnait sur la rue des Chiens. Appuyé à l'origine sur les constructions de l'architecte Delamer, il se prolongeait jusqu'au jardin de Montaigu. (Arch. nat., M 190.)

«Edme Pirot, vicaire général de l'archevêque de Paris, M. de Harlay, et en même temps supérieur du collège, vint faire la consécration le 3 décembre 1695 ⁽²⁾.„

La fin du XVII⁰ siècle fut donc une époque calamiteuse pour la maison de Sainte-Barbe, maison libre ne relevant ni du clergé séculier, ni d'une congrégation religieuse, bien qu'elle ait formé plus tard une communauté, ni de l'Université de Paris, puisqu'elle n'était pas représentée aux Mathurins. Depuis la Réforme surtout, elle était en opposition constante avec ses puissants voisins. Quoiqu'elle eût abrité sous son toit Calvin et Ignace de Loyola, elle ne s'entendait ni avec Clermont ni avec Montaigu, et avait ainsi pour adversaires les riches jésuites et les pauvres « Capettes ». C'est ce qui explique, pour demeurer au point de vue topographique, les alternatives d'agrandissement et de réduction de ses locaux scolaires.

Malgré les persécutions qu'elle eut à subir, la maison de Sainte-Barbe se maintint pendant tout le XVIII⁰ siècle, et produisit de brillants élèves. La Révolution l'engloba dans le collège de l'Égalité; mais elle parvint à reconquérir son indépendance et à se reconstituer, au commencement de ce siècle, sur le même emplacement, avec annexion successive de plusieurs immeubles jadis occupés par ses rivaux, et en conservant le caractère d'établissement libre qu'elle a toujours eu.

Les Maisons de Sainte-Barbe. Tant que Sainte-Barbe ne fut pas « fondé »,

---

⁽¹⁾ *Histoire de Sainte-Barbe*, t. II, p. 210 et suiv. — ⁽²⁾ *Ibid.*, p. 212-215.

dans le vieux sens du mot, c'est-à-dire renté et doté, il ne posséda aucun immeuble et fut obligé de se suffire à lui-même; mais les libéralités des Dugast et des Certain lui créèrent plus tard des ressources. On trouve, au xvie siècle, le collège propriétaire de cinq maisons, dans les rues d'Écosse et du Mont-Saint-Hilaire, lesquelles étaient antérieurement comprises en une seule, dite Maison du Chauldron. Un titre de 1556 porte que Sainte-Barbe se composait alors de «plusieurs corps d'ostel, tenant la totalité d'une part à ung jardin estant des appartenances du colleige de Reims et faisant le coing de la rue de Bourgongne, d'aultre part à une court nommée *le royaulme d'en bas des pauvres du colleige de Montaigu*, aboutissant, d'un bout, par derrière, audict jardin du colleige de Reims, d'aultre et devant à la rue Sainct-Symphorien».

Le Chauldron, dont nous venons de parler est ainsi désigné dans le même titre : «une maison avec jardin» située au mont Sainct-Hilaire et qui s'estend jusques au colleige de Reims, à laquelle pend pour enseigne le Chauldron, tenant au presbytère, jardin et cymetiere de ladicte eglise Sainct-Hilaire, et au colleige de Kalambert (*sic*), d'aultre part à la rue d'Escosse, aboutissant par derrière à la rue du Four et audict colleige de Reims, et d'aultre part, par devant, à la rue Sainct-Hilaire».

Les cinq maisons en lesquelles fut convertie celle du Chauldron produisaient près de 6,000 livres de rente. Elles étaient attenantes à la portion qui avait conservé le nom de Maison du Chauldron.

Ostel des Cinq Escus. — Cet immeuble se placerait ici, dans l'hypothèse où il aurait constitué une maison à part; mais Jules Quicherat, après une étude approfondie du parcellaire fort embrouillé que présente cette région, adopte l'opinion de A. Berty et identifie les Cinq Escus avec l'Hôtel de Chalon, dont il aurait, tout au moins, formé une dépendance, ainsi que nous le disons plus haut.

Il existe deux mentions, l'une de 1248, relative au logis d'un «evesque de cinq églises»; l'autre, de 1260, concernant «la meson de l'evesque d'Arras, sise *in vico Sancti Symphoriani*». Ces deux immeubles n'en formaient probablement qu'un, et peut-être faut-il l'identifier avec l'Ostel des Cinq Escus.

Jardin appartenant au collège de Montaigu.

Un plan du xviie siècle permet de fixer rigoureusement la forme et la situation de ce jardin, qui semble devoir se confondre avec le «jardinet» indiqué, dans un titre de 1407, comme tenant, d'une part, à l'Hôtel des Cinq Écus, d'autre part, à l'Hôtel des Coulons, et aboutissant, en partie, à deux petites maisons, dont l'une appartenait à Jehan d'Auvergne. En 1557, ledit jardin tenait, de toutes parts, à la maison de Sainte-Barbe, par suite de l'extension que cet établissement avait prise. Deux ans plus tard, on le trouve ainsi désigné et localisé : « Ung jardin situé devant le grand corps d'hostel, où est la salle appelée DES THÉOLOGIENS », — salle occupée par les étudiants en théologie du collège de Montaigu. — « La maison entre deux contient sept toyses cinq piez trois quarts de long sur ladicte rue, et par le derriere ledict jardin contient huict toyses cinq piedz quatre pouces de long; du costé devers la grant porte du colleige Saincte Barbe, ledict jardin contient aussi huict toyses cinq piedz quatre pouces, et du costé de une traverse en ladicte rue, contient huict toyses quatre pouces... Et icelluy jardin enclavé des deux costez, et de l'aboutissant de derriere, sur et dans ledict colleige Saincte Barbe, et n'a que le front de devant sur ladicte rue... »

PARTIE POSTÉRIEURE DE L'OSTEL DES COULONS.

MAISON DU CHASTEAU FESTUS. — Cette appellation, qui a été appliquée à plusieurs logis parisiens et qui désignait jadis un immeuble de peu de valeur, soit comme construction, soit comme solidité, « *Castellum festucæ* » était portée, en la rue des Chiens, par la maison qu'un titre de 1407 détermine ainsi : « LE CHASTEAU FESTUS, rue Saint Symphorien, tenant à ung jardin appartenant à Ch. du Coullon, aboutissant par derriere, en partye, à une court et jardin, ou masure qui appartiennent à l'hostel de Bourgongne et en partye à une court de l'OSTEL DE COULLONS. »

Cette cour, ce jardin, cette masure, le « CHASTEAU FESTUS » lui-même, qui n'existaient plus à la fin du xve siècle, ont dû être englobés dans ce qui est devenu depuis le jardin du collège de Reims.

CHAPITRE VI.

SUITE DES RUES DE LA RÉGION CENTRALE DE L'UNIVERSITE.

Sommaire : Rue des Chollets. — Origine de cette dénomination. — Description topographique des deux côtés de la voie. — Collège des Chollets; sa fondation; ses extensions; sa chapelle; son absorption par les établissements voisins. — Rues Fromentel et du Cimetière-Saint-Benoît. — Distinction nominale et réunion effective de ces deux rues; leurs dénominations diverses; étymologies et variantes orthographiques : Oseroye, Noyeroie, etc. — Description topographique des deux côtés de ces voies. — Second cimetière de Saint-Benoît. — Ruelle Fromentel; sa situation; son origine. — Rue du Cloître-Saint-Benoît; ce qu'elle était en réalité; absorptions successives. — Le peu qui en reste à l'époque contemporaine. — Description topographique des deux côtés de cette voie.

RUE DES CHOLLETS.

Aussi courte, aussi étroite que la précédente, la rue des Chollets débouchait, au nord dans celle de Reims, au sud dans celle de Saint-Étienne-des-Grés. Elle était, comme ses voisines, un ancien chemin tracé dans les vignes et bordé plus tard de petites constructions, dont la plupart n'y avaient que leurs murs postérieurs. Aussi lui a-t-on donné souvent le nom de rue des Chiens, de Saint-Symphorien, de Maistre Jehan, parce que les maisons dont nous parlons avaient leur entrée principale sur cette dernière voie.

Le nom qu'elle portait, et sous lequel on la connaît généralement, n'est sans doute pas le plus ancien, puisqu'elle le devait au collège des Chollets, dont la fondation est de 1292. C'est très probablement elle que le Livre de la Taille de la même année appelle « le Coing de Sainct-Syphorien », à raison du voisinage de la chapelle de ce nom, désignation qu'on retrouve presque identiquement dans des titres postérieurs : « devant Sainct-Syphorien ». La rue du Moine, dont il est question dans le Dit de Guillot, ne peut être que celle des Chollets, à laquelle on aura tout naturellement donné le nom du cardinal Jean Le Moine, qui succéda aux exécuteurs testamentaires du fondateur du collège des Chollets, et revisa les statuts de cet établissement. On verra plus loin qu'elle a été confondue, à tort, avec celle du Foin. Enfin, la proximité de la maison de Sainte-Barbe lui a valu, au xvii⁰ siècle, une dernière dénomination, celle de PETITE RUE SAINTE-BARBE.

Comme ses voisines, les rues de Reims et des Chiens, celle des Chollets a été absorbée par les maisons scolaires dont elle était bordée; mais son emplacement, transformé en cour ou passage, a été longtemps reconnaissable, à l'intérieur de ces établissements.

CÔTÉ OCCIDENTAL

(du Sud au Nord).

PAROISSE SAINT-ÉTIENNE-DU-MONT.

JUSTICE ET CENSIVE DE SAINTE-GENEVIÈVE.

Le côté occidental de la rue des Chollets était formé par le collège qui lui a donné son nom, par une partie de l'HÔTEL DE LANGRES, dont la façade principale se profilait sur la rue Saint-Jacques, et par les dépendances de l'HOSTEL ou COLLÈGE DU MANS, ayant son entrée sur la rue de Reims.

COLLÈGE DES CHOLLETS.

Le cardinal Jean Cholet, mort le 2 août 1291, laissait sans emploi une somme de six mille livres destinée aux frais de la guerre contre Pierre d'Aragon. Ses exécuteurs testamentaires, Jean de Bulles, archidiacre du Grand-Caux dans l'église de Rouen, Évrard de Nointel et Girard de Saint-Just, chanoines de celle de Beauvais, changèrent la destination de cette somme; avec l'approbation du pape Boniface VIII, ils l'appliquèrent à l'achat d'un grand logis, dit l'HÔTEL DE SENLIS, ayant appartenu à Gauthier de Chambly, évêque de cette ville, et joignirent plus tard, à cette acquisition, une maison voisine, pour y loger six pauvres écoliers des diocèses de Beauvais et d'Amiens. L'hôtel principal devait en abriter vingt-six, originaires des mêmes diocèses.

Les appropriations nécessaires furent faites immédiatement; elles étaient terminées en 1292, et non en 1295, comme le dit Le Beuf, qui a confondu la date de l'approbation des statuts avec celle de l'ouverture du collège.

Les immeubles acquis pour le nouvel établissement étant situés dans la censive de Sainte-Geneviève, les exécuteurs testamentaires du cardinal Cholet durent payer à l'abbaye une somme de six cents livres, à titre d'indemnité, pour l'amortissement accordé par le roi Philippe le Bel, plus une rente foncière de quatre sols six deniers. Le cardinal Jean Le Moine, qui leur succéda, contribua à régulariser et à consolider la fondation nouvelle. Ces efforts communs furent couronnés de succès, car le collège des Chollets, dont les bourses étaient fort recherchées, prit promptement, dans l'Université, une importance égale à celle des établissements les plus justement renommés.

Les étudiants du collège des Chollets, dit le savant annotateur de Le Beuf, jouissaient d'une bibliothèque assez considérable, si l'on en juge par un passage de l'Obituaire (Arch. nat., M 112) où il est dit qu'il y avait, en 1484, «tant en la chapelle qu'en la librairie, des livres enchaînés, pour la valeur de soixante huit livres treize sous [1]».

La chapelle dont il vient d'être parlé avait été bâtie en 1504, et consacrée en 1519. Avant sa construction, est-il dit dans les *Remarques singulières de Paris* (p. 92), «les Estudians alloient ouyr le service divin à Sainct-Symphorian-aus-Vignes». Cet oratoire, très élégant édifice en style de la Renaissance, avait survécu à la Révolution, mais il ne trouva pas grâce devant les démolisseurs. Détruit en partie sous le premier Empire, il a été totalement démoli en 1822 et 1823, conformément à l'accord intervenu entre l'Université de France et la Ville de Paris, accord aux termes duquel les bâtiments de l'ancien collège des Chollets, devenus propriété nationale en 1792, étaient réunis aux biens composant la dotation de l'Université et rétrocédés gratuitement par elle à la Ville, «à la charge d'en effectuer la démolition et d'en réunir le terrain au collège de Louis-le-Grand, sauf le retranchement nécessaire pour l'élargissement des rues des Cholets et de Saint-Étienne» :

Le collège des Chollets était assez richement doté en biens immobiliers. Il possédait, au moment de sa réunion à l'Université, outre les bâtiments collégiaux,

La Croix d'or, en façade sur la rue Saint-Étienne-des-Grés ;

Sainte-Catherine ;

Les Petits Chollets, ou le Puits des Chollets, sur la rue Saint-Jacques ;

Le Monde ;

La Bergerye ;

La Galerie d'or.

[1] Le Beuf, édit. Cocheris, t. II, p. 598.

Ces immeubles sont dits, dans les titres, « tenant aux terrains et bastimens du collège de Louis-le-Grand, d'autre part à la rue Saint-Estienne ». Nous les énumérons sous la rubrique générale : Maisons et dépendances du collège des Chollets.

Le collège possédait également un jardin, qui est dit « dépendant des Chollets », et avait issue sur la rue Saint-Jacques. Il y existait une petite maison, mentionnée dans un titre de 1582.

Enfin une « petite cour des Chollets », avec les bâtiments y enclavés, tenait au collège de Clermont, ou de Louis-le-Grand, et y fut incorporée, ainsi que nous le dirons à l'article de ce collège.

Les Archives nationales possèdent, sous les cotes M 111, 157, 195, et S 6402, des pièces importantes, véritables sources de l'histoire topographique de cette région. Nous y avons largement puisé et nous en publions, aux Appendices, les parties les plus intéressantes.

CÔTÉ ORIENTAL
(du Nord au Sud).

MÊMES PAROISSE ET CENSIVE.

Le côté oriental de la rue des Chollets était bordé par les murs latéraux et postérieurs de la Maison de Sainte-Barbe, dont la notice se trouve à l'article de la rue des Chiens, par le flanc de la chapelle Saint-Symphorien faisant le coin de cette rue et de celle des Chiens, et par l'Hôtel du Mont-Saint-Michel, formant l'angle de la rue des Chollets et de celle de Saint-Étienne-des-Grés. Elle était donc, en partie, une ruelle de desserte pour les voies plus importantes, dont les dépendances s'étendaient jusque-là.

RUES FROMENTEL ET DU CIMETIÈRE-SAINT-BENOÎT.

Ces deux voies, qui se continuent d'orient en occident et n'en forment, en réalité, qu'une seule, aboutissent encore aujourd'hui, d'une part, à la rue Saint-Jacques et, d'autre part, au petit carrefour formé jadis par la rencontre des rues Saint-Jean-de-Latran, Jean ou Saint-Jean-de-Beauvais, Chartière et du mont Saint-Hilaire. Quoique certains auteurs les considèrent comme deux voies distinctes, elles sont généralement réunies l'une à l'autre, et la même dénomination leur est appliquée dans les titres, à cette différence près que la partie occidentale, voisine de l'église Saint-Benoît, en prenait quelquefois le nom, tandis que la partie orientale était désignée sous le vocable latin de *frigidum mantellum*, traduite par *froid mantel*, *froit mantel*, *freit mantel*, *fres mantel*, *froid* ou *froit mantyau*, *freimantel*, *fromentel* et enfin *fromenteau*, ces deux dernières formes étant évidemment une corruption du nom primitif.

A partir de 1239, ces appellations se succèdent dans le Cartulaire de Notre-Dame, ainsi que dans diverses chartes de 1243, 1251, 1282, 1283 et 1284, dans les Livres de la Taille de 1292, 1296, 1306, 1308 et 1312. Les *Registres criminels du Châtelet* de 1390, les *Comptes de l'ordinaire* de 1416, le *Compte des confiscations faictes par les Anglois* en 1420, un manuscrit de l'abbaye de Sainte-Geneviève, daté de 1450, ne donnent plus la forme latine *frigidum mantellum*, mais le vocable francisé *Fromenteau* ou *Fromentel*, qu'une assimilation erronée a transformé en *Fromentel* et *Fromenteau*. Des altérations et des appropriations analogues ont également diversifié le nom d'une rue qui était voisine du Louvre et que nous avons décrite dans le premier volume du présent ouvrage[1]. La rue Fromenteau, de la rive droite, à laquelle s'appliquent la plupart des vocables que nous venons d'énumérer, et qui conduisait de la façade occidentale du Louvre au château d'eau du futur Palais-Royal, devait sans doute ces diverses dénominations à ses froids ombrages, comme celle du mont Saint-Hilaire, dont il convient de parler plus longuement.

L'étymologie de ce vocable a beaucoup occupé les historiens de Paris; outre celle que nous venons d'indiquer et qui semble la plus naturelle, il en est une à laquelle A. Berty s'était rallié et qu'il motive ainsi : « Nous avons lu, dans un Registre de Cens du Parloir aux Bourgeois, à la date de 1292, qu'il existait, près du cimetière Saint-Benoît, *une meson aus moines de Frémont*, de l'ordre de Cîteaux, lesquels moines étaient établis au diocèse de Beauvais. Cette maison, au témoignage de Sauval[2], subsistait encore en 1383. D'autre part, on trouve, dans une pièce de 1271, la mention suivante : *Domum nostram que dicitur Domus monachorum Froit Mantel*. Il est clair que c'est cette maison qui a donné son nom à la rue. » L'argument, qui repose sur l'identité supposée de *fremont* (*frigidus mons*) et de *froid mantel* (*frigidum mantellum*), ne nous semble pas absolument concluant[3].

Une autre étymologie nous paraît un peu plus probable; elle s'appuie également sur des textes. Guillot mentionne, dans son Dit, une rue *de l'Oseroie*, qui a dû être voisine de celle qui nous occupe, si elle ne s'identifie pas avec elle :

<blockquote>
Lors descendi en Fres Mantel
En la rue de l'Oseroye;
Ne sais comment je desvouroye.
</blockquote>

On s'est demandé ce que pouvait être cette rue située « en Fres Mantel ». Le Beuf,

---

[1] Voir la *Topographie historique du Vieux Paris* (*Région du Louvre et des Tuileries*), p. 39.
[2] *Antiquités de Paris*, t. III, p. 178.
[3] M. l'abbé V. Dufour donne comme possible l'étymologie *fractum mantellum*, fortification rompue, à raison d'une prétendue première enceinte de la rive gauche, détruite sur ce point, comme sur tout le reste de son parcours.

avec quelques autres, l'identifie avec celle du Cimetière-Saint-Benoît, qui constituait la partie occidentale de la rue du *Frigidum Mantellum*. Les *oseroies* s'y mêlaient peut-être aux *nouroyes*, à raison du voisinage de la rue des Noyers et le tout formait un *froid mantel*. Il ne faut pas oublier, d'ailleurs, que le versant de la montagne Sainte-Geneviève était couvert de vignes, au pourtour desquelles on plantait jadis des noyers. Ce qui confirme cette conjecture et tend à faire croire que *oseroie* est une mauvaise lecture, c'est que de nombreuses chartes de la première moitié du xive siècle mentionnent un *vicus* diversement orthographié : *noierie*, *noeroie*, *noyeroie* et *nouroye*. Dans l'un de ces titres, daté de 1324, on lit : «Maison assise rue de la *Noeroie*, au bout de *Fromentel* en descendant au *cloz Brunel*.» Un autre, de 1346, parle de «une maison assise rue de l'Ospital, — c'est-à-dire de Saint-Jean-de-Latran, — en l'opposite du cloz Brunel, faisant le coing et tenant, d'une part, à la rue que l'on dit LA NOUROYE».

Une circonstance vient corroborer nos inductions : un titre mentionne une maison située rue Saint-Jacques, dans la censive de Sainte-Geneviève, probablement L'HOSTEL DE LA COUTURE et aboutissant «ruës de la Nouroye et de Fromentel». Cette *Nouroye*, ou *Noyeroie* semble donc avoir été la partie occidentale de la rue *Froid-Mantel*, à son débouché dans la rue Saint-Jacques.

Ce qui paraît ressortir des textes comparés entre eux, c'est l'identité de *l'Oseroye* avec *la Noyeroie*. Les erreurs de copie, les fautes de lecture sont si nombreuses dans les anciens textes et, en particulier, dans le Dit de Guillot, qu'on ne peut s'arrêter à ces variantes, alors surtout qu'une raison de convenance vient s'ajouter aux arguments de l'ordre topographique : *nouroye* rime, en effet, plus richement avec *desvouroye*, qui termine le vers de Guillot, que ne le fait *oseroye*. Enfin la marche du poète, qui est régulière, conduit à la même conclusion.

L'identité des rues Fromentel et de l'Oseroye étant établie, en ce sens qu'elles se continuaient l'une l'autre, d'orient en occident, il nous reste à rappeler les raisons que les historiens de Paris ont données du vocable *froid mantel*, *frigidum mantellum*, que l'on rencontre dans les titres les plus anciens.

«*Noyeroie*, ou *noyeraie*, dit A. Berty, signifie un lieu planté de noyers, comme *cerisaye* indique un endroit où croissent des cerisiers. Mais on sait que les noyers produisent un ombrage d'une extrême fraîcheur; les arbres qui avaient donné leur nom à la rue, formant donc une voûte de feuillage qui ne laissait point pénétrer les rayons du soleil, on s'était habitué à désigner, par un terme aussi vrai que poétique, l'abri qu'ils formaient sous le nom de *froid* et *fres mantel*, *froit* et *fre mantyau*.»

Du sens physique, un auteur contemporain est passé au sens moral : le *froid manteau*, c'était, selon Édouard Fournier, non pas les noyers et leur fraîche voûte de verdure, mais le cimetière Saint-Benoît lui-même; c'était le froid de la tombe. Cette explication, fort ingénieuse assurément, ne saurait malheureusement s'appliquer à la voie de la rive droite, où l'on n'a jamais constaté l'existence d'un cimetière.

Celui de Saint-Benoît, qui a laissé sa dernière appellation à la voie qui nous occupe, ne paraît pas avoir servi à la dénommer dans les temps anciens. On le trouve, il est vrai, dans le Plan de Tapisserie; mais, dans celui de Dheulland, elle porte le vocable banal et peu recommandable de « rue Breneuse », appliqué à plusieurs voies du mont Saint-Hilaire.

La rue Fromentel étant peu étendue et touchant à d'autres voies bordées de maisons, qui étendaient leurs dépendances jusque-là, nous n'avons pu relever qu'un petit nombre d'immeubles ayant façade sur ladite rue.

CÔTÉ MÉRIDIONAL
(d'Occident en Orient).

PAROISSE SAINT-ÉTIENNE-DU-MONT.
JUSTICE ET CENSIVE DE SAINTE-GENEVIÈVE.

Ostel aus Carneaulx (1380), antérieurement le Plat d'estain et les Trois Escuelles. On en constate l'existence jusqu'en 1434; mais il semble avoir disparu à cette époque par suite des travaux d'agrandissement du collège de Plessis, qui, ayant sa façade principale sur la rue Saint-Jacques, touchait cet hôtel de flanc et par derrière.

Façade postérieure de la Maison du Mouton ou du Mouton blanc, qui touchait au Plat d'estain, et faisait front sur la rue Saint-Jacques. Entre le Mouton blanc, les collèges du Plessis et de Marmoutiers, s'étendait un terrain d'une certaine importance, qui ne paraît avoir été englobé ni dans ces établissements scolaires, ni dans les maisons contiguës, puisqu'une note de 1730 le détermine ainsi : «Il est situé entre les Maisons du Mouton blanc et le Collège de Marmoutiers; il a quinze toises de longueur sur la rue Fromentel, qui sont depuis le derrière de la Maison du Mouton blanc jusqu'à l'encoignure et pli de la rue Fromentel, estant sis vis-à-vis du coin du cimetière Saint-Benoît».

Il s'agit ici du second cimetière de Saint-Benoît, dont nous allons parler. Quant à cette « encoignure » et à ce « pli », ce n'est point à l'angle de la rue Saint-Jacques qu'il faut les placer, mais au débouché de la ruelle Fromentel, qui s'ouvrait en face, et conduisait à la rue Saint-Jean-de-Latran. Le second cimetière de Saint-Benoît est de beaucoup postérieur au premier.

Le côté méridional de la rue Fromentel se terminait, à l'orient, par la

Maison de l'Escu de France (1389-1584) appelée, au xve siècle, la Maison de l'Ysore et portant, en 1730, l'enseigne du Grand Henri.

CÔTÉ SEPTENTRIONAL
(d'Occident en Orient).

PAROISSE SAINT-BENOÎT.
JUSTICE ET CENSIVE DE SAINTE-GENEVIÈVE.

La Coupe d'or (1780), faisant le coin des rues Saint-Jacques et Fromentel.

Arrière-façade de l'Hostel de l'Estoile, ou de Notre-Dame de la Cousture. C'était le logis parisien des abbés de ce monastère, logis qui consistait en «un petit corps et un jardin».

Second cimetière de Saint-Benoît. La nécropole primitive de cette paroisse avait été établie en face de l'église, et dans son voisinage immédiat. Au commencement du xviie siècle, on crut, avec raison, devoir l'éloigner de la rue Saint-Jacques et le reporter un peu plus à l'ouest. C'est alors que fut acquis un terrain destiné à cette translation, acquisition qu'une note atteste dans les termes suivants :
«1614. Achat par le Roy d'une place proche l'Hostel de la Couture, pour estre icelle place échangée avec les marguilliers de Saint-Benoist, pour servir de cimetière.» L'appropriation du terrain à usage funèbre demanda une année, puisque le transfèrement de l'ancienne nécropole n'eut lieu qu'en 1615.

«Le cimetiere de Saint-Benoist, dit en effet Le Beuf, etoit autrefois derrière — ou plutôt devant l'église, au lieu qu'on appelle la place de Cambray; ce n'est qu'en 1615 qu'on l'a transféré où il est derrière le Collège Royal[1].» C'est à partir de cette translation que la place de Cambrai put être régularisée. (Voir ci-avant l'article que nous lui avons consacré.)

La seconde nécropole de Saint-Benoît subsista moins longtemps que la première : elle fut supprimée, avec les autres cimetières intérieurs, par décrets des 24 août 1790, 6 et 15 mai 1791.

Entre le second cimetière de Saint-Benoît et l'arrière-façade de l'hôtel de Coulons, fut ouverte la ruelle Fromentel dont il est question à la page suivante.

---

[1] *Histoire de tout le diocèse de Paris*, édit. H. Cocheris, t. II, p. 53.

PAROISSE SAINT-ÉTIENNE-DU-MONT.

Partie postérieure de l'Hostel des Coulons, dont la façade principale bordait la rue Saint-Jacques.

JUSTICE ET CENSIVE DE SAINT-JEAN-DE-LATRAN.

Ici s'ouvrait la ruelle Fromentel, dont il est question plus bas.

Maison de l'Estoile d'or, dépendant du collège de Tréguier. Un document de 1612 la décrit ainsi : « Couverte en comble à esgout sur la rue et sur le jardin; appliquée au rez de chaussée à deux salles; deux estages au dessus l'un de l'autre, chacun appliqué à trois chambres et garderobe, dont l'un d'iceulx en galetas, et un grenier au dessus; une vis dans un berceau de cave, garni de sa descente droite, et potager; une cour entre, à côté de laquelle est un édifice et appentis, appliqué tant à une cuisine que aisance de privés; contenant icelle maison dix toises quatre pieds de long, sur trois toises de large. »

Antérieurement à 1612, la Maison de l'Estoile d'or paraît avoir été divisée en deux corps de logis distincts, aussi désignés dans un titre non daté, mais paraissant appartenir au xive siècle; c'est un censier de la confrérie :

« Meson de la communauté de Sainct Benoist, qui fait le coing de la rüe de la Noeroie et de la rüe Thibaut Dacre.

« Meson en la rue de la Noeroie, vers Froitmantel, tenant, d'une part, à une place vuide de ladicte Confraerie, où il soloit avoir meson qui fut mestre Guillaume de Courachan, et fait le coing de ladicte rue et de la ruelle Thibaut Dacre, qui descent à l'ospital. »

Maison de l'Ymage sainct Nicolas (1423), puis de Sainct-Jehan-en-l'Isle (1509) ou Ostel du Petit-Corbueil (1595), faisant le coin de la rue Fromentel. Elle appartenait au prieur de Saint-Jean-en-l'Isle, près Corbeil, ce qui explique ses deux dernières dénominations.

RUELLE FROMENTEL.

Les deux mentions que nous venons de transcrire, et qui sont empruntées à un « censier de la Confraerie », énoncent une rue, ou plutôt une ruelle, à laquelle il est donné un nom, celui de Thibaut Dacre, l'un de ses habitants sans doute, et une direction, puisqu'elle est dite descendre « à l'ospital » de Saint-Jean-de-Latran. Cette ruelle, qui a subsisté jusqu'au commencement du xviie siècle, séparait le collège de Tréguier des terrains qui furent occupés par celui de Cambrai, et permettait de passer de la rue Fromentel à celle de Saint-Jean-de-Latran. La plus ancienne dénomination qu'on lui trouve est celle de « ruele devant l'ospital ou rue Henry Lorgueneur » (1250). Cet individu était-il un simple habitant, comme Thibaut Dacre, ou un organiste de Saint-Benoît? Ici tout est conjecture. En 1308, la « ruele qui descend devant l'ospital » prend le nom de Thibaut Dacre; puis en 1349 et 1398, elle emprunte celui de la voie à laquelle elle aboutissait au midi : c'est « la ruele de Fromentel ». Il est probable que ce dernier vocable finissait là, et que là aussi commençait *la Noyeroie*, partie orientale de la rue *Froid Mantel*, ainsi que nous l'avons établi plus haut.

La ruelle Fromentel était certainement en censive de la Grande Confrérie, au moins dans son côté oriental, c'est-à-dire vers le clos Bruneau. Cette association pieuse avait également droit de censive, du côté méridional de la rue Fromentel. Quelques-unes des maisons achetées, en 1319, par Geoffroy du Plessis, pour l'établissement de son collège, sont indiquées, en effet, comme relevant du fief de la Confrérie, fief dont l'existence et la situation précises sont constatées par plusieurs pièces appartenant aux archives de Sainte-Geneviève. L'abbaye eut, vers la fin du xive siècle, un procès à soutenir contre la Confrérie, qui était alors moins riche : partie par usurpation, partie par amortissement, partie par la dégradation et la ruine des maisons sur lesquelles reposaient les cens et rentes, la Confrérie avait vu ses « droits » diminuer d'abord, dans une proportion sensible, puis s'éteindre entièrement. Déjà, en 1390, les redevances n'étaient plus perçues sur un certain nombre d'immeubles situés en la rue et ruelle Fromentel, ainsi que le constate un *Inventaire* daté de cette année. A propos de cinq maisons « assises en ycelle rüe », il est dit que « la Confraerie ne prend rien sur ycelles maisons, ne aussy ès menus cours et rentes qu'elle soloit jadis prendre, quar la rüe est devenue vague et inhabitable, et les maisons d'ycelle chues et anéanties ». Il n'est pas possible de s'y tromper, car l'*Inventaire* ajoute : « Et soloit seoir ycelle rüe oultre Petit-Pont, devant la porte de l'ospital Sainct Jehan. »

La rue Fromentel était jadis la principale voie transversale joignant Saint-Benoît et le quartier Saint-Jacques au mont Saint-Hilaire et au clos Bruneau. Les maisons durent s'y bâtir sur les côtés méridional et septentrional; mais ce mouvement de construction fut arrêté, tant par la proximité du cimetière, que par l'établissement des collèges de Cambrai et du Plessis qui couvrirent une certaine surface. L'ouverture de la rue Saint-Jean-de-Latran, qui n'était primitivement qu'une impasse et qui, une fois débouchée, établissait une communication plus directe entre les deux quartiers, explique, en outre, la décadence de la rue Fromentel et la dépréciation des immeubles dont elle était bordée. Réduite au rôle de voie de desserte, elle l'a conservé jusqu'à nos jours. Les collèges du Plessis et de Marmoutiers n'existent plus; mais celui de Louis-le-Grand, qui les a absorbés, projette ses dépendances de flanc sur la vieille rue Fromentel. Il n'y a plus de cimetière Saint-Benoît et de collège de Cambrai; mais le Collège Royal, agrandi sous le nom de Collège de France, étend ses bâtiments renouvelés sur tout le côté septentrional de l'antique rue de *Froid Mantel*.

RUE DU CLOÎTRE-SAINT-BENOÎT.

Cette voie n'était, en réalité, qu'une sorte de couloir longeant l'église, ainsi que les maisons canoniales de Saint-Benoît, et desservant les granges et les caves où étaient déposées les redevances en nature, auxquelles avait droit le clergé de cette église. Celui de Notre-Dame y possédait également un abri, pour la part de récolte qui lui était due. Il y tenait un petit marché; la justice temporelle y était exercée par le chapitre; ce qui avait nécessité la construction d'une geôle, ou prison.

Fermée à ses deux extrémités, la rue du Cloître-Saint-Benoît n'était qu'une sorte de passage peu fréquenté, faisant communiquer la rue Saint-Jacques avec celles d'Argenteuil, — plus tard de la Sorbonne et des Mathurins, aujourd'hui rue Du Sommerard. C'est en retour d'équerre qu'elle passait de l'une à l'autre de ces rues. Il n'en reste plus de trace, au sud et à l'est, par suite des nouveaux agrandissements de la Sorbonne et de l'ouverture de la rue des Écoles. Quelques maisons en retrait sur le côté oriental de la rue de Cluny rappelaient seules l'ancien tracé, à angle droit, de cette petite voie. Déjà fort amoindrie, lors de la première reconstruction de la Sorbonne, par Richelieu, elle a presque complètement disparu de nos jours.

CÔTÉ ORIENTAL
(du Nord au Sud).

PAROISSE SAINT-BENOÎT.

JUSTICE ET CENSIVE DE SAINT-BENOÎT.

MAISON DU CHIEF SAINCT DENYS (1464), faisant le coin oriental de la rue des Mathurins. Il y avait anciennement, attenant à cette maison, une porte qui permettait de fermer le cloître. En 1319, le roi Philippe V accorda la permission de bâtir cette maison, ainsi que celle de la rue Saint-Jacques, qui lui était contiguë.

MAISON DE L'YMAIGE NOTRE-DAME (1585), sans autre désignation.

Deux maisons sans désignation.

Maison de la Cuillier (1443), paraissant avoir été l'un des corps d'hôtel de la Pomme de pin, dont elle a dû être détachée à une époque indéterminée. Elle tenait d'une part, aux Cinq Tranchouers, et, d'autre part, à Germain Volant.

Maison des Deux Tranchouers (1461), dite tenant à la Cuillier.
Entre la Cuillier et les Deux Tranchouers, il paraît y avoir eu place pour un hôtel contigu, tenant à un autre hôtel « qui fust Robert Houel, et aboutissant à la Cuillier, qui fust Thomas Souliac ».

Maison de l'Ymaige sainct Estienne (1585), faisant, dit un titre de 1461, « le coin du cloître et devant le puits, tenant à Estienne de Montigny, à présent à la communauté de ladicte église Saint-Benoit et aboutissant aux Tranchouers ».

Maison de la Pomme de pin (1447), ayant probablement compris la Cuillier.

Maison de l'Ymage sainct Martin (1419). Il semble qu'il y ait eu deux immeubles de ce nom, l'un dans le cloître, l'autre dans la rue Saint-Jacques, où il débouchait. Cette dualité résultait, selon toute probabilité, de divers démembrements, qui ont donné une existence distincte à la Cuilllier, à la Pomme de pin et à l'Ymaige sainct Martin, lesquelles ne formaient primitivement qu'une seule propriété ayant issue sur la rue Saint-Jacques, par une ruelle, et façade sur le cloître.

Maison du Plat d'estain (1489), ayant probablement fait partie, comme corps d'hôtel postérieur, de la maison des Crochettes, laquelle avait façade sur la rue Saint-Jacques.

Ostel de la Geôle, ou Prison de Sainct-Benoist, se divisant en petit et en grand, et servant à la justice seigneuriale du chapitre. Le premier fut concédé, en 1573, pour faire une petite cour à la maison du Croissant. On lit dans le bail : « une place où est à présent la petite prison des Dictz du Chappitre, contenant huict piedz de largeur, au derrière de la grande prison de la geôle, aboutissant et joignant au derrière de la maison appartenant audict Nivelle (le Croissant), sur neuf piedz de long, qui est deux thoises de platte forme, de fond en comble, laquelle grant prison contient unze piedz de profondeur, entre deux murs, à prendre dessuz le mur qui est sur le cloistre, jusques au mur qui est entre ladicte petite prison et la grant prison ».

Plusieurs des maisons ci-dessus énoncées étaient habitées par les chanoines, le curé et les chapelains de Saint-Benoît.

Maison de l'Ymaige sainct Jehan (1492) au sud des charniers de Saint-Benoît. Elle est dite « tenant, d'une part, aux hoirs de feu meistre Pierre Dorigny, et à l'Ostel de la Pomme rouge, d'autre part, au revestiere de ladicte église Saint-Benoist, aboutissant, par derrière, au cymetière d'ycelle ».

Maison sans désignation (1585), paraissant avoir séparé l'Ymaige sainct Jehan de la Pomme rouge.

CÔTÉ OCCIDENTAL
(du Sud au Nord).

Maison de la Pomme rouge (1497).

Maison de la Tournelle (1481) ou de la Tour (1560). Auparavant, il y pendait pour enseigne l'Ymaige sainct Nicolas.

Maison de la Biche (1481).

Maison sans désignation, mais paraissant devoir être identifiée avec celle de la Bouteille, mentionnée en 1518. Trente ans plus tard, par suite d'une affectation spéciale, elle était dite maison aux Enfants de chœur, de Saint-Benoît. Un texte de 1548 la mentionne en ces termes : la Biche, tenant à la Maison des Enfants de chœur ».

Maison de la Fleur de lys (1585), ayant une issue en la rue d'Argenteuil ou de Sorbonne, « par dessous les petites escholes du collège ».

Maison de la Corne de cerf (1585).

Maison de la Pantoufle (1561). Elle appartenait, avant 1482, à l'évêque d'Angers. Dans un bail de 1472, il était stipulé que, entre cette maison et une autre qui lui était contiguë, il y aurait toujours une allée de quatre pieds de large, et de huit de haut, fermée d'une porte dont la Sorbonne auroit toujours une des clefs, « de façon à pouvoir communiquer au cloistre ».

C'est probablement cette allée que désigne Sauval en signalant, sous la rubrique *Des rues qui ne sont plus rues et qui sont condamnées*, « un cul-de-sac entre le cloistre Saint-Benoist et le collège de Sorbonne ». Il en constate l'existence dans les termes suivants : « En ce temps-là, les religieux de Sainte-Geneviefve, à la priere de saint Louys, permirent aux Mathurins d'acquérir les logis situés en la rue Sans-Chef, contre le collège de Sorbonne, et de les tenir comme amortis ».

Maison de la Roze (1312). La contiguïté de cet immeuble et de la Maison de la Pantoufle ressort du texte suivant : « *Domum magnam que fuit quondam episcopi Andegavensis, et Domum ad Rosam, sitas in claustro Sancti Benedicti* ».

Entre cette maison et une troisième Ymaige sainct Martin, qui venait ensuite, se plaçait probablement la Maison des Trois Espées, *domus ad Tres Enses* (1312) dont il n'existe que de simples mentions.

Maison de l'Ymaige sainct Martin (1464), ayant, à cette date, sept toises et un pied de profondeur. Elle est dite, en 1454, tenir à Jean de Brie et à Jean Merjot, en 1465, à la Roze et à l'Hostel de Longueil; antérieurement (1402-1427) les documents la placent « devant le petit huis » et « devant le petit portail de Sainct-Benoist ». Bien qu'elle ait eu une existence distincte, elle a pu, avant les démembrements qui la lui ont donnée, faire partie de la Pantoufle, ou des Trois Espées.

Maison de la Teste noire (1585).

Maison du Mirouer (1588), tenant, d'une part, et aboutissant par derrière « à ung ostel que a tenu cy-devant à loyer messire Pierre Lizet, premier président en la Cour de Parlement ». Un titre du 8 février 1558 mentionne la vente, par Gilles Le Maistre, à Me Nicole Thibaut, procureur général, de « une maison au cloistre Saint-Benoist, à l'enseigne du Mirouer, moyennant 843 livres ».

Hostel de Longueil (1539), vaste immeuble paraissant avoir embrassé, dans son pourpris, le Mirouer et la Teste noire, ce qui le rendait limitrophe de l'Ymaige sainct Martin. Les réunions et les démembrements, ainsi que les ventes dont il a été l'objet, jettent quelque confusion sur ce logis. Divers titres l'identifient avec les maisons contiguës auxquelles ils donnent différents propriétaires, vendeurs et acquéreurs. On y voit notamment que « la maison existante au coing de la rue des Mathurins fust vendue, en 1537, par Michel de Champaud, escuyer, sieur de la Sourdinière au pays Chartrain, à Nicolas Thibault, conseiller et procureur général du Parlement ». Une note relevée aux Archives nationales (carton S 897 B) porte ceci : « Cloistre Saint-Benoist : Maison qui fut à maistre Compains, notaire, vendue à Me Fournier, ensuite à Me Michel de Champrosé et venue à madame veuve de M. Thibaut, procureur général, et avant avoit appartenu à Pierre Lizet, premier président du Parlement ». L'hôtel de Longueil résultait de la réunion de trois immeubles jadis distincts, ainsi que l'établit la note suivante : « Cette maison en faisoit trois auparavant, avec une petite maison devenue masure. Elle joignoit la maison de l'enseigne saint Martin. »

La rue du Cloître-Saint-Benoît étant située en plein quartier latin, il était naturel que les écoliers externes cherchassent à y prendre gîte, et que l'Université intervînt dans la fixation des prix de logement. Une maison, dite « des Sorbonistes », qui y était située, avait été taxée à 20 livres [1]; mais cette maison, qui n'est désignée ni par son enseigne ni par ses tenants et aboutissants, défie toute identification.

[1] *Mémoire de la Société de l'Histoire de Paris*, t. IV, p. 147.

CHAPITRE VII.

Sommaire : Église Saint-Benoît. — Ancienneté de cette église; ses vocables primitifs; son double caractère; étymologie de son dernier vocable; origine des divers qualificatifs ajoutés à cette appellation; constructions partielles et agrandissements; chapelles et chapellenies; désaffectation, transformation en magasin et en théâtre; destruction totale. — Description qu'en a laissée un archéologue contemporain.

ÉGLISE SAINT-BENOÎT.

Cette église, dont il ne reste plus trace aujourd'hui, était fort ancienne. Les historiens de Paris s'accordent à la considérer comme antérieure à l'an 1000; elle fut, disent-ils, l'une des quatre, situées dans les faubourgs de Paris, que le roi Henri Ier accorda à Imbert, évêque de Paris, et à ses chanoines, pour les relever de leurs ruines, après les dévastations commises par les Normands.

Placée d'abord sous l'invocation de saint Bacche ou Bacchus, et de saint Serge, martyrs dont elle possédait, dit-on, des reliques, elle prit ensuite le vocable de Saint-Benoît, non point, comme certains auteurs l'ont prétendu, en souvenir du célèbre moine du mont Cassin, mais, ainsi que l'a fait remarquer Le Beuf, « en l'honneur du benoist Dieu, *benedictus Deus*, et de la benoiste Trinité, *benedicta Trinitas*[1] ».

L'ancienne église de Saint-Bacche et de Saint-Serge n'était probablement que la chapelle d'une sorte de monastère : ouverte à la population rurale des clos environnants, elle conserva, après sa restauration, le double caractère monastique et paroissial. L'évêque de Paris et les chanoines de Notre-Dame y entretenaient six chanoines, un curé et douze chapelains, qui y exerçaient les fonctions curiales.

Tout a été dit sur les trois qualificatifs donnés successivement à l'église Saint-Benoît : « le *bestourné*, ou mal tourné » d'abord, parce que le maître autel était autrefois placé vers l'occident, contrairement aux règles de l'orientation chré-

---

[1] Le Bœuf, édition Cocheris, t. II, p. 51.

tienne. Cette disposition subsista jusqu'à l'an 1517, époque où l'on profita de la reconstruction de la nef et du portail, pour reporter l'autel à l'orient. Saint-Benoît fut dit alors «le bien tourné» et «le bistourné», ou tourné deux fois.

A la reconstruction partielle de 1517 s'en ajouta une seconde, en 1679 : l'architecte Beausire rebâtit alors le chœur, ainsi que le clocher, et Claude Perrault, le célèbre auteur de la colonnade du Louvre, fournit les dessins d'après lesquels furent exécutés les pilastres corinthiens décorant le rond-point de l'église.

Il était résulté de ces divers travaux un édifice hybride, de peu de valeur architectonique et sans aucune régularité. «Cette église, dit Le Beuf, a le même défaut que celle que l'on remarque dans l'église de Saint-Jacques-de-la-Boucherie : deux ailes fort larges, avec des chapelles du côté méridional, et, du côté septentrional, une aile seule, fort resserrée et presque sans chapelles». Il explique cette disposition en faisant observer que «le terrain où sont les chapelles, vers le midi, avoit été autrefois une rue, ou un cul-de-sac, dont on a trouvé le pavé»[1].

Le savant annotateur de Le Beuf a voulu se rendre compte du nombre des chapelles qui décoraient le côté méridional de l'église Saint-Benoît, et il est arrivé au chiffre, évidemment excessif, de vingt-six. «Il y avait, dit-il, deux chapelles des morts, celle fondée par Jean Voisin, et une autre, beaucoup plus ancienne, fondée en 1202 par Leonius, sous le nom de Sainte-Madeleine et de Saint-Benoît...[2]». Il énumère ensuite la chapelle diaconale, dite de Saint-Étienne, la chapelle sous-diaconale, celles de Sainte-Catherine, de Saint-Blaise, deux de Saint-Nicolas, deux de Saint-Jean-l'Évangéliste, deux de Saint-Pierre et Saint-Paul, trois de Saint-Louis, trois de Sainte-Croix, de Saint-Jacques et Saint-Philippe, de Saint-Jean-Baptiste et Tous les Saints, de Notre-Dame sans qualificatif, de Notre-Dame-de-la-Paix, de Notre-Dame-de-la-Table et de Notre-Dame-de-la-Miséricorde.

Dans cette longue énumération, H. Cocheris a évidemment confondu *chapelles* avec *chapellenies*, distinction que Le Beuf avait faite, et que nous avons faite nous-même, dans le volume précédent, à propos de l'église Saint-André-des-Arts.

Mais, si la plupart des chapelles auxquelles H. Cocheris a donné une existence matérielle, n'avaient qu'une vie morale, c'est-à-dire si elles n'étaient que des fondations pieuses, placées sous des vocables différents, il n'en était pas de même d'une chapelle *externe*, que Saint-Benoît revendiquait comme sienne, et avec laquelle elle eut de longs différends. Nous voulons parler de la chapelle de Saint-Yves, considérée comme un démembrement de l'église Saint-Benoît. Le lecteur trouvera, à l'article des rues Saint-Jacques et du Plâtre, le récit sommaire de ces controverses.

---

[1] Le Beuf, édition Cocheris, t. II, p. 51. — [2] *Ibid.*, t. II, p. 82.

Déclarée propriété nationale et vendue, le 28 nivôse an V, à un ancien fabricant d'ornements sacerdotaux, l'église Saint-Benoît fut rendue au culte par l'acquéreur qui en prit les frais à sa charge. Reconnue comme paroisse après le Concordat, quoiqu'elle fût une propriété particulière, elle passa, en 1812, aux mains d'un meunier qui la transforma en dépôt de farine. Ainsi désaffectée, elle fut, en 1832, aménagée en salle de spectacle, sous le nom de *Théâtre du Panthéon*, et elle était dans un état de délabrement complet, lorsqu'on la démolit, en 1854, pour ouvrir la rue des Écoles, dans l'axe de laquelle elle se trouvait.

Les Archives nationales possèdent, dans les sections administrative et historique, plusieurs cartons contenant des documents de diverse nature sur l'église Saint-Benoît. Ce sont, pour la plupart, des titres de rente sur des maisons, des baux à cens, des pièces relatives à la boucherie du chapitre, aux discussions avec Saint-Yves, aux élections canoniales, à l'administration religieuse, etc.; le côté topographique en est généralement absent. C'est dans le carton S 890 (section historique) qu'il y a le plus à glaner.

Un archéologue contemporain a laissé, de l'église Saint-Benoît, une description détaillée, où est exposé le dernier état de l'édifice; nous empruntons quelques traits à ce tableau tracé *de visu*.

« L'église Saint-Benoît consistait en une nef centrale, d'une élévation en rapport avec la grandeur et l'ordonnance générale du vaisseau, et éclairée par des fenêtres en ogive mousse, larges, mais peu élevées dans leur ouverture; elles avaient été privées de leurs meneaux dans le siècle dernier. Deux ailes bien proportionnées, avec six chapelles, régnaient du côté méridional, et une seule aile, fort étroite et presque sans chapelles, composait le côté septentrional, le tout voûté en arêtes croisées où se trouvaient plusieurs clefs en pendentifs, remarquables par le sujet représenté ou par la délicatesse de la sculpture. Les clefs de voûte de la grande nef figuraient des écussons, avec fleurons ou supports, et dont les blasons avaient été grattés à l'époque révolutionnaire. La clef au-dessus de l'orgue offrait le monogramme de Saint-Benoît, S. B., séparé par une crosse épiscopale. Toute cette voûte existait encore, en 1847, dans des ateliers pratiqués dans cette nef. Les nervures et formerets de cette voûte retombaient sur des piliers à chapiteaux profilés, garnis de colonnes engagées, dont le soubassement à moulures prismatiques, ou à talon, arrondissaient en gorge les arêtes qui séparaient leurs fûts...

« Le grand portail donnant sur la rue Saint-Benoît, et qui a subsisté à peu près intact jusqu'en 1832, à l'exception de la statuaire, offrait une construction assez bizarre, quoique curieuse dans ses détails. Il se composait de trois frontons obtus, dont les rampons à chaperons étaient ornés de crosses végétales. Celui du milieu était plus élevé que les deux autres. La voussure ogive de la porte était ornée de redans et autres ornements gothiques. L'archivolte, formée de feuilles de vignes, de lierre ou de chicorée, retombait sur des consoles figurant des animaux fantastiques. Ces consoles, on ne sait par quel caprice, ont été dédaignées par la hache du démolisseur. Cette archivolte s'amortissait par un gracieux pédicule, se terminant en pointe de flèche. Le tympan, percé d'un *oculi*, était lisse et sans figure ; au-dessus régnait une rose polylobée, se contournant en lignes sinueuses et flamboyantes; sur le trumeau qui divisait la baie en deux parties, était jadis adossée une statue de la Vierge, et sur les pieds-droits latéraux, les statues de saint Benoît et de sainte Scolastique.

«Sur le comble, s'élevait un clocher ou lanternin en bois et plomb, de forme hexagone, garni sur toutes ses faces de claires-voies à petites lames, et surmonté d'une calotte; le tout, d'une extrême simplicité, avait été construit vers la fin du xvii° siècle.

«A droite du portail et au-dessous d'une fenêtre ogive à meneaux flamboyants, régnait une petite porte, qui paraissait être d'un style postérieur, et dont la baie à cintre, surbaissée en accolade, et percée sur un plan biais, était ornée de moulures concentriques retombant sur un soubassement lisse. On voyait, au faîte de ce côté, une tourelle conique en pierre. Cette porte donnait entrée dans un chapelle collatérale, sous le vocable de Saint-Denis.

«Les croisées de cette façade étaient toutes inégales de grandeur et de style. Les gargouilles de ce côté figuraient toutes des salamandres, et cette devise de François Ier indiquait assez que la reconstruction de l'église avait été exécutée sous son règne; peut-être ce prince y avait-il contribué par quelque libéralité.

«Le portail latéral ouvrant au nord, sur le cloître, n'offrait rien de remarquable dans son architecture; mais les fenêtres des chapelles de ce côté étaient surmontées de frontons triangulaires, avec des crochets sur les rampans, et alternés par les pinacles qui couronnaient les contreforts contre-butant l'édifice. Les gargouilles figuraient des animaux fantastiques qui s'accrochaient à la corniche creusée en chenal.

«Le chœur était toute l'église au commencement du xvi° siècle; mais, lorsqu'elle fut reconstruite, il fut séparé de la nef par une tribune pour y chanter l'épître et l'évangile, suivant l'ancien usage. Elle fut supprimée en 1770; et les chanoines, pour s'abriter pendant les longs offices de la nuit, firent clore l'enceinte du chœur par de la maçonnerie. Il terminait alors l'église et était moins avancé dans la nef [1].»

Le lecteur trouvera, aux Appendices, une liste des objets d'art ayant appartenu à l'église Saint-Benoît, et faisant aujourd'hui partie des collections du Musée de Cluny.

[1] *Revue archéologique*, 4° année, p. 277 et suiv.

CHAPITRE VIII.

SUITE DES RUES DE LA RÉGION CENTRALE DE L'UNIVERSITE.

Sommaire : Rue du Clos-Bruneau, *alias* Jean ou Saint-Jean-de-Beauvais, et Rue aux Écoles de décret. — Situation et ancienneté de cette voie; ses diverses appellations et leur origine; ce qui en reste aujourd'hui. — Son nom transféré à une autre rue voisine. — Description topographique des deux côtés de cette voie. — Collège de Tonnerre. — Anciennes écoles de décret; leur formation, leurs dépendances; grandes et petites écoles de droit canonique; écoles privées.

RUE DU CLOS-BRUNEAU,
JEAN, OU SAINT-JEAN-DE-BEAUVAIS,
RUE AUX ÉCOLES DE DÉCRET.

La voie qui a porté, concurremment ou successivement, ces quatre noms, aboutit encore, comme autrefois, malgré les modifications qu'elle a subies, au carrefour formé par les rues Saint-Jean-de-Latran, Fromentel, Chartière et du Mont-Saint-Hilaire, en face du lieu où se voyait autrefois le Puits Certain. Les plus anciennes dénominations qu'on lui connaisse sont celles-ci : « au clos Brunel, *in clauso Brunelli* ou *Burnelli* »; on trouve ensuite « rue du cloz Bruneau ou Burniau » par corruption. Nous avons dit précédemment ce qu'était le clos portant le nom de *Brunel* ou *Bruneau*, et nous renvoyons le lecteur à cet article.

Dans le cartulaire de Sorbonne, on lit « rue Jehan de Beauvais ou aux Escoles de décret ». Quant au qualificatif *Saint*, précédant le nom de *Jean*, Jaillot le repousse pour les raisons suivantes, et explique comment la meilleure leçon est *Jean de Beauvais* :

« Le premier titre où j'aie vu que ce nom lui soit donné est, dit-il, celui de l'amortissement du collège de Beauvais, du 4 septembre 1371, dans lequel elle est nommée « rue du clos Bruneau, autrement dict Jehan de Beauvais ». Quelques-uns ont pensé que ce nom venait de la chapelle du collège de Beauvais, dédiée sous l'invocation de saint Jean-Baptiste; mais l'acte que je viens de citer dit simplement *Jean de Beauvais*, et non *Saint-Jean de Beauvais*. D'ailleurs, cette chapelle n'a été bâtie que postérieurement à cette époque. D'autres ont dit que le voisinage de Saint-Jean-de-Latran lui avoit fait donner le nom de ce saint, et que le surnom de Beauvais venoit du collège. Je conjecture que peut-être elle le devoit à Jean de Beauvais, libraire[1], qui demeuroit au coin de cette rue et de celle des Noyers et que, tant par rapport à lui qu'à cause du collège de Dormans, lequel y fut fondé par un évêque de Beauvais, on lui donna d'abord le nom de *Jean de Beauvais*, et ensuite celui de Saint-Jean de Beauvais... On l'eût simplement nommée *de Beauvais*, ainsi que le collège, si c'étoit à celui-ci qu'il fallût attribuer la dénomination de cette rue[2]».

Quant à l'appellation tirée des écoles de droit canon qui y furent établies, elle s'explique aussi naturellement que les désignations empruntées, tant au collège qu'on y fonda, qu'au clos dont la rue longeait le côté occidental.

Il importe de ne pas identifier cette voie avec une autre tout aussi ancienne, mais qui en était parfaitement distincte, qui avait son nom et sa direction particulière : nous voulons parler de la rue Judas, allant de la rue de la Montagne-Sainte-Geneviève à celle des Carmes, et n'atteignant pas même celle avec laquelle on l'a confondue. C'est uniquement à cause de sa proximité, et pour conserver le souvenir du vieux clos Bruneau, qu'on lui en avait donné le nom, à une époque relativement récente. Cette voie, incorrectement dénommée, aura son article dans le volume suivant.

Nous avons dit plus haut que la rue dont il s'agit aboutit, vers le sud, au carrefour Saint-Hilaire, où fut établi, au xvie siècle, le Puits Certain; elle débouche au nord, dans la rue des Noyers, et possédait, dès 1242, un puits en la partie inférieure de son parcours. Ce puits «joignant le mur de l'ospital de Sainct Jehan de Latran» est désigné ainsi dans un titre de 1242, à propos d'une maison du clos Bruneau : «*puteum contiguum domui hospitalis Jherosolimi, Parisius, a parte posteriori, in censiva Sancti Benedicti*».

CÔTÉ OCCIDENTAL
(du Nord au Sud).

PAROISSE SAINT-ÉTIENNE-DU-MONT.

JUSTICE ET CENSIVE DE L'ÉVÊCHÉ.

Le Saint-Esprit, maison contiguë à celle qui faisait le coin de celle des Noyers.

---

[1] On trouve dans l'*Histoire littéraire de la France* (t. XXIV, p. 300 et 301), le renseignement suivant : «Parmi les vingt-huit libraires qui prêtèrent serment le 26 septembre 1323, était Jean de Beauvais, dit prestre Jean.» — Autre renseignement puisé à la même source : «Une ordonnance du 5 novembre 1368 exempte du guet, de jour et de nuit, Jean de Beauvais.»

[2] *Recherches*, etc., *Quartier Saint-Benoît*, p. 167.

Elle est désignée ainsi, dans un censier de 1489 : «Maison qui fut au college de Fortet, LE SAINT-ESPRIT, maintenant LE PAPEGAULT, tenant à LA FLEUR DE LYS». Il y a là évidemment une de ces nombreuses disjonctions de corps d'hôtel, qui jettent tant d'obscurité sur l'ancien parcellaire parisien.

LE PAPEGAULT (1489), démembrement de la maison précédente, avec laquelle elle se confondit jusque vers la fin du xv⁰ siècle.

LA FLEUR DE LYS (1489), possédée, au xiii⁰ siècle, ainsi que LE SAINT-ESPRIT et, par conséquent, LE PAPEGAULT, par les clercs de matines de Notre-Dame. En 1373, toutes deux étaient la propriété de M⁰ Denis Flaon et Jehan de Marson. La maison de la FLEUR DE LYS appartint ensuite à M⁰ Jehan Rousseau, à Pierre du Bois, ou *de Bosco*, à Thomas de Fontaines et à Pierre Frajant, qui la possédait en 1489.

L'YMAIGE NOSTRE-DAME (1603), ayant fait partie de la maison précédente, au xiv⁰ siècle; en 1489, elle en était séparée. Elle appartint ensuite à Jehan de Marson, puis à Daniel de Mascon, à Jacques Mérat, et à Jean Lemaire, qui en était propriétaire en 1489.

LE SOULEIL (1464) et LE SOLEIL D'OR (1603), maison ayant, jusqu'à la fin du xvi⁰ siècle, fait corps avec la suivante. En 1373, dans le censier de l'Évêché, elle est ainsi désignée «MAISON DU SOULEIL, escolles et jardins, lesdictes escolles qui sont aux escoliers de Cerbonne, que tient Thomas le Chandelier, qui furent Jehan Poinçon et, avant, Robert Graindor». En 1482, elle est dite «distante du coing de la rue des Noyers, de vingt-sept thoises et demie, contenant, sur rue, quatre thoises cinq piedz trois poulces, et, de longueur, douze thoises trois piedz et trois poulces, aboutissant à ung jardin des appartenances d'une maison en la rue des Noyers». (*Cartulaire de Sorbonne.*)

LE CHESNE VERD (1575), corps de logis séparé de la maison précédente, à la fin du xvi⁰ siècle, ou au commencement du xvii⁰.

L'YMAIGE SAINCT JEHAN, maison se composant d'un jardin et de deux corps de logis occupés par des écoles. Celui du nord appartint successivement à Berthault, aux Chaperons, à Adrien de Cambray, à Pierre Piète, bedel de Clos-Brunel, à M⁰ Oudart en 1373, à Jehan Le Dos, à Jehan de Voton et à M⁰ Lestournel, en 1489. L'autre corps de logis fut d'abord aux clercs de matines, puis à Michel des Cornes, à Pierre Piète, à Robin le Roy, à Henry de Chalons, à Philippe Vanier, à Odart Billet et à J. Lestournel. De ces divers propriétaires, les uns paraissent avoir possédé la maison en entier, et les autres n'avoir eu qu'un des deux corps de logis; ce qui impliquerait différentes réunions et disjonctions.

Le Croissant (1457), maison à écoles, comme la précédente. En 1489, elle appartenait à Jacques Bourgondys; mais elle avait été possédée antérieurement par le collège de Tonnerre et Me Simon de Vertus. On ne la trouve pas mentionnée dans les censiers du xive siècle, probablement parce qu'elle était rattachée soit à la précédente, soit à la suivante, où il y avait également école.

C'est peut-être dans la maison de l'Ymaige sainct Jehan, du Croissant, ou du Cocq, qui vient ensuite, qu'avait été installé le Collège de Tonnerre, dont on ne connaît pas la situation précise, et qui est à peine mentionné par les historiens de l'Université. On s'accorde néanmoins à le placer dans la rue du Clos-Bruneau, et Le Beuf le fait aboutir, par derrière, à la Commanderie de Saint-Jean-de-Latran. L'acte d'amortissement, en date du 3 décembre 1406, indique qu'il avait été fondé par les religieux de Saint-Jean-en-Vallée, dont l'abbé était alors Richard de Tonnerre, qui lui donna son nom[1]. Le peu d'importance de cet établissement explique l'obscurité dans laquelle il est resté.

Le Cocq, qualifié, en 1359, de « vielle meson où jadis il y ot escoles », était peut-être la propriété vendue, en 1264, par Pétronille, veuve de Geoffroy Breton, à Robert de Sorbonne. Cet acte, qui est suivi de deux autres, aux années 1278 et 1289, fait connaître que la maison était située en face d'autres écoles, dans le clos Bruneau, écoles contiguës à la demeure de feu Me Nicolas de Pars. Mais la teneur de ces actes est trop vague pour permettre d'affirmer que la maison vendue en 1264 était le Cocq, plutôt que l'Ymaige sainct Jehan ou le Croissant. Ce dernier immeuble avait été la propriété du collège de Tonnerre.

Ce qui est hors de doute, c'est qu'il y avait, dans la rue du Clos-Bruneau, plusieurs écoles, parmi lesquelles se trouvaient celles qui occupaient les trois maisons dont nous venons de parler. Les écoles du Cocq, en particulier, furent possédées successivement par Robert de Monthyon, le collège de Sorbonne, le concierge de Tournay, la femme Jorlant, Me Guillaume de Droye (1397), Pierre Bridel et Guillaume Vincent (1489). C'est sans doute après le déplacement, ou la suppression des écoles, que la maison prit le Cocq pour enseigne, car on ne trouve ce nom qu'en 1526.

Le Cheval rouge (1327), appartenant, en 1489, à Pierre Alart, et auparavant à Nicolas de Neauville et aux Mathurins, qui y tenaient leurs écoles; cette maison

[1] Voir, dans le tome V de cet ouvrage (*Région occidentale de l'Université*), la notice relative à l'hôtel de Saint-Jean-en-Vallée, lequel était situé dans la rue des Cordeliers.

est mentionnée simultanément dans les censiers de l'Évêché et dans ceux de Saint-Benoît; ce qui porte à croire qu'elle était en partie dans l'une, en partie dans l'autre des deux censives.

PAROISSE DE SAINT-BENOÎT.
JUSTICE ET CENSIVE DE SAINT-BENOÎT.

En 1179, l'abbaye de Chelles ayant été obligée, pour payer ses dettes, de mettre en vente trois quartiers de vignes qu'elle possédait au mont Saint-Hilaire, le chapitre de Saint-Benoît en fit l'acquisition. Là est sans doute l'origine du droit de censive exercé au clos Bruneau par le clergé de cette église.

SAINT-ANDRY, mentionné en 1427, 1478, 1667, et SAINT-MARTIN, nommé dans un titre de 1458, paraissent n'avoir été que les deux portions d'une seule maison, peu importante, et ayant elle-même fait partie de l'hôtel du CHEVAL ROUGE, dont dépendaient aussi les deux immeubles suivants, autant qu'on peut en juger à la lecture des pièces très confuses où il en est question. Ces maisons touchaient, par un point, à la commanderie de Saint-Jean-de-Latran, ainsi qu'il résulte de cette double mention : 1427-1478, «MAISON DE L'YMAIGE SAINCT ANDRY, qui fut depuis à Jehan Bussy, tenant au CHEVAL ROUGE; d'autre part, à une masure SAINT-MARTIN, aussy à Bussy, aboutissant aux religieux de Sainct-Jehan-de-Jérusalem».

LA COURONNE (1403), sans autre désignation.

LA CORNE DE CERF, puis LE ROI DAVID, corps d'hôtel détaché de la grande maison du CHEVAL ROUGE. Un titre de Saint-Marcel, en date de 1480, nous fait connaître que la CORNE DE CERF, avant de devenir le ROI DAVID, s'était appelée MAISON DE MONSEIGNEUR SAINT HILAIRE. En 1542, elle est dite tenir «aux vieilles escolles de Sainct-Jehan-de-Latran et à Barincot»; l'année suivante on la localise ainsi : «Sise vis-à-vis des escolles de droict, tenant à Robert Estienne, d'autre, à Barincot».

CENSIVE DE SAINT-JEAN-DE-LATRAN.

ANCIENNES ÉCOLES DE DÉCRET.

Il a existé, dans la rue du Clos-Bruneau, plusieurs écoles de décret, cinq peut-être, plus ou moins distinctes les unes des autres, mais certainement trois, qualifiées de *Premières* ou *Anciennes*, de *Grandes* et de *Petites*. Avant de les localiser, disons en quelques mots quel était l'enseignement qu'on y donnait, et qui en faisait des établissements à part.

Les écoles parisiennes de décret étaient, en réalité, une faculté de droit canonique. La jurisprudence civile n'y était point enseignée, par suite d'une interdiction formelle du pape Honorius III. Le droit ecclésiastique, renfermé dans le décret de Gratien, — d'où le nom sous lequel la faculté était connue, — et dans les recueils publiés par divers papes, constituait le fond de son enseignement; c'est à Orléans et à Poitiers qu'il existait des chaires de droit civil.

H. Cocheris, dans ses notes ajoutées au texte de Le Beuf, distingue de la façon suivante les trois écoles de décret ayant existé dans la rue du Clos-Bruneau : « La première, dit-il, placée près du collège de Beauvais, et qu'on appelait *les grandes écoles de décret;* la seconde, qui était située du même côté, deux maisons plus loin, et connue sous le nom de *petites écoles de décret;* la troisième enfin, vis-à-vis de la seconde, du côté de la commanderie de Saint-Jean et indiquée, sur le plan Berty, sous la désignation de *premières écoles de décret* [1]. »

A quelle époque et en quel lieu s'établirent ces *premières* ou *anciennes* écoles? A une époque moins reculée qu'on ne le supposerait généralement. C'est en 1384 seulement, sous le règne de Charles VI, que frère Gillebert Ponchet et deux de ses cousins prirent l'initiative de cette fondation. Ce religieux, qui était commandeur de Montdidier, obtint de celui de Saint-Jean-de-Jérusalem la concession d'une place attenant à l'enclos de la commanderie parisienne, à charge d'y faire construire une maison destinée à l'enseignement du droit canonique, maison dont le revenu serait divisé en portions égales entre le commandeur de Saint-Jean-de-Latran, les frères de cette communauté et le chef de la commanderie de Saint-Jean-en-l'Ile.

Ce revenu était annuellement de huit livres parisis, ainsi qu'il appert d'un censier de 1480, où se trouve la mention suivante : « Les escolles de clos Brunel, que fist faire feu frère Guillebert Ponchet, assises en ladicte rue du Clos Brunel, tenant d'une part et aboutissant, d'un bout, à l'ospital, et, d'autre part, tenant à la chaussée de ladicte rue, aboutissant par bas à ung ostel appartenant au curé de Sainct Hilaire, sont louées à Messieurs les Docteurs en décret, moyennant la somme de huict livres parisis pour une année. »

Avant cette construction, l'emplacement n'était d'aucun produit : l'acte consacrant la transaction intervenue entre les deux commandeurs, à la date du 20 juin 1384, le décrit ainsi : « Come en l'encloz de nostredicte maison, du costé devers la rue du Clos Brunel, eust une place, si come elle se comporte en long et en lé, tenant, de l'un des bouz, quant au font, aux grans maisons de pierre que on dit les maisons de Bloiz, et, d'aultre part, quant à l'aultre bout, à une maison qui est du curé de Sainct Hilaire, de laquelle l'entrée est en ladicte rue du Clos

---

[1] Il y a quelque incertitude dans les dates et les emplacements indiqués par l'annotateur de Le Beuf.

Brunel, et tenant, d'une part, quant au lé, au mur de pierre taillée de ladicte rue, qui est nostredicte maison, et, d'aultre part, à une cuisine de pierre, appellée la vielle cuisine de l'ospital... et du coing d'ycelle alant droict ausdictes maisons de pierre dessusdict [1]. »

Il paraît y avoir eu, dix ans auparavant, c'est-à-dire en 1374, sur le même emplacement, un premier essai d'enseignement du droit canonique, sous le nom de «grans escoles du clos Brunel.» Le Beuf et son annotateur donnent la date de 1384» comme celle de l'établissement définitif. Voici de quelle façon H. Cocheris commente l'acte qu'il a relevé, comme nous, sur les archives de Saint-Jean-de-Latran, et auquel il ajoute des détails historiques complémentaires :

«Au milieu du xiv° siècle, l'emplacement où se trouvèrent plus tard les premières écoles de décret était une place vide, sur laquelle on déchargeait les immondices entassées à la hauteur de trois mètres, *vuide, vague, inhabitable*, disait un commandeur en 1384, *de nul proffit à nostredicte maison, et qui pis estoit, domagiable à ycelle, car par les gravois, fiens et ordures que on y mettoit et qui y estoient de haut de deux hommes et croissoient de jour en jour, les murs desdictes grans maisons de ladicte cuisine et le mur de pierre dessusdict estoient moult empiriez et povoyent empirer.* Cette place touchait en effet, d'un côté, à l'hôtel de Blois, *aux grans maisons de pierre que on dit les maisons de Blois, et de l'autre à la cuisine de l'hôpital.* Elle serait peut-être restée encore longtemps dans ce misérable état, si un ancien commandeur de Montdidier, nommé Guillebert Ponchet l'aîné, qui vivait à Saint-Jean, où sa mère, Guillemette la Ponchette, était enterrée, n'avait eu l'idée de demander comme une grâce à ses supérieurs l'autorisation de construire, avec son argent et celui de deux de ses cousins, Guillebert Ponchet le jeune et Philippot Ponchet, frère et doyen de l'ordre, une maison en cet endroit. Cette maison, *en laquelle auroit escoles de décret*, devait être habitée par les trois cousins et retourner, après le dernier survivant, à l'ordre de Saint-Jean, qui avait concédé le terrain. L'autorisation demandée (voir aux Archives nationales l'acte de concession du 20 juin 1384) fut accordée dans un chapitre tenu en 1384, sous la présidence de Gérard de Vienne, et la maison fut construite. Les écoles de décret y furent installées, et l'on voit par les registres censiers qu'elles durèrent longtemps. Nous les retrouvons en 1454 sous le titre d'*écoles de l'Écu de Jérusalem*, «assises en Clos Bruneau, appart. à Mons. le commandeur à cause de sa commanderie dudit hospital Saint-Jehan à Paris». Et nous voyons que les professeurs payaient un droit au commandeur, pour les lectures qu'ils y faisaient. C'est ainsi que «maistre Hector Regnouart, chanoine de l'église Notre-Dame de Paris, par composition faicte à lui par MM. les commandeurs environ la licence de la faculté de décret qui fut à Pasques 1454», paye, «pour avoir leu deux années, comme il dit et affirme, aux escoles de l'Escu de Jérusalem, en Clos Bruneau, ung escu d'or de la valeur de xxii sous». C'est ainsi que «Loys Jeuffroy» paye 8 sous, et qu'Antoine de Langhac paye 24 sous «pour avoir leu ausdictes escoles». Néanmoins, à la fin du xv° siècle, la maison était abandonnée; mais un dernier et grand honneur lui était réservé, celui d'abriter un érudit de premier ordre, un imprimeur de génie, Robert Étienne. Le titre de *maison des escolles de décret* disparut et fut remplacé par l'enseigne de Saint-Jean-Baptiste...

«A côté de cette maison, habitée successivement par Guillaume Le Breton, François Gueffier,

---

[1] Archives de Saint-Jean-de-Latran.

Jacques le Roy et Mammert Patisson, il y en avait une autre qui servait de jeu de paume à la jeunesse des écoles du Clos Bruneau, et qui devint plus tard la demeure du célèbre André Wechel et de Denis du Val[1]. »

Ce n'est pas seulement à l'imprimeur André Weckel que l'une des maisons du clos Bruneau — LE JEU DE PAULME —, servit d'atelier; l'une des gloires de la typographie parisienne, la famille Estienne, installa les siens, dès 1529, au moins, dans le local des anciennes ou premières écoles de décret. Un censier de 1529 ne laisse aucun doute à cet égard; on y trouve la mention suivante :

« Maison où soulloient estre les premieres escolles de décret, assises au cloz Brunel, en la rue Sainct Jehan de Beauvoys, devant les GRANDES ESCOLLES DE DÉCRET, tenant, d'une part, à Me Raoul Vedel, et d'aultre part, au jardin de Sainct Jehan de Latran, aboutissant par derriere à une petite court, prez les estables dudict Sainct Jehan de Latran; ladicte maison a esté baillée à Henry Estienne, jadis imprimeur et libraire. »

Cet Henri, deuxième du nom, était le fils de Robert, qui servit plus tard à dénommer la maison. On la trouve, d'abord vers le milieu du xvie siècle, désignée par l'enseigne de l'YMAIGE DE SAINCT JEHAN BAPTISTE; puis, au commencement du xviie, c'est l'OLIVIER DE ROBERT ESTIENNE, en souvenir de la marque de ce fameux éditeur.

Les vicissitudes de cet immeuble sont exposées sommairement dans une pièce conservée aux Archives nationales (S 5115^a, 10e liasse), et qui est l'original du « contract d'acquisition du tiers de la maison des Religieux de Sainct-Jehan-en-l'Isle par Monseigneur le grand prieur de la Commanderie de Sainct-Jehan-de-Latran » :

« Une maison, y est-il dit, consistant en deux corps de logis, l'un sur le devant, l'autre sur le derrière, cour au millieu, petit jardin derriere lesdicts lieux, avec une imprimerie estant en aisle, à costé desdicts lieux, yceulx lieux assis en ceste ville de Paris, rue Sainct Jehan de Beauvais, où souloient estre antiennement les Escolliers de décret, et que naguere possedoient les heritiers de Robert Estienne, par bail amphithéotique qui est à présent expiré, et où pend à présent pour enseigne l'*Olivier de Robert Estienne*...; de laquelle maison Robert Estienne et ses enfants auroient jouy pendant le temps dudict bail amphithéotique, et en fin d'icelluy, délaissé ladicte maison en mauvais estat et quasi en ruine, tellement que, à présent, il y convient faire plusieurs grandes et grosses réparations, et y despenser grande somme de deniers. »

---

[1] *Histoire de tout le diocèse de Paris*, édit. Cocheris, t. II, p. 153 et suiv.

L'emphytéose consentie à Robert Estienne, le 16 juillet 1533, comportait une durée de quatre-vingt-dix-neuf ans. A l'expiration de ce premier bail, le 15 février 1632, il en fut passé un second en faveur de «Jacques Dugast, maistre imprimeur, marchant libraire, demeurant alors rue de la Harpe». Ces détails sont contenus dans la liasse que nous avons indiquée plus haut.

Les *grandes* et les *petites* écoles de décret, dont nous parlerons plus loin étaient situées de l'autre côté de la rue, en face des *anciennes* ou *premières*, les seules qui aient été comprises dans l'enclos de la Commanderie de Saint-Jean-de-Latran.

Jeu de paulme Sainct-Jehan-de-Latran (1529), devenu le Cerf vollant en 1594. Cette maison paraît n'avoir été d'abord qu'une dépendance de la précédente et doit avoir occupé, en tout ou en partie, l'emplacement de ces «maisons de Bloys» dont il est question dans l'acte du 20 juin 1384.

Place vuide, et Granche, sans autre désignation sur le plan, mais devant être identifiées avec les «deux maisons entretenantes» que mentionne un titre de 1462, et qui y sont dites «sises en la rue du Clos Brunel, et Sainct-Jehan de l'Ospital, tenant, en alant dans la rue du Clos Brunel, à une Maison de l'Échiquier, par derrière aux maisons de Sainct Jehan de l'Ospital».

PAROISSE SAINT-ÉTIENNE-DU-MONT.
JUSTICE ET CENSIVE DE SAINTE-GENEVIÈVE.

Maison de la Serpent de pierre (1380), puis de l'Échiquier (1462), et enfin de la Corne de cerf (1544), ayant appartenu à un abbé de Marmoutiers, *Majus monasterium*, célèbre abbaye située dans un faubourg de Tours, ainsi qu'il appert de cette mention relevée dans un censier de 1497 : «l'Eschiquier, qui fut à l'abbé de Marmoutiers, tenant, d'une part, aux greniers dudict ospital, dict le palais, aboutissant aux aisemens dudict ospital».

La grosse Escriptoire (1550), faisant le coin de la rue Saint-Jean-de-Latran et comprenant deux corps d'hôtel.

CÔTÉ ORIENTAL
(du Sud au Nord).
PAROISSE SAINT-ÉTIENNE-DU-MONT.
JUSTICE ET CENSIVE DE SAINTE-GENEVIÈVE.

Le Coulombier Saint-Jacques (1493), formant l'angle de la rue Saint-Hilaire.

C'était une grande maison se composant de quatre corps de logis, qui plus tard constituèrent quatre maisons distinctes. En 1544, la première, à partir de la rue Saint-Hilaire, avait pour enseigne LES DEUX BOULLES; la seconde, faisant le coin, s'appelait LES GROS JONS; la quatrième, SAINCT-YVES. Dans cette dernière, un certain Simon Lalemant tenait, en 1380, des écoles dirigées auparavant par un nommé Couisart Brifant, dont elles portaient le nom en 1348.

MAISON DE L'YMAIGE SAINCT MICHEL (1530), où Jaillot a placé, par erreur, un « college de Sainct Michel » qui n'a existé que dans la rue de Bièvre. Un censier, postérieur de quelques années (1544) la désigne ainsi : « SAINCT MICHEL, qui fust au *bedel* et à la nation d'Allemaigne, est la premiere de quatre appartenant à ceste nation; la seconde les PETITES ESCOLLES DE DÉCRET; la troisiesme, MAISON DU CADRAN, contiguë; la quatriesme, l'YMAIGE NOSTRE-DAME, tenant à la maison qui est des appartenances des GRANDES ESCOLLES DE DÉCRET ».

On sait que le *bedel*, ou bedeau, était, dans l'ancienne Université de Paris, une sorte d'appariteur, chargé de renouveler la paille ou l'herbe sur laquelle s'asseyaient les écoliers, de les conduire aux examens et de décorer les salles où avaient lieu les épreuves. Le bedel de la nation d'Allemagne n'était peut-être que l'habitant, et non le propriétaire de l'YMAIGE SAINCT MICHEL. C'est sans doute cette possession, ou cette résidence, qui a fait croire à l'existence d'un collège dans cette maison appartenant à une nation de l'Université, et habitée par son bedeau.

PAROISSE SAINT-BENOÎT.
JUSTICE, CENSIVE DE LA SORBONNE.

PETITES ÉCOLES DE DÉCRET, formant dépendances des GRANDES ÉCOLES, dont il est question plus loin. On désignait ainsi, en 1530, la maison qu'elles occupaient, et qui s'était appelée successivement LES CISEAUX D'OR (1441), puis LE FRANC MÛRIER. Elle est mentionnée dans le censier de Sorbonne.

DÉPENDANCES DES GRANDES ÉCOLES DE DÉCRET.

PAROISSE SAINT-ÉTIENNE-DU-MONT.
JUSTICE ET CENSIVE DE SAINTE-GENEVIÈVE.

MAISON DU CADRAN, ainsi désignée dans un titre de 1530 : « maison sise au cloz Brunel, tenant, d'une part, aux PETITES ESCOLLES DE DROICT, d'aultre, à la MAISON DE NOSTRE-DAME, aboutissant par derrière à la MAISON DE L'YMAIGE SAINCT MARTIN, par devant à la rue de Jehan de Beauvais; c'est LE CADRAN, baillé par la nation d'Allemaigne à Jacques Planne».

MAISON DE L'YMAIGE NOSTRE-DAME (1515) ayant, avec les précédentes, appartenu à la nation d'Allemagne, dès le XIVe siècle. Nous avons indiqué ces maisons à l'article de l'YMAIGE SAINCT MICHEL.

GRANDES ÉCOLES DE DÉCRET. La maison où furent établies ces GRANDES ÉCOLES et qui eut pour dépendances les bâtiments des PETITES ÉCOLES, est mentionnée en 1480, un siècle environ après la fondation des ANCIENNES OU PREMIÈRES ÉCOLES. C'était un vaste logis, *amplissimam domum*, ainsi que l'appelle, au commencement du XVIIe siècle, Jean Barclay, l'auteur du *Satyricon;* mais, s'il faut en juger par les craintes que l'état de l'édifice inspira au visiteur, c'était alors presque une ruine [1].

Peu fréquentées à cette époque, tant par suite de leur état de délabrement qu'en raison du discrédit où était tombée l'étude du droit canon et du développement qu'avait pris celle du droit civil, les Grandes Écoles de décret durent, en 1679, par ordre du Roi, recevoir des chaires de ce dernier enseignement. Elles devinrent alors trop étroites pour la foule des étudiants qui s'y pressaient, et il fallut les transférer sur le sommet de la montagne Sainte-Geneviève, où la Faculté de droit siège encore aujourd'hui.

MAISON DES CONNINS (1407), puis DES CONNINS VERTS (1523), ayant un corps de logis aboutissant, par derrière, à la rue des Carmes; il y pendait pour enseigne l'IMAIGE DE SAINT PIERRE ET SAINT PAUL (1227). En cette année, Barthélemy, prêtre de Pantin, voulant fonder un anniversaire, fit don à la Grande Confrérie de dix sous parisis de rente à prendre sur cette maison. Le terrain où elle était située s'appelait alors le *clos Armenet*, distinct du clos Bruneau. On lit, en effet, dans la charte de fondation «*quamdam domum suam in clauso Armenet, prope clausum Brunelli, in censiva canonicorum Beati Benedicti Parisiensis sitam*».

Il y a tout lieu de croire que ce clos Armenet, dont nous n'avons trouvé aucune autre indication, était cet espace de terrain acheté, en 1179, aux religieuses de Chelles, ainsi que nous l'avons dit plus haut, et ayant constitué dès lors la partie de censive de Saint-Benoît, enclavée dans le clos Bruneau.

[1] ... «*Nihil magis timui*, dit Euphormion, pseudonyme sous lequel se cache l'auteur, *quam ne postes antiquitate corrupti cervices affligerent.*» (*Satyricon*, édit. de Leyde, 1674, p. 5.)

PAROISSE SAINT-ÉTIENNE-DU-MONT.
JUSTICE ET CENSIVE DE L'ÉVÊCHÉ.

ANCIENNES ÉCOLES de Saint-Jean-de-Beauvais, l'une des nombreuses maisons scolaires ayant existé dans cette région. Il en est fait mention en 1373, et elles sont dites appartenir alors à Jehan Munier.

ANCIENNES ÉCOLES, séparées des précédentes en 1348, par un bâtiment intermédiaire, qui fut englobé, peu de temps après, dans les unes ou les autres, puisqu'elles sont dites contiguës en 1373. A la première de ces deux dates, elles étaient la propriété de Périnet, le bedel, puis de Giraud des Courtils, chanoine de Notre-Dame; à la seconde, elles étaient dirigées par un certain Jorlent. En 1574, il y pendait pour enseigne LA TESTE NOIRE.

Le collège de Beauvais dut se les annexer postérieurement à l'année 1373; car, à partir de cette époque, il n'en est plus question dans les censiers de l'Évêché; un titre du fonds Saint-Benoît, daté de 1523, mentionne certaines «escolles de Sainct-Jehan de Beauvais, tenant à la MAISON DES CONGNINS», lesquelles devaient être celles-ci, à l'état de dépendances du collège.

MAISON DU CHEVAL BLANC (1358), voisine des deux anciennes écoles dont nous venons de parler, mais ne pouvant être localisée exactement.

CHAPITRE IX.

COLLÈGE DE BEAUVAIS, OU DORMANS-BEAUVAIS.

Sommaire : Collège de Beauvais ou Dormans-Beauvais. — Date de la création de cet établissement; ses fondateurs; son architecte; ses bâtiments, sa chapelle, les tombeaux et les inscriptions funéraires qui la décoraient; interruptions, reprises et achèvement des travaux. — Vicissitude du collège; jonctions, disjonctions, absorption, transferts; ventes successives et désaffectation des bâtiments; restauration moderne; découvertes archéologiques, etc.

CENSIVE DE SAINTE-GENEVIÈVE.

Collège de Beauvais, ou Dormans-Beauvais, Collège de Presles, depuis sa réunion à celui de Beauvais [1].

L'importante maison scolaire connue sous le nom de collège de Beauvais a donné son nom à la vieille rue du Clos-Bruneau, où elle occupait un assez grand emplacement. Établie, de 1365 à 1372, sur un terrain dépendant de ce clos, elle eut pour premier fondateur Jean de Dormans, évêque de Beauvais, cardinal et chancelier de France, personnage considérable, qui lui fit trois donations successives, et, pour second bienfaiteur, Miles de Dormans, neveu de Jean et évêque d'Angers, puis de Bayonne et de Beauvais. Les bénéficiaires du nouvel établissement devaient être d'abord douze, puis vingt-quatre écoliers originaires du pays des fondateurs, Dormans, au diocèse de Soissons; trois devaient être nés à Buissel et Athis, dans celui de Reims. On devait les choisir soit dans la famille des fondateurs, soit en dehors, *absque ullo favore et acceptione personarum*. L'acte de fondation, qui porte la date du 3 mai 1370, contient de nombreuses prescriptions d'enseignement, de discipline intérieure et d'administration financière; les historiens de Paris les ont relevées, et nous n'avons pas à y revenir.

Ce qui nous importe, ce sont les constructions que les fondateurs firent élever

---

[1] Le collège de Presles appartient topographiquement à la rue des Carmes, sur laquelle il avait son entrée. Antérieurement à sa réunion à Beauvais, il avoit eu son existence propre, que nous raconterons dans le volume suivant, à l'article de la voie où était sa principale porte.

et qui ont subsisté, avec appropriations et affectations diverses, jusqu'à l'époque contemporaine.

L'architecte du collège de Beauvais fut le célèbre Raymond du Temple, «juré du Roy, maistre masson-juré de l'église Nostre-Dame»; il y édifia «ung grant bastiment» à usage de classes, et une chapelle dont Charles V posa la première pierre. Cette chapelle, due aux libéralités de Miles et de Jean de Dormans, qui y fonda quatre chapelains et deux clercs de chapelle, fut consacrée le 29 avril 1380, sous l'invocation de Saint-Jean-l'Évangéliste; ce qui, selon la remarque de Félibien et de Jaillot, est sans doute l'origine du qualificatif *saint* appliqué à la rue, dénommée d'abord Jean de Beauvais, en souvenir du fondateur du collège.

Le chœur de la chapelle renfermait une œuvre d'art, due très probablement au même Raymond du Temple, architecte et sculpteur tout à la fois, comme on l'était aux xive, xve et xvie siècles : c'était le tombeau de la famille de Dormans, en marbre noir, couronné de deux statues en cuivre et entouré de six autres statues en pierre. On trouve, dans un *Registre des receptes et despens du colleige de 1377 à 1383*, quelques détails sur le monument funèbre, ainsi que sur les frais qu'il a entraînés et le temps qu'on a mis à le construire :

«Mons B, sire de Dormans, chevalier, y est-il dit, en sa fin, a ordenné que, pour sa mémoire, une tumbe soit faicte et mise en la chapelle de ce collesge, et puis a laissé iii^c francs. Depuis a esté ordenné que, sur ycelle tumbe, seront l'imaige et la forme de feu Me Jehan de Dormans, son frère, pour laquelle tumbe rendre en la chappelle sont les deniers escripts.» Suivent quelques chiffres constituant des acomptes au constructeur; puis il y a interruption dans les travaux, faute de fonds; on lit ensuite : «Il est assavoir que le surplus, qui est à faire, demeure jusques à ce que, par délibération, l'on ait bien advisé la place, et que l'on ait argent mis à part pour taillier, percier et massonner ladicte place, et pour faire la painture, si samble bon» [1].

Le P. Chapotin, de l'ordre des frères Prêcheurs, qui s'est livré à des recherches approfondies sur les origines du collège de Beauvais, au moment où les Dominicains se sont rendus acquéreurs de cet immeuble, croit que la première installation scolaire a été provisoire, et que les constructions définitives ont suivi l'achèvement de la chapelle. Nous empruntons à cette monographie les passages suivants :

«La chapelle était enfin achevée, et les exécuteurs testamentaires de Jean de Dormans pouvaient se flatter de n'avoir rien épargné pour qu'elle répondît, par sa beauté, aux projets du pieux fondateur. Ils avaient choisi à dessein les artistes les plus estimés de l'époque: Raimon du

---

[1] Archives nationales, S 6365 et M 88, 89, 90. On trouvera le texte de ces documents aux Appendices.

TOPOGRAPHIE HISTORIQVE DV VIEVX PARIS

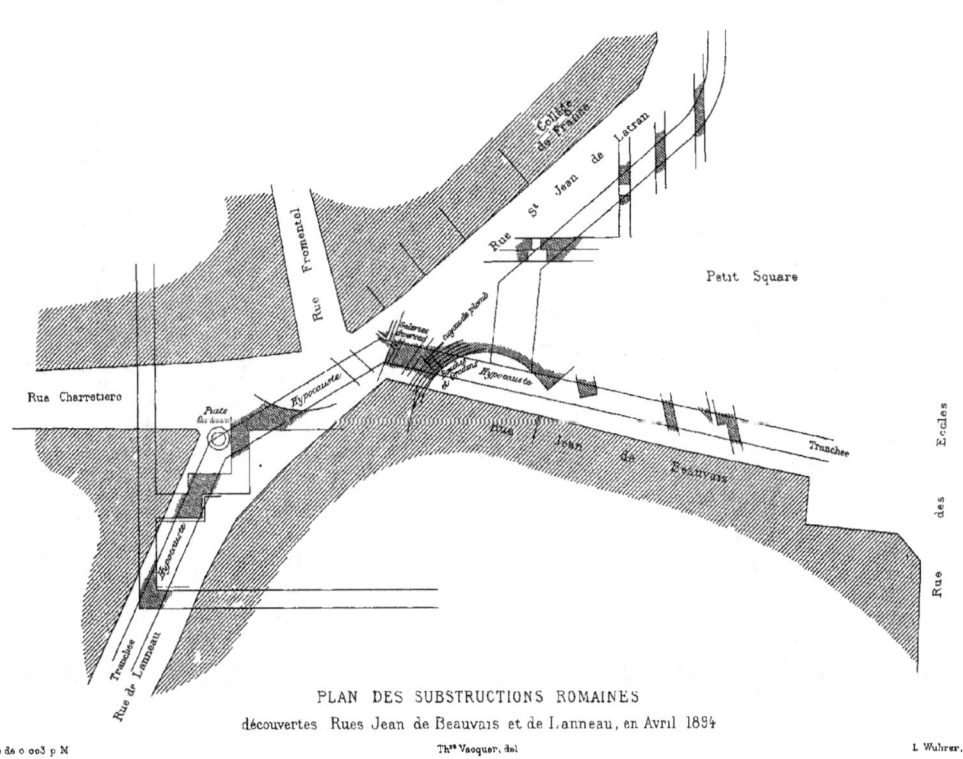

PLAN DES SUBSTRUCTIONS ROMAINES
découvertes Rues Jean de Beauvais et de Lanneau, en Avril 1894

TOPOGRAPHIE HISTORIQVE DV VIEVX PARIS

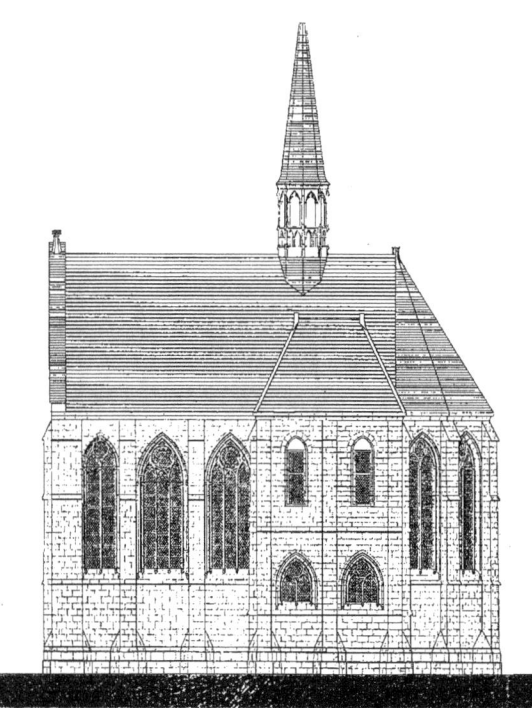

CHAPELLE DV COLLÈGE DE BEAVVAIS
1 Façade latérale — 2 Abside

COLLÈGE DE BEAUVAIS, OU DORMANS-BEAUVAIS.

Temple, architecte du Louvre de Charles V; le charpentier de Notre-Dame de Chartres, Jacques de Chartres; le sculpteur Hennequin de Liège, probablement le même qui avait été chargé d'orner de statues le nouveau Louvre; le peintre Nicolas de Vertus, très recherché à la fin du xiv° siècle. Leurs efforts réunis avaient élevé l'un des plus gracieux sanctuaires de Paris : le grand portail orné des statues de saint Jean, du cardinal de Dormans et du chancelier son frère, et décoré des plus riches couleurs; le petit portail latéral, surmonté d'un porche élégant qui abritait des peintures décoratives d'une grande richesse, et, au milieu d'elles, l'image de la Mère de Dieu et de son Fils; la voûte haute de soixante pieds et portée par une charpente d'une rare légèreté; les murs ornés des images des douze apôtres et percés de hautes fenêtres, par où le jour ne s'introduisait qu'en illuminant des vitraux splendides; le maître autel également décoré de peinture, entouré de colonnes supportant des anges d'argent, et en avant du chœur, deux autres autels plus simples; au milieu de la nef, un tombeau magnifique en marbre noir sur lequel étaient couchées les statues en cuivre de Miles et de Guillaume de Dormans; dans la sacristie, un autel remarquable par la beauté de son retable et de ses peintures; les toits d'ardoise avec leur crête peinte et leurs épis de plomb aux couleurs variées; un clocher aigu, aux arêtes également peintes, portant son coq doré à plus de cent vingt pieds du sol, et où deux jolies cloches chantaient joyeusement dès l'aurore, tout cela formait un petit chef-d'œuvre que nous pouvons encore aujourd'hui admirer sans restriction, malgré les mutilations opérées par le temps et par les hommes.....

«Les murs intérieurs de la chapelle se décorent en outre de six statues en pierre, «ce qui représente au naturel, dit du Breul, trois hommes et trois femmes, yssus de Dormans». Sous leurs pieds, une longue inscription latine faisait connaître leur nom, leur origine, la date de leur mort et leur munificence envers le collège; la même inscription, traduite en français, avait été placée au-dessus de leurs têtes. Les trois statues du côté du nord représentaient Jean de Dormans, licencié ès lois, chanoine de Paris et de Chartres et chancelier de l'église de Beauvais, mort à Sens, en 1380, à l'âge de vingt ans, et inhumé plus tard dans la chapelle, en même temps que l'archevêque Guillaume, son frère; le chevalier Bernard de Dormans, chambellan de Charles V, mort à Paris en 1381, enterré par son ordre avec les pauvres, aux Innocents, mais représenté, par son ordre aussi, dans la chapelle du collège; Renaud de Dormans, archidiacre de Châlons, chanoine de Paris, de Chartres et de Soissons, conseiller et maître des requêtes de l'hôtel du roi, mort à Paris en 1386. A la muraille méridionale, étaient adossées les statues de Jeanne Baube, femme du chancelier Guillaume de Dormans, belle-sœur du cardinal, mère de Miles et de l'archevêque Guillaume, ainsi que des autres Dormans dont les statues entouraient la sienne, de Jeanne de Dormans, dame de Paillart, et de Ide de Dormans, dame de Nesle et de Saint-Venant.

«Il est bien entendu que nous ne voulons point énumérer tous les changements apportés dans l'ornementation et l'arrangement intérieur ou extérieur de la chapelle, depuis sa construction. Il suffit de noter qu'au xvi° siècle une partie du collège ayant été reconstruite sur la rue Saint-Jean-de-Beauvais, de chaque côté de la chapelle, les deux dernières fenêtres furent entièrement bouchées par les constructions, et que le principal Jean Grangier relia plus tard ces deux bâtiments par une tribune intérieure, placée au-dessus de la grande porte de la chapelle; cette tribune fit disparaître deux des *chrémaux*, ou figures d'apôtres peintes pour la consécration de l'édifice..... Signalons aussi un ouragan terrible qui éclata sur Paris, la veille de Saint-Mathieu 1671 : «La chapelle du collège en fut fort affligée; il fallut en réparer le comble d'ardoise; en 1674 ce n'était pas encore achevé et cela coutoit près de 3,000 livres.» Enfin nous aurions voulu savoir la date précise de la restauration stupide qui, au siècle dernier, ravit à la façade de la chapelle le caractère que lui avait donné le xiv° siècle; nous aurions aimé à faire connaître l'architecte mal inspiré qui entreprit cette œuvre de vandalisme; malheureusement les archives et les comptes eux-mêmes sont absolument muets à ce sujet [1].

L'historien auquel nous empruntons ces détails, et qui avait largement puisé aux sources manuscrites que possèdent les Archives nationales, raconte plus loin comment furent construits les bâtiments du collège. La chapelle d'abord; c'était la pensée des fondateurs, qui fut respectée par les exécuteurs testamentaires; les locaux scolaires ensuite, quand les écoliers auraient un lieu pour prier.

« Une fois la chapelle construite et fournie des objets nécessaires au culte, les exécuteurs testamentaires, pour se conformer aux derniers vœux du fondateur, durent songer à bâtir le collège lui-même..

« Le 16 juillet suivant (année 1387), on fit marché avec Jean Filleul, maçon, Jean le Soudoyer, tailleur de pierres, et Michel Salmon, maçon. Ils s'engageaient à édifier, le long de la rue du Mont-Saint-Hilaire (ou des Carmes) un corps d'hôtel de quinze toises de longueur, avec caves et celliers au-dessous, le tout en pierres de taille; les fondements, profonds de deux toises et épais de quatre pieds, devaient être construits en «libes et moiron». Au-dessus du rez-de-chaussée, la muraille devait faire un retrait et ne plus avoir que deux pieds et demi d'épaisseur, monter encore à seize pieds et demi de hauteur pour former le premier et le second étage, perdre, par un nouveau retrait, un demi-pied d'épaisseur, et s'élever de nouveau à seize pieds et demi, pour former le troisième et le quatrième étage. Au-dessus, les entablements ne devaient point s'élever à une hauteur considérable. Les fenêtres, dont le devis ne désigne pas le nombre, devaient être munies de treillis de fer «bien dru, de iii posses de jour, entre les courants et montants». On convint ensuite que, sur la cour intérieure, serait édifiée une vis, ou tourelle, d'escalier à huit pans, dont trois seraient engagés dans la construction; que cette tour aurait neuf pieds dans œuvre, serait en pierre de taille au dehors, et au dedans en moellons et en plâtre; que les huit premières marches accédant à la grande salle seraient seules en pierre, le reste en plâtre; que l'embrasure des portes et des fenêtres de la tour serait en pierre de taille. La grande salle, placée en amont de la tour, devait avoir dans œuvre sept toises de long et quatre toises deux pieds et demi de largeur, s'élever sur deux pieds et demi au-dessus de «l'aire de la court», s'éclairer sur cette cour par trois fenêtres de huit pieds de haut. Il y aurait, au fond, une cheminée adossée au pignon. De l'autre côté de la vis, près du collège de Presles, serait la cuisine, éclairée, sur la cour et sur la rue du Mont-Saint-Hilaire, par deux fenêtres de un pied et demi de large sur trois pieds de haut. Les entrepreneurs s'engageaient à travailler sans relâche jusqu'à l'entier achèvement de l'œuvre, et l'on devait payer vingt-trois sous par toise. Le compte fut définitivement arrêté le samedi 7 septembre 1387. (Arch. nat., H 2785, fol. ii-v.)

« Pendant les travaux..., Jean Audant, chanoine honoraire de Chartres, vendit au collège la maison et les classes qu'il possédait rue du Mont-Saint-Hilaire, près des nouvelles constructions, au prix de cent vingt-huit livres. (*Ibid.*, H 2785¹, fol. xxiii.)

« Outre les travaux compris dans le premier devis, on creusa un puits dans la cour. La cour elle-même fut pavée, ainsi que la partie des deux rues du Clos-Bruneau et du Mont-Saint-Hilaire, le long desquelles s'étendait le collège. (*Ibid.*, fol. xiii.)

---

[1] *Le collège Dormans et la chapelle de Saint-Jean-l'Évangéliste*, par le R. P. Chapotin, p. 35, 96, 99, 100 et 101.

« Les ouvriers travaillèrent avec tant d'activité que le nouveau bâtiment, commencé dans les derniers mois de 1387, était habité à la Pentecôte de l'année suivante. Les boursiers furent partagés par chambrées de quatre. Les chapelains n'avaient qu'une chambre commune, divisée par des cloisons formées de planches et de plâtre. (*Ibid.*, fol. xiv *verso*.)

« ... Les boursiers et les maîtres étaient installés dans les constructions nouvelles..., lorsque Jean Roland, chanoine de Chartres et de Meaux, et curé d'Arcueil, offrit aux fondateurs de leur céder une grande maison, une plus petite et des écoles qu'il possédait dans la rue du Mont-Saint-Hilaire, près du collège... Le collège s'empressa d'accepter, et l'acte en fut passé le 1er décembre 1393. (*Ibid.*, Reg. MM 356, fol. 153.)

« Lorsque la construction touchait à sa fin, on résolut, sur la proposition de Raymond du Temple, d'en décorer la façade, sur la rue Saint-Hilaire, des armes du fondateur. Elles furent aussi placées sur la porte principale de la rue du Clos-Bruneau, ouverte sur la cour du collège, avec une inscription qui rappelait la fondation.

« Les comptes furent réglés au mois de décembre 1388. L'année précédente, le collège avait reçu pour la construction nouvelle quatre mille trois cent douze livres; les dépenses ne montèrent qu'à quatre mille deux cent vingt-sept livres neuf deniers (Arch. nat., H 2785, fol. xlvi), dont les maçons touchèrent huit cent quatre-vingt-quatre livres neuf deniers, les charpentiers quatre cent quatre-vingts livres et les menuisiers quarante-trois livres quatre sols. Quant à Raymond du Temple, « les prelaz déclarèrent que, pour sa peine », il aurait quarante francs, ou vingt-deux livres, dont il donna quittance. Jacques de Chartres, qui avait aussi consenti à travailler pour ce collège, n'obtint que vingt francs. » (Arch. nat., H 2785¹, fol. xxvi.)

Le collège de Beauvais avait été précédé, d'un demi-siècle environ, par celui de Presles, auquel il était contigu, fondé par le célèbre Raoul de Presles, qui fut avocat au Parlement et secrétaire de Philippe le Bel, pour quinze boursiers natifs du Soissonnais, comme ceux de Beauvais. Le collège de Presles avait donc avec ce dernier des affinités naturelles.

« Avec le temps, dit Ch. Jourdain, la proximité fit naître des relations si étroites de bon voisinage entre les deux maisons, que, vers la fin du xvie siècle, elles se partageaient les classes devenues communes aux boursiers de l'une et de l'autre. » C'était une réunion implicite; elle devint complète en 1597, et un seul principal dirigea les deux collèges jusqu'en 1763, époque où les constructions de Beauvais, trop grandes pour le petit nombre de boursiers des deux établissements, que celles de Presles auraient suffi à loger, furent abandonnées au collège de Lisieux, obligé de quitter son ancienne installation dans le voisinage des deux Bretonneries, parce qu'on établissait alors une place devant la nouvelle église Sainte-Geneviève, et que l'on construisait les bâtiments de la Faculté de droit, sur l'emplacement du collège de Lisieux.

Ces dernières phases de l'existence de Dormans-Beauvais ont donné lieu à diverses études qui complètent l'histoire topographique du collège, et qu'il est de notre devoir de résumer ici.

Dans la première moitié du xviie siècle, la fusion des deux établissements ne fut pas favorable à Beauvais. Un principal du nom de Jean Grangier, qui était «lecteur et professeur du Roy en langue latine», se montra plus dévoué aux intérêts de Presles qu'à ceux de son associé : sous son principalat, disent les écrits du temps, les écoliers eussent été mieux «sur les tuiles que dessous», et lui-même constatait la nécessité de «rebastir trois maisons estant à la veille de leur ruine».

Cependant il n'absorba pas complètement Beauvais dans Presles, à en juger par cet extrait d'une brochure qu'il publia en 1628, sous ce titre : *De l'estat du collège de Dormans, dit de Beauvais, fondé en l'Université de Paris* (1628).

«Pour consécration des droits de *ceux de Dormans*, entre la porte et la chapelle de notre collège, se voit une lame de cuivre, enchassée de deux poulces avant dedans la muraille, où sont escripts ces mots : C'EST LE COLLÈGE DE DORMANS, et, de l'autre costé du collège, dans la rue Saint-Hilaire, se voit une table de pierre, attachée contre le gros mur du corps de logis ancien, où sont les armoiries du cardinal fondateur. D'un costé desdites armoiries, est gravée une inscription latine qui veut dire ce que, de l'autre costé, la françoise contient en ces termes : C'EST LE COLLÈGE DES ESCOLIERS DE DORMANS, FONDÉ PAR DE BONNE MÉMOIRE MONSIEUR JEAN DE DORMANS, LUY VIVANT CARDINAL PRESTRE DU SAINCT SIÈGE DE ROME ET JADIS EVESQUE DE BEAUVAIS. EN REPOS SOIT SON ÂME. AMEN [1].»

Il était réservé à un universitaire justement célèbre, Charles Rollin, nommé, en 1698, principal du collège de Beauvais, de relever cet antique établissement de l'état d'abaissement matériel et intellectuel où il languissait depuis un siècle. «Ceux de Dormans», comme les appelle un peu dédaigneusement Jean Grangier, ne pouvaient être indéfiniment sacrifiés à «ceux de Presles». A peine installé, Rollin constata, dit Ch. Jourdain, que la fusion des deux collèges n'avait profité ni aux études ni à la discipline. «Quatre choses, — c'est-à-dire quatre enseignements, — ajoute-t-il, avaient lieu dans les bâtiments de l'un, quatre dans les bâtiments de l'autre; les deux maisons, qui étaient mitoyennes, avaient des portes de communication par lesquelles les écoliers, surtout les boursiers, échappaient à la surveillance. Rollin demanda et obtint du Parlement, de l'aveu de la Faculté des Arts, que pour l'avenir toutes les classes fussent établies au collège de Beauvais; qu'un mur de clôture le séparât de celui de Presles; que chaque collège reprît, avec son nom, une existence propre. Pour construire le mur et pour d'autres dépenses, il fallait de l'argent, et Rollin n'était pas riche; son petit revenu ne dépassait pas sept cents livres. La générosité de son maître, Antoine

---

[1] Nous transcrivons ici le titre complet de la brochure contenant ce curieux renseignement : DE L'ESTAT DU COLLÈGE DE DORMANS, DIT DE BEAUVAIS, FONDÉ EN L'UNIVERSITÉ DE PARIS, PAR JEAN GRANGIER, LECTEUR PROFESSEUR DU ROY EN LA LANGUE LATINE, ET PRINCIPAL DUDIT COLLÈGE. — *A Paris, chez Augustin Taupinart, imprimeur demeurant rue Sainct-Jacques, proche la Tortue.* M. DC. XXVIII.

Hersan, y suppléa; Hersan donne deux mille écus, qui furent employés à payer les travaux [1].

Il nous reste, pour en finir avec les vicissitudes du collège de Beauvais, auquel Rollin avait rendu son existence propre, à dire comment il fut absorbé, soixante-cinq plus tard par Louis-le-Grand, et comment, quatre ans après, ses bâtiments, reconstruits aux frais de Hersan, devinrent la propriété de Lisieux.

Louis-le-Grand, abandonné par les Jésuites et devenu le chef-lieu provisoire de l'Université, respecta le passé de Beauvais, tout en l'englobant. Une inscription, placée sur la porte du collège absorbant, rappela en ces termes ce qu'avait été le collège absorbé :

Collegium Ludovici Magni
In quo Academiæ Parisiensis ædes alumnique
Et Collegium Dormano-Bellovacum
Ex munificentia Ludovici XV
Regis dilectissimi. — 1764.

Trois ans après la pose de cette inscription commémorative, les bâtiments de Beauvais et ses dépendances étaient vendus au collège de Lisieux : une pièce conservée aux Archives nationales (S 6235) nous donne, à cet égard, les détails suivants :

*Vente du Collège de Beauvais et des bâtiments en dépendants
à Messieurs du Collège de Lisieux* (1767) :

« Les maisons, bâtiments, cours et dépendances appelés le Collège de Beauvais..., tenant d'un côté à quatre maisons, savoir les trois actuellement occupées par le sieur Blanchefort, Le Blanc et veuve Guérin, et *dont il sera parlé cy après comme comprises en la présente vente*, et la quatrième appartenante au chapelain de Saint-Jean en l'église Saint-Benoist, et d'autre côté aux terrein et bâtimens du collège de Presles, aboutissant par devant sur laditte rue Saint-Jean de Beauvais et par derrière sur celle des Carmes, contenant environ six cens quatre-vingt-treize toises de terrein, ensemble la faculté concédée par la Ville, par acte du dix-huit décembre 1621, de trois lignes d'eau de la fontaine d'Arcueil, de laquelle concession mention est faite sur un marbre noir étant dans la cour dudit collège, à côté de la grande et principale porte...

« Plus une maison et cour contiguë attenante à la chapelle dudit collège de Beauvais, sise à Paris susdite rue Saint-Jean-de Beauvais, occupée par le sieur Blanchefort, tenant d'un côté et aboutissant par derrière à la susdite maison et bâtimens appelés le collège de Beauvais, d'autre côté tenant à la maison occupée par le sʳ Le Blanc, aboutissant par devant sur ladite rue Saint-Jean de Beauvais, contenant environ trente une toises et demie de terrein.

« Plus une autre maison, scise même rue, louée à Monsieur Le Blanc, tenant d'un côté à la maison précédente, d'autre à la maison louée à la veuve Guérin, aboutissant par devant sur

---

[1] *Histoire de l'Université de Paris aux* XVIIᵉ *et* XVIIIᵉ *siècles*, p. 278.

laditte ruë Saint-Jean de Beauvais, et par derrière aux cours et bâtimens dud. collège, contenant environ soixante-treize toises et demie de superficie.

« Plus une autre maison louée à la veuve Guérin, scise même rue, tenant d'un côté à une maison appartenant au chapelain de Saint-Jean, fondé dans l'église Saint-Benoist, d'autre côté à la maison précédente, aboutissant par devant sur laditte rue Saint-Jean de Beauvais, et par derrière aux terrein et bâtimens dud. collège, contenant environ treize toises et demie de terrein.

« Enfin une autre maison scise rue des Carmes, louée au sieur Derobbes, tenant d'un côté à laditte maison du chapelain de Saint-Jean, d'autre au sieur Guérin, vitrier, et autres, et aboutissant par derrière à l'emplacement des anciennes Écoles de droit, et par devant aboutissant à la rue des Carmes, contenant environ quatre-vingt-six toises de superficie.

« Toutes lesquelles maisons, bâtimens et dépendances appartiennent aud. collège de Beauvais, comme fesant partie de la fondation primordiale dudit collège, et en vertu d'autres fondations qui ont été faites dans led. collège, ou des acquisitions faites depuis plus de trois siècles. »

Beauvais ne fut pas respecté par la Révolution : les bâtiments, aliénés en partie, eurent à subir diverses appropriations, et plusieurs corps de logis furent convertis tant en caserne qu'en magasins de literie. Vinrent ensuite divers percements édilitaires, qui les isolèrent et les séparèrent de la chapelle, demeurée intacte, malgré son abandon. Achetée par les Dominicains, avec ce qui restait des constructions de Raymond du Temple, réparées par Rollin et Hersan, elle fut restaurée et rendue au culte. Quelques années avant cette restauration (1855), Ferdinand de Guilhermy la décrivait ainsi :

« La chapelle, qui faisait partie des constructions primitives du cardinal de Dormans, a heureusement échappé aux démolisseurs. C'est un édifice élégant et complet de la seconde moitié du XIV° siècle. Le roi Charles V en posa la première pierre. Saint Jean l'Évangéliste fut choisi pour en être le patron. Un architecte du dernier siècle a mutilé le portail ; l'ornementation gothique est remplacée par des panneaux insignifiants, taillés dans l'épaisseur de la pierre. Les autres parties de la chapelle sont à peu près intactes. Elle se compose d'un vaisseau simple, sans collatéraux, partagé en cinq travées pour la nef, terminé par une abside à cinq pans, appuyé de contreforts, percé de hautes et larges fenêtres ogivales à meneaux. Notre gravure reproduit le côté septentrional. Une jolie porte, avec colonnettes et moulures toriques, s'ouvre à la cinquième travée. La flèche, décorée à sa base d'une arcature en ogives à trois lobes, reste debout sur le comble ; les révolutionnaires l'ont seulement épointée, en brisant la croix qui la surmontait. Au sud, une construction intéressante s'élève entre la nef et l'abside, renfermant une sacristie au rez-de-chaussée, et une salle de trésor ou un chartrier à l'étage supérieur.

« L'intérieur de la chapelle est aujourd'hui un magasin de literie militaire. Un plancher recouvre le sol. Il ne subsiste plus rien de l'ancien mobilier sacré. L'édifice a pour couverture une voûte en berceau d'ogive, formée de lattes, soutenue par des entraits et des poinçons. Comme à la Sainte-Chapelle du Palais, les croix de consécration sont portées par les apôtres. Mais ici on s'est contenté de peindre les personnages en petites proportions au pourtour de la chapelle. Chaque apôtre, représenté à mi-corps dans un quatrefeuilles, tient d'une main la croix d'or, et de l'autre l'instrument de son propre martyre, ou son attribut le plus ordinaire. Nous n'avons retrouvé que dix figures au lieu de douze ; les deux autres sont couvertes de badi-

COLLÈGE DE BEAUVAIS, OU DORMANS-BEAUVAIS.

geon ou cachées d'une façon quelconque. De chaque côté de l'abside, il existe un retrait formant un petit oratoire, et pouvant servir, comme ceux que nous avons remarqués à la Sainte-Chapelle, de place réservée pour la famille du fondateur.

«Une porte, à peu près semblable à celle que nous avons vue du côté du nord, conduit de la nef dans la sacristie. Quelques traces d'un ancien autel, une piscine et des restes de peinture indiquent que cette sacristie était en même temps un lieu de prière. Sa voûte décrit deux travées; les nervures reposent sur deux consoles, où sont sculptés l'ange, l'aigle, le lion et deux prophètes ou évangélistes tenant des banderoles. Un escalier à vis monte à l'étage supérieur, voûté et disposé comme le rez-de-chaussée. On a recueilli dans la sacristie une inscription gothique mutilée, qui était autrefois placée sur une des façades du collège, et qui constatait la fondation.

«Un tombeau de marbre noir, érigé devant le maître autel, portait les statues en cuivre de Miles de Dormans, évêque de Beauvais, neveu du fondateur, et de Guillaume de Dormans, archevêque de Sens, morts, l'un en 1387, l'autre en 1405. Ce monument a été entièrement détruit. C'est Miles de Dormans qui avait fait construire la chapelle du collège, au moyen de trois mille florins d'or légués à cet effet par son oncle.

«Sur les côtés de la chapelle, six statues en pierre, de grandeur naturelle, représentaient trois hommes et trois dames de la famille de Dormans. Elles étaient accompagnées d'inscriptions gothiques, qui offraient à la fois un texte latin et sa traduction en français. Les inscriptions sont déposées dans les magasins de l'église impériale de Saint-Denis [1]. Le Musée historique de Versailles a donné asile aux effigies de Jean de Dormans, chevalier de l'église de Beauvais, décédé en 1380, et de Renaud, son frère, archidiacre de Châlons-sur-Marne, mort en 1386 [2].»

Une note de l'éditeur de Le Bœuf ajoute, d'après les épitaphiers, quelques lignes de renseignements à ce que l'on sait sur le côté funéraire de l'histoire de cette chapelle : «On y remarquait aussi, dit-il, les sépultures de Jean d'Auxey, dit Le Gallois, chevalier, seigneur d'Orville et de Goussainville, conseiller et chambellan du Roi (8 novembre 1489), de Jaqueline Paillart, dame d'Orville, et de Marie Paillart, décédées dans le cours du XVIe siècle [3].»

La restauration, opérée en 1867 par les Dominicains, n'est pas à l'abri de toute critique : le caractère général de l'édifice a été conservé; mais certains effets décoratifs ont disparu. Heureusement les travaux ont amené certaines découvertes intéressantes. Le Service historique de la Ville de Paris a fait, en 1867, des relevés que nous résumons ici :

«En creusant le sol de la chapelle, les ouvriers ont mis à jour un cercueil de plomb, portant une épitaphe gravée dans le plomb même, et une sur une plaque de cuivre, selon l'usage général. Avant la réinhumation de ce cercueil, que les Dominicains avaient provisoirement placé sur un autel érigé par eux, on a pu l'examiner et calquer les inscriptions. Les gravures ci-dessous reproduisent les

---

[1] Ces inscriptions sont actuellement exposées dans le jardin du Musée de Cluny.
[2] *Histoire archéologique de Paris*, p. 337. C'est le Musée du Louvre qui abrite aujourd'hui les effigies de Jean et de Renaud de Dormans.
[3] Le Bœuf, édit. Cocheris, t. I, p. 697.

dessins faits à cette occasion. On avait cru d'abord être en présence du corps d'un évêque de Beauvais, embaumé, selon toute apparence, car il s'échappait de la bière, par les fissures du plomb dont elle était enveloppée, une liqueur aromatique brune et visqueuse; mais on a reconnu plus tard que ce personnage était le président Nicolas Quelain, ou Queslin, membre d'une famille qui compte parmi les bienfaitrices du collège. Les familles d'Auxey et de Paillart avaient aussi leur sépulture dans la chapelle de Saint-Jean-l'Évangéliste, mais elles n'ont point été retrouvées. »

Après avoir été, en 1815, le siège d'une école dite à la Lancastre, la chapelle fut affectée, un instant, au culte grec orthodoxe, après le départ des Dominicains. Elle est aujourd'hui abandonnée, ainsi que les bâtiments annexes que ceux-ci y avaient fait élever. Quant aux constructions scolaires de Raymond du Temple, restaurées et agrandies par Rollin et Hersan, elles ont été de nos jours remplacées par des maisons particulières, bâties en bordure des rues des Écoles, des Carmes et Jean-de-Beauvais.

PARTIE POSTÉRIEURE DES BÂTIMENTS DU COLLÈGE DE PRESLES.

Il faut se reporter à l'article du Collège de Beauvais, pour les détails relatifs à l'installation respective des deux établissements depuis leur réunion, en 1597, jusqu'à la translation de Beauvais à Louis-le-Grand. L'histoire topographique de Presles, à partir de sa fondation, se trouvera dans le volume suivant, où sera décrite la rue des Carmes, sur laquelle il avait son entrée principale.

Maison sans désignation au xvie siècle, mais paraissant avoir porté, en 1366, l'enseigne des Ymaiges.

Maison également sans désignation, qu'on trouve mentionnée en 1489, comme contiguë à celle qui faisait le coin de la rue des Noyers.

Reste à signaler un puits joignant le mur de l'*Ospital* : « 1242. *Puteum contiguum domui hospitalis Jherosolimi, in clauso Brunelli*. » Il ne faut pas le confondre avec le Puits Certain.

CHAPITRE X.

SUITE DES RUES DE LA RÉGION CENTRALE DE L'UNIVERSITÉ.

Sommaire : Rue de Cluny. — Sa situation, son origine; sa dénomination. — Description topographique des deux côtés de cette voie. — Collège des Dix-Huit. — Rue des Cordiers; époque de son ouverture; motif de son appellation. — Description topographique de ses deux côtés. — Ruelles Coupe-Gorge et Coupe-Gueule; leur situation, leur origine, raison de leur dénomination. — Description topographique de leurs deux côtés. — Rue d'Écosse; sa situation, noms qu'elle a portés. — Description topographique de ses deux côtés. — Collège de Thou; peu important, peu connu et oublié par la plupart des historiens de Paris. — Rue des Grés, ou Saint-Étienne-des-Grés; ses dénominations successives et leur origine; étymologies diverses. — Description topographique des deux côtés de cette voie. — Les Petites Maisons de Vézelay. — A l'opposite, le Grand et le Petit Vézelay. — Le Collège de Lisieux; sa fondation, ses diverses phases; ses déplacements. — Rue du Foin; son origine, sa situation; raisons des divers noms qu'elle a portés. — Description topographique des deux côtés de cette voie. — Le Cloître des Mathurins. — Le Bureau des Libraires, etc.

RUE DE CLUNY.

Cette voie, dont on a fait, de nos jours, la continuation de la rue de la Sorbonne, et à laquelle on a donné, comme à celle-ci, le nom d'un philosophe contemporain, Victor Cousin, débouche, au midi, dans la rue des Cordiers, et au nord sur la place de la Sorbonne, ancienne partie occidentale de la rue des Poirées, avant l'élargissement ménagé devant la chapelle bâtie par Richelieu.

Le Dit de Guillot (1300) l'appelle «rue à l'abbé de Cligny»; c'est l'indication la plus ancienne que nous connaissions. Les archives du collège de Cluny, détruites ou adirées, devaient contenir, à cet égard, des renseignements précieux. Dans les titres et les plans des xviie et xviiie siècles, la rue de Cluny est souvent confondue avec celle des Cordiers, qui la limite au sud. Son peu de longueur a dû causer cette confusion.

CÔTÉ OCCIDENTAL.

PAROISSE SAINT-BENOÎT.

JUSTICE ET CENSIVE DE SAINTE-GENEVIÈVE.

Ce côté de la rue était occupé par certaines dépendances du collège de Cluny, qui avait son entrée à l'angle de la rue des Poirées. Parmi ces dépendances figurent la

Maison Saint-Antoine, dont il n'est pas fait plus ample mention; puis une

Place, non autrement désignée.

Un titre authentique, relevé par A. Berty, nous apprend ce que contenait cette place : « Item, les maisons basties autour et sur le fond dudict colleige : la première, Sainct Antoine, tenant à une place et tournelle tenant aux Jacobins ; ladicte place contenant quinze toises de largeur sur la rue des Cordiers — c'est-à-dire sur la rue de Cluny, car on confondait les deux voies —, d'autre part, à la maison suivante, le

« Soleil d'or, qui fait le coing de la Place Sorbonne et de la rue des Cordiers ».

CÔTÉ ORIENTAL.

PAROISSE DE SAINT-BENOÎT.
JUSTICE ET CENSIVE DE LA SORBONNE.

Quatre maisons sans désignation, que les notes de A. Berty permettent de localiser.

Collège des Dix-Huit.

Cet établissement scolaire, auquel nous consacrons une notice à l'article de la Sorbonne, dans les dépendances de laquelle il a été absorbé, avait, comme le collège de Cluny, son entrée principale sur la rue des Poirées. Il avait été fondé, au XIIe siècle, pour dix-huit pauvres écoliers; d'où le nom sous lequel il était connu.

RUE DES CORDIERS.

Cette voie, qui vient d'être englobée dans le périmètre de la Sorbonne agrandie, est, selon toute probabilité, contemporaine de la construction de l'enceinte dite de Philippe Auguste. Le long et en dedans de la muraille, ainsi que cela se pratique dans beaucoup de villes murées, les cordiers furent autorisés sans doute à exercer leur industrie, et donnèrent ainsi leur nom à une rue nouvelle, tracée parallèlement à l'enceinte.

La rue des Cordiers existait depuis peu de temps, au moment où fut composé le Dit de Guillot (1300). Ce nomenclateur l'appelle « rue as Cordiers », et c'est le premier document où il en soit fait mention. Elle a, d'ailleurs, fort peu occupé les historiens de Paris. Toutefois, il en est question dans un acte de vente de 1319, qui confirme ce que nous venons de dire sur son origine, puisqu'elle y est appelée *Vicus novus Corderiorum*.

Contrairement à l'opinion émise par Jaillot, la rue des Cordiers n'a pas dû se prolonger, à l'ouest, jusqu'à la rue Saint-Cosme, ou de la Harpe. L'ancien passage des Jacobins, aujourd'hui partie occidentale de la rue Cujas, avec lequel on l'a confondue, lui était parallèle dans la partie orientale de son parcours.

Elle se distinguait également de la rue « aus escoliers de Cluny », à laquelle son nom a été plus d'une fois appliqué; toutes deux se rejoignaient, en effet, mais en équerre, ou à angle droit.

Il faut très probablement identifier la rue des Cordiers avec une certaine voie ainsi désignée en l'année 1231, dans un cartulaire de l'Hôtel-Dieu : *Vicus Johannis medici, ultra Parvum Pontem, juxta Sanctum Jacobum, in censiva Mercatorum aque*. Il s'y trouvait, en effet, à la date ci-dessus indiquée, une maison appartenant à Pierre d'Argenteuil, qualifié de médecin dans le texte que nous venons de citer. Or, on sait que la famille d'Argenteuil, qui a servi, au XIIIe siècle, à dénommer deux rues dans cette région, habitait dans les environs immédiats de la rue des Poirées. Le développement des bâtiments du collège de Cluny ne permettant pas de considérer l'hôtel d'Argenteuil comme ayant été situé dans la rue « des Escholiers de Clugny », il semble qu'on doive le placer dans celle des Cordiers.

Le côté méridional de cette voie était, à partir de la maison faisant le coin de la rue Saint-Jacques, exclusivement de la censive de Saint-Étienne-des-Grés et de la paroisse de Saint-Benoît. Le côté septentrional appartenait à la même paroisse; mais il était de la censive du Parloir aux Bourgeois, *Mercatorum aque*, comme il est dit dans l'acte de 1231, jusqu'à l'extrémité occidentale de la rue, qui relevait de la Sorbonne.

L'ancien parcellaire de la rue des Cordiers est très difficile à établir; nous allons cependant essayer de le reconstituer.

CÔTÉ SEPTENTRIONAL

(d'Orient en Occident).

La Madeleine,

Le Barillet,

La Rose blanche.

Ces trois maisons «entretenantes», pour parler le langage d'autrefois, ont pu être réunies et séparées alternativement, ainsi qu'il est arrivé pour une grande partie des anciens immeubles parisiens. Mais il est certain que la première, tout au moins, avait une existence distincte en 1478, et qu'elle portait même alors une triple dénomination. Un acte de cette année la désigne ainsi : «Ostel grant,... où pend pour enseigne l'Ymaige sainct Vincent, nommé l'Ostel des Caves, faisant le coin de la rue des Cordiers, tenant et aboutissant, de deux costez, aux hoirs de feu mestre Gilles Luillier; c'est la Magdeleine».

Un siècle plus tard, la Madeleine et son voisin le Barillet étaient réunis, bien qu'ils eussent deux enseignes distinctes : «Maison, — est-il dit dans une pièce de 1578, — faisant le coing de la rue des Cordiers, en deux corps d'hostel, en l'un desquels pend pour enseigne la Madelaine, rue Saint-Jacques, et l'autre le Barillet, rue des Cordiers, touchant à la Rose blanche».

Ces deux corps d'hostel, dont le premier formait l'angle des rues Saint-Jacques et des Cordiers, et dont le second était en bordure de cette dernière rue, sont dits appartenir «au collège», sans autre désignation. La contiguïté du collège de Réthel semble indiquer cet établissement comme propriétaire de la maison dont il s'agit; mais elle appartenait au collège de Fortet, qui s'y installa en 1391.

La Roze blanche était la troisième maison, en allant d'orient en occident. Elle tenait, d'une part, au collège de Réthel, de l'autre à la

Maison du Nom de Jésus, dénommée plus tard Hostel de Bourgogne, appellation dont l'origine n'est point indiquée.

Maison «cy devant le Droit canon (1642), tenant au collège des Dix-Huit, d'autre part, en retour, sur la rue des Poirées par derrière, au mesme collège des Dix-Huit».

Partie postérieure du Collège des Dix-Huit, ainsi déterminée par une note relevée sur pièces authentiques du xviie siècle : «Place du Collège des 18, tenant, d'une part au long, à la nouvelle église de Sorbonne, la rue des Poirées entre deux, et, d'autre part au long, à la rue des Cordiers, d'un bout, par derrière, à une maison du collège de Reims (*vulgo* Réthel), sise rue des Poirées, et à celle de la Rose blanche, rue Saint-Jacques, et encore à une maison, rue des Cordiers, où pend pour enseigne le Nom de Jésus».

Hôtel Saint-Quentin, à l'angle septentrional des rues des Cordiers et de Cluny, vieille maison de peu d'apparence, comme presque toutes celles de la rue des Cordiers, mais ayant eu, en qualité d'hôtellerie, l'honneur d'abriter, aux xviie et xviiie siècles, plusieurs célébrités de l'ordre philosophique et littéraire : Spinosa, Leibnitz, Condillac, Mably, Gresset, enfin J.-J. Rousseau, dont on lui donna le nom, en souvenir du séjour qu'il y avait fait.

Maison de Notre-Dame-de-Pitié, ayant dû faire partie de l'une des maisons précédentes, dont elle a été probablement détachée à une époque indéterminée, puisqu'elle avait une enseigne distincte.

CÔTÉ MÉRIDIONAL
(d'Orient en Occident).

Maison du Panier vert, formant l'angle sud-est des rues Saint-Jacques et des Cordiers. C'était une taverne assez mal fréquentée, s'il faut en croire l'auteur de l'*Apologie pour Hérodote* [1].

Maisons sans désignation, tenant à des immeubles de la rue Saint-Jacques, ou en dépendant, ainsi qu'on peut le conclure de la note suivante relevée sur des pièces d'archives :

« Saint-Bernard tenant, d'une part et par derrière, aux Jacobins, d'autre part à une maison appartenant à la Charité, et à d'autres maisons ayant issue rue des Cordiers. »

Ostel aux Champions (1360), auquel aboutissait une maison appartenant à Guillaume Chrétien, ainsi qu'il résulte de la note suivante déterminant la position respective des deux immeubles : « 1360. Maison à Guillaume Crestien, dict du Celier, tenant aux Dix Chaises, et d'autre part, à l'ostel des Jacobins, aboutissant par derrière à l'ostel des Champions, en la seigneurie de Sainct-Estienne des Grez ». Une pièce latine de 1319 appelle cet hôtel « *domus ad Pugiles* ».

Jardin de Symon, faisant encoignure sur la rue de Cluny et localisé par un titre de 1319, où il est dit que *Adamus de Caulainvilla*, chanoine de Saint-Étienne-des-Grés, vendit « *domum cum jardino, retro sitam, ultra Parvum Pontem, prope Fratres Predicatores, contiguam, ex una parte, jardino Domus ad Pugiles, et, ex alia parte,*

---

[1] Voir le tome II, chap. xxxvi, p. 185 de cet ouvrage, édition de 1735.

vico novo Corderiorum, *et, in ejus capite, contiguam cuneo dicte* domus Predicatorum, *et, in alio capite, jardino Symonis de*... »

RUELLE COUPE-GORGE.

Cette dénomination, un peu moins réaliste que celle de la rue suivante, s'appliquait à une petite voie comprise dans l'enclos du couvent des Jacobins, ou Dominicains de la rue Saint-Jacques. C'était, avant le xvie siècle, une sorte de couloir séparant le jardin du monastère de la muraille de Philippe Auguste, et le rétrécissant d'autant. Pour l'agrandir, le roi Louis XII fit don aux Jacobins du sol de cette ruelle; de sorte que les religieux, jouissant également de l'ancien Parloir aux Bourgeois établi dans l'une des tours de l'enceinte, purent communiquer, sans sortir de leur pourpris, avec la partie de leur domaine située *extra muros*, où ont été percées les rues Saint-Hyacinthe, Saint-Dominique et Saint-Thomas-d'Enfer.

La ruelle Coupe-Gorge, latérale aux murs de ville, s'étendait donc de la porte Saint-Jacques à la porte Gibard. Elle devait le nom peu rassurant qu'elle portait aux meurtres qui s'y étaient commis, avant son annexion au jardin des Jacobins.

Le côté méridional était formé par la muraille de Philippe Auguste; quant au côté septentrional, qui longeait l'enclos *intra muros* des Jacobins, il présentait une maison à chacune de ses extrémités. A l'est, c'était :

L'Ours (1542), maison joignant la herse de la porte Saint-Jacques.

A l'occident, c'était :

L'Hôtel de Bourg-Moyen, ayant eu d'abord son entrée principale rue de la Harpe (voir la monographie de cette rue), et englobé plus tard dans le pourpris des Jacobins.

Entre ces deux immeubles, s'ouvraient, sur la ruelle Coupe-Gorge,

L'Hôpital de la Voulte,

La Chapelle Saint-Jacques,
faisant, l'un et l'autre, partie des bâtiments du couvent des Jacobins. (Voir l'article consacré à ce monastère.)

Le Parlouer aus Bourjois, auquel nous consacrons plus loin un article spécial, peut aussi être considéré comme situé sur le côté méridional de la ruelle Coupe-Gorge, puisqu'il se rattachait à la muraille de Philippe Auguste.

RUELLE COUPE-GUEULE.

Nos bons aïeux, qui appelaient les choses par leur nom, n'ont pas hésité à en donner un très significatif à une petite voie assez rapprochée de la précédente et fort décriée, en son temps, par les attentats qui s'y commettaient. Mais, de même que l'incorporation de la ruelle Coupe-Gorge à l'enclos des Jacobins mit un terme aux assassinats dont elle était le théâtre, ainsi la donation de quelques maisons sises « *in vico Coupe-Gueule* » au célèbre chapelain et confesseur de saint Louis, Robert Sorbon, ou de Sorbonne, eut pour effet d'éloigner les détrousseurs et les meurtriers de l'emplacement de la future faculté de théologie. Agrandir un couvent, fonder un collège semblait donc, à cette époque, un moyen d'assurer la police de la cité.

Saint Louis était en Orient, lorsque la reine Blanche, agisssant au nom de son fils, octroya à Robert Sorbon «une maison scize vis-à-vis du palais des Thermes, dans la rue qu'on appeloit *Coupe-Gueule*». A cette première donation, dit Félibién, la reine régente en ajouta une seconde : «plusieurs autres maisons scizes au mesme endroit et aux environs, particulièrement dans la rue des Massons», furent, en effet, réunies à la première, mais sans relier ensemble les bâtiments du nouveau collège. Ce n'est pas tout : le roi, de retour d'Égypte, voulut se montrer aussi libéral envers Robert Sorbon que l'avait été sa mère, et donna au fondateur une maison avec des écuries, également située *in vico Coupegueule*.

En rappelant ces diverses donations, nous n'avons pas la pensée d'identifier, dès le xiiiᵉ siècle, le *vicus Coupegueule* avec la rue de Sorbonne. Un texte, d'ailleurs, ne nous permet pas cette identification ; c'est celui où il est dit que Louis IX céda à Robert Sorbon, par voie d'échange, non seulement les maisons qu'il avait en la ruelle Coupe-Gueule, mais encore *quasdam alias sitas in fine alterius vici eidem oppositi*.

Quel était ce *vicus oppositus*, à l'extrémité duquel se trouvaient les immeubles échangés par saint Louis? Il y a toute apparence que c'était la rue de Sorbonne ; ce qui place la première installation du collège et, par conséquent, la ruelle Coupe-Gueule entre la rue des Maçons, *vicus Lathomorum*, et la rue de Sorbonne moderne, mais à une hauteur indéterminée.

Deux notes extraites du Cartulaire de Sorbonne et datées de 1256 peuvent contribuer à localiser les maisons données; en voici la teneur :

« 1256. Collège de Sorbonne. Saint Louis donne à Robert de Sorbonne, pour la commodité des théologiens, une maison à Jehan d'Orléans, avec les écuries qui estoient à P. Pointan, — ou Pointin — joignantes, rue Coupe-Gueule, devant l'Hostel des Bains. »

— « Don de toutes les maisons, rue Coupe-Gueule devant l'Hostel des Bains, depuis la maison de Guillaume Pointin, et J. Henneinville jusques au bout de la rue. »

Cet Hostel des Bains n'est pas facile à identifier : on le localise approximativement, en le plaçant sur le côté oriental de la rue, en face de l'une des cinq maisons contruites sur l'emplacement de l'Hostel d'Harcourt.

CÔTÉ OCCIDENTAL
(du Sud au Nord).

Cinq maisons, sans désignation, ou dites « à la Sorbonne », depuis la donation qui en fut faite à Robert Sorbon.

Autre Maison, également sans désignation et dite aussi « à la Sorbonne ».

CÔTÉ ORIENTAL.

Maison du Figuier,

Maison des Carneaulx,

Maison de la Caige d'Or,

Maison de l'Estrille Fauveau, enseigne comportant un calembour, qu'on retrouve dans le quartier Saint-Honoré [1].

---

[1] *Topographie historique du vieux Paris* (région du Louvre et des Tuileries).

RUE D'ÉCOSSE.

La voie qui porte aujourd'hui ce nom aboutissait, d'une extrémité, à l'ancienne rue du Four, et, de l'autre, à la rue du Mont-Saint-Hilaire, dénommée aujourd'hui *de Lanneau*. Le vocable sous lequel elle est connue n'est pas le plus ancien : un titre de 1270, un livre de la Taille de 1292, l'appellent *vicus du Chaudron*, et la placent *retro ecclesiam Sancti Hilarii*. Elle devait cette première dénomination à une maison formant l'angle d'un de ses côtés et ayant pour enseigne LE CHAULDERON ou CHAUDERON. Comme elle continuait la rue du Four, on l'a souvent confondue avec cette dernière : un acte de 1388, notamment, la désigne ainsi : «rue du Four, autrement du Chaudron», et cette double appellation se rencontre assez fréquemment dans les titres des deux siècles suivants.

A quelle époque précise l'échangea-t-elle contre celle de RUE D'ÉCOSSE? Il est aussi difficile de le dire que d'assigner une origine certaine à cette dernière dénomination. Cependant il semble que la proximité du collège des Écossais, établi d'abord dans la rue des Amandiers et transféré plus tard dans celle des Fossés-Saint-Victor, a dû motiver ce changement. Il se pourrait également que des étudiants écossais aient, à raison même de ce voisinage, pris gîte dans la rue du Chaudron et contribué ainsi à lui faire donner le nom de leur pays. Plusieurs historiens modernes s'accordent à voir là le vrai motif de la désignation nouvelle; en l'absence de titres probants, nous nous bornons à le donner comme très probable.

CÔTÉ OCCIDENTAL
(du Sud au Nord).

PAROISSE SAINT-HILAIRE.

JUSTICE ET CENSIVE DU CHAPITRE SAINT-MARCEL.

PARTIE DU COLLÈGE DE REIMS, ayant son entrée principale sur la rue de ce nom.

BÂTIMENTS POSTÉRIEURS ET DÉPENDANCES DU COLLÈGE DE COQUEREL, ayant sa principale façade sur la rue Chartière.

MAISON annexée audit collège et désignée ainsi dans un titre de 1477 « *la grant sale de Coqrel* »; elle tenait à la maison formant le coin occidental de la rue du Mont-Saint-Hilaire. Une note puisée dans une pièce postérieure de dix ans est ainsi conçue : «Acquis le bail de la sale de l'OSTEL DE COQREL jusques à la maison appellée du Chauderon, en 1487 ". Les vicissitudes du collège expliquent cette location; mais nous ignorons par qui et à qui elle fut consentie.

CÔTÉ ORIENTAL
(du Nord au Sud).

PAROISSE SAINT-HILAIRE.

JUSTICE ET CENSIVE DU CHAPITRE SAINT-MARCEL.

Maison du Chauderon ou Chauldron (1292), faisant le coin oriental de la rue du Mont-Saint-Hilaire, et ayant, dès cette époque, donné son nom à la voie publique où elle était située. Cet immeuble, où fut établi plus tard le collège de Thou, comprenait deux parties distinctes : le bâtiment principal, ayant entrée sur la rue d'Écosse et faisant le coin de celle du Mont-Saint-Hilaire; puis les dépendances, séparées du principal corps de logis par le jardin de l'église Saint-Hilaire, et se développant à l'angle des rues d'Écosse et du Four.

C'est dans la maison du Chaudron, que fut installé, au xive siècle, le collège de Thou, ou Toul, établissement fort peu connu, auquel nous consacrons plus loin un article spécial. Mais il semble que, tout en abritant des maîtres et des écoliers, elle ait conservé, du moins en partie, son caractère de maison privée, sans doute à raison des dimensions qu'elle présentait.

En 1428, il est fait mention d'une sentence rendue « contre les escolliers du collège de Thoul, pour trente-neuf solz de rente sur deux maisons contiguës assises en la rue du Four, aultrement dicte du Chaudron ». C'est de la rue d'Écosse qu'il s'agit.

Un siècle plus tard (1527), un titre désigne ainsi l'immeuble où le collège avait été établi : « Deux corps d'ostel en la rue d'Écosse, l'un le Chauldron, faisant le coing de la ruë, tenant de toutes parts et aboutissant par derriere audict Sainct Ylaire, et l'autre maison tenant au jardin dudict Sainct Ylaire, au jardin dudict colleige de Karembert, et, d'autre, à ladicte rue d'Escosse. »

Dans ce texte, le collège de Thou n'est pas mentionné; mais il l'est dans une autre pièce de 1553, de laquelle il semble résulter que les bâtiments scolaires et les habitations privées offraient entre eux diverses solutions de continuité. Voici ce document :

« 1553. Le Collège de Thou, aultrement la maison du Chauldron, et ses appartenances, assis en la rue d'Escosse, faisant le coing d'icelle, tenant, d'une part, et faisant ledict coing, d'aultre, au jardin dudict Sainct Hillaire, aboutissant, d'un bout, au presbytere. — Plusieurs aultres maisons entretenantes au dessus dudict collège, et entre lesquelles maisons, appartenances et college de Thou, iceluy jardin de Sainct Hillaire est et faict separation d'iceluy college et maisons; tenant d'une part, les deux maisons, au college de Karembert et faisant le coing de ladicte rue d'Ecosse, vis à vis du college de Reims. »

COLLÈGE DE THOU.

On sait fort peu de chose sur l'origine de cet établissement; toutefois il est mentionné, dès 1342, dans un titre faisant partie des archives de Saint-Marcel. Il appartenait donc à cet ensemble de fondations scolaires qui furent nombreuses au xive siècle, et qui témoignent du prix qu'on attachait alors aux études parisiennes, puisque, malgré les calamités de la guerre de Cent ans, les fondateurs faisaient dons et legs pour entretenir et faire instruire, à Paris, les meilleurs écoliers de la province et de l'étranger.

La date précise de cette création, les revenus, les statuts, les noms des principaux et régents, le nombre et l'origine des boursiers nous sont peu connus. Plusieurs historiens de Paris, Jaillot en particulier, en mentionnant le collège de Thou, n'ont pu qu'en indiquer la situation approximative. Le Beuf, qui semble le faire remonter à 1393 seulement, le place «proche Saint-Hilaire», sans préciser autrement sa position : «J'ai, dit-il, quelque preuve qu'il etoit pour des bas Bretons, d'autant qu'un docteur breton le joignit, vers ce tems là (1423) aux collèges de Tréguier et de Cornouailles, dans la distribution de ses aumônes. »

Sauval n'en parle qu'incidemment et à propos de maisons contiguës. Dans les *États de confiscations anglaises*, il a trouvé les mentions suivantes :

«Grand hostel, rue de la Chartriere, au dessus du clos Bruneau, qui fut à Me Jean de la Londe, tué ès prisons. »

«Hostel neuf appartenant audit Me Jean de la Londe, scis en la rue Saint-Hilaire, faisant le coin du COLLÈGE DE THOU, qui est des appartenances du grand hostel cy-dessus[(1)]. »

D'autres mentions, avec variantes, ne nous renseignent pas plus complètement sur le collège de Thou.

Les historiens universitaires, Du Boulay et son continuateur, ainsi que le savant monographe de Sainte-Barbe, n'ont pas été beaucoup plus explicites. Charles Jourdain range le collège de Thou parmi ceux «qui n'ont pas d'histoire». Quant à Jules Quicherat, il localise exactement l'établissement, à l'occasion de la dona-

---

[(1)] *Antiquités de Paris*, t. III, p. 296.

tion faite en 1553, par Robert Dugast, à la maison de Sainte-Barbe; mais il constate, en même temps, que le pauvre collège de Thou n'était plus alors qu'un souvenir. Parmi les biens donnés figure «l'ancien *collège de Toul*, converti alors en bâtiments de location». Jules Quicherat ajoute les indications topographiques suivantes qui concordent parfaitement avec les nôtres : «On l'appelait l'Hôtel du Chaudron; sa façade occupait tout un côté de la rue d'Écosse, au côté gauche, en montant; il se retournait de flanc sur la rue du Four, et allait rejoindre le collège de Karembert; collège sans exercice, sur lequel les historiens ne donnent aucun renseignement [1]. »

Ce qu'ils ont le mieux connu, ce sont les noms divers, ou plutôt les orthographes diverses du nom que portait le collège; on trouve *Thou, Tou, Toul, Thoul, Thoueil*, et en latin, *de Tullo, de Tulleio*. La famille parlementaire de Thou paraît avoir été complètement étrangère à la fondation du collège de ce nom, et rien n'autorise à croire que la race nobiliaire des comtes de Toul y ait été pour quelque chose.

RUE DES GRÉS OU SAINT-ÉTIENNE-DES-GRÉS.

La voie qui a porté successivement ces deux noms, et qui forme aujourd'hui le prolongement de la rue Cujas, ancien passage des Jacobins transformé, a pour aboutissant, à l'ouest, la rue Saint-Jacques, à l'est, la partie occidentale du cloître Sainte-Geneviève, comprise dans le périmètre de la place du Panthéon.

Son appellation la plus reculée, celle du moins que l'on rencontre dans les plus anciens titres est *rue des Grés (vicus de Greis)*. Berty l'a trouvée dans un document sans date, appartenant au fonds de Saint-Jean-de-Latran; mais des variantes, provenant des différentes racines qu'on a données à ce mot, ne tardent pas à se produire : *grez* (de *gressus*), *grecs, Grieux* et autres fantaisies étymologiques qui datent de Raoul de Presles et remontent peut-être plus haut. On rencontre, dans un titre latin de 1243, la périphrase suivante : *vicus per quem itur ab ecclesia Sancte Genovefe ad Sanctum Stephanum*. Le censier de Sainte-Geneviève, en la même année, l'appelle *vicus des Grés* et *vicus de Gressis*. On voit ensuite *vicus Sancti Stephani de Gressibus*.

Le Beuf, qui a relevé ces diverses dénominations à propos du vocable de l'église Saint-Étienne, les discute dans l'article qu'il a consacré à cet édifice; nous ferons comme lui. Le lecteur se reportera donc à notre notice sur cette église, laquelle, ayant son entrée principale rue Saint-Jacques, a dû être placée à la suite de la description topographique de cette dernière voie.

---

[1] *Histoire de Sainte-Barbe*, t. I, p. 309.

Mentionnons, en terminant, une appellation que l'on trouve dans un acte de 1492, appartenant au fonds du collège de Montaigu : c'est celle de «rue Saincte Geneviefve», due probablement à la direction que suivait la voie dont il s'agit; elle tendait, en effet, de la rue Saint-Jacques à l'église de la patronne de Paris, et longeait le clos Saint-Étienne contigu à celui de Sainte Geneviève.

CÔTÉ MÉRIDIONAL
(d'Orient en Occident).

PAROISSE DE SAINT-ÉTIENNE-DU-MONT.
JUSTICE ET CENSIVE DE SAINTE-GENEVIÈVE.

Hostel de la Traille ou de la Treille (1483), contigu à la porte du cloître Sainte-Geneviève; il appartenait, en 1380, au «chamberier» de l'abbaye.

Petites maisons de Verdelay[1] (1380), Hostel Verderei (1407), Petites maisons de Vezelay (1483), ou Hostel du Petit Vezelay (1511). Nous sommes ici en présence d'un vaste logis, composé de deux hôtels distincts situés vis-à-vis l'un de l'autre, et servant, ainsi que l'a fait remarquer l'historien de Sainte-Barbe[2], l'un, de résidence aux abbés de Vézelay lorsqu'ils venaient siéger au Conseil du Roi, l'autre, au logement des profès de l'abbaye, qu'on envoyait prendre leurs grades dans l'Université.

Voici, dans l'ordre chronologique où nous les rencontrons, les notes extraites de documents authentiques, qui nous permettent de retracer, du XIVe au XVIIe siècle, l'aspect successif de cette maison abbatiale et professe :

Le Petit Vézelay, ou Petites maisons de Vézelay, ne semble pas avoir précédé le Grand. «Il était situé, dit Sauval, entre le collège de Lizieux et le clos de Sainte-Geneviève; le Grand aboutissait à la chapelle de Saint-Symphorien et à l'hôtel de l'abbaye Saint-Michel. Philippe de Mornai, archidiacre de Soissons, ajoute Sauval, le vendit à l'abbé de Vézelay; les religieux de Sainte-Geneviève l'indemnisèrent, en 1407, moyennant une certaine somme qu'on leur paya en écus d'or, qui valoient alors dix-huit sols[3].»

Comme les deux hôtels se faisaient face, c'est du Petit que nous devons parler d'abord, puisqu'il était sur le côté méridional de la rue des Grés. A la fin du XIVe siècle et au commencement du XVe, on le décrit ainsi : «Ung corps d'ostel et jardin entretenant, tenant, d'une part, à la ruë de Saint-Étienne-des-Grés, d'aultre

---

[1] *Verdelay*, ou *Verdelais*, lieu de pèlerinage aux environs de Bordeaux, est ici une première altération du nom de l'abbaye bourguignonne de Vézelay; *Verderei* en est sans doute une seconde.

[2] J. Quicherat, *Hist. de Sainte-Barbe*, t. I, p. 15.

[3] *Antiquités de Paris*, t. II, p. 268.

part, aus jardins et cloz de l'abbaye de Saincte-Geneviefve, aboutissant, d'un bout, au collège de Torsy, appellé de Lizieux, d'aultre part, à l'Ostel de la Treille, appartenant à Saincte-Geneviefve. »

Un titre de 1407 contient des détails plus circonstanciés sur le Petit Vézelay : « Item, une aultre grant maison, trois petites maisons avec un jardin entretenant, en la rue de Sainct-Estienne-des-Grez, de l'aultre part d'icelle tenant à un hostel de l'église de Saincte-Geneviefve, d'une part et d'aultre part; c'est assavoir ledict jardin, qui contient un quartier de terre ou environ, au jardin de l'hostel qui fut feu M⁰ Pierre Conrard, et d'autre part, au costé, au grand jardin de ladicte église de Saincte-Geneviefve, et aboutissant à ycelui, et par devant à ladicte ruë de Sainct-Estienne-de-Grez. »

Un autre document du xv⁰ siècle précise encore davantage la situation et la composition des Petites maisons de Vézelay. Après avoir indiqué le lieu où était le Grand Vézelay, il ajoute : « De l'aultre part d'icelle grant maison, trois petites maisons ou louaiges, avec un jardin entretenant, au prouffit d'icelle église de Vezelay, tenant à ung hostel de nostre eglise de Saincte Geneviefve. » Ces derniers mots révèlent la source à laquelle est puisé ce document : c'est un accord entre les abbayes de Vézelay et de Sainte-Geneviève, accord par lequel les religieux de ce dernier monastère consentent à l'amortissement de l'hôtel acquis par le premier.

A la fin du xv⁰ siècle, le Petit Vézelay contenait, aux termes d'un titre de 1492, « court, puys et jardin, maisons, chambres et estables, court devant et derrière et huys derrière ». Il n'eut pas, comme le grand, à subir d'annexion : le collège de Lisieux, son proche voisin, n'en convoita pas les bâtiments pour s'agrandir, ainsi que le fit celui de Montaigu, à l'endroit du Grand Vézelay.

Le Petit Vézelay, qui était sur le côté méridional de la rue, et qu'il ne faut pas confondre avec un autre immeuble du même nom situé en face, et contigu au Grand, avait un pourpris assez vaste : il aboutissait à des jardins dépendant de Sainte-Geneviève et s'étendant jusqu'à l'enceinte de Philippe Auguste, sur l'emplacement occupé aujourd'hui par la place du Panthéon.

COLLÈGE DE LISIEUX.

Cet établissement scolaire a eu ses vicissitudes : il compte, dans ses annales, trois installations successives : la plus ancienne, que Félibien appelle « première maison du collège de Lisieux » en la rue des Prêtres-Saint-Séverin; la seconde, qui fut la plus longue, en la rue des Grés; la troisième, qui fut de très courte durée, en la rue du Clos-Bruneau, ou Jean-de-Beauvais, lors de sa réunion au collège de ce nom. Nous ne dirons rien de la première installation, qui n'était que provisoire; on attendait sans doute la réalisation des généreuses intentions du fondateur.

Ce personnage était Guy de Harcourt, évêque de Lisieux, appartenant à cette famille qui s'est fait un nom à Paris, dans le vieux monde scolaire. Ses libéralités furent grandes pour l'époque (1336) : Guy de Harcourt laissa, par testament, mille livres parisis pour fonder vingt-quatre bourses en faveur d'autant de pauvres écoliers, au choix des évêques de Lisieux; il légua, en outre, cent autres livres parisis pour subvenir à leur logement, en attendant la construction du collège.

A ces libéralités vinrent, un siècle plus tard (1414, 1422), s'ajouter celles d'un autre évêque de Lisieux, Guillaume d'Estouteville, et de ses deux frères, dont l'un était abbé de Fécamp, et l'autre seigneur de Torchi, lesquels portèrent à trente-six le nombre des boursiers du nouveau collège. L'abbé de Fécamp le dota d'une chapelle bâtie à ses frais et dédiée à saint Sébastien; le seigneur de Torchi lui laissa son nom, sous lequel on le désignait parfois, concurremment avec celui de Lisieux.

Voisin du Petit Vézelay, le collège de Lisieux, lors de son installation définitive en la rue des Grés, s'étendait, comme le logis abbatial de Sainte-Geneviève, jusqu'aux murs de Paris; il avait englobé une maison qui lui était contiguë et est ainsi décrite en un acte de 1402 : « Hostel et appartenances, lequel tient, de présent, aux jardins de l'eglise Saincte-Geneviefve et, d'aultre part, à l'hostel de Mr Junyer le Besson, et à celuy de M^r l'abbé de Sainct-Benoist-sur-Loire, aboutissant, par derriere, aux murs de la Ville. »

Les constructions primitives du collège furent bientôt insuffisantes, et leur ancienneté obligea les administrateurs de Lisieux à des travaux d'agrandissement et de réparation, dont il est resté trace aux Archives nationales, dans le fonds du collège. La cinquième liasse de ce fonds contient, sous la cote S 6464, deux procès-verbaux de visite de ces travaux.

L'un, qui porte la date des 11 et 13 février 1570, est signé de Robert Chambys, alias Chambryez, Jehan Chaponnet et Jacques Le Peuple, se disant « charpentiers du Roi nostre sire ès offices de massonnerie et charpenterie à Paris ». Il y est constaté, avec tous les détails techniques à l'appui, que « ung grand corps d'hostel a esté faict faire de neuf, par défunt Symon Larcher — c'était le principal du collège — dedans l'encloz dudict college, en entrant par la grand porte vers la main dextre, et du costé où sont les latrines dudict college ».

Les visiteurs nous font connaître incidemment une autre construction due également au zèle du principal Larcher; ils déclarent que les «ouvraiges» dont l'examen et la prisée leur sont confiés sont « de pareille matiere et estoffes que ledict défunt Larcher a faict bastir ung grand corps d'hostel estant joignant ledict collège, du costé et vers la porte Sainct-Jacques, et à costé des murailles de la Ville. »

Le second procès-verbal, qui porte la date du 25 septembre 1571 et les signatures de « Guillaume Guillain, juré du Roy et maistre des œuvres de massonnerie de la Ville de Paris, Léonard Fontaine, juré et maistre des œuvres de charpenterie, Estienne Grandremy, maistre general des œuvres de massonnerie, Jacques Beaussault, aussy juré en ledict office», donne la date approximative de la construction des deux corps d'hôtel : après un contrôle et un toisé minutieux, les visiteurs déclarent que « les deux corps d'ostel, tant ledict ediffice audict college que ledict estant prez celluy college, ont été construits, bastis et ediffiés en l'année mil cinq cens quarante ou environ, par devant ou peu aprez [1]».

Le collège de Lisieux, qui a longtemps compté parmi les meilleurs établissements parisiens, fut maintenu en la rue des Grés jusqu'en 1750, époque à laquelle la construction de la nouvelle église Sainte-Geneviève, la formation d'une place au-devant de l'édifice et l'installation d'une nouvelle École de droit, en remplacement de vieux bâtiments du clos Bruneau qui avaient si longtemps abrité les élèves en droit canon, nécessitèrent la translation de l'établissement fondé par les d'Harcourt et les d'Estouteville. Ce fut une laborieuse négociation; nous allons en retracer les principaux incidents.

La première combinaison semblait assez raisonnable : l'expulsion des Jésuites ayant laissé libres les bâtiments du collège de Louis-le-Grand, on songea à y transférer celui de Lisieux, et, de fait, il y fut réinstallé solennellement à la rentrée des classes, au mois d'octobre 1762. Mais cette réinstallation avait l'inconvénient d'absorber l'un des établissements dans l'autre et de faire disparaître le nom du dernier occupant : la fameuse inscription *Collegium Ludovici Magni* se lisait toujours sur la porte principale de la rue Saint-Jacques. Aussi le principal, les boursiers et les «supérieurs majeurs» du collège, qui n'étaient autres que l'évêque de Lisieux et l'abbé de Fécamp, réclamèrent-ils vivement contre cette mesure. Leurs instances furent telles que le Parlement revint sur l'arrêt qu'il avait rendu, pour la translation de Lisieux à Louis-le-Grand. Il fallut trouver alors un autre collège qui consentît à perdre son individualité, et allât occuper les bâtiments que venaient d'abandonner les Jésuites; ce qui était au fond une «réunion». Le collège de Beauvais se résigna, et, par lettres patentes du 7 avril 1764, il succéda à

---

[1] Archives nationales, S 6464, 5ᵉ liasse. Voir aux appendices.

Lisieux dans la rue Saint-Jacques, tandis que celui-ci se réinstallait à la rue du Clos-Bruneau. Ce fut donc un double et réciproque «déménagement». Les lettres patentes constituaient une sorte de «bail», puisque l'occupation des bâtiments du collège de Beauvais n'était stipulée que «pour trois années»; mais cet état de choses se maintint jusqu'à la Révolution.

L'emplacement des bâtiments anciens du Petit Vézelay, ainsi que les terrains et dépendances du collège de Lisieux, sont entrés dans le périmètre de la place du Panthéon, de la rue Soufflot, en sa partie ancienne, et de la Faculté de droit.

PAROISSE SAINT-BENOÎT.

JUSTICE ET CENSIVE DE SAINT-ÉTIENNE-DES-GRÉS.

Maison sans désignation, tenant au collège de Lisieux.

Maison du Pressouer d'or (1569).

Maison de l'Ymaige Nostre-Dame (1522), l'un des nombreux immeubles parisiens placés sous ce vocable.

Maison de l'Ymaige sainct Kristofle (1517), appellation qu'on rencontre également sur plusieurs autres points du vieux Paris.

Maison du Billard, puis des Troys Bouteilles (1587), paraissant avoir été une taverne ou cabaret. C'était probablement un corps de logis détaché de la

Maison de l'Esteuf d'argent, qui a pu être le siège d'un jeu de paume; elle touchait à l'église Saint-Étienne-des-Grés, et aboutissait, ainsi que les deux maisons précédentes, à une ruelle mentionnée fréquemment dans les titres de l'église. La procession du chapitre avait droit d'y passer le jour de la Fête-Dieu. Cette ruelle, dont la restitution exacte est difficile, avait sans doute son point de départ au petit cloître de l'église; elle passait derrière les maisons de l'Esteuf et des Troys Bouteilles, longeait le côté de celle de Saint-Kristofle, la partie postérieure de celle des Carneaulx et allait déboucher dans la rue de la Petite-Bretonnerie, entre cette dernière maison et celle de l'Ymaige Nostre-Dame.

Flanc septentrional de l'église Saint-Étienne-des-Grés, en façade sur la rue Saint-Jacques.

CÔTÉ SEPTENTRIONAL
(d'Occident en Orient).

PAROISSE SAINT-BENOÎT.

JUSTICE ET CENSIVE DE SAINT-ÉTIENNE-DES-GRÉS.

Maison du Mirouer (1571), contiguë à celle qui faisait le coin de la rue Saint-Jacques.

Maison des Caves (1572), sans autre désignation.

PAROISSE SAINT-ÉTIENNE-DU-MONT.

JUSTICE ET CENSIVE DE SAINTE-GENEVIÈVE.

Flanc méridional du Collège des Chollets. Aux bâtiments latéraux de ce collège attenait, d'après Sauval [1], la résidence parisienne de Gauthier de Chambli, évêque de Senlis, lequel, dit l'auteur des *Antiquités de Paris*, «logeoit à la rue Sainct-Estienne des Grés». Le collège s'est annexé cette maison, ainsi qu'il est dit ci-devant à l'article du Collège des Chollets.

Hostel de la Blanche-Fouasse (1389), puis Hostel abbatial du Mont-Saint-Michel (1526), faisant le coin oriental de la rue des Chollets. Deux notes, l'une sans date, l'autre datée de 1570, localisent ainsi cet immeuble : «la maison appelée le Collège Saint Michel, rue Saint Etienne, aboutissant par derrière à la rue Saint Symphorien, sur le terrain de laquelle sont bâties les maisons du Bon Pasteur, de l'Ange gardien, du Sacrifice d'Abraham». Le long de cette maison régnait une

Allée, faisant le coin de la rue des Grés et de celle des Chollets.

La note datée de 1570 désigne aussi l'ancien «Hostel de la Blanche-Fouasse».
«Sainct-Michel, deux grands viels corps d'hostel; une grande porte au-dessus de laquelle y a ung petit édiffice, caves dessoubz desquels corps d'hostel et partye de la court; une court à costé le lieu aussy..., tenant, d'une part à la chapelle de Sainct Michel (*sic*), d'aultre au collège de Montaigu, par devant sur deux maisons, l'une devant le collège des Chollets, l'aultre devant le collège de Lisieux.»
La chapelle Saint-Michel, dont il est question dans ce texte, était-elle un oratoire

---

[1] *Antiquités de Paris*, t. III, p. 383.

privé, à l'usage des abbés résidant en cet hôtel, ou s'agit-il de la chapelle de Saint-Symphorien-des-Vignes située dans le voisinage immédiat? C'est un point difficile à éclaircir.

L'Hostel de la Blanche-Fouasse, après avoir appartenu à messire Nicole Darcier, évêque d'Auxerre, puis à un certain Pierre de la Neufville, fut possédé par Perrenelle de Corbeil, dame de la Blanche-Fouasse, à laquelle il donna ou emprunta son nom, et acquis en 1416 par la célèbre abbaye du Mont-Saint-Michel. On sait que ce monastère bénédictin, situé « au péril de la mer », *in periculo maris*, compte pour quelque chose dans l'histoire de la topographie parisienne. Charles VI, dans les premières années de son état de démence, ayant fait un pèlerinage à l'abbaye, en revient soulagé et donne, dit-on, par reconnaissance, le nom de Saint-Michel à la porte Gibard, ou d'Enfer. Peut-être le doit-elle également à la petite chapelle érigée, dans l'enceinte du Palais de la Cité, en souvenir de l'institution de l'ordre royal et militaire de Saint-Michel, par Louis XI.

L'abbaye normande, qui l'avait acquis en 1416, ne posséda l'Hostel de la Blanche-Fouasse qu'un siècle et demi environ; elle fut obligée de le vendre, en 1571, pour payer les sommes auxquelles elle avait été taxée, conformément à l'autorisation donnée, en 1568, au roi Charles IX par le pape Sixte-Quint, autorisation aux termes de laquelle il pouvait être vendu des biens d'église jusqu'à concurrence de cinquante mille écus de rente, au denier vingt-quatre. Mis en criée, l'hôtel fut adjugé au collège de Montaigu, moyennant deux mille deux cent soixante livres; somme insuffisante pour libérer l'abbaye, puisqu'elle avait été taxée, pour sa part, à trois mille huit cent seize livres, dit un manuscrit (Arch. nat., S 6515), « par les cardinaux de Bourbon, de Lorraine et de Pellevé ». Le principal et la communauté de Montaigu, déclarés adjudicataires « à la charge des lods et ventes », déclare Sauval, durent payer en outre « cent treize livres, à raison d'un sol pour livre »[1].

Sur les terrains de la Blanche-Fouasse avaient été bâties les maisons du Bon Pasteur, de l'Ange gardien et du Sacrifice d'Abraham. Un *Inventaire* de pièces se succédant, par ordre de dates, de 1667 à 1765, désigne ainsi le dernier de ces immeubles : « Maison dite le Sacrifice d'Abraham, à l'encoignure des rues Saint Etienne des Grez et des Cholets, consistant en deux grandes boutiques sur Saint Etienne des Grez, entresols au dessus, salle sur le derrière, cour et chantier, caves avec un angard (*sic*), trois étages et greniers au dessus »[2].

C'est dans les limites de cette maison, appelées *mettes* dans le vieux langage,

---

[1] *Antiquités de Paris*, t. II, p. 268. — [2] Archives nationales, S 6515.

que se trouvait la chapelle de Saint-Symphorien-des-Vignes, dont on a lu la notice à l'article de la rue des Chiens. Possédé pendant un siècle et demi par l'abbaye du Mont-Saint-Michel, et acquis, ainsi que nous venons de le voir, par «les pauvres Capettes de Montaigu», l'ancien Hostel de la Blanche-Fouasse est quelquefois appelé, dans les titres, «Collège du Mont-Saint-Michel». C'était, en effet, dans la langue du moyen âge, le *studium* des novices de ce monastère.

Le Petit Vézelay (1493), qu'il ne faut pas, malgré la similitude de nom, confondre avec les Petites Maisons de Vézelay, devait, sans aucun doute, cette dénomination à la contiguïté du Grand Vézelay. On ne l'en distinguait plus au xvi° siècle.

Hostel de Vézelay, ou Grand Vézelay (1416) dit, par corruption, de Verdelay ou Verderei, ainsi que nous l'avons indiqué à l'article des Petites Maisons de Vézelay. Nous avons également consigné, dans ce même article, le fait de la vente des deux Vézelay, par Philippe de Mornay, archidiacre de Soissons, à l'abbaye bourguignonne, vente antérieure à l'année 1388. L'amortissement, par l'abbaye de Sainte-Geneviève, est du 4 juillet 1407. Elle échangea, en 1511, les deux Vézelay contre la Maison des Trois Maillets, sise en la rue de Bièvre. L'année suivante, le Grand Vézelay fut acquis par le principal et les boursiers de Montaigu, qui s'occupaient alors de la reconstruction de leur collège, et purent étendre ainsi les nouveaux bâtiments sur l'emplacement du Grand Vézelay.

Si pauvres que fussent «les Capettes» de Montaigu, ils trouvaient toujours de l'argent pour acquérir. Un typographe célèbre, de l'époque des incunables, fut leur bienfaiteur. Félibien, en langage archaïque, le constate dans le passage suivant : «Ulderic Gering, ou Guering, l'un des premiers imprimeurs, *des biens duquel*, c'est-à-dire *à l'aide de la donation duquel*, le collège acheta la terre d'Annet sur Marne, la maison de Vezelai et le petit collège, ou hostel du Mont-Saint-Michel»[1]. Le legs du testateur servit donc à payer lesdits immeubles.

Flanc méridional du Collège de Montaigu, ayant ses anciens bâtiments et son entrée principale sur la rue des Sept-Voies. C'est donc à l'article de cette rue et dans le volume suivant qu'on trouvera la monographie de cette maison scolaire.

[1] *Histoire de la Ville de Paris*, t. I, p. 532.

RUE DU FOIN.

Cette voie, à laquelle on ajoutait le nom de Saint-Jacques pour la distinguer d'une homonyme située dans le quartier du Marais, est mentionnée dès le XIII° siècle et existait sans doute auparavant. Dans la plupart des textes latins, elle est appelée *vicus feni, fenarii, straminis*, et dans les pièces écrites en français *rue au fein, o fain, au foing, de la foinerie;* ce qui indique qu'on y vendait du fourrage. Les anciens titres ne laissent aucun doute à cet égard; ils citent fréquemment, en effet, les «granches» qui se trouvaient en la rue du Foin; un entre autres, en date de 1253 et appartenant au fonds des Mathurins, mentionne une «granche» assise en la rue du Foin, devant la maison de Thomas le *foinier, granchiam sitam in vico Feni, ante domum Thome fenarii*.

Bien que ces textes justifient l'ancienneté et la permanence du nom de cette rue *au fourrage*, on en rencontre un autre dans quelques chartes du fonds de Sainte-Geneviève, et ce dès le commencement du XIII° siècle. Il est question, en ces documents, d'un certain *vicus Servidi*, avec de nombreuses variantes : en 1216, on trouve *Servoide* et *Servode;* en 1217, *vicus qui vocatur Servode;* en 1244, *vicus servi Dei;* en 1248, *vicus Servode;* en 1253, *vicus qui dicitur Servode, in fundo ecclesie Sancti Maturini*. Ces appellations variées, rencontrées avant nous par Le Beuf et Jaillot, ont provoqué, de leur part, diverses explications plus ou moins conjecturales.

Le premier, se fondant sur l'analogie qui lui semblait exister entre le *vicus servi Dei*, — rue du Serviteur de Dieu, — et une certaine rue «au Moine» dont il est question dans le Dit de Guillot, a cru pouvoir identifier cette voie avec la rue des Chiens, attendu que la marche suivie par Guillot conduit le lecteur sur le haut de la montagne Sainte-Geneviève. Cette identification nous mène un peu loin de la rue du Foin.

Quant à Jaillot, il nous conduit plus loin encore : voyant dans le mot *Servode* un nom propre, et constatant, dans le censier de 1248, que le *vicus Servode* y est mentionné à la suite des indications de cens à percevoir *in monte Cetardi* et avant ceux qui étaient dus *in diviti burgo*, c'est-à-dire dans le bourg Saint-Marcel, il croit pouvoir affirmer que la rue portant le nom d'un certain *Servode* était située entre celle d'Orléans, de Couppeaux — aujourd'hui rues Daubenton et Lacépède — et la rue Mouffetard.

Deux actes de la censive des Mathurins, daté le premier de 1247, le second de 1253, que les deux historiens n'ont sans doute pas connus, nous permet d'écarter leurs hypothèses et d'identifier la rue *Servode* avec celle du Foin. Dans l'un, on lit : *Cuidam domui site in vico Servi Dei, qui vicus dicitur vicus Fenarie, retro ecclesiam Sancti Maturini;* et dans l'autre : *Quintam partem domus in vico qui dicitur Servode, in fundo ecclesie Sancti Maturini.* Que le mot *Servode* ait été le nom propre d'un habitant; que l'expression *Servi Dei* s'applique à saint Mathurin, ce pieux solitaire, sous le vocable duquel était placée l'église voisine, il n'y a là rien de déraisonnable; mais ce ne sont que des conjectures.

Ce qui n'est point conjectural, c'est la situation topographique de la rue du Foin. Elle longeait le pourpris des Mathurins et n'aboutissait pas primitivement à la rue de la Harpe, obstruée qu'elle était par les dépendances de l'ancien Palais des Thermes; ce qui fait qu'on l'appelle, en 1243, *ruella sine capite, versus Therminos*. Mais en 1294, sa contiguïté au couvent des Mathurins est nettement accusée : une maison servant de dortoir aux Mathurins est dite *in vico Servode* et faisant partie du *manerium* de Saint-Mathurin.

Pour en finir avec les variantes de noms portés temporairement par la rue du Foin, mentionnons encore une appellation que l'on rencontre dans quelques documents du xive siècle; c'est celle de « rue aus moines de Cernay ». Elle s'explique par la situation, en cette rue, de l'hôtel qu'y possédaient les abbés du monastère des Vaux de Cernay, et qui était leur résidence parisienne.

La voie qui nous occupe, et qui faisait communiquer entre elles les rues Saint-Jacques et de la Harpe, a été complètement absorbée par le moderne boulevard Saint-Germain.

CÔTÉ MÉRIDIONAL

(d'Orient en Occident).

Le Pelican, maison d'angle, *que facit cuneum*.

Cloître, en la censive de la Grande Confrérie.

Le Cloître, ou clôture des Mathurins, avait été formé, comme beaucoup d'autres cloîtres parisiens, par la réunion et l'appropriation d'un certain nombre de maisons privées, acquises ou léguées à diverses époques et rattachées aux bâtiments conventuels. Le plus important de ces immeubles est appelé, en 1542 : « la Grant Salle du cloistre », ayant sa façade principale en la rue Saint-Jacques, sous l'enseigne du Berceau de fer.

Divers documents corroborent cette restitution, entre autres cette mention d'un immeuble de la rue Saint-Jacques : « Maison de l'Ange (1438), puis du Berceau de fer (1542), ayant alors issue rue du Foin ».

L'identité ne semble donc pas douteuse, mais d'autres documents viennent s'ajouter à celui-là et en augmentent la force probante, en même temps qu'ils jettent un nouveau jour sur le cloître, ainsi que sur les issues que le couvent des Mathurins avait de ce côté. La maison dont il s'agit, — l'Ange et le Berceau de fer, — est mentionnée ainsi dans un document de 1489 : «Maison, rue du Foin, à présent la Grant salle du cloistre, tenant à ladicte rue du Foin, d'autre part à la cour des religieux, aboutissant le long de l'alée par laquelle on entre de ladicte rue du Foin en la cour desdicts religieux, et de l'autre bout rue Sainct Jacques.»

L'allée dont il est question ici longeait la «Grant salle du cloistre» et conduisait probablement à la Grant porte» que mentionne un document de 1396. Une maison, qualifiée de première, ou maison d'angle y est dite «tenant à la cour de l'eglise, faisant cloison du costé de ladicte rue près la porte d'icelle», ce qui pourrait s'entendre d'une porte donnant entrée dans la rue, ainsi qu'il en existait beaucoup alors, notamment en celle dite des Deux-Portes, dans le voisinage immédiat de la rue du Foin. Mais on trouve d'autres mentions spécifiant qu'il s'agit du couvent des Mathurins; nous les transcrivons ici :

«Maison contiguë à la Grant porte de nostre couvent.

«Maison en la rue du Foin, à costé de la porte du couvent.

«Deux maisons à costé de ladicte porte du couvent».

Les Mathurins, qui avaient deux issues, l'une sur la rue Saint-Jacques, l'autre sur celle qui a longtemps porté leur nom, en possédaient donc une troisième sur la rue du Foin.

Dépendances du Couvent des Mathurins. — Elles consistaient en maisons, ou parties de maisons acquises, avons-nous dit, et appropriées par les religieux; mais certaines portions, jugées inutiles au service du monastère en avaient été détachées et affectées à d'autres usages. La plus importante de ces anciennes dépendances paraît avoir été le

Bureau des Libraires, ayant son entrée sur la rue des Mathurins, mais se prolongeant en arrière sur celle du Foin. Un «thoisé» de 1689 nous permet de constater cette extension; il y est dit, en effet : «La maison rue des Mathurins, tenant à l'église, huict thoises de face sur trois de profondeur, pour le corps d'hostel de devant; le petit corps du milieu qui est le Bureau des Libraires, trois thoises et demie de large, sur deux de profondeur; plus deux ailes, ayant quarante huict thoises de superficie, et les deux cours, trente cinq thoises.» C'est par ces deux grandes ailes et ces deux longues cours, que le Bureau des Libraires atteignait à la rue du Foin.

En cette voie consacrée «d'ancienneté» au dépôt et à la vente du fourrage, il n'est pas étonnant que le Bureau des Libraires ait été jadis une «granche». C'est ainsi, en effet, qu'est désignée, en 1302, la troisième maison de la rue du Foin; en 1390, elle est dite «en censive des bourgeois de Paris».

Le Bureau des Libraires s'est maintenu en ce lieu jusqu'au siècle dernier; mais il avait pris le titre plus pompeux de Chambre syndicale des Libraires et Imprimeurs. Une publication descriptive de cette époque le localise ainsi : «cette Chambre est située sur la rue du Foin, près celle de Saint-Jacques»[1].

Maison sans désignation d'abord, puis ayant dû être, au xiii° siècle, la Domus Cancellorum, qui a servi pendant longtemps à désigner les Mathurins et même les maisons qui leur faisaient face. On sait, en effet, que les éditeurs des xvii° et xviii° siècles localisaient leurs établissements par les mots *juxta* ou *contra Cancellos Mathurinensium*. La *Domus Cancellorum* est probablement celle qui fut achetée, en 1250, par *Petrus de Capella* (Pierre de la Chapelle), puis donnée aux Mathurins, et ensuite amortie par la Ville, dans la censive de laquelle elle se trouvait en mai 1263. Il y attenait alors une «granche» ainsi appelée en 1302, et qualifiée de «masure» en 1460.

Cette «granche» appartenait aux Mathurins aussi bien que la Maison de la Croix blanche, ainsi qu'il appert du texte suivant (1250) : «*Domum sitam versus Palatium Terminorum, in vico qui dicitur Feni, contiguam domui venerabilis patris de Curtiniaco, in censiva civium Parisiensium*. L'amortissement de cette maison fut faite en mai 1263, y compris «une granche contiguë».

---

[1] L'époque relativement moderne à laquelle a été publié le *Dictionnaire historique de la Ville de Paris et de ses environs* nous oblige de rejeter en note les renseignements suivants, qui ont la valeur d'un témoignage *de visu*. A un siècle et demi en arrière, ce qui a totalement disparu prend naturellement place dans l'histoire du vieux Paris. Voici donc ce qu'ont vu, vers 1760, Hurtaut et Magny :

«Au-dessus de l'attique de la porte de la maison, sont les armes de l'Université, écartelées avec celles de la Ville, et appuyées sur deux sphinx. Sur la grande porte intérieure de cette maison, par laquelle on passe d'une cour à l'autre, on lit sur une table de marbre :

ÆDES REGIÆ
BIBLIOPOLARVM
ET TYPOGRAPHORVM
1728.

«La belle inscription, qu'on lit sur la Chambre des visites, a été composée par Thiboust, imprimeur fort célèbre par son érudition, mort le 20 avril 1737.

Elle est conçue dans les quatre vers suivants qui font connaître l'usage de cette salle :

BIBLIOTHEORIA

Quos hic præficiunt prætores Regia servant
Mandata, ut vigeat Relligionis amor.
Charta time prava, interdictave; Lydius aurum
Ut lapis, hæc libros sic domus æqua probat.

Il s'agit, comme on le voit, de la censure royale, éprouvant les écrits comme la pierre de Lydie éprouve l'or. Cette épreuve, menaçante pour certains auteurs, avait lieu dans le Bureau des Libraires.

Un autre document de 1302 nomme le propriétaire de la «granche» et spécifie qu'elle était enclavée entre LA CROIX BLANCHE ou MAISON DES CARNEAULX, appartenant alors aux Mathurins, et LA CROIX D'OR, appartenant aux moines de Cernay. Voici le texte d'où résulte le fait : «*Domus que dicitur Granchia Hugonis Consisi* (sic), *sita in vico Feni, cum jardino et ceteris ejus pertinenciis, contigua ex una parte domui fratrum Sancti Maturini, Parisiis, que dicitur domus de Quarnellis, et ex alia parte domui monachorum de Sarnaye* (Cernay).

En 1515, cette «granche» est dite «tenant, comme jadis, à une maison que les hoirs Nicole Chapelle — ce sont probablement les descendants de *Petrus de Capella* — tiennent des Mathurins, — d'autre part, à l'hostel où se tient le prétoire des privileges apostoliques — MAISON DE LA CROIX D'OR — aboutissant à Cluny».

CENSIVE DU PARLOIR AUX BOURGEOIS.

MAISON DE LA CROIX D'OR (1605), plus tard divisée en deux. Il est question, dans un titre de 1515, que nous venons de citer, d'un «hostel où se tient le pretoire des privileges apostoliques», lequel paraît devoir être identifié avec la maison dont il s'agit.

Le document de 1605 établit que LA CROIX D'OR était située entre LE HEAULME et LES MATHURINS. La «granche» s'était donc ajoutée au pourpris de ces religieux, lequel s'étendait, vers l'orient, jusqu'à la rue Saint-Jacques et enveloppait de toute part les bâtiments conventuels; ce qui ressort évidemment d'un autre titre de cette même année 1605 : «LA CROIX D'OR, tenant aux Mathurins, d'autre part à la MAISON DU HEAULME, aboutissant à l'hostel de Cluny.»

Nous avons extrait de la *Déclaration du temporel de l'abbaye des Vaux de Cernay* faite en 1511, la mention suivante : «Les religieux, abbé et convent de l'abbaye de Nostre-Dame des Vaulx de Cernay possédaient plusieurs maisons, caves, cours et jardins, assis à Paris, ès rues du Foin et de la Harpe, d'ancienneté nommés LA GRANCHE DU PALAIS DES THERMES. La première, où souloit prendre pour enseigne LA CROIX D'OR, qui comprend plusieurs chambres, grenier, court devant et jardin au costé, est à présent au domaine d'icelle abbaye des Vaulx; et tout le demourant, c'est à sçavoir LE GRIL, LES SINGES et LE MOUTON ROUGE, ont esté baillés à titre de ferme et loyer d'argent, jusques à certain tems.»

MAISON sans désignation, ayant fait partie de la précédente.

MAISON DU HEUBLEUR (1605); ce qui constitue une mauvaise lecture; il faut lire, en effet

MAISON DU HEAULME, aux moines de Cernay; laquelle fut plus tard divisée en deux. Le censier du Temple de 1253 fait mention, à propos de cet immeuble, des « moines de Sarnay », et le Cartulaire des Mathurins le désigne sous le nom de *Domus vallis Sarnay* (1263).

Maison des abbés des Vaux de Cernay. « Les abbés des Vaux de Cernay, dit Sauval, ont logé à la rue du Foin, que, pour cela, on appeloit autrefois la rue des Moines de Cernay. » (II, 269.) Ce logis, qui se profilait à la fois sur deux rues, résultait de l'acquisition et de la réunion de « plusieurs maisons, caves, cours et jardins, ès rues du Foin et de la Harpe », ainsi qu'il est dit dans la Déclaration de 1511, citée plus haut. Le Heaulme, la Granche du Palais des Thermes, la Croix d'Or, le Gril, les Singes et le Mouton d'argent avaient dû contribuer, en tout ou en partie, à fonder le pourpris du palais abbatial. Une certaine Maison de l'Ymaige Nostre Dame, formant encoignure, dut y entrer, également, sous ce nom ou sous un autre; mais ce qu'il est difficile de déterminer, c'est la part que chacun de ces immeubles abandonna au logis abbatial et celle qui fut aliénée ou baillée à cens, pour augmenter les revenus du monastère, ainsi qu'il advint, en 1583, de la Corne de Cerf.

Maison des Cinges (1547), ayant appartenu aux religieux et abbés de Cernay, et étant entrée dans le pourpris de l'hôtel des Abbés.

Maison de la Corne de Cerf, donnée à bail par l'abbé de Cernay, en 1583. C'était une partie du Mouton Rouge.

Partie de cette même maison du Mouton Rouge, qui, avec la Maison du Val, le Gril, les Singes et la Corne de Cerf, composait un groupe d'immeubles appartenant à l'abbaye des Vaux-de-Cernay. Il s'y joignait aussi, d'après la Déclaration de 1511, relative à son temporel, non seulement Saint-Jean-Baptiste, et le Franc-Rosier, en façade, sur la rue de la Parcheminerie et étant, par conséquent, dans le voisinage immédiat de la rue du Foin, mais encore, aux termes de la Déclaration précitée, « plusieurs autres maisons assises ès rues du Foin, du Feurre, et en la rue des Murs, prez la Porte Sainct Victor, une autre prez de l'eglise de Sainct-Bon, autres maisons en la rue de Sainct-Germain-l'Auxerrois, desquelles ladicte abbaye ne jouit à present ». Cette énumération du temporel de l'abbaye des Vaux-de-Cernay nous conduirait hors des limites de la région que nous avons à décrire; nous devons donc nous y renfermer.

Maison sans désignation, tenant à celle qui formait l'angle méridional de la rue de la Harpe.

CÔTÉ SEPTENTRIONAL

(d'Occident en Orient).

CENSIVE DU PARLOIR AUX BOURGEOIS.

Maison de la Housse Gilet (1507) ou de la Housse trappue (1510), faisant le coin septentrional de la rue de la Harpe, et mentionnée à l'article de cette dernière voie. Elle y formait un corps de logis.

Maison de l'Espée de Bois (1544), formant une dépendance de la Maison de l'Escu de Saint-Georges, laquelle s'ouvrait rue de la Harpe.

Maison du Mirouer (1527).

Maison de la Corne de Cerf (1573).

Les titres ne font que mentionner ces deux immeubles, sans autres renseignements.

La Maison du Lyon vert est, en un document de 1517, présentée comme «tenant, d'une part, et aboutissant en partie à l'hostel que fut maistre Henry de Marle, qui fait un des coings de la rue Erambourg de Bryc, d'autre part à Henry Goupil, contenant, sur le devant, quatre thoises un pied de long, et onze pieds de large, donnée en 1483, à la Confrérie par Nicolas Maillard, notaire au Chastelet».

CENSIVE DE LA SORBONNE.

Hostel de Bourbon, puis Maison de la Croix Blanche, et, en dernier lieu Maison à l'evesque de Chartres. En 1517, elle appartenait à Henri de Marle; en 1530, elle fut cédée par Charles Guillard, président au Parlement, à Louis Guillard, son fils, qui fut évêque de Chartres. Dite alors «à l'evesque de Chartres en 1558», elle est désignée, en 1575, comme appartenant à l'évêque de Beauvais [1].

---

[1] Les titulaires du siège de Chartres avaient eu et eurent depuis, soit à titre personnel, soit à raison de leur dignité, d'autres résidences à Paris, sur les deux rives de la Seine. Jean de Garlande, évêque de Chartres, dit Sauval (t. II, p. 264), «logeoit en 1313, sur le Quay des Celestins». En 1401, un autre évêque de la même ville, Miles d'Illiers, habitait l'hôtel de ce nom, paraissant être le même qu'une Maison de l'Ymaige Nostre-Dame et situé dans la rue des Rats, ou, de l'Hôtel Colbert. Sauval nous apprend également que les évêques de Chartres demeuraient, en 1553, «au bout de la

CENSIVE DU PARLOIR AUX BOURGEOIS.

Maison de la Pennevaire (1359), faisant alors le coin oriental de la rue Erambourg de Brie, et ayant servi depuis à l'établissement du Collège de Maître Gervais.

Nous donnons, à la suite de la description topographique de la rue du Foin, une notice sur le Collège de Maître Gervais; mais nous devons en dégager certains détails que nous révèlent des notes relatives à d'autres quartiers de Paris, et notamment celles où il est question du fief de Thérouenne, que le collège possédait en partie. A propos des rues de la Grande et de la Petite Truanderie, situées dans la région des Halles des Champeaux, nous avons pu constater que, entre la Pennevaire et l'Arbaleste, au milieu desquelles le Collège de Maître Gervais se trouvait enclavé, il existait divers immeubles faisant partie de ses dépendances. C'est ce qui résulte de la note suivante, extraite d'un document authentique sans date déterminée :

«Item, les boursiers (du Collège de M° Gervais) occupant plusieurs maisons joignant l'une l'autre en ceste ville de Paris, ès rues du Foing et d'Erembourg de Brie, entre les cours et jardins qui sont dans l'enclos dudict college, tenant, d'un costé, à une maison des Mathurins, et continuant jusques au coing». Cette maison « des Mathurins » était

L'Arbaleste (1468), dénommée, un siècle plus tard, l'Ymaige Sainct Sébastien (1571).

Venait ensuite la Maison du Pressouer, qui renfermait deux de ces appareils de vendange; le premier est mentionné en 1467, «avec une foullerie»; il est question du second, en 1478.

L'Allée, servant d'issue à la Maison du Saulmon, laquelle avait son entrée principale sur la rue Saint-Jacques.

Maison de la Lanterne (1571). C'est entre cette maison et les précédentes que se trouvaient primitivement «les privez et cloaques», en latin *cloaca*, des Mathurins (1292). Elle communiquait «d'ancienneté» avec le couvent, au moyen

---

rue Picquet, et, en 1572, dans la rue de Grenelle-Saint-Honoré, près de l'hôtel de Soissons».

Quant aux évêques de Beauvais, ils paraissent n'avoir occupé, au xvi° siècle, que l'ancienne maison de Guy de Marle, «faisant le coing des rues du Foing et Erambourg de Brie».

d'une galerie à deux étages, en forme de pont, longue de treize pieds, large de onze pieds deux pouces, et établie à trois toises au-dessus du sol. Les Mathurins obtinrent, du Parlement, la permission de la bâtir, mais à la condition qu'elle n'aurait plus que cinq pieds et demi de largeur, entre cloisons. Cette autorisation, qui est du 28 juin 1553, fut renouvelée en 1611.

Maison des Trois Pucelles (1513), ayant été, selon toute apparence, réunie à la précédente, dans le cours de ce même siècle; mais alors elle formait un corps de logis distinct et avait pour enseigne particulière

La Croix verte (1531), à laquelle est dite alors contiguë une

Maison du Berceau.

Granchette, ou petite grange (1470), ayant sans doute été agrandie et transformée plus tard, puisqu'on la trouve dénommée plus tard Maison de l'Estrier (1513).

La Pomme Rouge (1600).

COLLÈGE DE MAÎTRE GERVAIS
OU DE NOTRE-DAME DE BAYEUX.

Voici une fondation scolaire qui a fait le plus grand honneur à l'écolier de fortune auquel on la devait. — Gervais, surnommé Chrestien, dit Félibien[1], après Du Boullay, était né à Vendes, au diocèse de Bayeux, d'une famille fort pauvre. Le seigneur de ce village l'envoya, dit-on, à Paris, vers l'âge de quinze ans pour mener un lévrier au fils aîné de Philippe VI, le duc de Normandie, qui fut plus tard Jean le Bon. Sa physionomie et ses réponses frappèrent le prince qui le fit étudier au collège de Navarre, d'où il sortit, après de brillantes études dans les lettres et les sciences. Artien, théologien, astronome, «mire», il devint le premier «physicien» du roi Charles V, chanoine de Paris, archidiacre de Chartres, chanoine et chancelier de Bayeux.

Toutes ces dignités ne lui firent point oublier son humble origine, et, pour aider les pauvres écoliers de son pays à venir, comme lui, étudier à Paris, il fonda, par acte du 20 février 1370, un collège qu'approuva l'évêque de Paris Aimeric

[1] Tome I, p. 671.

de Maignac, ainsi que le pape Grégoire XI, qui l'honora de trois bulles (1375, 1377).

Gervais Chrétien fut large et éclectique en sa fondation. Destiné presque exclusivement aux étudiants de son diocèse, — d'où le nom de Collège de Notre-Dame de Bayeux, par lequel on l'a souvent désigné, — le nouvel établissement devait abriter un principal et vingt-quatre boursiers partagés en deux communautés, qu'on appellerait, de nos jours, sections des lettres et des sciences. Douze artiens composaient la première; la seconde était formée de huit théologiens, deux mires et deux décrétistes; plus tard, deux mathématiciens portèrent le nombre des boursiers à vingt-six.

Les deux étudiants de cette dernière catégorie étaient de fondation royale : « Cédant à ses goûts scientifiques et à son affection pour son médecin, dit le continuateur de Du Boullay, Charles le Sage créa, dans le nouveau collège, deux bourses destinées à des mathématiciens, qui devaient prendre le nom d'écoliers du Roi... A ce premier témoignage de sa faveur il ajouta les instruments de travail, le matériel scientifique jugé alors nécessaire pour l'étude des cieux, c'est-à-dire des sphères, des astrolabes, des équatoriaux et autres instruments. » Le collège de Maître Gervais devint donc une sorte de petit observatoire, fort rudimentaire à la vérité, mais le premier qu'ait possédé Paris.

Pour loger ce personnel et ce matériel, il fallait de l'espace et des bâtiments. M⁰ Gervais Chrétien y pourvut en achetant de ses deniers six maisons ou parties de maisons qui sont ainsi désignées dans un Registre conservé aux Archives nationales (MM 400) et intitulé : *Inventaire des titres et papiers du Collège de Notre-Dame de Bayeux, autrement dit de M⁰ Gervais*. Aux pages 15 verso et 16 recto, on lit ce qui suit sous la date du 20 février 1370, avant Pâques :

Pour la dotation desdits ecoliers, M⁰ Gervais Chrestien leur donne les objets suivants qu'il avoit acquis en la rue Erembours de Brye, aujourd'hui ditte rue Bouttebrie.

Savoir,

1° Une maison, la première des maisons de M⁰ Gervais devers la rue aux Parcheminiers, tenant d'une part, du côté de ladite rue à Jean Hobière, d'autre part à la maison qui fut Morise de Blais et est à present audit M⁰ Gervais, aboutissant aux estables de l'hôtel du Heaume assis sur la Grande rue S¹ Jacques; ladite maison en la censive du parloüer aux Bourgeois et chargée pour toutes charges d'un denier de fonds de terre.

2° L'autre maison qui fut audit Morise tenant de l'autre part à une maison qui est audit Gervais, et qui fut jadis à Jean de Breban, en laquelle est le puits de la cour dudit M⁰ Gervais, aboutissant auxdits étables; en la même censive et chargée en un denier de fonds de terre et en 20ᵗᵗ parisis de rente payable aux héritiers de Jean de Pacy, et en 30 sols de rente viagère à la veuve de Guiart Villain.

3° La maison où est le puits qui fut Jean de Breban tenant d'une part aux *places* qui furent à l'archidiacre d'Avalon, où est à présent la cour de la grande maison dudit M° Gervais et la cuisine et une partie de la salle et la partie du jardin qui est en droit, aboutissant à la maison du Haume, en la même censive et chargée d'un denier de fonds de terre.

4° Lesdites *places* édifiées, comme dit est, qui contiennent la cour de ladite grande maison et environ deux toises de la salle de cette *partie* avec ladite cuisine et le jardin d'endroit, tenants d'autre part à une place qui fut à Gencian Tristan, aboutissant à la maison de Saint Antoine ditte au Saumon, séant en ladite Grande rue Saint Jacques, en la censive des Ecoliers de Sorbonne, chargée de deux deniers parisis.

5° La partie de la salle où jadis eût place qui était dudit Parloüer et dudit Gencian, tenant à l'hôtel de la Pennevaire qui est à M° Gervais, aboutissant à l'hôtel de Saint Antoine, en ladite censive du Parloüer, chargée, pour toutes les charges, en un denier parisis de fonds de terre.

6° La maison de la Pennevaire qui est audit rang la dernière des maisons de M° Gervais, quant à présent, tenant d'autre part tout au long à M° Jean Ollivier, aboutissant audit Saint Antoine, en la censive du Parloüer et chargé en dix deniers et maille de fonds de terre.

7° Et une maison neuve de nouvel édifice par ledit M° Gervais, en laquelle maison fut jadis une place qui fut Jean Rennat, et est de l'autre part de la rue Erembourt de Brye, à l'opposite de la porte de la grande maison de M° Gervais, tenant d'une part à M° Jean Le Noir, illumineur du Roy, d'autre et aboutissant aux jardins M° Jean Dachières, qui jadis furent de ladite maison; en la même censive et chargée en un denier parisis de fonds de terre pour toutes charges. Laquelle maison avec les jardins de Jean Dachières étaient chargés de soixante sols parisis de rente envers les clercs de Matines de Notre Dame; mais ledit Dachières s'était obligé et avoit été condamné à garantir de ladite rente la maison de M° Gervais.

Par cet acte, M° Gervais se réserve le droit d'habiter en sa grande maison, lui et ses gens, sa vie durant, ou tant qu'il lui plaira; et, en outre il se réserve le droit de visitation, correction, etc., sur les escoliers, sa vie durant [1].

C'était bien le moins que le brillant élève du collège de Navarre fût l'inspecteur et le censeur viager de la maison qu'il avait fondée et dotée.

Le nouvel établissement était à peine institué qu'il lui venait un accroissement inattendu. Aux diverses époques de créations scolaires, les fondateurs n'ont pas toujours mesuré l'étendue des obligations qu'ils s'imposaient, et il est arrivé parfois que les charges ont dépassé les ressources. C'est ce qui advint à un collège peu antérieur à celui qui nous occupe, puisqu'il avait été établi en 1349, dans la rue Hautefeuille, en une maison ayant pour enseigne Le Pot d'Étain. « Tous les biens que le fondateur avait laissés, dit Félibien, ne montaient, ses dettes payées, qu'à dix huit livres de rente [2]. » Il fallut aviser, et le Conseil de l'Université prit, à la date du 3 juin 1370, une délibération par laquelle « vu que les fonds légués par Maistre Robert Clément ne se trouvoient pas suffisans, les escoliers qu'il avoit assemblez seroient unis à quelque autre collège ». On fit choix de celui qui allait

[1] Archives nationales, MM 400. — [2] *Histoire de Paris*, t. I, p. 671.

ouvrir ses portes, et le 22 septembre suivant, le collège de Maistre Gervais Chrestien devint également celui de Maistre Robert Clément.

Le bienfaisant « physicien » de Charles V put voir, de son vivant, la prospérité de sa fondation parfaitement assurée; mais ses boursiers continuèrent son œuvre après sa mort, et se mirent en devoir d'accroître les bâtiments scolaires. L'auteur de l'*Inventaire*, que nous avons déjà cité et que nous allons citer encore, ajoute à ses extraits du testament de M⁰ Gervais Chrestien, la note suivante, que nous reproduisons parce qu'elle appartient à l'histoire topographique du collège :

« Après la mort de M⁰ Gervais, dit-il, les Ecoliers par lui fondés acquirent une maison, rue Bouttebrie, à l'extrémité de celles qu'ils possédaient du côté de la rue de la Parcheminerie, et une autre maison, rue du Foin. C'est sur les emplacements compris dans ces différentes acquisitions qu'ont été construits, depuis environ un siècle, c'est-à-dire en 1670, 71 et 72, la maison appelée le Collège, dont l'entrée était toujours sur la rue Bouttebrie, mais qui s'exploitoit aussi par la grande porte sur la rue du Foin, et les bâtiments et corps de logis qui y sont contigus, situés tant sur la rue Bouttebrie que sur la rue du Foin, tels qu'on les voit aujourd'hui. »

Le même manuscrit dont nous avons tiré tous ces renseignements et qui est un *Inventaire des titres et papiers du Collège*, contient aux pages 243, 244 et 245, des détails qui complètent l'histoire topographique de l'établissement fondé par M⁰ Gervais et agrandi par ses écoliers : il s'agit des reconstructions totales, ou partielles, dont la nécessité s'imposa aux administrateurs de presque tous les collèges de cette région, après une occupation scolaire de trois ou quatre siècles. Voici ce qui fut fait pour celui de Notre-Dame de Bayeux :

Vers le milieu du siècle dernier (1670, 1671, 1672), presque toutes les maisons que le Collège de M⁰ Gervais possédait, contiguës l'une à l'autre, situées tant sur la rue du Foin que sur la rue Bouttebrie, étaient dans un état de caducité. Les officiers et boursiers de ce collège se déterminèrent à les faire reconstruire peu à peu. Ils commencèrent par faire reconstruire la maison située sur la rue du Foin, dans laquelle est la grande porte d'entrée du collège; la maison y contiguë faisant le coin de ladite rue du Foin et de celle de Bouttebrie et un petit corps de logis y joignant sur la même rue Bouttebrie. Cette reconstruction fut faite pendant les années 1670, 1671 et 1672, et se monta, suivant le procès-verbal de visite, à 36,000 ₶.

En l'année 1718, le collège fit reconstruire une maison située rue du Foin, à droite en entrant par la grande porte du collège, du côté de la rue S⁺-Jacques, laquelle était alors appelée le Vieux collège; et cette construction coûta la somme de 18,000 ₶ suivant l'adjudication qui fut faite au s⁺ Joubert, entrepreneur des bâtiments, le 17 septembre 1717.

En l'année 1723, le collège fit pareillement reconstruire une maison située sur la rue Bouttebrie, dans laquelle fut placée la porte d'entrée du collège, sur l'emplacement d'une maison qui avait été donnée à bail emphytéotique le 4 juin 1609 et dans laquelle le collège venait de rentrer. Il fut employé à cette reconstruction : 1° la somme de 13,950 ₶, suivant l'adjudication qui en fut faite audit sʳ Joubert le 11 juin 1723; 2° la somme de 5,144ᵗᵗ 15 sols 9 deniers pour augmentation faite audits plans qui avaient été arrêtés. En tout, 19,094ᵗᵗ 15 sols 9 deniers.

En l'année 1724, le collège fit reconstruire une maison située sur la même rue Bouttebrie, attenante celle reconstruite en 1723, du côté de la rue de la Parcheminerie, sur l'emplacement des trois petits corps de logis; et il fut dépensé pour cette reconstruction la somme de 23,600 livres, suivant l'adjudication qui en fut faite au sʳ Heron, entrepreneur de batimens, le 21 juillet 1724.

En l'année 1725, le collège fit pareillement reconstruire une maison sur la même rue Bouttebrie, attenant la précédente, du côté de la rue de la Parcheminerie et dont la reconstruction entraîna celle de la maison dont il est ici question : et il fut employé pour cet objet la somme de 7,500 livres, suivant l'adjudication faite au sʳ Heron, le 17 août 1725.

En l'année 1728, le collège fit aussi reconstruire une maison rue Bouttebrie, tenant d'une part à celle qui avait été reconstruite en 1723, et d'autre part à celle qui fait le coin de ladite rue et de celle du Foin.

Et d'un autre côté, il fit démolir deux étages quarrés et un étage lambrisé et grenier; le tout étant au-dessus de ladite maison faisant l'encoignure des rues Bouttebrie et du Foin et de celle attenante sur la rue du Foin, reconstruite en 1670, 1671 et 1672; lesquels étages avaient été reconnus par experts de mauvaise construction; et il fit reconstruire à la place un étage en mansarde au-dessus du second étage.

Ceux des objets de reconstruction coûtèrent la somme de 21,000 livres, suivant l'adjudication qui en fut faite audit sʳ Heron, le 4 juin 1728.

Enfin en 1731, le collège fit reconstruire trois maisons ou corps de logis joignant ensemble, formant le fonds et les deux ailes en retour sur l'ancien jardin du collège formant aujourd'hui la partie inférieure de la grande cour; desquels trois corps de logis un donne sur la rue Bouttebrie, et est situé sur l'emplacement le plus en avant du côté de la rue de la Parcheminerie.

L'adjudication de cette construction fut faite au même sʳ Heron, le 17 novembre 1730, moyennant 50,000 livres........

La dépense qu'avait entraînée la reconstruction faite en 1670, 1671 et 1672, et celles qu'il était nécessaire de faire pour reconstruire les autres maisons du collège, qui, presque toutes, comme on l'a déjà dit, étaient dans un état de vétusté, nécessitèrent la suspension des bourses. En conséquence, par arrêt du Conseil du 25 mai 1700, toutes les bourses du collège furent suspendues à compter du premier juin de la même année, et il ne fut conservé qu'un principal, un procureur et deux chapelains... et même, par la suite, les deux places de chapelains furent suspendues, de sorte qu'il ne resta que le principal et le procureur. Tel a été l'état du collège de Mᵉ Gervais, forcé par les reconstructions dont on a parlé cydessus, jusques à l'année 1745, que par arrêt du Conseil du 7 septembre il fut rétabli pour le premier octobre suivant douze boursiers, dont six grands et six petits. Et il n'en existait que ce nombre au moment de la réunion du collège de Mᵉ Gervais à celui de Louis le Grand.

Les maisons du collège donnant sur la rue Bouttebrie avaient toutes, autrefois, des entrées particulières par cette rue; mais, en 1773, le Bureau d'administration a jugé à propos de supprimer l'ancien jardin pour ne former qu'une seule et grande cour; de supprimer les entrées particulières donnant sur la rue Bouttebrie, et de donner une entrée commune à toutes ces maisons par la grande porte, rue du Foin [1].

---

[1] Archives nationales, MM 400.

A la suite de ces renseignements fort étendus sur les réparations, appropriations et reconstructions scolaires, l'auteur de cet intéressant travail donne à la page 250 le dernier état des bâtiments du collège :

« Au moyen des arrangements faits en 1773, savoir, la suppression de l'ancien jardin du collège et des portes d'entrée donnant sur la rue Bouttebrie, les différens corps de logis étans autour de la grande cour ne forment plus, pour ainsi dire, qu'une seule et même maison, ayant une entrée commune par la grande porte, sur la rüe du Foin. Mais ces différens corps de logis sont loués par des baux séparés [1]. »

Indiquons, en terminant, l'aspect général et les distributions de ce collège, celui de tous sur les locaux duquel nous sommes le mieux renseignés et qui donne une idée plus nette de l'intérieur des autres.

Lorsqu'on y pénétrait par la grande porte ouverte dans la Maison de la Pennevaire, sur la rue du Foin, on avait devant soi la cour et le jardin de l'établissement, et, formant le fond de la cour, trois corps de logis se joignant. A droite, régnait une enfilade de maisons, au nombre de cinq, aboutissant à des arrière-façades de la rue Saint-Jacques, et louées à divers particuliers. A gauche, se profilait une aile de bâtiments composée de quatre maisons, où logeaient, en des habitations distinctes, les *grands* boursiers (théologiens, mires ou physiciens, mathématiciens ou écoliers du roi) et les *petits* boursiers (artiens, ou humanistes).

Ces dispositions étaient conformes aux volontés du fondateur : « Il ordonne, dit l'auteur de l'*Inventaire*, que, de ces maisons, les deux plus grandes avec leurs dépendances serviront à l'habitation des Ecoliers, et les autres, avec certains revenus, à la dotation de la chapelle, ou oratoire, qu'il établit dans le collège sous le titre de Notre-Dame... M° Gervais ordonne ensuite que les boursiers, théologiens, medecins et les Ecoliers du Roy auront une habitation separée des artiens; que les premiers demeureront dans la grande maison, qui est la plus proche de la rue des Parcheminiers et de Saint-Séverin, et les artiens demeureront dans la petite maison qui fait le coin de la rue du Foin, et est contiguë à la précédente, de maniere que la chapelle sera commune aux deux maisons. »

Quant à l'affectation des immeubles en bordure sur la rue Boutebrie, elle est indiquée dans ces termes en un document dont nous n'avons pas la date : « Item, trois corps d'hostel entretenans, rue Erambourg de Brie, tenant à la maison faisant le coing (La Pennevaire), aboutissant, d'un costé à ladicte rue, d'autre sur la cour des artiens du collège. Les deux autres maisons suivantes, desquelles l'on comprend par derrière la chapelle et aultre logis appartenant au collège. La troisième est de présent la salle des théologiens. Item, une place, la maison des théologiens, deux corps d'hostel, derrière l'un desquels est bastie sur une gallerie,

---

[1] *Inventaire des titres et papiers du Collège de Notre-Dame de Bayeux, autrement dit de M° Gervais Chrestien*, pages 243-245.

l'autre où est de présent la bibliothèque du collège, tenant, d'un costé, en icelle cour, à la maison dessus déclarée, d'autre à une maison des appartenances du collège.»

Ce texte et les détails qui précèdent font connaître assez exactement ce qu'étaient ces agglomérations de bâtiments plus ou moins disparates dont se composaient les vieux collèges de Paris, formés «de pièces et de morceaux», au hasard des acquisitions et des legs : *ab uno disce omnes*.

Pour ne point allonger cette notice déjà fort étendue, nous renvoyons le lecteur aux documents qui contiennent l'état des revenus et des charges du collège, ainsi que l'énumération des immeubles qu'il possédait tant à Paris qu'au dehors. «Sera observé, dit Sauval, que les procureur et principal du collège de Maistre Gervais Chrestien, en l'Université de Paris, sont seigneurs en partie du fief de Thérouenne[1], au territoire des Halles des Champeaux.»

RUE DU FOUARRE.

Cette voie, si célèbre dans les annales de l'Université de Paris, avait été ouverte dans les clos de Garlande et de Mauvoisin. Comme elle était peu distante de la rue du Foin, c'était probablement dans l'une qu'on allait chercher le *feurre*, ou fourrage destiné à servir de siège aux écoliers étudiant dans l'autre. Cette installation, toute primitive, est consacrée par les anciens textes : rue des *Écoles*, ou des *Écoliers*, rue du *Feurre*, ou de la *Paille*, c'est tout un. On trouve, en effet, dans les documents du XIIIe siècle : *vicus Straminis, Straminum* et *via Straminea* (1260), *rue des Escoliers*, enfin *via Scholarum* (1264). Guillot, en son Dit, l'appelle «rue de l'Eschole» (1300); Jean de Jandun, *vicus Straminum* (1323); Pétrarque, *fragosus Straminum vicus* (1333). Dans les statuts du collège de Justice (1338) elle est dénommée, comme en 1260, *vicus Straminis*.

Le mot *feurre* apparaît pour la première fois dans un acte cité par Sauval (III, *Preuves*, p. 103), expression qui se retrouve dans Guillebert de Metz (1434) et dans un manuscrit de l'abbaye de Sainte-Geneviève (1450).

Le manuscrit de la Bibliothèque Cottonienne, qui est de 1400, l'appelle «rue des Escoulles», et les statuts de deux collèges, Séez et Montaigu, reviennent à l'ancienne appellation *vicus Straminis* et *Straminum*.

L'expression *Fouarre* ou *Fouerre*, altération de *Feurre*, se rencontre dans Estienne Pasquier (1560), dans Balthazar Grangier (1597), dans Du Breul (1639),

---

[1] *Antiquités de Paris*, t. II, p. 427.

dans Le Beuf et les historiens du xviiie siècle; elle s'est perpétuée jusqu'à nos jours.

L'histoire de la rue du Fouarre se confond avec celle de ses écoles; elles en occupaient, en effet, avec quelques logis scolaires, la presque totalité. Cette occupation datait du xiiie siècle, époque où l'Université de Paris, s'étant partagée en trois facultés, assigna la rue du Fouarre à la Faculté des arts, c'est-à-dire de la grammaire, des lettres et de la philosophie.

On sait que l'auteur de la *Divine Comédie* fut un des étudiants de la rue du Fouarre; il a célébré la science de l'un de ses maîtres, Siger de Brabant, qui enseignait *nel vico degli Strami*[1]. Un siècle après la mort du poëte (1321), Guillebert de Metz constate que l'enseignement des arts florissait toujours en la rue du Fouarre; en citant cette voie, il ajoute ces mots «où l'on lit les ars». Deux siècles se passent, et les écoles de la rue sont encore fréquentées. Rabelais raconte que Pantagruel, «en la rue du Feurre, tint contre tous les regens, artiens et orateurs, et les mist tous de cul»[2]. Les *déterminances*, ou examens, y avaient encore lieu sous Louis XIV.

Cependant la fondation de nombreux collèges, aux xive et xve siècles, ne contribua que faiblement à dépeupler les écoles de la rue du Fouarre et les logis qu'elle offrait aux étudiants. Tant que ces collèges ne furent que des espèces d'hôtels meublés, où les élèves boursiers étaient hébergés gratuitement, les maîtres des écoles aux sièges de *feurre* voyaient les auditeurs se presser autour d'eux; mais, au milieu du xvie siècle, quand «l'exercice» des basses et hautes classes eut été installé dans les maisons scolaires fondées en cette même région, les écoles de la rue du Fouarre furent moins fréquentées, et quelques maisons voisines perdirent, du même coup, une partie de leurs habitants.

La raison étymologique du nom de la rue semble absolument hors de doute; cependant on a prétendu qu'elle le devait, comme la rue du Foin, au commerce de fourrage qui s'y faisait, et l'on s'est appuyé sur le Dit de Guillot, où se trouvent ces deux vers :

> En celle ruë, ce me semble,
> Vent on et fain et feurre ensemble.

On a cité également le passage où Sauval risque une étymologie quelque peu douteuse, surtout en ce qui concerne les mots *fers* et *febvres*. «Les rues aux *Fers*, aux *Febvres* et du *Fouarre*, dit-il, se nommaient en 1300, rue aux *Feures*, vieux mot qui veut dire de la paille, ou *Fouarre*, autre mot presque aussi vieux que lui, mais plus connu, à cause des paysans qui s'en servent en criant leur paille

---

[1] *Il Paradiso*, ch. x, v. 136. — [2] *Pantagruel*, l. II, ch. vii.

qu'ils amènent à Paris pour vendre; car, quant à celui de *Feure*, il seroit mort et enterré, il y a long-temps, sans le proverbe : *Faire gerbe de Feure à Dieu*» [1].

Qu'il y ait eu, en la rue du Fouarre, des magasins de fourrage pour fournir à la « jonchée » des écoles, alors que ceux de la rue du Foin étaient si rapprochés, cela n'est point impossible; mais l'opinion qui fait dériver le nom de la rue des sièges que ses écoles offraient aux étudiants, semble infiniment plus probable. Une bulle donnée, en 1366, par le pape Urbain V, confirme et explique, dans un sens moral, l'usage du *feurre* pour asseoir les écoliers. Il y est ordonné que «*Scholares Universitatis Parisiensis, audientes suas lectiones, sedeant in terra coram Magistris, non scamnis nec sedibus elevatis a terra, ut occasio superbie a juvenibus secludatur*». C'était donc une leçon d'humilité personnelle et de respect envers les maîtres que le siège de *feurre* donnait aux écoliers de la Faculté des Arts.

La même prescription est renouvelée en 1452, par le cardinal d'Estouteville, légat du pape Nicolas V, et chargé de réformer l'Université : les bancs qu'on avait introduits dans les écoles doivent disparaître et faire place à la paille en hiver, à l'herbe en été, comme on le pratiquait alors dans les églises, afin que les fidèles s'y tinssent plus humblement devant Dieu.

Dès le XIVe siècle, la rue du Fouarre, comme plusieurs autres voies du quartier des écoles, était fermée par des portes, à ses deux extrémités, sur les rues Galande et de la Bûcherie. Cette mesure avait uniquement pour but d'empêcher la population dissolue, qu'on avait écartée, de remplir la rue d'immondices, *immonditias et fecosa portando*.

On trouve, dans les pièces publiées par Sauval, le texte d'une ordonnance relative à cette fermeture et au moyen de l'assurer :

«Charles, ainsné fils du Roy de France, duc de Normandie et Daulphin de Vienne, a nos amez et feaulx les maistres de nos eaues et forests, et au maistre forestier de notre forest de Bierre, salut et dilection. Comme ja pieça pour le tems que nous estions regent le royaulme de France, nous eussions donné à nos bien amez les maistres et escolliers en la Faculté des Ars a Paris, deux arpens de bois à prendre en ladicte forest de Bierre, pour faire clore et fermer de nuit en ladicte Université, la rue *de Feurre*, ou *du Fouarre*, en laquelle ilz ont accoustumé à lire à Paris; des quiex deux arpens de bois ilz n'ont pu rien avoir. Et, pour ce que ladicte forest est à present en nostre domaine, vous mandons et commandons que leurs bailliez et délivriez sans délais lesdicts deux arpens de bois en ladicte forest.

«Donné en nostre hostel de Sainct Pol lez Paris, le 1er juin 1362 [2].»

---

[1] *Antiquités de Paris*, t. I, p. 134. — [2] *Antiquités de Paris*, t. III, p. 103.

La rue du Fouarre avait conservé à peu près son ancien aspect jusqu'à nos jours; mais le prolongement de la moderne rue Monge, entre la place Maubert et le Pont-au-Double, a fait disparaître tout le côté oriental de cette voie, qui est menacée en outre de reconstructions sur son côté occidental.

CÔTÉ OCCIDENTAL

(du Sud au Nord).

PAROISSE DE SAINT-ÉTIENNE-DU-MONT.

JUSTICE ET CENSIVE DE SAINTE-GENEVIÈVE.

PETITES ESCHOLES DE LA NATION DE FRANCE (1483), ayant été probablement acquises pour cet usage en 1377. — Les écoles dont il s'agit sont dites avoir appartenu à «Symon de Sainct Benoist, Estienne Le Feutrier, Guillaume de Hallecourt (1343), et à M° Denys Fardel, Gieffroy Michiel, Jehannette La Michielle, et Marie la Païenne» (1380).

ESCHOLES DE LA NATION DE FRANCE (1380), qualifiées de GRANDES ESCHOLES en 1422 et 1483, et de ESCHOLES NEUFVES en 1441. — C'est en 1370 qu'avait été acquis l'immeuble où elles se tenaient et qui comprenait un jardin, le tout sur une profondeur de huit toises. Trois maisons paraissent avoir existé alors sur cet emplacement; elles furent remplacées par deux autres, dans lesquelles on installa les «Escholes neufves», ainsi nommées sans doute parce que les bâtiments en ont été reconstruits vers 1426. Ces écoles avaient appartenu à un certain Benaston, antérieurement à 1370; elles possédaient une chapelle dans leur pourpris, et c'est de cet édifice que Le Beuf entend parler quand il écrit ce qui suit : «Il y avoit aussi, dans la même rue, une chapelle, sous le titre de Saint Guillaume, archevêque de Bourges, patron de la Nation de France. Elle a été détruite, et le culte du saint a été transféré au collège de Navarre [1].»

Nous verrons plus loin ce qu'est devenue cette chapelle.

ÉCOLES À LA NATION DE NORMANDIE (1372), dites GRANDES ÉCOLES (1483). — D'après certains titres, il paraîtrait, au contraire, que ce sont LES GRANDES ÉCOLES et LES PETITES; mais il doit y avoir erreur, eu égard à la superficie. Ces écoles avaient appartenu à Robert de Nixi, et auparavant à Benoît d'Etrie, Gervaise Des Marcs et Guillaume Breton. Elles avaient pour enseigne le GRAND ESCU. (*Ancien Collège d'Harcourt*, par l'abbé Bouquet, p. 34.)

MAISON DE LA SOUCHE (1549), appartenant à la Nation de France. Elle était

---

[1] *Histoire de tout le diocèse de Paris*, édit. Cocheris, t. II, p. 598.

séparée de la maison précédente par une ruelle servant d'issue à la maison du Lion enferré, sise rue de la Bûcherie. C'était, en 1381, la Bannière de France, reconstruite alors à neuf. Cette maison paraît avoir dépendu de la suivante au xv° siècle.

Escholes à la Nation de Picardie (1380), dites Petites Escholes en 1509. — La maison où elles se tenaient avait appartenu, en 1343, à Guillaume le Frison, puis à Benoist d'Estrie; elle passe, en 1380, à Robin d'Anton, puis à Denys Fardel. Elle paraît avoir porté successivement trois noms : l'Escu de Picardie, soit qu'il y ait eu erreur de copie — *escu* pour *escoles*, — soit que les armes de la province aient réellement décoré la maison; la Maison de la longue allée (1372) et la Maison de Buridan (1551). L' écolier cité par Villon, et célèbre dans les annales de la scholastique par l'apologue de l'âne, aurait-il habité ou possédé cet immeuble? C'est un point que l'absence de documents ne nous permet pas d'éclaircir.

Escholes à la Nation d'Angleterre (1380), dites Petites Escoles en 1509. Elles sont dites avoir appartenu, vers 1343, à Guillaume le Frison, Ernoul d'Estrie, Gervaise Des Mares et Robert l'Escripvain. A la maison qui les avait abritées, pendait pour enseigne La Nasse en 1551.

Maison sans désignation, contiguë à celle qui faisait le coin occidental de la rue de la Bûcherie et dont elle dépendait encore en 1483, puisqu'elle est, à cette date, qualifiée de «Courcelle». Il semble qu'on doive l'identifier avec l'Imaige Sainct Nicolas, qui touchait à l'Imaige Sainct Pierre en 1565.

CÔTÉ ORIENTAL
(du Nord au Sud).

MÊME PAROISSE.

MÊME JUSTICE ET CENSIVE.

Maison de l'Aigle d'or (1586), contiguë à celle qui faisait le coin oriental de la rue de la Bûcherie, et en ayant fait partie jusqu'au xvi° siècle. Elle paraît clairement dans une pièce de 1450, où on lit : «Maison au paravant aus escholiers de Normandie, en la rue du Fouarre, tenant vers la riviere à l'hostel de Simon Dasac, espicier, d'aultre costé devers la rue Galande, a un hostel a present eschole aus escholiers de Normandie, par derriere a l'Hostel Saincte Catherine.»

Escholes à la Nation de Normandie, ayant pour enseigne le Petit escu, qui furent jadis à M° Yves Danin, en 1380 à M° Guibert «fisicien» et, en 1483, devinrent la propriété de la Nation de Normandie, ainsi qu'il appert de la note suivante empruntée à un texte de cette époque : «Nation de Normandie, maison et petite court contiguë à l'Aigle.»

Escholes aboutissant à l'Ymaige Nostre-Dame, qui avait façade sur la rue des Rats. Elles appartinrent successivement à dame Ysabeau de Maably, puis à M⁰ Robert de Sully, puis à Guibert (1380).

La maison où étaient établies ces écoles formait l'angle septentrional de la ruelle qui «traversait», selon la vieille locution, de la rue du Fouarre à celle des Rats. Avant sa démolition, qui vient d'avoir lieu, on y remarquait un ancien puits avec des margelles en saillie, une armature en fer portant la poulie, et une tête formant gargouille. Ces détails accusaient le style de la fin du xv⁰ siècle. Comme la maison dont il s'agit faisait encore, en 1507, partie de celle de Chartres, en la rue des Rats, il se pourrait que le puits ait appartenu à ce dernier immeuble, et lui ait donné son nom. On le trouve, en effet, ainsi désigné : «Hostel du puits de Chartres, sciz en la rue des Rats.»

Maison des sept Ars (1397), dénommée, un siècle plus tard, Grans escolles de la Nacion de Angleterre (1483) faisant l'autre coin de la ruelle, puis cul-de-sac. Ces écoles, qui furent rebâties au xvi⁰ siècle, sont dites, en 1343, à Denise et à Gilles le Breton, en 1380 à Pierre Manglous. En l'année 1667, est-il dit dans une note portant cette date, «le procureur de la Nation d'Angleterre, fut forcé de montrer ses titres à posséder les grandes et petites escolles et maisons sises rues du Fouarre, du Mûrier et Saint Jean de Beauvais». L'antique Maison des sept Ars (libéraux) — c'est-à-dire du *trivium* et du *quadrivium*, — appartenait donc encore, vers la fin du xvii⁰ siècle, à ce qui pouvait rester alors de la Nation d'Angleterre.

Escolles que l'on dit le Cheval rouge (1380), relevant de la Nation de Picardie, et appartenant alors à Marie la Païenne et auparavant à Jehanne la Michielle, qui en possédait d'autres dans la même rue. Reconstruites un demi-siècle plus tard (1430), elles sont dites Escolles neuves.

La Nation de Picardie paraît les avoir possédées dès la fin du xv⁰ siècle, car elle consacra une partie du terrain que ces écoles occupaient à une chapelle qu'elle fit construire pour son usage particulier. «Cette Nation, dit Le Beuf, avoit coutume de s'assembler dans l'église de Saint-Julien-le-Pauvre. Mais, en 1487, elle obtint des vicaires généraux de l'évêque de Paris et de l'abbé de Sainte-Geneviève la permission de construire une chapelle sur une partie des anciennes écoles de la même Nation, sous le titre de Saint-Nicolas et de Sainte-Catherine, avec clocher et cloches. L'autel fut consacrée en 1506.» Le même fait avait déjà été constaté par Sauval [1].

La Chapelle de la Nation de Picardie subsistait encore au siècle dernier, et «en bon etat», ajoute Le Beuf. Devenue, avec ses dépendances, propriété nationale, elle fut vendue le 28 frimaire an XI (19 novembre 1802), puis démolie. Le fondateur du *Musée des Monuments français* dit y avoir pris «quatre statues en pierre de liais, représentant des apôtres et exécutées vers le commencement du XIVe siècle». Elles furent, avec d'autres débris du vieux monde des écoles, placées aux Petits Augustins.

Une autre chapelle scolaire existait dans la rue du Fouarre : c'était, dit Le Beuf, celle qui avait été érigée «sous le titre de Saint-Guillaume, archevêque de Bourges, patron de la Nation de France. Elle a été détruite, ajoute-t-il, et le culte du saint a été transféré au collège de Navarre [2]». On sait que cet établissement fut fondé par l'épouse de Philippe le Bel; mais on ignore à quelle époque précise la destruction de la chapelle Saint-Guillaume fit transférer sur la Montagne le culte du saint. Cet édifice était situé «au costé opposé à celuy de la chapelle Saint-Nicolas et Sainte-Catherine», c'est-à-dire sur le flanc occidental de la rue.

On ne saurait parler de la rue du Fouarre, sans évoquer le souvenir de ces «Quatre Nations», fort différentes, comme chacun sait, de celles pour lesquelles Mazarin fit plus tard élever son collège. Les historiens spéciaux de l'Université en ont fait l'objet de longues et savantes études, que le caractère purement topographique du présent ouvrage ne nous permet pas de reproduire. Cependant, avant de terminer l'article consacré à la rue occupée presque tout entière par ces quatre grands groupes scolaires, nous croyons pouvoir dire très sommairement comment ils y vivaient de leur vie propre.

Qu'était-ce d'abord que ces «Quatre Nations»? Il y avait, répond Jules Quicherat, «la Nation de Normandie, pour les Normands et Manceaux; la Nation de Picardie, pour les Picards, Artésiens et Wallons; la Nation d'Allemagne, pour tous les étrangers de langue germanique, y compris les Anglais, Écossais et Irlandais; enfin la Nation de France pour les Parisiens, pour les Français de toutes les provinces à l'est, à l'ouest et au sud de Paris, et encore pour les étrangers des divers États méridionaux [3]».

L'enseignement était donné, dans les écoles de la rue du Fouarre, aux écoliers

---

[1] *Histoire et recherches des antiquités de la ville de Paris*, t. III, p. 63.

[2] *Hist. de tout le diocèse de Paris*, édit. Cocheris, t. II, p. 598.

[3] *Histoire de Sainte-Barbe*, t. II, p. 55. Un *Dictionnaire historique* de la fin du siècle dernier complète dans les termes suivants l'exposé sommaire de Jules Quicherat :

LES QUATRE NATIONS.

«La Faculté des Arts est composée de quatre nations, qui sont celles de France, de Picardie, de originaires de ces divers pays. Les collèges, nous le répétons, n'ont été, à l'origine, que des hôtelleries envoyant leurs boursiers à la rue du Fouarre; ils ne devinrent écoles à leur tour que vers le milieu du xvie siècle et même plus tard, en fondant à l'intérieur des classes de grammaire, de lettres et de philosophie, qui diminuèrent d'autant le nombre des écoliers assis sur le *feurre*. Les écoles de la rue du Fouarre représentent donc une des phases de l'histoire de l'ancienne Université de Paris; les collèges en marquent une autre.

RUE DU FOUR.

Plusieurs rues du Vieux Paris ont porté ce nom : elles le devaient à un four banal dépendant d'une seigneurie ecclésiastique ou laïque, et c'est encore le cas de la voie qui nous occupe.

Normandie et d'Allemagne, lesquelles n'ont commencé à être distinguées que vers l'an 1250.»

NATION DE FRANCE.

«La Nation de France est divisée en cinq provinces ou cinq tribus, qui sont Paris, Sens, Reims, Tours et Bourges..... Et hors de France, l'Espagne, l'Italie, la Lombardie, Venise, toutes les îles de la Méditerranée et toute l'Afrique..... Les messes de la Nation sont célébrées dans la chapelle du collège royal de Navarre, à 10 heures. Les assemblées se font au collège de Louis-le-Grand. Son titre honorifique et distinctif est *Honoranda Gallorum Natio.*»

NATION DE PICARDIE.

«Cette Nation est divisée en cinq tribus, qui sont celle de Beauvais, celle d'Amiens, celle de Noyon, Senlis, Soissons; celle de Laon, et la cinquième qui comprend Térouenne ou Saint-Omer, Cambray, Arras, Tournay, Utrecht, Liège, Mastricht, Anvers, Bruges, Middelbourg, Tongres, Namur, Malines, Ypres, Gand, Boulogne, Boisleduc, Ruremonde. ..... Les messes de la Nation se célèbrent dans la chapelle de la Nation, rue du Fouarre, à 7 heures..... Les assemblées se font au collège de Louis-le-Grand. Son titre honorifique et distinctif, *Fidelissima Picardorum Natio.*»

NATION DE NORMANDIE.

«La Nation de Normandie contient 7 diocèses, savoir : Rouen, Avranches, Coutances, Lizieux,

Bayeux, Évreux, Séez... Les messes de la Nation sont célébrées dans la chapelle du collège d'Harcourt..... Les assemblées se font au collège Louis-le-Grand. Son titre honorifique et distinctif, *Veneranda Normanorum Natio.*»

NATION D'ALLEMAGNE.

«Cette Nation, autrefois divisée en trois provinces ou tribus, parce que la haute et la basse Allemagne étaient comptées pour deux, n'en comprend plus que deux depuis environ l'an 1528.

«Première tribu, *Tribus continentium*, renferme la haute et basse Germanie, Bohême, Hongrie, Bavière, Mayence, Trèves, Strasbourg, Cologne, Utrecht, Dannemarck, Ausbourg, Constance, Suisse, Basle, Lausanne, Pologne, Prusse-Saxonne, Liège en partie, Hollande et autres pays.

«Deuxième tribu, *Tribus insularium*, renferme l'Écosse, l'Angleterre, l'Hibernie.

«Cette Nation, dans les temps les plus reculés, prétendoit au second rang dans l'Université. Ses armes sont l'aigle éployée; son titre honorifique et distinctif, *Constantissima Germanorum Natio.*»

«*Nota* que la Nation d'Angleterre s'effaça sous la Nation d'Allemagne, depuis les guerres que Charles VII termina heureusement.

«*Nota* encore que la rue du Fouarre est célèbre dans les écrits du Dante, de Pétrarque, de Papire-Masson, de Rabelais, etc.»

La rue du Four aboutissait autrefois, d'une part, dans la rue d'Écosse, de l'autre, dans la rue des Sept-Voies, et elle comptait parmi les plus anciennes de la région. En 1248, c'était déjà le *vicus*, ou la *ruella Furni*, nom qui, traduit en français, s'est perpétué jusqu'à la période contemporaine. Aux xve et xvie siècles seulement, confondant cette voie avec celle dont elle forme la continuation, on l'a quelquefois appelée rue *du Chauderon* ou d'*Écosse*, confusion qui a été réciproque, puisqu'on trouve communément, au xviie siècle, cette dernière rue nommée *du Four*.

Il semble qu'elle ait porté également, à cette époque, le nom rue DE LAINE, et cela dans quelques documents du temps, notamment dans le *Procez verbail et rapport faict pour le nettoyement et pavaige des rues de Paris*. Cette pièce, en effet, qui date de 1636, et que Félibien a publiée dans ses *Preuves* [1], après avoir énuméré toutes les voies de la région sous leur nom d'usage, dénonce la rue DE LAINE comme « estant la pluspart boueuse et pleine d'immundices ». Une raison nous autorise à l'identifier avec la rue du Four : c'est que celle-ci n'est pas mentionnée, sous ce nom, dans le *Procez verbail*, et que les autres voies y sont désignées par leurs noms habituels.

Celle-ci avait emprunté le sien au four voisin de l'église Saint-Hilaire; ce qui a fait croire qu'il dépendait de cette église. Le Dit de Guillot, sur lequel ils se sont appuyés, n'indique au fond qu'une proximité de l'église et non une dépendance.

> Puis la rue du Petit Four,
> Qu'on appelle le petit four
> Sainct Ylaire, et puis Clos Bruneau, etc.

Mais quelle était la situation précise de ce four? Certains extraits de titres anciens, contenus dans les archives du chapitre de Saint-Marcel, établissent que la maison du four Saint-Hilaire était située, en 1240, sur le côté méridional de la rue.

Ce n'est point de l'église Saint-Hilaire, mais bien de l'abbaye Sainte-Geneviève, que dépendait ledit four; en effet, dans un censier de ce monastère, portant la date de 1276, on trouve, après la mention du *vicus Sancti Symphoriani*, la rubrique suivante : *ruella sine capite, in qua furnus noster solebat esse*. Ce passage, qui ne peut s'appliquer qu'à la rue du Four, nous apprend que, à la date précitée, cette voie, ainsi que la rue d'Écosse, était « sans chef », c'est-à-dire à l'état d'impasse.

Les deux côtés de la rue du Four appartenaient à des paroisses et à des censives différentes : au midi, on était en censive de Sainte-Geneviève et dans la

---

[1] Tome IV, p. 119 et suiv.

paroisse de Saint-Étienne-du-Mont; au nord, on se trouvait dans celle de Saint-Hilaire et en censive de Saint-Marcel.

CÔTÉ MÉRIDIONAL.
PAROISSE SAINT-ÉTIENNE-DU-MONT.
JUSTICE ET CENSIVE DE SAINTE-GENEVIÈVE.

Le parcellaire de ce côté de la rue est facile à établir : le collège de Reims l'occupait tout entier et y développait ses façades postérieures. C'est sur une partie de cet emplacement qu'avait dû être construit primitivement le four banal, puisqu'il était en censive de Sainte-Geneviève, et que l'autre côté de la rue se trouvait en censive de Saint-Marcel. On ne comprendrait point, en effet, que l'abbaye ait établi et possédé un four sur un territoire autre que le sien.

CÔTÉ SEPTENTRIONAL.
PAROISSE SAINT-HILAIRE.
JUSTICE ET CENSIVE DU CHAPITRE DE SAINT-MARCEL.

Ce côté de la rue était également occupé, en majeure partie, par les dépendances du collège de Karembert. Cependant il existait, à chaque angle, une maison : la première, au coin de la rue des Sept-Voies, où elle avait son entrée; la seconde, dite la maison du collège de Thou, faisant le coin de la rue d'Écosse.

RUE GALANDE.

L'histoire topographique de la rue Galande se lie intimement à celle du clos dont elle porte le nom, légèrement altéré; nous renvoyons donc à notre article des Clos de Garlande et de Mauvoisin, pour tout ce qui concerne l'ancien état, puis la division et le peuplement de ces deux seigneuries.

C'est au XIIIe siècle que l'on commence à y bâtir, et que les chemins tendent à se transformer en rues. En 1202, Mathieu de Montmorency, seigneur de Marly, qui possédait le clos, du chef de sa femme Mathilde de Garlande, obtint de l'abbaye de Sainte-Geneviève la permission de le livrer à des particuliers pour y bâtir, *hospitibus ad hospitias faciendas*, à la condition que ces hôtes seraient paroissiens du couvent. C'est alors que se formèrent des groupes de maisons qui constituèrent les rues Galande, des Rats, du Fouarre, des Trois-Portes, et en partie celle de la Bûcherie. L'abbaye, qui n'avait eu primitivement, sur ce nouveau quartier, que le droit de fonds de terre, en acquit la propriété en 1263.

Pour nous borner à la rue Galande, principale artère de la nouvelle région et ancien chemin séparatif des deux clos, nous allons indiquer, par ordre chronologique, les noms que lui donnent les anciens titres. On trouve, en 1218, *in Galanda*, en 1233, *in Garlandia*, en 1244, *in Gallandia*; les livres de la Taille de 1292 et 1296 portent rue de *Garlande* et de *Guerlande*. Ces diverses appellations se reproduisent, avec de légères variantes, dans les documents postérieurs, le livre de la Taille de 1313, les statuts du Collège de Cornouailles (1380), les *Comptes des confiscations anglaises* publiés par Sauval (1421)[1], les Censiers de l'abbaye Sainte-Geneviève, etc.

Le Dit de Guillot, qui est de 1300, donne le nom actuel, avec addition d'un *l;* le besoin de la rime l'oblige à faire un vers explétif :

> ... La chaussée se rapporte
> Droit à la rue de Gallande,
> Où il n'a ne forest ne lande.

Une assez grave altération, le changement du C en D, avec addition d'un R, se reproduit au XVᵉ siècle : le manuscrit de la bibliothèque Cottonienne (1400) donne « rue de la Calandre », appellation tendant à faire confusion entre deux voies fort différentes, celle qui existait jadis dans la Cité et celle qui nous occupe. La même altération se retrouve dans Guillebert de Metz (1434)[2]. Mais, à partir de cette époque, on ne rencontre plus, soit dans les manuscrits, soit dans les imprimés, Corrozet, Bonfons, Du Breul, etc., que *Galande, Gallande, Garlande*, avec ou sans l'article *la*. Le Bœuf croit que la suppression de l'*r* a eu pour cause un besoin « d'adoucissement », besoin qui s'est manifesté de bonne heure puisque *Galanda* est de 1218.

Deux autres désignations assez anciennes se rencontrent dans les titres et donnent lieu à diverses conjectures : c'est d'abord la mention, dans un Inventaire de 1224 et dans les censiers de 1243 et 1255, d'une rue *que dicitur vicus Radulphi de Bello Grandi*, voie qui paraît être la même qu'une certaine rue DU LION, *vicus Leonis*, dont il est également parlé dans le censier de 1243. La veuve de ce Raoul de Beaugrand, dont la rue portait le nom, y demeurait à cette époque. Il se pourrait que ce fût la rue Galande, dans laquelle on trouve deux enseignes DES LYONS.

La seconde désignation fournie par les censiers de Sainte-Geneviève, et notamment par un titre de 1241, est celle-ci : *Vicus qui dicitur Camelin in Galandria*. Si *Galande* ou *Garlande* était, à cette époque, un nom général de région, de quartier, plutôt que le vocable spécial d'une rue, on comprend qu'un habitant notable ou connu ait pu servir à dénommer la voie où il demeurait. Or on constate que,

---

[1] Tome III, p. 286, 291, 295. — [2] Chap. XXIII.

en 1249, un certain *Pierre*, dit *Camelin*, fripier de son état, *ferperius*, avait sa boutique en la rue Galande. L'identification semble donc certaine.

La rue Galande a conservé, en grande partie, son ancien aspect et la direction que lui imposait celle du vieux chemin qu'elle a remplacé. Tout récemment, le prolongement de la rue Monge en a fait disparaître le côté septentrional compris entre la rue du Fouarre et la place Maubert, avec la petite rue Jacinthe qui y débouchait, et tout le côté oriental de celle du Fouarre, ainsi que le flanc méridional de celle des Trois-Portes.

CÔTÉ MÉRIDIONAL
(d'Orient en Occident).

PAROISSE SAINT-ÉTIENNE-DU-MONT.

JUSTICE ET CENSIVE DE SAINTE-GENEVIÈVE.

Maison du Greil (1380) ou du Gril (1421), formant l'angle occidental de la rue des Lavandières. On la retrouve, à la fin du xviiie siècle, ainsi désignée dans une pièce conservée aux Archives nationales : «Maison située à Paris, rue Gallande, faisant une des encoignures de ladite rue et de la rue des Lavandières, près la place Maubert, qui avoit anciennement pour enseigne Le Gril, ensuite l'Image Sainte-Thérèse, et depuis Les Pellerins, contenant environ sept toises de terrain en superficie, consistante en un corps de logis, composée, par bas, d'une boutique, salle derrière, caves dessous, plusieurs étages de chambres au-dessus, aisances, circonstances et dépendances de ladite maison, appartenante ladite maison au collège de Presles, au moyen de la donation qui lui en a été faite par contrat du seize juin mil quatre cent soixante dix huit.»

Maison du Cornet (1243), sans autre désignation.

Maison du Lyon d'or (1380), ayant pu servir à dénommer la rue Galande *Vicus Leonis*.

Maison de la Croix de fer (1380).

Maison de la Corne de Cerf (1426), puis de la Pomme de Pin [1].

Maison du Soleil d'or (1596).

---

[1] Le *Livre commode des adresses*, par Nicolas de Blegny, édit. de 1691, met au nombre des auberges de bas étage la Corne, en la rue Galande.

Ostel de tous vens (1355). Cet immeuble ne se distinguait peut-être pas des trois précédents. Il a dû former un corps de logis du Soleil d'or, de la Corne de Cerf, ou de la Croix de fer. Il est possible aussi qu'il n'y ait là qu'un changement d'enseigne.

Maison de la Gallée d'or (1509).

Maison de l'Homme Saulvaige (1417).

Maison des Trois Cornets (1509), sur l'emplacement de laquelle s'élevait, en 1380, une maison dite à la Nasse.

Maison des Trois Maillets (1509), faisant le coin oriental de la rue des Anglais.

CENSIVE DU FIEF DE GARLANDE.

Dans la partie de la seigneurie de Garlande qui appartenait aux chanoines de Notre-Dame, dits de Saint-Aignan, s'espaçaient une certaine quantité de maisons bâties, selon toute probabilité, dans le cours des xv°, xvi° et xvii° siècles. Nous les énumérons dans leur ordre de succession.

Maison de la Herpe (1489), qui formait l'angle occidental de la rue des Anglais, et portait, en 1603, l'enseigne du Boeuf couronné.

Maison de la Corne de Cerf (1465), séparée par six immeubles de celle qui portait la même enseigne entre la Croix de fer et le Soleil d'or.

Maison du Plat d'estain (1465), ainsi désignée en 1602 : «Maison en deux corps d'hostel, l'un sur le devant, l'autre sur le derrière, cour entre deux, tenant, par derrière, à la Maison du Mirouer en la rue des Anglois.»

Maison sans désignation (1474), paraissant s'être étendue derrière la maison suivante, qui est dite y aboutir en 1494.

Maison de la Pomme rouge (1474), ainsi désignée dans un titre de 1572, par analogie avec le nom de son propriétaire :

«12 février 1572. — ... *domum sitam in vico dicto Galande, ad intersignum Pomi rubri, que olim fuit defuncti domini Ludovici Pommier, quondam canonici Parisiensis, per eum legatam pro certâ fundatione in eâdem ecclesiâ factâ* (Saint-Aignan)[1].»

---

[1] Archives nationales, LL 157, f° 615. — Communication de M. Paul Le Vayer.

Maison des Trois Pucelles (1465), dénommée Maison des Pourcelets en 1597. Y a-t-il eu changement d'enseigne, ou altération du premier vocable? Ces deux hypothèses sont également admissibles.

Maison de la Levrière (1465).

Maison de la Croix Blanche (1465).

Allée de l'Hostel de la Longue Alée (1462), appartenant au collège de La Marche et aboutissant à la rue du Plâtre; elle fut divisée vers 1527.

Maison des Trois Coulons (1462). En 1605, l'ancien vocable avait fait place au mot nouveau; l'enseigne portait : Aux Trois Pigeons.

Maison de l'Ymaige Nostre-Dame (1423), l'un des nombreux immeubles ainsi dénommés dans les divers quartiers du Vieux Paris. Les statues de la Vierge abondaient, en effet, surtout à l'angle des rues.

Maison de la Longue Alée (1402), réunie plus tard à celle des Trois Canettes, qui en était distincte en 1578. Dès 1423, elle portait pour enseigne l'Ymaige saint Yves et appartenait à la chapelle de ce nom. En 1462, on la trouve ainsi désignée : « Grand hostel de la longue alée, ouquel a sale, chambres, caves, cour, jardin, estables et autres appartenances, assises en la rue de la Galandre (sic) et ayant issue en la rue du Plastre. » La Maison de la Longue Alée, desservie par un couloir étendu et très fréquenté, encore aujourd'hui, se composait de plusieurs corps de logis ayant eu leur existence distincte; indépendamment des Trois Canettes, elle comprenait, après toutes les annexions :

La Maison du Serf (1463).

La Maison du Petit Cerf (1508) s'étendait par derrière et avait, par l'allée, une issue dans la rue Galande. Quant aux Trois canettes, elles aboutissaient, ainsi que nous l'avons dit, à la rue du Plâtre, par une autre allée contiguë à une maison appartenant au Collège de Cornouailles.

On éprouve quelques difficultés à suivre les vicissitudes de la Maison de la Longue Alée. Après s'être annexé celle du Petit Cerf, ou de la Hure de Sanglier, elle semble en avoir été indépendante à certaines époques. L'histoire de ces réunions et de ces séparations offre, nous le répétons, beaucoup d'incertitude.

Maison du Lyon d'argent, puis des Trois Boittes (1465), portant, un demi-siècle plus tard, l'enseigne de l'Imaige Sainct Michel (1510).

Était-ce à la Hure du Sanglier, ou au Lyon d'argent que demeurait le libraire Marbes dont il est question dans un titre de 1446? On trouve, à cette date, une mention ainsi conçue : «Maison ayant issue sur la rue du Plastre, tenant par devers la rue Galande, à ung hostel qui fut J. Marbes, libraire de l'Université de Paris, séant à l'opposite de la rue du Feurre, et, du mesme costé à une alée et aultres appartenances du collège — Cornouailles — jusques à la rue du Plastre, tenant, d'aultre part, tout au long, à ung hostel appellé l'hostel de Garancières.» Ce texte établit que le libraire J. Marbes possédait, en face de la rue du Fouarre et sur le côté méridional de la rue Galande, une maison ayant sans doute formé l'un des corps d'hôtel du Petit Cerf, de la Hure de Sanglier, dépendances de la Longue Alée; mais il est difficile de l'identifier positivement avec l'un de ces logis plutôt qu'avec un autre, puisque tous avaient également issue sur la rue du Plastre. C'est par derrière que s'étendait le Petit Cerf.

Quoi qu'il en soit, le Lyon d'argent, qui a pu contribuer à l'appellation *Vicus Leonis*, et qui se nommait, en 1510, l'Imaige Sainct Michel, avait pour enseigne, en 1604, les Trois Pigeons, et est dit alors former «deux corps d'hostel».

Allée, distincte des précédentes et dépendant du collège de Cornouailles, dont elle traversait la cour. C'était le passage des *anniversaires*, encore ouvert à travers la cour de l'ancien collège.

Maison, sans désignation, aboutissant, comme les voisines, à la rue du Plâtre, au moyen de la même allée.

Hostel de Garancières (1465), ayant issue sur la même rue, et portant déjà ce nom au commencement du xve siècle (1402). *Le Compte des confiscations de Paris pour les Anglais* (1421) contient la mention suivante : «L'hostel de la Garancière, en la rue Galande, qui fut à la dame de Garancière, qui fut femme de feu le vicomte de Narbonne, du pays d'Auvergne, ou de Languedoc.» La maison, qui portait le nom du second mari de la dame, fut divisée au xvie siècle; une partie du terrain où elle s'élevait servit de jardin à la Maison de la Cloche Perse, en façade sur la rue Saint-Jacques. Sur le plan de restitution, l'hôtel de Garancières s'efface derrière la Maison des Trois Estriers, qui est en façade sur la rue.

Maison de la Bannière de France (1254), appartenant à la Nation d'Allemagne et ayant, selon toute apparence, servi, en tout ou en partie, à abriter le Collège de Dampnemarche, *aliàs* de Suesse et de Dace, après annexion de ses bâtiments au couvent des Carmes et au collège de Laon. Ce collège, en effet, avait été primitivement installé en la rue de la Montagne-Sainte-Geneviève; mais il dut céder ses locaux à des voisins plus riches que lui. «Les Danois, dit Félibien, furent depuis transférez dans la rue Galande[1]. » Mais en quel lieu précis de cette rue se réinstalla-t-il ?

Les *Comptes du Domaine* et le *Compte de la Prévosté de Paris* pour 1451, publiés par Sauval, nous permettent de répondre à cette question. Le premier, de ces documents contient la mention suivante : « Maison scize rue Sainct Jacques, paroisse de Sainct Séverin, tenant, d'une part, à l'Hostel de la Cloche, d'autre part, aux appartenances de la Cloche Perce, aboutissant, par derrière, à ung hostel *que l'on dit le College d'Allemaigne*[2]. » Le second contient cette autre mention tout aussi significative : « Maison rue Sainct Jacques, où est l'enseigne des Trois rois de Cologne, aboutissant par derriere à un hostel *que l'on dit le college d'Allemaigne*[3]. » L'identité des termes conduit à l'identité des conclusions.

Cet Hôtel des Trois rois de Cologne, en façade sur la rue Saint-Jacques, et dont la situation est bien connue, se prolongeait par derrière, et touchait par le fond à la Bannière de France, dite, en 1524, appartenir à la Nation d'Allemagne. C'est donc là, dans la maison portant cette dernière enseigne et ayant façade sur la rue Galande, que le collège de Danemarck, de Suesse ou de Dace, avait été transféré, par abandon de ses bâtiments aux Carmes et aux écoliers de Laon. La transaction entre les deux collèges eut lieu le 23 août 1430; celui de Laon, en échange de la maison qu'il s'annexait, en céda, à celui de Dace, une autre qu'il possédait « oultre Petit Pont, en la rue Gallande ».

Maison de la Porte dorée (1598).

Maison de la Corne de Daim (1465).

Maison de la Couronne (1421) et de la Couronne de fer (1435).

CENSIVE DU FIEF DE TIRON, APPARTENANT AU CHAPITRE DE NOTRE-DAME.

Maison du Soufflet (1387), comprenant primitivement le corps de logis suivant, lequel était dit en 1531, la

Maison du Lièvre cornu.

Les *Registres capitulaires de Notre-Dame de Paris* contiennent les mentions suivantes, que nous devons à l'obligeance de M. Paul Le Vayer :

« 27 aoust 1572. — Recuperentur Jura vendarum debitarum per Joannem

---

[1] *Hist. de Paris*, t. I, p. 179. — [2] *Antiquités de Paris*, t. II, p. 343. — [3] *Ibid.*, t. III, p. 349.

Albin, lapidarium mercatorem, favore et nomine magistri Jacobi de Gastine etiam mercatoris et civis parisiensis medie partis domus sita Parisiis in vico *Galanda*, quadrivio Sancti Severini, censiva capituli in qua solebat intersignum pendere *Lepus Cornutus*, et ad presens moratur Catharina Lefebre, vidua defuncti Joannis Sauve, acquisite et sibi adjudicate, mediante summa mille librarum tz, prout existit litteris decreti Prepositi parisiensis de data die ultimi aprilis anni presentis M V^c LXXII [1]. »

— « 5 janvier 1573. — Domini Richevillain et Fouquet (canonici), vocato capitaneo de Pleuvre, visitent in domo quam inhabitat vidua defuncti Lefebvre, et se informent de dicta Lefebvre, de locatoriis in eadem domo existentibus, nec non videant reparanda in dicta domo, vocato super hoc viario ecclesie [2]. »

Venaient ensuite cinq maisons dont on ne connaît que les enseignes, sans détails sur leur distribution et leur importance respectives ; c'étaient les

MAISON DE LA CUILLER (1438).

MAISON DES QUATRE FILS HÉMON, ou AYMON (1562), vocable qu'on retrouve plusieurs fois ailleurs.

MAISON DU CHEVAL NOIR (1556), puis des TROIS BOÎTES.

MAISON DE L'IMAGE SAINT JEHAN (1585).

La maison d'angle était dénommée :

MAISON DES DEUX PAS (1485), ainsi nommée parce qu'on y accédait par deux marches. Elle dépendait de la maison d'angle, qui avait façade sur les rues Saint-Jacques et Galande.

CÔTÉ SEPTENTRIONAL
(d'Occident en Orient).

PAROISSE DE SAINT-SÉVERIN.
JUSTICE ET CENSIVE DU PARLOIR AUX BOURGEOIS.

MAISON DU MAILLET, faisant, en 1465, le coin de la rue Saint-Julien-le-Pauvre, divisée en deux en 1604, et contiguë à la maison qui formait l'angle septentrional de la rue du Petit-Pont.

Cette maison est l'un des nombreux immeubles qui furent confisqués pendant

---

[1] Archives nationales, LL 157, f° 169 ; 158, f° 331. — [2] *Ibid.*, 158, f° 401 v°.

l'occupation de Paris par les Anglais. Sauval la mentionne deux fois, une première, pour rappeler les charges dont elle était grevée; une seconde, pour dire que les Anglais se l'approprièrent. Voici la première mention :

« Maison appellée L'Hostel des Maillets, au carrefour de Sainct Severin, chargée, envers les chanoines de Sainct Symphorien, en six livres parisis de rente [1] »; voici la seconde, reproduite du *Compte de confiscation de la Ville de Paris de 1427 à 1434* : « L'Hostel des Maillets, sis au carrefour de Sainct Severin, faisant le coin de la rue Sainct-Julien [2]. »

PAROISSE DE SAINT-SÉVERIN.

JUSTICE ET CENSIVE DE SAINT-JULIEN-LE-PAUVRE.

Maison des Chappelets (1537), faisant le coin oriental de la rue Saint-Julien-le-Pauvre. On la retrouve ainsi désignée en 1775, ou plutôt on constate comment elle avait été transformée : « Quatre maisons contiguës, faisant le coin de la rue Saint-Julien et Galande, aboutissant à la cure du Prieuré; lesquelles quatre maisons construites sur l'emplacement des trois qui jadis etoient une seule : Les Trois Chappelets. »

Deux petites maisons, sans désignation et sans date précise.

Maison de la Hure (1569), faisant le coin occidental de l'allée qui conduisait de la rue Galande à la cour du Prieuré de Saint-Julien-le-Pauvre. Cette allée existait déjà en 1465; elle fut prise sur la largeur de la nef de la Chapelle de Saint-Blaise; on l'appelait « le petit huys de Sainct Julien ».

CHAPELLE DE SAINT-BLAISE.

Ce petit édifice, qui formait l'angle oriental de l'allée conduisant à Saint-Julien-le-Pauvre, paraît en avoir été une dépendance, ainsi qu'il résulte de la mention suivante, extraite d'un document non daté : « Le Prieuré de Saint-Julien estant autrefois régulier, le lieu où est la chapelle de Saint-Blaise servoit de refectoire aux religieux, et, depuis qu'il fut sécularisé, on fit de ce refectoire une chappelle, laquelle a toujours esté possédée par les Prieurs, comme un lieu dépendant et faisant partie de l'église. »

Une autre note, également dépourvue de date, confirme la première; en voici

---

[1] *Antiquités de Paris*, t. III, p. 283. — [2] *Ibid.*, p. 293.

TOPOGRAPHIE HISTORIQUE DV VIEVX PARIS

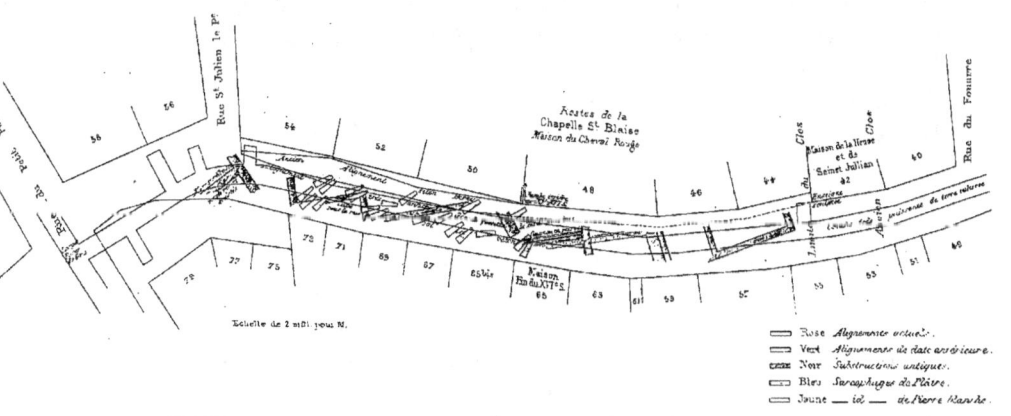

SUBSTRUCTIONS GALLO-ROMAINES & SÉPULTURES MÉROVINGIENNES.
RUE GALANDE — Relevé des Fouilles pour la construction d'un égout, en Juin-Juillet 1884, par Th. Vacquer.

la teneur : « Il y a apparence que la Chapelle de Saint-Blaise estoit autrefois un oratoire dépendant du Prieuré de Saint-Julien, et consacré à la Vierge. Cette conjecture est fondée sur ce que, dans presque tous les monastères de la règle de Saint Benoist, où la conventualité a été establie, on trouve de ces chapelles, ou oratoires particuliers, basties à peu de distance de l'église principale. Il y en a des exemples à Saint-Martin-des-Champs, à Saint-Germain-des-Prés. Une statue de la Vierge, qui était autrefois placée dans le fond de cet oratoire, confirme même cette conjecture. Il paroit évident, par les communications, que la Chapelle de Saint-Blaise a fait partie du prieuré, le passage ayant fait partie de la chapelle. »

L'époque de la construction de cette chapelle est un peu indécise; mais il en est fait mention dès la fin du XIIIe siècle. En 1476, les maçons et les charpentiers de Paris y établirent leur confrérie et firent en même temps élever un portail sur la rue Galande; ce qui semble indiquer que l'oratoire était inachevé ou qu'il avait été conçu primitivement dans de modestes proportions. La même confrérie le fit rebâtir en 1684, c'est-à-dire deux siècles et demi après la construction du portail; ce qui porte à croire que ce petit édifice était alors ou fort ancien, ou fort exigu.

L'inscription qu'on mit alors sur le nouvel oratoire et que rapporte un historien de Paris était ainsi conçue :

Chapelle de Saint Blaise, de Saint Louis, de Saint Roch.

Au milieu du siècle dernier, ce n'était plus, dit le même auteur, « qu'un grand terrain occupé par un menuisier ». La confrérie qui y avait son siège, et qui y faisait « chanter une grand'messe tous les dimanches et les bonnes fêtes de l'année », lui avait retiré son appui, puisque le portail de 1476 et la nef de 1684, élevés par ses soins, avaient fait place à un atelier de menuiserie.

La reconstruction de 1684 n'avait pas été totale, car on n'eût pas manqué de rebâtir la chapelle dans le style de cette époque. Or il résulte d'un « procès-verbal » dépourvu de date, mais présentant tous les caractères de l'authenticité, que la nef, tout au moins, avait été respectée par les reconstructeurs. « La construction de la Chapelle Saint Blaise, est-il dit dans le procès-verbal, est totalement différente de celle de Saint-Julien-le-Pauvre, tant pour la qualité des matériaux, que pour la distribution, architecture et décoration; en ce que la Chapelle Saint-Blaise, qui consiste en trois travées, est voutée en ogives avec clef, au milieu des lacunes — armoiries différentes. Celles du sanctuaire portent les armes de France, trois fleurs de lys. — Armes du Dauphin sur la troisième. — En la seconde, moitié de fleurs de lys. — Deux vitraux sur la cour, le premier représentant de grandes figures, Saint Blaise, Saint Louis, Saint Joseph ».

Ces détails semblent indiquer que la «reconstruction» de 1684 avait été plutôt un ensemble de travaux décoratifs qu'une réédification réelle. La chapelle Saint-Blaise a été érasée en 1808.

Maison du Cheval rouge (1394), appartenant à la confrérie de Saint-Blaise et composée de deux corps de logis, qui eurent leur existence distincte au xvi° siècle. A la fin du xiv° (1395), elle aboutissait à une cave ainsi décrite : «Cave séant derrière les Deux Signes, laquelle cave est assise dessoulz une court, laquelle tient, d'une part, à la Chapelle Sainct Blaize, d'aultre part, aux maisons du Prieuré, d'aultre part, au mur estant entre ladicte cave et court, d'une part, et ledict Hostel des Deux Signes d'aultre part; et, d'aultre part à l'Hostel du Cheval rouge, appartenant auxdicts confrères.»

Maison des Deux Signes (1360), appartenant, ainsi que la suivante, à la Nation de Normandie.

PAROISSE DE SAINT-ÉTIENNE-DU-MONT.

JUSTICE ET CENSIVE DE SAINTE-GENEVIÈVE.

Maison des Lyons (1544), ayant dû primitivement faire partie de la précédente, ou de la suivante. En 1429, on la trouve ainsi désignée : «Grand hostel contenant trois corps d'hostel, jardin et dépendances, rue Galande, tenant, d'une part, du costé et par devers Sainct-Julien, sçavoir, sur le devant, à l'Hostel des Deux Cignes, et, sur le derrière, dudict costé, à un jardin de Sainct-Julien, tenant, devers la rue du Feurre, sur le devant, à l'Hostel de la Heuse, et, sur le derrière, du costé de la rue du Feurre, aux Escoles de la Nacion de France, par derrière au Lyon Ferré; acquise par la Nacion de Normandie [1].» A la fin du xvi° siècle «le Lyon, ou les Lyons, tenant aux Deux Signes, est dit appartenir à la Nacion de Navarre».

Maison de la Heuse (1373), et, sept ans plus tard, Maison où au-dessus est l'ansaingne de Sainct Jullian (1380). En 1441, on trouve, dans un titre, cette mention : «Maison ouquel est à présent élevée en pierre de taille l'ymaige de Sainct-Jullian, sur l'uisserie dudict hostel.» La précieuse «ymaige» n'a pas été déplacée; nous en donnons ci-contre la reproduction dans son état actuel.

Cet important immeuble avait été aliéné, en 1413, moyennant «quatre vingts escus d'or à la couronne, de vingt deux solz, six deniers tournois chascun». En 1535, la Heuse, ou Sainct-Jullian, se composait de trois corps d'hostel, l'un sur

---

[1] Archives nationales, fonds de l'Université, 14° carton, Nation de France, 1″° liasse, n° 2.

la rue Galande, le deuxième sur les Petites escoles de France, et le troisième sur les Grandes escoles de la même nation.

Enseigne de la maison de Saint-Julien, rue Galande, n° 42 (1894).

Escolles de la Nacion de France (1509), acquises en 1404, moyennant cinq cents livres tournois, puis Maison du Chateau de Vincestre, faisant le coin occidental de la rue du Fouarre. En 1343, ces écoles appartenaient « aux hoirs de feu Messire Yves de Blacheville », et avaient été avant lui à Jehan au Buef.

Escolles de la Nacion de Picardie (1483), ayant été, en 1428, la Maison de la roë de Fortune, formant l'angle oriental de la rue du Fouarre. Entre ces deux époques (1435), on y avait appendu une autre enseigne, bien connue dans le quartier; c'était

La Corne de Cerf (1435).

Maison du Heaulme (1431), réunie, vers le commencement du xvie siècle, à la maison précédente.

Maison de l'Escu Sainct-Georges (1380), puis des Trois Boettes, en 1509.

Trois maisons, sans désignation, sans doute à cause de leur peu d'importance, ou parce qu'elles dépendaient de la maison suivante, laquelle est qualifiée, en 1462, de

Grande masure « avec une porte faisant front à la rue des Trois Portes », composée des maisons précédentes, de celle qui formait le coin occidental de la rue des Rats, et de deux anciens corps d'hôtel de la Maison de la longue Allée, sise dans cette rue. Après un laps de temps indéterminé, une reconstruction succéda à cet état de délabrement; mais on ne rebâtit que trois maisons en façade sur la rue Galande. Vers la fin du xvi° siècle, ces trois maisons, qui avaient été temporairement réunies en une, en formaient encore deux, ainsi qu'il résulte de la mention suivante : « Deux maisons contiguës, jadis en une, faisant le coin des Ratz. »

Cet angle est peut-être celui que désigne l'article suivant, extrait du *Compte des confiscations de la Ville de Paris*, entre les années 1427 et 1434 : « Maison en la rue de Galande, faisant le coin de la rue aux Ratz[1] »; mais il se pourrait également que ce fût l'autre coin.

Ici quatre maisons omises, sur lesquelles nous avons recueilli les notes suivantes :

« Maison du Plat d'estain (1367), de la Teste pelée (1380), puis de l'Imaige sainct Kristophe (1489), faisant le coin oriental de la rue des Rats. Il y avait une plâtrière en 1424.

« Maison de l'Imaige sainct Estienne (1489).

« Maison de la Roze (1380), de la Roze blanche (1449), avec pignon sur rue.

« Maison de la Fleur de Lys (1449), faisant le coin oriental de la rue Jacinthe ».

Nous ne terminerons point l'histoire topographique de la rue Galande sans dire le peu que l'on sait du Cimetière qu'y possédaient les Juifs.

Cimetière des Juifs. — L'existence de cette nécropole, très voisine de celle de la rue Saint-Côme, ou de la Harpe, et en dépendant peut-être, est attestée, de siècle en siècle, par de nombreuses découvertes funéraires. Bien que la *Judæaria*, ou *Juiverie*, eût cette dernière rue pour centre principal, il est hors de doute qu'elle se ramifiait, en s'étendant vers le bourg Saint-Julien et les deux clos Mauvoisin et Garlande. Cette extension n'a point échappé à Sauval, qui croit à deux cimetières distincts : « Les Juifs, dit-il, avaient à Paris, deux cimetières, l'un à la rue Galande, qui devait, en 1358, quatre livres parisis de cens et rente à deux chanoines de Notre-Dame, qu'on appelle les Chanoines de Saint-Aignan[2]. » L'autre était celui de la rue de la Harpe, sur lequel Sauval s'étend longuement, et que nous avons décrit dans le volume du présent ouvrage ayant pour sous titre : *Région occidentale de l'Université*.

---

[1] *Antiquités de Paris*, t. III, p. 509. — [2] *Ibid.*, t. II, p. 532.

RÉGION CENTRALE DE L'UNIVERSITÉ. 169

Félibien a constaté également que la nécropole juive de la rue Galande avait des redevances à payer; mais il est très sobre de détails sur les découvertes qu'on a dû y faire après sa désaffectation, et lorsqu'on a pratiqué des fouilles pour bâtir. A propos des deux clos, il ajoute sommairement : «Les Juifs y avoient un cimetière placé entre la rue Galande et la rue du Plastre, dans la terre de Henri et de Nicolas de Sens, celui-ci, chanoine de Nostre Dame, et l'autre, sous-chantre, et chargé de quatre livres parisis de cens [1]. »

De tous les anciens historiens de Paris, Le Beuf est le plus explicite, et, pour restituer la nécropole israélite de la rue Galande, il s'aide des découvertes qu'on a faites en fouillant le sol. «J'ai cru, dit-il, devoir encore faire observer que, sur la paroisse Saint-Séverin, entre la rue Galande et la rue du Plâtre, on a trouvé plusieurs fois dans ce siècle et même encore en 1752, en rebâtissant le devant du Collège de Cornouaille, une grande quantité de corps morts sans cercueils, à dix-huit pieds en terre. L'un de ces squelettes, trouvés en 1752, avoit une bague d'or au doigt; mais il faut qu'il y ait eu d'autres que des Juifs inhumés en ce canton du Bourg Saint-Julien [2]. »

Deux conclusions probables se dégagent des textes que nous venons de reproduire : la première, c'est qu'une synagogue a dû exister sur un point des clos de Garlande ou de Mauvoisin, et disparaître à l'époque de Philippe-Auguste, ou de Philippe le Bel, lors de la proscription des Juifs; la seconde, c'est que la proximité de Saint-Julien-le-Pauvre, ancien «ospital», ou hôtellerie pour les pèlerins indigents, explique aussi, dans une certaine mesure, les découvertes funéraires qu'on a faites en ce lieu, lequel a pu servir de cimetière aux gens de passage qui y décédaient.

De nos jours, des découvertes funéraires se produisent encore quand on fouille le sol de la rue Galande et des voies adjacentes, pour exécuter des travaux édilitaires, ou les terrains en bordure, pour y édifier des maisons.

RUE DE LA HARPE, DE LA JUIVERIE, DE SAINT-CÔME ET SAINT-DAMIEN.

Dans le volume précédent, qui a pour sous-titre *Région occidentale de l'Université*, nous avons consacré une notice étendue à la voie qui a porté ces trois noms, et dont une partie subsiste encore aujourd'hui. Nous y renvoyons le lecteur, autant

---

[1] *Histoire de la Ville de Paris*, t. I, p. 167, 168. — [2] *Histoire de tout le diocèse de Paris*, édit. Cocheris, t. I, p. 417.

pour l'histoire de la rue elle-même et de ses diverses transformations, que pour la description topographique de son côté droit, où se trouvaient notamment les collèges d'*Harcourt* et de *Justice*. Le côté gauche, ou oriental, n'était pas moins bien pourvu sous ce rapport : *Séez, Narbonne, Bayeux, Le Trésorier, Cluny*, par leurs bâtiments antérieurs, postérieurs ou latéraux, faisaient face à ces deux grandes maisons scolaires, et ils n'occupent pas une moindre place dans les annales de l'Université. La rue de la Harpe, comme la rue Saint-Jacques, a toujours été l'une des principales artères du monde latin à Paris.

CÔTÉ ORIENTAL
(du Nord au Sud).

PAROISSE DE SAINT-SÉVERIN.
JUSTICE ET CENSIVE DU FIEF DE MARCOIGNET.

Maison du Pilier d'or, omise sur le plan de restitution, probablement parce qu'elle s'était confondue avec le Grand Louis, qui s'appelait primitivement le Panier vert. Elle formait la limite septentrionale du fief de Marcoignet, mentionné dès 1293.

Ce territoire comprenait, vers la fin du siècle dernier, neuf maisons « entretenantes », se succédant depuis celle du Pilier d'or, à l'angle sud-est du carrefour Saint-Séverin, jusqu'à l'Hostellerie de la Roze rouge. Une note, puisée aux sources, porte, en effet, que ces maisons étaient « actuellement » (1776) au nombre de neuf; Elles se suivaient alors, « à commencer à la maison construite sur l'emplacement où estoit l'Hostel des Gants (*sic*), où pend pour enseigne le Saint-Esprit, et ci-devant le Flambeau royal, et plus anciennement la Limace, joignant la Roze rouge, et finissant, lesdites maisons, par celle où est pour enseigne le Grand Louis, et jadis le Panier vert, actuellement faisant le coin du carrefour Saint-Séverin, tenant, les neuf maisons, par haut, à la Roze rouge, et par bas, dans le carrefour, au Pilier d'or ».

Les Marcoignet, qui avaient donné leur nom à ce petit fief, appartenaient à la noblesse, et s'étaient alliés à la haute bourgeoisie parisienne; on trouve, en effet, dans Sauval, les mentions suivantes :

« 1461. Noble homme, Anthoine Marcoignet, escuyer, pour un fief scis à Paris, en la rue de la Harpe, tenu et mouvant du roy, à cause de son chastelet, duquel il a fait la foy et hommage, à lui echeu par le deceds de Jehan Marcoignet, son père. »

« 1475. Damoiselle Marguerite de Marcoignet, veuve de Me Gilles Brulart, en son vivant docteur en medecine, fille de feu Jehan de Marcoignet et de damoiselle Jehanne Gencienne, sa femme[1]. »

Le parcellaire du plan de restitution ne concorde pas exactement avec les indications qui précèdent. Sur ce fief de Marcoignet se sont succédé, en effet, les constructions et les enseignes, les jonctions et les disjonctions d'immeubles; ce qui peut se raconter, mais ne saurait être fixé, par le trait, sur un plan.

Maison du Panier et du Panier vert, originairement distincte du Pilier d'or, et ayant formé l'angle méridional de la rue Saint-Séverin.

Maison de l'Ymaige Sainct Kristofle (1584).

Maison de l'Ymaige Saincte Marguerite, « d'ancienneté », mais n'ayant plus d'enseigne en 1585.

Maison de l'Ymaige Sainct Nicolas (1486), dite alors « faisant front au Papegault ». Un siècle plus tard, elle a pour enseigne les Trois Roys (1588).

Maison de la Lanterne (1454), appartenant alors à l'église Saint-Séverin.

Maison de la Heuze, puis des Verds Gallans (1518), aboutissant à la rue des Prêtres Saint-Séverin. La première de ces deux enseignes se retrouve dans le voisinage, en la rue de la Huchette. Il résulte de l'acte de fondation du collège des Lombards, que l'immeuble dont il s'agit n'aboutissait point alors (1334) à la rue des Prêtres, mais qu'il formait la limite occidentale de la Petite Autruche, sise en cette même rue. Il est dit appartenir à Mᶜ Manfred de Milan, *domus Magistri Manfredi de Mediolano*[2]. C'est sur l'aire de la Heuze que le plan de restitution localise le Jeu de Paulme des Ganz.

Maison des Badz couronnés (1588).

CENSIVE DE L'ÉVÊCHÉ.

Maison de la Seraine (1399), puis de la Limace (1546 et 1584), ayant fait originairement partie de la précédente, et divisée elle-même en deux moitiés dont l'une portait, en 1454 et 1489, l'enseigne du Jeu de Paume des Gands. Elle doit se confondre avec l'Hostel des Gans mentionné en 1468.

---

[1] *Antiquités de Paris*, t. III, p. 363 et 429. — [2] Sauval, t. III, p. 429.

C'est dans la maison, ou portion de maison, ayant pour enseigne la Seraine (Sirène), que furent logés et gardés à vue Eustache de L'Aître et Jean de Toulongeon, envoyés en ambassade à Paris par le duc de Bourgogne (1415). Ces députés de Jean-sans-Peur durent y attendre le retour des ambassadeurs du roi, ainsi que le raconte Juvénal des Ursins[1].

Maison de l'Escu d'Arras (1393) et de l'Escu d'Artois (1399), puis de la Roze rouge (1535), ayant un corps d'hôtel sur la rue de la Parcheminerie. Les messageries de Rennes, qui partaient de Paris tous les jeudis et samedis, y avaient leur bureau, en 1691.

Maison de l'Escu de France (1518), ayant, avant cette époque, fait partie de l'une de celles qui lui étaient contiguës; elle était située «à l'opposite de la rue Percée», et abrita, au xviie siècle, le pâtissier Mignot, si diffamé par Boileau.

Ici, c'est-à-dire à l'angle septentrional de la rue de la Parcheminerie, se placent deux immeubles figurant sur le plan de restitution et omis dans les notes explicatives : ce sont l'Image Notre-Dame et la Boîte, n'ayant originairement formé qu'une seule maison. La première devait son nom à une statuette de la Vierge, qui a dû être déplacée, lors des remaniements subis par la maison, puisque, aujourd'hui, elle occupe l'angle d'honneur.

CENSIVE DE L'ÉVÊCHÉ ET DE LA SORBONNE.

Maison de l'Ymaige Sainct-Anthoine (1553), formant l'angle méridional de la rue de la Parcheminerie.

CENSIVE DU CHAPITRE DE SAINT-BENOÎT.

Maison de l'Ymaige Madame Saincte-Catherine (1488), sur laquelle les censiers et autres documents ne donnent pas de renseignements.

Maison des Deux Cygnes (1486), ayant issue sur la rue de la Parcheminerie, par un corps d'hôtel nommé la Maison du Dauphin. Réunie à celle de la Roze et des Deux Cignes, elle formait, au xvie siècle, la Maison des Gilberts, ainsi appelée parce qu'elle était alors habitée par Michel Gilbert, conseiller au Parlement.

Le plan de restitution donne à cet immeuble une autre dénomination : il l'appelle Hôtel Dandelot; c'est ainsi, en effet, que le désigne le *Journal de L'Estoile*,

---

[1] *Histoire du règne de Charles VI*, édit. du Louvre. p. 527.

à l'année 1593. Les Archives nationales (5897 B) possèdent un plan de la Maison des Gilberts, plan certifié conforme par quatre notaires et portant la date de 1718. D'après ce document, elle était limitée, au midi, par une autre maison formant enclave dans celle des Gilberts et appelée le Pilier rouge.

Maison de la Roze (1488), mentionnée dans plusieurs titres et ayant contribué à former, au xvie siècle, celle des Gilberts.

CENSIVE DU PARLOIR AUX BOURGEOIS.

Maison du Saulmon (1365), divisée plus tard en deux : la Corne de Cerf (1524), et le Cygne de la Croix (1575).

Maison de la Barbe d'or (1378), signalée dans la « Recepte » de 1573, ainsi que ses deux voisines le Cigne de la Croix et la Magdeleine, comme ayant appartenu à la famille Versoris. Le fait ressort des textes suivants cités par Sauval :

« Me Guillaume Versoris, au lieu de Me Guillaume Versoris père, pour la maison tenant, d'une part et d'autre, à Me Nicole Versoris;

« Me Nicole Versoris, au lieu de Me Guillaume Versoris, son père, pour sa maison ou souloit prendre pour enseigne la Barbe d'or, tenant à la maison de Me Guillaume Versoris, son père;

« Me Jehan Versoris, advocat au Chastelet de Paris, Me Guillaume Versoris, advocat au Parlement, pour une maison tenant, d'une part, à celle de la Barbe d'or, d'autre part à Me Jehan Gibert, correcteur des Comptes, et pour autre maison seize en la rue des Enlumineurs, dite Erambourg de Brie [1]. »

Maison du Lyon d'or (1490) ayant porté, un siècle auparavant, l'enseigne de la Fleur de Lys, à moins qu'il ne s'agisse de la maison suivante, qui a pu en faire partie :

Maison de la Magdeleine (1578), qui a pu porter, deux siècles plus tôt, cette même enseigne de la Fleur de Lys, bien qu'elle ait été indivise entre Jean et Guillaume Versoris.

Maison de l'Espée (1524), puis de l'Espée royale (1671) ayant appartenu à Jean Guibert, correcteur des Comptes.

Maison de l'Ymaige Sainct-Jehan (1571).

[1] *Antiquités de Paris*, t. III, p. 625.

Maison du Daulphin (1404).

Sur ces deux derniers immeubles il n'existe, dans les documents authentiques, aucun renseignement autre que la mention de leurs enseignes.

Maison de l'Escu (1404), puis de l'Ymaige Sainct-Georges (1544). Elle était formée de trois corps d'hôtel, dont deux sur la rue de la Harpe, l'Escu de Sainct-Georges (1517) et la Hure de Sanglier (1580), un sur la rue du Foin, l'Espée de bois (1548).

A propos de la Maison de l'Escu de Sainct Georges, M. Paul Le Vayer a relevé les faits suivants :

«Peu de temps avant la bataille de Cocherel (16 mai 1364), Louis II, v^{te} de Beaumont et seigneur à divers titres de Fresnay (au Maine), d'Argentan, Nogent-le-Rotrou, la Flèche, Château-Gontier, Pouancé, etc., était logé, à Paris, «*en la rue de la Harpe, dans l'houstel merché et signé de* l'Escu Saint-George.»

«Louis de Beaumont fut «*navré à mort*» dans la journée de Cocherel, et enterré, suivant son désir, dans l'église des Chartreux du Parc, au Maine, auprès du bienheureux Geoffroy de London [1].»

Maison de l'Ymaige Sainct-Martin (1575), laquelle est dite alors «censive du Temple».

Maison de l'Ours (1521).

Maison de la Housse Gillet (1507), puis de la Housse Trappue (1510), dénomination qu'on retrouve ailleurs.

Les documents du temps ne fournissent aucun renseignement sur ces trois immeubles, et, en particulier, sur la singulière enseigne du troisième.

Maison des Rats (1507), faisant le coin septentrional de la rue du Foin. C'était, en 1573, aux termes d'un article de la «Recepte» de cette année, publiée par Sauval, la propriété de «André Grillart, seigneur du Mortier, conseiller du Roy, maistre des requestes ordinaires de son hostel», lequel est imposé «pour sa maison faisant le coing de la rue du Foin [2]». Dans cette maison existait, au XVIe siècle, l'imprimerie de Nicolas Wolf, de Bade, installée d'abord dans le cloître Saint-Benoît, aux trois Tranchoirs d'argent.

Maison de l'Ymaige Nostre-Dame (1547), formant l'angle méridional de la rue

[1] *E Chronico Priorum domus Parci.* Bibl. nat., P. O., t. CCXLVII, *verbo* Beaumont 5431, p. 3, 4. —
[2] *Antiquités de Paris*, t. III, p. 624.

du Foin. Les immeubles portant enseigne de la Vierge étaient fort nombreux à Paris; ils occupaient généralement le coin des rues, ce qui permettait de placer la statuette de façon qu'elle fût aperçue de plusieurs côtés.

Maison du Mouton rouge (1547), laquelle n'en formait qu'une, en 1424, avec la précédente. Elles appartenaient alors à l'abbaye de Cernay, qui avait, dans la rue du Foin, un hôtel pour ses abbés. (Voir la notice consacrée à cette résidence abbatiale, dans la description topographique de la rue du Foin.)

Maison du Renard et de la Croix verte (1549), se composant, selon toute apparence, de deux corps de logis, en 1577; ce qui explique les deux appellations.

Maison du Petit Renard (1577), qui se nomma plus tard le Pied de Biche (1602). Avant leur disjonction, ces deux corps d'hôtel n'en formaient qu'un, dénommé l'Escu de Bourgongne.

CENSIVE DE SAINTE-GENEVIÈVE, REVENDIQUÉE PAR LA VILLE.

Maison de la Croix de fer (1547), aboutissant à la grande salle du palais des Thermes; il s'y trouvait, en 1691, le bureau des messageries de Laval.

CENSIVE DU PARLOIR AUX BOURGEOIS.

Maison de la Marguerite (1424).

Maison du Bercel (1424) et du Berceau de fer (1521). Une note recueillie aux Archives par M. Paul Le Vayer, porte ceci :

« Hôtel-Dieu de Paris. — 1532. — *Seur* Catherine Chevesne, *âgée de 21 ans, fille blanche* (novice). *Son pere, feu* Chevesne, *était maistre du Berceau, rue de la Harpe*[1]. »

Maison de Nostre Dame, puis de l'Agnus Dei (1547). Elle ne formait, en 1424, avec les quatre suivantes, qu'un seul logis, divisé probablement en quatre corps.

Maison de l'Estoille « d'ancienneté », et, depuis 1578, Maison de l'Ymaige Saincte Catherine, sans autre renseignement sur son importance et sur ses possesseurs.

[1] Archives nationales, L 536.

Maison de l'Annonciation (1583), laquelle paraît avoir été celle des Bourses en 1547, à moins que cette dernière enseigne n'ait appartenu à la maison faisant le coin de la rue des Mathurins.

Maison de l'Ymaige Sainct Laurent (1547), ayant dû probablement, à une certaine époque, faire partie de la précédente, ou de la suivante, des deux peut-être, puisqu'elle se trouvait enclavée entre l'Annonciation et la

Maison du Fer à cheval (1547), laquelle formait l'angle septentrional de la rue des Mathurins. Cette propriété pourrait bien être celle qui fut confisquée en 1421 par les Anglais, car il est dit dans le *Compte des confiscations* de cette année : « Maison, rue de la Harpe, faisant le coin du Palais du Therme[1] ». Ce coin n'étant pas désigné plus explicitement, l'immeuble confisqué s'identifie soit avec le Fer à cheval, soit avec le Moulinet.

PAROISSE SAINT-SÉVERIN

(jusqu'au Collège de Cluny).

CENSIVE DU TEMPLE.

Maison du Moulinet, faisant le coin méridional de la rue des Mathurins, et pouvant être, ainsi que nous venons de le dire, celle que les Anglais confisquèrent en 1421. Elle paraît avoir été, en 1683, autant qu'on en peut juger par le titre d'une plaquette publiée à cette date, le siège d'une exposition industrielle, la première dont il soit fait mention dans notre histoire[2]. Les mots « dans la rue de la Harpe, vis-à-vis Saint-Cosme » semblent ne pouvoir désigner que la Maison du Moulinet.

CENSIVE DE SAINT-JEAN-DE-LATRAN.

Collège de Séez. — Nous avons réuni en autant d'articles à part et, placé à la suite de la description topographique de la rue de la Harpe, les notices relatives aux cinq collèges ayant façade ou issue sur le côté oriental de cette voie. Celui de Séez vient en première ligne.

CENSIVE DE LA SORBONNE.

Maison du Chapeau rouge (1458), enclavée dans la cour du Collège de Séez.

---

[1] *Antiquités de Paris*, t. III, , p. 283.

[2] Le fait résulte du catalogue imprimé chez C. Guillery, sous ce titre : « *Explication des modèles des machines et forces mouvantes que l'on expose à Paris, dans la rue de la Harpe, vis-à-vis de Saint-Cosme* ». Ce catalogue contient quarante-huit pages et douze planches.

CENSIVE DE SAINT-JEAN-DE-LATRAN.

Collège de Narbonne. — Même observation que pour le Collège de Séez, à la suite duquel est placée notre monographie du premier de ces établissements.

Maison du Fer à cheval (1578), topographiquement distincte de la maison portant la même enseigne et située à l'angle septentrional de la rue des Mathurins. Celle-ci appartenait au Collège de Bayeux, qu'elle joignait, et paraît devoir être identifiée avec la petite maison dite de Cutry, ou Cutrées, donnée par Guillaume de Bouvet, pour la fondation du collège.

Collège de Bayeux. — La notice consacrée à cette importante maison scolaire se trouve à la suite de celle qui est relative aux collèges de Séez et de Narbonne.

Maison de l'Ostel dessus la porte (1480), ainsi nommée parce qu'elle était placée, le long de la rampe qui gravissait la rue de la Harpe, du nord au sud, «au-dessus de la porte du collège de Bayeux». On sait que cette porte, détruite lors du percement du boulevard Saint-Michel, a été déposée et rétablie dans les jardins du Musée de Cluny.

CENSIVE DE LA SORBONNE,

La Maison peinte (1480), puis **la Maison du Plat de boys** (1570), aboutissant à la rue des Maçons. Dans une dépendance de cet immeuble, se trouvait, au xve siècle, la dépense, ou économat, du collège de Bayeux, dont on voyait encore des traces avant l'ouverture du boulevard Saint-Michel. Sur l'emplacement de cette maison paraissent avoir été les étables et les cuisines de la grande maison de Guillaume Bouvet, qui aussi céda la petite (**Maison du Fer à cheval**) pour l'établissement du collège.

La Maison peinte, ou **le Plat de boys**, **l'Ostel dessus la porte**, ainsi qu'un autre immeuble en façade sur la rue des Maçons, occupaient, avec les bâtiments du collège, l'emplacement des deux maisons données par Guillaume Bouvet aux écoliers de Bayeux.

Le Grand Bayeux n'était, au xvie siècle, que le collège de ce nom; on le trouve ainsi dénommé, au xvie siècle, pour le distinguer de la maison suivante, qui s'appelait

Le Petit Bayeux (1526). En 1474, il existait sur l'emplacement de cet immeuble, quatre «masures» formant une sorte de carré, avec un terrain en enclave. Une cinquième masure était attenante aux quatre autres, et se profilait sur la rue des Maçons; mais il n'est pas certain qu'elle ait fait partie du Petit Bayeux.

Hostel des Serviers de Notre-Dame (1391) «où estoit cy-devant, pour enseigne, la Roze merveille», est-il dit dans un titre de 1492.

La Maison des Serviers, ou serviteurs de Nostre-Dame, appartenait au collège d'Harcourt situé en face, sur le côté occidental de la rue; elle aboutissait à une cour, où les boursiers avaient fait construire un corps d'hôtel, au rez-de-chaussée duquel se tenaient les écoles de théologie; au-dessus, on avait établi des chambres d'étudiants. Cette double disposition avait fait donner, communément à ce corps d'hôtel, le nom de Petit Harcourt [1].

Maison des Trois Croissants rouges (1421), puis Maison du Tranchouer (1473), appartenant au prieur de Saint-Remy, de Reims.

Maison appelée d'ancienneté «La Maison aux Créneaulx» (1426). Les *Créneaux*, ou *Carneaux*, ont servi à dénommer un grand nombre de maisons du vieux Paris.

Collège du ou des Trésoriers. — Cet établissement universitaire a sa notice particulière à la rue des Poirées, sur laquelle s'ouvrait sa porte majeure. Il formait l'angle septentrional de cette rue. C'est sur son emplacement qu'a été percée la rue Neuve de Richelieu, lors de la reconstruction du Collège de Sorbonne.

Nous nous bornerons ici à faire remarquer que le collège, dont les bâtiments avaient leur partie postérieure sur la rue de la Harpe, n° 7, n'y possédait aucune entrée et aucune issue. La porte principale s'ouvrait, avons-nous dit, sur la rue des Poirées, et une porte de service donnait sur celle des Maçons.

PAROISSE DE SAINT-BENOÎT.

CENSIVE ET JUSTICE DE SAINTE-GENEVIÈVE.

Collège de Cluny, ayant sa notice spéciale à l'article de la rue des Poirées; il formait l'angle méridional de cette rue, et n'avait, sur la rue de la Harpe, qu'une

---

[1] Sur les *servites*, *serfs* ou *serviers* de Notre-Dame, l'opinion classique est ainsi résumée par l'abréviateur de Félibien, t. V, p. 26, de sa *Description de Paris* : «On reçut aussi en 1258, à Paris, des Religieux mandians nommés Serfs de la Vierge Marie, que le peuple appela *Blancs Manteaux*, de la couleur de leurs habits... Leur ordre fut supprimé en 1274; cependant il en restoit encore trois religieux en 1237 à Paris, qui traitèrent avec les Guillemites, et embrassèrent leur institut.»

porte de derrière. Les bâtiments scolaires étaient masqués, de ce côté, par une série de maisons omises sur le plan de restitution. Quelques pièces importantes nous ont permis de les rétablir à la place qu'elles occupaient.

L'une de ces pièces, qui porte la date de 1698, contient la mention suivante : « Item, une autre maison, l'Image Saint-Joseph, tenant à la précédente — c'est-à-dire à Saint-Pierre, sur la rue des Poirées — et, d'autre part, aux Carneaux d'or, par derrière, au collège, et, par devant, sur ladite rue de la Harpe. — Item, les Ciseaux, tenant à une porte cochère, qui est la porte de derrière du collège. »

Une autre pièce, antérieure d'un siècle, nous fournit une nouvelle mention ainsi conçue : « 1595. Sur le collège, jadis deux maisons, appartenant aux Frères de l'Hostel-Dieu de Paris, l'une en la censive de Saincte-Geneviefve, l'autre en celle des Prevost et Eschevins. »

Ces expressions « sur le collège, tenant par derrière au collège » montrent que l'établissement n'avait pas son entrée principale sur la rue de la Harpe, mais seulement une porte cochère, ou issue postérieure, des deux côtés de laquelle s'étendaient les cinq maisons suivantes :

L'Image Saint-Joseph,

Les Carneaux d'or,

Les Ciseaux, séparés par la porte de derrière du collège, des

Deux maisons, sans désignation, mentionnées dans la pièce de 1595, comme appartenant aux Frères de l'Hôtel-Dieu.

Les trois premières ayant été, en 1745, jugées comme « absolument hors d'état d'être réparées et de subsister, il fut ordonné, par sentence contradictoire du Bureau des finances de la Généralité de Paris, de les démolir ». La communauté du Collège de Cluny fit donc démolir ces trois maisons et reconstruire, sur le même sol et « suivant les devis dressés par le sieur Janiot, entrepreneur, une nouvelle maison laquelle, suivant le procès-verbal de visite, prisée et estimation du sieur De Beuf, architecte expert, nommé par les parties, a été estimée cinquante six mille deux cents quarante livres, un sol six deniers; et cette dite somme se trouva payée par le secours de deniers totalement étrangers au diocèse de Paris[1] ».

Un bail de cette maison, conservé, comme la pièce précédente, aux Archives nationales (S 6415) nous apprend qu'elle fut louée, en 1771, six cent livres

---

[1] *Déclaration* du 18 mai 1757. (Archives nationales, S 6415.)

seulement, et qu'elle se composait de « un berceau de cave, un petit caveau, une boutique et une cuisine au rez-de-chaussée, deux étages, deux cabinets lambrissés dans les combles, séparés avec des cloisons recouvertes en plâtre, éclairés chacun par une lucarne à demoiselle ». Ces détails ont leur intérêt pour l'histoire de la topographie et de la propriété parisiennes.

PASSAGE DES JACOBINS. — Situé topographiquement à ce point de la rue de la Harpe, sur laquelle débouchait son extrémité occidentale, le passage dont il s'agit est l'objet d'un article spécial, qu'on trouve plus loin, à son ordre alphabétique.

MAISON sans désignation (1613), mais ayant porté anciennement, est-il dit dans un acte de cette année, l'enseigne des VERDS GALLANDS. Elle faisait le coin méridional du Passage des Jacobins.

PAROISSE DE SAINT-CÔME.

HOSTEL DE BOURG-MOYEN (1231-1365). Cette importante maison, dont les dépendances s'étendaient jusqu'à l'allée intérieure des murs de Paris — enceinte de Philippe-Auguste, — avait été en 1231, acquise de la Ville, dans la censive de laquelle elle avait été construite, par acte signé de l'abbé et des religieux du monastère de Bourg-Moyen, en Blésois, qualifié de « couvent et moustier de Nostre Dame de Bourg-Moyen de Blois, de l'ordre de Saint-Augustin, au doyenné de Chartres ». Ils les possédaient depuis plus d'un siècle, lorsque la défaite de Poitiers rendit nécessaire une nouvelle enceinte sur la rive droite de la Seine et le creusement d'un fossé le long des murs de la rive gauche. Pour établir ce fossé entre les portes Gibart et Saint-Jacques, il fallut prendre sur les terrains des Jacobins, dont le clos s'étendait au delà de la muraille de Philippe-Auguste. Les Jacobins demandèrent et obtinrent, de Charles V, une indemnité en nature. « Comme la nouvelle clôture, dit Félibien, leur osta leur cimetière, avec une partie de leur cloistre, dortoir et refectoire, le roy Charles V, pour les dédommager de cette perte, leur donna, par acte du 5 novembre 1365, l'hostel du Bourg-Moyen, qu'il acheta des abbés et des religieux de Bourg-Moyen de Blois ; à quoy il adjousta les douze deniers de cens, avec une redevance de soixante sous, que la Maison de Ville prenoit tous les ans sur cet hostel, et qu'elle céda au roy, pour en disposer à sa volonté. Il falloit, ajoute l'historien de Paris, que cet hostel fust fort caduc, puisque, en 1366, la reine Jeanne de Bourbon le fit abattre pour y bastir une infirmerie, qui a subsisté jusqu'en 1641 [1]. »

[1] *Histoire de Paris*, t. I, liv. 6, p. 262. Voir aux Appendices l'acte de donation de l'hôtel aux Jacobins, ainsi que la délibération du Conseil de Ville portant cession au roi de ses droits seigneuriaux sur cet immeuble.

L'hôtel de Bourg-Moyen, qui avait son entrée sur la rue de la Harpe, occupait, en profondeur, une grande partie du terrain qui a formé, dans la suite, le jardin du couvent des Jacobins. Il en dépendait d'autres terres, que ces religieux englobèrent dans leur clos, lequel se prolongeait au delà de l'enceinte. On sait, en effet, que les rues Saint-Hyacinthe, Saint-Thomas et Saint-Dominique, dont les noms furent empruntés aux membres canonisés de cet ordre, ont été ouvertes sur la partie *extra-muros* de ce clos.

Nous publions, aux Appendices, le texte de l'acte de donation, aux Jacobins, de l'hôtel de Bourg-Moyen, ainsi que la délibération du Conseil de Ville portant cession des droits seigneuriaux que le Parloir aux Bourgeois percevait sur cet immeuble.

LES COLLÈGES DE LA RUE DE LA HARPE :
SÉEZ, NARBONNE, BAYEUX.

Nous avons réuni en un article spécial les notices topographiques relatives à ces établissements scolaires, rattachés à la rue de la Harpe par leur situation. Ils touchaient, en effet, à cette voie par leur façade et entrée principale. Fondés à des époques un peu différentes, les collèges dont nous allons parler appartenaient cependant à cette période universitaire qui fut féconde en fondations et qui comprend le xive siècle ainsi que la première moitié du xve. La guerre de Cent ans, qui fut si calamiteuse, n'arrêta donc pas le développement des études, et tandis que la France luttait contre les Anglais, Paris ne cessa pas de voir arriver, pour étudier dans ses murs, les pauvres écoliers de la province.

COLLÈGE DE SÉEZ.

Le premier, dans l'ordre de succession topographique, en longeant du nord au sud le côté oriental de la rue de la Harpe, ce collège n'occupe que le dernier rang dans l'ordre de fondation. C'est en 1427 seulement qu'il vint au monde universitaire : Grégoire Langlois, que les textes latins nomment *Gregorius Anglicus*, et certains historiens *Anglici*, parce que le mot *filius* est sous-entendu, voulant, dit Félibien, fonder à Paris un collège pour y recevoir les élèves pauvres de son diocèse, originaires surtout des lieux où l'évêque de Séez était seigneur temporel, donna, à cet effet, les immeubles suivants :

« Un certain manoir, ou maison, sis en la rue de la Harpe, à Paris, proche l'eglise paroissiale des saints Cosme et Damien, de l'autre côté de la rue, et, en outre la Maison du Chapeau rouge, et une autre maison joignant d'autre part, dans la censive des Hospitaliers dits du Temple : *Quoddam manerium seu domum in vico Cithare Parisiis situm, prope ecclesiam parochialem SS. Cosme et Damiani, ex altera parte vici, et etiam domum Capelli rubri, et aliam domum ex altera parte jungentem, in censiva Hospitaliorum dictorum de Templo.* »

Trois maisons ont donc servi à l'installation primitive du Collège de Séez : la première était le « manoir » ou immeuble principal; la seconde, ce Chapeau rouge, que nous avons indiqué, à l'article de la rue de la Harpe, comme enclavé dans la cour du collège. Quant à cette maison « joignant, d'autre part et estant dans la censive des Hospitaliers dits du Temple », elle ne pouvait atteinir au collège que du côté nord et devait alors être contiguë à la Maison du Moulinet, à moins qu'elle n'en fût un corps de logis détaché.

Il est certain que le collège communiquait, en arrière, avec la rue des Maçons, par un couloir, ou issue de dégagement, comme en possédaient presque tous les établissements scolaires de cette région, afin de recevoir les provisions et les objets matériels de toute nature, par une porte autre que celle qui servait d'entrée aux élèves et aux maîtres.

La fondation de Grégoire Langlois ne put être réalisée que dix ans après sa mort, par son neveu Jean Langlois, prêtre, né à Lonlay, au diocèse du Mans, curé de Saint-Généré, au même diocèse, et l'un de ses exécuteurs testamentaires. L'acte d'amortissement, que nous transcrivons en partie, donne d'intéressants détails sur les locaux scolaires. On en jugera par l'extrait suivant :

« Et affirmèrent comme vérité yceulx executeurs oudit nom executoir, que, comme ledit feu Monseigneur l'Evesque, en sondit testament ou ordonnance de darnière voulonté, eust voulu et ordonné ung collège de certain nombre d'escolliers estre fondé à Paris, de et sur ses biens, pour le salut et remède de son ame; et pour ce eussent yceulx executeurs advisé que une et certaine maison, louages et appartenances, que l'un d'yceulx exécuteurs avoit achepté des deniers d'ycelle execution, séant à Paris en la rüe de la Harpe, devant et à l'opposite d'une place ou mazure scéant entre l'église parochiale de Saint Cosme et Saint Damien et la porte derrière les Cordeliers, tenant d'une part, devers la porte Saint Michel, aux maisons d'ung autre collège appelé le collège de Narbonne et, d'autre part, à la maison de M⁰ Pierre Allant et aux masures qui sont de l'hôtel de Harcourt, aboutissant par derrière à la rüe des Maçons, en la censive et fonds de terre des religieux de l'Hospital Saint Jehan de Hyérusalem, qui jadis fut du Temple à Paris, seroit bien convenable et propre pour ledit collège; entre lesquelles maison et mazure a une petite courcelle, ou préau, contenant environ deux toises en quaré, chargé envers laditte Religion, à cause de la maison de l'hospital ancien de Saint Jean de Hyérusalem, de soixante sols parisis de rente par chacun an, à deux termes, c'est à sçavoir Pasques et Saint Remy; affirmèrent outre yceulx exécuteurs que en très grande justance ils avoient supplié et requis auxdits de l'hospital Saint Jean d'Hyérusalem que ycelle maison et appartenances leur voullissent, pour et à l'œuvre dudit collège et ycelle, tenir en main morte par ledit collège pour jamais estre contrains à la mettre hors des mains dudit collège, par lesdits de l'hospital ou de leurs successeurs, parmy payant chascun an doresnavant à eux et leurs successeurs religieux dudit hospital, par les escolliers dudit collège ou leurs successeurs, sur la maison et appartenances dudit collège, la somme de douze livres parisis de rente annuelle et perpétuelle, etc. [1] ».

Deux documents, postérieurs de beaucoup, nous renseignent sur deux maisons acquises plus tard, pour agrandir l'établissement. Le premier est un *Mémoire pour être présenté à Messieurs du Conseil de l'Ordre de Malthe, concernant l'acquisition faite par le collège, en 1729;* il y est dit :

« Ceux du collège, en 1729, achetèrent, de Mr Amiot d'Inville, une maison attenante aux bâtiments du collège et située pareillement rue de la Harpe, par devant, et rue des Maçons, par derrière [2] ». Le second document, emprunté au même fonds, est de 1742; il contient des indications assez précises sur la « maison du college », attenant à la précédente et chargée d'une rente de une livre, quatorze sous, deux deniers, au profit de l'Hôpital du Saint-Esprit.

« Cette maison, y est-il dit, avoit environ quinze pieds de face sur la rue de la Harpe. Elle composoit, sur le devant, une boutique et une allée, deux étages et un grenier; sur le derrière, une petite cour de même largeur, avec un appenty dans le fond de ladite cour. Elle tenait, d'un côté, à la maison acquise par le collège de M. et Mme Amiot, vis-à-vis de la petite porte de l'église de Saint Cosme; de l'autre côté, à une maison appartenant au collège, le devant sur la rue de la Harpe, et le derrière attenant au bâtiment du collège sur lequel terrain se trouve présentement reconstruit l'escalier du bâtiment neuf, vis-à-vis Saint Cosme, et moitié de la boutique attenant à la grande porte du collège [3]. »

En 1729, pour le Collège de Séez, comme pour les établissements voisins, la période de reconstruction était arrivée; tous ces vieux bâtiments scolaires, composés de divers corps de logis plus ou moins bien rattachés les uns aux autres, appropriés tant bien que mal aux besoins des écoliers et des maîtres, avaient été peu réparés pendant trois siècles, en raison de l'exiguïté de leurs ressources; ils tombaient de caducité, et il fallut presque partout les réédifier, mais avec des deniers d'emprunt. C'est ce qui donna lieu à divers mémoires, assemblées, visites, plans et devis, dont les originaux existent aux Archives nationales, et que nous reproduisons partiellement aux Appendices, n'en donnant ici que des extraits indispensables.

La liquidation de toutes les dépenses dut se faire en 1763, au moment où la plupart des anciens collèges, ne pouvant plus se soutenir et n'ayant plus un plein

---

[1] Archives nationales, S 6565, 4° liasse. — [2] *Ibid.* — [3] *Ibid.*

et entier «exercice» furent réunis à Louis le Grand. Ce «collège général», comme on l'appela dès lors, eut à s'occuper du passif, aussi bien que de l'actif des maisons supprimées.

La situation du Collège de Séez, en particulier, est ainsi exposée dans un *Mémoire donné au nom du Collège Louis le Grand et envoié à Mgr l'évêque de Sées, concernant le Collège de Sées qui y a été réuni :*

«Le Collège de Sées a d'abord fait acquisition d'une maison rue des Maçons moiennant 20,000 livres. Il a été obligé d'en payer l'amortissement au Roi et l'indemnité au seigneur. L'amortissement, suivant la déclaration du Roi en 1724, est du sixième du prix et des 4 sols pour livre. L'indemnité est du cinquième du prix pour les censives, outre le droit seigneurial auquel l'acquisition avait donné ouverture; et ces deux droits ont dû couter au Collège de Sées plus de 9,000 livres.

«D'un autre côté, le Collège de Sées a dû payer l'amortissement des nouvelles constructions par lui faites; et sur cela la règle du Conseil est qu'on la paye à raison de deux livres de l'augmentation des loiers, si on justifie par une quittance de finance que le sol et les anciens bâtimens ont été amortis. Mais si, au contraire, on ne prouve pas que le sol et les bâtimens anciens ont été amortis et qu'on soit hors d'état d'en rapporter la preuve par une quittance de finance, le droit est dû de tout le produit du bâtiment; c'est à dire de l'ancien loier aussi bien que de l'augmentation produite par la reconstruction, et on peut juger par le produit des nouveaux bâtimens en loiers que le Collège de Sées a dû payer un amortissement considérable.

«Enfin il a fallu payer l'architecte qui avoit donné les plans et conduit les bâtimens, et cela peut bien avoir monté à 4 ou 5,000 livres.

«Ainsi quand on dit que le Collège de Sées n'a acquis ni rentes ni héritages, on ne fait pas reflexion que c'est bien avoir acquis que d'avoir réuni une maison à ses anciennes possessions, en avoir payé l'amortissement au Roi, l'indemnité au seigneur, *avoir converti des masures en bâtimens neufs qui en ont plus que doublé les loiers*, et enfin avoir acquitté les amortissements qui en ont été la suite.

....

«Il suit de ces reflexions que les 40,000 livres prêtées par Sequevalle ont réellement été employées pour le Collège de Sées [1].»

Un second extrait de la pièce à laquelle nous empruntons les détails qui précèdent, nous apprend que les fonds réunis en 1724 trouvèrent leur emploi en 1729 et 1730. Aux deux maisons dont nous avons parlé furent adjoints des bâtiments nouveaux destinés à rajeunir le vieil établissement de 1437. On ne prévoyait point alors que, trente-six ans plus tard, l'insuffisance de ressources amènerait, à Séez comme ailleurs, la suppression totale ou partielle de «l'exercice», et que l'Université de Paris se verrait obligée de faire un premier essai de centralisation, prélude de celle qui s'est accomplie, au commencement de ce siècle, sous le nom de «Université de France».

[1] Archives nationales, M 191.

RÉGION CENTRALE DE L'UNIVERSITÉ.

En nous bornant au côté topographique et immobilier de la question, nous extrayons du *Mémoire pour le Collège de Sées* les passages suivants :

«En 1729 et 1730, le Collège de Sées a fait construire un grand bâtiment sur la rue de la Harpe, à la place de quatre vieilles maisons, dont l'une venoit d'être acquise de M. Amyot.

«Pour payer tant cette acquisition que les frais de la nouvelle construction, il se fit autoriser, par trois sentences du Châtelet, à emprunter jusqu'à concurrence de la somme de 85,000 livres.

«Le collège fit en effet différents emprunts, pour lesquels il passa des contrats et constitua, sur ses revenus, des rentes à ses créanciers. Ces contrats sont dans la forme ordinaire, et l'emploi des deniers empruntés est justifié par les quittances des maçons, charpentiers et autres ouvriers.

«Le 22 juillet 1733, le s^r Sequevalle, receveur des décimes du diocèse de Sées, prêta une somme de 40,000 livres, dont moitié fut employée sur le champ à rembourser au s^r Adam 20,000 livres par lui prettées au collège le 11 février 1732, et pour lesquelles il avoit été subrogé aux charpentiers, couvreurs et serruriers par quittances de ces ouvriers et déclaration du sieur Simon, principal du Collège de Sées, du 28 janvier 1733.

«Il ne fut point passé de contrat au sieur Sequevalle, qui se contenta d'une simple obligation passée devant notaire en brevet et sans minute, et, quoiqu'il fut facile de le subroger à d'autres créanciers et d'assurer par ce moyen l'emploi des 40,000 livres en entier, il ne se trouve plus aucun remboursement où il soit dit que les deniers proviennent du prêt de 40,000 livres fait par le sieur Sequevalle.

«Il est certain que le sieur Sequevalle n'étoit qu'un prête-nom... On a preuve par écrit que les 40,000 livres, si elles ont été fournies au collège, ne l'ont pas été par le sieur Sequevalle, mais par Mr Lallemant, alors évêque de Sées. On ne cherche pas à approfondir les raisons qui déterminèrent à mettre ce prêt sous le nom du sieur Sequevalle.

«Les choses restèrent en cet état jusqu'au 12 juillet 1737, qu'il fut passé par le collège à M. Lallemant un contrat de ladite somme de 40,000 livres. Ce contrat renferme deux objets, 1° une constitution de 1,600 livres de rente au denier 25e — 2° la fondation de trois nouvelles bourses pour le diocèse de Sées, à la nomination de M. l'Évêque de Sées et de ses successeurs.

«Il étoit très important de constater l'emploi de cette somme de 40,000 livres pour assurer non seulement le payement des arrérages de 1,600 livres, mais aussi l'exécution de la nouvelle fondation. Cependant il ne fut pris aucune précaution à cet égard. Il fut seulement déclaré, par ceux du collège, que lesdites 40,000 livres étoient pour employer au payement de pareille somme qu'ils devoient au sieur Alexis Sequevalle, par obligation du 12 juillet 1733, afin que M. Lallemand fust et demeurast subrogé aux droits dud. sieur Sequevalle [1]».

Le lecteur trouvera, aux Appendices, les documents relatifs aux travaux de reconstruction des bâtiments du collège.

---

[1] Archives nationales, M. 191.

COLLÈGE DE NARBONNE.

Ce vieil établissement scolaire date des premières années du xiv° siècle; il fut fondé par Bernard de Farges, archevêque de Narbonne, proche parent du pape Clément V. Le prélat possédait, dans la rue Saint-Cosme, ou de la Harpe, un vaste *manerium*, dont les dépendances s'étendaient jusqu'à celles des Maçons; il eut, en 1316, la pensée d'y réunir les neuf pauvres écoliers de son diocèse qui, selon toute apparence, étudiaient déjà depuis quelque temps à Paris, aux frais de l'archevêché de Narbonne, mais sans former un collège régulier. «Cette généreuse tradition, dit M. A. Franklin, remontait au siècle précédent; en effet, dans le testament de Pierre Ameil, archevêque de Narbonne, daté du 13 des calendes de mai 1238, on lit que, avant de partir pour la Terre-Sainte, il donne tous ses livres de théologie aux écoliers qu'il entretient à Paris[1].»

Mis en possession de la maison de Bernard de Farges, les neuf écoliers du diocèse de Narbonne furent régis par des statuts que le fondateur rédigea lui-même, en 1317, l'année où fut ouvert le nouveau collège. Nous n'en reproduirons point les dispositions générales, parce qu'elles sont communes à tous les établissements de cet ordre. Nous ne relèverons, dans les nouveaux statuts dressés, en 1379, par Roger de Beaufort, archevêque de Narbonne, que les articles relatifs à la durée des études et à la police de la maison. Cinq ans sont assignés aux écoliers en médecine, dix à ceux de droit canon, quatre aux étudiants *in utroque jure* (décrets et droit civil), douze aux théologiens, etc. Pour assurer une bonne discipline dans la maison, il devra n'y avoir qu'une porte; toutes les autres seront bouchées.

La sollicitude de l'archevêque s'étendit également aux livres que possédait le collège : la bibliothèque devait être défendue par de bonnes serrures, dont le prieur, le procureur et quelques autres personnes éprouvées pouvaient seuls posséder les clefs. Les livres, même ceux de la chapelle, devaient être, autant que possible, enchaînés, *incatenati*; on ne pouvait ni les vendre, ni les faire sortir du collège; quiconque les détériorait ou laissait un étranger seul dans la bibliothèque était frappé d'amende.

Ces prescriptions conservatrices parurent sans doute insuffisantes, puisqu'on crut devoir les modifier deux siècles plus tard. Le cardinal Jean de Lorraine, archevêque de Narbonne, donna, en 1544, de nouveaux statuts, dans lesquels, se référant aux premiers, — ceux de 1317 — lesquels n'admettaient que des théologiens et des artiens, il supprimait les décrétistes et les «mires», pouvant étudier

---

[1] *Les anciennes bibliothèques de Paris*, I, p. 409.

plus économiquement à Toulouse et à Montpellier, villes de la province de Narbonne. Ces mesures restrictives furent compensées, en 1599, par l'introduction au collège des basses classes, ou classes de grammaire; ce qui permit d'utiliser les locaux abandonnés par les étudiants en droit et en médecine.

Les ressources du collège se composaient surtout des revenus de deux prieurés, celui de la Madeleine-des-Azilles et celui de Notre-Dame de Marseille, situés dans le diocèse de Narbonne. Il s'y joignit plus tard le produit des deux maisons à Paris et «les loyers des boutiques autour du collège et autres logements dans l'intérieur de la maison» est-il dit en un *Mémoire pour Monseigneur l'archevêque et primat de Narbonne, supérieur et proviseur du collège de ce nom en l'Université de Paris*, pièce dont nous reproduisons un extrait aux Appendices.

Un autre document, également conservé aux Archives nationales, localise ainsi les bâtiments du collège, en se référant aux indications fournies par le texte des statuts de 1379. Nous extrayons les passages suivants de cette pièce intitulée : *Mémoire au sujet de la vente de la Maison du Collège de Narbonne* :

«La maison appartenante au Collège de Narbonne est un bien de la première fondation de de ce collège... La situation en est désignée et déterminée au lieu même où se trouve placé le collège, c'est-à-dire sur la rue de la Harpe, entre la porte de fer et le Palais des Thermes, à l'opposite du Couvent des frères Mineurs, du côté de l'orient... Depuis la fondation, cette maison a toujours servi à l'usage de ce collège. Elle relève du Roi, et il ne paraît pas qu'elle soit sujette à aucune censive, ni redevance; du moins, il n'en a été payé aucune par le Collège depuis plus d'un siècle; mais il a payé différentes taxes pour l'amortissement... Il s'étendoit autrefois jusqu'à la rue des Maçons. La partie du terrain qui aboutissait à cette rue étoit occupée par deux maisons entièrement séparées de celle du collège; elles étaient louées à des externes. Vers le milieu du siècle dernier, ces deux maisons tomboient en ruine. Le Collège, ne se trouvant pas en état de faire la dépense des reconstructions, se détermina à bailler l'une en emphitéose; il aliéna l'autre sous une rente perpétuelle et non rachetable [1].»

Arriva, pour le Collège de Narbonne, comme pour ses voisins, la nécessité de reconstruire les bâtiments tombant de vétusté. On attendit aussi tard que possible, et c'est à la veille de la mesure d'annexion, véritable arrêt de mort de ces vieux établissements, qu'un arrêt du Parlement, en date du 22 août 1758, ordonna les travaux de démolition et de réédification. Le marché ne fut passé avec les entrepreneurs que le 16 juin 1759, et les nouvelles constructions s'achevaient à peine, lorsque la suppression du collège, par la mesure générale d'annexion à Louis-le-Grand, les rendit inutiles. Aussi les administrateurs de ce dernier établissement ne tardèrent-ils point à le vendre.

L'acte d'aliénation, qui est du 26 juillet 1766, est consenti en faveur de Claude Dupin, qualifié «ecuyer, conseiller, secrétaire du Roy, maison et couronne de

---

[1] Archives nationales, S 6536.

France, et de ses finances, honoraire et ancien fermier-général de Sa Majesté; et à Louise Guillaume de Fontaine, son épouse, demeurant à Paris, rue Platrière, paroisse Saint-Eustache».

L'immeuble vendu est ainsi désigné : «La maison appelée le Collège de Narbonne, seize à Paris rue de la Harpe, paroisse Saint-Cosme, consistant en quatre corps de bâtiments nouvellement construits, cour au milieu, aisances et dépendances,... tenant le tout, d'un côté, aux maisons du Collège de Seez, d'autre côté, à une maison dépendante du Collège de Bayeux, d'un bout, par devant, sur ladite rue de la Harpe, et d'autre, par derrière, à la maison du sieur Cailleau, procureur au Parlement, et à une autre maison que la demoiselle Perrot tient, par bail emphitéotique du Collège de Narbonne... étant, ladite maison et dépendances en la mouvance du Roy et chargée envers Sa Majesté de tels cens, droits et devoirs seigneuriaux... et appartenant aux boursiers dudit collège de Narbonne, comme nouvellement construite, à leurs frais, sur un terrain et à la place d'anciens bâtiments faisant partie de la fondation qui a été faite dudit collège au commencement du xive siècle.»

La vente était consentie moyennant le prix principal de «cent vingt mille deux cents livres».

Jusqu'à sa démolition en 1854, pour l'ouverture du boulevard Saint-Michel, la porte principale du collège reconstruit a porté cette inscription : COLLEGIUM NARBONNÆ; la petite-fille de Claude Dupin, que toute la génération contemporaine a connue sous le pseudonyme littéraire de Georges Sand, et qui avait hérité de cette maison historique, lui avait conservé son antique appellation.

COLLÈGE DE BAYEUX.

On a dit avec raison que ce collège «n'avait de normand que le nom»; Duchesne nous apprend, en effet, que «Messire Guillaume Bonet — ou Bonnet, — *alias* Bouvet, evesque de Bayeux, le fonda en la rue de la Harpe, l'an 1308, non pour des estudians de son diocèse, ains des diocèses du Maine et Anjou, pour ce que, en cestuy-là, il avoit premierement veu la lumiere, et en cestuy-ci, appris les lettres dès son enfance[1]». Le vaste diocèse du Mans, qui a fourni de nombreux dignitaires à l'église de France, n'était pas oublié par eux; le Collège de Séez, dont la monographie précède celle du collège de Narbonne, avait des boursiers manceaux à côté des boursiers normands; ce qui n'empêcha pas la capitale de la province du Maine d'avoir plus tard son collège à elle, en la rue de Reims.

---

[1] *Recherches sur les antiquités des villes de France*, édit. de 1668, t. I, p. 124.

Le diocèse d'Angers avait également plusieurs boursiers à Paris, bien qu'il n'y eût pas, en cette dernière ville, de collège portant le nom de la première.

L'acte de fondation du Collège de Bayeux, qui est de l'an 1308 (vieux style), désigne avec précision les locaux consacrés au nouvel établissement. C'est d'abord une grande maison, un *manerium*, où demeurait l'évêque en ses séjours à Paris, et qui s'étendait d'une rue à l'autre — de celle de la Harpe à celle des Maçons : — « *damus et legamus domum nostram magnam, in qua nunc manemus, prout protenditur de vico in alium;* » c'est ensuite une petite maison, que Guillaume Bonnet avait, dit-il, commencé à habiter, « *et aliam parvam, in qua jam manere incoeperam* ».

Outre ses deux maisons parisiennes, l'évêque de Bayeux avait un autre *manerium*, ou manoir rural, à Gentilly, sur les bords de la Bièvre; il le donne également à ses boursiers, dit Félibien, « avec toutes les terres, bois, taillis et vignes, tant en deçà qu'au delà de l'eau, avec soixante quinze livres parisis de rente qu'il avoit sur le Trésor et quelques autres revenus à Paris [1] ». On en trouvera l'énumération dans les pièces que nous reproduisons aux Appendices.

A ses deux logis, du côté oriental de la rue de la Harpe, le fondateur en ajouta trois autres, situés sur le côté occidental, et cela quatre ans après le premier legs. Il devait être riche, en effet, tant de son patrimoine que de sa mense épiscopale : fils de Bertrand Bonnet, seigneur de Beuville et de La Chapelle, il jouissait, en outre, des revenus d'un grand évêché.

Dans un codicille de 1312, intitulé : *Clausula Testamenti Guillelmi Bonneti quondam episcopi Bajocensis*, il est dit que le prélat donne et lègue à ses écoliers trois maisons ayant appartenu à M° Gérard de Cutry, ou Cutrées, sises en la rue Saint-Cosme et Damien, devant sa demeure, de l'autre côté de la rue, maisons qu'il avait acquises avant sa promotion à l'épiscopat : « *Item do et lego predictis scholaribus nostris per me fundatis, ad usum et utilitatem eorumdem, tres domos que fuerunt Magistri Gerardi de Cutreio, sitas in vico Sanctorum Cosme et Damiani, ante magnam domum meam, ex altera parte vici, quas acquisi antequam essem episcopus.* »

Dans le volume consacré à la *Région occidentale de l'Université*, nous avons indiqué ces trois maisons comme appartenant au Collège de Bayeux [2]. Leur situation à l'opposite du manoir de Guillaume Bonnet ne leur permettant pas d'y être incorporées, elles ne furent point appropriées à usage scolaire, et le loyer qu'on en tirait augmenta les revenus du collège. Les statuts de 1315 nous apprennent qu'elles étaient pourvues de jardins et contiguës au Collège d'Harcourt : « *tres domos cum jardinis ex alia parte vici, contiguas domui scholarium, per Dominum Robertum de Harcuria, Constanticnsem episcopum, fundate* [3]. »

[1] *Histoire de Paris*, t. I, p. 520. — [2] *Topographie historique du Vieux Paris*, t. VI, p. 418, 419. — [3] Archives nationales, MM 348.

Pour en finir avec les libéralités de Guillaume Bonnet, mentionnons encore sept livres et deux sous parisis de revenu en la ville de Paris, c'est à savoir : sur une certaine maison de la rue des Lavandières, vingt sous, sur une autre en la rue des Noyers, quarante sous, et sur une autre sise en la rue *Cocomère*, quarante sous : «*Item, septem libras et duos solidos parisienses reditus in villa Parisiensi, videlicet super quandam domum in vico Lotricum, vigenti solidos; item super aliam in vico des Noyers, quadragenta solidos; item super duabus domibus in vico dicto Cocomere, quatuor libras duos solidos parisienses*[1].»

Les écoliers, ainsi logés et dotés, furent d'abord au nombre de douze, originaires, les uns du diocèse du Mans et particulièrement du Désert et de la Passais, les autres du diocèse d'Angers. Ce nombre s'augmenta, en 1315, de quatre nouveaux boursiers fondés par Robert Benoît, chanoine de Bayeux et exécuteur testamentaire de Guillaume Bonnet. Nous ne savons s'il leur fut donné et légué d'autres immeubles.

Comme tous les anciens collèges de Paris, celui de Bayeux eut une succession de statuts scolaires et disciplinaires, que nous nous bornerons à mentionner : ils furent donnés en 1308, 1315, 1543 et 1713. Les deux derniers furent dressés à la suite de visites, au cours desquelles avaient été constatés des abus et la nécessité de faire des réformes. Les seize boursiers de 1315 n'étaient plus que douze, en 1543, et le nombre était descendu à six, au moment de la suppression du collège. La durée des études, pour chaque catégorie de boursiers, était variable, ainsi que les grades à prendre, avant de quitter la bourse; nous n'insisterons point sur ces détails scolaires, pour nous renfermer dans la spécialité topographique du présent ouvrage.

L'inventaire des titres de ce collège, qui est conservé aux Archives nationales, mentionne une libéralité, improductive il est vrai, mais utile toutefois aux maîtres et aux élèves; il s'agit de la «ruelle allant de la rue de la Harpe à celle des Maçons», laquelle fut donnée en 1309, au fondateur du nouvel établissement. Voici en quels termes le rédacteur de l'inventaire énonce cette donation :

«On croit devoir parler ici de la concession qui fut faite à M⁰ Guillaume Bouvet, en l'année 1309, par le roy Philippe le Bel, d'une ruelle qui alloit de la ruë de la Harpe à la rue des Maçons, par l'acte cy-après :

«Avril 1309. Original en parchemin des lettres du roy Philippe le Bel dattées de S¹ Ouin près S¹ Denis, par lesquelles il ordonne qu'une ruelle commençant à la rue S¹ Cosme et S¹ Damien (aujourd'huy de la Harpe) et finissant à la ruë des Maçons et située entre la maison de Guillaume, évêque de Bayeux, et les maisons de Guillaume Charité, de Girard de Cutry et de Raoul de Harcourt, sera fermée aux deux extrémités; et ce Prince fait don de ladite ruëlle

---

[1] Archives nationales, MM 348.

audit Guillaume, évêque de Bayeux, pour l'utilité et avantage des écoliers par lui établis à Paris dans ladite ruë S⁺ Cosme et S⁺ Damien, réservant cependant auxdits Girard de Cutry et Raoul de Harcourt une porte sur ladite ruëlle.

« Au bas desquelles lettres mention est faite qu'elles ont été présentées, le 30 décembre 1741, à la Chambre des comptes et transcrittes sur les registres d'icelle, en exécution de la Déclaration du Roy, du 14 mars précédent.

« D'après ces lettres, il paraît que cette ruëlle étoit située entre la grande maison de Guillaume Bouvet (sic) et la petite qu'il acquit de Girard de Cutry. Quoiqu'il en soit, il y a lieu de supposer qu'une partie de cette ruëlle a été comprise dans la maison du collège, et le surplus dans l'emplacement de la maison située ruë des Maçons [1]. »

La ruelle dont il s'agit a subsisté jusqu'à nos jours : la démolition d'une partie des bâtiments du collège, après son incorporation à celui de Louis-le-Grand, avait permis d'en faire un passage conduisant de la rue des Maçons à celle de la Harpe, et débouchant dans celle-ci, sous la porte cochère de l'ancien collège, laquelle portait encore l'inscription que tout le monde a pu lire avant l'ouverture du boulevard Saint-Michel : COLLEGIUM BAIOCENSE.

On sait ce qu'étaient le GRAND et le PETIT BAYEUX; nous nous bornerons donc à parler des immeubles légués au collège, acquis ou vendus, réparés ou reconstruits par lui. Il résulte d'un procès-verbal inséré au *Registre des délibérations du bureau d'administration du Collège de Louis-le-Grand*, et portant la date du 9 août 1764, que le collège ne possédait plus alors que « la grande maison jadis occupée par le fondateur, et la petite maison attenante, abandonnée, de son vivant, pour le logement des boursiers [2] ». Sur le terrain en dépendant avaient été construites quatre maisons, produisant un revenu de quatre mille cinq cent soixante livres.

L'*Inventaire des titres du Collège de Bayeux*, que nous avons déjà cité, mentionne diverses reconstructions dont le Bureau de Louis-le-Grand ne parle pas. Après avoir cité une « Maison à porte cochère, située ruë de la Harpe, au dessus de la Maison du Collège, du côté de la place Sorbonne », il ajoute : « Cette maison a été construite sur l'emplacement de la Grande Maison donnée par M° Guillaume Bouvet, fondateur. Elle avoit anciennement pour enseigne LE PLAT DE BOIS [3]. » En 1643, elle avait perdu son enseigne, et elle fut reconstruite en 1695.

Le même *Inventaire* continue, dans les termes suivants, l'historique des immeubles légués par l'évêque de Bayeux à ses boursiers du Maine et de l'Anjou :

« MAISON, rue de la Harpe, au dessus de la précédente. Cette maison a été pareillement construite sur l'emplacement de la Grande Maison donnée au collège par Guillaume Bouvet. »

---

[1] Archives nationales, MM 348. — [2] *Ibid.*, 347. — [3] *Ibid.*, M 87.

L'ancien manoir parisien de l'évêque de Bayeux n'existait donc plus, contrairement à ce qui est dit dans le *Registre des Délibérations du Bureau d'administration du Collège de Louis-le-Grand,* puisque deux maisons avaient été construites sur son emplacement. La petite maison, dans laquelle le prélat avait, dit-il, commencé à séjourner, n'existait pas davantage, puisque le rédacteur de l'*Inventaire* place, sur le sol qu'elle occupait, une

Maison appelée Le bras d'Hercule, dont il fait l'historique dans les termes suivants :

«Il paroit que cette maison a été construite sur l'emplacement de la petite maison donnée au collège par Guillaume Bouvet, par l'acte de fondation du 1ᵉʳ mars 1309, laquelle il avoit acquise de Girard de Guitry ou de Cutry. On voit en effet, par un acte du 23 mai 1320, que le Commandeur du Temple amortit, en faveur des écoliers du collège, *une maison à eux appartenante, qui fut celle de Mᵉ Girard de Guitry, séante à Paris en la rue de la Harpe, vers la porte d'Enfer, tenant au manoir desdits écoliers, d'une part, et à la maison qui fut Mᵉ Guillaume de la Charité, de l'autre* (c'est aujourd'hui le Collège de Narbonne).

«D'après l'énoncé de cet acte, il est évident que cette maison ne peut être que la petite maison donnée par le fondateur, puisque le collège ne possédoit alors que la grande maison et la petite maison qui lui avoient été données par Guillaume Bouvet. Or, la grande maison, avec toutes ses dépendances est dans la censive de la maison de Sorbonne, et le collège ne sert le commandeur de St Jean de Latran que pour la maison anciennement ditte de Guitry, et aujourd'hui le *Bras d'Hercule.*

«La situation de cette maison est énoncée de même dans l'acte qui suit :

«4 janvier 1341, vieux style. — Original en parchemin d'un acte par lequel Jean le Douchier, bourgeois de Paris, et Margueritte sa femme, vendent aux écoliers fondés à Paris, en la rue de la Harpe, par feu Mᵉ Guillaume Bouvet, évêque de Bayeux, 24 s. parisis de croit de cens, ou rente, qu'ils avoient droit de prendre sur une maison appartenante audits écoliers, située en la rue de la Harpe, tenant, d'une part, à la maison de fondation desdits écoliers et là où ils demeurent à présent, et, d'autre part, aux écoliers de Narbonne. En la censive du Temple.»

Cet exposé est suivi de notes que nous résumons, et qui complètent les renseignements topographiques et immobiliers contenus dans l'*Inventaire* :

«Bail de ladite maison, moyennant 80 écus soleil de loyer, en 1595. Elle avait pour enseigne : *Le Fer à cheval.* — Bail de la même, en 1653, ayant alors pour enseigne : *Le Bras d'Hercule.* Vieille, caduque et dans un péril imminent, il est stipulé qu'elle sera reconstruite à neuf dans dix-huit mois. — Baux de la même, de 1654 à 1788.»

Des pièces qui précèdent, il résulte que les administrateurs du Collège de Bayeux n'avaient pas attendu aussi longtemps que leurs voisins de Narbonne et de Séez, pour faire exécuter les réparations et reconstructions jugées nécessaires dans les bâtiments du collège et maisons en dépendant. Un *Devis des ouvrages de maçonnerie, charpenterie, etc., qu'il convient faire en une maison, scize au Collège de Bayeux, rue de la Harpe*, dressé en 1718 et conservé aux Archives nationales sous la cote M 87, nous renseigne sur la façon dont étaient conduits alors les travaux de cet ordre. Nous le reproduisons aux Appendices, avec les pièces relatives à la fondation, à l'administration et au temporel du collège.

Le savant continuateur de Du Boullay termine ainsi un article consacré au collège dont nous venons de retracer les vicissitudes :

« Les destinées du Collège de Bayeux ressemblent beaucoup à celles du Collège de Narbonne. Même renom au moyen âge; même décadence au xviie siècle; même ruine au xviiie. Nous nous rappelons avoir vu, dans notre enfance, au-dessus de la porte d'une maison de la rue de la Harpe, cette inscription dont les lettres attestent l'ancienneté : COLLEGIUM BAIOCENSE. La porte, travail assez remarquable, s'ouvrait entre deux colonnettes qui supportaient l'archivolte. Des sculptures ornant les consoles représentaient, d'un côté, un lion dévorant un cheval, et, de l'autre côté, un lion vaincu par un aigle. Un passage conduisait de la rue de la Harpe à celle des Maçons-Sorbonne. Au milieu était une cour — celle du collège — occupée par des brocanteurs, et dans laquelle, sur un pan de mur, on apercevait des peintures grossières figurant la rampe d'un vieil escalier. C'étaient là les derniers restes du Collège de Bayeux. Aujourd'hui les restes eux-mêmes ont disparu, sauf la porte qui, lors de la démolition, a été démontée, pierre par pierre, et transportée au Musée de Cluny. »

C'est cette porte que nous reproduisons, avec quelques détails de sculpture ayant appartenu au Collège de Bayeux.

RUE DE LA HUCHETTE.

Il faut compter cette voie parmi les plus anciennes du Vieux Paris : ayant son origine au débouché du Petit-Pont, sur la rive gauche, elle se détachait immédiatement de la voie romaine allant de *Lutetia à Genabum*, et dénommée plus tard rue Saint-Jacques, pour se diriger, à droite, vers le monticule où fut établi le monastère de Saint-Vincent, — depuis de Saint-Germain, — et traversant, par conséquent, le Clos de Laas, partie orientale du vaste domaine de cette abbaye. Elle mettait donc en communication la *Cité* et la Ville avec les vastes prairies qui couvraient la région occidentale du *suburbium parisiense* : c'était la première section de la voie qui, sous les noms de Saint-André-des-Ars et de Buci, conduit encore à Saint-Germain-des-Prés.

Il n'est donc point étonnant que les anciens titres la désignent, par sa direction topographique, par le clos qu'elle traversait et le but auquel elle tendait. On la trouve dénommée en 1210, 1234 et 1243 : «rue de Laas et *vicus de Laas*»; en 1295 et 1296 : «rue de Sainct Germain des Prez», et «Grant rue Sainct Germain», abréviations du texte latin d'une charte de 1254, *vicus per quem itur apud Sanctum Germanum de Pratis, et vicus Sancti Germani de Pratis.*

Ainsi dénommée, la rue dont il s'agit était souvent confondue avec celle de Saint-André, qui faisait la continuation, et cette confusion tenait non seulement à la direction commune des deux voies, mais encore à l'existence, en 1286, d'une «maison des Arts, *domus artium*», dans la rue de la Huchette, maison importante dont nous parlons plus loin.

Nous avons énuméré et expliqué, à l'article de la rue Saint-André-des-Ars[1], les variantes du mot : *ars*, *arts*, *arcs*, et les diverses traductions latines qui en ont été faites ; nous ne pouvons qu'y renvoyer le lecteur.

La voie dont nous nous occupons a d'ailleurs porté dès la fin du xiiie siècle et peut-être avant, le vocable sous lequel on la désigne encore aujourd'hui. Certains historiens ont cru qu'elle le devait à la petite hutte, ou *huchette*, dans laquelle se tenait le passeur chargé, avant la construction du Petit-Pont, de faire traverser la Seine à ceux qui se rendaient dans la Cité; mais aucun document écrit ne confirme cette étymologie. Une enseigne de la *Huchette*, ou petite huche, est beaucoup plus probablement l'origine de cette dénomination, analogue à celles de beaucoup de rues du Vieux Paris. Ce qui nous en donne la presque certitude, c'est que cette enseigne était précisément appendue à l'entrée de la rue, au débouché du Petit-Pont.

La rue «Sacalie» — aujourd'hui Zacharie, — qui finissait autrefois à celle de la Huchette, a servi quelquefois à dénommer cette dernière : «rue de la Saccalie», lit-on en effet dans le Livre de la Taille de 1297. Mais il n'y avait pas de confusion possible ; la voie qui prêtait son nom à l'autre étant nommée, dans le même titre, «rue Traversainne de Saccalie».

Comme la rue de la Bûcherie, qui la continue au delà du Petit-Pont, celle de la Huchette avait ses derrières et ses dépendances sur le bord de la Seine, avant l'établissement du quai Saint-Michel. L'une et l'autre ont toujours été d'une propreté douteuse, ainsi que le constate le *Procez verbail et rapport faict pour le nettoyement et pavaige des rues de Paris* : «Rue de la Huchette, *que nous avons trouvée pleine de bouës et immondices*[2]».

---

[1] Voir le volume consacré à la *Région occidentale de l'Université*, p. 118 et suiv. — [2] Félibien, *Preuves*, p. 133.

CÔTÉ MÉRIDIONAL
(d'Orient en Occident).

PAROISSE DE SAINT-SÉVERIN.

CENSIVE DE SAINT-GERMAIN-DES-PRÉS.

Maison de la Pomme de Pin, l'une des nombreuses habitations qui portaient cette enseigne dans le Vieux Paris;

Maison de la Huchette (1287), et de la Huchette d'or (1583), ayant dû ne faire qu'une avec la précédente, puisqu'elle formait l'angle sud de la rue du Petit-Pont. Des titres de 1388 et de 1423, cités par Sauval (III, p. 78 et 79), mentionnent « une maison où pend pour enseigne La Huchette, vis-à-vis de La Heuse, en ceste rue de la Huchette ». Sa situation à l'entrée de la voie semble prouver qu'elle a servi à la dénommer. Elle est dite, en 1533, être assise entre la Rose et la Pomme de Pin; ce qui permet de conclure à une réunion, ou à un morcellement, comme il s'en est produit si souvent dans l'histoire de la propriété parisienne.

Maison de la Roze (1287), dite alors « en censive du Roy ». En 1410, on la désigne comme aboutissant à la Maison du Faulcon.

CENSIVE SAINTE-GENEVIÈVE.

Maison de l'Ymaige Sainct-Jacques (1380), ayant compris originairement la suivante dans son étendue.

Maison de l'Ymaige Nostre-Dame (1451), puis du Flacon (1509); ayant eu pour enseigne Le Dragon, en 1380, alors qu'elle formait un des corps de logis de la précédente.

Maison du Grail (1365), du Gril et de la Lamproye (sur le) Gril (1529). Elle est dite, en 1545, « tenant à l'image Nostre-Dame, aboutissant par derrière à un grant hostel appartenant à M° Gresle, procureur general au Chastelet ». Elle tenait, par derrière, à la ruelle *Sallembien* ou *Sallembière*, dont nous parlerons en son lieu.

CENSIVE DE SAINT-LAZARE.

Seconde Maison de l'Ymaige Nostre-Dame (1540), séparée de la précédente par le Grail, ou Gril, et ayant pu, quoique en censive différente, faire partie de la première maison, à une époque indéterminée, par l'absorption du Grail. La seconde maison, placée sous le vocable de la Vierge, est désignée, en certains titres, sous le nom de la Belle Ymaige.

Maison de la Nef d'argent, détachée, au xvi° siècle, de la suivante, à laquelle pendait pour enseigne

Le Lyon d'or (1445), appellation fort répandue dans le Vieux Paris. En 1540, cette maison, qui comprenait encore la Nef d'argent et aboutissait à la ruelle Saillembien, était dite contiguë à l'Ymaige Nostre-Dame; ce qui confirme nos observations sur les difficultés topographiques résultant des réunions et des disjonctions d'immeubles.

Maison de la Bastille (1505), désignée dans les titres par ses aboutissants, qui avaient plus d'importance, témoin

La Croix Blanche, ainsi localisée en 1605 : «maison en trois corps, trois cours, tenant à La Bastille, d'autre part à la Queue de Renard.» Ces trois corps et ces trois cours ont dû être tantôt réunis, tantôt séparés, selon les convenances des propriétaires. C'est pour ce motif, sans doute, que de ces cinq immeubles, La Croix Blanche seule figure sur le plan de restitution, les autres ayant été considérés comme des morcellements de la maison primitive; il n'en est pas question dans les notes ayant servi à l'établissement du plan.

CENSIVE DE LA CONFRÉRIE AUX BOURGEOIS.

Maison de la Petite Queue de Renard, puis du Pot d'Estain (1549). Un siècle auparavant, le Pot d'Estain est dit «tenant à la Nasse, d'autre part, aux Chartreux, et le corps de derrière tenant aussy auxdicts Chartreux, et aboutissant à certaine maison en la rue Sacalie». Il ne s'agit, bien entendu, que de constructions ou de terrains appartenant aux religieux de Vauvert.

Maison de la Nasse (1563), tenant au Daulphin ainsi qu'à la Petite Queue de Renard et la séparant de

La Grande Queue de Renard (1538), absorbée, au xvi° siècle, dans la précédente ou dans la suivante, puisqu'elles sont dites contiguës en 1572.

Maison du Grand Daulphin, puis des Deux Boules (15..), «tenant aux Trois Clefs et faisant le coin de la rue Sacalie», Ces Trois Clefs servaient probablement d'enseigne à un corps de logis détaché des maisons environnantes, et que nous n'avons pu identifier.

CENSIVE DE LA GRANDE CONFRÉRIE.

Domus Artium ou Maison des Arts (1265), qui devait peut-être ou a pu donner son nom, ainsi que nous l'avons dit plus haut, à la rue confinant à celle de la Huchette. Par suite de diverses aliénations qu'il est difficile de préciser, elle devint successivement la Maison de l'Escu de Nevers et du Loup qui taille. Cet immeuble, aux dénominations multiples, occupait l'angle occidental de la rue Sacalie, aujourd'hui Zacharie, continuée jusqu'au quai par la ruelle des Trois Chandeliers, sous l'enseigne du Loup qui taille; il est dit, en 1663 «tenant à la Croix de fer et aboutissant à la Ville de Poitiers».

Maison de l'Escrevisse (1567), aboutissant à «la rue Saccalie». Peut-être faut-il l'identifier avec l'Escu de Toulouze, dont il est fait mention dans un titre de 1569.

Maison aux Paons (1318), ou du Paon (1347), mentionnée en divers titres, avec ses tenants et dépendances : en 1454, elle s'appelle le Grand hostel du Paon, et est dite «tenant à un petit hostel» semblablement dénommé; en 1514, on signale «ladicte enseigne du Paon sur le faîte du portail de pierres de taille»; en 1571 «le Paon, fort vieil et ancien» est dit «un tiers en la censive de l'Evesque». La Maison aux Paons ou du Paon avait, sur la rue Sacalie, un jardin où fut construite plus tard La Madeleine.

Maison du Chevallet (1457), puis de l'Esperon et du Petit Cheval blanc (1579).

Maison de l'Ymaige Saint Jehan (1578), faisant face à l'hôtel habité par Arnauld de Corbie, chancelier de France (1413), en pleine guerre de Cent ans.

CENSIVE DE L'ÉVÊCHÉ.

Maison de l'Ymaige Saincte-Marguerite (1409), puis de l'Image Sainte-Catherine (1603), ayant été divisée, à une date incertaine, en deux corps de logis; ce qui explique peut-être la double dénomination appliquée à cet immeuble. La portion placée sous le vocable de Sainte-Marguerite était en la censive de la Ville.

Maison de l'Anunciation (1489), étant, pour un tiers en la censive de l'Évêché, et, pour le reste, en celle de la Grande Confrérie. Elle aboutissait à la rue de la Vieille Bouclerie, sur laquelle elle avait une issue, par une allée, passage ou couloir, sans doute; laquelle issue débouchait, en 1547, en face du Boeuf trompé [1].

Maison de l'Ymaige Sainct-Nicolas (1489), paraissant avoir fait partie des deux immeubles précédents. C'est, en effet, l'un de ces trois corps de logis qu'habitait, en 1413, le chancelier de France, Arnauld de Corbie.

CENSIVE DE LA VILLE.

Maison de l'Espée (1543), puis de l'Espée de bois (1605), contiguë au Lyon d'argent (1533), et séparée de la Croce formant le coin septentrional de la Vieille Bouclerie par l'Escrevisse. (Voir cette dernière rue dans le présent volume à la page 14.)

CÔTÉ SEPTENTRIONAL
(d'Occident en Orient).

CENSIVE DU ROI.

Place, où s'élevait une maison qui fut aux seigneurs d'Avaugon, et qu'un titre de 1324 désigne ainsi : « Meson grant de la bataille de Puille. » Elle est dite alors « tenant à celle des Beufs ». Cette construction fut abattue lors de l'établissement du Pont-Neuf, ou Pont-Saint-Michel, et de l'abreuvoir contigu à ce pont.

Maison des Beufs (1324), où il y avait « estuves à femmes », genre d'établissement qui en dissimulait ordinairement un autre. Un titre de 1310 la désigne ainsi : « Meson des estuves et dépendances tenant au long, par derrière, à la meson de M⁰ Regnault d'Arbois, et, au bout, par devers la rivière de Seine. » Une déclaration fournie, en 1682, « pour le Terrier », la mentionne dans les termes suivants : « Rue de la Huchette, maison faisant le coin de la rue du Renard (abreuvoir Mascon), qui est la première ruelle qui va à l'eau, en entrant par le pont Saint-Michel, à main gauche. » Quelques années plus tard, le *Livre commode des Adresses de Paris*, par Nicolas de Bligny (1691), met au nombre des auberges de bas étage les Boeufs, de la rue de la Huchette.

CENSIVE DE L'ABBAYE.

Maison sans désignation (1554), ayant fait partie de la suivante.

---

[1] Le Boeuf trompé et violé, c'est-à-dire devant lequel on jouait de la trompe et de la viole, selon le plaisant jeu de mots des vieux Parisiens, se retrouve sur divers autres points, notamment dans la *Région du Bourg Saint-Germain*.

Maison de l'Aubalest, ou Arbalest (1292), dans laquelle il y avait « estuves à hommes ». Un titre de 1552 la désigne ainsi : « Maison appliquée à estuves à hommes, contenant plusieurs corps d'hostel et dépendances, en la rue de la Huchette, où pend pour enseigne l'Arbaleste, tenant à Louis Poireau et à la Maison de l'Ange, par derrière à la Seine, par devant ayant son entrée en ladite rue. » L'Arbaleste et la maison précédente, qui en avait été détachée, sont dites, en 1437, « en censive du Roy ».

CENSIVE DU ROI.

Maison sans désignation (1328), aboutissant à l'Aubalest, et tenant à la Pomme rouge (1512). Elle était contiguë à « l'hostellerye de l'Ange », hôtel important qui a joué un certain rôle dans notre histoire internationale. La Pomme rouge et l'immeuble anonyme qui la joignait sont peut-être les maisons « qui furent au seigneur de Neufville » (1434).

Maison de Pontigny (1292), dite « à Jehan de Pontigny », en 1328 et 1329, puis Hostellerye de l'Ange, en 1500, et séparée alors des maisons contiguës par la *ruelle Estienne le Meunier*, allant à la rivière ; c'était la résidence parisienne du chef de cette abbaye, la seconde, comme importance, mais la première, en date, des filles de Cîteaux. L'abbé et les religieux de ce dernier monastère l'acquirent en 1370. Mais, deux siècles plus tard, ils paraissent l'avoir transformée en maison de location, puisqu'on la trouve à l'état d'hôtel servant à loger des personnages de marque. Ils ne semblent pas l'avoir aliénée, au moins avant le xvie siècle, puisqu'ils la possédaient encore en 1573. Sauval cite en effet, à cette date, un article des *Comptes de la Prevosté de Paris*, ainsi conçu : « Les religieux, abbé et couvent de Clairvaux, au diocèse de Langres, pour leur hostel assis en ladite rue » (de la Huchette).

Il y avait alors près d'un siècle que la maison abbatiale de Pontigny et de Clairvaux logeait, par intervalle, non plus des moines, mais des diplomates. En l'an 1500, les *Registres du Bureau de la Ville* constatent que « les Prevost des Marchans et Eschevins de la Ville de Paris, accompaignez des archers et arbalestiers, sergens, quarteniers et bourgoys d'icelle ville, sont allez hors de ladicte ville, au devant des ambassadeurs de l'Empire, et les ont convoyez et accompaignez jusques à l'hostel de l'Ange, en la rue de la Huchette, ouquel hostel ils ont esté logez[1] ».

Deux autres ambassades descendirent au même hôtel, dans le cours du xvie siècle ; elles venaient l'une d'Alger, l'autre de Venise.

L'ambassadeur envoyé, en 1552, à Henri II, par le dey d'Alger, descendit, au rapport de Sauval, « en la rue de la Huchette, à l'hostellerie de l'Ange ». On

---

[1] *Registres du Bureau de la Ville*, t. I, p. 5.

disait, ajoute cet historien, «qu'il estoit renégat d'Albanie, ou d'Esclavonie». Le séjour qu'il y fit valut à un logis voisin le nom de «hostel de l'Albanoys». Sept ans plus tard, une ambassade vénitienne prit également gîte à «l'hostellerie de l'Ange», qui était, dit Sauval, «une maison fort belle pour ce tems là [1]».

Son étendue et ses dépendances la rendaient propre à recevoir non seulement les envoyés du dehors, mais encore les émeutiers du dedans. A la journée des barricades (1588), l'hôtellerie de l'Ange abrita les ligueurs du quartier, et fut un centre de résistance [2].

La Maison de Pontigny, comme plusieurs autres des rues de la Huchette et de la Bûcherie, touchait, par derrière, à la Seine, et avait des degrés pour y descendre.

CENSIVE DE SAINTE-GENEVIÈVE.

Maison de la Truie qui file. Cette enseigne, assez répandue dans le Vieux Paris, s'appliquait à deux corps d'hôtel distincts, dont l'un s'est appelé plus tard Les Trois Roys. La Truie qui file est dite, en 1528, «tenant, d'une part, à Robert Vadure, d'autre part, à l'hostel de Pontigny, appartenant à l'hostel de l'Ange, par derrière, aux hoirs de feu Nicolas Parquin».

Maison du Soufflet (1599) et du Soufflet vert (1608). On trouve, en effet, au mois d'avril de cette dernière année, la mention suivante dans le *Journal de L'Estoile* : «Le mercredy seizième d'apvril, fut trouvé pendu, en son grenier, un pauvre misérable, doreur de son mestier, demeurant en la rue de la Huchette, au Soufflet vert [3].»

Maison de la Corne de Cerf (1545), appartenant alors, soit aux évêques de Coutances, soit à l'un d'eux, comme propriété privée. Sauval a relevé en effet, dans une vente de cens, cette mention : «Hostel de la Corne de Cerf, en la rue de la Huchette, vendu le 18 avril 1460, par Mr le Cardinal évesque de Coutances [4].»

Maison de l'Imaige Saint-André (1564), ayant fait partie de la précédente, probablement avant l'aliénation dont nous venons de parler et ayant formé depuis un immeuble distinct.

Maison de la Cloche rouge (1445), en la censive de Saint-Cyprien depuis 1540; elle se trouvait enclavée dans la suivante, dont elle constituait primitivement une dépendance.

---

[1] *Antiquités de Paris*, t. I, p. 92, 93.
[2] *Satire Ménippée*, éd. de 1730, t. II, p. 74.
[3] *Journal de L'Estoile*, éd. de 1866, t. II, p. 130.
[4] *Antiquités de Paris*, t. III, p. 363.

Maison des Carneaux (1445), séparée de la suivante par une ruelle, qu'on a confondue à tort avec la ruelle Berthe, et au-dessus de laquelle les propriétaires riverains furent autorisés à bâtir, en laissant toutefois huit pieds de hauteur, à partir du sol, pour le passage. Les maisons des Carneaulx ou Créneaux étaient nombreuses dans le Vieux Paris.

CENSIVE DU TEMPLE.

Maison des Cinges et des Trois Civettes. Elle faisait le coin occidental de la rue des Trois Chandeliers, «tenant et aboutissant de part et d'autre à la maison de ce nom», qui appartenait aux vicomtes de Thouars, dans celle de la Huchette.

La Maison des Cinges, «qui fu Pierre de Brisolles, joingnant les Chandeliers», est taxée, dans les Comptes de la Pitancerie de Saint-Germain-des-Prés, pour une redevance de cinq sous.

CENSIVE DE LA CONFRÉRIE AUX BOURGEOIS.

Maison de la Fleur de Lys (1481), faisant le coin oriental de la rue des Trois Chandeliers; elle était séparée de la suivante par une petite ruelle de desserte, mentionnée dans un livre de la Taille. Ces sortes de couloirs, fort étroits, étaient sans doute des passages pour aller à la Seine; il en existait plusieurs dans les rues de la Huchette et de la Bûcherie, avant l'établissement des quais.

CENSIVE DE L'ABBAYE.

Maison des Trois Poissons (1442), faisant «d'ancienneté» le coin occidental de la rue du Chat qui pêche, laquelle constituait une descente à la Seine, plus importante que les autres, puisqu'elle s'est perpétuée jusqu'à nos jours à l'état de voie publique.

Maison du Chaulderon, mentionnée au xive siècle, comme formant l'angle oriental de la même rue. Avant sa reconstruction, le Chaulderon était distinct du Chat qui pêche, maison qui a dû donner son nom à la rue et qu'on trouve désignée ainsi dans les titres : «Le Chat qui pêche, aboutissant, d'un bout, rue de la Huchette, d'autre part, sur la rivière, consistant en deux travées de dix-huit pieds de face sur ladite rue, tenant, par devant, à la rue du Chat, aboutissant, par derrière, aux Trois Bourses.» En rebâtissant les deux maisons, on les a réunies en une seule.

«Maison du petit Cerf (1540), plus anciennement réunie à la Maison de la Bouteille, puis Maison de la Croce (1509), puis des Trois Bourses (1531), et, en 1544, de l'Imaige Nostre-Dame. (Cette dernière enseigne paraît appartenir aux Étuves.) En 1646, l'immeuble en façade sur la rue avait pour enseigne l'Allée aux Étuves. Sous ledit immeuble en façade passait primitivement, et même au xviie siecle, l'Allée de la Maison des Étuves aux femmes, mentionnée dès 1287 et occupant presque la moitié de la rue Berthe, sous la dénomination de l'Ymage Notre-Dame (1476), et de l'Escu de France, en 1502. En 1438, cette allée s'appelait Ruelle des Vieilles Étuves. » (Voir le plan.)

Maison de la Heüse (1380), puis de la Petite Cuiller (1572), double dénomination qui semble indiquer deux corps de logis réunis plus tard en un seul. Au temps de L'Estoile, la maison était un cabaret : ce qui explique la seconde enseigne portée par elle. La Heuse aboutissait à la Seine par une de ces nombreuses ruelles qui longeaient, ou traversaient, les propriétés des rues de la Huchette et de la Bûcherie.

Cette ruelle, qui n'avait pas de nom en 1380, année où les titres la mentionnent, est appelée « ruelle aux Estuves » en 1540. Elle desservait à la fois la Heuse, qui était en censive de l'abbaye, et la Petite Cuiller, relevant du fief de la Gloriette, aux environs de 1581. La boucherie de la Gloriette communiquait avec la Seine par la ruelle dont nous venons de parler. A la Heuse, il convient de rattacher la Hure de sanglier, dénomination qui semble résulter d'une lecture vicieuse. Heuse et Hure étant, en effet, deux vocables absolument différents, ne pouvaient constituer une seule et même enseigne.

Maison de la Bannière de France (1448). Elle est dite aboutir à « un hostel nommé la Gloriette, en la censive de *Malo Garnado* (Maugarnie), tenant à la Théière ».

La Chaize, « ayant issue à une petite ruele, descendant à la rivière, tenant, du costé du Petit-Pont, à la Bannière de France », n'est autre que la

Maison de la Chèvre (1433) et de la Chèvre chaussiée (1556), dont un copiste a mal lu le nom.

Maison du Grand ouvrouer (1581), ainsi dénommée « d'ancienneté ». Elle avait, pour enseigne angulaire, Notre-Dame.

Les états des Confiscations anglaises mentionnent un « Ostel du Chastel, assis en la rue de la Huchette, oultre Petit-Pont », chargé de « quatre livres parisis, lesqueles rentes furent et appartindrent à maistre Jehan Virgile ». En 1427, cette demeure fut octroyée par Henri VI à Roger de Bréauté[1]. En l'absence de documents précis, nous n'avons pu la localiser exactement. Était-ce le Chastel Maugarny (*Male Garnado*), dont il vient d'être question, et en la censive duquel était la Bannière de France? Il n'y a que des conjectures à émettre sur ce point.

RUE JACINTHE.

Cette petite voie, fort étroite et d'un parcours très limité, établissait une communication entre les rues Galande et des Trois-Portes, à distance à peu près égale de la rue du Fouarre et de la place Maubert. C'était, en réalité, une ruelle de desserte pour les maisons d'angle en façade sur des voies plus importantes. Ouverte, au commencement du xiii° siècle, à travers le Clos Mauvoisin, qui faisait partie de la seigneurie de Garlande, elle a été originairement confondue, ainsi que le prouvent les censiers de Sainte-Geneviève, avec la rue des Trois-Portes, dont elle constituait une dépendance et sous le nom de laquelle on la désignait. Dans un acte de 1302, elle est dénommée en effet *ruelle des Trois portes*. On la trouve également appelée, en 1343 et jusqu'au milieu du xvi° siècle, «ruelle *Augustin*», dénomination qu'elle devait peut-être, ainsi que celle de *Jacinthe*, au nom ou au prénom de l'un de ses habitants. Les plans de Gomboust et de Bullet ne la distinguent pas de la rue des Trois-Portes. Quant à son nom moderne, l'usage n'en remonte pas au delà du xvii° siècle.

Les petites voies de ce quartier ont eu beaucoup à souffrir des percements contemporains : la rue des Anglais, qui s'ouvrait en face de la rue Jacinthe et en formait la continuation vers celle des Noyers, a perdu son extrémité méridionale par suite de l'établissement du boulevard Saint-Germain. Le prolongement de la moderne rue Monge a fait disparaître complètement la rue Jacinthe, le côté méridional de celle des Trois-Portes, et tout le côté oriental de la rue du Fouarre.

CÔTÉ OCCIDENTAL.

Partie latérale de la Maison de la Fleur de Lys (1443), ayant son entrée rue Galande.

CÔTÉ ORIENTAL.

Partie latérale du Cerf volant (1403), du Pressouer d'or (1509) et du Collet vert (1588), s'étendant vers la rue du Pavé de la place Maubert.

---

[1] *Paris sous la domination anglaise*, p. 255.

PASSAGE DES JACOBINS.

On dénommait ainsi, au xviiie siècle, une petite voie intérieure qui, après avoir été publique un certain moment, était redevenue privée au milieu du xvie, et ce, par lettres patentes du roi Charles IX, qui en ordonna la fermeture, à raison des crimes dont elle était le théâtre. Les noms significatifs de *Coupe-Gueule* et de *Coupe-Gorge* qui lui furent donnés, à elle aussi, ainsi que le porte le chartrier des Jacobins, témoignent assez des attentats qui s'y commettaient [1].

Le Passage des Jacobins, ou Frères prêcheurs de la rue Saint-Jacques, qui appartenaient à l'ordre de Saint-Dominique, bordait, d'orient en occident, l'enclos de ces religieux, longeait leur église, leur réfectoire, leurs écoles, leur infirmerie, et leur permettait ainsi de se rendre directement de l'extrémité occidentale de la rue des Grès à l'extrémité méridionale de la rue de la Harpe. Il fut probablement, à l'origine, une simple voie de desserte à l'usage du monastère, et ne s'ouvrit au public qu'à l'époque où plusieurs couvents de Paris, voulant augmenter leurs revenus, tirèrent parti de leurs terrains, en les baillant à cens et à rente pour qu'on y tînt des foires, des marchés, et autres établissements exigeant une libre circulation.

Cependant, malgré cette affectation profane donnée à une partie du pourpris monastique, les Jacobins conservèrent les trois portes qu'ils avaient sur les rues Saint-Jacques, de la Harpe et de Cluny, ce qui leur permit de fermer le passage à certaines heures, et leur suscita de nombreuses difficultés, parce que cette fermeture, irrégulière sans doute, n'y assurait pas la sécurité publique [2].

Dans les anciens titres, le Passage des Jacobins, quoiqu'il ne ressemblât point aux autres voies parisiennes, est qualifié de rue : aussi l'acte d'amortissement de la vente, faite par la Ville, des droits de censive qu'elle possédait sur le territoire du couvent, le désigne ainsi, à la date de 1281 : «la rue si comme l'en vait de Sainct Estienne des Grez à la porte Gibart.» Un demi-siècle auparavant (1231), il est fait mention d'une certaine rue «Jehan le Mire», *vicus Johannis medici, ultra Parvum Pontem, juxta Sanctum Jacobum, in censiva Mercatorum aque.* «En censive des Marchands de l'eau, près du couvent de Saint-Jacques», cela semble désigner le passage des Jacobins, puisque la rue des Poirées, qui répond aussi à cette désignation, n'est mentionnée qu'à 1236. Il ne peut, en effet, être question de la rue des Cordiers, qui n'existait pas encore à cette époque. Quoi qu'il en soit, il se trouvait, dans cette rue, la maison d'un certain Pierre d'Argenteuil, lequel

---

[1] Voir les articles consacrés à ces deux ruelles et les pièces conservées aux Arch. nat. (S 4239).

[2] Voir, aux Appendices, les pièces relatives à la fermeture du Passage des Jacobins.

appartenait sans doute à cette famille, dont les rues des Poirées et de la Sorbonne ont porté le nom.

Élargi et rectifié, le Passage des Jacobins, formant la continuation de la rue Saint-Étienne-des-Grès, porte aujourd'hui le nom du jurisconsulte Cujas, à raison du voisinage de la Faculté de droit.

CÔTÉ SEPTENTRIONAL
(d'Orient en Occident).

Maison Saint-Bernard, formant l'encoignure du Passage et de la rue Saint-Jacques.

Maison de la Charité, appartenant sans doute à l'hôpital de ce nom, ancien *Sanitat*. (Voir la rue Jacob, dans le volume du *Bourg Saint-Germain*.)

Les deux immeubles qui précèdent sont localisés par la note suivante extraite d'un document authentique : « Saint-Bernard, tenant, d'une part et par derrière, aux Jacobins, le passage entre deux, d'autre part, à une maison appartenant à la Charité, et à d'autres maisons ayant issue sur la rue des Cordiers. »

Plusieurs Maisons, ayant issue sur la rue des Cordiers et au nombre desquelles il faut signaler la

Maison des Dix chaises (1360), et la

Maison à Guillaume Chrestien (1360), « dict du Cellier ».

L'identification de ces immeubles paraît hors de doute : le dernier est dit, en effet, à la date de 1360, « aboutissant par derrière à l'ostel des Champions, en la rue des Cordiers ». On le localise en outre, dans un titre de la même année : « Maison à Guillaume Crestien, dict du Cellier, tenant aux Dix chaises, d'autre part à l'Ostel des Jacobins, aboutissant, par derrière, à l'Ostel des Champions, en la seigneurie de Sainct Estienne des Grez. »

Dépendances de l'Ostel des Champions (1319).

Maison du Chanoine (1319), faisant encoignure sur la rue de Cluny.

Les deux immeubles qui précèdent sont localisés par la note suivante : « 1319. — Vente par Adam *de Caulainvilla*, chanoine de Sainct Estienne des Grez :

Domum cum jardino sitam prope Fratres Predicatores, contiguam ex una parte jardino Domus ad Pugiles, *et ex alia parte vico novo Corderiorum* — c'était alors la rue de Cluny — *et in ejus capite, contiguam cuneo dicte domus Fratrum Predicatorum.* "

La Maison du Chanoine confinait donc, à l'est, au jardin de l'Ostel des Champions; à l'ouest, à la rue de Cluny; au sud, au couvent des Jacobins, le passage entre deux.

Partie postérieure du Collège de Cluny. (Voir à la rue des Poirées.)

Maison sans désignation, formant encoignure sur la rue de la Harpe, appartenant, en 1595, à la «censive des Prevost et Eschevins», c'est-à-dire à l'Hôtel-de-Ville, ainsi qu'il résulte de la note suivante: «Sur le collège, jadis deux maisons, appartenant aux Freres de l'Hostel-Dieu de Paris, l'une en la censive de Sainte-Geneviefve, l'autre en celle des Prevosts et Eschevins.»

Indépendamment des maisons proprement dites et autres constructions solides, le Passage des Jacobins renfermait un assez grand nombre d'échoppes, ou petites bâtisses légères, appliquées aux bâtiments conventuels et servant, comme nous l'avons dit plus haut, à augmenter le revenu des religieux. Aux termes de la déclaration faite par le prieur en 1790, il en existait alors vingt-neuf, qualifiées de «petites boutiques» et contenues «dans la grande cour du couvent», c'est-à-dire dans le passage. Elles rapportaient, affirme le prieur, «treize cent vingt et une livres, sur parole et sans aucun bail[1]». L'établissement de ces échoppes devait être assez ancien, puisqu'il était nécessaire de les reconstruire dans les premières années du xviie siècle, attendu qu'elles tombaient de vétusté. Le tome III du Chartrier des Jacobins contient, en effet, l'analyse de différentes pièces, d'où il résulte:

Que le 12 janvier 1621, il fut présenté «requeste à MM. les Trésoriers generaux de France, par les Dominicains de Saint-Jacques, pour donner un alignement aux échoppes qu'ils ont derrière le gros mur de leur église, depuis leur porte d'entrée jusqu'à la maison où il y avoit un boulanger..., lesquelles sont au nombre de sept qui menacent ruine»;

Que le 21 du même mois et de la même année, «procez verbal de visite desdites eschoppes fut fait par un commissaire de MM. les Trésoriers, par lequel il decide que elles doivent estre rebasties, vu le péril éminent où elles sont[2]». La reconstruction fut opérée de 1621 à 1623. Mais il restait sans doute d'autres

---

[1] Arch. nat. S 4918, n° 1069. — [2] *Ibid.*, S 4239.

échoppes à rebâtir ou à réparer, puisqu'un rapport rédigé à cette date expose « ce qu'il convient de faire, outre cé qui est fait[1] ».

Les échoppes accolées aux églises et aux bâtiments conventuels, ainsi que nous le constaterons en parlant de Saint-Yves, de Saint-Étienne et des Mathurins, constituaient une véritable lèpre; c'était une façon de vandalisme qui n'a pas peu contribué, plus tard, à la destruction de ces édifices, auxquels il avait enlevé tout caractère.

RUE SAINT-JACQUES.

Cette longue voie, l'une des plus anciennes assurément du quartier d'Outre-Petit-Pont, a toujours été, jusqu'en ces derniers temps, et malgré la déviation qu'on a fait subir, de nos jours, à la grande route qu'elle continuait dans Paris, l'artère principale de la région. Elle avait, pour point de départ, le carrefour formé par les rues du Petit-Pont, Galande, Saint-Séverin, et, pour aboutissant, la porte pratiquée dans l'enceinte de Philippe-Auguste. A l'époque gallo-romaine, c'était le commencement de la voie conduisant de *Lutecia* à *Genabum*; elle desservait alors les Thermes, le quartier des Arènes, les nombreuses *villæ* qui s'étageaient sur le flanc septentrional du mont Leucotitius, et celles qui en couvraient le plateau.

Plus tard, quand ce territoire fut baillé à cens, lorsque les chemins ruraux qui coupaient les vignes firent place à des rues en bordure desquelles s'élevèrent de nombreuses maisons, c'est sur l'ancienne voie romaine, qualifiée de « grant ruë », que s'embranchèrent les voies secondaires; c'est à la « grant ruë », qu'aboutissait le monde des écoliers, des religieux, des bourgeois, des artisans, de la basoche et autre, qui se pressait dans le quartier de l'Université; c'est en descendant la « grant ruë », après avoir franchi l'enceinte, que les voyageurs venant du côté du midi, arrivaient au Petit-Châtelet et au Petit-Pont, seul point par où ils pussent pénétrer dans la Cité.

Cette importance de la rue Saint-Jacques, résultant de sa situation topographique, est constatée par tous les documents où il en est question. En sa qualité de vieille voie romaine, elle est appelée, dans une charte de 1163, *Strata regia*, chaussée royale. On sait, en effet, que, dès les temps mérovingiens, le nom des rois et des reines, celui de Brunehaut, en particulier, a été donné aux voies romaines devenues les grands chemins de la monarchie franque. L'équivalent de *Strata regia* est *magnus vicus, major vicus*, que l'on trouve dans les pièces des xiie et xiiie siècles.

---

[1] Archives nationales.

Quant au vocable complémentaire, il varie avec les diverses portions de cette longue voie que bordaient des établissements religieux, donnant leur nom à la partie qui les longeait. Saint-Séverin, Saint-Mathurin, Saint-Benoît, Saint-Étienne-des-Grès, Saint-Jacques surtout, maison hospitalière d'abord, puis berceau du couvent parisien des Frères prêcheurs, sont employés dans les titres pour dénommer, sur ses différents points, le *magnus* ou *major vicus*. En 1200, 1220 et 1224 on rencontre : « *Vicus Sancti Benedicti* », en 1235, on lit : « *Vicus qui dici solet ad Gressios, inter Sanctum Benedictum et Sanctum Jacobum* »; en 1253 on trouve : « *magnus vicus Sancti Stefani de Gressibus* »; en 1281, époque où le couvent, l'église et les écoles des Dominicains ont pris un développement considérable, nouvelles formules qui remplaceront désormais toutes les autres. Les documents écrits en français donnent « Grant ruë de la porte Sainct Jacques », et les titres latins, « *magnus vicus Sancti Jacobi Predicatorum* ».

Cependant le Dit de Guillot (1300) lui applique encore le nom de « la ruë Sainct Mathelin », parce que ce descripteur ne suit pas le *magnus vicus* d'un bout à l'autre, mais le divise en tronçons pour citer, chemin faisant, les voies adjacentes. D'autres documents postérieurs reproduisent les anciennes dénominations complémentaires, mais seulement au droit des fiefs que longeait la voie définitivement vouée à Saint-Jacques, depuis que l'antique hospice, où s'installèrent d'abord les Dominicains, lui en eut donné le nom.

Mais, quelle qu'ait été la diversité de ses appellations, la « grant ruë » a conservé, pendant tout le moyen âge, sa dignité d'ancienne voie romaine et de chaussée royale. Les blocs de grès, dont elle était pavée originairement, et qui sont représentés aujourd'hui, au Musée de Thermes, par des échantillons authentiques, ont été remplacés, de siècle en siècle, d'une façon plus ou moins intermittente, par un pavage aux frais duquel contribuaient la Ville et le Roi. Sauval cite, à cet égard, l'extrait d'un *compte* de Philippe Dacy, payeur des œuvres de la Ville de Paris, pour l'année 1366 : « Quatre cens cinquante six thoises quarrées de chaussiée pavée, depuis les Mathelins, en montant contremont, jusques à la porte Sainct Jaques [1] ».

La longueur et la rectitude de la rue Saint-Jacques ont fait jadis l'admiration des historiens de Paris. Habitué aux lignes courbes ou brisées de l'ancienne voirie parisienne, Guillebert de Metz, qui écrivait au commencement du xve siècle, s'extasie sur la ligne droite que présentent, sur un long parcours, les voies joignant les portes Saint-Martin et Saint-Jacques : « Qui auroit, dit-il, une corde et la menast, de la porte Sainct Martin jusques à la riviere, à la Juyerie droict à Petit-Pont..., et de là jusques à la porte Sainct Jacques, elle yroit droict comme une ligne, sans tourner ne çà ne là [2]. »

---

[1] *Antiquités de Paris*, t. III, p. 126. — [2] *Paris et ses historiens aux xive et xve siècles*, pages 138, 139.

Très amoindrie comme circulation, au profit de la rue de la Harpe, depuis la déviation, relativement récente, de la route d'Orléans en aval de la porte et du faubourg d'Enfer, la vieille rue Saint-Jacques avait pourtant gardé quelque chose de son ancienne splendeur, grâce aux églises, aux couvents et aux collèges qui la bordaient. De nos jours, l'ouverture du boulevard Saint-Michel lui a enlevé ce qui lui restait d'importance. La reconstruction du lycée Louis-le-Grand, l'agrandissement de la Sorbonne et des travaux d'élargissement lui rendront peut-être une partie de ce qu'elle a perdu.

CÔTÉ OCCIDENTAL
(du Nord au Sud.)

PAROISSE DE SAINT-SÉVERIN.
JUSTICE ET CENSIVE DE SAINTE-GENEVIÈVE.

Maison du Daulphin (1380), faisant le coin méridional de la rue Saint-Séverin; elle est dite, en 1440, tenir, «d'une part à la rue Saint-Jacques et à J. de Verderonne, d'aultre part, à J. Duroys, dit le Vierzier, par devant au carrefour Saint-Séverin, par derrière, audict Vierzier». Au XVIᵉ siècle, elle contenait trois corps de logis : le premier, qui était le plus petit, avait façade sur la rue Saint-Séverin, et se nommait la Maison de la Taverne; le second, plus important, formait l'angle et portait l'enseigne du Daulphin; quant au troisième, qui avait nom la Caige, en 1487, il est dit alors «faisant le coin de la ruelle — *Chalis*, de laquelle il ne reste plus trace, — et d'aultre part tenant au Cheval blanc, maison qui se trouvait sans doute dans la ruelle, et qui est dite, en 1481, contiguë à une autre petite construction», à l'enseigne du Cheval blanc.

Maison de l'Ymaige Saincte Katterine, qu'un titre désigne comme tenant «d'une part et par derrière à une maison joignant, faisant le coin de la rue Sainct Jacques et de la ruë Sainct Séverin, d'aultre à la Maison du Dieu d'Amours, et, par devant, à la rue Sainct Jacques».

CENSIVE DU CHAPITRE DE PARIS OU DE NOTRE-DAME.

Maison du Dieu d'Amours (1418), qu'on doit regarder comme ayant été «ung bourdeau». Peut-être devait-il cette dénomination à une enseigne, puisqu'on la voit, de 1444 à 1454, grevée de rentes annuelles et perpétuelles au profit de Nicolas Flamel. On regretterait, en effet, que ce personnage, fondateur d'églises, bienfaiteur des hôpitaux et des «poures laboureurs», ait pu bénéficier d'une honteuse industrie.

Maison de la Croix de fer (1418), «anciennement nommée l'Ostel de Mortemer», dit un acte de 1445. En 1441, elle avait quatre pignons sur rue; ce qui impliquerait que la Maison de la Soulche et celle de Saincte Katherine en faisaient partie. En 1477, elle comprenait trois corps d'hôtel distincts, dont deux seulement sur la rue, séparés du troisième par une cour; le dernier corps de logis avait issue en la ruelle de Chalis. Les marguilliers de la paroisse Saint-Séverin, à qui cette maison appartenait, en firent démolir une partie, pour agrandir leur église (1470); mais les chanoines de Notre-Dame, en leur qualité de seigneurs fonciers, s'opposèrent à ce que les travaux fussent continués. Le différend se termina par une transaction, aux termes de laquelle «l'œuvre», ou la fabrique de Saint-Séverin, fut autorisée à tenir ladicte maison en main-morte, moyennant quatre livres parisis de rente annuelle et perpétuelle, en sus du denier tournois de cens et des neuf sous parisis de rentes dus «à l'office des Clers de matines». Cette négociation, qui fut laborieuse, est très longuement exposée dans les pièces auxquelles elle a donné lieu.

Maison de la Soulche (1418) et de la Soulche d'or (1582), ayant dû, comme nous venons de le dire, faire partie de la Croix de fer, au XVᵉ siècle.

Maison de l'Ymaige Saincte Katherine (1438), comprise probablement aussi et à la même époque dans cet «hostel à quatre pignons sur ruë». Un document de 1635 désigne ainsi l'Ymaige Saincte Katherine : «la cinquiesme maison à droite, en entrant dans la rue Saint-Jacques, par le carrefour Saint-Séverin, où est la fontaine[1].» Elle portait, en 1600, l'enseigne du Cheval rouge.

Maison de la Gybecière (1418), composée de deux corps d'hôtel avec cour au milieu. Elle est dite, en 1574 : «tenant d'une part, à l'Image Saincte Catherine», d'autre part «à une maison de Sainct Séverin, les Deux Signes, par derrière aux Charniers», ou cimetière de Saint-Séverin.

Maison des Deux Signes (1418). En 1485, elle avait été donnée à «l'œuvre», ou fabrique de cette paroisse, pour agrandir l'église, et en 1545, on y ouvrit un passage couvert, longeant le mur mitoyen de la maison suivante. Ce passage faisait communiquer les Charniers avec la rue Saint-Jacques et servait de dégagement à l'église. En 1492, Jean du Pré imprimait en la Maison des Deux Signes.

---

[1] Cette fontaine, qu'on voit encore aujourd'hui derrière le chevet de l'église Saint-Séverin, et dégagée des constructions qui l'entouraient, reçut, au XVIIᵉ siècle, du poète Santeuil, le grand épigraphiste de son temps, l'inscription suivante :

Dum scandunt juga montis anhelo pectore Nymphæ,
Hic una à sociis, vallis amore, sedet.

Ce distique a été traduit en sixain par Bosquillon :

Quand les Nymphes de la Seine
Grimpent à perte d'haleine,
Pour dominer sur ces monts,
Une plus sage et moins vaine,
A tant d'orgueil et de peine
Préfère l'humble soin d'arroser ces vallons.

La Croix de fer, la Soulche, l'Ymaige Saincte Katherine, la Gybecière et les Deux Signes, appartenaient à l'Œuvre de Saint-Séverin, qui en avait reçu donation pour dégager et agrandir l'église. La fabrique s'acquitta de son devoir : « desquelles maisons, dit un document, ont esté retranchés quatre toises, huict pieds un quart de superficie, pour l'élargissement de la rue. »

Maison de l'Ours (1497), ayant probablement compris deux corps d'hôtel, dont l'un était, en 1418, appelé la Maison de l'Ymaige Sainct Kristofle; à moins que cette dénomination ne s'étendît à tout l'immeuble, et que l'Ours ne fût un simple changement d'enseigne, ainsi qu'il s'en produisait souvent, à l'occasion d'une vente ou d'une location nouvelle. Elle est mentionnée, en 1511, comme étant en censive de l'Hôtel-Dieu.

CENSIVE DE SAINT-JEAN-DE-LATRAN.

Maison des Trois Estriers (1418), dite « tenant au Paon, d'aultre part, à l'Ours, par derrière à une grande place vuyde, appliquée au cymetière de Sainct-Severin, où souloit anciennement avoir maison appellée l'Ostel de Chalis »; logis auquel la ruelle, dont nous avons parlé plus haut, devait son nom. Le besoin de faire communiquer l'église avec « la grant ruë », comme on appelait alors la rue Saint-Jacques, fit ouvrir à travers cette maison un passage analogue à celui qui fut percé en 1545 dans les Deux Signes, entre la rue et les Charniers : « en laquelle maison des Trois Estriers, est-il dit dans un titre, a esté faicte une allée commune en l'an 1454, par laquelle on va de ladicte grant ruë Sainct Jacques en l'église dudict Sainct Séverin. »

CENSIVE DU CHAPITRE DE NOTRE-DAME.

Maison du Paon blanc (1465), ayant été, très probablement, à l'origine, le corps d'hôtel principal comprenant l'Ours et les Trois Estriers. Les titres, en effet, confondent très souvent les trois logis, qui ont dû primitivement n'en former qu'un. Nous avons plusieurs fois fait observer que ces démembrements jettent beaucoup d'obscurité sur le parcellaire du Vieux Paris.

Place et ruelle (1502) « servant, de présent, à passer et repasser, de la grant ruë Sainct Jacques, au cymetiere de ladicte église de Sainct Séverin, tenant, d'une part, à l'Hostel du Paon, appartenant à ladicte église; d'aultre part, audict preneur (Huguet Fabien), aboutissant, par devant, à ladicte ruë Sainct Jacques, et, par derrière, au cymetiere de ladicte église jusques au droict du premier Corbeau, soutenant le pignon neuf du corps d'hostel de derrière de l'Hostel de l'Escu d'argent appartenant aussi à ladicte église ».

Maison de l'Escu d'argent (1399), enseigne à laquelle se joignent, en 1418, celle du Frain d'or, et en 1502, celle de l'Ange, peut-être parce qu'elle comprenait plusieurs corps de logis. Ce qui semblerait le prouver, c'est qu'elle avait une double issue, l'une sur le cimetière de Saint-Séverin, l'autre sur la rue de la Parcheminerie.

Maison sans désignation, faisant le coin septentrional de la rue de la Parcheminerie.

Maison, également sans désignation, formant l'angle méridional de la même rue.

Maison de la Teste noire (1465), ayant sa façade sur la rue Saint-Jacques et un corps d'hôtel sur celle de la Parcheminerie. Cette aile, en retour, avait pour enseigne, en 1556, l'Eschiquier, et, en 1579, l'Imaige Sainct Pierre. Au xviiie siècle, elle était réunie à celle qui la précédait au nord.

Maison de l'Escu de France (1521). Les titres ne donnent que le nom de cet immeuble.

Maison du Chapiau rouge (1364), paraissant n'en avoir formé qu'une avec les deux suivantes, soit comme dépendance, soit comme corps de logis principal. Elle est dite, en un titre, «tenant, par le derrière, à l'Ymaige Sainct Nicolas, et, aux appartenances du Collège de Maître Gervais», lequel avait son entrée principale sur la rue du Foin. C'était, dit un autre titre, «la quatriesme maison en allant de la rue de la Parcheminerie à celle du Foin». En 1582, on la désignait comme située «devant l'Hostel de la Mulle». Une «allée commune», ou passage, semblable à celles que nous avons déjà mentionnées, et qualifiée de «longue» dans les titres, servait à la fois de séparation et de communication dans cet îlot très dense compris entre les rues Saint-Jacques, Saint-Séverin et de la Parcheminerie. L'existence de cette allée résulte du texte suivant : «Le Chappeau rouge... A l'entrée de la porte, une longue allée; à costé de ladicte porte, un corps de logis tenant à l'Escu de France, l'autre costé de ladicte allée tenant à l'Imaige Nostre-Dame; sur le derrière y a une grande cour et plusieurs logis.» Les notes ajoutent : «Bureau de la Poste, à la fin du xvie siècle et au xviie. Il était alors tenu par Jacques de Paix, valet de chambre du Roi, qui loua la maison en cette même année.»
Sous François Ier, Guillaume de Bozzozel, imprimeur, occupait le Chapeau rouge.

Maison de l'Ymaige Nostre-Dame (1364), où était établie une taverne, fréquentée par les étudiants. Maîtres et écoliers allaient y boire après examens et réceptions ; abus que la Nation d'Angleterre crut devoir réformer à la suite d'une orgie de ce genre.

Maison du Heaulme (1365), ainsi désignée dans un titre de cette année : « Maison, grant ruë Sainct Jacques, à l'enseigne du Heaulme, tenant de l'ung des costez, à la maion qui fu Maistre Symon Godichart, et au jardin de l'Ostel du Chapell rouge, et, de l'aultre costé, à l'Ostel Martin Hue Cochon, et à l'Ostel de Sainct Anthoine et aboutissant, par derrière, à l'Ostel Maistre Gervais Crestien, physician du Roy. » La Maison du Heaulme est ainsi localisée dans un titre de 1471 : «Le Heaulme à l'opposite de la rue du Plastre tenant, d'une part à l'Ostel de l'Ymaige Nostre Dame et au jardin de l'Ostel du Chappeau rouge, et, d'aultre part, sur le devant, à l'Ostel des Trois Pucelles, et, sur le derrière, à l'Ostel du Saulmon, aboutissant, par derrière à une cour, masure, estables et chambres, qui jadis furent dudict Ostel du Heaulme, et qui sont appliquées audict Ostel du Chappeau rouge. »

Maison de la Pucelle (1386) et des Trois Pucelles (1407), dite, à cette dernière date, « tenant au Heaulme », en 1442, « aboutissant à l'Hostel du Petit Saulmon, à Jourdain », et, en 1577, « à la Fleur de lys ». En 1498, le libraire Jehan Driart avait sa boutique aux Trois Pucelles.

Maison de l'Ymaige Sainct Pol (1418), ayant eu, en 1368, pour enseigne, l'Ymaige Saincte Katherine. Elle porta ensuite celle de la Fleur de Lis, en 1465, et la Fleur de Lis couronné en 1520. Comme elle était divisée en deux corps de logis, l'un d'eux, ou le tout peut-être, paraît avoir été nommé le Petit Saulmon, en 1442 et 1471. Voisin de Jehan Driart, l'imprimeur Jehan Petit, occupait, en la même année que lui, la Fleur de lys; quinze typographes composaient son atelier.

CENSIVE DU ROI.

Maison de l'Agnus Dei (1465), paraissait, ainsi que la précédente, avoir été construite sur une portion de la

Maison du Faulcon (1465) et du Flacon d'argent (1520), dont l'emplacement présente quelque incertitude. L'une des deux dénominations, la plus ancienne peut-être, doit être erronée, les mots *falcon* et *flacon* résultant du déplacement d'une seule lettre.

CENSIVE DU ROI ET DU CHAPITRE DE NOTRE-DAME.

Cette partie de la censive royale appartenait, pour moitié, au chapitre de Notre-Dame, par suite d'une transaction intervenue en 1386. On n'y comptait qu'une seule maison, celle qui suit, à moins qu'il ne faille y placer celle du Faulcon ou Flacon d'argent, dont la localisation est quelque peu incertaine.

Maison du Saulmon (1365), précédant ou suivant celle que nous venons de mentionner, et en ayant peut-être fait partie primitivement. — Le testament de Maître Gervais Chrétien, fondateur du collège de ce nom, la mentionne, en 1370, sous le nom de «Maison de Sainct Anthoine dilte du Saulmon, seant en la grant ruë Sainct Jacques, en la censive des Escholes de Sorbonne[1]». Par suite de libéralités de la reine Blanche et de saint Louis, la censive royale était devenue celle des écoliers de Robert Sorbon. Les cuisines et le jardin du collège de Maître Gervais aboutissaient latéralement à la Maison du Saulmon.

CENSIVE DU ROI ET DU CHAPITRE DE NOTRE-DAME.

Maison de l'Ymaige Sainct Nicolas (1441). A cet immeuble se rattachent deux documents d'une certaine importance ; le premier qui a été publié par Sauval est ainsi conçu : «Ordinaire de Paris (1511). — Les abbé, doyen et prevost de la Grande Confrairie aux bourgeois de Paris, fondée en l'église de la Magdeleine, pour l'acquisition par eux faite de quarante trois livres de rente sur les trois parts, dont les quatre font le tout, d'une maison scize en la grande ruë Saint-Jacques, où est l'enseigne de Sainct Nicolas; de laquelle Me Guy Rigaudeau, notaire au Chastelet, est à présent détempteur et propriétaire[2].» Le second document, qui présente beaucoup d'intérêt, est un inventaire notarié des biens d'un habitant de l'Ymaige Sainct Nicolas, Jehan Jolivet, qui y mourut en 1431. Cet inventaire contient un état énumératif et descriptif du mobilier garnissant les lieux, et répond ainsi à la question que les curieux peuvent se poser : *Qu'est-ce que renfermait la maison d'un bourgeois de Paris au XVe siècle?* Nous reproduisons aux Appendices cette intéressante pièce.

Maison de la Pucelle (1336). Cet immeuble, que les notes placent ici, ne figure pas sur le plan de restitution, probablement à cause des nombreuses enseignes similaires qui ont pu en rendre la localisation incertaine.

Maison de la Lymace, dite en censive royale avant 1261, époque où elle fut

[1] Archives nationales, MM 400. — [2] *Antiquités de la ville de Paris*, t. III, p. 552.

amortie par le Roi, et depuis, notamment en 1438, dans celle des Mathurins, ainsi que toutes les maisons de la rue du Foin.

Maison sans désignation, faisant retour d'équerre sur la rue du Foin. Elle avait dû, à l'origine, faire partie de la maison suivante; puis elle y fut réunie définitivement, après en avoir été détachée pendant un certain temps.

Maison de l'Aigle, *Domus ad aquilam* (1294); Maison de l'Aigle d'or (1432), faisant le coin septentrional de la rue du Foin, et ayant porté, par corruption peut-être, l'enseigne de l'Ange, ainsi que celle du Berceau de fer, sise sur le côté oriental et appartenant à la maison qui venait ensuite. Celle de l'Aigle était sculptée à l'encoignure des rues Saint-Jacques et du Foin, en face de la chapelle Saint-Yves.

PAROISSE SAINT-SÉVERIN.

JUSTICE ET CENSIVE DES MATHURINS.

Maison de l'Ymaige saincte Katherine (1428), enseigne peu répandue dans cette région, bien que la sainte fût honorée comme patronne des écoliers. Elle faisait le coin méridional de la rue du Foin, à l'opposite de l'Aigle. En 1542, elle est dénommée le Pélican. On trouve, à la date de 1280, mention d'une Maison des Étuves en la rue Saint-Jacques, aboutissant aux Mathurins. L'emplacement qu'elle occupait paraît avoir été le même que celui du Pélican ou de l'Ymaige saincte Katherine.

Maison de l'Ange (1438), du Berceau de fer (1542), avec issue sur la rue du Foin, bien qu'elle ne fût pas située à l'angle; mais elle avait certainement, à l'origine, fait partie de la précédente : ce qui explique cet aboutissant postérieur. Elle doit le perdre en 1610, par suite de la mesure d'élargissement qui fut prise, et qu'une pièce conservée aux Archives nationales (LL 1545) nous fait connaître en ces termes : « Toutes les maisons ruë Saint-Jacques, contenuës depuis le coing des ruës Saint-Jacques et du Foin jusqu'à l'église dudit couvent (Les Mathurins) ont été aliénées en 1610, à cause du retranchement qui en fut fait pour élargir ladite ruë Saint-Jacques, et données à condition de les rebâtir et d'en payer certaines rentes au couvent. »

Maison de l'Ymaige sainct Claude (1542) ayant, en 1510, porté l'enseigne des Trois Couronnes. Cette maison, ainsi que les deux précédentes, paraît être visée par le texte d'une charte de 1294 : « *De tribus domibus in Vico Magno* — la rue Saint-Jacques — *contiguis hospitali* — Les Mathurins — *et facientibus cuneum vici Feni.* »

Au lieu des Trois couronnes, le plan porte : et de l'Étoile d'or, dénomination qui résulte de la note suivante, sans indication de source : « 1598 L'YMAIGE SAINCT CLAUDE. — 1582, tenant à LA CUILLER DE FER. — C'est la troisième en remontant de la rue du Foin à la rue des Mathurins. — Elle s'est appelée aussi L'ÉTOILE D'OR ». — Les deux dernières maisons ont été réunies en une. Dans les premières années du XVIe siècle, François Grandyon et ses frères, graveurs à la fois et fondeurs de caractères, s'établirent à l'IMAGE SAINT CLAUDE, près l'église Saint-Yves, et ensuite dans l'immeuble en face, sous l'enseigne de L'ÉLÉPHANT. Gilles de Gourmont, le premier qui imprima du grec à Paris (circonstance vaguement chronologique), occupa tout ou partie des TROIS COURONNES, enseigne de maison à laquelle il ajouta son enseigne de boutique, L'ÉCU DE COLOGNE. Aux TROIS COURONNES DE COLOGNE, imprima ensuite Pierre Regnault.

MAISON DE LA CUILLIER DE FER (1522), ayant été réunie à la précédente.

MAISON DES SAINCTS GERVAIS ET PROTHAIS (1475), ayant porté, au siècle suivant (1529), l'enseigne de L'ESCU DE LORRAINE. Elle paraît n'avoir été bâtie qu'en 1475, sur un emplacement dépendant des deux maisons suivantes et formant probablement une cour ou un jardin.

MAISON DE L'ARBALESTE (1471), aboutissant au dortoir du couvent des Mathurins, comme celles qui lui étaient contiguës. Non indiquée sur la place de restitution, LA MAISON DE L'ARBALESTE a pourtant sa localisation exacte.

MAISON DE LA TRINITÉ (1471), ayant eu pour enseigne, en 1438, LE FOUR, ce qui la faisait dénommer L'OSTEL DU FOUR, appellation identique à cette autre qu'on rencontre fréquemment dans les titres : FOUR SAINT BENOIST. Celui-là était le four banal des Mathurins, et il touchait « à l'ospital », c'est-à-dire à l'infirmerie du couvent, ainsi que le prouve le texte ci-joint, emprunté au censier de Sainte-Geneviève, pour l'an 1256 : « *Sanctum Maturinum... pro domibus sitis subtus Sanctum Maturinum, in furno, contiguis hospitali, qui quondam fuit ecclesie de Bria.* »En 1265, les Mathurins vendirent leur four, et la pièce portant ratification de la vente précise l'emplacement de la maison qui le contenait, laquelle a eu plus tard l'enseigne de LA TRINITÉ. « *Venditio furni Sancti Maturini et domus, prout se comportat, a scolis Sancti Maturini usque ad cuneum vici Feni.* » La maison contenant le four s'étendait donc, à cette époque, depuis les Écoles des Mathurins jusqu'au coin de la rue du Foin. Quelques années après, on lui donna plus d'extension encore, puisqu'une charte de 1294, porte « permission par sainct Gervais à sainct Mathurin, d'agrandir ledict four, à la charge du cens ».

Là ne se bornèrent pas les transformations du « four aus Mathurins »; en 1402, on l'agrandit encore aux dépens de la geôle du couvent, puisqu'on en fit un nouveau, contigu à l'ancien «au lieu où souloit estre la prison». L'un des deux devait être à l'usage du preneur à bail de la maison contiguë à l'hôpital ou infirmerie, l'autre demeurant banal. Ce texte localise la geôle des Mathurins, qui devait être à côté de l'ancien four et derrière l'hôpital.

Postérieurement à la construction du nouveau four, d'autres documents nous renseignent sur l'ancien. Les textes le placent tantôt à LA TRINITÉ, tantôt à l'ARBALESTE : «l'ostel du four», ainsi qu'il est dénommé, est dit «la maison qui s'appeloit jadis le four des Mathurins». En 1471, L'ARBALESTÉ et LA TRINITÉ étaient distinctes; un siècle après (1575), elles furent divisées en trois, la troisième ayant pour enseigne L'ESCU DE LORRAINE, ci-devant SAINCT GERVAIS et SAINCT PROTHAIS. LA TRINITÉ est dite alors : «joignant l'entrée de l'ospital», et «la maison touchant l'ospital estre devant LA MULLE».

C'est donc sur cet emplacement, si fréquemment remanié, que doivent prendre place

«QUATRE MAISONS, avoisinantes l'une l'autre, l'OSTEL DU FOUR, LA TRINITÉ, SAINCT GERVAIS et SAINCT PROTHAIS, LA CUILLER», qui, nous l'avons vu, ne sont que des démembrements. Les pièces qui les mentionnent les localisent ainsi : «deux d'ycelles basties sur lesdits portail et ospital — des Mathurins — et adossées contre le dortouer; plus deux autres joignant au dortouer; le derrière tenant à L'YMAIGE SAINCT CLAUDE, à présent L'ESTOILE D'OR.»

Il résulte de notes un peu confuses que LE BERCEAU et L'ESCU DE VENISE se trouvaient «devant les Maturins»; mais l'expression *devant*, pouvant être interprétée de diverses façons, le plan de restitution ne localise pas les deux immeubles.

L'OSPITAL DE LADICTE ÉGLISE MONSEIGNEUR SAINCT MATHURIN (1492) dit alors être «en censive des Dames de la Saulsaye, à Villejuif». Nous ne dirons rien ici de cet hôpital qui se rattache à l'ensemble du couvent des Mathurins, afin de ne pas scinder la monographie de cette importante maison. On la trouvera entière à l'article de la rue des Mathurins.

PORTAIL ET ALLÉE, ayant dû, à l'origine, constituer la principale entrée du couvent sur «la grant rue Sainct Jacques» la plus ancienne et la plus importante artère du quartier. L'allée, qui *était* voûtée et avait environ trois toises sous clef, fut détruite en 1610; la baie de la porte avait douze pieds de haut sur sept pieds et dix pouces «entre tableaux».

Diverses notes empruntées à des pièces du commencement du XVIIe siècle nous renseignent sur ce portail et sur cette allée touchant à « l'ospital » et ayant donné jadis accès au couvent des Mathurins, mais hors d'usage alors, par suite des nouvelles entrées pratiquées sur la rue de ce nom. Leur inutilité avait déterminé les Mathurins à vendre ou à bailler le terrain qui les portait et le sol environnant; ce que constatent les textes suivants :

« 1609 et 1610. ... Gros murs servant des appartenances dudict lieu appellé L'HOSPITAL et de L'ALLÉE DU PORTAIL servant à entrer au cloistre... Deux maisons que lesdicts Dufossé et Chevalet doivent faire bastir au dessus dudict lieu... Il a esté faict un retranchement de trois pieds sur la ruë... Trois petites maisons vieilles, avec le dessous de voulte du lieu nommé L'HOSPITAL et le dessus de L'ALLÉE de leur cloistre... Trois maisons rebasties sur le terrain de L'HOSPITAL... auxquelles fut adjousté le dessus des voultes de L'HOSPITAL et de L'ALLÉE... contenant de face, sur la rue, depuis la cloison de Sainct Claude jusques à l'encoignure de L'HOSTITAL, cinq toises, un pied, neuf poulces dans œuvre, et sur le dortoir, douze toises, quatre pieds, huit poulces. » C'est en 1609 et 1610 que furent faites ces appropriations de l'ancienne « VOULTE et ALLÉE DE L'HOSPITAL DES MATHURINS ». En 1734, dit un autre texte, « l'Hôpital joignant l'église », représenté par « un petit lieu servant ci-devant d'entrée au petit huis claustral », était dit avoir appartenu « aux dames de la Saulsaye, auxquelles on payait rente foncière, et paraissant être aussi en leur censive, car les Mathurins leur en passèrent titre, en 1626 et 1671 ».

On voit, par les diverses pièces dont nous avons cité des extraits, que la partie de la rue Saint-Jacques, côté occidental, comprise entre les rues des Mathurins et du Foin, et formant la limite orientale du pourpris des Mathurins, a été l'objet de nombreux remaniements, par suite du déplacement de l'entrée principale de l'hôpital et du couvent. Les démolitions et les reconstructions s'y succédèrent.

ÉGLISE DES MATHURINS, OU DE SAINT MATHURIN.

Construite selon les règles de l'orientation chrétienne, cette église, dont on trouvera la monographie à l'article de la rue des Mathurins, avait, sur la rue Saint-Jacques, son chevet flanqué de boutiques et échoppes qui appartiennent topographiquement à cette dernière rue, et dont nous devons dire quelque chose ici. Il en est fait mention dans plusieurs pièces des Mathurins.

« 1417. OUVROUER, ou PETITE ESCHOPPE, contenant trois toyses et demy pied de long, ou environ, et de trois piedz de large, séant sur la grant ruë Sainct

Jacques, entre le chevet d'ycelle eglise et à l'opposite des hostels du Rouet et du Chief Sainct Denys. » Le Rouet paraît avoir échangé son enseigne contre celle de la Hache.

« 1465. Bail par le Roy d'une place de trois toyses et trois piedz, au chevet de l'église, pour faire une loge. »

« 1514. Boutiques et eschoppes, estant au coing de la ruë Sainct Jacques et de la ruë Sainct Mathurin, et derriere nostre eglise jusques au puis ruë Sainct Jacques ... Place prez du puis, ayant trois toyses de long et trois piedz de large, en saillie. »

« 1541. Eschope tenant au puis dudict lieu. »

« 1578. Il fut décidé que l'eschope faisant le coing des Mathurins et de la ruë Sainct Jacques serviroit de garde pour y faire sentinelle. »

« 1580. Place faisant le coing des Mathurins, ayant, de ce costé, quatre piedz huict poulces de profondeur et quatre piedz cinq poulces du costé de la ruë Sainct Jacques. »

Cette place est encore indiquée en 1586, ainsi qu'une « boutique entre deux arcs-boutans, faisant partie de la place de l'ancien portail, au long de laquelle est l'allée du cloistre ». Quant au puits, il fut comblé en 1690.

PAROISSE DE SAINT-BENOÎT.
JUSTICE ET CENSIVE DE SAINT-BENOÎT.

Maison du roy David et du Paon (1425), faisant le coin septentrional de la rue des Mathurins, et dépendant, ainsi que le chief Sainct Denys, de la Croix Blanche, laquelle, ayant façade sur la rue des Mathurins, se projetait latéralement sur la rue Saint-Jacques. Une « Déclaration », de 1673, présente ainsi cette situation :

« La Croix Blanche, en deux corps, l'un le roy David, l'autre, le chief Saint Denys, faisant face à l'église des Mathurins, tenant, d'autre part, au sieur Bénard aboutissant au cloître. Dans ladicte maison, il y avoit cy-devant une grande cour, dans laquelle les chanoines — de Saint Benoît — ont fait bastir de neuf plusieurs corps de logis, dont partie leur sert pour le cloistre de leur chapitre, et leur logement, et les autres sont par eux loués à différents; le tout ayant entrée par une porte, rue Saint-Jacques... Item, dans une cour estant de l'enceinte de ladicte église, ont fait bastir deux petites boutiques, ayant face dans la rue Saint-Jacques dans l'une desquelles estoit placé l'estail à boucher, auparavant dans LA CROIX BLANCHE.» Cet étal, qui appartenait aux chanoines de Saint-Benoît, faisait partie d'une de leurs boucheries de la rue Saint-Jacques. Ajoutons que *le Roy David* fut le deuxième local où le libraire Ambroise Girauld exerça sa profession entre 1521 et 1546.

MAISON DE L'INNOCENT (1525), puis DU COMPAS D'OR, et enfin DU NOM DE JÉSUS (1568), tout en ayant conservé l'enseigne primitive, puisqu'on la trouve appelée L'INNOCENT en 1585. Les deux autres étaient celles de la boutique.

MAISON DES DEUX GENETTES (1563), corps de logis détaché de la maison précédente.

MAISON DU CHASTEAU ROUGE (1495) dite, en 1519 «au dessus des Mathurins, devant et à l'opposite d'une petite maison dépendante DU COCQ, tenant à Michel Le Noir, d'aultre part, et aboutissant aux maisons du chapitre de Paris». En 1547, elle est dite «tenant à LA QUOQUILLE».

MAISON DE LA QUOQUILLE (1547), à laquelle LE CHASTEAU ROUGE est dit aboutir.

Les Archives nationales, consultées par M. Paul Le Vayer, fournissent sur cette maison le renseignement suivant : «*Allocentur per Officiarium* LX^s *tz* Joanni Lhuillier *locatorio domus de* LA COQUILLE, *in vico Sancti Jacobi, super locagiis dicte domus, soluti lathomo pro muro intermedio ipsius domus et viduæ* Alexandre *nuper facto*[1].»

MAISON DE L'IMAIGE SAINT LAURENT (1585).

MAISON DE LA FLEUR DE LYS (1542).

MAISON DE L'HOMME SAULVAIGE (1559), ayant été, entre 1516 et 1550, le logis du libraire Regnault Chaudière.

MAISON DE L'ESCREVISSE (1559).

MAISON DE LA FONTAINE (1542). C'est à cette enseigne qu'exercèrent les imprimeurs libraires Jocodus Badius (1502), et Michel Vascosan (1530-1576).

---

[1] Archives nationales, LL 159, f° 63 v°.

Maison de l'Ange (1567).

Maison de l'Escu au soleil (1567).

Maison des trois Faucilles (1447) dite, un siècle plus tard, « tenant, d'une part, à Dumont, d'aultre part, à l'Imaige sainct Martin, par derrière, à une maison de la communauté de Saint-Benoist ».

Ces sept maisons, comprises dans un espace assez restreint, paraissent avoir eu peu d'importance, sauf celle de La Fontaine.

Maison de l'Imaige saint Martin (1415), où existait « d'ancienneté ung estail à bouchier », lequel est cité dans une sentence de la Prévôté, rendue à propos d'une contestation entre le chapitre de Saint-Benoît et les maîtres bouchers de Paris. Ceux-ci soutenaient que « nul ne puet avoir ne tenir boucherie en ladicte ville, vendre chairs crues et cuittes, sauf les bouchiers de la Grande Boucherie, et ceulx des anciennes boucheries qui, d'ancienneté, sont et ont esté accoutumez d'estre à Paris ». Si intolérants qu'ils fussent, les maîtres bouchers reconnaissaient que « on souffrait un estail dans la Maison de l'Ymaige sainct Martin, en la ruë Sainct Jacques où ladicte ymaige estoit encore paincte au dessus de la porte » (1415); mais ils faisaient observer que « cet estail n'avait que six ou sept piedz, et ne povoit avoir que cela, et que il ne povoit y avoir d'estaux que au dessus, en allant à la porte Sainct Jacques, et non au dessoubz, comme estoit la Maison des Ciseaulx où se trouvoit un estail, et qui avoit donné lieu à la contestation ».

La sentence décide que Messieurs de Saint-Benoît, ayant droit de haute, moyenne et basse justice, peuvent avoir des étaux où ils veulent, dans leur terre, et de la grandeur qu'il leur plaira.

La Maison de l'Ymaige saint Martin aboutissait, au XVe siècle, dans une certaine ruelle, ou longue allée, sorte de couloir assez commun dans cette région, où les terrains avaient de la profondeur, et qui faisait communiquer les constructions postérieures avec la rue. Le passage du titre où il est fait mention de ladite ruelle est ainsi conçu : « Masure, ou place vuide, où souloit avoir en paincture, contre le mur, l'Ymaige saint Martin, tenant d'une part à une place vuide, qui fu à Jehanne la Mareschalle, et d'aultre part aboutissant par derrière et ayant issue anciennement en une ruelle de laquelle on ne scet le nom. »

Maison des Croisettes ou Crochettes (1308). Elle paraît avoir été, avant ou après cette date, un corps d'hôtel de la Maison du Plat d'estaing, laquelle avait sa façade sur le cloître Saint-Benoît.

Maison de l'Imaige Saincte Barbe (1524), ayant dû avoir pour dépendances la

Maison du Croissant (1498), corps de logis fort peu important, puisqu'il n'avait, en 1500, que dix-neuf pieds de profondeur sur dix de largeur. Les prisons du chapitre Saint-Benoît, qui s'étendaient par derrière et avaient leur entrée sur le cloître, ne lui avaient laissé en profondeur que cet étroit espace. Le libraire Poncet Lepreux, qui s'était transféré du Loup au Croissant, séjourne en cette dernière demeure, de 1498 à 1552.

Maison des Trois Couronnes (1525), et de la Cigogne (1585) construction de peu d'importance, à cause du voisinage des prisons et de l'église.

Église collégiale de Saint-Benoît. — Ainsi que nous l'avons fait observer à l'article de la rue du Cloître, l'église canoniale et paroissiale de Saint-Benoît avait primitivement son portail principal sur la rue Saint-Jacques, et c'est pour ce motif qu'on l'appelait Saint-Benoît le bestourné, ou mal tourné. Remaniée dans la suite, selon les règles de l'orientation chrétienne, elle eut son chevet sur la rue Saint-Jacques et sa façade sur celle du cloître, dans l'intérieur duquel l'édifice se développait en profondeur. C'est ce qui nous a déterminé à en placer la monographie à l'article de la rue du Cloître. Nous y renvoyons le lecteur.

Croix de saint Benoît. Il est question, dans une charte de 1263, d'une croix située devant l'église Saint-Benoît, c'est-à-dire sur la rue Saint-Jacques, où l'édifice avait alors son entrée principale. A propos d'une maison sise «en la grant rüe», il est dit, dans cette charte : «*Domum sitam in magno vico prope ecclesiam Sancti Benedicti le Beistourneit, inter crucem sitam ante dictam ecclesiam et domum Rogeri dicti Broc, ex alia parte.*»

Maison du Mortier d'or (1579), localisée ainsi par une pièce de 1649 : «Le Mortier d'or joignant le Gros tournoys, devant la fontaine, tenant par derrière aux maisons du chapitre et à l'église.» Un document conservé aux Archives nationales (S 889 *bis*) nous apprend que les chanoines de Saint-Benoît possédaient, sur cette maison, une rente de cinquante livres.

Maison du Gros tournoys (1431), dite «tenant à une maison de l'œuvre — ou de la fabrique — de Saint-Benoît, et aboutissant au cymetiere». Cette «maison de l'œuvre» devait être la suivante, c'est-à-dire

La Lanterne, qui appartenait, dès 1319, aux bénédictines de Gif, village situé sur les bords de l'Yvette. Comme le monastère était double à l'origine, dit la

Gallia christiana, «*monialium scilicet ac fratrum*», on s'explique que les religieuses suivant la règle de saint Benoît aient, ainsi que les religieux, possédé une maison à Paris dans le voisinage immédiat de l'église de ce nom.

Maison de la Pomme rouge (1497), ainsi composée selon un document de cette date : «Deux corps d'ostel et une petite courcelle au milieu tenant, du costé de S. Benoist, le premier corps d'ostel à une masure à J. Alant, et le surplus d'iceluy premier corps tout du long audict cymetiere de S. Benoist, joingnant ladicte eglise, et d'aultre part, tout du long, à l'ostel et jardin de la Chaise.» Une pièce de 1516 ajoute à cette désignation le renseignement qui suit : «La Pomme rouge, tenant à la Heuse, d'autre part à une maison appartenant à la fabrique et au cimetiere S. Benoist, par derrière à Dorigny, personnage dont il est question à propos de la Maison du Gril.

Maison de la Heuse (1357), n'ayant composé antérieurement, avec la précédente, qu'un seul immeuble en deux corps d'hôtel, portant l'enseigne de la Clef. Après leur disjonction et l'adoption d'enseignes nouvelles, la Pomme rouge et la Heuse n'en ont pas moins continué à être dénommées collectivement, quelquefois même isolément, la Clef : ce qui jette une certaine confusion dans les titres. Plusieurs baux, en effet, désignent le tout ou l'une des parties par l'une de ces trois appellations. La Clef, c'est-à-dire ses deux corps d'hôtel, la Pomme rouge et la Heuse, figurent, à la fin du xiiie siècle, parmi les maisons taxées pour le logement des étudiants externes, mesure que certaines théories tendent à faire revivre aujourd'hui, et dont on ne soupçonne guère les antécédents. L'université de Paris, qu'on sait avoir été envahissante en matière de ses privilèges, avait obtenu du Roi cette taxation, malgré l'opposition des propriétaires, afin de favoriser les écoliers sans bourse, c'est-à-dire sans logement et sans pitance. A l'époque où elle fut taxée (1282), la Clef appartenait à l'Hôtel-Dieu, ainsi qu'il appert de la mention suivante : «La meson de l'ostel Dieu, en la ruë Sainct Jacques, a l'enseigne de la Clef, six livres et demye.» En 1535, la Heuse appartenait au chapitre de Saint-Benoît, qui la loua pour six ans au libraire Jean Petit, moyennant cinquante-cinq livres de loyer par an, ainsi que le constate une pièce conservée aux Archives nationales (S 889 *bis*). Les chanoines de Saint-Benoît possédaient également, à la même époque,

Le Gril, qui portait en 1319 l'enseigne des Balances, et sur lequel le personnage dont nous avons parlé à propos de la Pomme rouge possédait certains droits. Voici, en effet, ce que nous apprend la pièce que nous venons de citer et dont nous avons indiqué la cote : «Le 29 décembre 1525, Nicole Dorigny, président aux enquêtes, chancelier et chanoine de l'église Notre-Dame de Paris, remet à

Messieurs de Sainct Benoist les droits qu'il avoit de l'entrée et issue des caves de la Heuse et du Gril.»

Maison des Marmousets, ayant changé trois fois d'enseigne en trois siècles : les Marmousets en 1319, le Chevalier au cigne en 1467, et sainte Barbe en 1537.

PAROISSE DE SAINT-BENOÎT.
JUSTICE ET CENSIVE DU PARLOIR AUX BOURGEOIS.

Maison du Tresteau (1448), ayant pris au siècle suivant (1535) l'Image sainct Georges pour enseigne. Une série de mentions relatives à cette maison se succèdent de 1438 à 1625. En 1438, elle est dite «sur les jardins de la Sorbonne»; en 1497, «tenant par derrière à la librairie de la Sorbonne»; en 1525, le Treteau et aussy saint Georges, tenant au Chevalier au cygne et au Coq»; en 1535, saint Georges, auparavant le Treteau, tenant au Soleil d'or, auparavant le Coq et la Poulle, où la Pye»; en 1541, «tenant par bas à l'Image sainte Barbe»; en 1625, «Maison de l'Image saint Georges, autrefois le Treteau, tenant au Soleil d'or, d'autre part, assise à la Sorbonne». Enfin une dernière mention ajoute encore aux nombreux changements d'enseigne de cet immeuble : «Jadis le Treteau n'en faisait qu'un avec la Ville de Lyon et la Petite Vertu.»

Jean Higman, imprimeur allemand (1489), rue Jean-de-Beauvais, aux Lions, se transporte ensuite rue Saint-Jacques, à l'Image saint Georges. Aux dernières années du xve siècle, c'est l'imprimerie de Volfgang Hopyl, Allemand de nation. Elle avait séjourné à Sainte-Barbe (maison contiguë), et devait finir aux Cornils, près les écoliers de Décret.

Sous François Ier, Nicolas Prévost imprimait, à son tour, sous la même enseigne.

Maison du Coq et de la Pye (1431), puis du Soleil d'or (1585), ayant été sans doute un corps de logis détaché du Treteau et touchant, par derrière, ainsi que le porte un texte de 1497, à la «librairie» ou plutôt à l'imprimerie de la Sorbonne. On sait, en effet, que le petit établissement typographique de Ulrich Gering, et de ses deux associés, Michel Friburger et Martin Krantz, installé d'abord dans l'enceinte de la Sorbonne, fut transféré, en 1473, dans la rue Saint-Jacques. La maison qui portait alors l'enseigne du Coq et de la Pye, en prit une plus digne de la grande industrie qui allait s'y exercer : le Soleil d'or. Cette dernière, qui convenait si bien à l'imprimerie, l'instrument par excellence de la diffusion des lumières, suivit, quelques années après (1478), l'établissement dans la maison où on le transféra, mais en dépendant de la Sorbonne, avec façade sur la rue de ce nom et arrière-façade sur celle des Maçons. Nous retrouverons là le Soleil d'or de Gering.

Quelque temps après, Berthod Rembolt, de Strasbourg, occupait LE SOLEIL D'OR de la rue Saint-Jacques, puis SAINT CHRISTOPHE, près du futur Collège de France. Sa veuve, en 1513, épousa Claude Chevallon et rentra avec lui au SOLEIL D'OR.

CENSIVE DE LA SORBONNE.

MAISON DES LIONS, ayant été tantôt unie à la précédente, tantôt considérée comme un corps de logis distinct. A l'enseigne primitive, qui datait probablement du XIIIe siècle, succèdent, au commencement du XIVe, celle DU VAU DE LUQUES; en 1359, celle DU CHESNE; en 1431, celle DU LION D'OR; en 1448, celle DU CHESNE VERT, et, depuis lors, celles de LA CHASSE ROYALE et L'IMAIGE SAINCT ROCH. Parmi ces diverses appellations, les unes ne sont que des modifications aux assignations anciennes, les autres constituent de nouvelles dénominations dues tant aux changements de propriétaire ou d'habitants qu'aux alternatives de réunion et de séparation des corps de logis.

CENSIVE DU PARLOIR AUX BOURGEOIS.

MAISON DE LA LONGUE ALLÉE (1404) ou OSTEL SAINCT PÈRE, constituant deux immeubles distincts, l'un contenant le couloir auquel il devait son nom, l'autre étant un manoir d'une certaine importance auquel on arrivait par «la longue allée». Ce manoir fut donné, dès l'année 1235, aux religieux de l'abbaye de Saint-Père, de Chartres, par un certain Garin de Giset, archidiacre de Bayeux, qui l'avait fait bâtir. Le passage couvert, par lequel on y parvenait, ne constituait qu'une étroite séparation entre cet immeuble, LE SOLEIL D'OR et LES TROYS MORES. Derrière L'OSTEL SAINT PÈRE, se trouvait l'ancienne chapelle de la Sorbonne qu'a remplacée l'édifice construit par les ordres de Richelieu.

C'est probablement LA MAISON DE LA LONGUE ALLÉE, corps de logis en façade sur la rue, et non L'OSTEL SAINT PÈRE, manoir donné à l'abbaye de ce nom en 1235, amorti en 1287, et situé au fond du couloir, que désigne l'article suivant emprunté à la «taxe des logements en l'Université de Paris» pour l'année 1286 : «La maison de dame Agathe la mareschale, en la ruë Sainct Jacques, à LA LONGUE ENTRÉE, dix livres.»

La rue Saint-Jacques, principale artère du quartier latin, comptait plusieurs de ces maisons à logements taxés. A défaut de désignation précise, nous en indiquons ici trois sises en cette rue, et taxées, en 1288, la première à neuf livres et demie, la seconde à huit livres douze sous, la troisième à dix livres. Elles se nommaient, l'une «la maison neufve de Sainct Mathurin», l'autre «la maison d'Elie, dit le Rouge, devant Sainct Mathurin»; la dernière, «la maison du chapitre de Saint Estienne des Grez».

Maison des trois Mores (1449). D'après un terrier de 1542, cette maison contenait «trois ouvrouers sur rue», indépendamment du principal corps de logis. Sur un plan de la censive de la Ville, ou du Parloir aux bourgeois, on trouve, en effet, l'indication de trois corps d'hôtel contigus, qui paraissent s'identifier complètement avec la Maison des troys Mores. Mais, dans un autre terrier, du XVIIIe siècle, il est dit que cette maison se composait de quatre corps d'hôtel : celui des trois Mores, celui du Berceau d'or, mentionné en 1580, celui de sainte Katherine et celui de La Souche d'or, désignés dès 1570. Les «trois ouvrouers sur rue» cachaient-ils, comme dans l'immeuble précédent, un quatrième corps d'hôtel, le plus important, situé par derrière et s'étendant en profondeur vers les bâtiments de la Sorbonne? L'hypothèse semble plausible; c'est le seul moyen de concilier les assertions contraires des deux terriers.

Un document conservé aux Archives nationales et relevé par M. Paul Le Vayer complète les renseignements qui précèdent :

«27 août 1571. — *Insaisinetur* Michael d'Huisseau, *clericus in graphario criminali Parlamenti parisiensis, de media parte per indivisum medietatis, que est quarta pars domus site Parisiis in vico Sancti Jacobi ad intersignum* LA SOUCHE, *a* Joanne Chartier *et* Ludovica Gapaillard, *ejus uxore, acquisita mediante summa* CC *liv. tz prout existit litteris signatis* Faveau *et* Tessier, *notar. regiis, de dicta die penultima julii anni presentis* VCLXXI [1]. »

La Maison des trois Mores appartenait, en 1431, à la dame de Marcoignet, propriétaire de plusieurs autres immeubles dans le fief de ce nom. Nous avons parlé précédemment de ce fief à l'article de la rue de la Harpe.

Maison sans désignation, qu'un document de l'année 1578 localise ainsi : «Maison à l'opposite du collège du Plessis, tenant à l'hostel de l'abbaye du Becq Hélouyn, d'autre part à un corps d'hostel La Souche, et à l'hostel qui fut de l'abbaye Saint Père.»

De la teneur de ce texte, il suit que La Souche, l'un des corps de logis de la Maison des trois Mores, et l'hostel du Grand Becq encadraient, l'une au nord, l'autre au sud, la maison sans désignation dont il s'agit.

Hostel du Grand Becq (1410) ou du Gros Bec, appartenant, avant 1578, à l'abbaye du Bec Hellouin, en Normandie : ce qui a paru constituer une sorte de jeu de mots, comme il en a été fait plusieurs du même genre dans les diffé-

---

[1] Archives nationales, LL 157 f° 563 v°.

TOPOGRAPHIE HISTORIQVE DV VIEVX PARIS

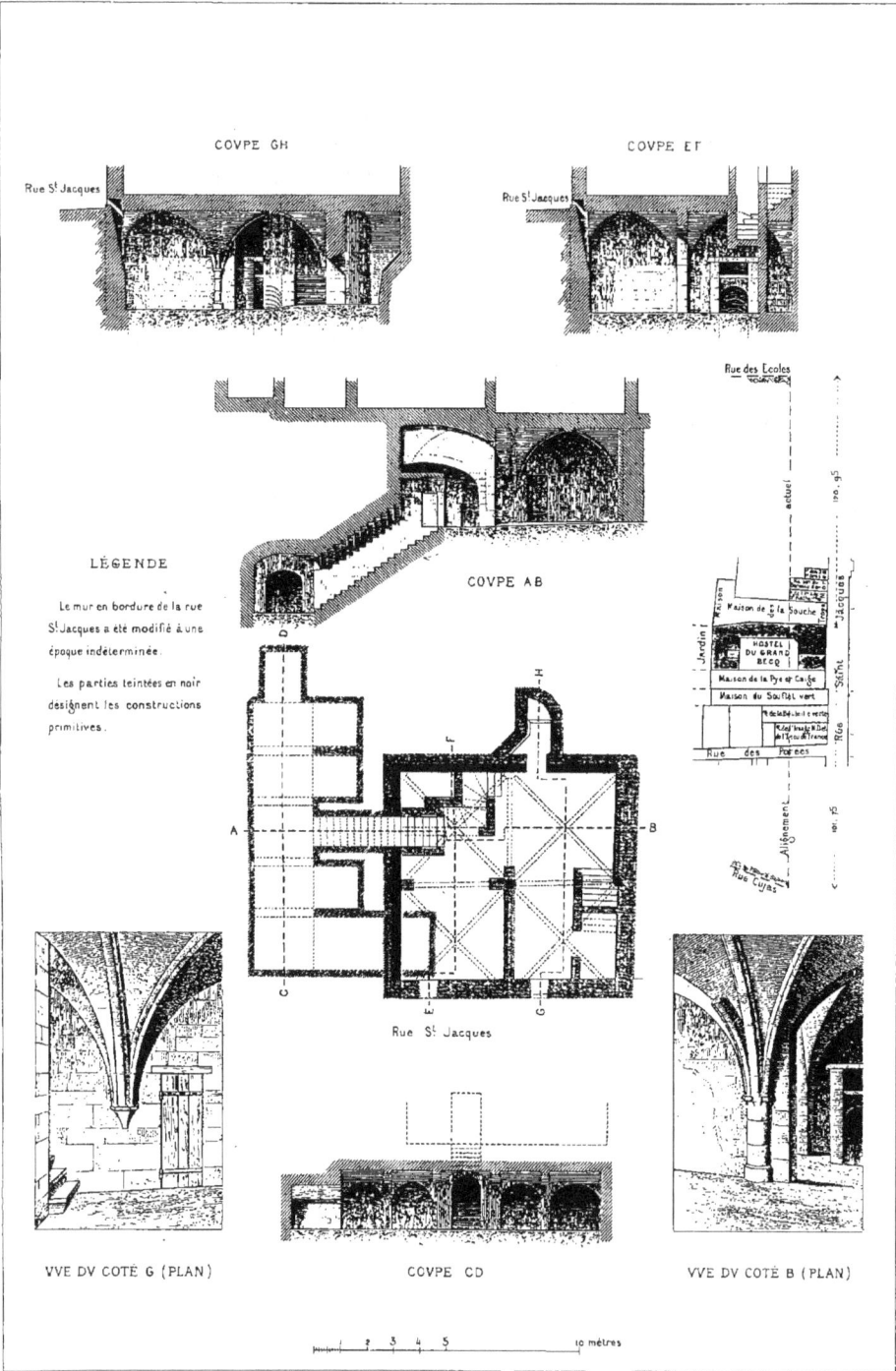

CAVES DE L'HOTEL DV GRAND BECQ

rents quartiers du Vieux Paris[1]. L'enseigne est naturellement postérieure à la prise de possession de la maison par l'abbaye.

La maison de la rue Saint-Jacques n'était pas la seule que les abbés du Bec possédassent à Paris : il en existait une autre, où ils avaient leur «barre»; ce qui a servi à dénommer la rue voisine de la MAISON AUX PILIERS et incorporée aujourd'hui à la rue du Temple. Nous ne la citons que pour mémoire. Quant à celle de la rue Saint-Jacques, elle était habitée par l'abbé du Bec Hellouin, que de mauvais copistes ont écrit de Richeloin, ainsi qu'il résulte de la pièce suivante publiée par Sauval :

«DOMAINE DE L'HÔTEL DE VILLE DE PARIS, (1573). L'abbé de Richeloin, pour sa maison ensuyvant, tenant à celle de LA CAGE, et aboutissant, par derrière, au collège de Calvy.»

Le manoir du GRAND BECQ, GROS BECQ, ou BEC HÉLOUYN a eu ses vicissitudes; Sauval les raconte en ces termes :

«L'hôtel du Bec étoit à la rue Saint Jacques, derrière la Sorbonne et le collège de Calvi. En 1410, le Prévôt des marchands prétendit qu'il faisoit partie du fief du Parloir aux bourgeois, qui appartient à l'Hôtel de Ville, et intenta procès pour les lods et ventes à l'abbé et aux religieux du Bec. En 1632, il consistoit en un jardin, une galerie et un corps de logis, et appartenoit à du Tillet, greffier du Parlement et à son frère, depuis que l'abbé du Bec l'eût aliéné, pour s'acquitter des subventions à quoi on l'avait taxé.

«Le cardinal de Richelieu alors avoit besoin du jardin et de la galerie, pour les comprendre avec le collège de Calvi, dans l'aggrandissement de la maison de Sorbonne. Mais comme, à la requête du clergé, le Roi avoit permis aux ecclésiastiques de retirer à leur commodité les biens aliénés pour les subventions depuis 1564, les propriétaires du jardin et de la galerie de cet hôtel ne s'en voulurent point défaire, si l'abbé du Bec ne se désistoit de cette permission et que le Roi ne les assurât qu'ils garderoient à perpétuité ce qui leur restoit de cette maison : si bien qu'il fallut leur accorder ce qu'ils demandoient. Le Roi donc en 1632, et Dominique de Vic, archevêque d'Auch et abbé commandataire de ce couvent, y apportèrent leur consentement au mois de mars et d'avril. Le jardin et la galerie coutèrent dix mille francs au cardinal de Richelieu; et presque aussitôt les lettres du Roi et de l'abbé furent enregistrées au Parlement, avec le contrat de vente[2].»

L'acte de vente du jardin et de la galerie par les frères Jean et Louis du Tillet, conservé aux Archives nationales sous la cote S 6212, appartient à l'histoire topographique de la Sorbonne : nous le reproduisons en son lieu. Qu'il nous suffise de dire, à propos de L'HOSTEL DU GRAND BECQ, que le jardin en dépendant mesurait huit toises de large sur treize de long.

---

[1] Le bon coing, si répandu aux angles des rues; le bœuf trompé et violé, c'est-à-dire auquel on joue de la trompe et de la viole, etc. etc.

[2] Histoire et Recherches des antiquités de la ville de Paris, par Henri SAUVAL, tome II, livre VII, page 269.

Maison de la Pye en Caige (1536), ou simplement de la Caige (1526), tenant par derrière « au Petit Sorbonne », c'est-à-dire au collège de Calvi. Elle touchait à l'Hostel du Grand Becq, et fut acquise, ainsi que le jardin et la galerie de cette maison, pour former le pourpris de la nouvelle Sorbonne. L'emplacement qu'elle occupait est ainsi désigné dans une pièce de 1534 : « Terrain de treize toises, trois pieds de long, par le bout d'en haut, près la maison ci-après (l'Hôtel du Becq), sur huit toises trois pieds de large, par le bout d'en bas, qui fait présentement partie du préau de la Sorbonne, et composoit jadis le jardin et partie de la galerie de l'Hôtel du Becq. »

Maison du Soufflet verd (1505) ancien logis qui paraît avoir porté en 1284, l'enseigne du Lion ou de Lyon, puisqu'un acte en latin, de cette époque, l'appelle « domus que vocatur domus Lugduni ». En 1516, le jardin du Soufflet est dit « tenant et aboutissant à la cour du collège du Petit Sorbonne ou Calvy, tenant d'autre part, à un jardin des appartenances de la Cage ». Au xve siècle et du vivant d'Ulric Géring, Pierre Césaris et Jean Stol, qui venaient des Pays-Bas, se fixèrent, rue Saint-Jacques, près des Jacobins, à l'enseigne du Soufflet vert. C'est là qu'ils imprimèrent, en 1473, *le Manipulus curatorum*.

Maison de la Bouteille verte (1505), sans autre désignation.

Maison de l'Imaige Nostre Dame et de l'Escu de France (1570), faisant le coin septentrional de la rue des Poirées, à Fiacre Guesdon, écuyer en 1576.

Maison de l'Espée de boys (1490), désignée accidentellement, en 1505, sous le nom de l'Espée de Jacques; un censier de 1575 la nomme « la Maison de la fleur de lys, à laquelle d'ancienneté pend pour enseigne l'Espée de boys ».

Cet immeuble se composait de deux corps de logis « entretenans », l'un à l'angle des rues Saint-Jacques et des Poirées, l'autre ayant façade sur cette dernière voie. En 1656, ils étaient restés indivis, sous une nouvelle enseigne commune : le roy David. Un souvenir historique et littéraire s'y rattache; c'est là que Pascal, abrité sous le pseudonyme de M. de Mons, ou de Montalte, composa les *Provinciales*.

Maison de l'Eschiquier (1491), puis de la Rouppye (1542), dite plus tard « devant le collège des Jésuites, tenant, par derrière, au collège de Réthel ».

Maison de l'Imaige sainct Loys (1487), ayant façade sur la rue Saint-Jacques, mais aboutissant à la rue des Poirées et touchant au flanc oriental du collège de Rethel. Elle n'était primitivement qu'un corps d'hôtel de la maison précédente.

Maison de la Corne de cerf (1492), puis de Nostre-Dame, dite aboutissant «à la cour de la Maison de l'Ymaige sainct Loys». On l'indique, en 1490, comme «tenant à l'Espée de boys, ou l'Eschiquier, et à sainct Loys». Elle était donc la troisième à partir de la rue des Poirées et contiguë à la Roze blanche.

Maison de la Roze blanche (1458), vaste habitation ayant quatre corps d'hôtel sur la rue, et s'étendant, par derrière, jusqu'au collège des Dix-Huit.

Maison sans désignation, contiguë à la Roze blanche et faisant partie des trois Canettes. Quoique non désignée, c'est-à-dire sans enseigne au xvie siècle, elle est appelée «les trois Martinets, puis le Daulphin, puis les Martinets, se composant de deux corps d'hôtel assis à la Roze blanche».

Maison des trois Canettes (1567).

Ostel des Caves «où pend pour enseigne l'Ymaige sainct Vincent» (1478). Cette maison se composait, en 1542, de deux corps de logis dont l'un, formant l'angle de la rue des Cordiers, s'appelait la Magdelaine, et l'autre, ayant façade sur cette dernière voie, avait nom, en 1574, le Barillet.

Cet «ostel des Caves», où pendait pour enseigne, en 1478, l'Ymaige sainct Vincent, appartenait, un siècle auparavant (1391), à Pierre Fortet, créateur du collège de ce nom, qui voulait y installer ses boursiers. Le testament original du fondateur, qui est conservé à la Bibliothèque nationale (ms. fonds français 8630, f° 2) et que Félibien a donné, révèle l'existence d'une chapelle, ou oratoire privé annexé à l'ostel des Caves, en présentant la maison comme un bon domicile pour les écoliers : *Et videtur quod melius erunt (scolares), in domo predicti vici Cordiariorum, ubi est capella.*

Les exécuteurs testamentaires en décidèrent autrement : «En 1391, dit Félibien, Pierre Fortet avoit légué, par son testament, de quoi fonder un collège de son nom..... Il avoit destiné à cette fondation sa maison des Caves, au coin de la rue des Cordiers, qui rend dans celle de S. Jacques; mais les chanoines de N. D., qu'il avoit fait ses exécuteurs testamentaires, ne trouvant pas le lieu commode, achetèrent de Louis de Listenois, seigneur de Montaigu, une autre maison (1397)... C'est le même endroit où est aujourd'hui le collège de Fortet [1].» — en haut de la rue des Sept-Voies, vis-à-vis la façade latérale de la nouvelle bibliothèque Sainte-Geneviève.

---

[1] *Histoire de la Ville de Paris*, t. II, p. 710.

CENSIVE DE SAINT-ÉTIENNE-DES-GRÈS.

MAISON AU PANIER (1391), DU PENNYER D'ARGENT (1418) et DU PANIER VERT (1507), faisant le coin méridional de la rue des Cordiers. Elle comprenait plusieurs corps de logis, tenant à une «longue allée» ou couloir, disposition si commune dans cette région, et aboutissait aux murs de l'enclos des Jacobins.

CENSIVE DU PARLOIR AUX BOURGEOIS.

MAISON DE L'IMAGE SAINT ANTHOINE, désignée ainsi en 1661 : «SAINT ANTOINE, ou NOTRE DAME, puis SAINT NICOLAS, en deux corps de bâtiment, tenant, d'une part et par derrière, à une maison à LA CHARITÉ, et à d'autres ayant leurs issues par les rues des Cordiers et Saint Jacques.»

MAISON DE SAINT BERNARD, située entre L'IMAGE SAINT ANTHOINE et LE PASSAGE DES JACOBINS. Elle tenait, d'une part et par derrière aux Jacobins — le Passage entre deux —, d'autre part, à une maison appartenant à la Charité et à d'autres maisons ayant issue sur la rue des Cordeliers. Ce sont les mêmes aboutissants que ceux de LA MAISON DE L'IMAGE SAINT ANTHOINE.

CENSIVE DES JACOBINS.

PASSAGE DES JACOBINS, «traversant», selon la locution ancienne de la rue Saint-Jacques à celle de la Harpe, en coupant l'enclos des dominicains, ou frères prêcheurs. Nous avons consacré, à ce passage, un article spécial, que l'ordre alphabétique place avant la rue Saint-Jacques.

COUVENT DES JACOBINS, s'étendant, comme le passage, de la rue Saint-Jacques à celle de la Harpe et ayant englobé dans son pourpris L'HOSTEL DE LA VOULTE, L'HOSTEL DU BOURG MOYEN, LE PARLOIR AUX BOURGEOIS, deux ruelles, et une partie de l'enceinte de Philippe Auguste. La monographie de ce monastère forme un article à part.

HUICT PETITS CABARETS OU ESCHOPPES, dit une pièce de 1548, «fort petites, de peur d'empescher la veüe de ladicte église — des Jacobins». — Le second de ces édicules avait pour enseigne LA FLEUR DE LYS, et le sixième L'IMAIGE SAINCT NICOLAS.

LE PERROQUET, autre maisonnette tenant au chevet de l'église des Jacobins. Une pièce de 1569 la désigne ainsi : « Une petite maison, en forme d'appentis, contenant ouvrouer, chambre au-dessus, estant joignant et tenant au chevet de l'église dudict couvent : LE PARROQUET. »

MAISON sans désignation (1585), « joignant la grant porte du couvent et contenant deux boutiques ».

MAISON DES BACHELIERS, ayant la même situation. On les avait bâties « sur le fond du jardin en ladicte rue Saint Jacques jusques à la porte du cloistre des Jacobins ».

L'IMAIGE SAINCT NICOLAS, dans une situation analogue. C'est la sixième des huit maisoncelles signalées ci-dessus.

MAISON sans désignation, tenant, dit une pièce de 1553, « à L'IMAIGE SAINCT NICOCOLAS et aux ESCOLLES DES ARTISANS d'icelluy couvent, aboutissant, d'un bout, par derrière, à la cour estant entre le chappre (chapitre) et ladicte maison, et d'autre part, par devant, sur ladicte ruë Sainct Jacques ».

ESCOLLES DES ARTISANS, établissement fondé par les Jacobins.

L'OURS « joignant la herse de la porte Saint Jacques. », dit une pièce de 1542. La maison portant cette enseigne ne pouvait exister que sur le côté occidental de la rue, le côté oriental, qui touchait à la porte, étant une sorte de petit carrefour où se trouvait un puits, dit « le puis de la Bretonnerie ».

CÔTÉ ORIENTAL
(du Nord au Sud).

CENSIVE DU CHAPITRE DE NOTRE-DAME.

JUSTICE ET FIEF DE LA VOIRIE DE FONTENAY.

MAISON DE LA PUCELLE D'ARGENT (1465), DE LA PUCELLE D'ORLÉANS (1546), faisant l'angle méridional de la rue Galande, sur laquelle elle avait, jusqu'en 1518, un corps d'hôtel appelé LA MAISON DES DEUX PAS.

MAISON DES CONNINS (1401-1407), DES TROIS COGNINS (1488) et DES COGNILS VERDZ (1556), insuffisamment localisée dans les *Comptes des confiscations de Paris pour les Anglois*, puisqu'elle y est dite tenir « AUX COULONS et à L'ANGLE », tandis qu'elle était, en réalité, contiguë à LA PUCELLE D'ARGENT et à L'IMAIGE SAINCT JEHAN, « à l'opposite de l'enseigne DU DAULPHIN, en la rue Sainct Jacques, oultre les pons. »

Une rente de quarante sous parisis, qui y était assise, fut donnée par Henri VI à Roger de Bréauté, chevalier normand, qui suivait sa cause.

Maison de l'Ymaige sainct Jehan (1418), ayant antérieurement formé l'un des corps d'hôtel de l'Escrevisse, et porté l'enseigne du Pavillon.

Un document conservé aux Archives nationales, relevé par M. Paul Le Vayer, nous donne sur cette maison le renseignement suivant :

« 10 septembre 1572. — *Insaisinetur* Olivarius de la Ville, *sertor, et* Barbara Royer, *ejus uxor, de domo seu media parte ejusdem, sita in vico-Sancti Jacobi, ad intersignum* Imaginis Sancti Johannis, *in censiva Capituli, acquisita a* Jacobo Boutevillain *et* Jaqueta Thomasse, *mediante summa mille librarum* tz, *prout existit litteris signatis* Moupeau (*lege :* Maupeou) *et* Lusson, *de data anni presentis, die vero* xxii^a *aprilis*[1]. »

Maison de l'Escrevisse (1418), ayant fait corps avec l'Ymaige sainct Jehan.

Maison de la Crosse (1401). Cet immeuble et le suivant furent achetés, en partie, le 30 août 1574, par Baptiste de Mormont, maître chandelier, et Jeanne de Freschin, sa femme, à Mondan Proiart et à Victoire Caparelle, son épouse [2].

Maison de Notre-Dame de Liesse (1556), ayant été un des corps de logis de la Maison de la Crosse.

Maison du Boissel (1418) ou du Boisseau (1465). On la trouve ainsi mentionnée à cette dernière date : « le Boisseau, tenant à l'allée de la Maison de Saucy, d'autre part, à Nostre Dame de Liesse. »

Maison de la Bannyere (1485-1520), puis de l'Escu d'Alençon (1556).

CENSIVE DE SAINT-MARCEL.

Maison du Plat d'estaing (1418), qui fut, en 1421, couchée sur le *Compte des confiscations angloises*, dans les termes suivants : « Maison ruë Sainct Jacques, enseigne du Plat d'estain, chargée de huict livres parisis de rentes, que Me Raoul de la Porte prenoit pour une chapelle à luy appartenante, fondée à Saint Marceau. »

Cette enseigne était fameuse au xive siècle; et les preuves du mauvais renom qu'elle avait nous sont acquises, grâce au *Registre criminel du Châtelet de Paris* (du 6 septembre 1389 au 18 mars 1392), publié par la Société des Bibliophiles

---

[1] Archives nationales, LL 158, f° 339 v°. — [2] *Ibid.*, 159, f° 317 v°.

(1861-1862). Ledit document se reflète dans ces lignes empruntées à l'*Histoire des Enseignes de Paris*, par Ed. Fournier, p. 125 : «L'auberge DU PLAT D'ÉTAIN, située au bas de la rue Saint-Jacques, était un des mauvais lieux où les archers du Prévôt de Paris faisaient les plus fructueuses captures pour la justice criminelle du Châtelet.»

MAISON DE LA SERENNE (1421), en censive de Saint-Marcel, comme la précédente, ainsi que le constate la Déclaration de 1584.

CENSIVE DU ROI.

MAISON DU CHAPERON (1437).

MAISON DE L'ARBALESTE (1437), à honorable homme Jehan Collet, en 1564.

MAISON DE LA CLOCHE NOIRE (1437), à René le Tonnellier, drapier, en 1564.

Ces trois immeubles, indiqués dans le même document, paraissent avoir eu peu d'importance. Les deux derniers n'en formaient qu'un vers l'an 1508.

MAISON DES TROYS ROYS DE COULONGNE (1437), s'appelant, un siècle auparavant (1326), LA MAISON DE LA COURONNE. Elle paraît avoir formé un seul hôtel en trois corps de logis, avec LA SELLE et LA CLOCHE PERSE, dans la première moitié du XIVe siècle.

MAISON DE LA SELLE (1326), divisée alors en deux parties, qui furent peut-être réunies pour l'installation de l'un des cinq hôpitaux fondés «en l'Université», sous le règne de Philippe de Valois. Sauval (t. II, p. 382) croit, en effet, que LA MAISON DE LA SELLE fut le siège de l'un de ces établissements, attendu qu'il fut placé «dans la rue Saint Jacques, vis-à-vis celle des Parcheminiers». Or LA MAISON DE LA SELLE était précisément située en face de la rue de la Parcheminerie.

MAISON DE LA CLOCHE PERSE (1418), ayant un jardin qui s'étendait derrière les maisons adjacentes. M. A. Tuetey, sous-chef de section aux Archives nationales, a fourni le renseignement suivant :

«Décembre 1433. — Ce jeudi, Guillaume Charruiau, demeurant à LA CLOCHE PERSE, en la rue S. Jacques, a asseuré Jehan Boureau le Jeune, demeurant à la BANNIÈRE DE FRANCE, en la rue de la Harpe [1].»

---

[1] Archives nationales, X^a 4797, f° 127 v°.

Maison de la Cloche rouge (1437), derrière laquelle se prolongeaient les dépendances de la

Maison du grand Cerf, laquelle avait issue sur la rue du Plâtre, par deux corps d'hôtel, et portait cette enseigne en 14... Antérieurement, c'est-à-dire dans le cours du xve siècle, c'était la Maison du Chaulderon (1428), puis des Deux Anges. Elle touchait à la Cloche Perse, derrière la Cloche Rouge, et servait à usage d'hôtellerie.

Voici quelle était la distribution topographique de l'immeuble : «Maison en deux corps à deux pignons : les deux Anges, sur la grant porte de l'hostellerie, et en l'autre qui fait le coin de la rue du Plastre : le Cerf. — Deux autres corps sur la cour, et trois autres sur la rue du Plastre.»

Maison du Cerf (14.), puis du Cerf volant (1500) et du Cerf vert (1583), ayant, ainsi que ces trois enseignes le donnent à penser, fait partie du Grand cerf, du Chaulderon, des Deux Anges. Elle formait l'angle septentrional des rues Saint-Jacques et du Plâtre et constituait l'un des corps de logis de la vaste hôtellerie qui s'étendait latéralement et de face, sur la rue du Plâtre, jusqu'au collège de Cornouailles.

PAROISSE DE SAINT-SÉVERIN.
JUSTICE ET CENSIVE DE SAINTE-GENEVIÈVE.

Maison de la Croix d'or (1437), ayant formé, antérieurement au xvie siècle, un corps de logis distinct, mais réunie en 1500 à la suivante, appelée simplement

Maison, sans autre désignation.

Maison du Lyon d'or (1365) ou Enferré. M. Paul Le Vayer nous communique les documents suivants :

« 1410. Pierre du Tertre *vend à* Jehan de Longuespée *66 s. 8 d. par. de rente assis sur la maison où pend pour enseigne* le Lion d'or [1].

« 1583. Anne de Francières, *veufve de feu* Jacques Bossuet, *vivant, tailleur d'habitz suivant la Cour, demeurant rue Saint Jacques* au Lyon ferré, *stipule le contrat de mariage de* Catherine Bossuet, *sa fille, avec noble homme* Lois de Montgasteau, *portier ordinaire de la Reyne, natif de Bloys* [2]. »

Maison des escolliers de sainct Jehan des Vignes, ou Hostel de sainct Jehan des Vignes (1380), à laquelle pendait pour enseigne en 1509, l'Estoille. Une pièce, conservée aux Archives nationales (J, reg. 82, n° 24), nous donne sommairement,

---

[1] Archives nationales, M 3679-3783. — [2] *Ibid.*, Y 125, f° 246.

en ces termes, la raison de sa dénomination : « Amortissement d'une maison située dans la rue de St Jacques, à Paris, laquelle avoit été leguée à l'abbaye de Saint-Jean-des-Vignes, de Soissons, par feu Me Jean du Mont, jadis chancelier du duc d'Orléans, en décembre 1353. »

Du Breul et Sauval se sont occupés de l'Hostel de sainct Jehan des Vignes; mais celui-ci en dit un peu moins que son devancier. « Je ne sais, écrit-il, quand l'abbé de St-Jean-des-Vignes de Soissons devint propriétaire de l'hôtel situé à la rue Saint-Jacques, près St-Yves; je pense seulement que le premier président Lizet y logeoit autrefois et le louoit, et qu'il fut aliéné, avec une infinité d'autres biens d'église, et vendu au trésorier de Charles, cardinal de Bourbon [1]. »

Du Breul est un peu plus explicite; à propos de la disgrâce du président Pierre Lizet, il résume ainsi la défense de ce magistrat qui, « pour avoir esté trois ans conseiller au Parlement, douze ans advocat du Roy, et vingt ans premier Président, n'avoit pas acquis autant de terre qu'il en avoit sous la plante de ses pieds; et mesme qu'il tenoit son logis à louaige de Monsieur l'abbé de Sainct Jehan des Vignes, de Soissons, sis à Paris, en la rue St Jaques, près l'église S. Yves; lequel logis retenoit le nom de ladite abbaye jusques au temps de l'aliénation des biens d'église, que Monsieur Jacques Legier, thrésorier de Monseigneur Charles de Bourbon, l'aisné, l'achepta [2]. »

Maison qui fu aus escolliers de sainct Jean des Vignes (1380), dépendance, au xvie siècle, ainsi que la suivante, de l'hôtel principal, ayant formé probablement un corps de logis distinct, postérieurement à la donation. Il y attenait, en 1438, une

Maison sans désignation, joignant le presbytère de Saint-Yves, et se rattachant à la précédente, comme celle-ci tenait au grand manoir légué par Jean du Mont à l'abbaye soissonnaise.

De cette demeure sans désignation, nous connaissons au moins deux propriétaires, grâce à cette note sans date : « Maison à MM. de la Boissière, escuiers de Mgr le duc de Berry, tenant au presbytère de St Yves, aboutissant à l'hostel de St Jehan des Vignes. »

CENSIVE DU ROI ET DU PARLOIR AUX BOURGEOIS.

Maison des Baquets, puis de l'Ymaige sainct Yves (1407) qu'il ne faut pas confondre avec une autre image du patron des avocats servant d'enseigne à une maison située en face de la rue des Cordiers. Celle dont il s'agit ici est ainsi

---

[1] *Antiquités de Paris*, t. II, liv. VII, p. 268. — [2] *Théâtre des Antiquitez de Paris*, édit. de 1639, p. 323.

désignée en 1451 : «tenant à la chapelle de Sainct Yves»; en 1561, «aboutissant au couvent de S. Jehan des Vignes»; en 1583, «séparée de l'église par une petite allée». Sauval la localise de même en nous apprenant qu'elle fut «à M⁰ Yves François»; mais il reproduit l'erreur commise par le rédacteur des *Comptes de confiscations angloises*, en la disant contiguë «à l'hostel de l'Evesque de Senlis», confusion évidente avec le couvent de Soissons.

Il semble que la maison dont il s'agit a dû être le presbytère de Saint-Yves auquel attenait l'immeuble précédent; les *Comptes de la Ville* pour 1425 portent, en effet, cette mention : «Maison à l'église Sainct Yves, enclavée en la ruelle (?) de ladicte église, qui souloit tenir à ladicte église et qui avoit pour enseigne LES TROIS BARBEAUX.» C'est sous L'YMAIGE SAINCT YVES, que Jehan Trepperel, imprimeur, s'établit en 1498.

CHAPELLE SAINT-YVES, ayant, avec l'église Saint-Étienne-des-Grès et les collèges du Plessis, de Marmoutiers, de Clermont, sa notice à la suite de la rue Saint-Jacques.

ÉCHOPPE adossée à la chapelle Saint-Yves, sur le côté oriental de la rue Saint-Jacques, dans les conditions analogues à celles des «eschopes et boutiques que les Jacobins avaient accolées à leur église et à leurs bâtiments claustraux, sur le côté occidental de la même rue». Nous parlerons plus loin du différend auquel donna lieu le projet de reconstruction de cette échoppe; disons, en attendant, quel en était le produit. Un certain nombre de baux conservés aux Archives nationales (S 3629) nous apprennent qu'elle fut louée, en 1612, quinze livres; en 1628, 1631, 1632 et 1634, douze livres; et, en 1635, vingt-quatre livres par an. Ce mince revenu fut accordé, le 19 avril 1634, à Félix Damet, qualifié de «serviteur de la chapelle Saint-Yves».

Les bourgeois et marchands qui s'opposaient au rétablissement de cette échoppe prétendaient qu'elle n'était qu'une construction provisoire «pour faire un corps de garde pendant la Ligue» et qu'elle était tombée «en partye par caducité, en partie par la violence de quelques charrois»; ce à quoi Messieurs de Saint-Yves répondaient que «elle n'avoit point esté bastie pour faire un corps de garde, ayant esté de tout temps et antienneté».

Il est question, dans une note, d'une «place» existant en 1437 au coin de la rue des Noyers; c'était peut-être une étroite bande de terrain longeant la chapelle avant la construction de l'échoppe.

CENSIVE DU PARLOIR AUX BOURGEOIS.

MAISON DE LA LIMACE et DU POT D'ÉTAIN (1456), faisant le coin méridional des rues Saint-Jacques et des Noyers, qui fut expropriée en 1615, et à propos de laquelle le bureau de la Ville rappela à Louis XIII «que c'étoit le Roy qui avoit l'habitude de se charger des frais résultant des retranchements pour alignements [1]».

Maison du Mortier d'or (1421), puis de la Couronne (1540).

Maison de l'Ange (1497).

Maison du Barillet (1485), puis de la Croix verte (1523), et enfin de l'Eléphant (1544).

Ces trois immeubles, dont on ne connaît que les enseignes, paraissent avoir été peu importants. Il n'en est pas de même de la Mule, qui a dû une certaine célébrité à Villon et à Rabelais. C'était, au xve et au xvie siècle, une «taberne méritoire», que fréquentait la littérature de ce temps, concurremment avec la Pomme de pin, le Castel ou Chasteau, la Magdalene et autres cabarets d'étudiants. La Mule est nommément désignée et localisée tant dans *Pantagruel*[2] que dans l'interrogatoire subi devant l'official de Paris par le clerc maître Guy, *magister Guido clericus*, à propos du vol commis au collège de Navarre par Villon et ses compagnons de débauche : «*In taberna ad intersignum* Mule, *ante sanctum Mathurinum*[3].»

CENSIVE DE SAINT-BENOÎT.

Maison de la Hache (1415), et du chief Sainct Denys, ayant porté simultanément les deux enseignes, puisqu'un acte de 1442 mentionne l'une et l'autre. Durand Gerbier, d'abord établi, rue des Mathurins, à l'Étrille Fauveau (1489-1498), transporta son imprimerie, en 1498, rue Saint-Jacques, à l'Image saint Denis. C'est ici la dernière stade de sa carrière.

Maison du Loup (1445), dite également, en 1492, Hostel de la Boucherye, parce qu'il s'y trouvait un étal. Poncet Lepreux, fameux libraire et éditeur, de 1498 à 1552, exerça sa double industrie au Loup, puis au Croissant, deux immeubles de la rue Saint-Jacques.

Maison du Castel ou du Chasteau, très voisin de la Mule, et où il existait pareillement un cabaret fréquenté par les étudiants. Serait-ce la même «taberne» men-

---

[1] Archives nationales, II. 1797. Voir, à ce propos, un article d'Adolphe Berty, inséré dans la *Revue archéologique* (année 1857), p. 264.

[2] *Pantagruel*, liv. II, p. 117, édit. Garnier.

[3] *Étude biographique sur François Villon*, par Aug. Longnon, p. 58, 59.

tionnée par Rabelais, et ayant deux entrées sur la rue Saint-Jacques? Il semble que l'interposition de la Hache et du Loup fait obstacle à cette identification.

Maison du Beau treillis (1562), qu'on trouve appelée, peu d'années après, l'Escu de Basle (1585). Il semble qu'elle ait fait partie, en 1492, de la précédente ou de la suivante, car à cette dernière date, la Maison du Chasteau est dite « tenant à celle du Cocq ». Il n'est pas question de Beau treillis entre les deux.

Maisons du Gros cocq (1492) et du Petit cocq (1585), formant alors deux corps de logis distincts, mais ayant pu être réunis à une date antérieure.

Maison du Lion d'argent (1535), composée alors de trois corps de logis sous la même enseigne. Deux ont formé, au xviie siècle, maisons à part, et ont été dénommées

L'Escu de Cologne,

La Bille d'or. En 1498, c'est à l'enseigne du Lion d'argent que débuta le fameux libraire et imprimeur Jean Petit, avant de transporter son matériel à la Fleur de lys, soit celle située en face, soit celle étant au nord des Mathurins.
De 1526 à 1546, Ambroise Girauld occupa le Lion d'argent, puis le Roi David, enfin le Pélican.

Maison des Ciseaulx, ainsi désignée en 1411; quelques années plus tard, elle est dite « à présent l'Esquierre » (1425). Nouveau changement d'enseigne en 1467 : elle porte alors le nom de Maison du Figuier. Enfin, en 1585, elle reprend son ancienne dénomination, ou du moins une pièce de cette date l'appelle encore la Maison des Ciseaux. Peut-être ne l'avait-elle jamais perdue.

Maison de la Roze (1309), puis de la Roze couronnée (1493), et enfin de la Rose blanche (1509). Il n'y a là que des allongements de la dénomination primitive. C'est ici, sous l'enseigne de la Rose blanche couronnée, que Michel Lenoir fonda une imprimerie, dès les premières années du xvie siècle.

Maison de l'ospital sainct Benoist (1498), ayant porté, au xiiie siècle, l'enseigne de la Corne de Cerf (1260) et l'ayant conservée pendant plus de quatre siècles, puisqu'on la retrouve encore en 1667. A l'hôpital était joint un four portant le vocable du même saint : ce qui fait qu'on a souvent confondu, au xve siècle, l'un et l'autre établissements. Un document, publié par Félibien, sous la date de 1158, prouve que « l'ospital Sainct Benoist » existait dès le milieu du xiie siècle, puisque le roi Louis VII faisait, à cette époque, remise d'une obole de cens qu'il percevait sur un terrain en dépendant. L'hôpital est appelé, dans cette pièce, « *eleemosina* », aumône [1].

Le Four sainct Benoist (1307), portait encore ce nom deux siècles et demi plus tard (1558). Il le devait sans doute à l'usage auquel il servait : c'était le four banal du chapitre. En 1663, on le retrouve dénommé l'Escu de Basle : peut-être avait-il alors changé de destination. L'hôpital et le Four Saint-Benoît paraissent avoir formé, à une époque indéterminée, un ensemble de constructions comprenant

La Maison du Jardinet, ou de la Tonelle, ayant appartenu à Simon de la Tornelle, cité plus haut, et appelée plus tard la Hure de sanglier, ainsi que le constate en ces termes un acte de 1435 : « Maison où jadis fut et souloit pendre pour enseigne le Jardinet, ou vulgairement appelée l'Ostel du Jardinet, et, de présent y pend l'enseigne de la teste de Hure de sanglier. » Ces sortes de démembrements s'expliquent peut-être par les locations que faisaient les religieux et les chanoines, afin d'augmenter leurs revenus.

La Croix blanche (1585).

Les Quatre éléments (1572). Au XVIe siècle, le libraire Jean Boigny exerça sa profession sous cette enseigne.

L'Escu de Bretaigne (1301), puis l'Escu de Florence (1585). Cette maison était séparée de la précédente par une de ces « allées » ou passages fort étroits, si nombreux dans la région que nous étudions et faisant communiquer avec la rue les bâtiments situés au fond des cours et des jardins. La petite ruelle dont il s'agit, et qui n'avait pas de nom, débouchait dans un autre couloir également anonyme, lequel conduisait à un puits commun, situé derrière les maisons de la Croix blanche et du Jardinet à la rue Saint-Jean-de-Latran, devant le cimetière de Saint-Benoît. L'extrémité de cette seconde ruelle était déjà « estoupée », c'est-à-dire bouchée en 1450.

---

[1] En publiant ce document dans les *Preuves* de son *Histoire de la Ville de Paris* (t. III, p. 91), Félibien a cru qu'il s'appliquait à l'hôpital des Mathurins; il nous paraît, au contraire, se rapporter à celui de Saint-Benoît. Voici quel en est le texte :

« In nomine Sancte et individue Trinitatis, Ego Ludovicus, Dei gratia, rex Francorum et Dux Aquitanorum, notum haberi volumus universis, tam futuris quam presentibus, quod nos, pro remedio anime nostre et Antecessorum nostrorum Eleemosine Beati Benedicti, que sita est in suburbio Parisiensi, juxta locum qui dicitur Therme, obolum unum quem de censu annuatum ab eadem Eleemosina habemus, de terra scilicet Simonis Tornelle, prorsus dimisimus, ut predicta Eleemosina terram illam ab omni exactione liberam et quietam perpetuo possideat. »

Le Moulinet (1315), puis la belle Ymaige ou l'Imayge Nostre Dame (1450), où paraît avoir existé, dans les premiers temps de l'imprimerie, un établissement typographique distinct de celui des Estienne, mais en constituant une annexe.

La Nef d'argent (1383), faisant le coin septentrional de la rue Saint-Jean-de-Latran. L'extrait suivant d'un titre de 1257, compris dans le fonds de Saint-Benoît, paraît s'appliquer à cette maison : « Quadam domo sita in magno vico Sancti Benedicti ab oppositis ecclesie Sancti Benedicti... que vocatur La Pescheraine. » Une charte de 1254, appartenant aux archives de la Grande Confrérie, nous apprend que ce vocable était le nom d'une femme déjà morte à cette époque.

Si ce n'est au Moulinet que se trouvait l'imprimerie dont nous venons de parler, et qui se confond avec celle des Estienne, c'est peut-être à la Nef d'argent qu'il faudrait la placer.

PAROISSE SAINT-BENOÎT.

JUSTICE ET CENSIVE DU PARLOIR AUX BOURGEOIS.

Du cimetière Saint-Benoît, formant l'angle méridional de la rue Saint-Jean-de-Latran, et constituant la plus ancienne nécropole de la paroisse Saint-Benoît, on ne trouve pas de mention antérieure à l'an 1257; mais il existait certainement bien avant le xiiie siècle. En 1482 il était clos de murs et l'on y pénétrait par deux portes situées, l'une du côté de la rue Saint-Jacques, l'autre du côté du collège de Cambrai. Cet ancien champ de repos, qu'on appelait le Grand cimetière, le cimetière de Cambray, le cimetière des Acacias, à cause de son étendue, du voisinage du collège et des arbres qui l'ombrageaient, fut détruit en 1615, époque où l'on agrandit celui de la rue Fromentel. (Voir les articles relatifs à la place Cambray et à la rue Fromentel.)

Les quatre fils Hémon (1405 et 1546). Cette enseigne, fort répandue dans le Vieux Paris, fait place, en 1451, à celle de l'Imaige sainct Martin; mais elle reparaît plus tard. Peut-être ont-elles été simultanées. Au xve siècle, Denis Roce, imprimeur, exerçait à l'enseigne de l'Ymaige sainct Martin.

La Salmendre (1546).

L'Ymaige sainct Nicolas (1405).

L'Ymaige Notre Dame (1463).

La Maison du Quoy (1342), le Cochet (1463), les Coches (1546).

RÉGION CENTRALE DE L'UNIVERSITÉ.

Ces quatre immeubles, qui paraissent avoir eu peu d'importance, puisqu'on ne trouve, dans les titres, que leurs enseignes sans autres indications, sont peut-être des parties détachées d'une grande maison ayant eu primitivement plusieurs corps de logis.

Maison des trois Becqets (1448), puis des trois Brochets (1546). Elle est dite, en 1342, «estre de la censive du roy». Au commencement du xiv° siècle, il devait y avoir, soit dans cette maison, soit dans l'une des maisons voisines, un établissement de bains, car dans un acte de 1319, la Maison des Balances, qui était vis-à-vis, c'est-à-dire sur le côté occidental de la rue, est dite «scize devant les bains». (Voir la description topographique de ce côté de la rue.) En 1554, les trois Brochets sont mentionnés sous ce vocable, et, en 1613, ils sont dits «au devant de Saint Benoist, aboutissant au jardin du collège de Cambray, ou des Trois Évesques». Les mêmes aboutissants sont indiqués pour le Cochet, les Cochets ou les deux Cochets. C'est sous cette enseigne des trois Becqets, ou des trois Luxes, ou des trois Brochets, que le maître imprimeur et libraire Badius Ascensius, à dater de 1502, imprimait et vendait ses belles éditions des classiques latins.

La Housse Gillet (1342), et, plus tard, la Heuse. Un censier de Sainte-Geneviève, de l'an 1380, nous apprend qu'il y avait, en cette maison «deux marmousés en deux jambes». Cette singulière sculpture paraît être expliquée dans un terrier de la Ville de l'année 1546, où il est dit : «Il y a ung pillier, ouquel a une teste, où il y a ung chappeau de rozes.» Ce pilier était probablement une borne, c'est-à-dire une limite de fief ou de censive.

CENSIVE DE SAINTE-GENEVIÈVE.

Maison aux deux Coullons (1320), du Coulon (1380), des trois Coulons (1428), ayant, en 1380, appartenu à Pierre de Croy, seigneur de Montrouge, *aliàs* Pierre de Civry.

Hostel de l'Estoille (1428) ou de Notre-Dame de la Cousture, au Mans. C'était la demeure parisienne des abbés de la Couture depuis le xiii° siècle, selon toute probabilité, et certainement à partir du xiv°.

L'hôtel parisien des abbés de Notre-Dame de la Couture consistait, dit une pièce de l'an 1600, en «un corps d'hostel sur la rue Saint-Jacques, un petit corps d'hostel derrière, et un jardin, vers le puits Certain». La désignation est un peu vague; «vers», signifie, en effet, à une certaine distance. La résidence des abbés

Manceaux était rapprochée de l'emplacement du futur cimetière Saint-Benoît, ainsi que le prouve une note de l'an 1614, ainsi conçue : «Achat par le Roy, d'une place proche l'hostel de la Cousture, pour estre, icelle place, eschangée avec les marguilliers de Saint Benoist, pour servir de cimetière.»

Dans la seconde moitié du xviie siècle (1661), l'hôtel était encore possédé par l'abbaye de Notre-Dame de la Couture, puisque Louis Henry, légitimé de Bourbon, comte de Soissons et abbé commandataire, le donnait à bail emphytéotique. Il passe ensuite en plusieurs mains et devint successivement un pensionnat, puis une habitation privée. L'histoire topographique du Vieux Paris ne peut entrer dans ces diverses mutations relativement modernes.

Maison de la Soulche et du Maillet (1380), puis du Rouet d'or (1428). Cet immeuble était séparé du précédent par un couloir ou passage appelé «allée de la Cousture». Nous avons constaté, sur plusieurs points de la rue Saint-Jacques, l'existence de ces petites ruelles.

Maison de la Couppe d'or (1380), formant l'angle septentrional du cimetière Saint-Benoît. C'est dans cette maison que les frères Antoine et Louis Caillaud installèrent leur imprimerie en 1497.

PAROISSE DE SAINT-ÉTIENNE-DU-MONT.
JUSTICE ET CENSIVE DE SAINTE-GENEVIÈVE.

Maison du plat d'Estain (1321), puis des Trois escuelles (1410), et des Trois saulcières (1483), faisant le coin méridional de la rue du Cimetière Saint-Benoît. Elle fut, comme beaucoup d'autres immeubles de cette région, comprise dans le *Compte des confiscations* opérées par Henri V et Henri VI. C'est d'elle qu'il est question dans l'article ainsi conçu : «Maison seize rue Sainct Jacques, tenant à la ruelle de Froid-Manteau, par où l'on va au Cloubreneau [1].» Elle était dite alors Maison des Trois escuelles; mais le vocable primitif lui était resté, puisqu'elle est appelée par les confiscateurs : «Maison rue Sainct Jacques, à l'enseigne du Plat d'estain, chargée de huit livres parisis de rente, que Me Raoul de la Porte prenoit pour une chapelle à luy appartenante, fondée à Sainct Marceau [2].»

Maison du Mouton (1380), paraissant avoir été nommée, en 1369, Maison de la Selle, puis, en 1425, Maison de la Banyere d'Alençon. Elle avait issue sur la rue Fromentel, par un corps de logis situé en arrière, et distant de quinze toises environ, du coin de ladite voie. La Selle et la Banyere d'Alençon, contiguës au

---

[1] Sauval, t. III, p. 51. — [2] *Ibid.*, p. 295.

Plat d'estain, ont pu, à une époque indéterminée, en avoir été une dépendance, à moins qu'elles n'aient fait partie de la Maison du Mouton.

Maison de la Cuillier (1489), ayant servi de noyau au groupe immobilier qui a formé le collège du Plessis. (Voir, à la suite de la monographie de la rue Saint-Jacques, l'article consacré à cet établissement scolaire.)

CENSIVE DE SAINT-JEAN-DE-LATRAN.

Collège des Marmoutiers. Même observation, cette maison d'éducation donnant lieu à une notice particulière.

Maison de l'Ymaige sainct Martin (1448), tenant, par ses derrières, à l'hôtel des évêques du Mans, transformé plus tard en collège (1519), puis à un certain Jean Bocher. Elle fut acquise, en 1580, par les *Jésuites*, propriétaires du collège de Clermont.

Maison de l'escu de Bourgongne, puis Maison du Chériot (1481), ayant repris son enseigne primitive aux xvie et xviie siècles. Elle avait, dit une pièce de ce temps, vingt-deux toises de longueur, trois toises de largeur sur le devant, et dix-sept pieds quatre pouces «sur le derrière». Comme la précédente, elle fut achetée par les Jésuites en 1633, pour agrandir le collège de Clermont.

Maison de la Malassize (1580), réunie, comme les deux précédentes, au pourpris du collège de Clermont (1580), par les membres de la Compagnie de Jésus. Un titre de 1481 semble la désigner sous le nom de Maison du Moulin à vent; elle est dite alors «tenant à J. Bocher et au jardin de Sainct-Martin».

CENSIVE DE SAINT-ÉTIENNE-DES-GRÈS.

Maison de l'Ymaige sainct Michel (1526), puis de l'Annonciation de Notre-Dame (1587), faisant face au débouché oriental de la rue des Poirées. Elle fut, comme les précédentes, acquise en 1633 par les Jésuites, pour l'agrandissement du collège de Clermont.

CENSIVE DE SAINT-JEAN-DE-LATRAN.

Hostel ou cour de Langres, depuis collège de Clermont, et collège des Jésuites. Cet important immeuble a sa monographie à part, à la suite de l'histoire topographique de la rue Saint-Jacques. Nous ne consignons ici que les renseignements antérieurs à son affectation scolaire.

La maison devait son nom à Bernard de la Tour, évêque de Langres, qui en était propriétaire. Elle avait été possédée antérieurement par le sire de Revel, et une dame de Séris, nommée Honorée Brune. En 1469, elle était passée, par acquisition ou par héritage, à un comte de Boulogne. C'était une vaste habitation, renfermant plusieurs corps d'hôtel, des cours, des étables, des jardins et un puits. Elle était limitée, sur le devant, par la rue Saint-Jacques et quelques maisons particulières, d'un côté, par le collège des Chollets, de l'autre par celui de Marmoutiers, et, par derrière, par l'hostel des évêques du Mans, transformé, l'an 1519, en collège du même nom.

L'Hôtel, ou cour de Langres, relevait de la censive de Saint-Jean-de-Latran, pour sa partie antérieure, et de celle de Sainte-Geneviève, pour sa partie postérieure. La limite des deux seigneuries était indiquée par une croix et une crosse gravées dans le mur, un peu au delà de la cuisine dont la situation exacte est difficile à préciser.

En sa qualité de don royal, l'hostel de Langres était naturellement désigné aux confiscateurs anglais. Sauval, qui a reproduit les comptes de ces spoliations, donne, de 1423 à 1437, les mentions suivantes :

«Maison rue Sainct Jacques, tenant, d'une part, à l'hostel de Langres, qui fut au sire de la Tour...

«Hostel de Langres, qui fut au seigneur de la Tour, lequel hostel avoit esté donné à Me Jehan Brezille, et ensuite donné par le Roy, le quatriesme novembre 1424, à Me Charles de Poitiers, evesque de Langres, du consentement dudict Me Jehan Brezille [1].»

Maison de l'escripteau d'organiste (1554), enseigne unique parmi les vocables des vieilles maisons de Paris, laquelle s'appliquait à une petite habitation ayant, dit un titre du xvie siècle, deux toises quatre pieds six pouces de largeur, sur trois toises cinq pieds et huit pouces de longueur.

Maison de l'Ymaige de sainct Pierre de Luxembourg (1402), désignée dans un titre de 1554, sous le nom de l'Ymaige saint Pol, quoique ayant conservé son ancien vocable jusqu'à la fin du xvie siècle. En 1497, elle était attenante à l'hôtel de Langres; trente-trois ans plus tard (1530), elle est dite contiguë à l'Ymaige saincte Katherine, laquelle faisait sans doute partie des bâtiments dits Maisons de la cour de Langres, parce qu'ils avaient été construits sur des terrains dépendant de cet hôtel. Comme ses voisines de droite et de gauche, la Maison de l'Ymaige de

---

[1] *Antiquités de Paris*, t. III, p. 299, 414 et 314.

SAINCT PIERRE DE LUXEMBOURG fut acquise par les Jésuites pour l'agrandissement de leur collège.

MAISON DE L'YMAIGE SAINCTE KATHERINE, puis DE LA SERPE (1482) et enfin DE L'YMAIGE SAINCT JACQUES (1530), ayant, à une époque antérieure, fait partie de l'immeuble précédent. Elle a été englobée, elle aussi, dans le pourpris du collège de Clermont (1582). Avant cette incorporation, elle est ainsi désignée dans les titres : « SAINCTE KATHERINE, depuis LA SERPE, tenant, d'une part, à une petite maison à Th. Richart, d'autre part, à J. Galet, aboutissant à l'ostel de Langres ». En 1573, le même immeuble est dit : « MAISON SAINT JACQUES, tenant à SAINT JEHAN, d'autre part, à Raoulin Bourdet, aboutissant à LA COUR DE LANGRES ». En 1621, on le dit « tenant aux CHOLLETS ».

ISSUE DU JARDIN DES CHOLLETS, sur laquelle il existait, en 1572, une « petite maison. »

MAISON DE L'YMAIGE SAINCT JEHAN (1402), tenant, dit un titre de 1529, « au FER A CHEVAL, d'autre part, à Colin Evrard et à L'OSTEL DE LANGRES, aboutissant à ce dernier et aux Escolles des Chollets ». C'est encore une acquisition faite par les Jésuites, en 1637, en vue d'agrandir leur collège. En 1499, à l'enseigne de SAINT JEHAN L'ÉVANGÉLISTE, elle abritait l'imprimerie d'Antoine Vérard.

CENSIVE DU CHAPITRE DE NOTRE-DAME.

MAISON DU FER A CHEVAL (1482), acquise, en 1637, par les Jésuites, comme les précédentes, pour agrandir le collège de Clermont.

MAISON DU MONDE (1465), ayant, avec la précédente et la suivante, formé l'un des corps de logis d'un hôtel connu sous le nom de LA CORNE DE CERF, enseigne qu'il portait encore en 1512.

MAISON DE LA GALLÉE D'OR (1465), aile méridionale de l'hôtel de LA CORNE DE CERF, dont le FER A CHEVAL fournit l'aile septentrionale. LA GALLÉE D'OR paraît avoir porté, antérieurement au XVe siècle, l'enseigne de LA BERGERIE et du PUIS DES CHOLLETS.

Ce puits a joui d'une certaine célébrité au XVIe et au XVIIe siècle, grâce au voisinage des établissements scolaires qu'il servait à alimenter. Le savant historien de Sainte-Barbe en a parlé, à propos du principal Antoine Pélin, qui le fit creuser en 1510. « Ce n'était, dit Jules Quicherat, qu'un plébéien, qui s'était élevé, par son mérite, au gouvernement de la communauté des Chollets. Pour avoir fait creuser dans ce collège un puits, dont il concéda l'usage aux habitants des maisons voisines, il fut célèbre comme l'un des bienfaiteurs de la Montagne. Le versificateur Valeran de Vaurains, qui était le Virgile de l'Université du temps de Louis XII, a fait là-dessus le dithyrambe que voici :

« Ce qu'il y a de fumeux dans la coupe bachique, l'eau des Chollets le dissipe par son mélange. Tandis que le soleil accomplit sa course pour se rendre, des régions de l'aurore, chez les Ibériens, une foule babillarde tourne la poulie, pour faire monter le précieux liquide. Il fait les délices des tables frugales par le tempérament qu'il porte aux ardeurs du vin. La troupe des nymphes s'incline devant celle qui le fournit, et la tient pour une divinité supérieure [1]. »

Ce puits bienfaisant, trop fréquenté peut-être par les voisins du collège des Chollets qui le transformaient en « puits d'amour », avait dû être réparé au commencement du xviie siècle, ainsi que le constate Du Breul dans les termes suivants : « En l'an 1602, le puits des Cholets, qui s'en alloit en totale ruine, a esté réparé, en reprenant depuis les fondemens, ostant les pierres pourries et y employant, jusques à quatorze assizes, des grosses pierres de taille. Une partie aussi de la charpenterie a esté changée et le dessus garni de plomb neuf, en forme de chapeaux de cardinaux, comme on le voit pour le jourd'huy. Et est à noter que de derrière les vieilles pierres qu'on ostoit pour en mettre de neufves, sortoit un air si puant et infect, que plusieurs en furent en danger de mort, si Dieu, par une grâce spéciale n'y eust pourveu [2]. »

« Aujourd'hui, ajoute Jules Quicherat, ce puits si fameux, dont le diamètre et la profondeur justifiaient la reconnaissance du quartier, se cache ignoré sous le jardin du lycée Louis-le-Grand; mais, il y a quarante ans, il apparaissait encore, dans toute sa gloire, surmonté d'un baldaquin en fer, qui était un chef-d'œuvre de serrurerie [3]. »

Maison des petits Chollets (1520), puis Maison de l'Ymaige sainte Catherine (1572), ayant probablement formé, à une époque antérieure, l'un des corps de logis de la

Maison de l'Ymaige sainct Jacques (1448), laquelle a dû dépendre également d'un grand hôtel appelé, au commencement du xve siècle, la

Maison de l'Ymaige sainct Estienne (1418). Une note empruntée à des documents authentiques nous fait connaître l'importance de cet immeuble : « Six maisons, y est-il dit, autrefois en une, trois faisant face sur la rue S. Jacques, et trois

---

[1] *De laudibus Collegii Choletæi* (Paris, 1507), cité dans l'*Histoire de Sainte-Barbe*. — [2] *Théâtre des Antiquitez de Paris*, édit. de 1639, p. 303. — [3] *Histoire de Sainte-Barbe*, t. I, p. 68, 69.

sur la rue S. Estienne; les trois premières tenant aux Chollets, d'autre part au coin de rue; les trois autres tenant au coin et, d'autre part, à une maison des Chollets, estant vis-à-vis la petite porte S. Estienne des Grés : la première, LE FER À CHEVAL; la deuxième, LE NOM DE JÉSUS; LE MIROUER contigu, devant la petite porte. »

MAISON DE L'ESCU D'ORLÉANS (1487), formant l'angle septentrional de la rue des Grès ou Saint-Étienne-des-Grès. Dépendant primitivement de la précédente, qui en comprenait six, elle en avait été détachée et constituait déjà un immeuble distinct, vers le milieu du xve siècle.

CENSIVE DE SAINT-ÉTIENNE-DES-GRÈS.

ÉGLISE SAINT-ÉTIENNE-DES-GRÈS, ayant sa façade ou entrée principale sur la rue Saint-Jacques, et se développant latéralement à gauche sur la rue des Grès, à droite sur le cloître qui avait issue en la rue de la Grande-Bretonnerie. La notice relative à cet édifice, ainsi que la monographie de la chapelle Saint-Yves, des colléges du Plessis, de Marmoutiers et de Clermont, a été placée à la suite de l'histoire topographique de la rue Saint-Jacques, afin de ne point interrompre la succession des immeubles en bordure de cette voie.

MAISON DE LA CROIX BLANCHE (1547). Au xvie siècle, ce n'était qu'une petite construction, dont le terrain avait été pris sur le petit cimetière qui précédait l'église Saint-Étienne-des-Grès. Elle s'appuyait sur la travée de droite du porche de l'église, et aboutissait au petit cloître qui était formé par le collatéral méridional de l'église dont les voûtes s'étaient écroulées. Le chapitre n'ayant pas les ressources nécessaires pour faire reconstruire ce collatéral, on l'avait retranché de l'édifice et laissé à l'état de cloître découvert.

MAISON DU PORC-ÉPIC (1501) composée de plusieurs corps d'hôtel, dont un seulement donnait sur la rue Saint-Jacques. C'est elle que Sauval désigne dans les termes suivants : « Maison scize à Paris, dedans la cour du Haut-Pas, près la porte S. Jacques, tenant, d'un costé tout du long, aux murs de l'église S. Estienne des Grez [1]. » LA MAISON DU PORC-ÉPIC, avait une cour, un jardin et aboutissait à un autre jardin appartenant au chapitre Saint-Étienne. Sur son emplacement a été construit, en 1670, une sorte de cloître, bordé de bâtiments, dont une partie était louée à des particuliers, et l'autre servait à loger les chanoines.

---

[1] *Antiquités de Paris*, t. III, p. 411.

CENSIVE DU ROY.

Maison du Cigne de la croix (1572), ayant très probablement formé une dépendance de la

Maison des Trois maillets (1531), qui, avec le Croissant, ou le Croissant couronné, a dû constituer un des corps d'hôtel du Porc-Espic.

PAROISSE DE SAINT-BENOÎT.
JUSTICE ET CENSIVE DU CHAPITRE DE SAINT-ÉTIENNE-DES-GRÈS.

Maison du Croissant couronné (1404), ayant, au xvie siècle, issue sur la rue de la Petite-Bretonnerie.

Maison du Heaulme (1494), faisant le coin septentrional de la même rue.

Maison de l'Ymaige Nostre-Dame, ou de la Belle ymaige (1578), formant l'angle méridional de la même voie.

Maison du Paon d'or (1542), faisant le coin septentrional de la rue de la Grande-Bretonnerie et ayant composé, avec les autres habitations comprises entre les deux Bretonneries et la rue Saint-Jacques, tout un îlot de constructions connu en 1462, sous le nom de Ostel de l'Escu de France. A cette date, en effet, elle est indiquée comme un immeuble spacieux formé de plusieurs corps de logis : « 1462. Hostel à pignon, en plusieurs corps d'hostel, dit l'Escu de France, assis grant rue et prez la porte Saint-Jacques, avec dépendances, jusques à une petite ruelle traversine qui est à l'opposite de l'hostel J. Barost, tenant, d'une part, à la rue de la Petite-Bretonnerie, d'autre part, à celle de la Grande-Bretonnerie. »

Les Confiscations anglaises, qui ont beaucoup frappé sur la région d'Outre-Petit-Pont, n'ont pas épargné la Maison du Paon et de l'Escu de France; on trouve, en effet, dans le Compte de 1421, parmi les immeubles confisqués, une « Maison ruë Sainct Jaques, à l'enseigne de l'Escu de France, prez la porte Sainct Jaques, chargée, envers le chevecier de Sainct Estienne des Grez, en treize livres parisis de rente, et, de fonds de terre, en deux sols parisis [1]. »

Ici doit trouver place une note relative à une Maison de la Bourse, non identifiée, note relevée par M. Paul Le Vayer :

« 20 octobre 1572. — *Insaisinetur domnus* Guillelmus Boussonnet *de domo sita*

---
[1] *Antiquités de Paris*, t. III, p. 294.

TOPOGRAPHIE HISTORIQUE DV VIEVX PARIS

COVVENT DES DOMINICAINS
dits Jacobins de la Rue St Jacques
Plan général

in vico Sancti Jacobi ad intersignum Marsupii, *acquisita a nobili viro* Josepho Le Pelletier, *mediante summa* viii*ᶜ librarum tz ex una parte et ex altera annuo redditu redimibili pro alia simili summa* viii*ᶜ lib. tz, prout constitit litteris coram* Boreau *et* Cayard *notariis regiis, die penultima julii anni novissimi* v*ᶜ* lxxi, *ac provendis capitulo debitis solvat de gratia* xii *den. par. pro qualibet libra dicte acquisitionis. Que quidem domus fuit adjudicata dicto* Boussonnet *tanquam plus offerenti, prout extitit litteris decreti adjudicationis in Cas'elleto Parisiensi facte die penultima januarii, anno predicto, pro summa* xviii*ᶜ lib. tz, cujus vende demisse sunt per capitulum* [1]. »

Comme pendant au puits des Chollets, citons le puits de la Bretonnerie, qui avait été creusé entre la porte Saint-Jacques et la Maison du Paon d'or, et devait sans doute son nom aux deux ruelles dont il abreuvait les habitants.

LES JACOBINS,
COUVENT, ÉGLISE ET ÉCOLES.

Le monastère parisien des Frères prêcheurs est diversement qualifié par les historiens : on le nomme tout à la fois couvent, collège et écoles de Saint-Thomas ; c'était, en réalité, un établissement mixte où les Dominicains pratiquaient la vie religieuse, selon la règle de leur fondateur, tout en se préparant à la prédication, à la controverse, et en se livrant à l'enseignement.

L'arrivée à Paris des premiers religieux de cet ordre date de 1217, ou 1218. On les logea provisoirement dans la Cité, en une maison voisine de Notre-Dame ; mais, dès l'année suivante, ils trouvèrent un bienfaiteur qui leur assura une installation définitive. Ce bienfaiteur est appelé Jean Barastre, et Jean de Saint-Alban, ou Jean de Saint-Quentin, en Vermandois, où il y avait un doyenné. Théologien, «mire» et se rattachant ainsi à l'Université, il leur donna une vieille maison à usage d'hôtellerie gratuite, sise en haut de « la grant ruë, *magnus vicus* », et connue sous le nom de «hospice de Sainct Jacques». C'est là que descendaient, comme à Saint-Julien-le-Pauvre, les pèlerins allant à Saint-Jacques de Compostelle et autres lieux de dévotion ; d'où le vocable qu'on lui donnait, et qui finit par s'étendre à la rue entière, divisée, autrefois, en plusieurs sections diversement désignées.

La situation de ce petit hôpital est clairement indiquée dans l'acte de donation ; il y est dit : «Notre lieu, qui est à Paris, devant Saint Étienne, à main droite,

[1] *Registres capitulaires de Notre-Dame*, Archives nationales, LL 158, f° 359 v°.

entre les deux portes voisines, à la sortie de la ville, *loco nostro, qui est Parisius, coram Sancto Stefano, ad manum dextram, inter duas portas proximas in exitu civitatis.* »

Sur la date précise de leur installation dans cette demeure hospitalière, il y a quelques divergences chez les historiens (1218-1221). Mais les Dominicains en prirent possession avec l'agrément de l'Université, à laquelle Jean de Saint-Quentin les avait sans doute recommandés. Celle-ci leur fit remise de tous ses droits passés et présents sur le lieu donné : *quidquid jurium habemus, vel habuimus, in loco Sancti Jacobi, qui est coram ecclesie Sancti Stephani, in exitu civitatis;* texte qui confirme le précédent et précise encore une fois l'emplacement, objet de la donation.

Ce premier asile devint bientôt insuffisant : un frère prêcheur, envoyé par saint Dominique, étant mort à Paris, ses confrères ne purent l'enterrer chez eux et durent s'adresser, pour l'inhumation, au prieuré de Notre-Dame-des-Champs, ou des Vignes, en dehors de l'enceinte; autre hospitalité qui leur fut accordée. C'est alors qu'ils songèrent à bâtir une chapelle, tant pour eux que pour leurs bienfaiteurs, dont le nombre augmentait, et qui se réservaient le droit de sépulture dans le nouveau monastère. Cette chapelle, ils obtinrent du pape Honoré III l'autorisation de la construire, malgré l'opposition du clergé de Saint-Benoît et grâce à l'intervention du chapitre de Notre-Dame, suzerain spirituel de cette église.

Il se produit alors, à partir de ce moment et pendant près de trois siècles, un mouvement d'accroissement qui, de proche en proche et de donation en donation, finit par étendre fort loin, en deçà et au delà du mur de Philippe Auguste, le pourpris, si modeste d'abord, que les Dominicains devaient à la libéralité de Jean de Saint-Quentin. Ils gardèrent toutefois, ou l'on garda pour eux, le souvenir du petit hospice de Saint-Jacques, car ils furent appelés communément Jacobins, dénomination qui fut appliquée plus tard à d'autres maisons de leur ordre, bien qu'elles ne fussent pas situées dans la rue Saint-Jacques.

Ces religieux avaient eu d'abord les faveurs de l'Université, qui les leur retira ensuite, et les leur rendit alternativement; — faveurs intermittentes, qui se rattachent aux annales universitaires et non point à l'histoire topographique du Vieux Paris. — Mais ils surent se concilier la haute protection de saint Louis, qui eut un instant la pensée de prendre l'habit monastique chez eux, comme l'avait fait Jean de Saint-Quentin, leur premier bienfaiteur, et de devancer ainsi de trois siècles l'exemple donné par Charles-Quint, au monastère de Yuste.

Félibien, analysant les pièces originales où sont consignés ces divers actes de libéralité, s'exprime en ces termes : « Saint-Louis, après leur avoir fait bâtir un dortoir et des écoles, fit achever leur nouvelle église, accrut leur enclos d'un hôpital voisin, et y ajouta deux maisons de la rue d'Arondelle qu'il avoit échangées avec Robert Sorbonne... Toutes ces maisons furent amorties par Philippe III, en 1281 [1]. »

C'est ici que se placerait, selon la chronologie adoptée par Félibien, la donation du vieux château de Hautefeuille, ancienne villa gallo-romaine dont nous avons parlé dans le volume précédent; mais le fait semble appartenir à la légende plutôt qu'à l'histoire.

En cette même année (1281), le fils de saint Louis confirma l'acte d'amortissement « des droits seigneuriaux que la Marchandise avoit à prendre sur plusieurs maisons et places estant en la censive et seigneurie de la Ville ». Cet acte, signé par Guillaume Bourdon, prévôt, Jehan Augier, Jehan Barbette, Jehan Arrode et Jehan Bigues, échevins, porte que « la Marchandise a vendu et amorti au couvent de l'ordres des Frères prescheurs de Paris, pour onze vingtz livres parisis, quantques elle avoit et eust onques, du droit de seigneurie, de franchise, de propriété, de saisine, de cens, de fonds de terre et de crois de *cens*, et de tous autres manieres que... de terre puest avoir manantise en six lieux cy dessouz dénommez; c'est assavoir auz mesons qui furent auz moines de Sainct Denys, qui font le coing de la ruë qui est entre luy et les moines de Cluny, d'une part, et, d'aultre part, font le coing de la ruë qui est entre luy et le refrettouer aux Freres prescheurs, et d'aultre part, joignant à la voulte Sainct-Quentin; et le jardin de ces mesons mouvant de nous ».

L'acte d'amortissement continue en ces termes : « Le second lieu est la voulte Sainct-Quentin et toutes ses appartenances. Le tiers lieu et le quart sont les quatre mesons qui furent jadis dante Aveline de Biauvais, et euvrent sur la rue, si comme en va de Sainct Estienne des Grez à la porte Gibert, et, d'aultre part, joignant la voulte Sainct-Quentin, et, d'aultre part, joignant à une place vuide, qui fust jadis la comtesse de Sainct Gilles. Le quint lieu est ladicte place vuide, qui, d'une part, joint ès devants desdictes mesons, et, d'aultre part, dure jusques à la grant ruë qui va de la porte Sainct Jacques jusques à Petit Pont; et ceste place faict le coing de l'aultre part de la porte auz Frères prescheurs. Le sixiesme lieu est la place feu Arnoul le Masson, qui est sur la grant rue de la porte Sainct Jacques à Petit Pont, et, par dessuz, joinct à la meson Jehan Poussin, et, par en dessoubz, joinct à la meson feu Pierre Despoigny, et des appartenances par derriere joignant à la voulte Sainct Quentin; lesquelles mesons et places mouvoient de nostre censive et de nostre seigneurie, et y preignions et avions tous les ans; c'est assavoir, sur les mesons qui furent aux moines de Sainct Denys, douze souz six deniers de fonds de terre, et sur la voulte Sainct-Quentin et sus les appartenances,

---

[1] *Histoire de la Ville de Paris*, t. I, p. 260 et suiv. et Archives nationales, S 4237.

sept solz six deniers de fonds de terre; et sus les quatre mesons dame Aveline de Biauvais, neuf solz quatre deniers de fonds de terre; et sus les deux places vuides, sept solz deux deniers de fonds de terre, avec soixante solz douze deniers de crois de cens; et sus les lieux des susdictz, nous avons autant de justice, de seigneurie, de vente, de saisine et de coustumes, come sur aultre notre terre à Paris...[1].»

Cet acte est dit fait «du gré et voulenté nostre souverain seigneur Philippe», qui le confirma, sauf les réserves accoutumées, «*salvo tamen in aliis jure nostro, et jure in omnibus quolibet alieno*».

Voilà donc les Dominicains de Paris en possession régulière d'un pourpris déjà fort agrandi, mais qui ne leur suffisait point encore, parce qu'il touchait à diverses propriétés publiques ou privées, et qu'il ne leur semblait pas assez nettement délimité à l'orient et à l'occident. Ainsi que le prouvent plusieurs pièces de leur chartrier conservé aux Archives nationales (S 4237) et mentionnant de nombreuses donations[2], ils parvinrent à se faire donner, en 1299, par Jean Arrode, qualifié de «pannetier du Roy», la porte d'Enfer «avec toutes ses appartenances et appendances», c'est-à-dire la porte et les diverses constructions qui y étaient accolées; donation qui fut confirmée, en 1317, par Philippe le Long, en 1332, par Philippe de Valois, et qui comprenait, disent les lettres de confirmation, «*turres alias et aisiamenta omnia ad dictam portam pertinentia, prout se extendunt a domo fratrum predicatorum usque ad predictam portam inclusive*».

Si étrange que nous paraisse cette donation, elle fut, à peu de distance, suivie d'une autre libéralité du même genre: c'est le don fait en 1304, par «M⁰ Pierre du Tilieul, prestre anglois, en pure et perpetuelle aumosne, de la porte des murs le Roy, assise lez Sainct Estienne des Grecs et ung jardin attenant à ladicte porte[3]». Les deux portes, avec les constructions accolées à leurs flancs, étaient donc propriétés privées, puisque des particuliers en disposaient, avec l'agrément du Roy.

On comprend que de telles libéralités, auxquelles il faut ajouter le don de la maison et seigneurie, c'est-à-dire de la propriété de Jean de Meung, le célèbre auteur du *Roman de la Rose*, maison voisine de la porte Saint-Jacques[4], aient incité les Jacobins à s'étendre encore. Quinze ans environ après le don de Jean Arrode, ils avaient obtenu du roi Louis X, dit Félibien, «une place proche la porte appelée depuis porte de Saint Michel, avec deux tours et lieux circonvoisins[5]».

[1] *Cartulaire ou Livre rouge de l'Hôtel de Ville*, fol. 102 v°, imprimé *in extenso*, par Félibien, dans les *Preuves*, I, CIII.

[2] Voir, Appendices, un extrait de ce chartrier.

[3] Archives nationales, S 4237.

[4] *Ibid.*

[5] *Histoire de la Ville de Paris*, t. I, p. 261, et Archives nationales, S 4237.

Mais la guerre de Cent ans était proche, et il fallut revenir sur ces imprudentes donations qui nuisaient à la défense de la ville. Toutefois les Jacobins réussirent à se faire indemniser pour l'emprise que nécessita le creusement des fossés en dehors de l'enceinte de Philippe Auguste, après le désastre de Poitiers, creusement que Félibien qualifie de «nouvelle cloture», et qui eut pour effet «de leur ôter leur cimetière, avec une partie de leur cloître, dortoir et réfectoire». La compensation qu'ils demandèrent ne leur fut octroyée que sept ans plus tard, après la mort du roi Jean, mais elle fut des plus amples : «Le roy Charles V, ajoute l'historien de Paris, pour les dédommager de leur perte, leur donna, par acte du 5 novembre 1365, l'hôtel de Bourg-Moyen, qu'il acheta des abbés et religieux de Bourg-Moyen, de Blois; à quoi il ajouta les douze deniers de cens, avec une redevance de soixante sous, que la maison de Ville prenait tous les ans sur cet hôtel et qu'elle donna au roy, pour en disposer à sa volonté[1]. » C'est sur l'emplacement de cet hôtel «vieil et caduc» que fut construite, l'année suivante, aux frais de la reine Jeanne de Bourbon, l'infirmerie du couvent qui subsista jusqu'en 1641.

L'octroi de l'hôtel de Bourg-Moyen — dont on trouvera la notice à l'article de la rue de la Harpe (côté oriental) — prolongeait le pourpris des Jacobins jusqu'aux abords de la porte d'Enfer; mais une ruelle mal famée — celle de *Coupe-Gorge* — le séparait du mur de ville, et les religieux désiraient l'y incorporer. Ils aspiraient également à la possession de l'ancien Parloir aux Bourgeois faisant saillie extérieure sur la muraille de Philippe Auguste, et inoccupé depuis le transfert de la Prévôté marchande dans la Maison aux Piliers. De la tour du Parloir, il leur était, en effet, facile de communiquer avec leur domaine extérieur, où ont été ouvertes depuis les rues Saint-Hyacinthe, Saint-Dominique et Saint-Thomas-d'Enfer, ainsi que le faisaient, d'ailleurs, les Cordeliers autorisés également à percer la muraille pour mettre en communication le dedans et le dehors de leur enclos. Par une sorte de tolérance royale et municipale, les Jacobins jouissaient, depuis quelque temps, de ces lieux aussi «vieilz et caducs» que l'hôtel de Bourg-Moyen; mais ils voulurent régulariser la situation et s'adressèrent, pour cela, au roi Louis XII, que les guerres du Milanais avaient alors conduit en Italie. Ce monarque désirant, dit Sauval, «que les Freres Prescheurs fussent plus enclins à prier Dieu pour la bonne prospérité et santé du Roy, lequel est de présent (1509) hors de son royaume, pour le recouvrement de ses pays et terres de Milan, usurpés par les Vénitiens», leur accorda des subsides en argent, tant «pour leur aider à vivre et avoir leurs nécessités» que «pour subvenir aux réparations de leur église qu'ils font, de présent reédifier[2] ». C'était ajouter encore aux libéralités par lesquelles il leur avait, en 1505, accordé le sol de la ruelle Coupe-

---

[1] *Histoire de la Ville de Paris*, t. I, p. 262. — [2] *Antiquités de Paris*, t. III, p. 548.

Gorge, pour être englobé dans leur enclos, et confirmé la jouissance de l'ancien Parloir aux Bourgeois.

Les détails de cette grosse affaire sont exposés plus au long dans la notice spéciale que nous avons consacrée à cet édifice et qui complète celle-ci. On peut, en effet, les réunir, à raison des nombreux points de contact qu'elles présentent, bien que le Parloir aux Bourgeois appartienne plutôt, topographiquement, à l'enceinte et aux fossés; mais il nous a paru plus logique de les rattacher à la rue Saint-Jacques.

Les magistrats municipaux de cette époque se montrèrent moins accommodants que leurs devanciers; ils refusèrent d'enregistrer l'acte royal qui donnait aux religieux l'ancienne maison de la Marchandise; mais ceux-ci continuèrent à en jouir; ils y maintinrent leur dortoir, ainsi que leur réfectoire; puis, lors du comblement des fossés et de la démolition du mur d'enceinte, ils en joignirent le sol aux terrains formant la bordure septentrionale de la rue Saint-Hyacinthe. Trois pièces conservées aux Archives nationales contiennent la preuve écrite de ces diverses extensions [1]. Ces agrandissements ne leur suffirent point : désireux de compléter l'immense îlot que formait leur couvent de la porte d'Enfer à celle de Saint-Jacques, ils acquirent, vers 1685, le terrain occupé par cette dernière porte et y élevèrent des constructions, selon l'alignement à eux accordé «par MM. les Tresoriers de France, pour bastir sur une place où estoit cy-devant l'ancienne porte Sainct Jacques qu'ils ont depuis peu acquise des s^{rs} Prevost des Marchans et Eschevins de cette ville [2] ».

La notice concernant le Parloir aux Bourgeois contient de plus amples détails sur ces diverses transformations. Les articles relatifs à la ruelle Coupe-Gorge et au passage des Jacobins servent également à compléter l'histoire topographique du couvent. Le lecteur devra donc s'y reporter.

Les trois plus importants édifices de cet établissement monastique étaient l'église,

---

[1] Voici les titres et le sommaire des pièces dont il s'agit :

1° «*Donation par Louis XIII, aux Jacobins, de la place des fossés vis-à-vis de leur couvent* (1633). Par lettres patentes du 13 may 1633.

2° «15 décem. 1643. Brevet du roi Louis XIV où il est dit que Sa Majesté,... en confirmation du brevet du feu Roy son père, qu'au cas que la clôture du faubourg Saint-Jacques se fasse, il accorda auxdits Religieux les fossés étant vis-à-vis de leur couvent, et en outre, en amplifiant la grâce du Roy son père, a encore fait don, au cas de ladite clôture, du rempart dudit fossé et de la démolition des murailles de la Ville en l'étendue dudit couvent, pour servir à son accroissement, à la charge toutefois, que les allignements seront donnés par les trésoriers généraux de France.»

Voici en quoi ces constructions consistaient (Archives nationales, S 4239) :

«Du 29 aoust 1685. Devis des ouvrages de massonnerie, etc., pour la construction de cinq corps de logis doubles en la place cy-devant occupée par partie de la porte Saint-Jacques et par les vieux logis qui tombent en ruine. Marché moyennant 75,000 livres.»

[2] Archives nationales, S. 4239.

TOPOGRAPHIE HISTORIQUE DU VIEUX PARIS

FAÇADE

PLAN

FAÇADE LATÉRALE

Echelle du Plan
Echelle des Elévations

COUVENT DES DOMINICAINS
dits Jacobins de la rue St Jacques
Ecole de Saint Thomas

le cloître et les écoles Saint-Thomas. Adolphe Berty a consacré au bâtiment des écoles un important article qui a paru, en 1856, dans une publication périodique[1], et que nous sommes heureux de reproduire ici :

On ne peut plus savoir aujourd'hui en quel lieu du couvent des Jacobins étaient primitivement leurs écoles, et encore moins quelles en étaient les dispositions. Pour le monument, dont les restes subsistent encore, et que nous avons vu abattre en 1849, lors du prolongement de la rue de Cluny, il tenait, vers la rue de la Harpe, aux infirmeries du couvent, qui n'ont point été abattues jusqu'à ce jour (elles servent actuellement d'asile communal); vers la rue Saint-Jacques, à une place vide qui le séparait du réfectoire; par derrière au jardin, et par devant à cette ancienne rue que nous appelons maintenant rue des Grès, et qui, dans le siècle passé, fermée à ses deux extrémités, avait nom *le passage des Jacobins*.

Le bâtiment dont les planches XXXVIII et XXXIX reproduisent le plan, les façades, les coupes et les principaux détails, se composait d'un édifice rectangulaire de 28 m. 85 de longueur sur 14 m. 80 de largeur hors d'œuvre, dont la partie la plus voisine des infirmeries était formée de trois chambres superposées. Le reste constituait une vaste salle de 19 m. 80 de longueur dans œuvre, divisée en cinq travées et éclairée par onze grandes fenêtres en plein cintre, dont deux sur le petit côté faisant face au réfectoire, cinq sur le jardin et quatre seulement sur la rue, parce que, de ce dernier côté, la travée centrale était aveugle, une chaire à laquelle on parvenait par quelques marches ayant été disposée dans son épaisseur. Extérieurement, les travées étaient séparées par des pilastres ioniques supportant un entablement complet, et élevés sur des piédestaux dont la base venait affleurer la partie inférieure d'un soubassement mouluré, percé de soupiraux. Intérieurement, elles étaient séparées par des espèces de pilastres ou dosserets très saillants soutenant les solives du plafond, et qui reposaient sur des piédestaux fort élégants. (Voir pl. XXXVIII.) Ceux-ci, au lieu de porter de fond, étaient eux-mêmes en encorbellement sur des consoles d'un galbe gracieux, mais qui ne comportaient pas suffisamment l'idée de solidité. Huit autres piédestaux semblables, situés aux angles et sur les petites faces de la salle, n'avaient d'autre usage que de servir de point d'appui à des statues dont les débris ont été trouvés au moment de la démolition.

Les écoles Saint-Thomas avaient leur porte sur le petit côté voisin du réfectoire; elles étaient élevées sur une longue cave en berceau, et surmontées d'un comble fort élevé (10 mètres depuis l'égout jusqu'au faîtage), dans la partie inférieure duquel était établi un étage en galetas.

L'ensemble de la construction ne manquait ni d'originalité, ni d'élégance, mais on remarquait dans l'intérieur un agencement singulier, qui était vraisemblablement le résultat de modifications au projet primitif. Il y a aussi apparence que les dosserets avaient été d'abord destinés à recevoir la retombée des grands arcs doubleaux en plein cintre.

Il est certain, au surplus, que l'édifice ne fut point bâti tout d'un jet : mais ce que les auteurs en disent est assez contradictoire. Suivant Jacques Du Breul, les écoles auraient été commencées par frère Jean Binet, qui fut abbé de Saint-Jean d'Amiens et mourut en 1550, et c'est pour cela qu'on y voyait ses armoiries. Il est très évident que dans le monument démoli naguère, il n'y avait rien qui pût être attribué à la première moitié du xvie siècle, et Binet n'a dû que jeter les fondements ou donner des fonds pour de futurs travaux. Suivant Jaillot, les écoles auraient été réédifiées en 1563, au moyen des aumônes provenant d'un jubilé que le pape Pie IV accorda dans ce but aux Jacobins; nous ne voyons pas davantage dans le bâtiment

---

[1] *Revue d'architecture*, dirigée par César Daly, p. 321 et suiv.

de la rue des Grès une construction contemporaine de Charles IX, et nous pensons que ce bâtiment, tel qu'il était au moment où nous l'avons relevé, n'accusait point par son style une époque antérieure au règne de Henri IV. Du Breul dit, en effet, que les écoles restèrent inachevées jusqu'en 1609 «qu'il fut fait marché par les religieux... au charpentier : de la somme de dix-sept cents écus pour toute la charpenterie, et au couvreur, de la somme de douze cent livres tournois pour toute la couverture en l'année suivante 1610». (*Antiquités de Paris*, p. 521.) Les sommes furent parfaites avec le secours de l'évêque de Paris, qui permit aux Jacobins de faire des quêtes, à cette fin, dans les diverses paroisses de Paris. La chaire fut donnée par l'abbé de Joigny, fils du financier Zamet, dont les armes étaient peintes sur la verrière anciennement placée au-dessus. Plusieurs autres verrières portaient de même l'écusson de ceux qui en avaient fait les frais.

Les premières disputes auxquelles on se livra dans les écoles Saint-Thomas eurent lieu à l'occasion d'un chapitre général de l'ordre, qui fut tenu dans le monastère, vers la Pentecôte de l'année 1611. Le monument devait être entièrement achevé alors et, conséquemment, il a à peine duré deux siècles et demi. Dans les derniers temps, il servait d'école communale et, lorsqu'il fut démoli, on parla de le rebâtir ailleurs; mais, ainsi qu'il arrive ordinairement, le projet n'a pas été suivi d'exécution, et il y a vraiment lieu de le regretter.

Le cloître primitif dut être peu important; on l'agrandit sans doute au fur et à mesure que le personnel du couvent s'accroissait et que l'enclos prenait de l'extension. La reconstruction en fut jugée nécessaire au xvi° siècle; il fallait, en effet, unifier des corps de logis plus ou moins bien joints les uns aux autres et en assurer la solidité. Ce fut un bourgeois de Paris, nommé Nicolas Hennequin, qui se chargea de ce soin; en l'an 1556, il fit élever de nouveaux bâtiments conventuels «en pierres de taille»; ce qui indique que les anciens avaient été construits en matériaux moins résistants. Les travaux avaient été autorisés, en 1553, par lettres patentes de Henri II, où il est dit «que les FF. Prescheurs lui ayant fait remonstrer que pour la décadence et ruine éminente du cloître et du dortoir de leur couvent, ils ont commencé de faire de neuf lesdits cloître et dortoir..., de manière que l'un des côtés dudit cloître, qui est le long de l'église, est déjà fait, et pour l'autre côté qui reste à faire, qui est proche et joignant la muraille, aurait besoin d'avancer et approcher près et joignant ladite muraille pour rendre quarré ledit cloître et le faire à l'alignement de l'autre côté qui est déjà fait, lequel autrement seroit anguste et trop étroit, vu le grand nombre de religieux et écoliers, qui sont ordinairement au nombre de quatre ou cinq cens, ce qu'ils feroient volontiers parfaire, mais ils doutent être empêchés au moyen de la clôture des faubourgs de ladite Ville..., consent et accorde permission et congé auxdits Religieux de parachever leur cloître à l'alignement..., et pour ce faire approcher la muraille... pour rendre ledit cloître quarré et plus spacieux [1]».

L'église, ou chapelle des Jacobins, qu'on avait réédifiée, ou plutôt réparée au commencement du xvi° siècle, ne paraît pas avoir eu la solidité du cloître et des

[1] Archives nationales, S 4237.

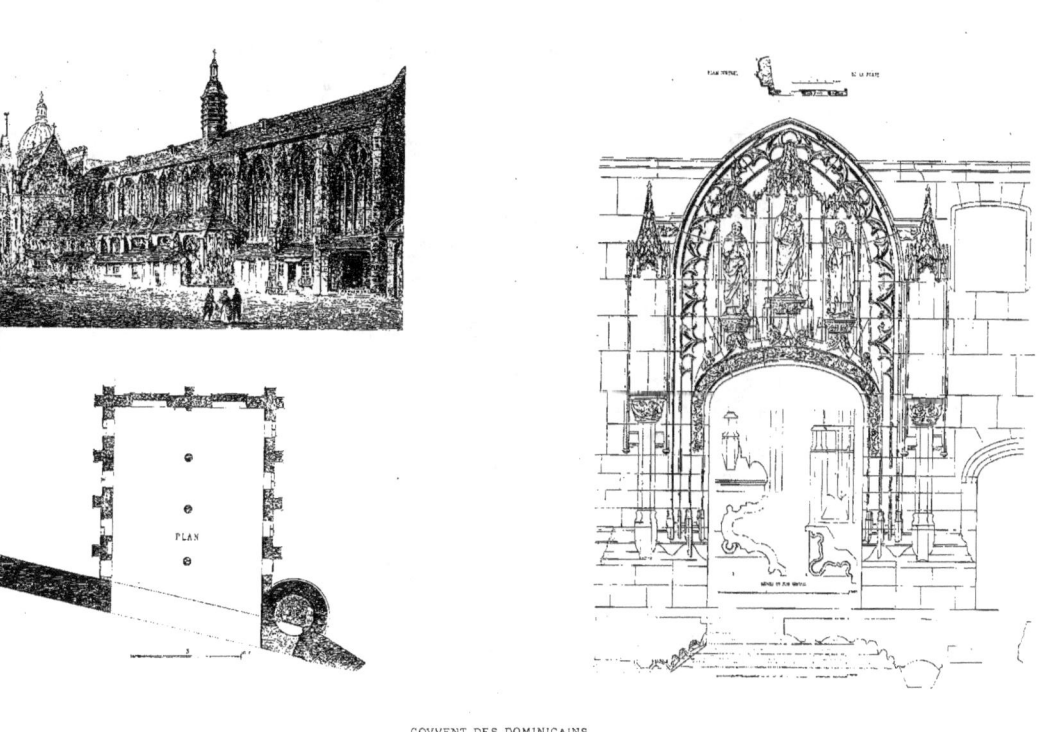

COVVENT DES DOMINICAINS
dits Jacobins de la rue Saint Jacques
1. Vue perspective de l'Église 2. Porte méridionale du Refectoire Plan 3. Porte du Couvent

écoles : « Quelque temps avant la Révolution, dit l'annotateur de Lebeuf, elle tombait de vétusté; les religieux avaient été obligés de l'abandonner et de célébrer le service divin dans les écoles Saint Thomas. » Ces écoles, en effet, avec leur nef, leur chaire, leurs vitraux, offraient, à l'intérieur, l'aspect d'une église.

Évacué en 1790, le couvent des Jacobins devait être le siège d'un hospice; mais on se borna à y installer des ateliers pour femmes. Ce qui restait des écoles et du cloître servit successivement d'école, de prison et de caserne. La vieille église que Germain Brice déclarait, en 1752, longue, étroite, et remarquable seulement par sa grandeur[1], demeura vide jusqu'à la Restauration, époque où elle fut rendue momentanément au culte. Mais, n'étant point comprise dans les circonscriptions paroissiales de Paris, elle fut de nouveau désaffectée, aménagée intérieurement et distribuée en étages; ce qui acheva de lui enlever tout caractère. Abattue, en 1849, comme une vulgaire bâtisse, elle avait conservé, à

Vue du portail des Jacobins. — Réduction d'une planche extraite des *Antiquités nationales* de Millin.

son chevet, sur la rue Saint-Jacques, des ogives appliquées, des rosaces et divers motifs de sculpture.

Envahi par de grandes constructions modernes, l'ancien enclos des Jacobins

---

[1] *Description de la Ville de Paris*, t. III, p. 87.

est absolument méconnaissable, et rien n'y rappelle aujourd'hui le passé de ce grand établissement monastique.

PARLOIR AUX BOURGEOIS,
CONTIGU AUX MURS DE VILLE.

Le Parloir aux Bourgeois, situé en dehors de la région de l'Université et touchant extérieurement à l'enceinte de Philippe Auguste, entre les portes d'Enfer et Saint-Jacques, appartient topographiquement à cette enceinte; mais on ne saurait le détacher de l'enclos des Jacobins auquel il a été réuni et avec lequel il se confond depuis le transfert du gouvernement municipal dans la Maison aux Piliers. Ce parloir, ou lieu d'assemblée des bourgeois de Paris, *locutorium burgensium*, disent les textes latins, «a souvent, d'après Félibien, changé de place et de nom avant d'être établi au lieu où on le voit présentement (1725)».

«D'abord, ajoute Félibien, on le nommoit *la maison de la marchandise*, et il étoit à la Vallée de Misère, dans un logis ainsi nommé, qui appartient encore à l'Hôtel-de-Ville. Il y a eu deux autres endroits, éloignés l'un de l'autre, où le corps municipal a tenu ses assemblées, tous deux appelés *le Parloir aux Bourgeois*, l'un situé dans la ville, entre Saint Leuffroy et le Grand Châtelet, et l'autre au bout de l'Université et du Clos aux Bourgeois, avoit son siège dans quelques vieilles tours de la ville, de ce côté-là... Celui-ci étoit le plus considérable; il consistoit en un gros bâtiment qui avançoit dans les fossés de la ville, d'environ neuf toises, accompagné de quelques tours rondes et carrées, les unes avec comble, et les autres terrassées [1].»

Ce «gros bâtiment» était-il le fameux château de Hautefeuille donné aux Jacobins par Ganelon, l'un des seigneurs de ce nom, château résultant des appropriations faites à une ancienne villa gallo-romaine, dont les substructions ont été retrouvées depuis? Était-il une construction féodale, élevée dans le style du temps sur les fondations de cette villa? Cette dernière hypothèse est vraisemblable; en effet, lors du dérasement, qui eut lieu en 1356, le bâtiment put être facilement jeté bas; mais les assises, en ciment romain, offrirent une grande résistance aux démolisseurs. On trouve, en effet, à cette date, dans le *Compte* de Philippe Dacy, payeur des œuvres de la Ville, cette mention relative aux salaires «du pionnier», chargé du déblayement des terrains pour l'achèvement des fossés : «Lors furent trouvez une grande partie des forts murs anciennement faicts par les Sarrazins,

---

[1] *Histoire de la Ville de Paris*, t. I, p. 617 et 632.

qui donnèrent grand peine à rompre et depecier[1]». On sait que les constructions romaines ont été, pendant le moyen âge, attribuées aux Sarrasins.

Ce *dépècement* des fondations gallo-romaines du château de Hautefeuille, coincidant avec l'emprise qui fut faite sur l'enclos des Jacobins, pour le creusement des fossés de la ville, après le désastre de Poitiers, donne à penser que l'ancien Parloir aux Bourgeois fut démoli, au moins partiellement, et que, sur l'emplacement des parties détruites, les Frères Prêcheurs agrandirent leur dortoir, leur réfectoire et autres bâtiments conventuels dus aux libéralités de saint Louis. Les constats faits, il y a peu d'années, lors du prolongement de la rue Soufflot vers le jardin du Luxembourg, semblent prouver qu'il y eut alors dérasement et construction. «Là, dit un *Rapport du Comité de la langue, de l'histoire et des arts de la France*, une vaste construction, portant les caractères du commencement du xive siècle, vient d'être retrouvée : elle s'appuyait contre le mur d'enceinte de la ville, en dehors, et formait une grande salle divisée en deux nefs par des colonnes. Une immense cheminée occupait l'extrémité de chaque nef, au midi[2].

Le rapporteur, M. Albert Lenoir, se demande si ce n'est pas là l'ancien Parloir aux Bourgeois, dont la cheminée monumentale avait été reproduite en double aux deux extrémités de la Salle du Trône, à l'ancien Hôtel de ville de la place de Grève. C'était, peut-être aussi, le réfectoire construit par les Jacobins sur la partie de l'ancien Parloir qu'ils furent autorisés à détruire. Le rapport que nous venons de citer dit, en effet, que «cette vaste construction portait les caractères du commencement du xive siècle». Or il paraît peu probable que l'Échevinage parisien ait fait élever un bâtiment aussi considérable, alors qu'il eût fallu transférer le siège du gouvernement municipal en un lieu moins excentrique. Le centre de l'activité parisienne se déplaçait, en effet, et le *Locutorium burgensium*, qui avait pu, sans inconvénient, être fixé antérieurement dans la région de l'Université, devait désormais être reporté dans celle de la Ville, malgré les graves intérêts qui pouvaient le retenir sur la rive gauche. La seigneurie municipale, en effet, y était considérable : indépendamment du Clos aux Bourgeois, qui touchait au Parloir, la Ville, représentée par son Prévôt, ses Échevins et ses Bourgeois délibérants, avait maisons, cens, rentes et autres redevances dans la région universitaire. Nous indiquons, autant que possible, ce domaine multiple à chaque rue où il existait.

A l'article du Couvent des Jacobins, nous avons dit que la jouissance des locaux et terrains de l'ancien Parloir, après sa translation en la Maison aux Piliers, avait dû n'être que provisoire et octroyée par tolérance, à titre d'indemnité supplémentaire — outre la donation de l'hôtel de Bourg-Moyen —, pour la destruction du cimetière des religieux, nécessitée par le creusement des fossés. Ce provisoire

---

[1] *Antiquités de Paris*, t. III, p. 124. — [2] Voir *Bulletin du Comité*, 2e série, t. I, p. 418.

dura près d'un siècle et demi; il en fut du Parloir aux Jacobins comme du Parloir Saint-Leufroy, lequel était resté à peu près inoccupé pendant que le Corps de Ville siégeait sur la rive gauche, tout en demeurant propriété municipale. Quand les Frères prêcheurs voulurent faire régulariser leur jouissance plus ou moins irrégulière, et la convertir en une véritable possession, ils éprouvèrent une résistance inattendue. Après l'agrément du Roi, il fallait obtenir celui de la Ville, et ce ne fut pas chose facile.

En 1504, dit Sauval, le Parloir aux Bourgeois étoit encore debout — du moins en partie. — Cette année-là même, dans une assemblée de Ville, tenue le 17 février, Jean le Clerc, frère prêcheur et docteur en théologie, le vint demander, avec une allée qui passoit alors entre le Couvent des Jacobins et les murs de l'Université — c'est la ruelle Coupe-Gorge; — mais on trouve cette demande de si grande conséquence, que l'affaire fut remise à une plus grande assemblée. Si bien que le mois d'après, le Prévôt des Marchands ayant appelé à l'Hôtel-de-Ville un plus grand nombre de Bourgeois, frère Le Clerc y présenta des lettres de Louis XII, qui portaient que des personnes intelligentes en l'art militaire, ayant visité par son ordre le Parloir aux Bourgeois et l'allée que vouloient avoir les Jacobins, comme ils lui avoient fait rapport qu'il les leur pouvoit donner sans préjudicier à la Ville, qu'il entendoit que le Prévôt et les Échevins les abandonnassent à ces religieux.

Mais parce que cette requête parut encore de plus grande conséquence qu'auparavant, on résolut d'avoir grand égard à la volonté du Roi; et néanmoins, devant que de passer outre, d'en avertir le Parlement, et d'en remettre la décision à une assemblée plus nombreuse de Bourgeois, où seroient convoqués les plus notables et les plus honnêtes gens de Paris. Le cinquième avril donc ensuivant, cette assemblée eut lieu, et là il fut arrêté que le Prévôt et les Échevins s'opposeroient à la ratification des lettres du Roi, avec d'autant plus de fondement que le Parloir aux Bourgeois est l'héritage et l'un des propres (sic) de la Ville; que c'est une maison seigneuriale d'où relèvent toutes les personnes et les logis qui en dépendent; que si deux cents religieux qui composent d'ordinaire le couvent des Jacobins devenoient propriétaires d'une tour qui fait partie de ce logis, ils pourraient apporter un grand préjudice à la Ville.

Telles raisons, après tout, ne leur servirent pas à grand'chose; car enfin on sait qu'il n'y a plus maintenant (1724) de passage ni d'allée entre les Jacobins et les murs de l'Université : tout est si bien confondu avec le monastère, qu'on n'y connoît plus rien, et il s'étend jusqu'aux murailles.

Quant à l'édifice du Parloir aux Bourgeois, je ne sais ce qu'il est devenu; car ce vieux bâtiment carré que nous voyons dans les fossés, n'y a jamais servi; c'est le bout du réfectoire et du dortoir des Jacobins, ce qui ne paraît que trop par la symétrie; outre que l'histoire du roi Jean nous apprend que, pendant sa prison, ce bâtiment fut coupé pour en faire un chemin *de rondes* et détacher ce monastère des murailles et des fossés qu'on fit alors pour résister aux ennemis de l'État [1].

Sauval voit, dans ce vieux bâtiment, une construction monastique plutôt que l'ancienne salle du *Locutorium burgensium*; Félibien a exprimé à peu près le même

[1] *Antiquités de Paris*, t. II, p. 481.

sentiment en disant : « Ce bâtiment fut démoli depuis, dans le temps des guerres, sans qu'il paraisse que les Jacobins en ayent profité, que d'une petite portion de terrain[1]. » La note suivante, empruntée à leur chartrier, prouve qu'ils persévéraient, de siècle en siècle, dans leurs tentatives d'agrandissements. « En 1554, le roi Henri II leur accorda la permission de faire parachever *leur distant dortoir*, ce à quoi s'étaient opposés les Prévôt des Marchands et Eschevins, disant que cela pouvait nuire à la fortification de la Ville. » Il paraît donc probable que la partie de l'ancien Parloir aux Bourgeois touchant à la paroi intérieure de l'enceinte avait été seule détruite, et que la partie saillante, vers la campagne, était demeurée à l'état d'ouvrage avancé; c'est là qu'ils obtinrent de « parachever leur distant dortoir ».

Les modernes historiens de Paris ont retrouvé ce qui restait de cette « vieille fortification placée dans le fossé de la ville entre les portes Saint Michel et Saint Jacques ». Au temps où écrivait Dulaure, elle existait encore « dans le jardin de l'hôtel de Brabant, rue Saint Hyacinthe, au n° 15, excédant d'environ quarante pieds l'alignement de la muraille de la ville, et ayant des murs éperonnés, de chaque côté, par des contreforts [2] ».

Ce sont les substructions de ces murs, de ces contreforts et quelques restes des fondations gallo-romaines ayant résisté aux pionniers de 1356, qu'on a rencontrés, de nos jours, lors du prolongement de la rue Soufflot.

En définitive, la date précise de la démolition, tant partielle que totale, de l'ancien Parloir aux Bourgeois, est assez difficile à fixer, et les Jacobins, par leurs empiètements successifs, n'ont pas peu contribué à obscurcir la question.

CHAPELLE SAINT-YVES.

A l'angle septentrional des rues des Noyers et Saint-Jacques, mais ayant sa façade principale sur cette dernière voie, conformément aux règles de l'orientation chrétienne, s'élevait un oratoire connu sous le nom de *chapelle Saint-Yves*, parce qu'il avait été érigé, vers le milieu du xiv° siècle (1348), en l'honneur de ce saint : L'initiative de cette construction appartient à des écoliers bretons que la fondation du collège de Cornouailles, en 1321, avait attirés à Paris, et qui crurent devoir faire à leur compatriote, nouvellement canonisé, l'honneur d'un culte public, dans le voisinage de leur collège et dans la ville où il avait été étudiant lui-même. Yves, en effet, fils de Hélor, seigneur de Kermartin, en Bretagne, fut artien, théologien et décrétiste à Paris, d'où il se rendit à Orléans pour achever

---

[1] *Histoire de la Ville de Paris*, t. I, p. 617. — [2] *Histoire de Paris*, p. 329.

ses études de droit; après quoi il regagna la Bretagne, devint official à Rennes et à Tréguier, ville voisine du manoir de Kermartin, se fit avocat des pauvres, tout en conservant ses fonctions curiales, et mourut en 1303. Déclaré saint par

Chapelle Saint-Yves en 1702. — Réduction d'une estampe de la *Géométrie pratique* de Manesson-Mallet.

le pape Clément VI, sur les instances de plusieurs de ses compatriotes, il devint le patron de la Confrérie des «procureurs et advocats [1]».

Sa chapelle parisienne était le siège d'une confrérie de ce genre, composée, dit Félibien, «pour la plupart, d'avocats et de procureurs, qui prennent tous le titre de gouverneurs et administrateurs de cette chapelle [2]». Il s'y trouvait également

---

[1] On connaît le trait plaisant contenu dans la séquence composée en son honneur :

Advocatus et non latro,
Res miranda populo.

[2] *Histoire de la Ville de Paris*, t. I, p. 602.

des marchands, ayant probablement appartenu à la magistrature consulaire, après son importation en France. De singuliers ex-voto décoraient cette chapelle : on voyait, en effet, appendues aux voûtes et aux murailles, des pièces de procédure, ou, comme disent les historiens de Paris, « des sacs à procès, apportés là, à titre de gratitude envers Saint-Yves, par des plaideurs ayant obtenu gain de cause ».

Les libéralités des écoliers bretons, avons-nous dit, furent la cause première de l'érection de la chapelle Saint-Yves; mais elles ne suffirent point pour en assurer l'achèvement et pour lui créer des ressources. Cette fondation demanda près d'un siècle, et plusieurs personnages, Bretons pour la plupart, y contribuèrent. Lebeuf a résumé cette série d'efforts en une page que nous reproduisons.

La chapelle de Saint Yves est aujourd'hui certainement de la paroisse de Saint Benoît. Son édifice est à peu près le même qui fut construit l'année d'après la canonisation de ce saint curé de Bretagne, et official (c'est-à-dire en 1348) suivant la permission de Foulques de Chanac, alors évêque de Paris, rapportée dans Du Breul. Je ne doute presque point qu'Yves Simon, secretaire du Roi (et apparemment breton) n'ait été l'un de ceux de cette province qui contribua le plus aux frais nécessaires, et c'est peut-être lui et son épouse dont on voit les statues au frontispice de cette chapelle. Il est certainement fondateur de la première chapellenie qui porte le nom de Saint Yves, à laquelle il assigna en 1355 trente livres de rente, voulant par cet établissement que la nomination appartînt aux Maîtres et Confrères de S. Yves. Un chanoine de Notre-Dame de Paris, nommé Jean de Karoullay, professeur en théologie, fit en sorte, en 1303, que dès le même siècle, on honorât, à Notre-Dame, saint Yves d'un culte particulier. Les fondations dont je vais parler ne regardent qu'indirectement le culte de saint Yves, mais elles ont rapport à l'histoire de la chapelle.

Un autre breton appelé Hervé Costion, docteur en décret, chargea, en 1393, les exécuteurs de son testament de le faire inhumer à Saint Yves, et ensuite d'y fonder une chapellenie du titre de saint Tugdual ou Tugal, évêque mort à Treguier, et de la doter de trente livres. Gérard de Montaigu, évêque de Paris, approuva cet établissement en 1416. Une fondation qui pouvoit avoir été faite par un troisième breton, est celle dont étoient autrefois chargés les boursiers et écoliers du collège du Plessis pour leur fondateur natif du diocèse de Saint Malo et appelé Geoffroy du Plessis. Ils devoient à chaque fête de Notre-Dame faire dire une grande messe pour lui en cette église de S. Yves. Sur la fin du règne de Charles VI (en 1421) un chevalier appelé Maurice Triguedy, ou Triseguedy (nom assez tirant sur le breton) y fonda une chapelle de S. Maurice...

Quelques provisions indiquent aussi une chapellenie du titre de N. D. de la Goutte d'Or desservie au grand autel de saint Yves; il y a, dit-on, un clos dit *de la Goutte d'or* vers Charanton ou S. Maur.

Les Messagers de la Nation de France voulant marquer leur dévotion envers S. Charlemagne obtinrent, en 1479, la permission d'établir à S. Yves une confrérie sous le nom de cet empereur. De là vint que l'autel de S. Tugal prit aussi le nom de S. Charlemagne. Le premier président du Parlement, Pierre Lizet, obtint une permission d'une autre espèce. On lui accorda, en 1540, à cause qu'il logeoit proche S. Yves, que le S. Sacrement seroit conservé dans cette chapelle, mais pendant sa vie seulement [1].

---

[1] Lebeuf, t. II, p. 67, 68.

Quelques inexactitudes commises par Lebeuf, dans ce récit de la fondation de Saint-Yves, ont été relevées par son annotateur. Il résulte, en effet, d'une pièce conservée aux Archives nationales (L 715), que la chapelle Saint-Maurice fut fondée dans l'oratoire Saint-Yves en 1399 et non en 1421, par Maurice de Tréziguidy, chevalier, chambellan et conseiller du Roi. Trois autres chapelles y avaient également été fondées, en l'honneur de la Sainte Croix, de Saint Étienne et de Notre Dame; cette dernière était due aux libéralités d'un autre Breton, Yves de Kerambert.

Vue du portail de Saint-Yves en 1790. — Réduction d'une estampe de Duchemin et Lecarpentier.

L'histoire de la chapelle Saint-Yves se résume en quelques dates : autorisée en 1348, un an après la canonisation du saint, honorée de la présence du roi Jean, pour la pose de la première pierre, consacrée en 1357 par Jean, évêque de Tréguier, gratifiée en 1417 et 1420 (*Arch. nat.*, LL 667) de dons royaux pour la réfection des combles et la construction du clocher, elle était encore intacte vers la fin du XVIIIe siècle. Pour tirer revenu de la partie de la chapelle qui donnait sur la rue Saint-Jacques et sur celle des Noyers, les administrateurs utilisaient une «eschoppe» adossée «le long» de l'édicule et ils la louaient; mais, comme elle était bâtie légèrement, elle tomba en partie de vétusté et «en partye par la violence de quelques charrois». (*Arch. nat.*, S 3629.) On voulut la relever en

1626, mais les «bourgeois et marchands» du quartier s'y opposèrent, et à l'appui de leur opposition ils publièrent un mémoire dont l'original nous a été conservé. Fermée en 1790, vendue en 1793, la chapelle Saint-Yves fut démolie en 1796. Son portail était, dit-on, «assez élégant»; des statues le décoraient; ce qui formait un assez bel ensemble à l'angle des deux rues. «Avant l'ouverture du boulevard Saint-Germain, on voyait encore, dit Guilhermy, auteur de l'*Itinéraire archéologique*, des débris d'arceaux disparaissant derrière les maisons voisines;» mais l'établissement du boulevard ayant nécessité la démolition du côté septentrional de la rue des Noyers, toute trace de la chapelle Saint-Yves a disparu.

LES COLLÈGES DE LA RUE SAINT-JACQUES, DU PLESSIS, MARMOUTIERS, CLERMONT.

I. COLLÈGE DU PLESSIS.

La maison scolaire qui a porté ce nom avait été fondée dans la première moitié du xive siècle. A la veille de la guerre de Cent ans, le mouvement qui portait vers Paris les étudiants de province s'accentua considérablement, et les fondations se multiplièrent au profit des écoles de la rue du Fouarre, qui voyaient les boursiers se joindre aux auditeurs libres assis sur «le feurre» de ses salles.

En l'an 1322 (vieux style), Geoffroy du Plessis, *de Plesseyo* et *de Plessiaco*, selon les textes latins, eut la pensée de donner un asile, à Paris, et des revenus à de pauvres écoliers originaires surtout de l'évêché de Saint-Malo et des provinces de Reims, de Sens et de Rouen. Dix ans après avoir fondé ce collège séculier, il en créa un autre, mais monacal, pour l'abbaye de Marmoutiers, où il avait prononcé ses vœux.

Félibien raconte, dans les termes suivants, la première des deux fondations: «Geoffroy du Plessis-Balisson... étoit du diocèse de Saint-Malo en Bretagne, notaire ou protonotaire apostolique et secretaire du roi Philippe-le-Long. Il avoit de grands biens, et en destina une partie à la fondation d'un collège qui a porté son nom. Il donna, à cette fin, une maison sise à Paris, à la rue Saint-Jacques, étendue, d'un côté, jusqu'à la rue Saint-Symphorien par la petite rue commune à sa maison et à celle des évêques du Mans et de Coutances, et, de l'autre, jusqu'à la rue de Froid-Mantel, en avançant vers la maison de l'Hospital, c'est-à-dire de Saint-Jean-de-Latran, avec tous ses jardins, vergers, droits, appartenances et dépendances...[1]»

---

[1] *Histoire de la Ville de Paris*, t. I, p. 557.

La fondation faite, Geoffroy du Plessis la compléta en lui assignant des revenus dans le pays de Caux, en Cotentin, en la prévôté de Melun, ainsi qu'au territoire de Vanves et autres lieux où il avait des terres. Il transforma les deux principales pièces de sa maison en chapelle de la Vierge et en oratoire de Saint-Martin, y créa trois chapellenies, et donna des statuts à son collège.

A peine installés dans la maison de leur bienfaiteur, les boursiers, qui étaient au nombre de quarante, dont vingt artiens, dix philosophes, dix théologiens et décrétistes, s'occupèrent de régulariser et de consolider la fondation, en faisant quelques échanges de rentes. Une pièce conservée aux Archives nationales (J. 149, n° 49) nous apprend que le Roi daigna traiter «avec les escholiers de *la Maison de Saint-Martin au Mont de Paris*». — C'est ainsi qu'on désignait le nouveau collège, qui ne prit que plus tard le nom de son fondateur.

Un acte de dernière volonté acheva de consacrer la nouvelle fondation. C'est le testament de Geoffroy du Plessis, en date de 1332.

Voici quelques extraits de ce testament, qui fut traduit en français, lors de la dernière transformation du collège Du Plessis (1632) : «J'ay cédé et transporté ma maison, que j'ay longtemps habitée, sise ruë Saint Jacques au Mont de Paris, ainsi qu'elle se comporte et estend vers la maison de l'Hospital et la ruë de Noirie[1], avec mes autres maisons voysines et contiguës, leurs entrées, sorties et issuës, les jardins et vignes, avec tous leurs droits, appartenances et dépendances, toutes lesquelles choses j'ay données à perpétuité, et en pur don et aumosne, aux pauvres maistres et escoliers, lesquels habiteront à perpétuité ladite maison.» Suivent d'autres dons et legs ne se rattachant point à la topographie parisienne : terres à Saynneville, à Brie, Eury, Vanves, etc.

Deux siècles après sa fondation (1528 et 1582), le collège Du Plessis est localisé ainsi dans les titres : «corps dudict collège, contenant plusieurs corps d'hostel, chappelle, cour et jardin, et deux maisons estantes dans ladicte rue Sainct Jacques, contiguës dudict collège, l'une LE MOUTON BLANC, l'autre LES TROIS SAULCIÈRES, et deux petites boutiques; le tout attenant, et du costé dudict collège, respondant en ladicte ruë Sainct Jacques; tenant tout ledict collège, d'une part à la rue Fromantel, d'autre part au collège de Marmoutiers, par derrière à plusieurs maisons de la rue Chartière[2].»

Tout cet ensemble de constructions était encore debout au commencement du xviie siècle, mais dans un état de caducité qui s'explique par l'ancienneté des bâtiments faisant l'objet du legs de Geoffroy du Plessis et n'ayant pas été restaurés depuis. Diminué par la fondation de Marmoutiers, le collège n'avait probablement rien pu prélever sur ses revenus pour réparer les locaux; situation qui lui était

---

[1] Voir, à cet égard, les articles relatifs à la rue Fromentel et au cimetière Saint-Benoît. — [2] Archives nationales, M 182.

commune, d'ailleurs, avec presque tous les établissements scolaires datant de la même époque.

Cette situation est exposée au long dans une pièce conservée aux Archives nationales, et que nous reproduisons en partie aux Appendices : c'est un « estat des bastiments du collège Du Plessis d'après un procès-verbal de visite faict par les experts ». Il résulte de ce document, fort détaillé, que les boursiers du collège avaient quatre-vingt mille sept cent cinquante livres tournois à dépenser pour remettre en état les divers corps de logis dont se composait l'établissement. Un emprunt seul aurait pu leur procurer cette somme; mais il se présenta une autre combinaison qui leur parut moins onéreuse. Elle n'avait qu'un inconvénient, c'était d'anéantir, ou tout au moins de diminuer considérablement, la personnalité scolaire de la maison fondée par Geoffroy du Plessis. Félibien l'expose dans les termes suivants :

> En 1646, le collège Du Plessis prit une nouvelle face, à l'occasion qui suit. Le cardinal de Richelieu ayant abattu l'ancien collège de Calvi, pour élever en sa place l'église de la Sorbonne, ordonna par son testament qu'il seroit pris sur les biens de sa succession de quoi bâtir un collège dans l'espace qui étoit entre la rue de Sorbonne et celle des Maçons, les grandes écoles et la rue des Mathurins. Mais comme la dépense auroit monté trop haut, au gré des héritiers, après plusieurs contestations sur ce sujet, on convint d'une somme d'argent pour la restauration du collège Du Plessis, dont les bâtiments tomboient en ruine et les revenus étoient fort diminués. Peut-être même le nom du Plessis, commun au fondateur et au Cardinal, fit-il choisir ce collège préférablement à d'autres. Pour remplir les intentions du Cardinal, qui avoit ordonné que le nouveau collège fût uni à la maison et à la société de Sorbonne, il fallut faire résoudre l'abbé de Marmoutier à se déporter du droit de supériorité qu'il avoit sur le collège Du Plessis. C'est ce qu'il fut aisé d'obtenir d'Amador de Vignerod, neveu du cardinal de Richelieu, qui se trouvoit alors abbé commandataire de Marmoutier. Il donna donc ses lettres de consentement, en date du 3 juin 1646, toutefois à certaines conditions; premièrement, etc.; en second lieu, que le corps de la société de Sorbonne seroit obligé de rétablir les bâtiments, etc. En conséquence de cette union, la maison de Sorbonne nomma un de ses docteurs, qui fut Charles Gobinet, pour principal du collège. C'est à ses soins qu'on est redevable de le voir aussi grand et aussi bien bâti qu'il est à présent. On commença au mois de janvier 1650 par le bâtiment qui est au fond de la cour, sur lequel se voient les armes du cardinal de Richelieu. Les autres édifices furent construits depuis, avec la chapelle, bâtie en 1661 [1].

Les héritiers du Cardinal et les Sorbonnistes, qui avaient reculé devant l'énormité de la dépense à laquelle aurait donné lieu la reconstruction du collège de Calvi, du moins dans les conditions stipulées par le testament de Richelieu, se montrèrent assez larges dans les travaux de réfection que nécessitait l'état du collège Du Plessis. Ils s'adressèrent au constructeur de la nouvelle Sorbonne, qui venait de faire ses preuves, et qui n'était autre que Le Mercier, architecte du Roi.

---

[1] *Histoire de la Ville de Paris*, t. I, p. 559.

On conserve aux Archives nationales, sous la cote S 6547, plusieurs pièces importantes qui nous renseignent à cet égard.

On trouve d'abord, en divers sacs et liasses, les devis et marchés relatifs aux diverses séries de constructions qui se prolongèrent pendant vingt-cinq ans. Les premiers travaux s'appliquèrent naturellement à la réfection du principal corps de logis, situé au fond de la cour, en face de la porte d'entrée; puis vinrent les bâtiments annexes, auxquels se réfère un « *Devis des ouvrages de massonnerie qu'il convient faire pour la construction d'un corps de logis en aisle dans la cour du collège du Plessis, du costé de la main droite, en entrant dans ladite cour, en l'estendue et espace de l'enclave et renfoncement qu'elle fait le long du mur du jardin du collège de Marmoutier* ». Ce document, dont nous donnons un extrait aux Appendices, nous apprend que le bâtiment à construire devait être et fut en réalité « de pareilles hauteur et symetrie que le grand corps de logis du fond de la cour ». Il se composait de quatre étages carrés, distribués en classes et en chambres spacieuses.

Une troisième pièce n'offre pas moins d'intérêt : c'est un devis fixant « ce qui a esté pris de LA MAISON DU TREILLIS VERD » pour la construction de la chapelle du collège. Un petit plan y est annexé et montre l'emplacement de cette maison qui avait été acquise avec son jardin, par « Messieurs de Sorbonne », au prix de dix-huit mille livres, et cela en 1674.

Devenue ainsi le collège Du Plessis-Sorbonne et placée sous l'autorité des Sorbonnistes, la vieille maison de Saint-Martin-au-Mont retrouva sa prospérité d'autrefois : les écoliers du dehors vinrent s'y mêler aux boursiers, et l'établissement cessa d'être ce qu'il était originairement, ainsi que la plupart de ses voisins, une sorte d'hôtel meublé. En constatant que, de son temps, les pensionnaires y étaient « en grand nombre et des meilleures familles de Paris », Brice rend hommage aux maîtres, « personnes d'un mérite rare, qui n'ont rien négligé de ce qui pouvoit contribuer à faire fleurir les lettres dans ce collège, en y faisant observer une discipline des plus régulières et des plus exactes qu'on puisse pratiquer pour l'éducation de la jeunesse[1] ».

Respecté par les centralisateurs de 1763, le collège Du Plessis-Sorbonne fut déclaré propriété nationale en 1790, et servit de prison pendant quelque temps; puis il fut occupé successivement par les facultés de théologie, des lettres et des sciences. L'école normale secondaire s'y maintint jusqu'en 1847, époque où elle fut transférée dans la rue d'Ulm. C'est alors que les bâtiments furent réunis au collège Louis-le-Grand, et qu'on les rasa pour édifier sur leur emplacement la

---

[1] *Description de la Ville de Paris*, t. III, p. 62.

partie septentrionale du nouveau lycée. Au cours des travaux de démolition, on trouva, dans les fondations, la plaque commémorative dont voici le texte :

> Q·D·B·V
> Josephus Emmanuel de Vignerod
> De Pont Courlay abbas de Richelieu
> Cardinalis Rischellii nepos dignissim*
> Dum philosophiæ in hoc gymnasio
> Esset auditor hanc lapidem posuit
> Anno Domini 1657 instaurati a Sorbo
> Na Plessæi anno quarto gymnasiarcha
> S. M. N. Carolo Gobinet doctore et
> Socio Sorbonico.

Cette première pierre est la seule qui reste aujourd'hui du collège Du Plessis-Sorbonne, lequel avait détruit, en l'absorbant, l'ancienne fondation de Geoffroy du Plessis.

II. COLLÈGE DE MARMOUTIERS.

Deux collèges ont eu pour fondateur commun Geoffroy du Plessis. « Six ans après avoir fondé le collège séculier qui porte son nom, dit Félibien, en traduisant l'acte de fondation, il en fonda un autre régulier pour les religieux de Marmoutier (1329). Il donna, à cet effet, quatre maisons amorties qu'il avait dans Paris, dont trois étoient dans la rue St Jacques, avec celle où il demeuroit alors, qui étoit grande et spacieuse, accompagnée de chapelle, cour, préaux, vergers et places, et s'étendoit de la rue S. Jacques à la petite rue de la Charière, qui joignoit l'hôtel du duc de Bourgogne et conduisoit à la rue du Clos-Bruneau, et, par derrière, le long de la salle où l'on avait dessein de faire la grande chapelle, s'étendoit jusqu'au jardin du collège d'Arras [1]. Il voulut aussi que la grande chapelle, qui seroit faite sur le derrière de la plus grande maison, fût commune aux deux collèges [2]. »

Ce nouvel acte de libéralité, fait en faveur des religieux de Marmoutiers, eut pour résultat de diminuer la part des étudiants séculiers du collège Du Plessis, et d'en réduire le nombre à vingt-cinq. Plus tard, le puissant collège de Clermont, dont la fondation est postérieure de plus de deux siècles, absorba Marmoutiers, tandis que Du Plessis trouva, peu après, de hauts protecteurs dans les héritiers du cardinal de Richelieu et dans la Société de Sorbonne. Il est vrai que les boursiers séculiers du collège Du Plessis se succédaient régulièrement, en vertu de

---

[1] Ce collège, qui aura sa notice à l'article de la rue d'Arras, était d'abord situé entre celui du Mans et LA MAISON DU TREILLIS VERT, sur l'emplacement de laquelle fut construite la chapelle commune à Du Plessis et à Marmoutiers.

[2] *Histoire de la Ville de Paris*, t. I, p. 570.

l'acte de fondation, tandis que les novices de Marmoutiers durent cesser leurs études à Paris, à la suite de la réforme introduite en 1637 dans l'abbaye de Tours, par les religieux de la Congrégation de Saint-Maur.

A la date de 1603, un titre localise ainsi le collège de Marmoutiers, qui avait encore sa personnalité scolaire : «Collège de Marmoutiers, mesurant cinq cent treize toises environ de superficie, consistant en trois corps de logis et une grande cour, tenant, d'une part au collège Du Plessis, d'autre part à une maison qui dépendoit du collège des Jésuites, par derrière à une petite ruelle qui répond vis-à-vis le collège Coqueret, et par devant sur la rue S. Jacques. En la censive de Sainte-Geneviève».

La ruelle dont il est question était plutôt une impasse débouchant dans la rue de la Chartière, et appelée, à cause de son passage à travers le collège, «ruelle, ou cul-de-sac de Marmoutiers».

La seconde fondation de Geoffroy du Plessis eut un peu plus de trois siècles d'existence. Les libéralités de Louis XIV, qui paya pour eux la somme de 90,000 livres (*Arch. nat.*, MM 388), permirent aux Jésuites, déjà propriétaires de l'Hôtel ou Cour de Langres, d'acquérir les bâtiments de Marmoutiers devenus inutiles par suite de la réforme bénédictine dont nous avons parlé. Mais les religieux entendaient s'y maintenir, et la négociation fut des plus laborieuses; c'était évidemment un conflit d'ordre à ordre et de collège à collège. Nous en indiquons sommairement les incidents principaux :

16 mai 1641, arrêt du Conseil d'État, par lequel, «Sa Majesté y étant, sans avoir égard aux opositions formées par lesdicts religieux anciens de l'abbaye de Marmoutiers, demeurant dans le collège de Marmoutiers à Paris, a uni et unit en collège ensemble la place et les batiments d'iceluy au collège des Pères jésuites de Clermont, en payant, par eux, la somme de quatre-vingt-dix mille livres comptant ès mains d'un notable bourgeois de Paris..., voulant, Sa Majesté, que ladicte somme soit par eux employée à l'acquisition d'une autre maison, qui portera le nom de collège de Marmoutier, et auquel seront annexés tous les revenus dudict ancien collège...[1]».

Autre arrêt du Conseil privé, en date du 21 juin 1641, par lequel «il est ordonné que... les Révérends Pères Jésuites seront mis en possession du collège de Marmoutier, et que, au lieu de consigner les 90,000 livres entre les mains d'un bourgeois, ils les garderont par devers eux, en baillant suffisante caution, et feront l'intérêt de ladicte somme jusqu'à l'employ d'icelle aux religieux anciens de ladicte abbaye[2]». L'arrêt fut signifié non seulement aux professeurs de Marmoutiers, qui s'obstinaient à ne pas quitter les locaux, mais encore «aux religieux dudict

---

[1] Archives nationales, MM 388. — [2] Même fonds.

corps reformez, demeurant en l'abbaye de S. Germain des Prez», laquelle étoit considérée comme le chef-lieu de l'ordre à Paris.

A la suite de ce second arrêt, sommations furent faites par les Jésuites «aux religieux du collège de Marmoutier d'aller prendre leur logement dans un des bastimens neufs du collège de Cluny, en la ruë de la Harpe».

On ignore le motif qui fit tomber l'opposition des religieux évincés, mais il intervint, à la date du 26 août de la même année, « entre R. P. dom Lerminier, profès de la congrégation de Saint-Maur et Cluny, grand maistre du collège de Marmoutier, de Paris, et les R. P. Jésuites, Julien Haineuve, recteur, et Charles Lallemant, procureur de ce collège, un accord par lequel ledict P. Lerminier consent que lesdicts P. Jésuites entrent en possession réelle et actuelle du collège de Marmoutier, en payant, par eux, quatre mille cinq cents livres, par an, jusqu'à rachapt qui sera de 90,000 livres[1] ». Par cet acte, les Jésuites s'engageaient à acquitter « tous droits de lods et ventes, indemnité, amortissement », et ils présentaient pour caution un ancien échevin, Nicolas de Creil, « bourgeois de Paris », que les religieux de Marmoutiers acceptèrent.

Mais tout n'était pas fini : après consentement arraché sans doute aux religieux de Marmoutiers, restait l'opposition de l'Université, qui voyait dans les acquéreurs de l'un de ses collèges, de futurs et redoutables adversaires. Elle entama donc une instance contre eux; mais, grâce aux influences dont ils disposaient, ils obtinrent, à la date du 28 avril 1643, un arrêt du Conseil «contre les doyen, recteur et supposts de l'Université, qui prétendaient oster aux Jésuites la possession du collège de Marmoutier » et qui assignait ceux-ci à huitaine «pour l'exécution de l'arrest d'union du 16 mai 1641 ». Les locataires de «quelques maisons dépendantes du collège» étaient également mis en cause.

Il intervint une transaction, à laquelle se prêtèrent les religieux expulsés. Bien que l'arrêt du 16 mai 1641 les eût autorisés à faire l'acquisition d'une autre maison qui porterait le nom de «collège de Marmoutier», sans spécifier le lieu où s'élèverait le nouvel établissement, leur présence à Paris fut sans doute regardée comme gênante par ceux qui leur avaient succédé dans les bâtiments de leur collège, car, au mois de janvier 1653, des lettres patentes permirent «aux religieux de l'ordre de Saint-Benoist de transférer le collège ancien de Marmoutier, avec les revenus d'iceluy, au prieuré de Notre-Dame de la ville d'Orléans, d'en rebastir les cloistres et faire telles autres acquisitions qu'ils jugeront à propos, pour le remploy des 90,000 livres à eux duës par les R. P. Jésuites[2] ».

Depuis lors, le collège Du Plessis n'est plus qu'un souvenir : les bâtiments, reliés à ceux du collège de Clermont, ont été entièrement rasés pour la réédification du lycée.

---

[1] Archives nationales, MM 388. — [2] Même fonds.

III. COLLÈGE DE CLERMONT.

Cet établissement n'appartient point, par la date de sa fondation, au grand mouvement scolaire des xive et xve siècles, qui créa tant de collèges parisiens au profit des étudiants de province; il est l'un des derniers fondés et demeura, pendant toute son existence, en hostilité ouverte ou cachée avec ceux qui l'avaient précédé. La Compagnie de Jésus désirait posséder une école à Paris; mais, comme elle n'était point encore autorisée en France, elle se fit donner l'hospitalité par certains collèges régulièrement établis, et, en particulier, par celui du Trésorier, ainsi que par celui des Lombards. « C'est là, dit Félibien, que Jean-Baptiste Viole, supérieur des Jésuites, étudiant dans l'Université de Paris, se logea en 1540, avec ses compagnons, et où ils demeurèrent jusqu'à 1550, que Guillaume Duprat, évêque de Clermont, grand amateur de la nouvelle société, les retira dans son hôtel de Clermont, situé dans la rue de la Harpe [1]. »

Cet asile ne pouvait leur suffire, et ils souhaitaient toujours d'avoir un collège à eux. Leur bienfaiteur, Guillaume Duprat, qui leur avait déjà fait un don considérable au moment où ils quittèrent le collège des Lombards, mit plus tard le comble à ses libéralités par ses dispositions testamentaires. Ce prélat qui, avant sa mort survenue le 22 octobre 1560, avait puissamment contribué à leur donner une existence légale en recevant la profession de Pierre Viole, et en ouvrant pour eux un collège à Billom, ville de son diocèse, les mit enfin en mesure de réaliser leur dessein. « Comme sa principale vue, dit Félibien, avoit été de fonder un collège à Paris, il leur légua, pour aider à le bastir, six mille livres, sans compter les seigneuries de Comede-le-Mode et Amans d'Artière, dont il les avoit gratifiés par une donation entre vifs. Il ajouta de plus, par son testament, pour leur subsistance, la somme de quinze cent quarante six livres de rente annuelle sur les Prevosts et Eschevins de Paris, et outre cela, deux cents escus d'or sol, aussi de rente annuelle et perpétuelle, à condition d'entretenir six pauvres escoliers [2]. »

C'est avec ces ressources que les Jésuites acquirent l'Hôtel ou Cour de Langres, dont nous avons parlé en son lieu, et qui était voisin des collèges de Marmoutiers et Du Plessis. Cet immeuble, assez considérable, devait son nom aux évêques de Langres qui l'habitaient au xve siècle, et dont l'un d'eux l'avait d'abord possédé à titre privé. C'était Bernard de la Tour, après la mort duquel il passa au seigneur de la Tour d'Auvergne, « sans pourtant perdre, dit Sauval, son nom de Hostel de Langres ». Mais ce seigneur tenait pour Charles VII, et Henri VI, en 1424, confisqua l'hôtel d'abord au profit d'un de ses partisans, Jean Bazille,

---

[1] *Histoire de la Ville de Paris*, t. II, p. 1094 et suiv. — [2] *Ibid.*

seigneur de Maye et de Buffières, puis, du consentement de celui-ci, il le donna à Charles de Poitiers, évêque et duc de Langres, «qui n'avoit point de maison à Paris», ajoute Sauval.

Mais, en 1436, quand les Anglais eurent évacué Paris, nous voyons l'hôtel faire retour à la famille de ses anciens propriétaires. En 1486, un autre Bernard de la Tour, comte de Boulogne et d'Auvergne, le vendit à Pierre Simart, secrétaire du Roi. Ce personnage, qui était en outre «maistre des eaux et forêts du duché d'Orléans», ne le conserva point, ou du moins ne paraît pas l'avoir légué à sa descendance, car, au moment où les Jésuites en firent l'acquisition, il appartenait pour moitié à Jean Brachet, seigneur de Froville et de Portmorant, et à Antoinette Hennequin, sa femme. Le frère de celle-ci, Pierre Hennequin, conseiller au Parlement, fut l'intermédiaire de la négociation pour la moitié de l'immeuble. L'autre moitié appartenait à Jean Prevost, seigneur de Saint-Cyr-du-Sault, en Touraine, à Madeleine du Refuge, sa femme, ainsi qu'à Bernard Prevost, conseiller au Parlement, premier président des requêtes du Palais, et à Marie Pottier, sa femme; la vente en fut consentie aux Jésuites par Nicole Prevost, conseiller au Parlement, président de la Chambre des Enquêtes, qui était copropriétaire de cette seconde moitié avec ses deux frères.

L'hôtel était, dans son ensemble, chargé, envers la commanderie de Saint-Jean-de-Latran, d'une redevance annuelle de soixante-cinq sols tournois, et envers l'abbaye de Sainte-Geneviève, de douze sols six deniers de cens et rentes.

La négociation, qualifiée de «eschange et achapt», fut conclue «moyennant treize cent vingt sept livres dix sols de rente, tant sur l'Hostel de Ville de Paris, que sur différens particuliers, et soixante dix livres de soulte».

Le contrat fut fait avec quelque solennité; il est dit, dans la pièce originale, «passé en la Prévosté de Paris», entre les vendeurs ci-dessus nommés et «le R. P. Cogordan, recteur du collège des Jésuites de Paris», situé à l'hostel de Clermont, en la rue de la Harpe, et procureur général de tous les collèges de l'ordre de France, suivant les lettres de procuration à luy données à Trente, le 30 janvier 1563, signées Laïnez[1]». Le signataire n'était rien moins que le second général de l'ordre.

Les Jésuites s'étaient, d'ailleurs, ménagé des protecteurs à Paris; ils en avaient en la prévôté royale, comme on vient de le voir; ils en eurent également dans le sein de la prévôté bourgeoise, puisque le Bureau de la Ville, bien qu'il eût fait d'abord cause commune avec l'Université, en s'opposant, dit Félibien, à l'établissement du collège de Clermont, donna plus tard des marques d'estime et de confiance à la compagnie[2].

L'acquisition de la Cour ou Hostel de Langres mit fin au séjour des Jésuites

[1] Archives nationales, MM 388. — [2] Même fonds.

en la rue de la Harpe, où ils occupaient L'HÔTEL DE CLERMONT, à eux cédé par Guillaume Duprat, le 16 mai 1559, moyennant indemnité en faveur de la mense épiscopale. «Le collège destiné à Paris, la maison qu'ils estoient en intention d'y avoir et acquérir pour y establir ycelui», ainsi qu'il est dit dans les titres, deviennent une réalité à partir de 1563. Dans la même année, au mois de janvier (vieux style), Charles IX donna des lettres patentes portant amortissement «de toute somme à luy duë par les R. P. Jésuites, pour raison de l'acquisition de LA COUR et HOSTEL DE LANGRES». Deux ans plus tard, le 9 août 1565, le Parlement les obligea à payer «aux religieux, abbés et couvent de Sainte-Geneviève-du-Mont et au commandeur de Saint-Jehan-de-Latran, la somme de trois mille deux cents livres, pour indemnité de leur acquisition[1]».

Mais LA COUR DE LANGRES, malgré son étendue, n'était qu'un noyau : plusieurs maisons privées l'enserraient, et les Jésuites saisirent toutes les occasions de les acquérir, lorsqu'ils eurent satisfait à leurs premières obligations financières. C'est ainsi qu'ils achetèrent successivement :

L'YMAIGE SAINT MARTIN et LA MALASSISE en 1578 et 1580;

Une MAISON sans désignation «joignant LA COUR DE LANGRES, et appartenant à Gabriel Bourdet[2]» (1582);

L'IMAGE SAINT JACQUES, appartenant à la veuve et aux héritiers Cardinal (1621);

LA MAISON DE L'ESCU DE BOURGOGNE, vendue en 1625, au P. Filleau, recteur du collège;

LA MAISON DE L'ANNONCIATION, vendue en 1633, par le libraire Jacques Sanlecq;

L'IMAGE SAINT JEAN (1636);

LA MAISON DU FER À CHEVAL (1647).

Entre l'acquisition de 1582 et celle de 1621, il s'écoule un intervalle de trente-neuf ans, qui s'explique par la mesure prise contre les Jésuites, à la suite de l'attentat de Jean Châtel. Expulsés de France, où ils ne rentrèrent qu'en 1604, ils ne songèrent point à reprendre immédiatement le cours de leurs achats, tout occupés, d'ailleurs, de faire construire un ensemble de bâtiments

[1] Les *Registres du Bureau de la Ville* sont fort discrets sur ce point. Il semble que plusieurs pièces importantes n'y aient point été transcrites. — [2] Archives nationales, MM 388.

scolaires, sur l'emplacement qu'ils avaient acquis. La première pierre en fut posée, le 28 août 1628, par le Prévôt des Marchands, Nicolas de Bailleul, accompagné de quatre Échevins, «dont la société, dit Ch. Jourdain, élevait les enfants».

L'Université protesta de nouveau; mais elle ne put empêcher ni la reconstruction du collège, ni l'acquisition d'autres immeubles, pour en augmenter les dépendances. L'année même où le P. Filleau achetait l'Escu de Bourgogne, il accomplissait un autre et plus important acte d'agrandissement. Non content d'annexer à la Cour de Langres les maisons environnantes, il voulait réaliser «l'union» des collèges du voisinage au nouvel établissement. Marmoutiers, Du Plessis, les Chollets, le Mans étaient l'objet de son ambition; mais il ne put «unir» que ces deux derniers collèges, par suite de l'opposition des «recteur, doyen et suppôts de l'Université», lesquels suppliaient le Parlement de ne point entériner et vérifier «les traitez faits et à faire pour raison d'union». Cependant Clermont parvint à s'arrondir aux dépens des Chollets, ainsi que nous le dirons à la date de ce nouvel accroissement. A l'article du collège de Marmoutiers, nous avons raconté l'annexion de cet établissement; il nous reste à exposer celle du Mans.

Le 11 octobre 1625, il fut passé entre Charles de Beaumanoir de Lavardin, évêque du Mans, et Jean Filleau, recteur du collège de Clermont, un contrat «touchant l'union des maisons et places qui composoient le collège du Mans, situé rue de Reims, près Saint Estienne du Mont, à Paris, audit collège de Clermont[1]». La négociation semble avoir été laborieuse, en raison des réserves, clauses et stipulations que contient le contrat. Le cédant consent à ce que le collège du Mans soit uni, mais non absorbé; il veut qu'il y reste trace de la fondation première, que les anciens boursiers soient bien traités, et qu'on puisse leur en adjoindre de nouveaux aux mêmes conditions; il exige enfin que les Jésuites assurent à l'évêque du Mans un autre hôtel, en échange de celui qu'il leur cède, et consignent, pour cet objet, une somme de trente-trois mille livres. Le P. Filleau, désireux de réaliser «l'union», accorde tout; il est donc entendu «que la fondation dudit collège du Mans, faite par Mgr le cardinal de Luxembourg, subsistera, ainsi que ses armes, ès lieux où elles sont; en cas de reconstruction des bastimens, qu'elles seront retablies, et celles dudit Beaumanoir aposées...; qu'en la chapelle ou église, qui se doit bastir, il y aura une chapelle de Saint Julien, où seront les armes desdits cardinal et évêques....[2]». Ces stipulations, où la vanité a sa petite part, sont accompagnées de clauses plus scolaires; les nouveaux propriétaires du collège du Mans jouiront des douze cent soixante-quatorze livres de rente lui appartenant, mais «ils entretiendront de nourriture, semblable à celle des autres pensionnaires, cinq boursiers qui seront du diocèse du Mans et placez par ledit

---

[1] Archives nationales, MM 388. — [2] Même fonds.

sieur Evêque et ses successeurs, à raison de 240 livres par chacun boursier, sans que ladite pension puisse estre augmentée pour aucune raison ny de cherté, ny autre [1] ».

Dans ces termes, « l'union » fut approuvée par le roi Louis XIII, en octobre 1631, et le 8 du même mois, les Jésuites furent mis en possession du collège du Mans. Estimé à trente-trois mille livres, en 1625, il fut déclaré peu après en valoir quarante mille. Mais plus d'un demi-siècle s'écoula avant le remploi de cette somme, et deux expertises successives, faites les 29 avril et 12 mai 1682, la portèrent, l'une à 55,063 livres 10 sols, l'autre à 53,156 livres 13 sols 4 deniers. Une ordonnance du Roi prescrivit le payement de cette dernière somme entre les mains de l'évêque du Mans, pour être affectée « à l'achapt d'un autre collège [2] ». L'hôtel de Marillac, sis en la rue d'Enfer, fut choisi pour recevoir les boursiers du Mans.

Pendant ces longs atermoiements, le collège de Clermont poursuivait son extension territoriale, en s'annexant les parties des établissements voisins qui pouvaient augmenter et régulariser son pourpris. Dans les années 1656 et 1660, à la suite de nombreux différends relatifs à des murs mitoyens et ayant donné lieu à d'interminables procès, les Prieur, Procureur et Boursiers du collège des Chollets cédèrent à leur puissant voisin, et ce à titre d'échange, « les petits bastimens et petite cour appartenant et joignant audit collège des Chollets, enclavés dans les maisons et héritages de celuy de Clermont, avec le droit de passage par la MAISON DU CHEF-SAINT-JEAN appartenant au collège de Clermont ». Ce que les Chollets reçurent en échange était fort peu de chose : « quatre toises ou environ de terre enclavée dans la cour de leur college, pour servir à l'accroissement et écarrissure de leur dite cour. » Il leur fut heureusement octroyé une indemnité en argent, à titre de soulte; c'était une somme de quatorze mille sept cents livres.

Nous avons jusqu'ici conservé au collège le nom qu'il devait à Guillaume Duprat; mais il l'avait échangé, en 1674, contre celui du Roi, dans des circonstances assez connues et peu topographiques.

Un siècle plus tard, le collège portait encore le nom de Louis-le-Grand; mais les Jésuites avaient dû le quitter le 24 mars 1763, par suite de la mesure qui les expulsait de France. Dans l'intervalle (1721), il y avait été créé ce que Félibien appelle « le vestibule, à Paris, du collège des Capucins de Constantinople », c'est-à-dire l'école dite *des Enfants de langues*, composée de dix jeunes gens, qui joignaient aux matières classiques l'étude des idiomes turc et arabe, pour aller ensuite en Orient se perfectionner dans la pratique de ces idiomes et aider ainsi

---

[1] Archives nationales, MM 388. — [2] Même fonds.

TOPOGRAPHIE HISTORIQVE DV VIEVX PARIS.

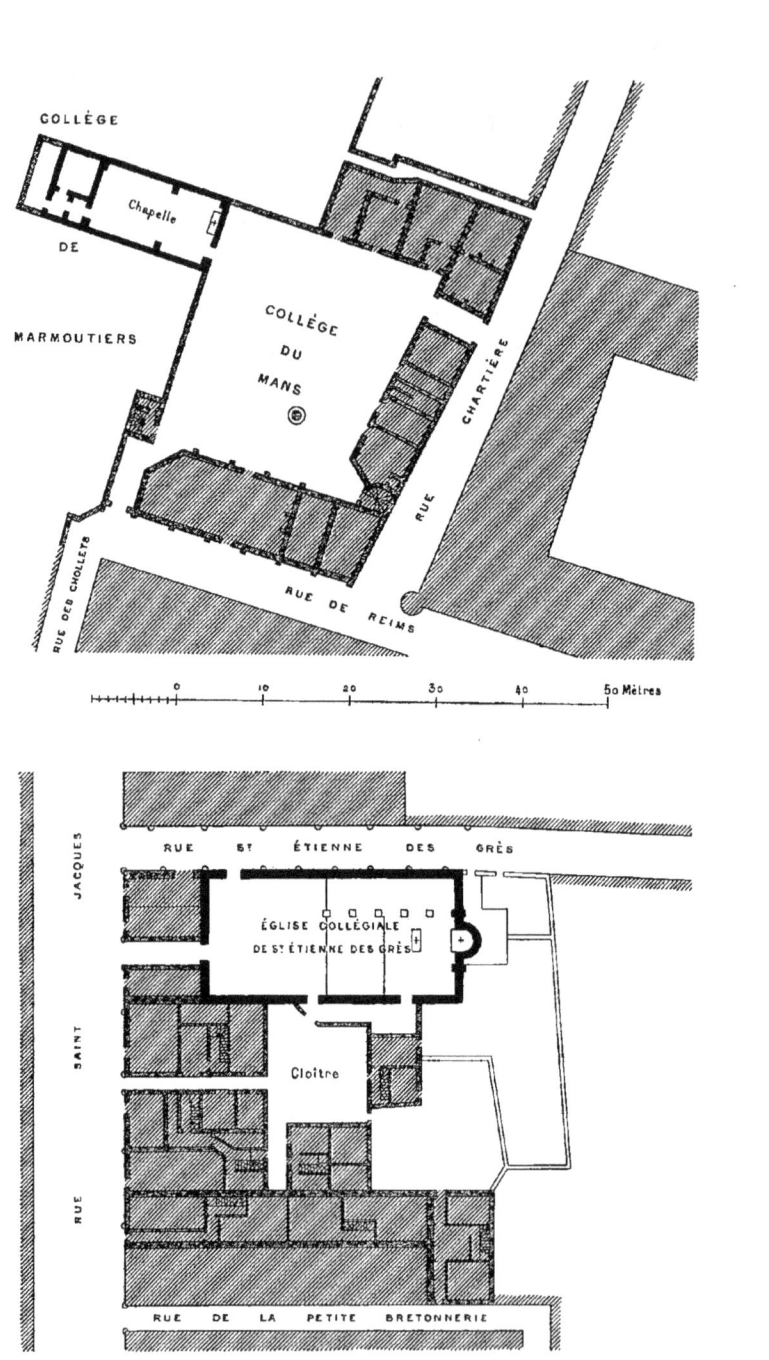

PLAN DU COLLÈGE DU MANS ET DE L'ÉGLISE COLLÉGIALE DES GRÈS.

au développement du commerce français. (*Histoire de la Ville de Paris*, IV, 503.)

Le départ des Jésuites coïncida avec la mesure générale de suppression des petits collèges qui n'avaient pas plein et entier exercice; l'Université ne put prendre possession des bâtiments de Louis-le-Grand qu'à la condition d'en faire son chef-lieu, fixé jusque-là aux Mathurins, et d'y réunir les divers établissements auxquels l'insuffisance de leurs revenus ne permettait plus de vivre.

L'Université, qui s'était opposée dès l'origine à l'installation des Jésuites, et qui n'avait jamais voulu les recevoir dans son sein, put donc, deux siècles après leur prise de possession de la Cour de Langres, y entrer triomphalement. Les commissaires du Parlement l'y accompagnèrent, distribuèrent les locaux, et dressèrent procès-verbal de cette opération, qui eut lieu le 1er décembre 1763. L'année suivante, il fut pris diverses mesures pour la réparation, l'aménagement et une meilleure distribution des locaux. La nouvelle dénomination donnée au collège et «l'union» avec Dormans-Beauvais furent rappelées par l'apposition d'une plaque commémorative. Les Archives nationales conservent, sous la cote M 148, les pièces rédigées à cette occasion.

Durant la période révolutionnaire, si l'on y comprend le Consulat et l'Empire, l'institut des boursiers, nommé successivement *Collège de l'Égalité* (1792), *Prytanée* (1800) et *Lycée impérial* (1805), maintint ses classes ouvertes dans les jours de la Terreur, et vit une partie de ses locaux affectés à usage de prison. On lui rendit, en 1814, son appellation de *Collège de Louis-le-Grand*. De nos jours, après avoir porté le nom du philosophe Descartes, il est l'objet d'une réfection qui en fait un édifice nouveau.

ÉGLISE SAINT-ÉTIENNE-DES-GRÉS.

Le nom du premier martyr de l'église chrétienne a servi de vocable à de nombreux oratoires. A Paris, en particulier, on en comptait trois, indépendamment des chapelles et des chapellenies érigées en l'honneur du célèbre diacre. Le plus ancien de ces édifices paraît avoir été *Saint-Étienne-le-Vieux*, «qui joignoit la cathédrale et qui ne subsiste plus», dit Félibien. C'est là, ajoute le même auteur, que s'est probablement tenu le concile de Paris de l'an 829, contrairement à l'opinion de Baluze, qui le fait siéger à Saint-Étienne-des-Grés [1].

Cette dernière église était l'une des deux qu'on avait élevées sur la montagne Sainte-Geneviève, en l'honneur du saint. On la distinguait de l'autre par l'appellation «des Grés», tandis que celle-ci était dite «du Mont».

---

[1] *Histoire de la Ville de Paris*, t. I, p. 128.

Les anciens historiens de Paris ont assigné à l'église Saint-Étienne-des-Grés une origine fort ancienne; mais la critique moderne a réduit cette antiquité à de justes proportions. Ceux qui tiennent pour saint Denis l'Aréopagite et qui, avec Raoul Boutrays, l'appellent . . . . *præsul Achivus, ab arce Cecropidum ad Cellas missus* (*Lutetia*, éd. de 1621, p. 17), lui attribuent la fondation de cette église, sans aucune pièce à l'appui. Lebeuf est plus réservé : «Il y a preuve, dit-il, qu'elle avoit été bâtie au moins cent cinquante ans avant les guerres des Normans. Je suis bien éloigné, ajoute-t-il, d'en faire remonter l'origine au siècle de saint Denis. Je me contente de dire que cette église existoit dès le viie siècle, parce qu'une riche dame de Paris, ou des environs, nommée Hermentrude, en fait mention dans son testament [1].»

Ici Cocheris contredit Lebeuf sur un point. Le savant auteur de l'*Histoire de tout le diocèse de Paris* avait dit : «Saint-Étienne subit le sort des petites églises d'autour de Paris; elle fut pillée et brûlée par les Normans avant la fin du ixe siècle [2].» Or ni Saint-Étienne-des-Grés, sur la rive gauche de la Seine, ni Saint-Étienne-le-Vieux, en la Cité, ne lui paraissent avoir été victimes des incursions normandes. La première, écrit-il dans ses annotations, «ne fut point brûlée par les Normands; ce fut, au contraire, une des églises qui leur fut rachetée, ainsi que le dit expressément l'auteur des Annales de Saint-Bertin : *Dani, Lutetiam Parisiorum agressi, basilicam B. Petri et Sancte Genovefe incendunt, et ceteras omnes, preter domum S. Stefani. . ., pro quibus tantummodo, ne incenderentur, multa solidorum summa soluta est* [3]. Lebeuf pense, il est vrai, que ce passage se rapporte à l'église Saint-Étienne, proche Notre-Dame; mais, comme il est presque certain aujourd'hui que les Normands n'ont jamais pénétré dans l'intérieur de la Cité, on ne peut admettre qu'ils aient reçu de l'argent pour épargner une église dont ils ne s'étaient pas emparés [4].

Sauval était arrivé à peu près à la même conclusion. Cette «maison de Saint-Étienne», qualifiée d'église dans le poème d'Abbon, est-ce, dit l'auteur des *Antiquités de Paris*, Saint-Étienne-du-Mont, qui touche à Sainte-Geneviève, ou Saint-Étienne-des-Grés, qui en est un peu plus éloignée et qui, depuis environ cent cinquante ans, a perdu son nom propre parmi la populace ignorante, car elle l'appelle Saint-Étienne-des-Grecs, au lieu qu'elle a toujours été appelée, dans les anciens titres et monuments, Saint-Étienne-des-Grés? Je croirois plutôt que ce seroit la dernière, s'il est vrai que la première fût fors, comme elle est à présent, toute joignante l'église de Sainte-Geneviève. En ce cas, l'église Saint-Étienne-du-Mont ne pouvoit pas s'exempter d'être brûlée, non plus que celle de Sainte-Ge-

---

[1] *Histoire de tout le diocèse de Paris*, édit. Cocheris, t. II, p. 55.

[2] *Histoire de tout le diocèse de Paris*, t. II, p. 91.

[3] *Recueil des Historiens de France*, t. III, p. 71.

[4] *Histoire de tout le diocèse de Paris*, éd. Cocheris, t. II, p. 55.

neviève, en étant si proche, et nous voyons que cette église de Saint-Étienne fut garantie de toutes sortes de dégâts[1]. »

Maintenant qu'il nous suffise de résumer le peu que l'on sait sur l'édifice, dont la valeur architecturale, après plusieurs remaniements, était à peu près nulle, sur les tenants, aboutissants et dépendances, ainsi que sur les découvertes qu'on a faites dans ses environs immédiats.

« L'édifice de l'église de Saint-Étienne-des-Grés, dit Lebeuf, n'a d'ancien que le côté où est la chapelle de N. D. de bonne délivrance, où plusieurs piliers et la tour sont d'environ 1200. Le portail de devant paroit être plus nouveau de cent ans. Le reste est postérieur et construit sans ornemens. On n'y voit plus aucune tombe[2]. »

A ces renseignements, un peu trop généraux, nous pouvons heureusement ajouter un état descriptif de l'édifice en 1589, où l'on rappelle ce qu'il avait été auparavant; nous l'empruntons à un factum, « pour les chanoines et chapitre de ceste eglise », imprimé en cette année et conservé aux Archives nationales. Un plan y est joint, et permet de voir comment l'édifice se profilait sur la rue Saint-Jacques, où il avait son entrée, et sur celle de Saint-Étienne-des-Grés, le long de laquelle s'étendait son flanc septentrional. On voit, à l'inspection de ce plan, comment l'église touchait, par son chevet, au clos qui en portait le nom, ainsi qu'au pourpris du collège de Lisieux. On aperçoit également le cloître canonial placé sur le flanc méridional de l'église avec laquelle il communiquait, ayant son entrée principale sur la rue Saint-Jacques et touchant aux maisons en bordure sur la Petite-Bretonnerie.

Voici un extrait du factum auquel ce plan est annexé :

Fault entendre qu'en l'église dudit S. Estienne des Grecs une des plus antiennes de Paris et des premieres construictes, y avoit antiennement troys portailz, l'un qui servoit à la principalle nef du millieu, qui est encore. L'autre à costé joignant la rue qui tend à l'église saincte Geneviefve du mont. Et le tiers de laustre costé vers la porte Sainct Jacques. Cestuy est maintenant en court ou cloistre.

Devant ces trois portailz y avoit antiennement une place vague ou parvy, *sive atrium Ecclesiæ*, autrement dict petit cimetière, tendant du long du bout à aultre depuys la rue Saincte Geneviefve jusques à l'encoingnure de la maison du Porc Espic, joignant laquelle estoit le dernier portail dont est à présent question. Et de large, à prendre depuys lesdictz portaux jusques au pavé de la grande rue Sainct Jacques, vis-à-vis des Jacobins, et à la lignes des (déchirure du papier) maisons.

Est advenu par succession de temps comme ladicte église qui estoit lors bien fondée, et en laquelle le peuple de Paris faisoit de grands biens, et y avoit grande dévotion, l'église estoit bien entretenue. Et depuys la ville s'estant accreue petit à petit, le peuple ayant transféré sa dévotion ailleurs, l'église est demeurée pauvre.

---

[1] *Antiquités de Paris*, t. I, p. 278. — [2] *Histoire de tout le diocèse de Paris*, t. II. p. 59.

De façon que la voulte de l'une desdictes allées tirant du costé de la porte Sainct Jacques estant tombée et le Chapitre n'aiant moyen de fournir aux fraiz pour rebastiment et restauration d'icelle, l'on l'auroit laissée en forme d'une court ou petit cloistre, comme il est de présent, auquel se voyent encores les pilliers des arcs boutans qui soubstenoient la voulte dont y a encores partie en nature des deux costez de ladicte allée. Ensemble une vielle et antienne montée qui est au bout par où l'on souloit monter au dessus des voultes de l'église, laquelle sert de présent pour monter à quelque chambre que l'on a faict contre le long et au dessus des portaux de laditte église pour loger les chanoines.

Tellement que ce troisiesme et antien portail qui, servant de passage à ceste allée, estant appliqué à usage prophane parce qu'il ne servoit plus au corps de l'église, l'on avoit faict bastir contre ledict portail une petite maisson et ediffice où est de présent pour enseigne la Croix blanche, l'on avoit ainsy retiré l'enclos du parvy, et délaissé le devant de ladicte maison de la Croix Blanche en court pour servir tant ausdicts usages de ladicte maison que du petit cloistre et desdictes chambres bastyes sur les portaux de l'église, demeurant tousjours les très fondz de ceste place à la propriété de l'église [1].

Ce que ne dit pas le factum composé pour les besoins d'une instance judiciaire, mais ce que nous savons par ailleurs, c'est que l'église, en son état de caducité et dépourvue « d'ornemens », selon le mot de Lebeuf, possédait cependant un bénitier sur lequel était gravé le fameux vers rétrograde, qu'on lisait autrefois autour de celui que possédait la basilique de Sainte-Sophie, à Constantinople :

Νίψον ἀνομήματα, μὴ μόναν ὄψιν.

« Lave tes péchés et non pas seulement ton visage. »

Un autre objet d'art, ou plutôt de dévotion, que possédait l'église Saint-Étienne-des-Grés, c'était la statue de Notre-Dame de la Délivrance, décorant la chapelle de ce nom et appartenant aujourd'hui à la chapelle des religieuses hospitalières de Saint-Thomas de Villeneuve, rue de Sèvres.

Il résulte du factum précité que l'église Saint-Étienne-des-Grés était assez délabrée vers la fin du xvie siècle, et que les ressources manquaient pour lui rendre son ancien aspect, tant à l'intérieur qu'à l'extérieur. Les choses restèrent en cet état pendant le xviie, et Lebeuf, qui écrivait au xviiie, ne mentionne aucun travail de restauration accompli de son temps. Ce n'est pas, d'ailleurs, au moment où l'on songeait à réédifier somptueusement l'ancienne église Sainte-Geneviève, que l'on pouvait songer à réparer Saint-Étienne-des-Grés, dont les nouvelles écoles de Droit allaient, en outre, occuper les abords. Les dépenses du Chapitre excédant de beaucoup les ressources, rien ne put même être tenté, et l'édifice ne présentait plus d'intérêt ni au point de vue artistique, ni sous le rapport des besoins

---

[1] *Archives nationales*, S 907. Factum publié en 1589.

religieux du quartier, lorsqu'il fut fermé par la mesure générale de sécularisation. On y apposa les scellés le 28 décembre 1790; l'église fut vendue en deux lots les 16 et 17 avril 1792, et rasée peu de temps après. Sur ses fondations ont été élevées deux maisons, l'une dans la rue Saint-Étienne-des-Grés, l'autre en façade sur la rue Saint-Jacques.

Quelques substructions ont été reconnues, il y a peu d'années, au cours des travaux exécutés pour l'agrandissement des bâtiments de la Faculté de droit; mais, sauf quelques traces d'anciennes fondations, aucune découverte de quelque importance n'est venue s'ajouter à celle qui fut faite en 1640, et dont Lebeuf, historien du siècle suivant, parle en ces termes :

«Vers l'an 1640, on découvrit, derrière le chevet de cette église, dans les fondations d'une maison, une vingtaine de coffres construits de briques et de petites pierres, où étoient des cendres, et, par dessous, on trouva une boëte pleine de médailles d'or et d'argent, de Constantin, Constant et Constance, laquelle exposée à l'air, tomba en poussière, et il ne reste que les médailles [1].» Sauval, qui rapporte le même fait dans des termes identiques, dit que la découverte eut lieu «dans les fondations du logis d'un maître maçon nommé Marchant [2]».

La maison dont il s'agit étant placée derrière le chevet de Saint-Étienne, c'est-à-dire sur le côté oriental de la voie romaine allant de *Lutetia* à *Genabum*, il n'y a rien d'étonnant qu'on y ait trouvé des sculptures contemporaines du règne de Constantin et de ses successeurs. On sait, en effet, que les Romains et les Gallo-Romains inhumaient leurs morts le long des routes [3]. D'autre part, l'existence, dans le voisinage des Thermes et des Arènes, de nombreuses *villæ*, habitées par de riches *Parisii*, rend fort naturelles les inhumations faites dans le pourpris même de ces *villæ*.

Des trois églises consacrées à saint Étienne, deux — Saint-Étienne-le-Vieux et Saint-Étienne-des-Grés — ne sont plus aujourd'hui qu'un souvenir. Saint-Étienne-du-Mont seul est resté debout. On en trouvera la monographie dans le volume suivant.

RUE SAINT-JEAN-DE-LATRAN.

Cette voie, dont il ne reste presque rien aujourd'hui, était peu étendue et sans grande importance; elle devait sa notoriété à ses deux collèges — Tréguier

---

[1] *Histoire de la Ville de Paris*, t. II, p. 55.
[2] *Antiquités de Paris*, t. II, p. 336.
[3] La ıx° églogue de Virgile (vers 59, 60) mentionne expressément ce fait : le berger Lycidas salue, sur le grand chemin de Mantoue, le tombeau de Bianor. Ainsi l'exigeait, du reste, la loi des Douze Tables : *Hominem mortuum in urbe ne sepelito, neve urito.*

et Cambrai — et surtout à l'asile qui y fut fondé par les Hospitaliers de Saint-Jean. Cet établissement, antérieur à la fondation des deux collèges, servit à la désigner, et lui imposa ses diverses dénominations.

Bien qu'elle soit qualifiée de *vicus*, dans les textes latins, vers le milieu du xiiie siècle, elle est appelée, presque à la même époque (1276-1278), «ruë sans chief encontre l'ospital» et «ruë qui n'a point de bout devent l'ospital». On serait porté à croire qu'il s'agit ici de la ruelle Fromentel; mais les livres de la Taille y mentionnent plusieurs contribuables, qui ne pouvaient évidemment habiter cette ruelle sans importance, sur laquelle les maisons des rues voisines avaient seulement leurs murs de flanc. Au contraire, la voie appelée «ruë Sainct Jehan de Jherusalem, Sainct Jehan de l'Ospital», ou simplement «de l'ospital», conduisait à l'établissement hospitalier, ainsi que le dit une pièce de 1266 : «*Vicus per quem itur ad domum hospitalem Jherusalem*», formule qui se retrouve dans un titre de 1381. Le fait seul que l'Hôpital de Saint-Jean y avait son entrée avait dû déterminer un mouvement de construction des deux côtés de la rue et y créer des contribuables. Or les livres de la Taille de 1276 et de 1278 ne parlant que d'une seule «ruë sans chief», il faut bien reconnaître, dans cette désignation, notre rue Saint-Jean-de-Latran, dont l'ouverture est très probablement contemporaine de la fondation de l'hôpital. Cette dénomination n'apparaît que vers la fin du xvie siècle.

Le point de départ de la rue, à l'est, était le carrefour formé par les rues Jean ou Saint-Jean de Beauvais, du Mont-Saint-Hilaire, Chartière et Fromentel; l'aboutissant, à l'ouest, était l'ancien cimetière de Saint-Benoît, sur l'emplacement duquel fut ouverte au xviie siècle, la place Cambrai[1]. C'est cette extrémité occidentale qui a le plus souffert : amputée d'abord pour la création de la place sur laquelle fut établi le «collège royal», elle a perdu, il y a quelques années, la totalité de son flanc septentrional, par suite du percement de la rue des Écoles.

La rue de Saint-Jean-de-Latran s'est aussi dénommée rue de Chabanais, en 1526. A cette époque, elle était peuplée de libraires, et l'on n'y trouvait qu'un seul relieur. (*Mémoires de la Société de l'histoire de Paris*, etc., t. XIII, p. 3.)

Une nouvelle rue de Latran a été ouverte de nos jours, parallèlement à celle-ci, et à travers l'enclos de la commanderie; mais elle a été tracée au nord de l'ancienne, dont l'emplacement reste marqué par la voie longeant, en contre-haut, le Collège de France et ses dépendances.

[1] Voir les articles relatifs à cette place, ainsi que ceux qui concernent les rues Fromentel et du Cimetière-Saint-Benoît.

CÔTÉ MÉRIDIONAL
(d'Orient en Occident).

PAROISSE DE SAINT-ÉTIENNE-DU-MONT.
JUSTICE ET CENSIVE DE SAINTE-GENEVIÈVE.

Maisons des Comehans, Coatmohan ou Quoëtmehan (1374), faisant le coin de la rue Fromentel, à laquelle elles aboutissaient, et s'étendant jusqu'au collège de Cambrai. Ces maisons, dont le vocable breton est très reconnaissable, appartenaient à l'évêque de Dol et furent acquises par l'ordre, *jussu*, dit le texte latin, de Guillaume de Comehan, ou Coatmohan, pour l'établissement du collège de Tréguier. Réunies à ce moment, elles ont été divisées plus tard sous les quatre désignations suivantes :

Maison de l'Ymaige sainct Nicolas (1423), puis de Saint-Jehan-en-l'Ile (1509) et enfin Ostel du Petit Corbueil (1595). Cette maison, qui devait ses deux dernières dénominations au prieur du monastère de Saint-Jean-de-l'Ile, près de Corbeil, auquel elle appartenait, formait l'angle de la rue Fromentel.

Maison de la Roze (1380) et de la Roze rouge (1523), paraissant avoir eu, à une époque indéterminée, la Corne de daim pour troisième enseigne.

Maison de la Chaize (1509), sans autre indication.

Maison du Cerceau d'argent (1550), composée de deux corps de logis et d'un jardin, «joignant le tout». Au milieu du xvie siècle, le Cerceau d'argent est dit «au Prieur de S. Jehan en l'Isle» et «s'appelle le Petit Corbueil».

CENSIVE DE SAINT-JEAN-DE-LATRAN.

Collège de Tréguier et de Léon.

Par son testament en date du 20 avril 1325, Guillaume de Coatmohan, *alias* Comehan, Coëtmohan, Quoëtmohan et Quoïstmohan, qui était grand chantre de l'église cathédrale de Tréguier, en Bretagne, et docteur régent en droit de la faculté de Décret, à Paris, donna plusieurs maisons qu'il possédait «en la ruë de Lospital Sainct Jehan de Jherusalem», ainsi que diverses terres à lui appartenant dans le voisinage de Paris, pour abriter et entretenir huit pauvres écoliers de sa famille ou de son diocèse. Un mémoire manuscrit, conservé aux Archives nationales, sous la cote S 6582, localise approximativement l'immeuble dans lequel le collège fut établi :

«C'était, y est-il dit, une des maisons du fondateur, qui avoit son entrée vis à vis l'hôpital Saint-Jean-de-Latran, à côté de celle du collège de Cambray... Il est assez difficile de se former une idée bien distincte de l'emplacement de cette maison et des autres léguées par le fondateur..., car, outre que dans l'intervale de plusieurs siècles, il y avoit esté fait différens changemens, comme la plus grande partie de ces maisons a été détruite, qu'on y a construit une partie du collège Royal, formé une place et élargi une rue sur le terrain qu'elles occupoient, il ne subsiste plus rien qui puisse servir à fixer les idées... Ce terrain comprenait un espace qui donnoit sur la rue S. Jean-de-Latran et sur la rue Fromentel, et aboutissait à une ruelle qui séparoit le collège de Cambrai de celui de Tréguier. Sur ce terrain, outre la maison du collège, il y avoit sept autres maisons connues dans les titres par les enseignes DE LA SALAMANDRE, DE LA BONNE FOI, DE LA CAGE, DE LA LANTERNE, DE L'ARBRE VERDOYANT, DU LOUP QUI TAILLE et DE L'ARBRE SEC [1]. »

Un document de 1677 localise plus exactement le collège de Tréguier, qui est dit : «situé en la place Cambray, tenant d'un côté, au collège des Trois evesques, d'autre à la petite ruelle Jean de Latran, par derrière à la rue Froidmantel, et, par devant à la grande porte des freres hospitaliers de Saint Jean de Latran... Il n'est resté, après 1610, que quelques vieilles maisons joignant le collège royal. »

Bien qu'il y eût eu dans la dotation du collège de quoi entretenir huit boursiers bretons, moins d'un siècle après sa fondation, le collège avait besoin de nouvelles ressources; un de ses anciens boursiers, Olivier Doniou, *alias* Donjou, Danjou, et Donjon, docteur régent en Décret, fonda, en 1412, six nouvelles bourses à Tréguier. Quatre ans après, Christian d'Hauterive, évêque de Tréguier, léguait au collège six corps d'hôtel «sis en ceste ville de Paris, en la rue des Petits-Champs[2] ». Ce supplément de biens n'ayant pas suffi, une nouvelle réunion de bourses eut lieu. Ainsi le constate Félibien : «Le 25 avril 1575, Laurent, seigneur et marquis de Kergroadez, patron du collège de Léon, autrement dit de Kérembert, donna au collège de Tréguier l'emplacement de ce collège de Léon, dont les boursiers avoient vendu jusques à la charpente, aux tuiles et aux pierres; et le collège de Tréguier fit rebastir celui de Léon[3]. »

Il semblerait que ces divers appoints aient dû rétablir les affaires du collège de Tréguier; mais, dit le continuateur de Du Boullay, «une mauvaise administration et des dissentiments intérieurs reduisirent ses revenus et menacèrent son existence; aussi, lorsqu'il abandonna, pour l'établissement du collège de France, une partie (*sic*) des terrains qu'il possédait, il trouva, dans ce marché, plus de profit que de préjudice ».

[1] Archives nationales, S 6582.
[2] Archives nationales, S 6582.
[3] Félibien, *Histoire de la Ville de Paris*, t. I, p. 540.

L'emprise à faire sur le collège de Tréguier et ses dépendances comprenait le collège entier et trois maisons attenantes; résolue par Henri IV dans les premiers mois de 1610, elle fut réalisée dans la même année. Les procès-verbaux qui nous en donnent le détail sont donc «à cheval» sur deux règnes : le premier porte la date du 5 avril, et le second, celle du 28 juin. Félibien raconte le fait en ces termes : «Le roi Henri IV, voulant faire bâtir un collège royal du nom de France, dans l'Université de Paris, fit estimer le collège de Tréguier et celui de Cambrai, pour bâtir à leur place le collège royal. Il fut stipulé que les boursiers du collège de Tréguier auroient leur demeure dans la moitié du grand corps d'hôtel qui seroit entre les deux ailes, et qu'en attendant ils prendroient annuellement la somme de quatre cents livres au trésor des bâtiments... On n'a bâti qu'une aile du collège royal..., et les boursiers de Tréguier, depuis 1610, sont sans collège; mais depuis 1646, ils ne sont pas payés des quatre cents livres de rente que le roi Henri IV leur avoit promises [1]. »

Nous extrayons du «Procez verbal de visite et estimation», dressé les 15 avril et 28 juin 1610, les détails suivants sur les propriétés et parties de propriétés du collège de Tréguier, qui contribuèrent à former le pourpris du Collège royal :

«Premièrement, une cuisine au derrière de la salle à manger où est pour enseigne LA SALLEMANDE...[2] en la rue Saint-Jean-de-Latran;

«Item, une maison sise rue Fromenteuil, où est pour enseigne L'ESTOILE D'OR...;

«Item, une maison sise ruë Saint Jean de Latran, où est pour enseigne LE LYS ROYAL...;

«Item, un jardin planté d'arbres fruitiers et treilles, tenant à la ruelle;

«Item, un corps de logis étant dans ledit collège et sur le devant dudit, où est une boutique de libraire...;

«Item, le surplus dudit collège appliqué, au rez de chaussée, à un grand passage...[3]. »

Cet extrait fait connaître aux dépens de quels voisins le Collège royal s'est fait la place qu'il occupe encore aujourd'hui, et que diverses additions ont successivement augmentée.

L'indemnité de dépossession ayant été inexactement et tardivement payée, le collège de Tréguier ne fit que végéter. En 1763, lors de la réunion à Louis-le-

---

[1] *Histoire de la Ville de Paris*, t. I, p. 541.

[2] Il importe de recueillir, en note, un renseignement tiré du *Bulletin de la Société de l'histoire de Paris*, mars-avril 1882, à la page 55. D'après cette publication, voilà le local où le plan de Vassalieu fut édité, en 1614, par la veuve de Jean Le Clerc, *marchand et tailleur d'hystoires*, lequel avait achalandé LA SALAMANDRE dès avant 1590.

[3] *Archives nationales*, S 6581.

Grand de toutes les fondations scolaires qui n'avaient point « d'exercice », on ne comptait plus à Tréguier que trois boursiers.

Maison sans désignation, dépendant du collège de Tréguier et faisant le coin oriental de la ruelle Fromentel et de la rue Saint-Jean-de-Latran.

Ruelle aboutissant à la rue Fromentel, dont elle portait le nom dès le xive siècle. On la trouve ainsi désignée en 1359, et ruelle Fromentel en 1456; souvent même on ne lui donnait d'autre dénomination que celle de ruelle. Comme elle aboutissait aux deux rues, nous avons cru devoir la mentionner à chacune d'elles. Elle existait encore au commencement du xviie siècle.

Ostel aux Carneaulx, ou Crenaulx (1324), l'une des nombreuses maisons parisiennes qui portaient ce nom. Elle formait l'angle occidental de la ruelle Fromentel.

Maison de la Roze (1326).

Grande maison, dite Ostel de Cambray, appartenant à Guillaume d'Auxonne, fondateur du collège de ce nom; elle était contiguë à l'ancien cimetière de Saint-Benoît, lequel faisait le coin méridional de la rue Saint-Jacques. C'est sur l'emplacement de cet hôtel et des deux maisons précédentes qu'a été établi le collège de Cambrai.

Collège de Cambrai.

Cet établissement scolaire « a rarement fait parler de lui dans l'Université », dit le continuateur de Du Boullay, « mais, s'il ne brillait pas par les études, il n'était pas mal partagé sous le rapport matériel ». En effet, on y comptait, selon un document cité par Laverdy et conservé aux Archives nationales (MM 372), « plusieurs beaux et grands bâtiments, comme grandes salles servant pour les lectures publiques, quarante chambres à cheminée, accompagnées chacune de trois ou quatre cabinets, cinq caves voûtées, plusieurs greniers, quatre cours pavées, trois boutiques au devant, une imprimerie en dehors, un puits, dix bûchers, ou celliers, six privés en six endroits dudit collège ».

Cette installation, assez somptueuse pour un collège, il la devait aux libéralités de trois évêques, qui avaient concouru à sa fondation, et dont il portait le nom, concurremment avec celui de Cambrai. Tous les historiens de Paris ont parlé du Collège des Trois évêques; mais ils en ont rapporté la fondation à l'année 1348,

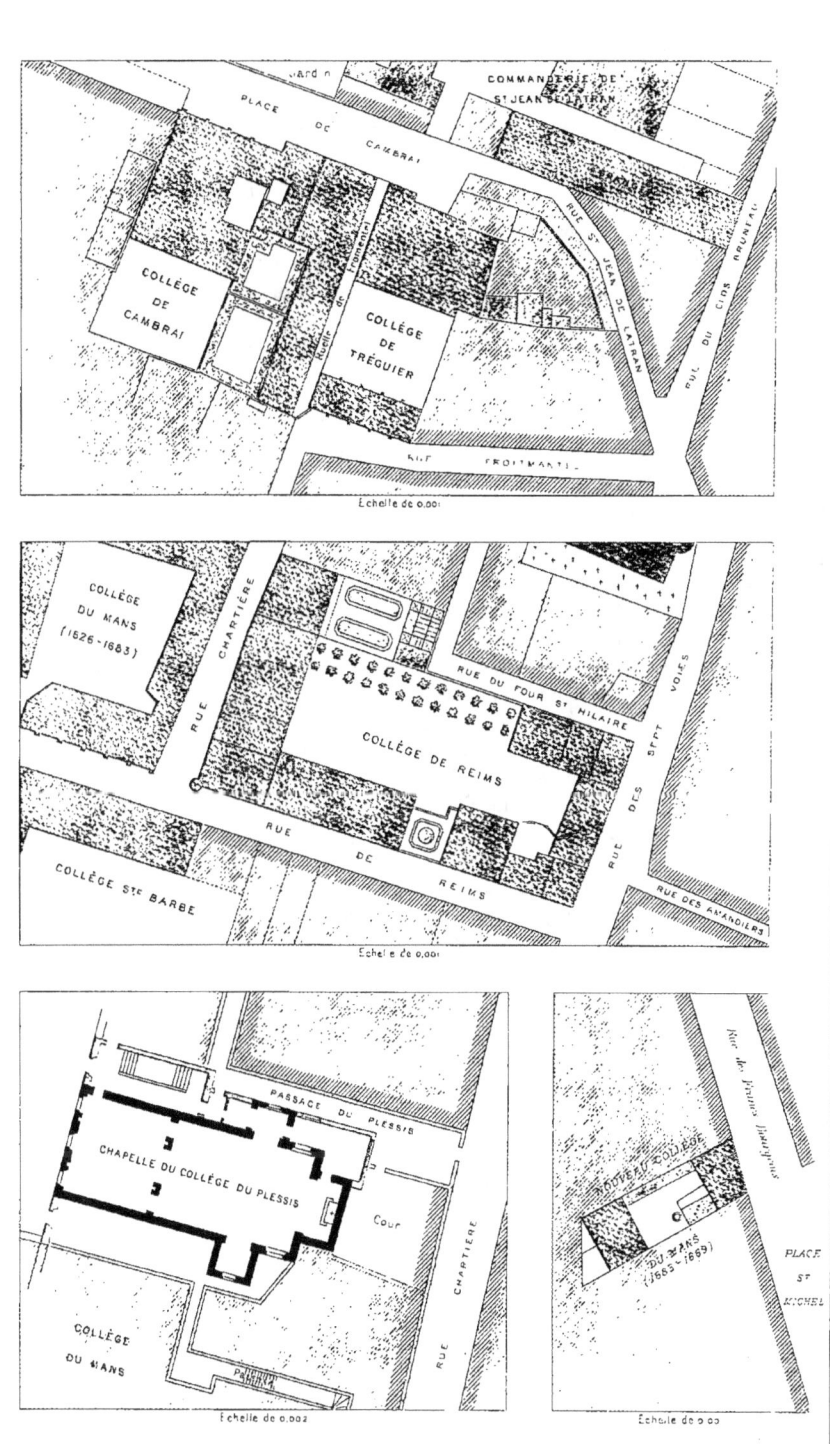

PLANS DE DIVERS COLLÈGES DE LA RÉGION CENTRALE DE L'VNIVERSITÉ
d'après des documents inédits conservés aux Archives Nationales
Cambrai et Tréguier (M 109 23 S 6581) Reims (S 6560) Le Mans S 6488) Chapelle du Plessis (S 6547) Le Mans Place St Michel (S 6498)

tandis que le testament de Guillaume d'Auxonne, qui, le premier, en eut le dessein, est de 1344. Ce prélat chargea son compatriote Hugues de Pomard, Bourguignon comme lui, de réaliser son projet, et à cette œuvre s'associa Hugues d'Arcy, originaire de la même province. C'est pour cela, dit Lebeuf, que «le collège fut appelé quelquefois college des Trois évêques de Bourgogne». Guillaume d'Auxonne, qui avait occupé le siège de Cambrai avant de passer à celui d'Autun, donna à l'établissement le nom de son premier diocèse; ou plutôt, la maison qu'il habitait à Paris et qui s'appelait «l'ostel de Cambray», ayant servi à la première installation du collège, celui-ci reçut naturellement cette appellation.

Félibien, qui a reproduit, dans ses *Preuves*, l'acte de fondation et les statuts, énumère les divers évêchés et archevêchés dont les fondateurs furent titulaires : Langres, Autun, Laon, Auxerre, Cambrai, Reims; puis il expose ainsi l'emploi qui fut fait des legs et donations consentis au nouvel établissement :

Les exécuteurs du testament de Hugues de Pomard achetèrent cent livres dix sous parisis de rente à Montdidier au diocèse d'Amiens. Les exécuteurs du testament de Hugues d'Arci fournirent pareille rente acquise dans le diocèse de Sens; et ceux qui furent chargés d'exécuter les dernières volontés de Gui d'Aussonne donnèrent la maison qu'il avoit à Paris vis-à-vis S. Jean de Latran, où les écoliers furent établis au nombre de sept boursiers, outre un maître ou principal, et un chapelain qui serait aussi procureur. On assigna six sous parisis à chaque boursier par semaine, douze au principal; et au procureur, outre sa bourse de six sous, une somme de cent sous parisis par an. Les premiers statuts de ce collège furent dressés par les exécuteurs testamentaires des trois évêques, la même année de sa fondation, et confirmés depuis par Jean, évêque de Preneste, cardinal et légat du pape Clément VII, le 9 juillet 1379, et par l'évêque de Paris, Aimeri de Maignac, le 20 juillet 1380. Il y est ordonné que les écoliers de la portion de Hugues de Pomard seront pris de l'évêché d'Autun; ceux de la portion de Hugues d'Arci, de l'évêché d'Auxerre, ou s'il ne s'en trouve point, de celui d'Autun; et ceux de la portion de Gui d'Auxonne, d'Avesne au diocèse de Cambrai. Toutes les bourses, depuis la mort des fondateurs, ont été à la nomination du chancelier de l'Université. La chapelle fut dédiée sous le titre de Saint Martin [1].

Le souvenir des trois généreux fondateurs était attaché au collège par la dénomination que la reconnaissance publique lui avait donnée; il le fut encore, d'une façon plus saisissante, par une sorte de fresque dont Lebeuf parle en ces termes : «Les trois évêques sont représentés en peinture de ce tems là, avec leur nom au portail qui est du même tems [2].»

Ce n'était pas la seule décoration artistique du collège de Cambrai; un «procès-verbal de visite et estimation», fait en 1612, dont malheureusement nous avons perdu la trace, signale «deux tourelles en saillie, de pierre de taille, regardant la grant place et ornant la façade».

[1] *Histoire de la Ville de Paris*, t. I, p. 602. — [2] *Histoire de tout le diocèse de Paris*, édit. Cocheris, t. II, p. 606.

Le collège de Cambrai, ou des Trois-Évêques, n'avait que deux siècles et demi d'existence lorsqu'il fut acquis, avec celui de Tréguier, pour l'établissement du Collège royal. Leur peu d'importance et le vaste emplacement qu'ils occupaient les désignaient naturellement aux architectes que Henri IV avait chargés de trouver un terrain pour la nouvelle fondation. Cambrai possédait un grand jardin et une chapelle isolée des bâtiments scolaires; c'est sur lui que porta principalement l'emprise nécessaire à l'établissement du Collège de France.

Il y avait d'ailleurs, dès le règne de François Ier et de Henri II, ce qu'on peut appeler un commencement d'exécution : les lecteurs et professeurs royaux, pour lesquels on avait eu d'abord la pensée de construire un édifice spécial, au lieu où Mazarin fit bâtir plus tard le collège des Quatre-Nations, firent leurs leçons dans les spacieuses salles que possédaient les collèges de Tréguier et de Cambrai, et qui n'étaient point occupées par les boursiers. Le Roi devait contribuer à la réparation et à l'ameublement de ces salles; ce qui était un acheminement vers la dépossession ultérieure des deux établissements.

En 1611 furent faits divers procès-verbaux de visite et estimation, que nous reproduisons aux Appendices, et qui donnent d'intéressants détails sur l'aménagement intérieur du collège de Cambrai; puis, le 18 avril 1612, pour se conformer aux intentions du roi défunt, la reine régente fit acquérir la plus grande partie du pourpris et des bâtiments, moyennant une somme de cent dix-sept mille cinq cents livres[1], dont elle se réserva de payer la rente jusqu'à ce qu'on eût fait bâtir un nouveau corps d'hôtel pour loger les boursiers. Mais, en 1763, il était dû, pour arrérages de cette rente, vingt mille six cent quatre-vingts livres. Le bâtiment n'ayant pas été construit, les boursiers demeurèrent dans la partie de l'ancien collège restée en dehors des constructions en cours, jusqu'au moment de leur réunion à Louis-le-Grand. En 1724, dans ce qui restait des anciens bâtiments du collège de Cambrai, l'enseignement du droit français devait être installé, mais l'arrêt du Conseil du roi ne fut point exécuté.

Quant aux rares boursiers que le collège avait conservés, en passant à Louis-le-Grand, en 1763, ils laissèrent vide le corps de logis qu'ils occupaient, et qui fut démoli en 1774, pour l'agrandissement du Collège de France.

Le lecteur a dû remarquer que la monographie de ce dernier établissement se trouve implicitement contenue dans celles des deux collèges auxquels il a succédé; nous lui avons néanmoins consacré une notice spéciale, p. 48 et suiv.

Maison «où souloit pendre pour enseigne les Quatre fils Hémon», et depuis l'Ymaige sainct Martin.

Ancien cimetière de Saint-Benoit, ainsi désigné en 1482 : «Ung cyme-

---

[1] Archives nationales, MM 372.

tiere, qui est en ladicte ruë Sainct Jacques, et faisant le coin de la ruë, par laquelle on va de ladicte ruë à Sainct Jehan de Latran, lequel cymetiere, qui est cloz de mur, est front à front de ladicte église Sainct Benoist, et appartenant à ycelle église; ouquel cymetiere a deux portes fermans, l'une du costé de ladicte ruë Sainct Jacques, et l'autre du costé du collège de Cambray; au bout duquel cymetiere, devers ledict collège de Cambray, a une petite place commune, estant en la haulte justice de ladicte église Sainct Benoist et de Saincte Geneviefve, et laquelle place extend jusques auprez de la grant porte de la principale entrée dudict collège de Cambray, et jusques à une tournelle, contre laquelle est enclavé un marmozet de pierre de taille, qui regarde sur une borne, laquelle a accoustumé estre sur le bout de la chaussée de ladicte ruë de Sainct Jehan de Latran; lesquels borne et marmozet, que on dit fait la separation des haultes justices de Sainct Benoist et de Saincte Geneviefve."

CÔTÉ SEPTENTRIONAL
(d'Occident en Orient).

PAROISSE SAINT-BENOÎT.
JUSTICE ET CENSIVE DE SAINT-BENOÎT.

Maison de la Corne de daim, puis de la Samaritaine (1585), contiguë à celle qui faisait le coin de la rue Saint-Jacques et l'angle occidental d'une ruelle communiquant avec cette rue. En 1457, l'immeuble est ainsi désigné : "Maison de la Corne de daim, ou de la Samaritaine, en la ruë Sainct Jehan de Jherusalem, à l'opposite de l'ancien cymetiere de l'église de Sainct Benoist le Bestourné..., tenant, d'une part, à l'ostel de ladicte cure, et, d'autre part, à ung hostel appartenant à Huguenin Hérion, faisant le coing de ladicte ruë Sainct Jehan de Jherusalem, par derriere à une ruelle commune descendant à ladicte grant ruë Sainct Jacques." La Corne de daim, ou la Samaritaine, dans laquelle Guillaume Lerouge imprimait en 1512, n'était donc point alors la demeure du curé de Saint-Benoît, puisqu'elle tenait "à l'ostel de ladicte cure", lequel fait l'objet de l'article suivant :

"Ostel de la Cure (1457), ou presbytère de la paroisse de Saint Benoist, faisant l'autre coin de la ruelle en 1585."

Maison de l'Ymaige sainct Kristophe (1559), ainsi désignée à cette date : "Saint Kristophe à Saint Benoist, faisant séparation d'un jardin à la Commanderie."

Au regard de cet immeuble, voici une intéressante communication de M. Paul Le Vayer : "Nicolas de Saint-Denis, relieur de livres, rue Saint-Jean-de-Latran, en la maison où pend pour enseigne Saint Christophle, et dame Magny, sa femme, passent contrat de donation entre vifs, le lundy 19 janvier 1587, etc. » (*Arch. nat.*, Y 128, f° 249ᵛᵒ.)

Antérieurement à cette dernière date, c'est encore à Saint-Christophe, près le Collège de France, que transporta ses presses Berchtod Rembolt, de Strasbourg, après avoir occupé temporairement le Soleil d'or (de Gering), rue Saint-Jacques. La veuve dudit y continua l'industrie typographique jusqu'en 1513, époque où, remariée à l'imprimeur Claude Chevallon, elle rentra au Soleil d'or.

Enfin, année 1607, Prévôteau, libraire et imprimeur, demeura aussi non loin du Collège de France, mais on ignore sous quelle enseigne.

CENSIVE DE SAINT-JEAN-DE-LATRAN.

Jardin dépendant de l'Hôpital, puis de la Commanderie.

Maison des Trois Couronnes (1697).

Ospital de Jerhusalem, ou Commanderie de Saint Jehan de Latran (voir ci-après la monographie de cet établissement).

Maison sans désignation (1594), au-dessus de laquelle se trouvait la porte d'entrée du cloître; elle est, en effet, désignée ainsi dans un titre de 1617 : «les Trois Couronnes, faisant closture de ladicte Commanderie.»

Maison de l'Espérance (1594), ayant probablement fait partie de la suivante à une époque qu'il est difficile de préciser. Quelques années auparavant, c'est-à-dire en 1589, attiré sous cette enseigne par un riche achalandage, Gilles Gourbin y honora les presses parisiennes.

Greniers de la grange de sainct Jehan de Latran, datant du xiiiᵉ siècle et ayant été transformés en habitations. Ce qui en subsistait dans ces derniers temps se composait d'une longue salle, assez étroite, divisée en deux nefs, par une suite de colonnes qui recevaient la retombée des nervures croisées des voûtes. Ces greniers, au-dessus desquels régnaient deux étages, servaient, comme les «granches» de Saint-Benoît, situées dans le cloître de ce nom, à abriter les redevances en nature perçues par l'Hôpital, ou la Commanderie.

Maison de l'Ymaige sainte Anne (1550), contiguë à celle qui faisait le coin de la rue Jean, ou Saint-Jean-de-Beauvais.

Maison de la grosse escriptoire, dont on ne connaît que l'enseigne; mais cette

TOPOGRAPHIE HISTORIQVE DV VIEVX PARIS

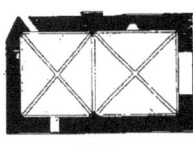

2ᵉ Etage

1ᵉʳ Etage

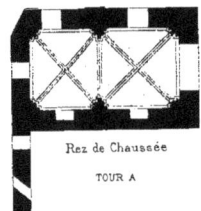

Rez de Chaussée
TOUR A

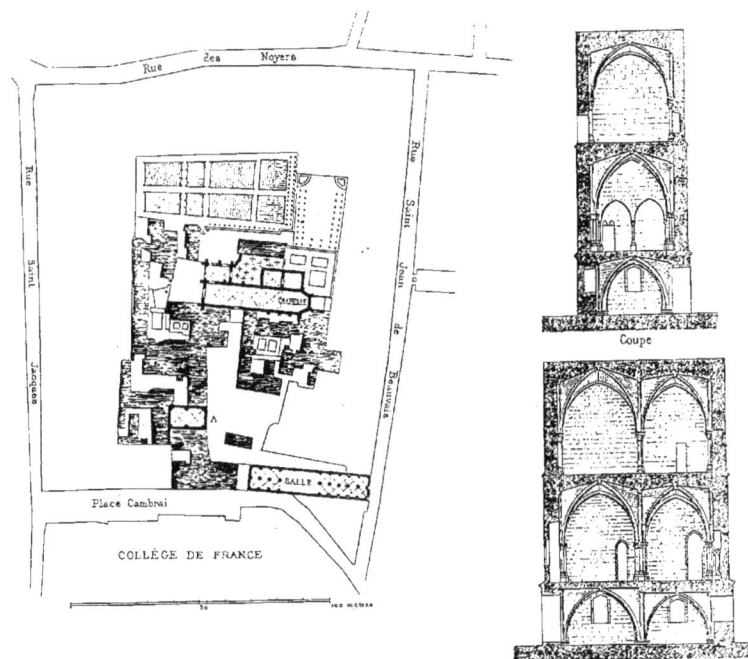

Coupe

Coupe de la Tour A

SAINT JEAN DE LATRAN
Plan de la Commanderie

enseigne est notable. D'après Blavignac (*Histoire des Enseignes*, p. 45), « les cabarets avoisinant les tribunaux avaient pour enseigne l'Écritoire, etc. ». Celle-ci est due au voisinage des quatre Écoles de Décret de la rue Jehan de Beauvais.

En la rue Saint-Jean-de-Latran paraissent avoir habité plusieurs personnages importants, Louis de Bourbon, duc de Montpensier, la dame de Selve, veuve d'un ambassadeur, les membres de la famille de Villebon, etc.; mais, en l'absence de documents précis, il n'est pas possible d'identifier leurs demeures avec les maisons que nous venons de mentionner.

HÔPITAL,
PUIS COMMANDERIE DE SAINT-JEAN-DE-LATRAN.

C'est vers le milieu, ou aux dernières années du xiie siècle, car les chronologistes disputent, que se place la fondation de l'hôpital de Saint-Jean-de-Jérusalem. Alors commencèrent à surgir les constructions qui bientôt constituèrent le vaste ensemble connu, au moyen âge et plus tard, sous la double dénomination placée en tête de cet article.

L'usage auquel était affecté l'asile placé sous le vocable de Saint-Jean, exigeait un assez grand espace. « C'était, dit le continuateur de Du Boullay, un îlot de terrains et de maisons soumis à la juridiction des frères Hospitaliers; ils avaient fait construire là un hôtel, une église et une tour à quatre étages, de forme carrée; l'hôtel servait d'habitation au commandeur de l'ordre; l'église, desservie par les frères Hospitaliers, était ouverte au commun des fidèles; la tour, s'il faut en croire une tradition assez répandue, était réservée aux pèlerins venant d'Asie Mineure, qui demandaient l'hospitalité. » Cet ensemble formait un pourpris s'étendant entre les rues de Saint-Jean-de-Latran, Saint-Jacques, des Noyers et Jean-de-Beauvais, comprenant des cours, des jardins et des logements particuliers pour les artisans qui, n'étant pas pourvus de la maîtrise, désiraient « œuvrer » en dehors de la juridiction des corporations ouvrières. L'enclos de Saint-Jean-de-Latran était donc tout à la fois un lieu d'hospitalité et de franchise, et il a conservé longtemps ce double caractère.

Hippolyte Cocheris a voulu, après les historiens de Paris, préciser la date de la fondation de l'hôpital Saint-Jean; mais il n'a pu qu'en fixer l'époque approximative : « l'acte le plus ancien que l'on connaisse est, dit-il, une concession de privilèges, faite, par le roi Louis VII, aux chevaliers de Saint-Jean en 1158. C'est probablement vers cette époque, ajoute-t-il, que les Hospitaliers, possesseurs de quelques maisons dans la censive de Saint-Benoît, élevèrent un oratoire en l'honneur de Saint-Jean l'Hospitalier, oratoire pour lequel ils payaient chaque année, au chef-lieu de Saint-Benoît, onze sous et deux muids de vin, et où il leur fut défendu, en 1171, d'exercer les droits curiaux [1]. »

C'est la date de cette prohibition que Félibien a prise pour celle de la fondation de la maison hospitalière. L'oratoire préexistait; seulement on commença alors à construire, dans le pourpris au milieu duquel il s'élevait, les nombreux bâtiments qui formèrent plus tard, ainsi que nous l'avons déjà constaté, un grand ensemble connu sous le nom de « enclos de Saint-Jean-de-Latran ».

Dans les petites maisons de cet enclos demeuraient non seulement des criminels, des déserteurs [2], des ouvriers libres, mais encore des étrangers, des prêtres de province qui n'avaient qu'un court séjour à faire à Paris, des maîtres, des écoliers et diverses autres catégories de personnes. Toutes ces locations donnaient des revenus auxquels s'ajoutait le produit de plusieurs maisons parisiennes et de biens ruraux acquis ou légués à l'asile hospitalier. Une déclaration de la fin du xvie siècle, que nous publions aux Appendices, nous renseigne à cet égard.

Hippolyte Cocheris, éditeur de Lebeuf, a enrichi son auteur d'un commentaire descriptif assez étendu sur l'hôpital et la Commanderie de Saint-Jean-de-Latran; nous croyons utile de le reproduire :

L'église, dit-il, qui n'avait rien de remarquable, était formée d'une grande nef, séparée du chœur par une balustrade en bois, avec une fort jolie chapelle placée au côté gauche de l'église. Cette chapelle, dédiée à Notre-Dame-de-Bonne-Nouvelle, avait été fondée par Gillebert Pouchet, ancien commandeur de Montdidier, vers 1380. On l'appelait, en 1455, la chapelle de la Nunciation, et on avait orné l'autel d'*un lit et d'un jardin de cire ouvré* qui avait coûté 6 sous parisis (Arch. de l'Emp., S. 5118). En 1603, on éleva dans cette chapelle un mausolée de 5 mètres d'élévation, en l'honneur de l'archevêque de Glascow, James de Béthune, mort à Saint Jean-de-Latran; à côté de ce mausolée était un autel dédié à Sainte-Marguerite, et au bas du marchepied de cet autel on voyait le tombeau du commandeur Allagny, bailli de la Morée. La balustrade en bois qui séparait le chœur de la nef avait été remplacée, grâce au prince de Conty, par une grille en fer ornée d'une porte à deux battants, sur laquelle étaient émaillées les armes de l'ordre et celles du commandeur d'Avernes du Bocage. Toute la nef, depuis la grande porte sculptée aux armes du bailli de la Roche-Brochard, jusqu'à la grille du chœur, était pavée en dalles de pierres formées avec les tombes placées primitivement dans l'église. Au xve siècle, le grand autel

---

[1] *Histoire de tout le diocèse de Paris*, édit. Cocheris, t. II, p. 101.

[2] Aussi, dans l'*Histoire littéraire de la France*, t. xviii, p. 819, Hugues de Bersil, qui florissait vers le milieu du xiiie siècle, s'élève-t-il avec une certaine force contre le pernicieux droit de *franchise* dont jouissent les ordres du *Temple* et de l'*Ospital*. Ce qui préoccupe surtout le trouvère, c'est le point de vue de la discipline militaire. Les croisés, paraît-il, ne peuvent justiger leurs hommes d'armes, sans qu'aussitôt ceux-ci, par l'espoir de l'impunité, se rebellent :

Qar'en la terre d'outre-mer
N'ose pas battre un chevaliers
Ses serjans ne ses escuiers,
Que ne dient qu'il l'occira,
Et qu'en Ospital s'enfuira,
Ou au Temple, s'il puet ainçois.

TOPOGRAPHIE HISTORIQVE DV VIEVX PARIS

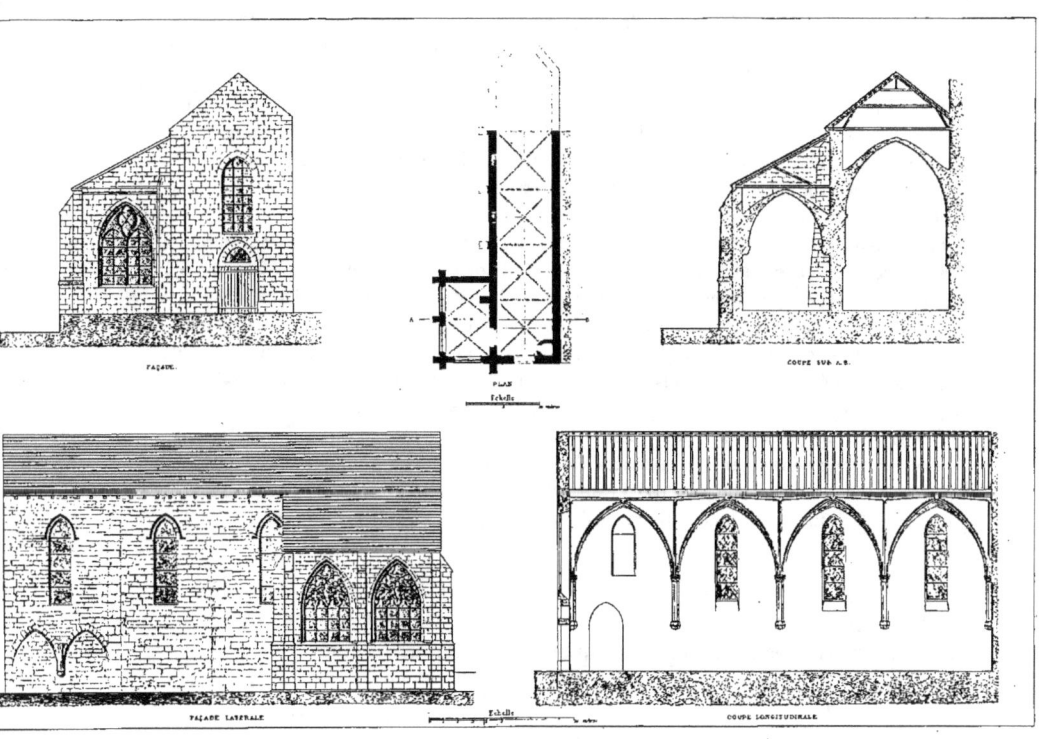

SAINT-JEAN DE LATRAN
Chapelle de la Commanderie

était recouvert d'une pièce de cuir teinte en vermeil qui avait été donnée, en 1454, par frère Enguerrand le Jeune, de Douai, et les chevaliers avaient conservé encore à cette époque l'usage de suspendre par une crosse derrière l'autel, le vase ou pyxis contenant les saintes hosties. (Arch. de l'Emp., S. 5118.).........

En dehors du logement du commandeur, de celui des frères attachés à la commanderie et de la grosse tour, dont le rez-de-chaussée fut transformé en prison, en 1751, il y avait à Saint-Jean de Latran une grande salle voûtée, comme on en voyoit dans toutes les maisons seigneuriales, et que rappelle aujourd'huy, toute proportion gardée, la salle des Pas-Perdus du Palais de justice. Je n'en aurais rien dit si, dans les comptes qui me sont passés sous les yeux, je n'avais pas remarqué deux articles fort curieux relatifs à l'ornementation de cette salle et qui touchent en même temps à l'histoire littéraire.

Ces deux articles montrent qu'on accrochait dans la grande salle de la commanderie des tableaux où se trouvaient renfermées des copies d'ouvrages à la mode. Les deux ouvrages cités par le compte 1454, sont de Jean Lefevre et de Christine de Pisan. Le premier, appelé *Chaton* ou *Chatonnet* n'est autre que la traduction des *Proverbes de Caton* ; le second est le célèbre ouvrage connu sous le nom de *Dits moraux*.......

Les bâtiments de Saint-Jean de Latran ont été élevés sur des constructions romaines que l'on a retrouvées lors du déblaiement de 1855. On sait que la tour abattue pour faire place à la rue des Écoles, était un magnifique spécimen de l'architecture du moyen âge. Le rez-de-chaussée et le premier, construits à la fin du XII° siècle, et les deux étages supérieurs, au commencement du XIII° siècle, étaient d'une exquise pureté. Cette tour, d'une forme rectangulaire, avait, à chacun de ses étages, une salle divisée en deux travées ; d'élégantes colonnes supportaient les arceaux croisés des voûtes d'arêtes construites en petit appareil.......

L'église fut supprimée en 1792. Les bâtiments furent vendus à divers particuliers, et l'église, en partie détruite en 1824, servit d'écoles communales. La tour, que tous les archéologues parisiens regrettent de ne plus voir debout, a été démolie au mois de novembre 1854, pour faire place aux nouvelles constructions de la rue des Écoles [1].

On sait qu'elle avait reçu, en dernier lieu, le nom de Bichat, à cause de l'inscription apposée en l'honneur de ce savant, qui y avait établi un laboratoire pour les expériences scientifiques auxquelles il se livrait.

L'auteur de l'*Itinéraire archéologique de Paris*, qui écrivait au moment où disparaissaient les derniers restes de l'hôpital et commanderie de Saint-Jean-de-Latran, en a laissé une description *de visu*, qu'il nous a paru utile de reproduire, comme complément de celle qui précède :

L'entrée principale, dit-il, s'ouvrait en face du collège de France. Les bâtiments les plus notables de l'enclos étaient la grange aux dîmes, le logis du commandeur, la tour, l'église et le cloître. La grange aux dîmes, curieuse construction du XIII° siècle, couverte de voûtes ogivales à nervures croisées, et partagée en deux nefs par un rang de colonnes monostyles, se trouvait placée sur le côté méridional, vers la place de Cambrai. Depuis bien des années, des épiciers, des marchands de vins, des vendeurs de peaux de lapin emplissaient ces vieilles galeries, où chacun s'était fait un gîte de plâtre et de bois. Dans les travaux de démolition exécutés

---

[1] *Histoire de tout le diocèse de Paris*, t. II, p. 101-106.

en 1854, on a reconnu l'existence d'un fossé qui s'étendait au pied du mur extérieur de la grange et qui en protégeait les abords.

L'hôtel du commandeur est détruit depuis longtemps... Le donjon de Saint-Jean avait la forme d'un parallélogramme, plus développé dans un sens que dans l'autre. Son élévation comprenait quatre étages, les trois premiers voûtés en pierre, avec colonnes engagées dans les murs; le quatrième couvert en charpente. L'architecture simple et belle, la forme des nervures, le style des bases et des chapiteaux, annonçaient une construction du temps de Philippe-Auguste.

... Une maison appliquée à l'église, du côté du sud, est venue cacher, il y a déjà nombre d'années, quelques débris de l'élégante arcature d'un cloître du xiii° siècle. L'église a perdu, en 1823, son abside reconstruite en style gothique du xv° ou du xvi° siècle. La nef, qui date de la fin du xii° siècle, existe, mais partagée dans sa hauteur par un plancher. Fenêtres étroites en ogive simple, colonnettes en faisceaux reposant sur des consoles, chapiteaux dont le feuillage ne se détache pas de la masse, voûtes ogivales croisées de nervures rondes, clefs ouvragées, dont une présente l'image de l'Agneau de Dieu. Les frères Anguier avaient sculpté en marbre, dans le chœur, une Sainte Famille et le monument de Jacques de Souvré, grand prieur de France. Près de l'entrée de la nef, au nord, frère Gilbert Ponchet, commandeur de Montdidier, qui est mort en 1419, fonda la chapelle élégante de Notre-Dame de Bonnes-Nouvelles. Les symboles des Évangélistes et deux charmants groupes d'anges, les uns jouant de la viole et du psaltérion, les autres chantant le *Salve regina*, sont sculptés sur les consoles aux retombées des voûtes. Des peintures contemporaines de la fondation couvrent les murs; saint Nicolas, un donateur et plusieurs saints personnages, s'y distinguent encore. Au-dessus de l'emplacement de l'autel, on a retrouvé, sous un affreux paysage du xvii° siècle, appliqué en manière de badigeon, une ancienne peinture, plus curieuse que toutes les autres par son style et par ses détails iconographiques : c'est la descente du Saint-Esprit sur la Vierge et sur les apôtres[1].

De tout cet ensemble artistique et archéologique, il ne reste plus que des débris conservés au Musée de Cluny sous les numéros qui s'étendent de 2603 à 2613. Nous avons fait graver les pièces les plus caractéristiques, ainsi qu'un dessin de la tour Bichat, relevé, au moment de la démolition, par M. Ch. Vacquer. Aujourd'hui, sauf une voie nouvelle, ouverte à travers l'ancien enclos, sous le nom de rue de Latran, et perpendiculaire à l'ancienne, rien ne rappelle l'hôpital et la commanderie de Saint-Jean.

RUE SAINT-JULIEN-LE-PAUVRE.

Cette petite voie, qui aboutit, d'une extrémité, à la rue Galande, et, de l'autre, à celle de la Bûcherie, a été ouverte très anciennement près des clos de Garlande et de Mauvoisin, à côté desquels elle existait sans doute à l'état de sentier. On ne lui connaît pas d'autre nom que celui de la chapelle à laquelle elle conduit encore aujourd'hui. Située presque tout entière dans la censive de Saint-Julien, elle

---

[1] F. DE GUILHERMY, *Itinéraire archéologique de Paris,* p 255 et suiv.

TOPOGRAPHIE HISTORIQUE DU VIEUX PARIS

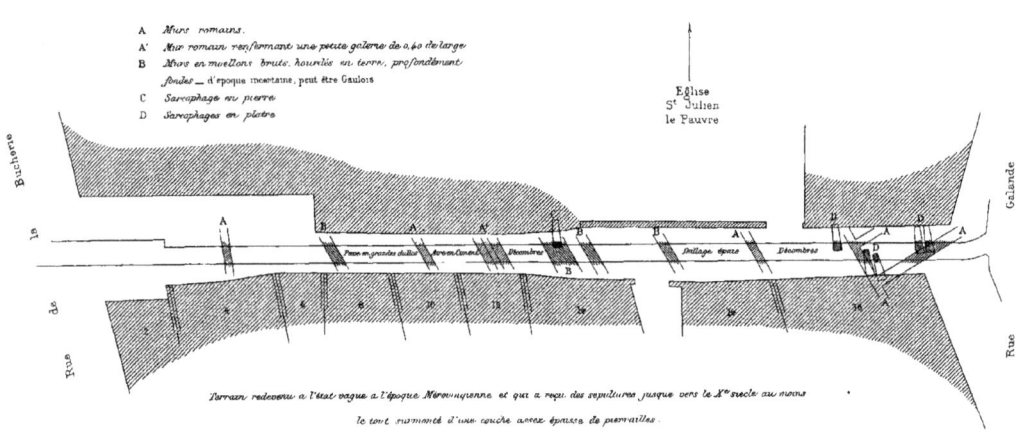

TRANCHÉE D'ÉGOUT OUVERTE RUE St JULIEN LE PAUVRE, en Juin 1895

formait la partie principale du fief possédé par le prieuré de ce nom, lequel, après avoir appartenu à l'abbaye de Longpont, devint, au xviie siècle, la propriété de l'Hôtel-Dieu et comprenait alors une quarantaine de maisons, tant dans la rue et l'enceinte de Saint-Julien que dans les voies environnantes.

Les plus anciens documents appellent cette rue *vicus Sancti Juliani pauperis*, sans indiquer quel est le saint qualifié de pauvre. La question se rattache plus particulièrement, d'ailleurs, à la chapelle, qui sera l'objet d'une notice spéciale, à la suite de la description topographique de la rue. Les percements modernes n'ont pas entamé cette voie antique qui conserve encore, du côté occidental, son aspect d'autrefois.

CÔTÉ OCCIDENTAL
(du Sud au Nord).

PAROISSE SAINT-SÉVERIN.

CENSIVE DU PARLOIR AUX BOURGEOIS.

Maison des Deux espées (1519), contiguë à celle qui forme l'angle occidental de la rue Galande, dont elle faisait peut-être partie à une époque antérieure. On l'y trouva réunie à la date de 1542; mais l'une et l'autre ont dû exister auparavant.

CENSIVE DE SAINT-SYMPHORIEN.

Maison des Carneaulx, l'un des nombreux immeubles parisiens qui devaient ce nom aux créneaux dont ils étaient munis. C'est pour la distinguer des autres du même vocable qu'on lui a donné, en 1461, l'enseigne de la Bergerye, et, en 1519, celle du Berger. Une note de A. Berty explique ainsi ces changements : «Les créneaux ne sont ordinairement que des réminiscences du nom ancien de la maison.» Une appellation plus moderne serait celle de «caverne de Laffemas»; elle la devait sans doute au séjour qu'y fit le lieutenant civil Isaac de Laffemas. «Cette belle maison, dit un historien de Paris, était ornée d'un fronton monumental, représentant Thémis tenant la balance de la justice; elle était chargée de cinq sols de cens et de rente par chascun an.»

CENSIVE DE SAINT-JULIEN-LE-PAUVRE.

Maison du Papegault (1537), du Perroquet (1540) et de l'Image saint Séverin (1603).

Maison du Soufflet (1489), du Soufflet vert (1527).

Maison du Sabot (1537), puis des Trois Corbillons (1674).

Ces trois immeubles paraissent avoir eu peu d'importance, puisqu'on ne trouve dans les titres, que leurs dénominations, dues probablement aux industries qui s'y exerçaient.

Maison de l'Imaige saint Jehan (1537), qui constituait, antérieurement à cette date, la partie postérieure de l'Hostel des bourses, situé dans la rue du Petit-Pont. En 1543, elle en fut séparée et rebâtie en deux corps : le Sabot et Saint-Jehan.

Maison du Locquet, puis du Mirouër d'argent (1539) et de l'Imaige Nostre-Dame (1589). Malgré la diversité de ses enseignes, on lui en trouve une nouvelle en 1660 : le Mirouër, de présent la Corne de cerf, tenant à la Fleur de lys.

Maison de la Fleur de lys (1589), contiguë à la maison dite du Coq, ou du Coq et de la Poule, dont nous avons parlé à l'article de la rue de la Bûcherie. Elle faisait le coin occidental de cette rue et paraît n'avoir été primitivement qu'une dépendance du Coq, ainsi que l'était le Mirouër.

CÔTÉ ORIENTAL
(du Nord au Sud).

PAROISSES DE SAINT-SÉVERIN ET DE SAINT-ÉTIENNE-DU-MONT.

JUSTICE ET CENSIVE DE SAINTE-GENEVIÈVE.

Maison du Paon (1424), contiguë à celle qui formait l'angle oriental de la rue de la Bûcherie. La maison angulaire portait l'enseigne de Nostre-Dame, si répandue dans le Vieux Paris, et la maison du Paon a eu pour annexe la Granche[1].

PAROISSE DE SAINT-SÉVERIN.

JUSTICE ET CENSIVE DU PRIEURÉ DE SAINT-JULIEN-LE-PAUVRE.

Maison de l'Escu de France (1537), qui est dite, en 1660, aboutir au «Jardin de Saint-Julien».

Maison sans désignation.

---

[1] Un descripteur moderne a fait revivre le Paon et la Grange; on peut les reconnaître à la description qu'il donne des deux corps de logis : «La porte en bois de cette Grange existe encore, mais ne s'ouvre que contre le mur; celle de la maison du Paon est aujourd'hui bouchée. Deux énormes bandes de fer, anciennement destinées à protéger les jambages de la porte, apparaissent sous les plâtras qui les recouvrent en partie.» (*L'Église Saint-Julien-le-Pauvre*, par Armand Le Brun. p. 71.)

TOPOGRAPHIE HISTORIQUE DV VIEVX PARIS

COUPE SUR LA CHAPELLE MERIDIONALE

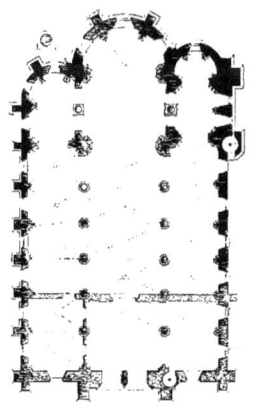
PLAN DE L'EGLISE

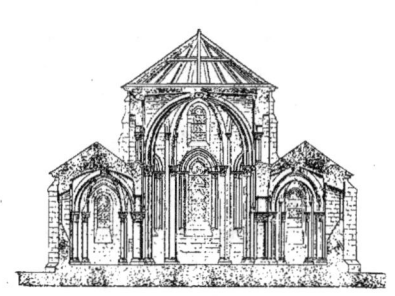
COUPE TRANSVERSALE

EGLISE SAINT JVLIEN LE PAVVRE
Plan, Coupes et élévation de l'Abside

Maison de l'Ymaige saint Julien (1536), puis de l'Annonciation, après sa reconstruction au XVIᵉ siècle (15..); le jardin qui en dépendait est dit aboutir à la Maison de l'Escu de France. Elle appartenait à la confrérie de la Conception de la Vierge, fondée en l'église de Saint-Séverin, par le don que lui en avait fait, en 1488, messire Estienne de la Roche, prêtre et curé de Moufay, *alias* Mouzay. Située au coin septentrional de l'entrée de la cour de Saint-Julien-le-Pauvre, elle formait saillie sur cette entrée [1].

Entrée de la cour de Saint-Julien.

Maison sans désignation, faisant le coin de l'entrée opposé à celui qu'occupait *la Maison de l'Ymaige saint Julien*.

Maison de la Nef d'argent (1537), contiguë à celle qui faisait le coin oriental de la rue Galande. C'est peut-être l'immeuble spécifié comme suit dans les *Comptes des confiscations de la Ville de Paris*, pour le temps compris entre 1427 et 1434 : «Jehan de Gaverelles, sergent à verge, pour une maison qui fut à Pierre Pincon, scize en la ruë Saint Julien le Pauvre, lès le carrefour Saint Severin [2].» Cette dernière désignation peut laisser quelque doute.

Des sept anciennes maisons que nous venons d'énumérer sur le côté oriental de la rue, une seule existe encore aujourd'hui.

Chapelle ou église de Saint-Julien-le-Pauvre. — Cet édifice a beaucoup occupé les historiens de Paris; on en a recherché les lointaines origines et l'on s'est demandé quel est le saint sous le vocable duquel il est placé; puis on a suivi, de siècle en siècle, les transformations et les changements de possession qui s'y sont produits.

La question d'origine reste obscure : par sa situation sur le côté droit de la voie romaine conduisant de *Genabum* à *Lutetia*, à quelques pas du petit bras de la Seine qu'il fallait franchir pour pénétrer dans l'île, et du Petit Pont qui fut construit dans l'axe même de la voie, l'oratoire, avec ses dépendances, a dû être primitivement une sorte d'hospice ou d'hôtellerie pour les étrangers, les pèlerins, les voyageurs pauvres arrivant du côté du sud et prenant gîte en cet endroit, avant

---

[1] L'historien que nous venons de citer et qui a vu de près les restes des vieilles constructions de la rue et de la chapelle Saint-Julien, décrit ainsi ce qui en subsiste encore aujourd'hui : «Le mur du rez-de-chaussée des maisons de *l'Escu de France* et de *l'Ymaige Saint-Julien* existe à hauteur du premier étage; mais les portes et fenêtres ont été bouchées pour faire la clôture jusqu'à l'entrée de la cour Saint-Julien. On distingue encore les soupiraux en accolade de la maison de *l'Escu*. Il ne serait pas impossible que le grand bâtiment, qui se dresse au nord de la sacristie actuelle, fût un tronçon de la maison voisine de *l'Ymaige Saint-Julien* et de *l'Annonciation*.» (*L'Église Saint-Julien-le-Pauvre*, par Le Brun, p. 71.) C'est notre *Maison sans désignation*.

[2] Sauval, t. III, p. 383.

d'entrer dans la Cité. C'est ainsi d'ailleurs qu'il en est fait mention pour la première fois. Grégoire de Tours, venant de sa ville épiscopale, en l'an 580 ou 587, s'arrêta à « la basilique de Saint-Julien » et logea dans les bâtiments qui en dépendaient. Il nous apprend que c'était son gîte habituel, chaque fois qu'il faisait le voyage de Paris. Le mot *basilica*, employé par lui, est peut-être un peu ambitieux; mais il donne l'idée d'un édifice de quelque importance; avec son cloître, avec les maisons qui l'entouraient et où l'on hébergeait les voyageurs, c'était une sorte de petit faubourg à l'entrée des clos de Garlande et de Mauvoisin. Peut-être aussi la chapelle était-elle construite dans le style des basiliques romaines, qui ont été le premier type des édifices chrétiens.

Quant au vocable servant à désigner cette chapelle et son groupe, la question se pose dans les termes suivants : lequel des trois saint Julien était le patron de l'église et de la charitable hôtellerie qu'on y avait annexée? Était-ce saint Julien de Brioude, saint Julien évêque du Mans, ou saint Julien dit l'Hospitalier? Les historiens de Paris ne sont pas d'accord sur ce point; toutefois ce dernier patronage leur paraît probable, à raison de l'hospitalité qui s'exerçait «d'ancienneté» à Saint-Julien. «On sait, dit Dulaure, que les voyageurs, pour obtenir un bon gîte, invoquaient ordinairement saint Julien, dont la réputation, à cet égard, était depuis longtemps établie.» *Le Dit des Moustiers de Paris*, rimé comme celui de Guillot, dont il est à peu près contemporain, désigne ainsi l'église et le *diversorium* qui en dépendait :

> . . . . Sainct Juliens
> Qui heberge les Chrétiens.

Mais saint Julien l'Hospitalier était communément appelé LE PAUVRE. Lebeuf croit que, à la suite des ravages dont nous parlons plus bas, «la chapelle avoit été longtemps en pauvre état, ou n'avoit été refaite que pauvrement, ce qui l'auroit fait appeler par quelques-uns Saint Julien le Pauvre... «Au reste, ajoute-t-il, ce surnom de pauvre n'étoit pas généralement adopté; on lit dans un titre de 1202, que c'étoit «au grés» de Saint Julien, sans autre addition, que se terminoit le bourg de Sainte-Geneviève : *ad gressum Sancti Juliani, qui est meta burgi Sancte Genovefe* [1]. »

Le personnel, qui desservait l'église et la maison hospitalière, a varié avec le temps. Grégoire de Tours y trouve un clerc, à son premier voyage, puis quatre, puis un prêtre, indépendamment des clercs. Cet accroissement fut arrêté par les Normands qui ravagèrent tout le territoire suburbain, incendièrent plusieurs églises sur la rive gauche de la Seine et en ruinèrent les habitants.

Moins heureux que Saint-Benoît et Saint-Étienne-des-Grès qui furent donnés,

---

[1] *Histoire de tout le diocèse de Paris*, t. I, p. 388.

par le roi Henri Ier, à l'évêque de Paris, à charge de reconstruction, Saint-Julien devint, après ces dévastations, la propriété de seigneurs laïques, qui le conservèrent pendant deux siècles environ. Deux d'entre eux, Étienne de Vitry, chevalier, fils de Renaud du Plessis, et Hugues de Munteler, le « transportèrent — c'est le terme employé par Lebeuf — aux religieux de Longpont, proche Montlhéry », — monastère de l'ordre de Cluny. Était-ce à titre onéreux ou gratuit? Le manque de documents ne permet pas de résoudre cette question. « Peut-être, ajoute Lebeuf, les ancêtres de ces deux seigneurs avaient-ils fait rebâtir l'église; au moins, le choix que Étienne de Vitry fit des religieux de Longpont paroît être venu de ce qu'il étoit seigneur du Plessis, proche Longpont [1]. »

Quoi qu'il en soit, le « transport » consenti en faveur des religieux de Longpont fut approuvé, en 1150, par Thibaud, évêque de Paris, et confirmé, l'année suivante, par le pape Eugène III. Dans sa bulle de 1151, le Souverain Pontife substitua au mot *atrium* employé par l'évêque, celui de *sepultura*, qui indique un petit cimetière, ou plutôt une crypte, et il qualifie l'église de *Capella*, sans doute parce qu'il restait peu de chose de l'édifice détruit par les Normands, ou parce que la reconstruction avait été faite dans de modestes proportions.

Devenu prieuré et dépendant désormais du monastère Cluniste de Longpont qui fit relever les bâtiments détruits et reconstruire ou réparer l'église, Saint-Julien-le-Pauvre fut, à raison de sa proximité du quartier des études, un lieu de réunion universitaire, au même titre que les Mathurins. Le recteur n'y siégeait pas, comme dans ce dernier couvent; mais les assemblées électorales s'y tenaient et y apportaient un certain trouble. C'est à Saint-Julien que, en vertu d'une ordonnance de Philippe le Bel, le Prévôt de Paris venait, tous les deux ans, prêter serment d'observer lui-même et de faire observer fidèlement les privilèges des maîtres et des écoliers. C'est à Saint-Julien aussi que, jusqu'au xvie siècle, se faisait, tous les trois mois, l'élection des délégués de la Faculté des arts, qui devaient nommer le recteur; enfin c'est à Saint-Julien qu'avait lieu l'élection rectorale. « Cette double cérémonie, souvent orageuse, dit Ch. Jourdain, continuateur de Du Boullay, ne se termina pas, en 1524, sans que les portes eussent été enfoncées et les fenêtres brisées »; ce qui motiva, de la part des religieux, une plainte adressée au Parlement, plainte à la suite de laquelle les assemblées tumultueuses, c'est-à-dire celle des « Intrans », ou conclavistes, élus du premier degré et électeurs du second, durent se tenir dans un autre local. Elles siégeaient à Saint-Julien depuis le commencement du xiiie siècle. Il ne s'y tint plus, à partir de 1525, que des assemblées de moindre importance, notamment les réunions de la « Confrairie des maçons, couvreurs et charpentiers », qui, après l'incendie de l'édifice, eurent lieu dans la chapelle de Saint-Yves.

[1] *Histoire de tout le diocèse de Paris*, t. I, p. 388.

Dans le siècle suivant, Saint-Julien, qui n'avait plus qu'une partie de son ancienne autonomie, depuis qu'il appartenait aux religieux de Longpont, acheva de perdre son existence propre, en passant à l'Hôtel-Dieu de Paris. Cette nouvelle phase se lie à la construction des bâtiments annexes de l'hôpital sur la rive gauche de la Seine, construction qui donna aux administrateurs l'idée d'étendre les dépendances de l'établissement hospitalier jusqu'au pourpris de Saint-Julien. Par acte du 30 avril 1655, passé entre lesdits administrateurs et les religieux de Longpont, le prieuré de Saint-Julien-le-Pauvre fut «uni» à l'Hôtel-Dieu, et, trois ans plus tard, une bulle d'Alexandre VII, en date du 6 mars 1658, déclare le titre éteint et les revenus à l'hôpital. Des lettres patentes données en 1697 confirmèrent ces dispositions.

C'est en 1661 que l'église de Saint-Julien, tombant de vétusté, subit des retranchements et des additions également regrettables. La description archéologique que nous en donnons plus loin permet de juger ce que l'art a perdu par suite de cette restauration vandale.

Fermée au commencement de la Révolution, l'église de Saint-Julien-le-Pauvre fut convertie en magasin pour l'Hôtel-Dieu, jusqu'à l'année 1826. Elle fut alors rouverte, consacrée de nouveau au culte et servit de chapelle à l'Hôtel-Dieu, principalement pour les cérémonies funèbres. Mais, depuis la reconstruction du bâtiment principal de ce vieil établissement hospitalier, sur le quai longeant le grand bras de la Seine, de l'autre côté de la place du Parvis-Notre-Dame, l'édicule resta désaffecté. Enfin on l'a récemment cédé à la secte chrétienne des Maronites; et les services religieux des morts provenant de l'annexe de l'Hôtel-Dieu incombent à l'église Saint-Séverin.

Malgré son état de mutilation, cet édifice peu étendu, mais d'une valeur artistique incontestable, a été, de la part des archéologues modernes, l'objet de diverses descriptions. Nous empruntons quelques traits à celle que recommandent le nom et la compétence de son auteur. Après avoir constaté, avec Sauval, que Saint-Julien-le-Pauvre et Notre-Dame sont les deux églises de Paris dont les absides regardent avec le plus de précision le levant d'hiver [1], F. de Guilhermy s'exprime en ces termes :

> L'édifice a été rebâti dans la seconde moitié du XIIe siècle. Deux files de colonnes le partagent en trois petites nefs, et trois absides le terminent vers l'orient. En 1675, on retrancha cinq ou six toises de la partie antérieure de l'église pour former la cour qui en précède aujour-

---

[1] Voici les propres termes dont se sert Sauval : «A la prière du conseiller Peiresc, le plus curieux de tous les hommes, Aleaume, célèbre mathématicien, examina non-seulement l'aspect de l'église Notre-Dame, mais de Sainte-Geneviève, de Saint Germain des Prés, de Saint Julien le Pauvre, Saint Benoît, Saint Étienne des Grés, Saint Denys de la Chartre et Saint Germain l'Auxerrois, et trouva que... toutes regardent de l'orient équinoctial à l'orient d'hiver... Il n'y en a point qui regardent plus l'orient d'hiver que Notre-Dame et Saint Julien le Pauvre... Saint Julien est à cinq degrés de l'équinoctial et à trente deux de l'orient d'hiver.» (*Antiquités de Paris*, t. II, p. 635.)

TOPOGRAPHIE HISTORIQVE DV VIEVX PARIS

SAINT JVLIEN LE PAVVRE
Coupe longitudinale de l'Église.

d'hui l'entrée. Le portail, renversé avec ses sculptures et ses statues, fit place à une façade insignifiante, vêtue de pilastres doriques, et coiffée d'un fronton triangulaire ; la tour fut démolie en même temps. Les traces de ces constructions sont encore bien visibles. Il faut aller chercher dans la rue Galande, n° 42, au-dessus d'une porte, un bas-relief en pierre, XIII° siècle, qui provient de la façade de l'église, et qui représente un troisième saint Julien, différent du Martyr et du Confesseur [1].

Ce saint Julien et sa femme avaient fondé un hôpital sur le bord d'un fleuve, dont la traversée était périlleuse ; et, pour faire pénitence, ils s'occupaient, jour et nuit, à porter les voyageurs d'une rive à l'autre. Une fois, le Christ lui-même, sous la forme d'un pauvre lépreux, vint leur demander le passage, et quand il eut éprouvé leur charité, il se fit connaître, leur promettant les récompenses du ciel. Dans notre bas-relief, saint Julien et sa femme conduisent leur barque ; Jésus se tient debout au milieu d'eux.

L'architecture extérieure, surtout vers l'abside, est d'un style mâle et sévère. Deux rangs de fenêtres, en ogives simples, éclairent le chevet ; des contreforts lui servent de points d'appui ; des moulures énergiques lui font une triple ceinture ; des modillons soutiennent la corniche. D'autres fenêtres, partagées en deux baies par des colonnettes, s'ouvrent sur les côtés du chœur. Un peu en arrière de l'absidiole septentrionale, on trouve le puits de Saint-Julien, dont l'eau passait autrefois pour être douée d'une vertu miraculeuse.

La nef de l'édifice se divisait dans sa longueur en six travées ; les deux premières ont été supprimées à l'époque de la reconstruction du portail, et les quatre autres ont éprouvé, en même temps, des modifications qui en ont dénaturé le style. Mais les deux travées du chœur, l'abside médiane et les deux absidioles latérales n'ont rien perdu de leur ajustement primitif. Elles conservent leurs élégantes colonnes, les unes monostyles, les autres groupées en faisceaux, leurs chapiteaux à feuillages, leurs voûtes portées sur des nervures toriques, leurs clefs historiées. Des colonnettes et des moulures décorent les fenêtres. L'aspect de cette partie de l'église est d'un noble caractère. Avec les moyens les plus simples et sur des dimensions très-restreintes, l'architecte qui l'a construite a obtenu un grand effet. C'est une preuve de plus en faveur des ressources que présente l'art du moyen âge.

La sculpture de tous les détails a été traitée avec le plus grand soin. Nous avons compté plus de cent cinquante chapiteaux, tous variés dans leur ornementation. Le plus curieux est placé sur le côté méridional du chœur. Des feuillages perlés l'enveloppent ; à ses angles, se dressent sur les volutes quatre figures à têtes de femmes, corps emplumés, ailes étendues, pattes armées de griffes. Un chapiteau presque semblable existe dans l'église de Notre-Dame, et comme à Saint-Julien, il surmonte une colonne dans la partie méridionale d'un rond-point [2].

Il ne manque à cette description de l'ancienne église de Saint-Julien-le-Pauvre, que la mention de la flèche qui la couronnait et qui a disparu au XVII° siècle, avec la façade et les deux premières travées. La vétusté et le défaut d'entretien motivèrent, avons-nous dit, une restauration qui fut des plus incohérentes. On y établit une seule porte, avec linteau droit, au lieu des trois qui donnaient jadis accès dans les trois nefs ; des pilastres portant une corniche ornée de triglyphes ; un fronton, à rampes saillantes, percé d'un œil-de-bœuf, enfin tout ce qu'on regrette de voir appliqué à un autre édifice de Paris : nous voulons parler du

---

[1] Ce bas-relief, au contraire, n'était autre que l'enseigne de l'immeuble, enseigne encore existante après six siècles révolus. — [2] *Itinéraire archéologique de Paris* (1855), p. 368-371.

portail de Saint-Eustache. Le faux goût du temps moderne a donc défiguré deux églises de style différent, se recommandant l'une et l'autre à l'attention des archéologues.

Les archives générales de l'Assistance publique possèdent le procès-verbal des experts chargés de visiter l'édifice et de le réparer. Il est dit, dans ce document, que «les lambris de la nef et des voûtes des bas-côtés avoient cheu»..., que «pour empescher que le vent, la pluye et autres injures du temps ne tombent sur le grand autel, il avoit été fait une cloison d'ais»..., que le portail fort vieil s'estoit effondré, les piliers d'icelluy estant mynés par le pied, ensemble les pierres des contrepiliers aussy mynées, deslyttées et fort corrompues..., l'arcade du vitrail dudict portail esbranlée et les pierres d'icelle fractionnées...». C'est à la suite de ces tristes constats que furent opérés les démolitions, les retranchements et les regrettables substitutions qui ont si fâcheusement altéré le caractère primitif de l'édifice.

RUE DES LAVANDIÈRES.

Cette petite voie, qui portait le vocable complémentaire de Saint-Jacques, pour se distinguer d'une autre rue sise sur la rive droite et vouée à la même industrie, — Lavandières Sainte-Opportune — traversait jadis, pour employer l'ancienne locution, de la rue Galande à celle des Noyers. Ses premières habitantes étaient évidemment des laveuses, que la proximité du petit bras de la Seine y avait attirées. Il en est fait mention, dit Sauval, dès 1238; en 1243, le Cartulaire de Sainte-Geneviève la désigne sous le nom de *ruella Lotricum*; cinq ans plus tard, on la trouve dénommée *vicus Lotricum*, ce qui semble indiquer qu'elle avait un peu plus d'importance. Le Cartulaire de Sorbonne, de l'an 1259, confirme cette induction, en lui maintenant le nom de *vicus*. Enfin, sous la dernière année du XIIIe siècle, le Dit de Guillot (1300) et le Rôle de la Taille de 1313 l'appellent «ruë des Lavandières, et aus Lavandières». Bien qu'elle fût près du fleuve, et, par conséquent, d'entretien facile, elle paraît avoir toujours été fort négligée. Le *Procez verbail et rapport faict pour le nettoyement et pavaige des ruës de Paris* (1636) la déclare «orde, boüeuse et pleine d'immundices[1]».

De nos jours, l'ouverture du boulevard Saint-Germain l'a écourtée du côté méridional, et le percement de la rue Lagrange en a achevé la destruction.

---

[1] Félibien, *Preuves*, t. IV, p. 138.

CÔTÉ ORIENTAL
(du Nord au Sud).

PAROISSE SAINT-ÉTIENNE-DU-MONT.

JUSTICE ET CENSIVE DE SAINTE-GENEVIÈVE.

Maison sans désignation (1450), contiguë à celle qui faisait le coin oriental de la rue Galande et portait l'enseigne de la Crosse. Cette contiguïté est attestée par un titre de 1459, où il est dit : « Meson tenant à l'Ostel de la Crosse appartenant à J. Garnetier, et à l'ostel de la Levrière, appartenant à Guérin Baucourt, par derrière à Pierre Chibert. » Ce même immeuble paraît avoir été aussi la propriété d'Aubry Boucher.

Maison, ou ostel de la Levrière (1473), qui avait modifié l'orthographe de son enseigne, sans la changer, puisqu'on la trouve appelée la Levrette, en 1646.

Maison de la Corne de cerf (1562), paraissant avoir été, en 1558, le siège d'une école tenue par Robert Balancourt.

Maison sans désignation, appartenant au collège de La Marche, et qui paraît devoir s'identifier avec l'Escu de Bretaigne, ainsi mentionnée en 1392 :

« L'Escu de Bretaigne, aboutissant par derrière à l'hostel de Robert du Pic, qui est en ladite place Maubert, à l'enseigne du Cheval blanc, en la censive de Sainte-Geneviève. »

Maison de l'Imaige saint Martin (1513), appartenant, comme la précédente, au collège de La Marche, et ayant dû faire partie de l'immeuble ainsi désigné dans un titre de 1425 : « Deux maisons et cours tenant à Pierre Lavenant, d'autre part, à J. Bucheret, grand bedel de théologie, aboutissant à l'ostel du Cheval blanc, place Maubert. » Un autre titre de 1553 contient cette mention : « Maison tenant à une autre appartenant au collège (de La Marche) où est pour enseigne l'Image Saint-Martin. »

Maison sans désignation, paraissant avoir été une dépendance de l'ostel du Cheval blanc; du moins antérieurement au xvie siècle; car un titre de 1513, en la déclarant propriété du collège de La Marche, la désigne ainsi : « Maison ediffiée de neuf, audict collège, tenant d'une part aux dépendances du collège, à cause de leur Maison de l'Imaige saint Martin, d'autre, à Pierre de la Martine, aboutissant à une appartenance du Cheval blanc.

Maison sans désignation (1509), tenant à celle qui faisait le coin de la rue des Noyers et qui était de la censive de l'évêché.

Maison, également sans désignation, et ne pouvant être exactement localisée.

Maison du Figuier (1343), formant coin de rue.

CÔTÉ OCCIDENTAL
(du Sud au Nord).

MÊMES PAROISSE, JUSTICE ET CENSIVE.

Maison de la Bouteille (1562), puis de l'Escu d'Angleterre (1575), contiguë au Soufflet vert, celle qui faisait le coin de la rue des Noyers, et qui était de la censive de l'évêché.

Maison de l'Escu de France, composée, avant le milieu du xve siècle, de deux corps de logis, dont le plus grand est désigné, en 1449, comme « faisant le coing de la rue des Lavandières et de la rue des Noyers, devers Saint-Yves, aboutissant, par derrière, à Raoul Verneur ». Le plus petit corps d'hôtel, contenant un jardin et « ung appentis, pour foulerie », est dit, à la même époque, « tenant, d'une part, à une maison des Escholiers de La Marche et d'Inville, et, de l'aultre, audict jardin, qui tient lui-mesme à une autre faisant le coing de la rue ». En 1536, il fut fait, par l'Hôtel-Dieu, bail à cens de l'Escu de France. Vers la fin du siècle, l'une des deux moitiés de cet immeuble s'appelait le Chappelet; l'autre avait conservé l'ancien vocable : l'Escu de France. Enfin un censier de 1646 nous apprend que ces deux corps de logis se nommaient « de présent la Lanterne ».

L'appentis ou foulerie dont nous venons de parler, paraît s'être perpétué en ce lieu, malgré les changements de vocable : « maison et foulerie et jardin » est-il dit dans un titre de la même époque, « tenant à un autre jardin qui fait le coing de la rüe des Noyers, devers les Carmes ».

Maison des Faucilles, divisée, comme la précédente, en deux corps d'hôtel, un grand et un petit.

« 1536. — De maistre Robert Fuzée, fils et héritier en partie de Guillaume Fuzée, en son vivant procureur au Parlement, pour deux maisons avec un jardin derrière, tenant d'une part à François de la Vacquerie (l'hôte de l'Escu de France), d'autre à Guérin Baucourt (l'hôte de la Lanterne), aboutissant par derrière à maistre Jean Caillou..., vi livres parisis de rente. »

Maison, sans désignation, probablement la *Lanterne*, paraissant avoir compris également deux corps de logis.

Maison du Tresteau, que les titres nous représentent aussi comme ayant été composée de deux constructions distinctes. Un document de 1430 la désigne ainsi : «Maison du Tresteau, prez de la place Maubert, tenant au Barrillet et à Guérin Boucher, à présent à la Confrérie des Bourgeois, par derrière à une maison qui fut audict Boucher; ruë des Anglois.»

Maison du Barrillet (1355). Le censier de 1509 la désigne ainsi : «Le Barrillet aux moines de Sainct Estienne.»

Maison de l'Escrevisse (1380) et de saincte Katherine (1509), contiguë à celle qui formait l'angle occidental de la rue Galande. C'est elle qui paraît être désignée, dans un acte de 1491, sous le nom de Ostel de Clereville.

RUE DES MAÇONS.

Cette voie, qui porte aujourd'hui le nom de l'égyptologue Champollion, avait pour point de départ la rue des Mathurins et, pour aboutissant, la place créée au-devant de la Sorbonne, lors de la reconstruction de ce collège par le cardinal de Richelieu. Elle remonte au XIIIe siècle, et peut-être plus haut, puisqu'on la trouve, dès 1254, dénommée *vicus cementariorum;* l'expression *vicus lathomorum* se rencontre quelques années après (1263). Impliquaient-elles, l'une et l'autre de ces appellations, la présence en ce lieu d'un groupe d'ouvriers maçons ou carriers? Rappelaient-elles, comme l'a prétendu Jaillot, le fait d'une ou plusieurs maisons appartenant, dès le XIIIe siècle, à une famille *Masson* ou *Le Masson*? La première hypothèse est la seule sérieuse. Les métiers identiques se groupèrent, dès l'origine, dans des rues respectives; et c'est seulement à la fin du XIIIe siècle qu'ils désertèrent leur centre natif, sans que, par suite de leur dispersion, tombât la dénomination qui leur servait d'enseigne générale.

Guillot, qui rimait son Dit en 1300, après avoir mentionné la rue de Sorbonne, écrit :

> La rue à l'abbé de Cligny
> Et la rue au seigneur d'Igny
> Sont prez de la rue o Corbel.

La première de ces trois voies est évidemment celle des Mathurins, où s'élevait l'hôtel des abbés de Cluny; la troisième, qui devait son nom à une enseigne du Corbeau, se laisse confondre avec la ruelle *Coupe-Gueule;* quant à la deuxième, ce ne pouvait être que la rue des Maçons, au moins dans sa partie inférieure; et la dénomination que lui donne Guillot devait venir d'une maison possédée, ou habitée, par les seigneurs d'Igny, près de Palaiseau. Ces conjectures ont amené Lebeuf à penser que les trois voies que signale Guillot étaient « des rues détruites par l'agrandissement de quelque collège, et que l'une d'elles pouvait être le passage Saint-Benoît communiquant avec la rue Saint-Jacques ». L'étude topographique de cette région et les documents manuscrits sur lesquels elle s'appuie sont hostiles à cette hypothèse. Il semble démontré, au contraire, que la rue *o Corbel* s'identifie avec la ruelle *Coupe-Gueule*, et que « la rue au seigneur d'Igny » n'est autre que celle des Maçons. On ne s'expliquerait pas, en effet, que le descripteur ne les eût pas mentionnées, si elles avaient porté un autre nom.

Il est vrai que Guillot cite une autre voie très rapprochée, qu'il désigne ainsi :

Desus siet la rue o Porel.

Mais il s'agit, à coup sûr, de la rue des Poirées, qui aboutissait anciennement à celle de la Harpe, et était située au sud de celle des Maçons et de la ruelle *Coupe-Gueule*.

Dans un document de 1513, il est question d'une Maison du Soleil d'or, située en la rue de Sorbonne, aboutissant à celle des Maçons, et tenant à une autre maison appartenant au prieur de Ligny. Guillot, qui a souvent défiguré les noms propres, a donc bien pu écrire *Igny* pour *Ligny*, ce qui semble confirmer l'identification de la rue ainsi appelée par lui avec celle des Maçons.

Dans cette voie, comme en plusieurs autres de la région de l'Université, il existait un puits au xiiie siècle (1254), ainsi que le constate l'extrait d'un acte appartenant aux archives des Mathurins; il y est question d'une certaine maison, sise vers le Palais des Thermes, dans une certaine rue excentrique, devant un certain puits, *quamdam domum, sitam versus palatium de Termis, in quodam vico forano, ante quemdam puteum*. Ce puits ne semble pas avoir contribué à la propreté de la rue, puisque le *Procez verbal* de 1636 y constate l'existence de « bouës, immondices, plâtras, gravois et fumiers ».

Parallèle à la rue de la Harpe, celle des Maçons a toujours eu le caractère d'une voie de décharge. Dans le cours de l'article que nous lui consacrons, on verra que plusieurs établissements scolaires y avaient leurs dépendances.

Quant à l'élite de sa population, elle est ainsi spécifiée dans *Nos adieux à la vieille Sorbonne*, par Oct. Gréard, p. 163 : « La rue des Maçons était une rue de magistrats, locataires de la Sorbonne et souvent ses commensaux. Nous avons trouvé dans les baux de la maison les noms de Le Vayer, de Catinat, de Versigny, de Ferrières, de Le Tellier, de La Saulçaie, de Pasquier, qui se succédaient de père en fils. » Ils y avaient été précédés par Me Louis « mire » de Louis IX ; ils y seront suivis par Jean Racine.

CÔTÉ ORIENTAL
(du Nord au Sud).

PAROISSE SAINT-SÉVERIN.

CENSIVE DU PARLOIR AUX BOURGEOIS.

Le côté oriental de la rue des Maçons était occupé dans sa partie inférieure, c'est-à-dire au nord, par deux hôtels, celui de Robert de Douay et celui de la famille d'Harcourt, mentionnés dès le XIIIe siècle.

L'HÔTEL DE ROBERT DE DOUAY était situé, dit un texte de 1235, *«prope palatium de Termis»*; un autre titre de 1254 le place devant le puits de la rue des Maçons, *«ante puteum vici Latomorum»*. Le propriétaire de cette demeure fut l'un des bienfaiteurs du collège de Sorbonne, au moment où cet établissement naissait des libéralités de Blanche de Castille et de saint Louis : il lui en fit peut-être un don direct, ou tout au moins il lui en facilita l'acquisition en le gratifiant de quinze cents livres parisis. Aussi, l'hôtel de Robert de Douay, devenu propriété de la Sorbonne, est-il mentionné dans son cartulaire, à la date de 1263, comme lui appartenant déjà depuis quelque temps : *«Domus nostra que quondam fuit Magistri R. de Duaco, in qua mansit defunctus magister Johannes de Sancto Amando, quondam clericus noster*[1]. *»* Il résulte cependant d'un autre titre que la maison, avant d'échoir à la Sorbonne et de continuer le cours de ces mutations, fut vendue à Guillaume de Chartres. L'existence de ces deux propriétaires, Robert de Douay et Guillaume de Chartres, explique comment, aux peintures retrouvées à l'intérieur de la chapelle d'Harcourt, auraient pu se mêler des armoiries autres que celles de la famille ayant donné son nom au manoir suivant, où l'immeuble ci-devant douaisien, chartrain et sorbonique devait se fondre.

L'HÔTEL D'HARCOURT, édifice seigneurial construit sur de vastes proportions et possédant une chapelle. On en constate l'existence dès la fin du XIIIe siècle, dans le Livre de la Taille de 1298. Il était situé au coin de la rue des Maçons et de celle des Mathurins, en face du palais des Thermes, avec lequel on l'a quelquefois confondu, puisqu'on le nommait communément *«le palais de Julien l'Apostat»*, en souvenir du séjour que ce César fit dans l'édifice gallo-romain.

La famille d'Harcourt n'avait pas fait construire ce manoir; nous avons déjà vu qu'elle le possédait de seconde main; toutefois l'un de ses membres l'habitait en 1371. En effet, un compte de cette même année le mentionne en ces termes : *«* La maison du comte d'Harcourt, devant le palais des Termes[2]. *»* De cette fa-

---

[1] *Cartulaire de Sorbonne*, f° 397. — [2] *Antiquités de Paris*, t. III, p. 261.

mille, il passa, par mariage, à celle de Lorraine; mais, malgré cette mutation, il conserva son ancienne appellation augmentée de la seconde, comme en témoigne le plan de Du Cerceau, qui est de 1560.

Cependant, dans la première moitié du xvi° siècle, il avait été acquis par le père de M° Gilles Le Maistre, conseiller du Roi au Parlement, du prince Claude de Lorraine, duc de Guise, et d'Antoinette de Bourbon, sa femme. La date de cette acquisition est de 1543, et Sauval l'a reculée en écrivant ce qui suit : «Quant à la rue Coupe-Gueule, en 1501, c'étoit une rue condamnée; car Nicolas Ferret ayant fait faire un petit logis sur l'un de ses bouts, vers la rue des Mathurins, le père de Gilles Le Maistre, conseiller avocat du Roy au Parlement, s'opposa à l'entreprise, en qualité de propriétaire d'un grand logis appelé l'Hôtel d'Harcourt, qui occupait tout l'espace qu'il y a entre la rue Coupe-Gorge et la rue des Maçons, qui appartient encore à ses descendants[1].»

Bien qu'il eût passé en d'autres mains, l'ancien hôtel d'Harcourt et de Lorraine continuait à porter les noms de ces deux familles, car Sauval lui-même le désigne ainsi : «*Rue du Palais des Thermes.* — L'HOSTEL D'HARCOURT, dit DE LORRAINE, appartenant de présent à M° Gilles Le Maistre, président en la Cour de Parlement[2].» Les Le Maistre ne méritaient pas, en effet, de le dénommer, puisqu'ils le détruisirent, après en avoir obstinément défendu les abords. Le premier procès soulevé par eux était encore, en 1547, pendant devant la Grand'Chambre. Trois ans après, nouveau litige, à la suite duquel le Parlement, statuant sur le différend «entre M° Gilles Le Maistre, pour lors avocat général, propriétaire de l'hostel d'Harcourt, dont les murs bordent la ruelle dite Coupegueule, et les Prieur, Maistres et Boursiers de Sorbonne», rendait un arrêt par lequel «la Cour réprime l'usurpation desdicts de Sorbonne sur les murs dudict hostel d'Harcourt, ordonnant la démolition des ediffices adossez contre lesdicts murs[3]». Aux termes de cet arrêt, l'ancien hôtel d'Harcourt et de Lorraine devait avoir libres «ses veuës, esgousts, gargouilles, contre-pilliers, taillus et vuidanges»; quant à la réouverture de la ruelle Coupe-Gueule, que l'avocat général Le Maistre voulait aussi obtenir «contre lesdicts de Sorbonne», le Parlement déclarait qu'il serait «informé d'office sur la commodité et incommodité».

Le morcellement de l'hôtel d'Harcourt s'opéra dans le cours du xvii° siècle; en 1677, on comptait déjà sept maisons bâties sur son emplacement; mais il en subsistait encore quelque chose, puisqu'un Le Maistre est dit en être propriétaire, en 1724; un demi-siècle plus tard, à l'époque où écrivait Jaillot, il n'en restait que «les vestiges de la chapelle».

Cet oratoire datait du xiii° siècle, et les vestiges dont parle Jaillot avaient encore quelque importance. La preuve, c'est que, lors de la démolition complète effec-

---

[1] *Antiquités de Paris*, t. I, p. 68. — [2] *Ibid.* — [3] Archives nationales, S 6111.

tuée en 1852, pour faire place à de nouvelles constructions, on retrouva, masqués par les anciennes, les pignons de l'édifice avec leurs fenêtres. Il fut présenté, à cette occasion, par M. Albert Lenoir, au *Comité de la langue, de l'histoire et des arts de la France*, un rapport dont nous extrayons les lignes suivantes :

« La récente démolition des maisons bâties vis-à-vis l'hôtel de Cluny a fait voir qu'elles occupaient toute l'étendue de la chapelle particulière de l'hôtel d'Harcourt, construite vers la fin du xiii° siècle. Cette chapelle conservait encore presque intacts ses deux pignons avec leurs fenêtres, closes de meneaux découpés; aux peintures retrouvées à l'intérieur, se mêlaient des armoiries autres que celles de la famille d'Harcourt... L'écu de forme ancienne est du xiii° siècle, porte de gueules, avec hermine en chef [1]. Les deux pignons de cette chapelle ont fait voir que des moyens de défense étaient ménagés sur toutes les parties des habitations particulières. A cette découverte importante se joignent quelques portions de l'hôtel même, ou partie réservée à l'habitation, de nombreux pavés vernissés, une credence et des corbeaux sculptés et peints avec beaucoup de soin [2]. »

ARRIÈRE-FAÇADE d'une maison appartenant à la Sorbonne, avec entrée principale à l'extrémité méridionale de l'impasse Coupe-Gueule. Il est dit, en effet, que LA MAISON DU FIGUIER, faisant front sur la rue de Sorbonne, « tient à une maison appartenant à icelle Sorbonne et aboutissant en partie à la rue des Maçons [3] ».

JARDIN appartenant à la Sorbonne et s'étendant, de la rue de ce nom, à celle des Maçons.

BÂTIMENTS POSTÉRIEURS DE L'HOSTEL DES ESPAIGNOLS. L'identification de ces bâtiments résulte de la mention suivante faite en un titre de 1521 : « Maison, rue de Sorbonne, devant la chapelle du collège » — il s'agit de l'ancienne —, « tenant à un jardin des appartenances de Sorbonne, d'autre part, à une maison appartenant au collège, vulgairement nommée L'HOSTEL DES ESPAIGNOLS, aboutissant rue des Massons [4]. »

MAISON DU SOLEIL D'OR, désignée, en 1513, comme occupant le coin méridional de la rue des Maçons et aboutissant à celle de la Sorbonne. Avant 1483, elle avait arboré pour enseigne LE BUIS. C'est là que l'imprimeur Gering transporta ses presses en 1483, après les avoir installées d'abord dans l'enceinte de la Sorbonne (1470), puis au SOLEIL D'OR, en la rue Saint-Jacques (1473). Bien que Gering

---

[1] M. A. Lenoir paraît ignorer que les d'Harcourt des branches de Beaumesnil et de Charantonne portaient : *de gueules à deux fasces d'hermines.*

[2] *Bulletin du Comité*, 2° série, t. I, p. 418
[3] *Cartulaire de Sorbonne*, f° 399.
[4] *Ibid.*, f° 394.

n'y habitât qu'à titre de locataire, cette dernière enseigne fut substituée alors à celle du Buis, *ad Buxum*. Félibien localise ainsi cet immeuble : « à l'endroit où une porte sépare la rue de la Sorbonne d'avec la Place[1]. » Il se composait, d'après les indications contenues dans le Cartulaire de Sorbonne, dont il était une appartenance, il se composait, disons-nous, de « deux corps d'hostel et deux cours », subsistant encore malgré les remaniements intervenus. Une pièce contenue dans le même recueil nous apprend que la maison fut en partie démolie, pour céder la place aux *Écoles externes* du collège.

C'est ici le lieu de constater, d'après un manuscrit d'environ 1640 (Arch. nat., S 6216), que la Sorbonne, sur l'emplacement de ses quatre immeubles ci-dessus énoncés, en reconstruisit huit autres, dont l'un à l'enseigne de LA GRENADE, et l'autre à celle de SAINTE-URSULE. Cette dernière occupait le coin de rue, et partant se confondait avec les

ÉCOLES NEUVES DE SORBONNE (1650), dites contiguës au SOLEIL D'OR et à L'HOSTEL DU PRIEUR D'YGNY OU DE LIGNY, par derrière sans doute, car cette maison devait être en façade sur la rue de Sorbonne.

Voici maintenant en quels termes *Nos adieux à la vieille Sorbonne*, par Oct. Gréard, p. 219, en note, résument les vicissitudes de ces écoles : « A partir de 1820, les écoles extérieures de l'ancienne Sorbonne furent louées successivement à diverses industries. Finalement, elles étaient occupées par l'imprimerie du journal *l'Univers*, lorsque, en 1661, elles furent démolies pour faire place à l'immeuble où est établi aujourd'hui un magasin de produits chimiques. *Il ne reste plus actuellement des anciennes écoles que la partie qui est à l'angle de la rue Champollion* (ancienne rue des Maçons ».

MAISON sans désignation, appartenant au collège de Cluny, et acquise, en 1640, par la Sorbonne; elle est dite alors « faisant l'encognure des rues des Poirées et des Maçons, où étoit demeurant le sieur de Marchaumont ». Félibien, qui donne ce renseignement, ajoute qu'elle fut achetée « pour estre démolie, et le fonds d'icelle employé pour parachever une place devant l'église neuve de la Sorbonne[2] ».

CÔTÉ OCCIDENTAL
(du Sud au Nord).

HÔTEL OU COLLÈGE DU TRÉSORIER, fondé en 1268, par Guillaume de Saone, trésorier de l'église de Rouen, et ayant son entrée sur la rue des Poirées, où se lira la notice que nous lui consacrons.

---

[1] *Histoire de la Ville de Paris,* t. II, p. 862. — [2] *Id.*, t. V, p. 107.

Cinq maisons, « en la rue Neuve-de-Richelieu », et comprises dans « le fief du Trésorier », en face du collège. Leur situation sur la voie ouverte entre la rue de la Harpe et la place de la nouvelle Sorbonne, implique que leur construction datait des travaux opérés sur ce point par ordre du Cardinal.

Grange Canu (1490), ainsi appelée du nom de son propriétaire. Un titre de cette époque la mentionne, en effet, avec la maison dont elle dépendait : « Maison et jardin, où souloit avoir granche, tenant au collège des Trésoriers, d'autre part, à M° Jean Canu. » Un an auparavant, elle était dite « Granche, rüe des Massons, de six à sept toises de large, sur huict de long, tenant d'une part et aboutissant au collège ». En 1481, elle est spécifiée « tenant au collège des Trésoriers, d'aultre part, à une maison du collège d'Harcourt ». En 1478, les titres la désignent ainsi : « Deux maisons entretenantes, tenant aux Trésoriers, d'autre part à Guérin, aboutissant à la granche audict Guérin. » En 1426, elle était possédée par « le prieur de Sainct-Remy de Reims », lequel habitait, en la rue de la Harpe, la Maison des Trois Croissans rouges. En 1391, elle appartenait à Guillemite la Pelée, et était déclarée « tenant à un Hostel des Serviers de Nostre-Dame, et, d'aultre part à J. Boulanger ».

Si maintenant, renonçant à l'ordre rétrograde, nous descendons du moyen âge au xvi° siècle, en 1502, on appelle la place dont il s'agit « la Grange carrée », peut-être par erreur du copiste. En 1507, on la porte comme ayant été « acheptée aux Chartreux ». En 1526, elle était divisée, ainsi qu'il résulte d'un titre de cette époque, en deux granges, l'une tenant au collège, d'autre part à l'autre, qui aboutit à Morin. Enfin, voici ce qu'on extrait de l'*Inventaire des biens de la Sorbonne*, année 1557 : « Sur une granche, anciennement appelée *Grangia Canu*, appliquée au Collège des Trésoriers, par chacun an est deub xx° parisis. Plus est deub à cause de ladicte granche pour l'indemnité, par chacun an, vi° parisis. »

La Rouge lance (1507), ci-devant la Souche (1502). Ces deux enseignes désignent un immeuble unique, ainsi qu'il résulte des deux mentions suivantes : « 1502. — La Souche, tenant à une maison d'Harcourt, et aboutissant rue des Massons. » — « 1507. — La Rouge lance, appartenant aux Trésoriers, tenant audit collège, d'autre part, à une maison du collège d'Harcourt », laquelle était connue sous le nom de Petit Harcourt.

Bâtiments postérieurs de l'Ostel des serviers de Nostre-Dame (1492), autrement dénommés Petit Harcourt, ou Hostel du Petit Harcourt (1732), ce qui implique une dépendance de l'hôtel principal portant ce nom. Vers la fin du xv° siècle, sur cette aire s'étendait une cour où les écoliers firent bâtir un corps de logis, abritant « par bas les escholes de théologie, et par haut des chambres ».

Derrière de la Roze vermeille (1492), maison plus tard réunie à l'Ostel des serviers de Notre-Dame.

Façade postérieure du Petit Bayeulx, ou dépendances du collège de ce nom, faisant front sur la rue de la Harpe. Un document de 1474 décrit ainsi les bâtiments que le collège projetait sur la rue des Maçons : «Cinq masures entretenantes, en la rue de la Harpe et en celle des Massons, dont les quatre sont comme en carré, tenant icelles quatre masures, tout du long, au collège de Bayeulx, et à ses appartenances, d'aultre part aux appartenances du collège de Harcourt» — c'est-à-dire au Petit Harcourt, ou Ostel des serviers de Nostre-Dame —, «et, en partie, à la cinquième masure cy aprez déclairée, aboutissant ruë de la Harpe et, d'aultre part, rue des Massons; contenant icelles quatre masures, en long, depuis ladicte rue des Massons jusques à celle de la Harpe, du costé de Harcourt, vingt toises et un pied et demy, ou environ, les murs de face compris, et, en large, sur la rue des Massons, dedans œuvre et jusques à une enclave qui est du costé du collège de Bayeulx, neuf toises cinq pieds, et, aprez ladicte enclave, sept toises, deux pieds et trois quarts; sur la ruë de la Harpe, sept toises et un pied et demy. — Item, le cinquiesme des masures tient, d'une part, aux appartenances de Harcourt, et, d'aultre part, à l'une des quatre masures aboutissant rue des Massons, et, d'autre part, aux appartenances de Harcourt, contenant, à prendre depuis le dehors de la rue des Massons jusques au dedans œuvre du mur mitoyen entre Harcourt et icelle masure, en long, dix toises et un demy pied, et, en large, quatre toises, compris l'espaisseur du mur estant entre lesdites masures; le tout en censive de Sorbonne.» Ces détails descriptifs sont consignés sous la rubrique : Maison du Petit Bayeulx.

Partie postérieure de la Maison paincte et Façade d'une maison sans désignation, appartenant ensemble au collège de Bayeux. Ces deux immeubles sont aussi décrits dans une note extraite d'un document authentique : «Ladicte Maison paincte, cour derriere et édiflice estant derriere ladicte cour, sous laquelle est la depense du collège» — le grand Bayeux —, «qui aboutit à la rue des Massons.» La maison sans désignation est dite «scize en icelle ruë et tenant au collège de Narbonne»; elle et sa voisine méridionale sont indiquées comme appartenant au collège de Bayeux. Elles avaient été, en effet, ainsi que l'Ostel dessus la Porte et les locaux du Grand Bayeux, construites sur l'emplacement de la maison donnée pour l'installation du collège, par Guillaume Bouvet, *alias* Bonet.

Ruelle sans désignation. La génération contemporaine a pu voir entre les rues de la Harpe et des Maçons un passage auquel donnait entrée une arcade ogivale portant cette inscription : Collegium Bajocense. Ce passage rappelait la ruelle dont

Philippe le Bel accorda, en 1309, l'inféodation au fondateur du collège, ruelle ainsi désignée dans les titres : *Quamdam ruellam incipientem in vico Sancti Cosmi et finientem in vico Lathomorum, sitam intra domum Guillelmi episcopi Bajocensis.* » Inféodée, dit le texte, pour l'utilité et l'avantage des écoliers, la ruelle, qui fut rouverte après la suppression du collège, dut être, durant l'inféodation, fermée des deux bouts; ce qui condamna l'issue qu'y avait un certain Girard de Raoul : «*Exitus in dicta ruella cujusdam ostii existentis in domo quadam Girardi a Radulpho*[1]. » Le fondateur du collège, le principal et les boursiers, auxquels on donnait, à cet égard, un pouvoir discrétionnaire «..... *de ea facere voluntates*», durent s'arranger avec Girard de Raoul pour que la clôture de la ruelle ne lui portât pas préjudice.

BÂTIMENTS POSTÉRIEURS DU COLLÈGE DE BAYEUX et JARDIN DE L'ÉVÊQUE. Le pourpris du collège, qui comprenait l'ancienne demeure du fondateur et le jardin y attenant, s'appelait LE GRAND BAYEUX; le jardin longeait la ruelle dont il vient d'être parlé. Cette disposition résulte de deux textes descriptifs. Le premier, qui est de 1319, concerne la maison d'un certain Oudart et précise l'ancien logis de Guillaume Bouvet, avec le jardin qui y était joint : «*Domo, que quondam fuit Oudardi, contigua domui que fuit dicti Bouvet..., ex una parte, et ex altera, ruelle clause..., que pretenditur a vico Cithare usque ad jardinum dicti episcopi.*» Le second texte, qui est de 1559, s'applique à «une maison rue des Maçons, tenant à la grande salle du collège de Bayeux, d'autre part à celui de Narbonne, par derrière, au jardin du collège de Bayeux».

DEUX MAISONS, sans désignation, dont l'une était celle que mentionne le document de 1559.

MAISON DE SAINT SÉBASTIEN, appartenant au collège de Narbonne et ayant été construite vers la fin du XVIe siècle, ainsi qu'il résulte d'un document de 1599, cité par Félibien. Elle y est qualifiée de «*ædificium novum quod vocatur Sancti Sebastiani*», et son entrée principale est indiquée comme étant sur la rue que nous décrivons : «*habet egressum et exitum in vico Lathomorum sive des Massons.*» LA MAISON DE SAINT SÉBASTIEN servait, est-il dit dans ce texte, au logement des professeurs : «*ad locationem et habitationem regentium facientium lecturas.*» Le saint, sous le vocable duquel elle était placée, passait pour être originaire de Narbonne, et l'on célébrait sa fête dans le collège de ce nom.

MAISON sans désignation, dont les derrières seuls étaient sur la rue des Maçons, la

---

[1] C'est ce qui résulte de l'acte d'inféodation : «... Ideo precipimus ex utraque parte claudere ruellam... ad utilitatem et commodum scolarium quos Guillelmus, episcopus Bajocensis, constituit Parisius perpetuo moraturos.

façade tournée vers les bâtiments postérieurs du collège de Séez. Une note relative à ce collège dit qu'il tenait «d'un costé aus escolliers de Narbonne, d'autre costé, à la maison de maistre Pierre Aubart et aux masures qui sont de l'hostel d'Harcourt, ladicte maison aboutissant, par derriere, à la rue des Massons».

Masures dont il vient d'être parlé, dépendant de l'hôtel d'Harcourt, bien que celui-ci fût situé sur le côté oriental de la rue.

Maison de l'Angle, ayant occupé, comme sa désignation l'indique, le coin formé par la rue des Maçons et celle des Mathurins. En 1414, à cet immeuble, aboutissait la Teste pelée, sise *e regione* de l'église Saint-Côme, en la rue de la Harpe. Une déclaration analogue de 1599 en complète l'identification.

RUE DES MATHURINS.

La voie sur laquelle se développaient les bâtiments du palais des Thermes en a longtemps porté le nom plus ou moins altéré : on la trouve appelée, dans les textes latins, *vicus Terminorum* et *de Terminis*, *vicus ad Termas*, *magnus vicus de Termis* (1216-1220-1264-1402), et dans les titres français, *rue des Termes* et *du Palais des Termes*. L'ignorance de l'étymologie grecque ne permettait pas d'attacher à la construction gallo-romaine, dont les restes subsistent encore aujourd'hui, l'idée d'un établissement thermal. Raoul de Presles, abusé par les expressions *terme* et *terminus*, va jusqu'à dire que les loyers se payaient dans l'ancienne résidence de Julien[1]. Piganiol prétend que cette voie a porté le nom de «rue des Bains ou des Etuves»; mais on ne peut citer aucun titre à l'appui de cette assertion.

A une date indéterminée, on élève, dans l'Ospital de Saint-Benoit, rue Saint-Jacques, une chapelle à saint Mathurin, chapelle et hôpital que les religieux Trinitaires reçurent de la libéralité de l'Évêque et du Chapitre de Paris (1228), et auxquels ils ajoutèrent des bâtiments claustraux, ce qui leur valut le nom de Mathurins; mais la dénomination de la voie qui nous occupe n'en fut pas encore modifiée, parce que le pourpris du couvent n'atteignit que plus tard cette limite extrême. Les noms de *Mathurin* et *Mathurins*, *Mathelin* et *Mathelins* n'étaient alors donnés qu'à la partie de la rue Saint-Jacques avoisinant le monastère des Trinitaires.

Cette dénomination de rue des Mathurins, appliquée à la rue des Thermes,

[1] Voir *Paris et ses historiens aux XIV° et XV° siècles*, p. 107 et 108.

est relativement moderne; on ne la rencontre, en effet, qu'au xve siècle; elle a subsisté jusqu'à nos jours.

CÔTÉ MÉRIDIONAL
(d'Orient en Occident).
PAROISSE DE SAINT-BENOÎT.
JUSTICE ET CENSIVE DE SAINT-BENOÎT.

Maison tenant, d'une part, à celle qui faisait le coin de la rue Saint-Jacques, et, de l'autre, à la maison formant l'angle oriental de la rue du Cloître-Saint-Benoît. C'était un hôtel important, formé à certaine époque de trois corps de logis; celui du centre s'appelait la Croix blanche, le deuxième, du côté oriental, le roy David, et le troisième, sur le flanc occidental, le chef Saint-Denys. Il était situé, dit un texte, « devant l'église des Mathurins » et aboutissait au cloître. Il en est fait, dans plusieurs titres, diverses mentions que nous transcrivons ici :

« En laquelle maison, il y avoit ci-devant une grande cour dans laquelle les chanoines ont fait bastir de neuf plusieurs corps de logis, dont partie leur sert pour le cloistre de leur chapitre et leur logement, et les autres sont loués par eux à différentes personnes, le tout ayant entrée par une porte ruë Saint Jacques. »

Ces mêmes chanoines de Saint-Benoît, est-il dit dans un autre document, « ont fait bastir deux petites boutiques, ayant face dans la rue Saint Jacques, dans l'une desquelles estoit placé l'estail à boucher, auparavant dans la Croix blanche ».

La maison dont il s'agit semble avoir appartenu, au xvie siècle (1568), à un helléniste ignoré aujourd'hui, mais ayant fait partie des professeurs du Collège de France. Une note, tirée d'un document authentique, paraît, en effet, la désigner dans les termes suivants : « Maison contiguë » — à celle du roy David et du Paon — « à Goullu, lecteur du Roy en langue grecque. »

Maison du Chef sainct Denys, faisant le coin oriental de la rue du Cloître-Saint-Benoît.

Grand hôtel, formant l'angle occidental de la même rue. Dans un titre de 1539, il est appelé Hôtel de Longueil, comme le grand logis formant l'angle des rues Hautefeuille et Pierre Sarrazin.

Hôtel du président Lizet. Au xvie siècle, en effet, il était habité, à titre de location, par le premier président Lizet, ainsi que le prouve le texte suivant :

« 1538. Maison du Mirouer, tenant et aboutissant par derrière à un hostel que a tenu cy-devant à loyer messire Pierre Lizet, premier président en la Cour du

Parlement.» Un autre texte nous apprend que ledit hôtel échut «par voie d'héritage à Pierre Thibault, mestre des Comptes, fils du Procureur».

Maison de l'Ymaige sainct Martin (1485), faisant le coin oriental de la rue de Sorbonne et située presque en face de l'hôtel de Cluny. On y a trouvé des traces de constructions de la fin du xv° siècle. Achetée au xvii° siècle par le maréchal de Catinat, elle a été au xviii°, et est encore aujourd'hui, le siège d'un important établissement d'imprimerie et de librairie ainsi localisé: *Via et juxta Cancellos Mathurinensium.*

Maison sans désignation, faisant le coin occidental de la rue de Sorbonne et l'angle oriental de la ruelle des Carneaulx. Il faut, selon toute probabilité, l'identifier, de 1485 à 1510, avec le Plat d'estaing, mentionné dans le Cartulaire de Sorbonne (f° 394). En 1472, elle est ainsi désignée : «Maison contenant cinq corps d'hostel, deux petits pignons sur ruë, un autre et un appentis sur le derrière, et un autre pignon sur une allée, laquelle est de l'hostel des Carneaulx, au collège de Sorbonne... Deux petites tourelles et appartenances, tenant d'une part tout au long de ladicte allée, d'autre part, en partie à Poncelet Jonnyn, et en l'autre partie, sur le derrière, contre l'hostel d'Harcourt, aboutissant par derrière à la cour d'icelluy hostel des Carneaulx. »

Le président de Saint-André demeurait, en 1552, au susdit Hôtel des Carneaulx, ainsi qu'il résulte du texte suivant : «1552. Deux maisons entretenantes, dont l'une est la Caige, tenant à la Maison de l'estrille Fauveau, d'autre à la Maison de la Hure, aboutissant à M. le Président de Sainct-André.» L'un des cinq corps de logis, dont se composait l'hôtel, changea de propriétaire, quelques années plus tard, comme le témoigne la note suivante : «1560. Maison faisant l'un des coings et tenant, d'une part, à la ruë de Sorbonne, d'autre part à une ruelle dite la ruelle de Carneaulx, d'un bout au Président de Saint-André, d'autre part sur la rue des Mathurins.»

CENSIVE DU PARLOIR AUX BOURGEOIS.

Ruelle ou allée des Carneaulx (1472), ainsi appelée parce qu'elle conduisait à un hôtel muni de cet appareil de défense.

Maison de la Hure (1552), faisant le coin occidental de la ruelle des Carneaulx; paraît avoir fait partie de la maison suivante.

Maison de la Caige d'or, mentionnée comme étant de la censive de la Sorbonne. Un document de 1547 la désigne ainsi : «La Caige, en quatre corps, tenant à l'hostel des Carneaulx, d'aultre part à l'hostel de Harcourt dit de Lorraine, et à l'hostel de l'estrille Fauveau. » Pour admettre la contiguïté de l'hôtel d'Harcourt, il faut ne pas tenir compte de la ruelle Coupe-Gueule qui le séparait de la Caige d'or. Une note relevée aux Archives nationales donne sur cette maison le renseignement suivant :

« 1547. Jehan Bourbonne, marchant, l'un des quatre libraires-jurez de l'Université de Paris..., propriétaire d'une maison, rue du Palais du Terme, appelée la maison de la Caige, de quatre corps d'hostel, cours, quatre caves, aisances et appartenances..., tenant d'une part à l'hostel des Carneaux, d'autre part à l'hostel d'Harcourt, dit de Lorraine, appartenant à présent à M° Gilles Magny (*sic*, mais : Magistri), advocat du Roy..., et à l'hostel de l'Estrille-Fauveau. »

De la note suivante résultent deux conséquences, savoir : que l'immeuble échut au gendre de Jean Bourbonne, ou plutôt Bonhomme, et que la Sorbonne comptait l'un et l'autre imprimeur au nombre de ses censitaires. *Inventaire des biens de la Sorbonne*, en 1557 : « Sur une maison où de présent demeure M° Jehan Charbonnier, qui fut à Jehan Bonhomme, son beau-père, où pend pour enseigne la Cage d'or, doibt, pour chacun an, vi l. parisis. »

Maison de l'estrille Fauveau (1518), faisant le coin oriental de la rue Coupe-Gueule. Elle est dite, en 1519, « tenant d'une part et aboutissant à J. Bonhomme, et d'autre part, en partie, à l'hostel d'Harcourt ». Nous consignons ici deux autres renseignements se référant l'un à une date antérieure, l'autre à une date postérieure :

De 1489 à 1493, Durand Garlier imprima à l'Estrille-Fauveau ; puis il transféra son matériel typographique à l'Image Saint-Denis de la rue Saint-Jacques.

« 1540. Jehan Thibault, procureur du collège de Sorbonne, a dict et déclairé que audict collége compecte et appartient une maison rue du Palais des Thermes, en laquelle pend pour enseigne l'Estrille-Fauveau, tenant d'une part à Jehan Bourbonne, d'autre à une maison de Mme Orgeval. »

Nota que le logis de la noble dame était partagé, un siècle plus tard, entre M° d'Orgeval, maître des requêtes, et le marquis de la Luzerne, son beau-frère.

Quant à l'Estrille-Fauveau, nous la retrouvons, en 1557, dans l'*Inventaire des biens de la Sorbonne* : « Pour une maison louée à Gilles du Verger, mouleur de boys, en laquelle pend pour enseigne l'Estoille (*sic*) Fauveau, par chacun an, doibt xlxviii° parisis. »

L'enseigne que portait cette maison se répétait sur plusieurs points du vieux

Paris, dans la région du Louvre notamment[1]; elle constituait une sorte de rébus[2].

RUE, OU RUELLE COUPE-GUEULE. — Nous avons consacré à cette petite voie, dont M. Gréard nie à tort l'existence, un article spécial, qu'on trouvera à son ordre alphabétique; nous nous bornons à la mentionner ici, parce qu'elle se rattache à la rue des Mathurins et à celle de Sorbonne. Il faut très probablement l'identifier avec le *vicus tortuosus, ab oppositis palatii Termorum*, cité dans un acte de 1263, et en constater la fermeture à une date imprécise, par suite des meurtres qui s'y commettaient. Cette clôture favorisa les usurpateurs, ainsi que les réunions des parties de maisons situées à la fois sur l'un et l'autre côté de la ruelle. C'est ce qui explique qu'elle ait disparu, partiellement d'abord, puis en totalité, et qu'il n'en reste plus trace aujourd'hui.

PAROISSE SAINT-SÉVERIN.

PARTIE LATÉRALE DE L'HÔTEL D'HARCOURT, ayant entrée sur la rue des Maçons, dont il occupait l'angle oriental, comme il occupait l'angle occidental de la ruelle Coupe-Gueule. Voir l'article que nous lui avons consacré dans la description topographique de la rue des Maçons.

MAISON DE L'ANGLE, ou DE L'AIGLE, sise au coin occidental de la rue des Maçons, laquelle maison s'appuyait, en 1414, à LA TESTE PELÉE.

MAISON DE LA TESTE PELÉE (1414), *alias* DE SAINT-IGNACE, devant cette double dénomination à une enseigne de perruquier facétieux.

PARTIE LATÉRALE DE LA MAISON DU MOULINET, formant l'encoignure de la rue des Mathurins et de celle de la Harpe (1599). Le lecteur en trouvera la description topographique à l'article de cette dernière voie.

CÔTÉ SEPTENTRIONAL
(d'Occident en Orient).
PAROISSE SAINT-SÉVERIN.
JUSTICE ET CENSIVE DU PARLOIR AUX BOURGEOIS.

MAISON sans désignation, contiguë à celle qui faisait le coin septentrional de la rue de la Harpe.

---

[1] *Topographie historique du Vieux Paris*, t. I, p. 28.

[2] Marot a dit dans son *Coq-à-l'âne* :

Car, en rébus de Picardie,
Une faux, une estrille, un veau,
Cela fait *Estrille Fauveau*

«Quant au surnom qu'on leur a donné de rébus de Picardie, c'est à raison de ce que les Picards, de tous les François, s'y sont infiniment plus adonnez et délectez.» (Voir les *Bigarrures et touches du seigneur des Accords*, par Étienne Tabourot, Rouen, 1621.)

Autre Maison sans désignation, divisée en deux corps de logis. Un document de date indéterminée l'indique dans les termes suivants : «Maison tenant aux voûtes de l'hostel de Cluny, d'autre part à Barentin, par derrière audict hostel, par devant audict Barentin.»

Maison ayant fait partie de la précédente, dont elle a été détachée à une époque qu'on ne peut préciser.

Ces trois immeubles anonymes occupent l'emplacement de ceux ainsi désignés dans le *Compte des confiscations de Paris pour les Anglois* (1421) : «Hostel scis rue du Palais du Therme, qui fut à M° Guillaume Bourratier, archevêque de Bourges, tenant d'une part (à l'hostel) au collége de Clugny et à M° Philippe de Bully, et à M° Jean de la Marche, d'autre part; auquel hostel demeure le seigneur de Bouhac, pour garder l'hostel seulement. Ledit hostel appartenoit à M° Hebert Camus, procureur au Parlement[1].» Camus était donc un partisan du Dauphin, absent de Paris et spolié.

PAROISSE SAINT-ÉTIENNE-DU-MONT.
JUSTICE ET CENSIVE DE SAINTE-GENEVIÈVE.

Hôtel de Cluny, adossé au Palais des Thermes et faisant corps avec lui. Nous avons consacré à ces deux édifices un article spécial qu'on trouvera à la suite de la description topographique de la rue des Mathurins.

PAROISSE SAINT-SÉVERIN.

Ruelle Coterel, ou Cocerel, rue sans chef, *vicus sine capite*, mentionnée, en 1243, dans le censier de Sainte-Geneviève. On n'en trouve plus de traces dès le XVI° siècle.

CENSIVE DU CHAPITRE DE NOTRE-DAME.

Maison du Grand Cornet (1439), puis des Lyons rampans (1566), dite, en un titre de 1475, «tenant, d'une part, à une petite cour pavée des appartenances des Mathurins, d'autre part, au jardin de Clugny». Un document de 1555 nous apprend qu'elle avait «deux pignons de maisons, avec cour et appartenances, le tout entretenant, en la rue du Palais des Thermes». En 1533, la Maison du Grand Cornet abritait les écoles des jeunes religieux; en 1555, les Mathurins obtinrent l'autorisation d'y établir «deux estaulx de boucherye», sans préjudice d'un troisième installé

---

[1] Sauval, t. III, p. 295.

« en la maison voisine et joignant à icelle ». Cet établissement eut lieu en vertu d'un arrêt du Parlement rendu l'année précédente. La Cour, considérant que « il n'y avoit estail en la rue Saint Jacques, que celui de Saint Benoist, entre l'église et les Mathurins, de sorte que ceux du quartier estoient souvent obligez d'aller soit à Saincte Geneviefve, soit à Sainct Germain, soit à Petit Pont », dit que, « ès ruës de Sainct Martin, de Sainct Honoré, en la place Maubert et autres lieux commodes pour la chose publique, seroit de nouvel érigez estaulx à bouchiers, pour y vendre et débitter des chares comme ès boucheryes d'icelle ville, par bouchiers jurez ».

Maison sans désignation, située entre le Grand Cornet et l'église des Mathurins, et comprenant plusieurs corps d'hôtel. Un titre latin de 1237 la désigne, ainsi que la précédente, dans les termes suivants : « *Duas domos sitas Parisius, in vico de Thermis, in censiva et parrochia Sancte Genovefe, contiguas domui Sancti Mathurini, ex altera parte palatio de Termis* ». Les corps de logis dont elle se composait s'étendaient en profondeur vers la rue du Foin, ainsi qu'il résulte d'un toisé de 1689 : « La maison, rue des Mathurins, tenant à l'église, huit toises de face sur trois de profondeur, pour le corps d'hostel de devant ; le petit corps du milieu, qui est le Bureau des Libraires, trois toises et demie de large, sur deux de profondeur, plus deux ailes ayant quarante huit toises de superficie, et les deux corps, trente cinq toises. »

Église et couvent des Mathurins, ayant eu primitivement leur entrée sur la rue Saint-Jacques. Cette entrée fut reportée sur la rue des Mathurins. La notice que comporte la maison des Mathurins, doublement célèbre dans les annales monastiques et universitaires, se trouve à la suite de celle que nous avons consacrée au Palais des Thermes et à l'hôtel de Cluny.

Échoppes. Comme à Saint-Yves et aux Jacobins, il y avait, sur le flanc méridional de l'église des Mathurins, une série d'échoppes sans enseignes. La dernière, cependant, est désignée en ces termes, dans un document de 1578 : « Il fut décidé que l'échope faisant le coing des Mathurins et de Sainct Jacques serviroit de garde pour y faire sentinelle. »

Possessions des Mathurins, dans le voisinage de leur église et de leur couvent.

En dehors de leur pourpris, les Mathurins possédaient, ainsi qu'il résulte de divers titres, des terrains, des maisons, et avaient droit à certaines redevances, tant dans le périmètre circonscrit par les rues des Mathurins, Saint-Jacques et du Foin, que sur d'autres points environnants. Le noyau de leurs propriétés était

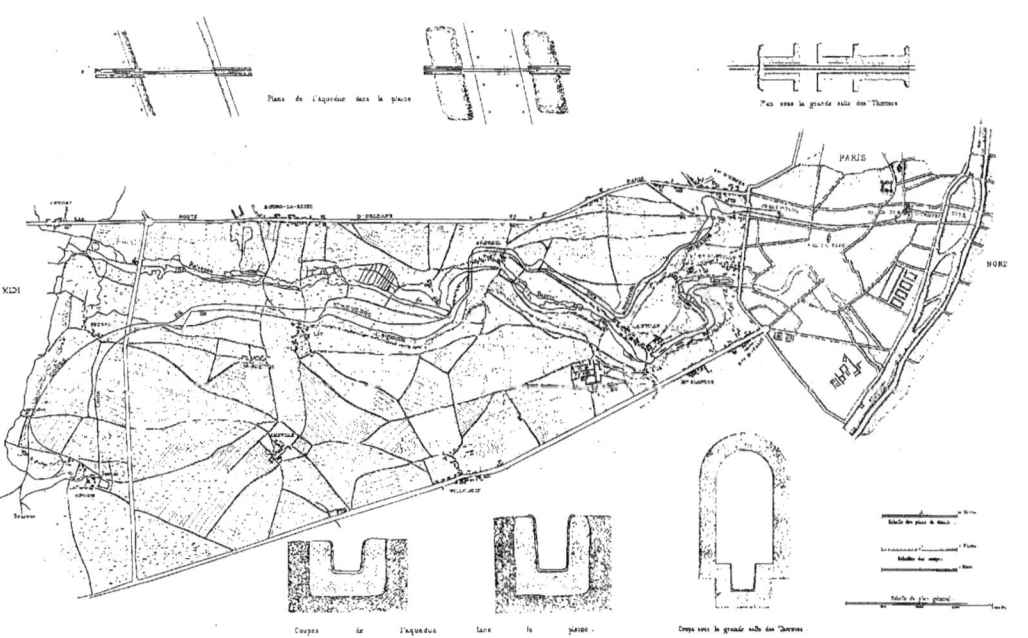

PALAIS DES THERMES
Cours de l'aqueduc romain

TOPOGRAPHIE HISTORIQUE DV VIEVX PARIS

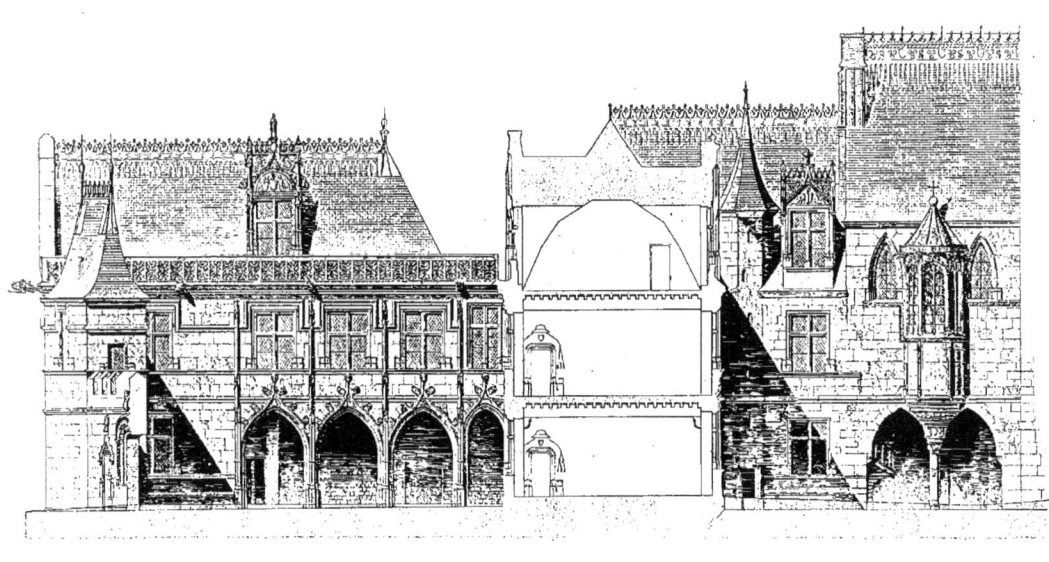

HÔTEL DE CLVNY
Façade de l'aile occidentale et de la chapelle

TOPOGRAPHIE HISTORIQVE DV VIEVX PARIS

HÔTEL DE CLVNY
Façade sur la rue

TOPOGRAPHIE HISTORIQVE DV VIEVX PARIS

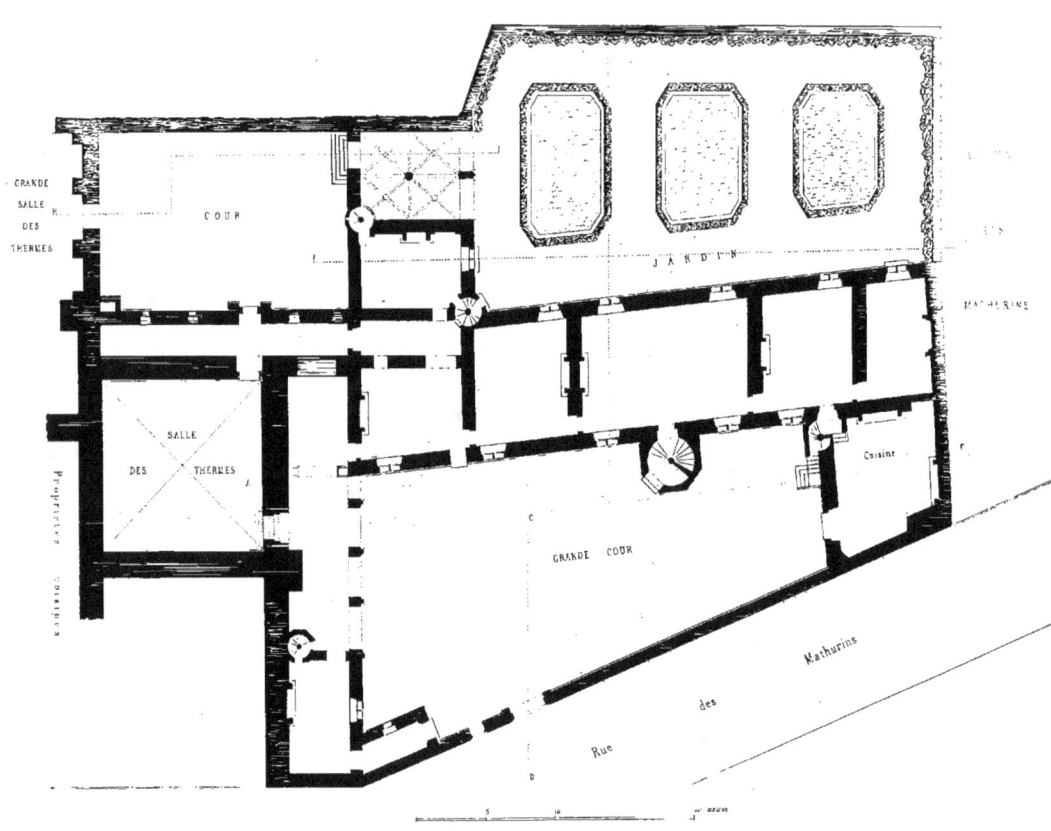

HÔTEL DE CLVNY
Plan de l'Hôtel

compris entre la maison de la Croix d'or et l'Hôtel de Cluny. Ils possédaient, en outre, aux termes d'un acte d'amortissement de 1254, « un terrain situé entre la rue Sans-Tête, la Grant rue et celle des Termes, et qui auparavant estoit de leur censive». La transaction intervenue cette année en confirmait deux autres de 1228 et 1237, en vertu desquelles l'abbé et les religieux de Sainte-Geneviève leur accordaient, moyennant un chef cens de quatre deniers, un hôpital avec son ancienne enceinte, « *veterem domum hospitalem cum antiquo porprisio* », et, moyennant un même cens de sept deniers, une maison contiguë ayant appartenu à une dame Marceline. La même abbaye leur concédait la propriété de deux maisons sises *in vico de Termis*, possédées par eux comme biens de mainmorte, à la condition de payer annuellement et en deux termes, outre les quatre deniers et obole de cens qu'ils devraient, soixante sols parisis, sous peine de cinq sols d'amende par jour de retard.

Le pourpris des Mathurins, ainsi prolongé, avait une assez grande importance. La maison hospitalière dont il vient d'être question occupait, dit un titre, «le lieu où est le chapitre, tenant à l'entrée, à la place des maisons abattues qui y estoient lors de la transaction de 1254, avec toutes celles qui composent de présent leur dit couvent, qui sont au lieu et place des maisons scizes autrefois rue Servode; partie de laquelle rue aujourd'hui est enfermée dans la censive de leur monastère, et a servi ainsi à agrandir l'église [1] ».

PALAIS DES THERMES et HÔTEL DE CLUNY.

I. PALAIS DES THERMES.

On s'accorde généralement à faire remonter la construction de l'édifice à Constance Chlore, qui fit un séjour de quatorze années à Lutèce. Il est historiquement certain que Julien l'habita et y fut proclamé empereur par ses troupes, en 360. Quelle était alors son étendue et celle des jardins qui l'entouraient? Ici tout est conjecture et matière à comparaison. Les palais romains ayant de vastes dépendances, on en a conclu que celui de Lutèce devait s'étendre du bord du fleuve au sommet du mont Leucotitius, et des Arènes au monticule où s'est élevée depuis la basilique de Saint-Vincent (Saint-Germain-des-Prés). Le canal dit *la Petite Seine* aurait été la limite de ses jardins vers le couchant.

---

[1] Il exista, rue des Mathurins, une maison à l'enseigne de La licorne, dans laquelle Tielman Kerver, d'origine allemande, fonda un établissement d'imprimerie et de librairie, qui fut transféré rue Saint-Jacques, même enseigne, et dura cent ans.

Une conjecture qui a été émise et qui ne nous semble point déraisonnable, c'est que le fameux château de Hautefeuille, ouvrage romain dont on a eu peine à entamer les fondations, pouvait être, vers le sud, la limite du palais, et que l'emplacement sur lequel on a édifié le Petit-Châtelet en marquait les bornes, du côté du nord. L'antiquaire Caylus dit, en effet, que, « dans les caves des maisons situées entre la rivière et les restes du Palais des Thermes, on a trouvé des piliers, ainsi que des voûtes de maçonnerie romaine, et que, avant la démolition du Petit Châtelet, on y voyait des arrachements de murs antiques qui se dirigeaient vers ce palais ».

Palais des Thermes. — Vue de la grande salle. — Réduction d'une estampe de Génillon et Née.

Mais laissons de côté ces hypothèses et rappelons sommairement ce que devint le palais après la conquête de la Gaule par les Francs. Mabillon, en relevant un certain nombre de chartes, datées du Palais des Thermes, en a conclu qu'il avait été habité par plusieurs rois mérovingiens, par Childebert notamment. Adrien de Valois a fait la même remarque; malheureusement les pièces probantes ne sont pas nombreuses.

Le palais gallo-romain dut être abandonné à l'approche des invasions normandes; il offrait, en effet, moins de sécurité que celui de la Cité, abrité derrière une muraille dont on a retrouvé les débris, et qui avait pour fossés naturels les deux bras de la Seine. Comme tous les édifices de la rive gauche, ainsi que nous l'avons fait remarquer pour Saint-Benoît et Saint-Étienne-des-Grès, le Palais des Thermes dut être ravagé par les Normands, surtout à l'époque du siège de Paris, et c'est très probablement alors que commence la série des dévastations qui l'ont réduit à l'état où on le voyait au xiiie siècle, époque où le gros œuvre était encore intact. L'enceinte de Philippe Auguste, qui l'aurait protégé, contribua peut-être à en diminuer l'étendue; pour faire passer la muraille à travers les anciennes dépendances du palais, il fallait faire quelques démolitions, couper des terrains qu'on aliéna, et c'est ainsi, nous le répétons, que l'ouvrage gallo-romain, appelé *Altum folium*, a pu demeurer en dehors du mur fortifié et rester contigu au Parloir aux Bourgeois de la rive gauche.

Depuis les rois de la première race jusqu'à ceux de la troisième, le Palais des Thermes reste dans l'oubli. Il faut aller jusqu'au milieu du xiie siècle pour en trouver une prétendue mention. Jean de Hauteville, ou Hauville, sous le nom de *Joannes Architrenius*, nous aurait laissé une description du Paris de son temps; mais «Bonamy, de l'Académie des inscriptions et belles lettres, s'est singulièrement trompé sur toute cette description, évidemment allégorique... Notre grand pleureur... n'est plus à Paris quand il remonte la montagne de l'ambition. Il est en Grèce, en Macédoine; et cette montagne s'élève au-dessus de la ville de Pella, patrie d'Alexandre. Il le dit positivement, en commençant la description de cette montagne et le chapitre ii de son quatrième livre :

Mons surgente rugo, Pellæam despicit urbem,
Astra supercilio libans, etc.

«Il s'exprime, à la fin du chapitre v, de manière à ne laisser aucune équivoque... C'est là, dit le poète, que jouait cet enfant avide de régner, cet élève de Mars, Alexandre,...

Hic puer imperii cupidus ludebat, alumnus
Martis, Alexander, etc. [1]

Cette description, crue exacte, ne pouvait que recommander le palais gallo-romain aux historiens de Paris; ils n'ont garde de l'oublier et en parlent avec admiration. Il en est un qu'il faut reproduire, parce qu'il consacre le contresens auquel avait donné lieu le mot latin *terminus*, substitué au mot grec θερμὸς, incompris. Dans le commentaire ajouté à sa traduction de *La Cité de Dieu* de saint Augustin, Raoul de Presles, qui écrivait sous le règne de Charles V, mentionne le palais des Thermes ainsi qu'il suit : «Julius Cæsar fist le palais de Termes, qui estoit ainsi appellé pour ce que là se payoient les trehuz aus termes qui estoient ordenez.» Ce jeu de mots nous fait sourire aujourd'hui.

[1] *Histoire littéraire de la France*, t. XIV, p. 575, article *Jean de Hautville*, par Guinguené.

Quand ce palais cessa d'être résidence royale, il dut fournir, comme les arènes, une carrière à exploiter et contribuer ainsi au peuplement de la région. Raoul de Presles le constate dans les termes suivants : «Adont les gens commencierent à ediffier maisons aus environs de ce chastel, et à eulx y logier, et commença ceste partie lors à estre premierement habitée[1]. »

Le palais n'étant plus habité par les rois, les terrains qui en dépendaient furent baillés à cens et à rentes. Même une charte de Philippe Auguste, datée de 1218, portant donation à perpétuité du palais des Thermes à un certain Henri, qualifié de «concierge» et de chambellan, moyennant une redevance annuelle de douze deniers, prouve que cette concession n'était pas la première, puisque, suivant cet acte, elle succédait à celle dont avait bénéficié un certain *Symon de Pissiaco*[2]; et l'on sait, d'ailleurs, que Simon de Poissy avait été précédé, en qualité de propriétaire de l'immeuble, par Jean de Courtenay, successeur de Raoul de Meulent. Ce document nous apprend encore que le palais était devenu le centre d'une exploitation rurale; il y existait un pressoir, *pressorium*.

De donation en donation, le palais des Thermes finit par avoir de nombreux propriétaires. Un héritier de Robert de Courtenay, Jean de Courtenay, vendit, au commencement du xive siècle, sa portion à un archevêque de Reims, qui la céda à un évêque de Bayeux, de qui elle fut acquise par Pierre de Chaslus, abbé de Cluny, qui possédait sans aucun doute, avec l'hôtel de ce nom, les autres portions du palais. Tout le domaine en dépendant se trouve alors réuni à l'hôtel abbatial, et l'histoire des deux édifices se confond à partir de ce moment.

Les appropriations du vieux palais furent multiples. Nous ne pouvons suivre le mouvement de ces constructions parasites, qui cessa après l'acquisition des abbés de Cluny; mais nous devons mentionner les jardins suspendus, à la façon de ceux de Babylone, qu'on avait eu l'idée d'établir au-dessus des solides voûtes romaines. Il y en avait deux, dont l'un couronnait la terrasse de la salle des Thermes; c'est celui que la génération précédente a pu voir, puisqu'il a subsisté jusqu'en 1820. L'autre, dont parle Piganiol comme existant encore vers 1700 «sur une terrasse fort élevée dans la partie de l'hôtel de Cluny communiquant aux Thermes, fut anéanti en 1737, avec la voûte qui le supportait[3]. »

Parmi les descriptions contemporaines qui abondent en détails et en conjectures, il en est une que recommande le nom de son auteur, à laquelle nous faisons quelques emprunts :

La grande salle, dit M. F. de Guillermy, est une fabrique immense, majestueuse d'aspect, merveilleuse de solidité, empreinte, comme les œuvres du peuple romain, d'une grandeur mâle et sévère. De semblables monuments se mesurent plutôt qu'ils ne se décrivent; ils tirent toute

---

[1] *Paris et ses historiens aux* xive *et* xve *siècles*, p. 107 et 108. — [2] Bibl. nat., Cartulaire de Philippe Auguste, f° 170. — [3] *Mémoires de l'Académie des inscriptions*, t. XX, p. 679.

leur beauté du grandiose des proportions, de la régularité de l'appareil et de l'importance de leurs dimensions. Quelque nue et dépouillée qu'elle puisse être, la salle des Thermes, sur laquelle ont passé déjà quinze siècles, commande l'admiration et le respect. On contemple avec étonnement les hautes voûtes et les voussures hardiment projetées dont les retombées ont pour consoles des poupes de navires. L'œil suit avec curiosité les archivoltes des arcades et des niches, dont la brique et la pierre, découpées en claveaux d'une finesse charmante, composent alternativement le pourtour. Nous avions peine à croire, au premier abord, que, sous un climat humide et froid, comme le nôtre l'est une grande partie de l'année, les Romains n'eussent pas senti la nécessité de réduire les dimensions qu'ils étaient dans l'usage de donner à leurs constructions thermales d'Italie où de l'Orient, et que cette immense salle du palais de Paris n'eût réellement jamais eu d'autre destination. Mais la comparaison de nos Thermes avec des établissements semblables bien étudiés à Rome et ailleurs ne laisse pas même le droit d'émettre un doute. Il paraît aujourd'hui prouvé que la grande salle était la *frigidarium*, ou salle des bains froids. Elle est accompagnée, du côté du nord, d'une pièce en saillie, dont le sol est un peu plus bas, et qui formait la piscine. De l'autre côté, des arcades, aujourd'hui murées, communiquaient avec d'autres salles voisines, et de grandes niches présentent les vestiges bien appa-

Vue de la salle des Thermes, en 1826, d'après un croquis de H. Legrand.

rents des canaux par lesquels les eaux tombaient dans les baignoires. La construction a été exécutée en petit appareil carré, avec des chaînes horizontales en briques destinées à maintenir les assises et à les régulariser. La hauteur de la grande salle est de 18 mètres, la longueur de 20, sa largeur de 11,50. La piscine s'élève à une hauteur égale; mais elle n'a en surface que 10 mètres sur 5.

Si de la salle des bains froids on se dirige vers la rue de la Harpe, on parvient, après avoir traversé un vestibule, dans l'ancienne salle des bains chauds, le *tepidarium*, dont il ne reste plus que des murailles en ruines. Elle était bordée de grandes niches en hémicycle. A l'extrémité de cette salle, on aperçoit, engagés sous le sol de la rue, quelques débris d'hypocauste, de réservoirs et d'escaliers de service.

Au-dessous du sol de la grande salle, il existe des restes d'aqueducs, des trous de réservoirs, et plusieurs salles curieuses, les unes voûtées, les autres couvertes en plafond.

....

Rien n'avait été épargné pour faire du palais des Thermes une résidence vraiment splendide. Un aqueduc allait lui chercher des eaux saines et pures jusqu'aux sources de Rongis, c'est-à-dire à trois lieues environ du centre de Paris. Souterrain dans la plus grande partie de son cours, il traversait cependant le vallon d'Arcueil sur une suite de hautes arcades, dont le temps a respecté quelques piles, d'une belle architecture, appareillées comme les murailles de la salle des Thermes. L'aqueduc antique a été complètement reconnu dans toute son étendue; il est côtoyé par l'aqueduc moderne qui apporte à Paris les mêmes eaux [1].

II. HÔTEL DE CLUNY.

En acquérant les restes du palais des Thermes (1340), Pierre de Chaslus avait-il l'intention formelle d'en faire un hôtel abbatial? Répondre par l'affirmative, ce serait paraître oublier que les abbés en question possédaient alors une résidence non loin de la porte Saint-Germain et un logement au collège de Cluny. Quoi qu'il en soit, on ignore l'emploi de l'immeuble de 1340 à la fin du xve siècle.

A cette dernière date, Jean de Bourbon, abbé de Cluny, jeta les fondements de l'édifice que nous voyons encore debout; mais sa mort, advenue en 1485, interrompit les travaux. Ils furent repris, en 1490, par Jacques d'Amboise, qui consacra, dit un chroniqueur du temps, « cinquante mille angelots provenant des dépouilles du prieur de Leuve, en Angleterre, à l'édification de fond en cime, de la magnifique maison de Cluny, au lieu jadis appelé le palais des Thermes ».

Sans cesser jamais d'appartenir à l'ordre de Cluny, comme en font foi les chartes et titres de cette abbaye, l'édifice, habité temporairement par les abbés de Cluny et vacant pendant une partie de l'année, demeura à la disposition des rois, pour y loger des personnages de marque. C'est ainsi qu'il fut successivement la demeure de Marie d'Angleterre, sœur de Henri VIII et veuve de Louis XII; de plusieurs princes de la maison de Lorraine, entre autres du cardinal de ce nom; du duc de Guise et du duc d'Aumale. Jacques V, roi d'Écosse, y épousa Madeleine, fille de François Ier; les nonces du pape y logèrent, ainsi que la mère Angélique Arnauld, l'illustre abbesse de Port-Royal-des-Champs.

On peut citer encore, mais très sommairement, divers autres occupants : des imprimeurs, des libraires, des ambassadeurs, de hauts dignitaires ecclésiastiques

---

[1] *Itinéraire archéologique de Paris* (1855), par M. F. de Guilhermy, pages 10, 11, 12.

et jusqu'à des comédiens (1579-1784), que le Parlement en expulsa par arrêt. Un des docteurs fictifs de Rabelais y a séjourné également.

Construit à une époque de transition, vers la fin du style ogival et à l'aurore de la Renaissance, l'hôtel de Cluny appartient, en grande partie, au genre d'architecture qu'on est convenu d'appeler gothique flamboyant; l'ogive y est surbaissée, les moulures et les autres ornements lapidaires y sont multipliés. C'est, du reste, l'un des rares édifices civils qui témoignent du goût architectural de cette époque. Germain Brice le qualifie de « ouvrage des plus entiers et des plus grands qui se voient à présent sur pied en cette ville et qui étoit considéré autrefois comme un édifice magnifique ».

Traité, depuis la Révolution jusqu'en 1843, comme le palais des Thermes l'avait été pendant des siècles, c'est-à-dire livré à tous les caprices de la propriété privée, l'hôtel a trouvé, de nos jours, des restaurateurs habiles qui lui ont rendu son ancien aspect. Le savant antiquaire auquel nous avons emprunté une page de sa description du palais des Thermes, a consacré, dans les *Annales historiques*, un article important à l'hôtel de Cluny. Nous le préférons aux descriptions antérieures, parce qu'il est plus étudié au fond et plus sérieux dans la forme.

Une solide muraille, autrefois crénelée, forme la cour de l'hôtel sur la rue des Mathurins. En arrière des créneaux, des supports de fer, dont les scellements se reconnaissent encore, soutenaient un plancher auquel conduisait une petite porte qui existe, à la hauteur du premier étage, dans le mur de l'aile droite. On entre dans la cour par une porte en arc surbaissé, dont la voussure est sculptée d'anges qui déroulent des banderoles et de pampres chargés de grappes. La façade intérieure se compose d'un grand corps de logis flanqué de deux ailes. Le rez-de-chaussée et le premier étage prennent le jour par de larges fenêtres, dont la plupart conservent les moulures qui leur furent données pour encadrement. Au-dessus du premier étage, le mur se termine par une double frise élégamment ouvragée et une riche balustrade à jour. Les frises, toutes tapissées de feuillages, servent d'habitation à une multitude de petits animaux qui courent et se jouent de mille façons : ce sont des chiens qui se mordent les oreilles, des écureuils qui grimpent, des lapins qui broutent, des couleuvres qui s'enlacent, des limaces qui se glissent le long des branches, des lionceaux qui se battent, des chimères qui s'allongent en grimaçant, des marmousets qui gambadent. Le rétablissement de la balustrade, qui forme à la façade une si élégante couronne, date de trois mois à peine (1844); depuis un grand nombre d'années, un mur de plâtre enveloppait complètement cette importante partie de l'ornementation, et enlaidissait de sa masse informe l'édifice tout entier. Les hautes fenêtres de pierre, qui coupent le comble, sont parées d'arcatures, de gargouilles, de clochetons et de culs-de-lampe destinés à recevoir des statues; elles portaient, sur leur tympan, de grands cartouches blasonnés, dont il ne subsiste qu'une silhouette à peine visible. L'époque de transition, à laquelle se rattache la construction de l'hôtel, se trouve nettement accusée par la décoration de ces fenêtres dont le style, comme aussi celui d'une portion de la balustrade, pourrait être attribué à une renaissance un peu plus avancée que le reste du monument.

Sur le corps de logis central, se détache une tour à cinq faces, ceinte de plusieurs cordons de moulures feuillagées et percées de fenêtres à linteaux en accolade, au sommet desquels s'épanouissent des fleurons. La porte d'entrée de cette tour a été dépouillée des sculptures et des niches qui la surmontaient; l'intérieur renferme un large escalier de pierre, dont les marches montent en spirale sur un fût de colonne. Jacques d'Amboise avait fait sculpter à la base de la tour, de chaque côté de la porte, les emblèmes de son patron, le protecteur des pèlerins. Il en reste encore quelques coquilles et des bourdons à moitié rompus, au bout desquels flottent des banderoles chargées de sentences bibliques comme celles-ci : *Initium sapientiæ timor domini; serva mandata mea*. Jacques Cœur fit aussi, par le même motif, entrer ces mêmes attributs dans l'ornementation de sa belle maison de Bourges.

Hôtel de Cluny. — Vue de la façade ouest, par la cour, en 1832, d'après un croquis de H. Legrand.

Quatre arceaux en ogive forment, au rez-de-chaussée de l'aile gauche de l'hôtel, une élégante galerie, aujourd'hui encombrée de cloisons et d'ateliers. Des bouquets de feuillages et des limaces grimpantes garnissent l'extrados des arcs; aux tympans sont des oiseaux, le chien de la maison couché près de sa niche, un singe enchaîné dont l'expression décèle la plus amusante malice. Avant de quitter cette cour, n'omettons pas de dire que, sur le mur de clôture, en face de la tour, on distingue un grand cercle gravé dans la pierre. Ce serait, s'il faut en croire les auteurs qui ont décrit l'hôtel de Cluny, la circonférence de la cloche que le cardinal Georges d'Amboise fit fondre par un Chartrain, Jean Lemaçon, pour son église métropolitaine de Rouen, et à laquelle il donna son nom. Les mêmes auteurs assurent, sans d'ailleurs apporter aucune preuve à l'appui de ce fait, que la cloche fut jetée en fonte dans la cour même de l'hôtel de Cluny.

La partie de l'édifice qui regarde le jardin est disposée en équerre. Le corps principal reproduit le système général de la façade antérieure; mais la sculpture n'a pas été employée avec le même luxe. L'aile renferme l'oratoire abbatial, dont la petite abside s'arrondit vers l'orient, sous la forme d'une gracieuse tourelle portée en encorbellement par des consoles de feuillages, percée d'ouvertures à meneaux, et coiffée d'une toiture en plomb à laquelle des chimères servent

TOPOGRAPHIE HISTORIQVE DV VIEVX PARIS

HÔTEL DE CLVNY

Grande Cour — Vue de la Tourelle

RÉGION CENTRALE DE L'UNIVERSITÉ.

de gargouilles. Les tables qui couvrent le faîte présentent des blasons et des sentences analogues à celles qui se lisent sur la tour.

Une salle basse, qui compose le rez-de-chaussée de la chapelle, établit une communication entre l'hôtel de Cluny et le palais des Thermes. Les voûtes de ce passage sont sillonnées de nervures qui jaillissent toutes d'un pilier octogonal, pour aller retomber sur des consoles historiées appliquées aux murailles. Au chapiteau du pilier central, on remarque plusieurs marmousets; deux hommes sauvages qui portent l'écu de Jacques d'Amboise, pallé d'or et de gueules avec la

Hôtel de Cluny. — Intérieur de la chapelle. — Réduction d'une lithographie de Mausson.

crosse en amortissement; deux anges qui soutiennent le même blason; puis le chiffre de Charles VIII, surmonté d'une couronne, comme on le voit aussi à la rose de la Sainte-Chapelle. A défaut d'autres preuves, cette dernière sculpture fixerait d'une manière certaine la date d'une partie importante du monument..... [1].

---
[1] *Annales archéologiques*, t. I, p. 22 et suiv.

Il ne faut point chercher, à l'intérieur de l'hôtel de Cluny, une distribution analogue à celle qui nous paraît aujourd'hui indispensable pour qu'un logis soit commode, ou même habitable. L'architecte n'a point songé à ces dégagements, à ces corridors qui permettent d'accéder à chacune des différentes pièces d'un appartement sans traverser les autres. Ce sont ici de grandes salles qui se succèdent, occupant chacune la profondeur entière du bâtiment, et qui toutes se commandent, pour nous servir de l'expression consacrée. Les escaliers nous semblent heureusement placés, de manière à ne point interrompre la suite des appartements. D'après une disposition assez fréquente dans les châteaux et dans les hôtels de la même époque, ils sont établis, les escaliers d'honneur dans une tour en hors d'œuvre, les escaliers de service dans les tourelles qui remplissent les angles de l'édifice. Les salles n'ont rien gardé de leur décoration primitive. La chapelle seule se fait remarquer par le luxe de sa structure.

L'ancien oratoire de l'abbé de Cluny forme un carré, dont chaque côté n'a guère plus de vingt pieds. Au centre s'élève un pilier à sept faces, d'environ dix pouces de diamètre, qui se couronne, comme un palmier, de seize rameaux, dont l'épanouissement couvre toute la superficie des voûtes. Douze niches, aujourd'hui vides, décorées de consoles et de pinacles, contenaient autrefois des personnages de la maison d'Amboise, assistés de leurs saints patrons. Les croix de consécration, peintes sur les murs, étaient recouvertes par une couche de badigeon; il a été facile de les faire reparaître. L'abside a vu briser son autel et son Christ au tombeau en marbre. Mais il lui reste des vestiges bien précieux de sa grandeur passée. A la voûte, le Père Éternel, sortant d'un nuage, vêtu en pape, et tenant le globe du monde, bénit son Fils expirant sur la croix, etc.

Trois fenêtres à meneaux éclairent l'abside. Au nombre des vitraux dont elles sont garnies, il s'est trouvé un portement de croix, qui occupait autrefois à peu près la même place, et dont le style annonce que les verrières étaient dignes en tout de la chapelle. Un escalier tournant, disposé à l'angle sud-ouest, et renfermé dans une cage de pierre toute travaillée à jour, descend à l'étage inférieur. L'architecture du moyen âge se plaisait à multiplier, dans ses constructions, les motifs les plus variés et les plus inattendus. Ainsi cet escalier, qui par lui-même n'aurait aucune importance, est devenu, grâce à la piquante originalité de son ajustement, un des plus heureux détails de l'édifice [1].

LES MATHURINS,

ÉGLISE, COUVENT, CHEF-LIEU DE L'UNIVERSITÉ DE PARIS.

Une chapelle et un hôpital de Saint-Mathurin ont été construits, à une époque indéterminée mais antérieure au xiiie siècle, sur une partie des jardins du palais des Thermes, pendant le long abandon où avait été laissé cet édifice gallo-romain. Le saint sous le vocable duquel ils furent placés, était, en 1005, seigneur du bourg de Larchant, en Gâtinais; il y mourut en odeur de sainteté, et ses reliques, peut-être son corps tout entier, furent transportées à Paris, où l'on venait les honorer en temps d'épidémie; ce qui explique qu'un « ospital » fût joint à la « *Capella*

---

[1] *Itinéraire archéologique de Paris*, p. 352 et suiv.

Sancti Mathurini». Cet «ospital», qu'il ne faut pas confondre avec celui de Saint-Benoît, qui en était très voisin, fut, ainsi que la chapelle, mis à la disposition d'un ordre religieux créé vers la fin du xii° siècle, pour «la rédemption des cap-

Église des Mathurins (1790). — Réduction d'une estampe de Duchemin et Ransonnette, extraite des *Antiquités nationales*, par Millin.

tifs». Un historien de Paris raconte, dans les termes suivants, la prise de possession de la chapelle et de l'hôpital Saint-Mathurin par les religieux dont il s'agit :

«Le mauvais succès des Croisades avoit laissé plusieurs chrétiens dans les liens de l'esclavage et dans la plus grande misère. Le récit des maux qu'ils souffroient suffisoit seul pour attendrir l'humanité, l'intéresser à leur malheur et en leur faveur, et suggérer à la charité, toujours ingénieuse pour faire le bien, les moyens de leur procurer la liberté. Ce fut ce sentiment intérieur, dont Jean de Matha était pénétré et qu'il communiqua à Félix de Valois, qui leur fit former le projet de racheter les chrétiens captifs chez les Payens, et d'échanger les uns contre les autres. Ce dessein, qui fait honneur à la religion et à l'humanité, n'avoit besoin que d'être communiqué au Saint-Siège pour en recevoir l'approbation. Cet ordre, institué le 15 des calendes de janvier, la première année du pontificat d'Innocent III (18 décembre 1198), fut confirmé par une bulle de ce souverain pontife, datée du 16 des calendes de janvier (17 décembre) 1199, et par une seconde donnée à Viterbe, le 14 des calendes de juillet (18 juin) 1209... Cet ordre s'étendit assez vite en France, par la protection de Philippe Auguste et par les libéralités de plusieurs seigneurs. Gaucher III de Chastillon leur donna un terrain propre pour y bâtir un couvent... [1]. »

« Ils occupoient déjà, dit Du Breul, un hospital ou aumosnerie...; ils tenoient la maison et l'église de Saint Mathurin de la libéralité de l'évêque et du chapitre de Paris. » Du Breul ajoute que cette concession ne doit être regardée que « comme un acte nouvel, qui constate une libéralité qui leur avoit été faite plus de vingt ans auparavant, puisqu'ils avoient été établis à Paris avant 1209 ».

« Il est probable, comme le dit Du Breul en terminant, qu'ils en étoient redevables à Eudes de Sully, évêque de Paris, auquel le pape Innocent III avoit adressé Jean de Matha pour rédiger sa règle [2]. »

Montés modestement sur des ânes, les Religieux de la Rédemption des Captifs étaient appelés communément « frères aux ânes, ou *bourriquets* ». On les nommait aussi Trinitaires, parce que les papes, en les instituant, les avaient placés sous l'invocation de la Sainte Trinité.

Bâtis sur des terrains dépendant des jardins du palais des Thermes, la chapelle et l'hôpital de Saint-Mathurin s'agrandirent successivement de constructions nouvelles, aux frais desquelles contribuèrent saint Louis et Jeanne de Vendôme. Un couvent dut être annexé à l'hôpital et à la chapelle lorsque les disciples de Jean de Matha en prirent possession. C'est en 1219 qu'un de leurs généraux, Jean de Bosco, le construisit. Mais, comme il était de proportions restreintes, il fut réédifié et agrandi en 1406 d'abord, dit Du Breul, « par frère Estienne du Mesnil Fouchart, qui fit bastir sur la rue Saint Jacques un assez beau portail; mais iceluy a esté du tout démoly, en l'an 1610, pour l'eslargissement de la ruë trop estroite en ce lieu ». Vers la fin du XVᵉ siècle, Robert Gaguin, historien et général de l'ordre, entreprit, ajoute Du Breul, « de parachever, ou pour mieux dire, faire de nouvel le cloistre primitivement faict par frère Jean *de Bosco*, ministre dudict lieu, suivant ce qu'en escript frère Jacques Bourgeois, en l'appendice de la petite Chronique des ministres généraux de cet ordre : *Hic claustra Mathurinorum, columnis sustentata marmoreis, a fundamentis erexit* ». Le même auteur ajoute que Robert Gaguin fit construire « une belle bibliothèque, garnie de divers livres de bons docteurs », et mettre ces vers sur la verrérie du derrière de la nef :

Hoc tibi Gaguinus rediens orator ab urbe,
Mathurine, pio munere struxit opus. (1485.)

Enfin Du Breul nous apprend qu'un général de l'ordre, frère Nicolas Grimont, « a faict faire deux voutes en icelle eglise, sans sçavoir l'année [3] ».

---

[1] Jaillot, *Quartier Saint-André-des-Arts*, p. 100 et suiv. — [2] Du Breul, *Théâtre des Antiquités de Paris*, p. 491. — [3] Du Breul, édit. de 1640, *passim*.

Il existait, en cet endroit, deux étaux à boucherie et une halle aux parchemins, dont il est question dans les titres. Les étaux avaient été concédés aux Mathurins, par lettres patentes du 25 mai 1555, enregistrées au Parlement et autorisant « les impétrans à les faire construire et ériger en une maison à eux appartenant, en laquelle pend de présent pour enseigne LE GRAND CORNET, et contre l'autre maison voisine et joignant à icelle, assises en la rue des Mathurins, entre les grandes rues Saint Jacques et de la Harpe, pour lesdicts deux estaux, vendre et débiter chairs par maistres bouchers jurez ayant fait chef d'œuvre et de qualité requise... [1] ».

Quant à la Halle aux Parchemins, Sauval en raconte l'origine et la décrit ainsi :

La Halle des Mathurins est fort ancienne... Elle appartient à l'Université, et comme à tout propos elle fait montre de Charlemagne, et soutient que c'est son fondateur, aussi prétend-elle que ce grand prince lui-même lui en a fait le don. Conte si fabuleux que je ne m'amuserai point à le réfuter. Quant à l'érection de cette halle, c'est une chose inconnue; et même nous ne savons rien d'elle avant Philippe le Bel. On l'appelle la Halle des Mathurins à cause d'un lieu couvert appartenant aux Mathurins et bâti dans leur cour, qu'ils prêterent à l'Université en 1291 pour vendre et mettre à couvert le parchemin que l'on apportoit à Paris. Quoiqu'on ne s'en serve plus depuis fort long tems, et que le parchemin ait été mis à couvert et vendu en beaucoup d'autres, cette halle néanmoins a toujours conservé son ancien nom, et le garde encore. De tout tems immémorial ceux qui amenoient du parchemin à Paris et aux environs étoient tenus de le faire porter et descendre dans cette halle, à peine de confiscation et d'amende arbitraire; et de plus n'osoient l'en tirer que les parcheminiers de l'Université ne l'eussent visité, que le prix n'en fut fait et marqué, et n'eut été payé au Recteur le droit de marque, savoir seize deniers parisis; ce qui s'appeloit et s'appelle encore Rectorier [2].

Du Boullay [3] a constaté que la Halle aux parchemins avait été concédée à l'Université par acte du mois de juin 1291; et Jaillot a rappelé que les libraires de Paris y ont eu leur chambre syndicale de 1679 à 1726. Mais la principale utilisation du couvent des Mathurins, situé en plein quartier des études, c'est sa conversion en chef-lieu de l'instruction publique parisienne. C'est des Mathurins que sont datés, depuis le XIIIe siècle, tous les actes importants de l'Université; c'est aux Mathurins, quand ce n'est pas dans la chapelle de Saint-Julien-le-Pauvre, que se tiennent les assemblées de ce grand corps; c'est des Mathurins que partent cortèges, processions, défilés solennels du monde enseignant allant prendre rang dans les cérémonies officielles. Cet état de choses a duré jusqu'en 1763, époque où le collège de Louis-le-Grand, auquel avaient été réunis les petits établissements sans exercice, a été déclaré le chef-lieu de l'Université.

C'est parce que les Mathurins étaient le siège de l'ancienne Université, qu'on avait, dans le cloître du couvent, érigé la tombe et gravé au trait sur la pierre

---

[1] Félibien, *Preuves*, t. II, p. 766 — [2] *Antiquités de Paris*, t. I, p. 657. — [3] *Historia Universitatis*, t. III, p. 501.

les figures des deux écoliers que le Prévôt de Paris, Guillaume de Tignonville, fit saisir et pendre pour vol et assassinat; entreprise sur les droits et privilèges de l'Université, qui motiva, de sa part, une vigoureuse protestation. Les faits, racontés par les historiens de Paris, se passèrent en 1408.

Église des Mathurins. — Aspect des derniers vestiges de ce monument à l'angle de la rue Saint-Jacques, en 1863. Réduction d'une gravure à l'eau-forte, par Martial.

Pour nous borner au côté topographique de l'histoire des Mathurins, nous rappellerons que l'église primitive occupait l'emplacement d'une maison appartenant au chapitre de Notre-Dame et donné par lui à Robert Le Comte, son « homme de corps ». De son côté, l'abbaye de Sainte-Geneviève avait, à la prière du Roi, permis aux Trinitaires de posséder plusieurs maisons dans sa censive, « *tam in vico sine capite* — la ruelle Coterel — *quam in vico per quem itur ad Palatium Termorum* ». Ces maisons étaient situées, dit le titre, entre le couvent et la grande maison de Robert de Courtenay, « *inter monasterium Sancti Maturini et magnam domum domini Roberti de Curtiniaco* ». L'emplacement de cette grande maison fut utilisé pour la reconstruction de l'église.

Un éboulement survenu en plein xviie siècle confirme l'occupation, par le couvent des Mathurins, d'une partie de l'enclos du palais des Thermes. Une inscription, conservée aujourd'hui au musée de Cluny, rappelle le fait : «En 1676, au mois d'août, une ouverture s'étant faite au pavé de la cour du couvent, environ le milieu du ruisseau, plus près néanmoins de la cuisine que de la salle du jardin, l'on creusa et l'on aperçut une grande ouverture à peu près semblable aux trois arcades qui forment le présent escalier; dans laquelle un domestique de céans étant descendu, par une entrée qui commençoit du côté de la salle, observa que c'étoit un grand trou qui prenoit son origine dessous le palais des Thernes, rue des Mathurins; laquelle ouverture fut bouchée avec trois grosses poutres.»

Le couvent et l'église avaient été, celle-ci en 1730 et celui-là en 1761, l'objet d'une reconstruction complète. L'église fut vendue, avec les bâtiments claustraux, en 1799. On la détruisit en grande partie, et on ne laissa que des piliers, entre lesquels on intercala des maisons modernes[1]. Les bâtiments claustraux furent appropriés à usage d'habitations particulières, et ils ont subsisté, en partie, jusqu'à nos jours, accolés au flanc de l'hôtel de Cluny. L'ordre maçonnique y avait installé le Grand Orient de France.

La nécessité d'isoler ce monument, en l'entourant d'un jardin, ainsi que l'ouverture d'une voie nouvelle entre le boulevard Saint-Germain et la rue des Mathurins, voie à laquelle on donna le nom de Fontanes, a amené la destruction de la presque totalité des bâtiments reconstruits en 1761. Il ne reste aujourd'hui que les piliers et quelques murs de l'église, à peine reconnaissables par suite des appropriations qu'on leur a fait subir.

RUE DU MONT-SAINT-HILAIRE.

Cette voie étroite et peu étendue aboutissait à deux carrefours. Le premier était formé par les rues de Saint-Jean-de-Latran, Jean ou Saint-Jean-de-Beauvais, Chartière et Fromentel; le second, par le débouché septentrional de la rue des Sept-Voies, en regard du cul-de-sac des Bœufs, et par la rue des Carmes. Cet ensemble, rue et carrefours, portait également le nom de Clos Bruneau, parce qu'il était très voisin de ce territoire. Quant à la voie dont la monographie nous occupe, elle devait le nom qui lui est resté à l'église qu'on y avait construite antérieurement au xiiie siècle et qui servait aussi à désigner cette partie du versant septentrional de la montagne Sainte-Geneviève.

[1] L'annotateur de Lebeuf rappelle que, lors de la démolition, Alexandre Lenoir remarqua «un grand bas-relief du xive siècle, en pierre volcanique, dite *pierre à porc*, qu'il transporta au Musée des Petits-Augustins».

Dès le commencement du xiii° siècle, la rue dont il s'agit est dite « au Mont Saint Hilaire », ou « au Clos Brunel ». En 1263 et 1265, le Cartulaire de la Sorbonne l'appelle *vicus superior Sancti Hilarii*, pour la distinguer de la rue des Carmes, qui était considérée comme le *vicus inferior*, et avait, à la même époque, saint Hilaire pour patron. Regardée comme une continuation de la rue des Sept-Voies, qui y aboutissait par son extrémité septentrionale, elle en a quelquefois porté le nom. Elle fut aussi nommée Fromentel, parce qu'elle fait la continuation de cette rue. Enfin on l'a quelquefois appelée « rue du Puits Certain », mais vers le milieu du xvi° siècle seulement, à raison du célèbre puits que Robert Certain, curé de la paroisse, fit creuser à quelques pas à l'ouest de son église, dans le carrefour même qui lui a dû également sa dénomination.

Nous avons relevé, à l'article de l'Impasse Bouvard, l'erreur de Lebeuf qui qualifie ce cul-de-sac de « rue principale du quartier ». Tout porte à croire, au contraire, que la rue du Mont-Saint-Hilaire, conduisant à l'église de ce nom, avait beaucoup plus d'importance. Elle subsiste encore aujourd'hui et a conservé, en partie, son ancien aspect; le puits et l'église ont disparu, celle-ci en 1795 et celui-là au commencement de ce siècle. On a substitué récemment à son ancien nom celui de Victor de Lanneau, le restaurateur de la maison de Sainte-Barbe.

CÔTÉ MÉRIDIONAL
(d'Orient en Occident).

PAROISSE SAINT-HILAIRE.
JUSTICE ET CENSIVE DU CHAPITRE SAINT-MARCEL.

Église paroissiale de Saint-Hilaire, formant l'angle de la rue des Sept-Voies [1].

Ancien presbytère, attenant à l'église.

Maison de l'Estoille couronnée (1568), ayant été probablement construite sur un emplacement dépendant du presbytère.

Maison du Chaulderon, faisant le coin oriental de la rue d'Écosse. (Voir cette rue.) Un document de 1556 la décrit ainsi : « Maison et jardin où est à présent demeurant noble homme Guillaume Mondet, marchand libraire juré en ladite Université de Paris, située audit Mont Saint-Hilaire, en laquelle pend, de présent, pour enseigne le Chaudron, tenant au presbitaire d'icelle Église et au collége de Karembert, etc.; en la censive des vénérables de Saint-Marcel lez Paris, et chargée envers eux de douze deniers tournois de cens. »

---

[1] La notice historique et descriptive est placée à la suite de la présente rue.

Maison sans désignation, formant l'autre coin, c'est-à-dire l'angle occidental de la même rue. Un titre de 1407 la désigne ainsi : «Maison faisant le coing de la ruë des Chaulderons, appartenant au curé.»

Maison de Saint Cyr (1582), ainsi désignée dans un titre portant cette même date : «Aprez la maison de la Tournelle, est une maison dicte la Grant salle de Coquerel, tenant à la maison qui fait le coing de la ruë d'Escosse.»

Maison sans désignation, qu'un document du xvie siècle mentionne dans les termes suivants : «Maison, en la rue du Mont Saint-Hilaire, faisant partie de la Maison de Coquerel — c'est-à-dire du collège de ce nom, — tenant à la Maison de Saint-Cyre, d'aultre part à Dugast, aboutissant à la cour de la Maison de Coquerel, et, par devant, à la ruë du Mont Saint-Hilaire.»

Maison de la Tournelle (1584), faisant le coin oriental de la rue Chartière, devant le puits Certain; elle devait son nom à la tourelle qui ornait son encoignure. Comme les trois précédentes, elle était la propriété du collège Coqueret, dont elle constituait une dépendance.

CÔTÉ SEPTENTRIONAL
(d'Occident en Orient).

MÊMES PAROISSE, JUSTICE ET CENSIVE.

Maison du Colombier Saint-Jacques, ainsi désignée dans un titre de 1493 : «Grand hostel contenant quatre corps de maison, assis au Clos Brunel et faisant le coing de la rue Saint-Hilaire et du Clos Brunel, à l'enseigne du Colombier Sainct Jaques, tenant, d'une part, à l'Hostel de la longue allée, et, d'aultre part, au bedel d'Alemaigne, par derriere, aus jardins dudict Hostel de la longue allée.»

Maison des Gros Jons.

Maison des Deux boulles. Au xvie siècle, cet immeuble abritait une imprimerie tenue par les frères Jean et Robert de Gourmont. Leur aîné, Gilles, imprimait en langue grecque rue Saint-Jacques, à l'Escu de Cologne.

Ces deux derniers immeubles étaient, selon toute vraisemblance, deux des quatre corps de maison indiqués plus haut dans le document de 1493.

Maison de la longue allée (1349), dite également, et d'ancienneté, du Tartre; elle faisait le coin occidental du cul-de-sac Bouvard et était contiguë aux maisons formant l'angle oriental de la rue Jean-de-Beauvais. Divisée dès le xv° siècle, elle en a formé deux, et peut-être trois autres, qui se succèdent ainsi :

Maison de l'Ymaige Saint Claude (1409). L'an 1492, Jean Lambert, qui avait imprimé d'abord en la rue Saint-Séverin, établit ses presses devant le collège Coqueret, dans cette maison de l'Ymaige Saint Claude.

Maison de la Corne de Cerf (1409).

Maison de la belle Imaige, ou de l'Imaige Nostre Dame (1584), probablement détachée de la Corne de Cerf, laquelle, avons-nous dit, n'était elle-même qu'une portion de la Longue allée.

Avant son démembrement, la vieille maison du Tartre, ou de la Longue allée, appartenait au «couvent», ou personnel desservant de Saint-Hilaire, ainsi qu'il résulte d'une note empruntée à un document de 1409. Elle y est ainsi désignée : «Maison de la Longue allée, ayant pour enseigne la Corne de Cerf, appartenant au couvent de Saint-Hilaire, à présent l'Ymage Sainct Claude.»

La Haulte maison (1228), puis l'Escu de Bretaigne (1410), faisant le coin oriental du cul-de-sac Bouvard. Le qualificatif qui lui fut donné d'abord semble indiquer une construction de quelque importance. A la première des deux dates ci-dessus, elle est dite appartenir «à l'Ostel Dieu». Auquel? Philippe de Valois en fonda cinq sur la rive gauche de la Seine. De 1531 à 1582, l'Escu de Bretagne fut l'enseigne de l'imprimeur Jean Macé, lequel se transporta ensuite au clos Bruneau, à l'Escu de Guyenne.

Maison et Jeu de paulme de la grande Caille (1511). Contigu à la Haulte maison, il semble que cet immeuble doive être identifié avec la maison confisquée par les Anglais, entre 1423 et 1427. Le *Compte des confiscations de la Ville de Paris* pour cette période contient cette mention : «Maison qui fut à M° Yves Henri Breton, absent, scize ruë Sainct Hilaire, tenant d'une part à la ruelle Jusselin et d'autre part à l'Escu de Bretaigne [1].»

Maison de la Pomme de pin (1568), ayant changé de vocable dans le cours du même siècle, puisque un document de 1584 la désigne ainsi : «Au dessoubz pend pour enseigne l'Estoille.»

Maison de la Cuiller de Boys (1488), contiguë à celle qui faisait le coin occi-

---

[1] *Antiquités de Paris*, t. III, p. 316.

dental de la rue des Carmes. Elle est dite, en 1498, « tenant à J. Mareau, d'aultre part à Jehan Faucille, par devant aboutissant à l'eglise..., à l'opposite de la grant porte ». En 1515 et 1528, on l'indique comme « tenant à LA POMME DE PIN, d'autre part, à un hostel appartenant à M° J. Saint Jehan, par derriere, à David Blaise Varrois ». A la date de 1557, LA CUILLER et LA CORNE DE CERF, sa voisine, doivent LVIIIˢ VII^d parisis au curé de Saint-Hilaire. Ajoutons qu'en 1521, l'imprimeur Pierre Gromors avait ses presses à LA CUILLER, près de l'église Saint-Hilaire; il les transporta, en 1538, au PHENIX, en face du collège de Reims, *e regione collegii Remensis*.

MAISON DE LA CORNE DE CERF, ainsi désignée dans un titre de 1240 : « Maison où il a ung four, au carrefour Sainct Hilaire, faisant le coing de la rue Sainct Hilaire, chargée envers le chapitre de Saincte Agnès. » LA CORNE DE CERF avait pour dépendance LA MAISON DES POURCELETS, qui lui était contiguë et faisait front sur la rue des Carmes.

On ne saurait localiser certaine maison, à l'enseigne de LA CATHÉDRALE, dans laquelle travaillait l'imprimeur Antoine Videl, aux dernières années du XVI° siècle. Même incertitude en ce qui concerne l'atelier typographique de Jean Corbon, dont l'enseigne AU COEUR BON constituait un jeu de mots. C'est que les boutiques prenaient souvent une dénomination autre que celle de la maison.

ÉGLISE SAINT-HILAIRE.

Il en est de l'église Saint-Hilaire comme de celles de Saint-Benoît et de Saint-Étienne-des-Grès; on ne sait ni à quelle époque précise eut lieu leur fondation, ni ce qu'elles étaient avant et après les ravages des Normands. « Je n'ai trouvé, dit Jaillot, aucuns monuments qui m'aient mis en état de fixer l'origine de cette église et l'époque de son érection en paroisse... On n'en trouve la mention qu'au XII° siècle, dans la bulle qu'Adrien IV adressa au chapitre de Saint-Marcel, le 7 des calendes de juillet de l'an 1158 [1]. »

Dans ce document, elle n'est qualifiée que de chapelle, *capella Sancti Hilarii de Monte*. Son vocable lui venait du célèbre évêque de Poitiers, et c'est aux chanoines de Saint-Marcel qu'est dû l'oratoire primitif, transformé en paroisse antérieurement à 1200, d'après le pouillé de Paris de 1311.

Située en censive de Saint-Marcel, la cure fut naturellement à la nomination du chapitre de cette collégiale, et ce droit, résultant de la législation du temps

[1] *Recherches sur Paris*, t. IV, p. 104, 105.

(*patronum faciunt dos, œdificatio, fundus*), subsista pendant toute la durée de l'ancien régime. La censive de Saint-Marcel s'étendant, en effet, jusqu'au collège d'Harcourt, sis en la rue de la Harpe, bien à l'écart de l'église Saint-Hilaire, le curé de Saint-Côme, qui regardait ledit collège comme compris dans sa circonscription paroissiale, fut, en 1678, débouté de ses prétentions, par arrêt du Parlement, «avec defenses à lui et à tous autres de troubler le curé de Saint-Hilaire dans la jouissance dudit collège».

Devenue insuffisante pour le nombre de ses paroissiens, l'église de Saint-Hilaire-du-Mont fut reconstruite, sur de plus grandes proportions, de la fin du xiii° siècle au commencement du xiv°. On fut obligé de l'agrandir encore en 1470, et l'on y fit des réparations considérables en 1700, époque où le curé Jollain, qui en était titulaire, consacra des sommes considérables à sa décoration. On sait ce que ce mot signifiait alors : c'était, sous prétexte d'embellissement, une hybridation des édifices construits en style ogival. Lebeuf, qui écrivait en 1754 et qui a pu juger *de visu* de l'état de l'église Saint-Hilaire, apprécie ainsi les travaux de décoration exécutés aux frais du curé Jollain : «Il n'y a guères que le petit portail, situé sous le clocher, qui puisse approcher du xiii° siecle; l'aile méridionale paroît être du xiv° ou du xv°; le reste est postérieur, et a été tellement retouché que ce qu'il y pouvoit rester d'ancien est entièrement couvert[1].»

Désaffectée en 1790 et démolie en 1795, l'église Saint-Hilaire n'a rien laissé qui la rappelle; on voyait encore, il y a peu d'années, dit Cocheris (t. II, p. 32), «quelques fragments de piliers dans une maison privée construite sur son emplacement»; mais ces fragments ont disparu, et les musées historiques parisiens ne possèdent rien qui ait appartenu à l'antique *Capella Sancti Hilarii de Monte*, ni aux reconstructions de 1300, de 1470 et de 1700.

L'inventaire descriptif, qui en fut dressé en 1790, au moment de sa désaffectation, prouve, d'ailleurs, qu'il y avait fort peu de chose à en conserver : «Cette église, y est-il dit, est composée d'une nef, avec chœur; à gauche, un bas côté, qui ne fait que la longueur du chœur et de la porte; au-dessus du bas côté, à gauche, et de la porte, sont deux étages, distribués chacun en deux chambres; au-dessus du bas côté, à droite, est une distribution de deux pièces boisées; attenant le bas côté, est une cour pavée; ladite église tenant, du levant, à la rue des Sept-Voies; du couchant, à une maison du collège Égalité; du nord, à la rue du Mont-Saint-Hilaire, et contenant cent trente toises, trois pieds de superficie, ou environ.»

---

[1] Lebeuf, t. II, p. 13.

RUE DES NOYERS.

En sa qualité d'ancienne voie, la rue des Noyers a occupé les historiens de Paris, qui en ont, à l'envi, recherché l'origine et les diverses dénominations. «Elle a pris, dit Sauval (t. I, p. 153), son nom des noyers qui la couvroient, quand on a commencé à y bâtir; elle l'a gardé jusques en 1348, alors que la chapelle Saint-Yves fut fondée, car le peuple aussitôt l'appela *la rue Saint-Yves;* ce qui n'a pas duré longtems, puisque, en 1401, elle avoit repris son premier nom.» Les Cartulaires de Sainte-Geneviève et de Notre-Dame, où il en est fait de nombreuses mentions, ne laissent aucun doute sur l'époque où, de chemin qu'elle était au milieu des vignes, elle devint une rue : l'ancienne allée de noyers, comprise dans l'enceinte de Philippe Auguste, offrit dès lors des garanties de sécurité. En 1228, on la trouve appelée *vicus Nucum;* en 1242, *vicus Noessorum;* en 1243, *vicus de Nueriis* et *Nuceriis;* en 1247 et 1250, *vicus Nucium;* en 1251, 1268 et 1303, *vicus de Nucibus.* Voilà pour les textes latins; quant aux titres en français, on trouve : *rue des Noïers* dans le livre de la Taille de 1292; *des Noiers* et *des Nouiers* dans celui de 1313; *du Noyer,* en 1300, dans le Dit de Guillot, et enfin *des Noyers* dans le manuscrit de Sainte-Geneviève (1450).

A côté de ces noms traditionnels, on en rencontre deux autres à la dernière année du XIVe et au XVIe siècle. Le manuscrit de la bibliothèque Cottonienne, daté de 1400, parle d'une *rue des Roseaux* qui semble ne pouvoir être autre que celle des Noyers. D'autre part, Robert Cenau, qui l'appelle en français *rue des Noyers,* et en latin *via Nucetoria,* ajoute : «*hodie via Tabellionaria,* rue des Tabellions» ou des Notaires; «ce dont pourtant je doute fort, ajoute Sauval, et en douterai même jusqu'à ce que je l'aye vû ailleurs[1].» Mais ces deux dernières dénominations ont dû résulter d'une méprise, car les titres officiels ne les appliquent qu'à la rue de la Parcheminerie (*Paris et ses historiens,* p. 176).

La rue des Noyers avait conservé, jusqu'à ces derniers temps, l'aspect qu'elle présentait autrefois; mais les opérations édilitaires accomplies aux environs en ont complètement changé la physionomie. L'ouverture du boulevard Saint-Germain en a fait disparaître tout le côté septentrional, et ce qui reste du côté méridional demeure en contre-bas[2].

---

[1] Sauval, t. II, p. 382.

[2] Au cours des fouilles opérées sur ce point, il a été fait divers constats archéologiques consignés dans les rapports suivants :

«11 avril 1866. — Égout, boulevard Saint-Germain. — La fouille pour un branchement d'égout traversant le boulevard Saint-Germain, près la rue Saint-Jacques, a été pratiquée, partie à travers des gravois modernes, partie à travers une terre noire et compacte. Dans ce dernier sol, j'ai découvert une monnaie romaine de bronze de

CÔTÉ SEPTENTRIONAL
(d'Occident en Orient).

PAROISSE SAINT-SÉVERIN.
JUSTICE ET CENSIVE DE SAINT-SÉVERIN.

CHAPELLE SAINT-YVES, faisant le coin septentrional de la rue Saint-Jacques, sur laquelle elle avait sa façade. Une petite boutique, ou échoppe, y était accolée et se développait en longueur sur la rue des Noyers, ce qui donna lieu à de longs différends. Le récit de ces débats, ainsi que la notice historique et descriptive consacrée à la chapelle, a dû prendre place à la suite de la rue Saint-Jacques.

CENSIVE DU CHAPITRE SAINT-ANDRÉ-DES-ARS
(jusqu'au coin de la rue des Anglais).

MAISON sans désignation (1465), contiguë au chevet de la chapelle. En 1540, grand module paraissant appartenir à Antonin le Pieux.»

Th. VACQUER.

«11 juin 1866. — A la rencontre de la rue Saint-Jacques, les fouilles s'exécutent dans les couches d'empierrement de la voie romaine qui roliait *Lutetia à Genabum*.

«Cet empierrement, épais et solide, était encore en partie recouvert de grands blocs de grès dur, de forme plate, et dont un spécimen existe depuis longtemps au Musée de Cluny.»

«18 juin 1866. — On a trouvé dans ces fouilles une meule antique en grès, une assez belle monnaie de l'empereur Décentius (351-353), une assiette romaine en terre noire, divers fragments de poterie et trois perles en pâte de verre également de la même époque.»

«25 juin 1866. — Les ouvriers ont atteint une masse considérable de terrain tourbeux s'étendant jusqu'au dessous de la voie romaine, laquelle est fondée sur ce terrain même, au moyen d'un enrochement de moellons bruts.

«Plus bas se trouve une glaise sableuse, de couleur jaune grisâtre, et plus bas encore un sable jaunâtre fin et très pur.

«Dans les couches tourbeuses se rencontrent un assez grand nombre de brindilles d'arbres qui paraissent avoir été des saules ou des aunes, des fragments de branches de chêne et des tiges de roseau ou des plantes de la famille des cypéracées.

«Sous la voie elle-même on a également trouvé, dans cette tourbe, des lambeaux de cuir mince et très bien conservé, qui sont évidemment des premiers temps de la domination romaine, si même ils ne sont pas antérieurs à cette époque.

«J'ai recueilli une très belle fibule en bronze dans les couches supérieures de cette tourbe, tout auprès de la voie romaine.»

«2 juillet 1866. — Les remblais anciens ont fourni une certaine quantité de morceaux de poteries romaines, dont plusieurs portent un nom de fabricant. On y a également trouvé quelques fragments de verre antiques, des objets en os travaillés, des pièces de monnaie.»

«9 juillet 1866. — J'ai encore recueilli sur cet atelier des fragments de poterie antiques, dont plusieurs sont intéressants, 3 monnaies romaines et 1 du moyen âge, un gros boulet de pierre, la partie supérieure d'un meneau de la Renaissance orné d'une colonnette torse très délicate, surmontée de son chapiteau finement sculpté, enfin un fragment de dalle tumulaire du moyen âge.»

Th. VACQUER.

on la trouve dénommée Maison de l'Imaige Saint-Jean-Baptiste; elle est alors composée de deux corps de logis, à trois pignons sur rue, et dite «en censive de Saint-Antoine-des-Champs».

Maison sans désignation (1465), appartenant aux religieux de Saint-Jean-des-Vignes.

Maison de l'Imaige Saint Georges (1540), ayant ensuite porté les enseignes de Saint Kristofle, Saint Yves et Saint Antoine.

Maison de l'Imaige Sainct Kristofle, formée peut-être par le morcellement de la précédente.

Petite maison de l'Imaige Sainct Martin.

Maison du Lyon d'or. Elle a pu, comme les deux précédentes, faire partie de l'Imaige Saint Georges et en avoir été détachée à une époque indéterminée.

Maison sans désignation, *alias* du Coquerille, faisant le coin occidental de la rue des Anglais, où était située la Maison aux Cochets, qui lui servait d'aboutissant. C'est de cet immeuble ou de celui qui lui faisait face, le Chapeau rouge, qu'il est question dans le *Compte des confiscations de la Ville de Paris* par les Anglais, pour l'année 1421, document où se trouve l'article suivant : «Maison, qui fut à M⁰ Guillaume des Friches, qui fut occis à Paris, scize en la rue des Noyers, faisant le coing de la rue des Anglois, chargée, envers la Confrairie aux Bourgeois, en trente solz parisis de rente, et envers le collége de Cerbonne, en quarante sols parisis de rente; ladicte maison délivrée aux exécuteurs du testament dudict des Friches[1]». On lit la même déclaration dans le *Compte des confiscations anglaises* pour la période comprise entre 1423 et 1427[2].

Maison du Chapeau rouge (1527), occupant le coin oriental de la rue des Anglais. Une note communiquée par M. P. Le Vayer nous fait connaître que cette maison était, en 1350, dans la censive de Saint-Germain-l'Auxerrois : «*In vico Noeriis ultra Pontes, domus que fuit Roberti Lescot librarii, ante clausum Brunelli, et venit usque ad cuneum vici Anglicorum, et est ad presens relicte dicti Roberti, pro anniversariis Roberti de Mellento III^s IX^d, pro quolibet termino*[3].»

Maison ayant au-dessus de la porte les enseignes suivantes :

L'Ymaige Sainct Yves (1420) et antérieurement l'Ymaige Sainct Estienne; puis

---

[1] Sauval, t. III, p. 316. — [2] *Id., ibid.* — [3] Arch. nat., LL 391, fol. 13 v°.

LE DAULPHIN (1527); après quoi, elle redevient MAISON DE SAINT YVES (1551). Il y a tout lieu de croire qu'elle s'identifie avec LA MAISON DES TROIS ESCUS, dont il est fait mention dans un titre de 1380, et qui est dite alors «en censive de Sainct Aignan». Elle fut achetée par les Religieux de Saint-Jean-des-Vignes, en 1406, moyennant «cent soixante escus d'or à la couronne, à dix huict solz piece». En 1583, elle tenoit d'une part à M° Christophe Laboche, d'autre part à Jehan Sagot.

MAISON DE L'ESCU DE FRANCE (1575).

MAISON DE L'YMAIGE SAINCT KRISTOFLE (1380), que nous voyons reparaître ici, sans pouvoir l'identifier avec les deux maisons précédentes ainsi dénommées, et dont plusieurs immeubles la séparaient. Les titres nous apprennent que cette enseigne était «paincte sur le pignon». Plus tard on y substitua d'autres enseignes : LA ROZE, en 1489, et LA ROZE ROUGE, en 1575.

MAISON DE LA CORNE DE CERF (1489), puis de la CROIX D'OR (1530). Il est à présumer que cette maison avait deux corps d'hôtel distincts, car, dans le censier de 1530, on la trouve mentionnée avec les deux enseignes. LA CROIX D'OR, dénomination simultanée au XVI° siècle, aura fini par désigner l'ensemble des deux corps de logis primitivement dénommés LA CORNE DE CERF. Ces simultanéités et ces successions d'enseignes jettent quelque confusion dans l'ancien parcellaire.

MAISON DU PESTEL (1593), «à deux pignons», c'est-à-dire formant deux corps d'hôtel distincts, ayant issue sur la rue des Lavandières. Le second pignon devait appartenir à LA MAISON DE LA BOUTEILLE, ayant façade sur cette voie, à moins que le terrain sur lequel s'élevait LA MAISON DU PESTEL n'ait été complètement bouleversé. En effet, si l'on consulte les plans du XVIII° siècle, on se convainc que le peu de façade de cette maison sur la rue des Noyers ne permet guère la coexistence de deux corps d'hôtel se développant en largeur sur cette voie. Un titre de 1593 la désigne ainsi : «MAISON DU PESTEL, tenant à LA CROIX D'OR et AU SOUFFLET; par derriere, à feu François Langlois.» En 1600, elle est dite s'appuyer «à l'ESCU DE BOURGONGNE».

MAISON DU SOUFFLET VERD (1575), faisant le coin occidental de la rue des Lavandières.

MAISON sans désignation, formant l'angle oriental de la rue des Lavandières. Une pièce de la fin du XVI° siècle la dénomme ainsi : «LA CROUE, ruë des Noyers, au coin des Lavandières.»

CENSIVE DE SAINTE-GENEVIÈVE.

Partie postérieure de la Maison du Mouton, ayant façade sur la place Maubert. Il semble que cet arrière-corps de logis ait constitué au xive siècle une maison distincte, témoin ce passage d'un titre de 1386 : «Maison contiguë à une aultre maison faisant le coin de la rue des Lavandieres, tenant, d'aultre part, à l'Hostel de la Nasse.» A la fin du xvie siècle, le Mouton est signalé comme «ayant issue sur la rue des Noyers», ce qui implique entrée sur la place Maubert.

Ruelle de l'Ysore, conduisant à la Maison de l'Ysore.

Hostellerye de la Pomme de pin (1473), qui, un siècle auparavant, devait s'appeler l'Hostel de la Nasse, ainsi qu'il est allégué plus haut. En 1483, elle portait l'enseigne de Saincte Geneviefve.

Maison sans désignation, contiguë à celle qui faisait le coin de la place Maubert. En 1573, elle était incorporée à cette maison d'angle alors appelée le Cheval noir, et elle avait dû être détachée de la Pomme de pin, car un document de l'époque désigne ainsi cette dernière : «Maison contenant deux corps d'hostel, tenant à l'Hostel du Cheval noir.»

CÔTÉ MÉRIDIONAL
(d'Orient en Occident).

PAROISSE SAINT-ÉTIENNE-DU-MONT.

JUSTICE ET CENSIVE DE SAINTE-GENEVIÈVE.

Maison de la Corne de Cerf (1335), puis de la Corne de Daim (1552), contiguë à celle qui faisait l'angle de la rue de la Montagne-Sainte-Geneviève et à laquelle s'attachait la dénomination de Belle Estoille.

Maison de la Fleur de lys (1531), désignée en un titre de 1542, comme «tenant, des deux costez, à l'eglise des Carmes et aux religieux de Saincte Geneviève, par derriere à la cour des Carmes». C'était, à ce qu'il paraît, une enclave dans la Corne de Cerf, du moins en 1552.

Maison sans désignation (1542), censitaire de Sainte-Geneviève.

Portion du flanc septentrional de l'Église des Carmes, appartenant, par sa situation, à la rue de ce nom et à celle de la Montagne-Sainte-Geneviève, qui seront décrites dans le volume suivant : Région orientale de l'Université.

CENSIVE DE L'ÉVÊCHÉ.

Maison de la Couronne (1575), faisant le coin occidental de la rue des Carmes. Elle est dite, en 1322, la maison de la Grant Courone et de la Petite Courone, « au coin de la ruë des Noïers et de la ruë Sainct Hilaire»; et en 1553, «maison devant les Carmes, faisant angle de la rue Saint-Hilaire», laquelle maison fut depuis divisée en trois corps de logis : la Couronne, l'Image saint Martin et la Bouteille [1].

Maison de l'Imaige Saint Martin (1553).

Maison de la Bouteille (1553).

Cette maison et la précédente, qui faisaient primitivement partie de la Grant Couronne et de la Petite Couronne (1326), en ont été détachées à une époque indéterminée, dans le cours du xiv° siècle. Un titre de 1397 mentionne à part les deux dernières enseignes : la maison à deux corps d'hôtel qui les portait appartenait «à l'église de Notre-Dame».

Jardin, qui fut au collège de Presles (1489), et a peut-être constitué une dépendance des maisons précédentes. Il est ainsi décrit en 1326 : «Une place vuide, assise oultre Petit Pont, joignant, par devant, à la rue des Noyers, et, par derriere, à la censive de la maison de Raoul de Presles [2], et, en un des costez, à la maison appellée la Grant Couronne, et, en l'aultre costé, à la maison à la Croiz de Fust.»

Maison de la Croiz de Fust (1326), ayant conservé son enseigne, en la modernisant, jusqu'au xvii° siècle; un document de 1610 la désigne ainsi : «la Croix de bois, tenant à une maison qui fait le coin de la rue Jehan de Beauvais, d'autre part, au collège de Presles, aboutissant aux deux.»

Maison du Croissant (1489), faisant le coin oriental de la rue Jean ou Saint-Jean-de-Beauvais. En 1448, c'était l'Hostel d'Ambligny. Elle appartenait alors, ou avait appartenu antérieurement, au chapitre de Notre-Dame, ainsi que la Couronne, la Bouteille et la Croix de Fust.

[1] Arch. nat., Q¹, 1099¹ᵃ. — Communication de M. P. Le Vayer.

[2] C'est le collège dont il sera parlé tout au long à l'article de la rue des Carmes.

Maison de l'Agneau pascal (1530), faisant le coin occidental de la rue Jean, ou Saint-Jean-de-Beauvais. Elle a été la demeure du libraire qui, selon quelques-uns, aurait donné son nom à la rue. En 1380, elle appartenait aux héritiers dudit, comme en témoigne le censier de Sainte-Geneviève dressé en cette même année.

Maison de l'Imaige Saint-Michel (1530), portée, en 1603, comme «assise tant dans la rue des Noyers que dans celle de Saint Jehan de Beauvais», bien qu'elle ne paraisse point aboutir à cette dernière voie.

Maison du chef Saint Jehan (1489), dont on ne connaît que l'enseigne.

PAROISSE SAINT-BENOÎT.
JUSTICE ET CENSIVE DE SAINTE-GENEVIÈVE.

Maison sans désignation à une certaine époque, puis du Croissant. Le censier de 1498 la désigne ainsi : «Maison qui fut à Lebaleux..., jardin derriere, ouquel a de présent une chapelle.» La découverte faite, en 1866, d'un chapiteau gothique et d'une statue mutilée représentant un moine en prière, au point où devait se trouver ladite chapelle, localise la maison dont il s'agit : elle correspondait au n° 27 de la rue des Noyers. C'était le Croissant; le chapiteau et la statue appartenaient, selon toute probabilité, à la chapelle, et auraient été enfouis dans le sol, au moment de sa destruction [1].

Deux maisons sans désignation, ayant dû faire partie de la précédente.

Les basses maisons (1485), ayant pour enseignes, l'une l'Arbaleste, l'autre les Bastes. En 1534, pour en augmenter la profondeur, il fut pris, sur le jardin de Saint-Jean-de-Latran, un espace de neuf toises de long, sur sept toises deux pieds de large, lequel fut donné à bail.

Maison du Signe (1485), paraît avoir échangé, un siècle plus tard, cette enseigne contre celle de l'Annonciation (1595).

Maison de l'Imaige sainct Jaques (1404), faisant primitivement partie de la précédente. Il lui fut également concédé, en 1534, à titre de bail, par la communauté de Saint-Jean-de-Latran, un espace de neuf toises de profondeur, sur trois toises quatre pieds et demi de largeur, pour lui permettre de s'agrandir.

[1] La découverte en a été faite le 2 juillet 1866, par M. Th. Vacquer, au cours des travaux exécutés pour l'établissement de l'égout collecteur sous le sol du boulevard Saint-Germain.

Maison de l'Ymaige sainct Nicolas (1496).

Maison de l'Imaige saint Pierre (1555).

Maison du Chef saint Denys (1498), puis de la Madeleine (1528). Ayant été agrandie, au moyen d'une concession à bail, de neuf toises de long et trois toises quatre pieds et demi de large, pris sur le jardin de Saint-Jean-de-Latran.

C'est dans cette maison de la Madeleine, d'après M. Oct. Gréard (*Nos adieux à la vieille Sorbonne*, p. 87, 88), que la Faculté de théologie avait voulu établir son siège, comme cela résulte d'ailleurs de la déclaration faite en 1610 au cours de l'enquête générale ouverte sur les revenus de l'Université :

« Une maison size rue des Noyers, où pend pour enseigne la Madeleine, consistant en deux petits corps de logis, court et jardin, en laquelle se font ordinairement les congrégations et assemblées des députez de ladicte Faculté, et sont en icelle logez les deux bedeaulx d'icelle Faculté, sans qu'ilz en payent aucun loyer. » (Arch. nat., P 7731.)

Ces deux derniers immeubles ne figurent pas sur le plan de restitution.

Maison de l'Imaige saint Benoist (1555) et du Cocq (1595), ayant été bâtie sur une sorte de pilotage composé de pieux couronnés de plates-formes en bois de chêne, ainsi que l'a constaté le service archéologique des fouilles, en 1866, lors de l'établissement de l'égout collecteur du boulevard Saint-Germain.

CENSIVE DU PARLOIR AUX BOURGEOIS.

Maison du Croissant (1582), qui comprenait originairement trois corps de logis avec enseignes distinctes; c'étaient : le Croissant, le Couronnement de la Vierge et l'Image saint Nicolas. On ignore l'époque précise où le démembrement eut lieu; mais on constate qu'il existait à la fin du xvi siècle.

Le Couronnement de la Vierge est mentionné comme une maison distincte, en 1600.

L'Image saint Thomas, d'abord (1560), puis l'Image saint Nicolas (1577), a également sa place à part. Ce dernier corps d'hôtel est dit contigu à la maison faisant le coin méridional de la rue Saint-Jacques. Thomas Levesque, procureur au Chastelet, pour maison à l'enseigne précitée de l'Image Saint-Thomas, tenant d'une part à Raphelin, d'autre à dame Bonhommeau et aboutant à François Regnault, doit un cens à la ville, en 1577 [1].

---

[1] Archives nationales, Q¹ 1099³⁰⁰¹. — Communication de M. P. Le Vayer.

Sur l'emplacement de ces trois maisons, il existait, au xv⁰ siècle, une « granche » dépendant de LA MAISON DU PLAT D'ESTAIN, *alias* LE POT D'ESTAIN (1577), laquelle formait l'angle de la rue Saint-Jacques.

A la suite de ces localisations qui s'appuient sur des titres, il en est d'autres qu'on ne peut essayer, parce qu'elles manquent de base topographique. Deux notamment sont de nature à embarrasser les topographes.

Sauval cite, à la date de 1506, et sous la rubrique *Voirie*, un article ainsi conçu : « La veuve de Jean Lescalopier, pour une gallerie estant en la ruë des Noyers, pour aller d'une maison à l'autre [1]. » Encore une fois, nous ne saurions dire où se trouvait cette galerie traversant la rue.

D'autre part, il aurait existé dans cette même rue une maison portant, vers la fin du xvii⁰ siècle, pour enseigne L'ÉCU D'ANCEZUNE, et ayant pour habitant le poëte académicien Jean Ogier de Gombaud. C'est, du moins, le domicile que lui prête le *Ménagiana* (p. 163 de la seconde partie de l'édition de 1693). Nous n'en avons pas trouvé d'autre mention.

RUE DE LA PARCHEMINERIE.

Cette voie aboutit d'une extrémité dans la rue Saint-Jacques, et de l'autre dans celle de la Harpe. Il en est fait mention, dans les titres, dès le commencement du xiii⁰ siècle : elle est ainsi mentionnée : en 1225, «*vicus qui dicitur Scriptorum*»; en 1227, «*vicus qui dicitur l'ESCREVINERIE*». On écrivait donc, c'est-à-dire qu'on copiait les manuscrits, dans ce voisinage de tant de collèges; et comme on employait le parchemin, *membrana Pergamena*, pour ces transcriptions, les mots *Parcheminerie* et *Parcheminiers* étaient tout naturellement indiqués.

C'est ainsi que, dans un Livre de la Taille, de 1297, la voie est dénommée : *ruë as Parcheminiers*, et dans un autre de 1310, *vicus Pergamenariorum*. Quatre ans après, on lit : *ruë as Escrivains*, que l'on dit *la Parcheminerie*. Plus tard, on trouve concurremment *ruë aux Parcheminiers* et *ruë de la Parcheminerie*, ou *ruë des Parcheminiers*; les deux expressions, la concrète et l'abstraite, sont employées simultanément. Enfin, à toutes ces dénominations s'ajoute celle de rue des *Tabellions* ou des *Notaires* (*Paris et ses historiens*, p. 176).

Peu de rues du Vieux Paris ont été plus souvent mentionnées dans les anciens titres; les cartulaires de Notre-Dame, de Sorbonne et de Sainte-Geneviève, le Dit de Guillot, le manuscrit de la Bibliothèque Cottonienne, la Description de Guillebert de Metz et autres documents la citent fréquemment.

---

[1] *Antiquités de Paris*, t. III, p. 541.

Il en est question également dans plusieurs écrits d'une époque reculée. Le descripteur Jean de Jandun, qui vivait en 1323, énumère ainsi les industries dont la rue était le siège : «Il y a encore les parcheminiers, les écrivains, les enlumineurs et les relieurs, qui travaillent avec d'autant plus d'ardeur à décorer les œuvres de la science, dont ils sont les serviteurs, qu'ils voient couler avec plus d'abondance les riantes fontaines des connaissances humaines, jaillissant de cette source inépuisable de tous les biens [1]».

En 1344, Richard de Bury, évêque de Durham, grand chancelier d'Angleterre et grand amateur de livres, s'écrie, à propos des trésors de science que renfermaient les vingt-huit boutiques des libraires jurés de la région transpontine : «Oh! quel torrent de joie a inondé notre cœur toutes les fois que nous avons pu visiter Paris, ce Paradis du monde, *Paradisum mundi Parisius* [2].»

Guillebert de Metz (1434) dit que «l'on souloit estimer à Paris plus de soixante mille escripvains»; mais il ne localise point leurs demeures, et il faut croire que la rue de la Parcheminerie n'était que le centre d'une industrie répandue dans tout le quartier de l'Université [3].

La voie dont nous nous occupons perdit naturellement de son importance au moment où Ulrich Gering et ses deux associés importèrent à Paris leur industrie; cependant elle demeura toujours vouée à la fabrication et à la vente des éléments du livre.

La rue de la Parcheminerie n'a guère été entamée par les percements modernes. De plus ou moins vieilles constructions la bordent, et elle a conservé, en grande partie, son aspect d'autrefois.

CÔTÉ MÉRIDIONAL
(d'Orient en Occident).

PAROISSE SAINT-SÉVERIN.

JUSTICE ET CENSIVE DU CHAPITRE DE NOTRE-DAME.

Maison de l'Eschiquier (1556), puis de l'Image saint Pierre (1579), contiguë à la maison faisant le coin méridional de la rue Saint-Jacques; elle était une dépendance de la Teste noire, sise en cette dernière rue, et cela vers le milieu du XVIe siècle.

Sur cette maison d'angle de la rue Saint-Jacques, tenant à l'Eschiquier, voici une note recueillie par M. Paul Le Vayer : «Le 5 mai 1599. *Insaisinetur contractus excumbii seu permutationis certe domus site in vico Sancti Jacobi, formantis angulum vici* de la Parcheminerie, *mediante summa sexagenta aureorum per acquisitorem*

---

[1] *Paris et ses historiens aux* XIVe *et* XVe *siècles*, p. 55. Voir le texte latin.

[2] *Paris et ses historiens*, etc., p. 57.

[3] *Ibid.*, p. 177.

Johannem Bachelier, *civem Parisiensem, pro laudimiis et vendimentis dicte domus pro parte ad capitulum spectante.* » (Arch. nat., LL 160.)

CENSIVE DU GRAND-PRIEURÉ.

Dix maisons sans désignation, ayant dû être des ateliers ou des boutiques de parcheminiers. La restitution topographique en est laborieuse; cependant, après de sérieuses investigations, nous croyons pouvoir en rétablir sûrement sept dans l'ordre suivant, d'orient en occident :

Le Franc rosier, ou les Maillets;

Saint Jean-Baptiste, ou la Grant maison;

La Croix blanche;

L'Image de saint Yves;

La Maison des Cinges;

L'Image saint Nicolas;

La Pomme de pin.

Le Franc rosier [1], ou les Maillets, figure dans une déclaration de 1511 : «M° Pierre Dufour, y est-il dit, héritier de Jean Dufour, son père, tient l'Hostel

---

[1] La présente enseigne du Franc Rosier abrita, à une époque indéterminée du moyen âge, l'administration du fief de ce nom. A l'égard du fief lui-même, on ne lira pas sans fruit ce passage de l'*Inventaire des biens de la Sorbonne*, en 1557 (Arch. nat., M 74, n° 18) :

«Et premièrement ausdits M" prieur et boursiers appartiennent les deux parts d'un fief appelé le fief du franc Rozier, acquis par ledit monseigneur M° Robert, fondateur dudict colleige, de messire Jehan de Liciis, chevallier, ayant droict dudit fief par acquisition faicte de noble homme Anseaulme de Rochefort, chevallier, et Alipide sa femme, en l'an mil deux cens soixante et cinq, moys de novembre.

«Cession aussi audit Robert de Sorbonne faicte par Aveline, seur dudit de Liciis, authorisée de noble homme Rogier de Auvary, chevallier, son mary, en l'an 1265, le lundi après le dimanche de Reminiscere, admorty par l'evesque de Paris, Raoul, en la censive duquel ledit fief estoit, et en a eu pour ledit amortissement les troys parts en l'an Nostre Seigneur 1284, moys de novembre, présenté en la Chambre des Comptes, à Paris, 1374, et à la Chambre du Thrésor, au Palais, à Paris, l'an 1552, le samedy xi° de mars; lequel fief consiste en plusieurs censives deues par chacun an, au jour et feste de sainct Remy, par les personnes propriétaires des maisons et héritages sis en ceste ville et bailly vie de Paris...»

(Ces biens sont dispersés dans diverses rues. Voir *Nos adieux à la Sorbonne*, pièce n° 1, p. 251-269.)

DU FRANC ROSIER, où souloit pendre l'enseigne DES MAILLETS, court et cuisine et plusieurs autres édifices; qui est tenant, d'une part, à Jehan Legris, et aboutant derrière à la maison qui appartient à LA CHAPELLE DES DEUX ANGES, fondée en l'église de Saint-Severin, à Paris. »

SAINT-JEAN-BAPTISTE, OU LA GRANT MAISON, appartenait à l'abbaye des Vaulx-de-Cernay, et était attenante au FRANC ROSIER, *alias* LES MAILLETS. Une déclaration du temporel de l'abbaye, à la date de 1511, désigne ainsi la maison dont il s'agit : « Les hostels où pend pour enseigne L'YMAGE SAINT JEAN-BAPTISTE et LE FRANC ROSIER, assis en la rue de la Parcheminerie..., tenant aux hoirs de M° Richard de Verdun, et appartenant de présent à Jehan Legris, marchand parcheminier, lequel en paye, par chascun an, quatre livres parisis de cens et rente foncière. »

LA CROIX BLANCHE est dite, dans un titre de 1476, appartenir aux Chartreux et aboutir, par derrière, au collège de Maître Gervais, lequel avait son entrée sur la rue du Foin.

L'IMAGE SAINT YVES fut l'objet d'une confiscation; en 1427, on en dépouilla Pierre Du Chemin pour la donner au chevalier normand Roger de Bréauté, l'un des auxiliaires les plus actifs de l'invasion anglo-bourguignonne.

LA MAISON DES CINGES est mentionnée nommément, au XV° siècle, comme aboutissant, « par devant, à la rue de la Parcheminerie, et, par derrière, à l'ostel du Chappeau rouge ». L'auteur de *Paris sous la domination anglaise* nous apprend que « Charles VI donna à son notaire et secrétaire M° Guillaume Le Cesne, docteur en théologie, mais pour sa vie seulement, une maison située rue de la Parcheminerie, laquelle avait été confisquée sur Milet de Breuil, et ce, en quittance de cinq cent quatorze francs que Guillaume Le Cesne prétendait lui être dus par le roi, pour frais de voyage à Rome [1] ».

L'IMAGE SAINT NICOLAS n'est signalée que d'une façon générale dans les titres.

La POMME DE PIN venait ensuite. Elle est dite, en 1496, comprendre deux corps d'hôtel situés « en censive du Temple », la galerie et le jardin se trouvant « en celle des Mathurins ». Un titre de 1536 parle d'un jardin « tenant au CHAPEAU ROUGE, à L'IMAGE SAINT NICOLAS et aboutissant à un jardin de LA POMME DE PIN ». Un autre titre de 1559 mentionne cette maison comme « tenant à Millet du Bueil, d'autre part à Oudart Le Compasseur, aboutissant à un jardin » qui tenait et aboutissait

---

[1] *Paris sous la domination anglaise*, p. 40.

lui-même aux «appartenances du Chapeau rouge». Enfin un document de 1667 nous apprend que la Pomme de pin mesurait vingt pieds de largeur, cent vingt-sept de profondeur, «y compris les espaisseurs des murs».

Le Chériot existait en double exemplaire dans la rue de la Parcheminerie; la même enseigne était appendue, en effet, à une autre maison plus importante, attenante à la maison faisant le coin de cette rue et de celle de la Harpe. On trouve quelques renseignements sur celle-ci; mais il est peu question de l'autre.

CENSIVE DE LA SORBONNE.

Maison de la Teste noire désignée, dans le *Compte des confiscations de Paris*, pour la période comprise entre 1421 et 1427, comme «scize en la ruë de la Parcheminerie, faisant le coing de la ruë de Bourg-de-Brie[1]». En 1557, étant la propriété de Jehan de Corcelles, rôtisseur, elle se trouvait grevée de XII deniers parisis de cens au profit de la Sorbonne.

Maison de la Couronne d'or (1561), prenant l'angle occidental de la rue Boutebrie. Sous 1557, M° Mathurin Bélamy, procureur au Châtelet de Paris, et le commissaire Regnot, propriétaire par moitié, devaient à la Sorbonne XII deniers parisis de cens pour cet immeuble.

Maison et place, «dénommées d'ancienneté Mène gent (1566) et Mène Jars (1586)». Avant de porter ce nom, elles s'appelaient, en 1488, Maison du Daulphin et Maison au Chériot. Elles formaient alors l'issue d'une maison sise rue de la Harpe, tenant à la Roze et étant en la censive de la Sorbonne. Le nom singulier qu'elles ont porté ensuite paraît leur être venu d'un certain René de Mènegent, dont il est question dans un censier de Saint-Germain-des-Prés. On déclare, en 1575 et 1587, qu'elles consistent en «une maison, place et pignon, tenant à la Couronne, au Chériot, et à la Grande maison des Gilbert». Vers la fin du XVI° siècle, elles appartenaient à M° Guibert, avocat au Parlement, et étaient tenues à XVI deniers de cens envers la Sorbonne.

Maison du Chériot, contiguë à celle qui faisait le coin de la rue de la Harpe et ayant son entrée sur cette voie. Elle paraît avoir été plus considérable que la précédente à laquelle pendait la même enseigne. On la trouve ainsi désignée en 1566 et 1575: «Le Chériot, tenant à Christophe de Thou[2], d'autre à une place appelée

---

[1] Sauval, t. III, p. 314.
[2] *Inventaire des biens de la Sorbonne*, en l'année 1557:

«Noble homme et saige Monseigneur Christophe de Thou, président du Roy nostre sire en sa court du Parlement à Paris, propriétaire d'une maison

LA PLACE MÉNEGENT, aboutissant, par derrière, à la Grande maison des Gilbert. »
— « LE CHÉRIOT contigu à Saint Anthoine, qui fait le coing de la Harpe, et aboutissant aux Gilbert. »

Les Gilbert étaient une famille parlementaire du xvie siècle.

CÔTÉ SEPTENTRIONAL
(d'Occident en Orient).

PAROISSE SAINT-SÉVERIN.

JUSTICE ET CENSIVE DE LA SORBONNE.

MAISON DU COFFIN (1543) et du COFFIN VERT (1575), contiguë à celle qui faisait le coin occidental de la rue de la Harpe, et ayant fait partie, jusqu'au xvie siècle, de la

MAISON DES CARNEAULX (1518), divisée en deux corps de logis. Elle appartenait, en 1557, à Me Mathurin Bélamy, procureur au Châtelet, et sur elle la Sorbonne prélevait v sous i denier parisis annuellement. Quant à l'enseigne, d'après Berty (*Revue archéologique*, 1855, p. 7), LES CRENEAUX ne sont d'ordinaire que des réminiscences du nom ancien de la maison.

DÉPENDANCES DE L'HOSTELLERYE DE LA ROZE ROUGE, ayant leur entrée rue de la Harpe. On ne leur trouve aucune désignation avant le xvie siècle, époque présumée de leur annexion; en 1515, elles sont qualifiées d'*estables*; en 1526, on les appelle « maison tenant aux TROIS QUOQUILLES et aux CARNEAULX ». En revanche, cette importante note prend place sous l'année 1557 : « Adenete de Vaulx, vefve de feu Jehan Cancan, propriétaire d'une maison et ses appartenances, assize rue de la Harpe et ayant issue sur la rue de la Parcheminerie, en laquelle pend pour enseigne LA ROZE ROUGE, par chacun an, doit xviii deniers parisis à la Sorbonne. »

MAISON DES TROIS COQUILLES (1496), qu'il faut identifier avec celle qui figure dans le *Compte des confiscations de Paris*, pour la période comprise entre 1427 et 1434, avec cette désignation : « Maison de la ruë Parcheminerie faisant front à la rue Bourc de Brie [1]. »

Les héritiers de feu Me Pierre Rozée, en son vivant docteur régent en la Faculté de médecine, sont portés, du chef de cet immeuble, sur l'*Inventaire des biens de la Sorbonne*, en 1557, comme redevables de iii sous parisis par an.

size en costé en ladite rue (Parcheminerie), faisant le coing en la rue de la Harpe, où souloit d'anciennelté pendre pour enseigne l'image SAINT AN-THOINE, de présent ung MOULIN A VENT DE BOYS, doibt par chacun an xii' parisis. »

[1] Sauval, t. III, p. 578.

CENSIVE DU PARLOIR AUX BOURGEOIS.

Maison de l'Image sainte Catherine (1506).

CENSIVE DE LA SORBONNE.

Maison de l'Estoille d'or (1454), faisant le coin occidental de la rue des Prêtres-Saint-Séverin. En 1557, les propriétaires de l'immeuble, M° Robert de Coste, avocat au Châtelet, et M° François Arnoul, procureur audit tribunal, devaient IIII sous parisis de cens annuel à la Sorbonne.

CENSIVE DE L'ÉVÊCHÉ.

Maison de la Fleur de lys (1483), faisant le coin oriental de la rue des Prêtres. Un censier de 1489 la désigne comme ayant appartenu à la Sorbonne, « tenant au Boisseau et faisant le coin de la ruelle Saint-Severin dite aux prestres ». Elle paraît devoir être identifiée avec celle qu'on appelait, en 1359, la Maison de Lengre, ou de Langle.

Le *Compte des confiscations anglaises*, pour les années 1423 à 1427, désigne ou la Fleur de lys, ou l'Estoille d'or par ces mots : « Maison seize rue de la Parcheminerie, faisant le coin d'une petite ruelle, en allant à Saint Severin. » On ne sait au détriment de qui ni au profit de qui elle fut confisquée.

En 1557, d'après l'*Inventaire des biens de la Sorbonne*, elle payait à cette société VIII sous parisis par la main de « Loyse Pannechier, vefve de Bertrand Verneul et comme tutaresse de ses enfans ».

CENSIVE DE L'ÉVÊCHÉ.

Maison du Boisseau (1483), puis de l'Imaige sainte Genevièfve (1517-1524-1582). A la date la plus ancienne, elle est signalée comme « tenant par devers la rue Saint Jacques, au jardin, hostel, masure et place appellée d'ancienneté la Cour pavée, et, d'aultre, à l'Hostel de la Fleur de lys... Item un corps d'hostel et jardin tenant à la Fleur de lys, au coin de la ruelle Sainct Séverin, ayant entrée et issue par ledict jardin, lequel jardin a aussy issue en ladicte ruelle, aboutissant ledict jardin, par derriere, au cymetiere de l'église Sainct Séverin. » Au siècle suivant (1582), la même maison est désignée comme « tenant d'ung costé à l'Imaige Sainct Severin, par derriere à la veuve de feu M° Hercules, procureur au Parlement, de façade sur rue, ayant trois toises, ung pied dix poulces, et, de profondeur, sept toises et quatre pieds ». A la même époque, elle est la propriété du collège de Fortet, et chargée annuellement de xx sous parisis au profit de la Sorbonne. Un des corps d'hôtel et le jardin de cette maison ont formé plus tard LA MAISON DU PATIN.

PAROISSE SAINT-SÉVERIN.
JUSTICE ET CENSIVE DU PARLOIR AUX BOURGEOIS.

OSTEL DE LA COUR PAVÉE (1483), ayant échangé cette dénomination contre celle DE L'IMAIGE SAINT SÉVERIN (1532).

CENSIVE DU TEMPLE.

MAISON DE L'IMAIGE NOSTRE-DAME (1516), ayant porté auparavant l'enseigne DU CHEVAL ROUGE (1471) et, simultanément avec la première, celle des TROIS FROMAGES DE MILAN (1578). Elle dépendait du chapitre de Notre-Dame en 1472, et faisait le coin occidental de la ruelle conduisant de la rue de la Parcheminerie au cimetière Saint-Séverin. Cette ruelle, au-dessus de laquelle la MAISON DE L'IMAIGE NOSTRE-DAME formait voûte, existait déjà en 1265; elle est, en effet, mentionnée, à cette date, dans les termes suivants : *per quam itur ad Sanctum Severinum.* La maison avait sept toises et un pied de long, sur deux toises et trois pieds de large, ainsi qu'il est déclaré dans un titre de 1435, où elle est désignée comme « tenant à L'ESCU DE BRETAIGNE et faisant le coin de l'allée ». Au XVIe siècle, elle est en censive du Temple.

MAISON DE L'ESCU DE BRETAIGNE (1415), faisant l'autre coin de la ruelle conduisant au cimetière. Elle avait eu antérieurement pour enseigne LA QUEUE DE RENARD, et en changea sans doute au moment où elle se détacha de la maison suivante. A la date de 1435, elle relève de la censive du Temple. En 1557, elle appartient à l'église Saint-Séverin avec redevance annuelle à la Sorbonne de XLVIII sous parisis, « racheptez en la maison de la Ville, selon l'Edict du Roy nostre sire, au denier XV. Id est XL sous parisis ».

MAISON DE L'YMAIGE SAINCT MARTIN (1368), tenant en partie à la ruelle du cimetière et aboutissant aux Charniers. Un titre de 1494 nous apprend qu'elle contenait alors « plusieurs édiffices ».

PAROISSE SAINT-SÉVERIN.
JUSTICE ET CENSIVE DU TEMPLE.

DEUX MAISONS « entretenantes », sises, dit un document de 1368, « en la rue aus

Parcheminiers, tenant à l'hostel de l'enseigne Sainct Martin, et aboutissant au cymetière du moustier de Sainct Séverin ».

Maison du Croissant (1490).

CENSIVE DE L'HÔTEL-DIEU.

Maison sans désignation, indiquée, dans un titre de 1490, comme « tenant au Croissant, d'aultre part à une maison faisant le coing de la ruë Sainct Jacques ». Un autre titre, de 1526, la désigne comme « tenant à une allée qui fut de ladicte maison et est depuis de l'Escu d'Argent, d'aultre au Croissant, aboutissant à l'Escu ». L'Escu d'Argent avait son entrée sur la rue Saint-Jacques.

On mentionnera dans le prochain volume, à l'article de la rue Saint-Hilaire ou des Carmes, une de ces maisons hospitalières créées au xiv° siècle pour servir de retraite à quelques femmes âgées, idée réalisée, sur la rive droite, par la fondation de l'hospice des Vieilles Haudriettes. Les cinq maisons hospitalières dont Sauval nous apprend l'existence, étaient exclusivement réservées à la rive gauche. « Sous Philippe de Valois, dit-il, cinq hôpitaux furent fondés en l'Université. Ceux pour les pauvres femmes veuves, âgées et de bonne vie, étoient épars çà et là en diverses rues, dans des maisons qu'on avoit achetées exprès. L'un de ceux-ci s'appeloit l'Hôtel-Dieu des Parcheminiers, dont nous ne savons autre chose, sinon qu'il fut établi dans la rue de ce nom là [1]. »

Contrairement à Sauval, mais d'accord avec le censier de 1380, nous localiserons, en son lieu, l'Hôtel-Dieu des Parcheminiers dans la rue aux Rats, Maison des Rats, ou Ancien Hôtel-Dieu.

RUE DU PETIT-PONT. — LA GLORIETTE.

Cette voie, d'un parcours peu étendu, n'était et n'est encore, en réalité, que la première section de la rue Saint-Jacques. Elle a pour point de départ la place ouverte sur l'emplacement du Petit-Châtelet et pour aboutissant le carrefour formé par la rencontre des rues Galande, Saint-Julien-le-Pauvre, Saint-Séverin et Saint-Jacques : c'était le commencement de la voie romaine de *Lutetia* à *Genabum*. Son nom, qu'on trouve dans les titres dès le xii° siècle, lui venait du Petit-Pont donnant entrée dans la Cité : *vicus Parvi Pontis*; on ne lui en connaît pas d'autres. Seulement, on la confondait d'ordinaire avec la rue Saint-Jacques.

[1] *Antiquités de Paris*, t. II, p. 382.

La rue du Petit-Pont ne comptait que de vingt à trente maisons sur ses deux côtés. Ce qui la recommande surtout à l'attention des topographes parisiens, c'est le Petit-Châtelet, qui en commandait l'entrée, et auquel nous consacrons une notice spéciale. Le cul-de-sac de la Gloriette, ou impasse de la Poissonnerie et de la Boucherie, constituait une dépendance importante de la rue qui nous occupe. On trouvera, à son rang, la description topographique de l'impasse.

Le sol de la rue du Petit-Pont a été exhaussé, ainsi que le constate l'un des anciens historiographes de la Ville, Bonamy, dans un de ses *Mémoires* : «Le terrain de la Ville et celui de l'Université, qui borde la rivière, n'était, dit-il, pas plus élevé que celui de la Cité. On a retrouvé des restes du pavé de Philippe Auguste à six pieds sous le pavé de la rue du Petit-Pont, lorsqu'on travaillait, en 1740, à la construction d'un aqueduc sous lequel passe le tuyau qui conduit l'eau des pompes du pont Notre-Dame à la fontaine de Saint-Séverin [1]. »

La rue du Petit-Pont était, par sa situation, une artère commerciale importante. Jean de Jandun nous apprend qu'il y existait, de son temps, de nombreux apothicaires, et Guilleber de Metz la représente comme le centre d'un commerce de «poulailles, œufs, venaisons et autres vivres [2] ». Enfin le commerce de la librairie, naturalisée surtout dans la rue Saint-Jacques, «a, au rapport de Sauval, étendu ses anciennes bornes, depuis Saint-Yves jusqu'à la rivière [3] ».

De nos jours, la rue du Petit-Pont conserve en grande partie son ancien aspect; mais l'élargissement de la rue Saint-Jacques amènera la destruction de toutes les maisons riveraines.

CÔTÉ OCCIDENTAL
(du Nord au Sud).

PAROISSE DE SAINT-SÉVERIN.

CENSIVE DU ROI.

PETIT-CHÂTELET. (Voir ci-dessous.)

BOUCHERIE DE LA GLORIETTE. (Voir ci-après.)

MAISON ET ESTAL A POISSON, en façade sur la rue.

MAISON DU GRAND OUVROUER, également en bordure et formant l'angle nord de la rue de la Huchette.

MAISON DE LA BOUTEILLE ALÈRE (R)), faisant, en 1659, le coin méridional de la rue de la Huchette et y ayant son entrée.

---

[1] Cf. *Mémoires de l'Académie des Inscriptions et Belles-Lettres*, année 1741, t. XVII, p. 686. — [2] *Paris et ses historiens aux XIVe et XVe siècles*, p. 44 et 176. — [3] *Antiquités de Paris*, t. I, p. 19.

Maison de la dame qui porte l'esprevier (1441), ou de l'Oysel sur le poing (1526), puis du Mort qui trompe (1659). Elle avait fait originairement partie de la maison suivante jusque vers le milieu du xve siècle. L'analogie des enseignes en est presque la preuve.

Maison du Faulcon, puis du Pestel (1441), ayant repris, vers la fin du xve siècle et pendant tout le xvie, l'enseigne du Faulcon. Elle appartenait à un marchand de ces oiseaux de chasse[1].

Des lettres royaux, datés d'août 1335, portent amortissement de douze livres de rente perpétuelle à prendre «*super domum Johannis de Summavilla, ferrarii, in bucto Parvi Pontis per deversus piscionariam, contiguam ex una parte domui defuncti Petri de Wismis et domui Guillelmi au Clou, pollularii, ex altera; in censiva Domini Regis*», ladite rente établie par feu Guillaume Tristan et Ysabeau, sa femme, père et mère de dame «Jacqueline, dite la Tristanne,» femme de Robert de Meulent, bourgeois de Paris, sur ladite maison, pour servir à la fondation d'une chapelle desservie en l'église collégiale de Saint-Germain-l'Auxerrois.

Tristanne obtint en conséquence, de l'archidiacre de Paris, les lettres nécessaires à cette fondation, et les fit enregistrer au Châtelet de Paris, le 6 mai 1340.

Les lettres d'amortissement et de quittance de toutes finances données par le Roi portent que ladite église collégiale a quatre deniers de fonds de terre «à prendre sur la maison de Jehan de Sommaville, ferron, séant au bout du Petit-Pont, par devers la Poissonnerie, tenant d'une part à la maison feu Pierre de Wismes, mercier, et d'autre part, à la maison Guillaume au Clou, poulailler, en notre domaine[2]».

CENSIVE DE L'ÉVÊCHÉ.

Maison de la Pomme de pin (1489).

Maison de l'Ymaige Sainct-Jehan (1398). Antérieurement à cette date, elle paraît s'être appelée la Maison des Trois filles (1380).

Maison de l'Estoile d'or (1509).

Maison du grand Cornet (1509).

---

[1] A propos de cette *Maison du Faulcon*, occupée par un fauconnier, il a été émis une opinion assez spécieuse : c'est que la plupart des animaux servant de montre étaient vivants, en cage, et non pas seulement représentés sur des enseignes. A. Berty contestait le fait, qui ne semble pourtant pas improbable. (Voir *Histoire des Enseignes de Paris*, par Édouard Fournier.)

[2] Arch. nat., S¹¹, p. parch. (*Titres de la chapelle Saint-Michel en l'église Saint-Germain-l'Auxerrois.*) — Communiqué par M. P. Le Vayer.

Maison de la Clef (1509). Outre cette première et sèche constatation, il y a preuve que Georges Méthelus, dès 1494, imprimait en la rue du Petit-Pont, à la Clef d'argent. Ce renseignement modifie la dénomination de l'enseigne et lui restitue son passé historique.

CENSIVE DU PARLOIR AUX BOURGEOIS.

La Maison du Pannier (1380), du Panyer blanc (1489), avait été, en 1429, confisquée par les Anglais, au profit de Roger de Bréauté, non quant au fonds, mais quant aux rentes dont elle était grevée, ainsi que le constate-le texte suivant : «Sur la maison où souloit pendre le Pannier, appartenant à Colin De Billy, tenant à l'ostel où pend l'enseigne du Mouton et à l'ostel où pend l'enseigne du Cornet [1], six livres parisis, lesquelles rentes furent et apartindrent à Robert de Tuillières [2].»

Le xvie siècle amène, non plus une modification, mais une transformation de l'enseigne du Panier. Ce fut la veuve Nicole de Villiers qui en fit don, en 1531, à l'Hôtel-Dieu, sous l'appellation du Chat qui pêche.

Enfin, vers 1768, l'enseigne susénoncée deviendra celle du Chat qui écrit.

Maison de la Bale, puis du Mouton (1526) et du Mouton blanc (1542).

Maison du Soleil d'or (1543), aboutissant, par derrière, à la ruelle Saillembière; elle devait être un corps de logis détaché de la précédente ou de la suivante. En 1543, d'après une pièce d'archives, le Soleil d'or était occupé par un potier d'étain, Jehan de Besançon, propriétaire pour une moitié; l'autre appartenait aux hoirs de Pierre du Val, trésorier des menus plaisirs du «Roy».

Maison de la Fleur de lys (1440), puis de la Fleur de lys d'or (1516), sur l'emplacement de laquelle, réuni à celui de la maison suivante, il exista, dans la seconde moitié du xvie siècle (1577), une Maison du Denier d'or, et une Maison de la Croix blanche, au xviie siècle.

Maison sans désignation (1426), puis des Trois saulcières (1506) et de la Corne de cerf (1540). En 1521, une «Courcelle», située derrière cette maison et enclavée dans son pourpris, occupait une partie de terrain en censive du chapitre de Notre-Dame, «laquelle maison mesuroit cinq pieds moins un pouce».

---

[1] D'où la preuve que, dès l'année 1429, la Clef n'avait pas encore une individualité à part. — [2] *Paris sous la domination anglaise*, p. 260.

CENSIVE DE NOTRE-DAME.

Maison de l'Ymaige Nostre-Dame (1418), faisant le coin septentrional de la rue Saint-Séverin et ayant compris antérieurement l'Ymaige Sainct Morice, ainsi qu'un autre corps de logis sur la ruelle Saillembière.

CÔTÉ ORIENTAL
(du Sud au Nord).

PAROISSE DE SAINT-SÉVERIN.

JUSTICE ET CENSIVE DU PARLOIR AUX BOURGEOIS.

Maison de l'Imaige Saint-Jehan (1542), en deux corps d'hôtel, faisant le coin occidental de la rue Galande. L'un de ses corps de logis, celui du nord, paraît avoir été dénommé, en 1465, la Maison de la Royne.

Maison de la Roze (1465), qu'il faut probablement identifier avec celle qu'on appelait, en 1380, la Maison du Turbot.

CENSIVE DU CHAPITRE DE NOTRE-DAME.

Maison de l'Eschiquier (1465), aboutissant à la Maison de la Bergerye, qui avait son entrée sur la rue Saint-Julien-le-Pauvre. Elle ne formait positivement qu'un immeuble avec la Roze, sur la limite des deux censives — Notre-Dame et le Parloir aux Bourgeois. — La délimitation exacte de ces deux censives offre quelques incertitudes.

CENSIVE DE L'ÉVÊCHÉ.

Maison de la Coquille, puis de l'Ymaige Sainct-Michel (1489), et enfin des Trois Poissons (1575).

Maison de l'Escu de Bourgongne (1489), dénommée aussi, à la même époque, Ostel de la Servoise.

CENSIVE DU PARLOIR AUX BOURGEOIS.

Maison des Bourses (1489), puis des Trois Bourses (1507).

CENSIVE DE SAINT-GERMAIN-DES-PRÉS.

Maison du Gros Tournoys (1542), contiguë à la maison formant l'angle de la rue de la Bûcherie. La rente de huit livres parisis, dont elle était grevée, fut donnée, en 1427, à Roger de Bréauté, l'un des partisans de Henri VI. Elle appartenait alors à Hervy Anceau[1].

Maison sans désignation, occupant l'angle méridional de la rue de la Bûcherie.

Poissonnerie et Boucherie, sises sur l'angle opposé. (Voir rue de la Bûcherie.)

Petit-Châtelet, moitié orientale. (Voir ci-après.)

Il résulte des recherches faites par un topographe contemporain que la Roze rouge était un cabaret fort bien fréquenté au xviie siècle et que plusieurs autres maisons de la rue du Petit-Pont, dont les unes avaient conservé, et les autres, changé leur enseigne, étaient possédées ou habitées par des personnes de distinction, malgré la proximité des

Boucheries et poissonneries de la Gloriette.

Le territoire de la Gloriette était un fief où les bouchers et les poissonniers furent autorisés à établir leurs étaux, d'abord en plein vent, ou sous des échoppes, puis dans des maisons construites *ad hoc*, avec ouvertures et passages pour le transport de leurs denrées. Ces maisons, qui s'étendaient, du débouché occidental de la rue de la Bûcherie jusqu'à la Seine, sur le flanc occidental du Petit-Châtelet[2], paraissent avoir été au nombre de cinq, qui ont pu s'échelonner ainsi :

L'Ymaige Sainct-Michel, estal à marée.

Les maisons de la Cloche et du Pied de Mouton, estaulx à bouchers.

Deux autres estaulx a bouchers, sans autre désignation.

Les cinq étaux de la Gloriette, qui faisaient partie du domaine, furent engagés

---

[1] *Paris sous la domination anglaise*, p. 260.

[2] A la date du 8 août 1583, Henry de Lespinay, bourgeois de Paris, est assigné par les doyen et Chapitre de Saint-Germain-l'Auxerrois, pour représentation des titres en vertu desquels il prétend jouir d'une place sise au derrière des Boucheries de la Gloriette, *joignant la grosse Tour du Chastelet*. — En conséquence, il déclare, par acte du 20 août, qu'en sa qualité d'héritier par bénéfice d'inventaire de Claude Le Lettier, son beau-frère, il a procès en Parlement avec le nommé Robineau, adjudicataire de ladite place, «qui fut ruinée en avril 1583 par suite des grandes eaux, laquelle ruine avait entraîné celle de la meilleure partie des cinq étaux». Les dommages avaient été, en effet, considérables, puisque la dépense occasionnée par les travaux de réfection s'éleva à la somme de onze mille cent quatre-vingt-dix l. tz., conformément aux devis et estimation «des maistres jurés maçons et charpentiers du Roi». (8 octobre 1583.) — Arch. nat., S¹¹, p. parch. — Communication de M. P. Le Vayer.

TOPOGRAPHIE HISTORIQUE DV VIEVX PARIS

LE PETIT CHÂTELET (1781)
1 Vue perspective _ Réduction d'une estampe de Garneret et Allais
2 Vue prise du Petit Pont _ Réduction d'une planche de Génillon et Née

aux seigneurs, doyen et Chapitre de Saint-Germain-l'Auxerrois, moyennant la somme de 4,500 francs, par contrat devant Moreau et Martin, notaires au Châtelet de Paris, le 1ᵉʳ juillet 1521, insinué le 19 août suivant.

Il convient d'ajouter que déjà, en 1514, le Roi avait constitué, au profit du Chapitre de Saint-Germain, 100 francs de rente rachetable à 2,500 francs sur les cinq Étaux de la Gloriette[1]. Parmi les derniers concessionnaires, il faudrait citer Guillaume le Blanc, marchand et bourgeois de Paris (15 novembre 1606), Tristan Gasse et Michel Juge, bouchers (22 octobre 1607)[2].

L'HOSTEL DE LA GLORIETTE avait façade sur la rue du Petit-Pont, et ses dépendances ne se prolongeaient aucunement jusqu'au cul-de-sac portant le nom de ruelle des « Étuves ». C'est là que se trouvait le fameux « Trou punois », réceptacle des immondices provenant tant de la boucherie que de la poissonnerie de mer et d'eau douce, le plus connu des cloaques du même genre que renfermait Paris.

De tous les historiens de Paris, Sauval est celui qui s'est le plus occupé du fief de la Gloriette. Il n'a pourtant pas connu un acte de 1154, conservé aux Archives nationales (K 23), par lequel Adèle, abbesse de Montmartre, donna, moyennant un cens annuel de soixante sous, aux marchands de poisson de Paris un certain emplacement situé dans une rue voisine du Châtelet, *juxta castellum regis*. En revanche il cite l'édit royal de 1416, par lequel Charles VI vise les boucheries de *la Gloriette* « prez le Petit Chastelet, ou *la Reculate*, où souloit estre le Petit-Pont ancien ». Cette *Reculate*, ou lieu *reculé*, d'après Sauval, ne pouvait être que le cul-de-sac des *Étuves*.

Des comptes de l'*Ordinaire de Paris* mentionnent les étaux de la Gloriette et le Trou-Punais en 1421, 1494 et 1498. D'autres pièces de 1558, 1572 et 1612, également citées par Sauval, constatent l'état florissant de ces étaux à boucherie et à marée. En 1558, cependant, un édit avait prescrit leur transfert au Marché-Neuf, établi en face, dans la Cité; mais la poissonnerie seule y fut transférée ; les étaux à bouchers subsistèrent jusqu'au moment où fut construit le bâtiment annexe de l'Hôtel-Dieu (1636).

PETIT-CHÂTELET.

Dans la notice que nous avons consacrée au Palais des Thermes — à l'article de la rue des Mathurins, — se trouve rappelée l'opinion émise par l'antiquaire Caylus (*Recueil d'Antiquités*, t. II, p. 373), à savoir que les constructions gallo-

---

[1] Arch. nat., S¹¹, pap. parch. — Communication de M. P. Le Vayer.

[2] Arch. nat., LL¹⁶⁸, 725-856-864. — Note communiquée par le même.

romaines dont le Palais était le centre avaient dû s'étendre d'une part jusqu'au plateau du mont *Leucotitius*, d'autre part jusqu'au bord de la Seine. Nous avons ajouté que diverses fouilles, opérées sur ce point depuis 1782, époque où fut démoli le Petit-Châtelet, ont permis d'y constater l'existence de fondations, de débris de murs et d'enrochements dont l'origine gallo-romaine n'a point été contestée. On pourrait en inférer que le *parvum Castelletum* du moyen âge n'a fait que se superposer aux substructions du palais des Thermes.

Les historiens de Paris n'ont pas attendu ces constats archéologiques pour l'insinuer et protester contre l'hypothèse d'une fortification romaine : le nom de «Chambre de César» donné, dit Sauval, à une des pièces de la forteresse, «le treillis de César», grille de fer au-dessus de laquelle on lisait «en lettres dorées et gothiques : *Hic tributum Cæsari*[1]», sont autant de conjectures qui ne reposent sur aucun document.

Que le Petit-Châtelet ait été, dès l'époque mérovingienne, une sorte de tête de pont couvrant la Cité et protégeant, en certaine mesure, la voie romaine de *Lutetia* à *Genabum*, cela ne semble point douteux; mais, au IXe siècle, au moment où il en est question à propos du siège de Paris par les Normands, ce n'était qu'une tour de bois, ayant succédé peut-être à une construction plus résistante, et se rattachant au Petit-Pont, qui était également «de fust». Le récit des débordements qui emportèrent ou endommagèrent ces deux ouvrages, de 886 à 1296, occupe plusieurs pages chez les historiens.

On sait que les Normands incendièrent la tour; mais on ignore combien de temps elle demeura à l'état de ruines. A l'époque où vivait Robert le Pieux, elle aurait été restaurée, puisque ce prince y plaça, dit-on, ses trésors. Elle avait un pourpris, ou enclos, qui est appelé *Accinctus Castelli Parvi pontis* dans un accord conclu, en 1222, entre le Roi et l'évêque de Paris[2].

Le créateur de l'enceinte dite de Charles V, le prévôt Hugues Aubriot, qui érigea la Bastille pour tenir en respect les Parisiens, n'eut garde d'oublier la vieille tour de la rive gauche. Il la fit reconstruire, en 1369, «telle que nous la voyons aujourd'hui», articule Germain Brice (*Description de la Ville de Paris*, t. III, p. 2 à 5), et, peu après cette reconstruction, Charles VI y logea le Prévôt de Paris. Elle est qualifiée, dans l'acte royal de concession, de «*honorabilis mansio*». (Lebeuf, t. I, p. 415.)

Guillebert de Metz, qui écrivait en 1434, admire la demeure du Prévôt de Paris : «Là, écrit-il, est Petit Chastelet, si espés de murs que on y menroit bien par dessus une charrette. Si sont, dessus ces murs, beaux jardins; là est une viz double,

---

[1] *Antiquités de Paris*, t. II, p. 335. — [2] *Recueil des hist. de France*, t. XVIII, p. 740.

dont ceulx qui montent par une voye ne s'aperçoivent point des autres qui descendent par l'autre voye [1]. »

Sur le Petit-Châtelet considéré en tant que lieu de détention, une ordonnance de Charles VI, datée du 24 décembre 1398, déclare que ce bâtiment contient plusieurs prisons, les unes « fortes, convenables, seures et compétamment aérées, où créature humaine, sans péril de mort ou meshaing, peut estre et souffrir pénitence de prison, et trois chartres basses et non aérées, esquelles homme mortel, par faulte d'aer, ne pourroit vivre longuement. » (Arch. nat., Y 2, fol. 171.)

Le Petit-Châtelet reconstruit traverse les xve, xvie et xviie siècles sans qu'il en soit fait ample mention. On cite pourtant, à la date de 1421, une pièce du *Domaine muable* constatant que « la maison du péage de Petit-Pont... fut baillée pour faire la tour du Petit Chastellet [2] ». On peut citer également un *Rapport* inséré dans les *Registres du Bureau de la Ville*, à la date de 1552, « sur les moyens de faire et perser, aux coustz et dépens de l'ostel de Ville de Paris..., une croisée dedans le gros mur du Petit Chastelet, du costé de la rivière de Seyne, pour servir à donner jour et clarté dedans la chambre ou cuysine servant au geôlier dudict Petit Chastelet [3] ».

Le Petit-Châtelet était donc tout à la fois une demeure et une prison, double caractère qu'il conserva jusqu'à sa démolition en 1782. Les historiens qui l'ont vu en ont laissé une description peu flatteuse. Malgré divers travaux pour en rendre le séjour moins insalubre et l'aspect plus architectural; bien qu'on ait abattu, dit Germain Brice, « des tours fort exhaussées, pour faire place à une terrasse, qui sert à présent de promenade aux prisonniers..., l'on doit ajouter que cette masse énorme de bâtiments embarrasse extrêmement tout le quartier... [4] ».

La démolition eut lieu, avons-nous dit, en 1782, et, dès l'année suivante, Mercier, l'auteur du *Tableau de Paris*, célébrait ainsi cet incident, qui n'était au fond qu'un acte de vandalisme : « Enfin ce vieil édifice, qui avait quelque chose de hideux, barbare monument du siècle de Dagobert, construction monstrueuse au milieu de tant d'ouvrages de goût, où le Conseil des Seize fit pendre Brisson, Larcher et Tardif, ce gothique et lourd bâtiment, dont on avait fait une prison, vient de tomber et céder son terrain à la voie publique [5]. »

Sur l'emplacement du Petit-Châtelet a été établie la place du Petit-Pont, limitée à l'est par le bâtiment annexe de l'Hôtel-Dieu. Une inscription récente rappelle les noms des défenseurs de Paris en 886; mais on n'a point encore exécuté,

[1] *Paris et ses historiens aux xive et xve siècles*, p. 161.
[2] Sauval, t. III, p. 275.
[3] *Registres du Bureau de la Ville*, t. III, p. 293.
[4] *Description de la Ville de Paris*, t. III, p. 2.
[5] Mercier, t. VI, p. 35.

comme pour la Bastille, une figuration en dallage, ou, comme pour le Grand-Châtelet, un plan sur marbre de la prison et forteresse du Petit-Châtelet.

RUE DU PLÂTRE.

Cette ancienne voie, dont le côté septentrional existe encore, presque intégralement, faisait communiquer entre elles les rues Saint-Jacques et des Anglais. Depuis l'ouverture du boulevard Saint-Germain, en contre-bas duquel elle est située, elle n'aboutit plus à la rue Saint-Jacques que par une ligne biaise. On lui a donné récemment le nom du jurisconsulte Domat, après celui de Dante Alighieri, ce dernier en souvenir du séjour que le poète de la *Divine Comédie* fit à Paris, pour suivre les cours de la rue du Fouarre.

La rue du Plâtre existait dès le xiiie siècle : elle est appelée, en 1247, 1250 et 1254, *vicus Plastrariorum* et *vicus Plasteriorum* (*Cart. de la Sorbonne*, f°s 64 et 123). Au xive siècle, on trouve dans les titres «ruës de la Plastrière, as Plastriers et des Plastriers.» Au xve et depuis, c'est le nom de rue du Plastre qui prévaut. Elle le devait à une carrière de gypse qui y fut exploitée anciennement, comme à la butte Montmartre[1].

L'industrie du plâtre y fit place, vers 1750, à celle de l'impression en taille-douce. La communauté des imprimeurs de cet ordre s'y transporta et s'y maintint jusqu'à la suppression du régime corporatif.

Il n'y avait, dans la rue du Plâtre, aucun hôtel ou maison de quelque importance, sauf, au xiiie siècle, la *domus Radulphi plastrarii;* le collège breton de Cornouailles en devint ensuite l'établissement le plus considérable. Elle était, au sud, la limite du cimetière juif de la rue Galande; c'est par suite de cette circonstance qu'on y a fait, au xviiie siècle et de nos jours, de nombreuses découvertes funéraires.

A ce qui précède ajoutons une particularité signalée par Jollois (*Mémoire sur les antiquités rom. et gallo-rom. de Paris*, inséré dans les *Mémoires de l'Institut*, t. I, p. 25) : «Dans la rue du Plâtre-Saint-Jacques, presque toutes les maisons ont deux étages de caves, qui attestent l'exhaussement du sol.»

---

[1] Les habitations destinées au menu peuple étaient généralement construites en plâtre, comme Knobelsdorf le constate, en 1543, dans sa *Lutetiæ Descriptio* :

> Nomina si quæris, conservat pristina; gypsum
> Hic quoque plebeio more vocare solent.
> Inde pavimentum, paries, tectoria dantur
> Ædibus, et tigno tegula juncta suo.

CÔTÉ SEPTENTRIONAL.

(d'Occident en Orient).

CENSIVE DU ROI.

Maison des Maillets (1601), mentionnée, au xve siècle, comme dépendant de la Corne de Cerf, ou Maison du Cerf, qui avait façade sur la rue Saint-Jacques. et, en 1500, comme incorporée à la Maison de l'Ange.

Maison du Soufflet (1601), ayant été rattachée primitivement à la Maison de l'Ange, ou des deux Angels, de la rue Saint-Jacques. Elle était divisée en deux corps d'hôtel, dont l'un portait l'enseigne de Saint-Georges. Elle contenait, en 1428, cinq toises et demie de large, sur trois toises un quart de profondeur. En 1538, elle est énoncée avec le Lièvre cornu, ce qui implique deux corps d'hôtel, ayant chacun une enseigne distincte. En 1602, nous retrouvons le Soufflet « tenant à la Pye, d'autre part aux Maillets, aboutissant à l'Hostel du Grand Cerf ». En 1630, le Lièvre cornu paraît être devenu Saint-Genyès, puisqu'on cite cette dernière maison avec le Soufflet.

Maison de la Pye, enseigne assez fréquente dans le Vieux Paris; elle l'échangea au commencement du xviie siècle contre celle de l'Image saint Sébastien. C'est dans cette maison que se trouvait l'issue de l'Hôtel de Garancière, lequel avait son entrée sur la rue Galande. La Pye se rattachait, comme le précédent immeuble, à la Maison de l'Ange, ou des deux Angels, en façade sur la rue Saint-Jacques. Un titre de 1600 prouverait que l'Image saint Sébastien faisait corps avec la maison de la Pye, puisqu'il y est dit : « La Pie et Saint Sébastien, tenant au collège de Cornouailles et au Soufflet. »

Petite maison sans désignation (1465), dite du Mouton en 1578, du Mouton blanc en 1590. Elle appartint d'abord à la chapelle de Saint-Yves, puis au Collège de Cornouailles, deux fondations bretonnes, et aboutissait à la Maison des trois Canettes. Un titre de 1600 la désigne ainsi : « Petite maison du collége, attenant audit collége. »

Allée dépendant d'une maison distinguée par l'appellation d'Hôtel des Anniversaires, lequel appartenait à cet office de l'église de Paris. L'Allée en question passait sous la Petite maison du collège de Cornouailles, et, après la reconstruction dudit collège en 1752, elle était louée 24 livres.

Collège de Cornouailles, dont la notice se trouve à la suite de la description topographique de la rue du Plâtre.

Quatre petites maisons, situées devant le collège, avec un jardin derrière en dépendant; elles se nommaient, aux xvi° et xvii° siècles, le Mouton, Saint-Jean, Saint-Corentin, et une dernière, Maison des Boursiers. Une allée, celle des Anniversaires, les faisait communiquer avec la rue Galande. Il en est fait mention dans divers documents. Le Mouton est dit, en 1667 et avant, « estant prez la porte du college, tenant par derriere à l'Hostel des Anniversaires ». Nous avons vu qu'on l'appelait, en 1600, « la Petite maison du College, attenant audit collége ». Reconstruite en 1740, on la retrouve encore alors « tenant à la porte du collége ».

Voici quelle en était la distribution intérieure, en l'année 1674, c'est-à-dire antérieurement à la dernière reconstruction : « Un corps de logis sur le devant, composé d'une cave, salle, écurie, cuisine, plusieurs chambres l'une sur l'autre et grenier au dessus, lieux, aisances et dépendances de ladite maison, où est une petite cour... » Enfin, au-dessus de la porte, était « insculpée l'enseigne du Mouton blanc, » indicative de la censive royale. (Arch. nat., MM 392.)

Maison Saint-Jean, en 1587 et 1590, « contenant anciennes estables, joignant et tenant aux collége et chapelle, tenant, d'autre part, à la Maison du Mouton blanc ».

Maison Saint-Corentin (1609), dépendant du collège de Cornouailles.

Maison des Boursiers (1609), donnant passage à l'Allée ci-dessous.

Allée de la maison de la Longue Allée, faisant front sur la rue Galande; maison ayant été divisée vers 1527, mais offrant encore aujourd'hui un passage à travers ses trois corps d'hôtel. Il est fait mention de cette maison et de l'allée qu'elle contenait, surtout à propos de la rue Galande. Sur cette maison et celle correspondante, rue Galande, à l'enseigne le Cerf, Jehan Ansquer[1], docteur en théologie et maître du collège de Cornouailles, et Yves Ansquer, son frère, prêtre, maître ès arts, ce dernier inhumé en la chapelle Saint-Yves, avaient assigné 25 livres parisis de rente au profit du collège de Cornouailles[2]. En 1501, elle est réputée « tenant d'une part aux Coullons et à l'Imaige Nostre-Dame, d'autre part à la Levrière, avec cour en bas, tenant de même et aboutissant en partie aux hostels cy-aprez : la Corne de Cerf, anciennement les Trois Faucilles, rue du Plastre, tenant aussi à la Couppe et à la Croix blanche, aboutissant à la cour précédente... »

Maison de la Coulpe (1575), appartenant au collège de la Marche; elle est dénommée, en 1687, Maison de la Coupe d'or.

---

[1] Ansquer et non Asperi, faute évidente du transcripteur.

[2] Fondation sans date, mais qui paraît appartenir au xv° siècle. — Bibl. nat. Estampes. Coll. Gaignières. Oxford, P*, ij f° 50. – Communiqué par M. P. Le Vayer.

Maison de la Croix blanche (1520), localisée par les textes que nous venons de citer à propos de la Longue Allée.

Maison des Trois Faucilles (1429), puis de la Corne de Cerf (1527), ayant fait primitivement, comme les deux précédentes, partie de la Maison de la Longue Allée, en façade sur la rue Galande.

La situation respective de ces trois immeubles, détachés d'une maison plus importante, ne peut être exactement indiquée; il est certain qu'ils se suivaient et «s'entretenaient», mais dans un ordre qu'on ne saurait préciser.

Maison, sans désignation d'abord, formant l'angle septentrional de la rue des Anglais, puis annexée, en 1602, à l'enseigne du *Miroir*, de la rue des Anglais; elle avait pour aboutissant la Maison du Plat d'estain, sur la rue Galande.

CÔTÉ MÉRIDIONAL
(d'Orient en Occident).

Maison sans désignation (1600), tenant à celle faisant le coin méridional de la rue des Anglais.

Maison de l'Estoile (1600), attenant à la précédente.

Emplacement où l'absence d'astérisques, sur le plan de restitution, accuse quatre places vides, à propos desquelles nous ne pouvons donner que les renseignements suivants, d'après les *Comptes* qu'a publiés Sauval. Ces documents, datés de 1421, mentionnent :

1° «Maison qui fut à Me Nicolle de Gondrecourt, qui fut occis à Paris, seize rue du Plastre, chargée envers l'église de Paris en dix livres, huit sols, huit deniers, tant de fonds de terre comme de rente [1].»

Un autre document, daté de 1449, nous fait connaître que cet immeuble, composé «d'ung hostel, court, jardin en deppendant..., qui jadis fut et appartint à Me Jehan Isambert», fut donné à cens et à rente, aux conditions précitées, à «Andry le Jote, clerc et secretaire de noble homme et saige maistre Jehan Bureau, trésorier de France [2].»

2° «Maison en ladite rue, joignant à la précédente, qui fut audit de Gondrecourt, chargée envers l'église de Paris de douze sols parisis de fonds de terre [3].»

Maison et Jardin, appartenant au collège de Cornouailles, en 1598, «vis-à-vis

---
[1] *Antiquités de Paris*, t. III, p. 316. — [2] Archives nationales, S⁸⁵, p. parch. — Communication de M. Le Vayer. — [3] *Antiquités de Paris*, t. III, p. 316.

et à l'opposite de la grant porte du collége, joignant la chapelle dudict ». En 1651, le jardin fut «donné à bastir en maisons».

Chapelle du collège de Cornouailles (1598). Après la reconstruction de 1752, transférée sur le flanc septentrional de la voie, elle fut englobée dans l'établissement même qu'elle desservait.

Granche du collège de Cornouailles (1465), contiguë au jardin dudit collège.

Hostel de la Plastriere (1428), aboutissant, ainsi que la maison suivante, aux dépendances de l'Hostel de Saint-Jehan des Vignes. Son mur, composé des mêmes matériaux que celui de la rue, devait venir des carrières à plâtre, sur l'emplacement desquelles il avait été bâti. On doit y voir aussi une reconstruction de la *domus Radulphi plastrarii*, auquel immeuble se rattachent les origines et le baptême de la rue.

Hostel du Renard (1428), signalé à cette époque comme «tenant aux religieux de Soissons, d'autre part à l'Hostel de la Plastrière, sur la rue du Plastre».

Granche en 1408, puis, en 1551, Maison de Saint-Antoine; plus tard, «la Corne de daim, tenant au Renard». Diverses transformations sont attestées par l'état des propriétés du collège de la Marche au milieu du xvi° siècle. Dans le nombre se trouve comprise la Maison de Saint-Antoine, «tenant à une maison appartenant aux religieux de Saint-Jean des Vignes, à Soissons, d'autre part, à une maison du collège».

Autre Granche, contiguë à la précédente, dite, en 1408, «tenant au Lyon d'or». En 1600, elle est ainsi désignée : «Place où estoit d'ancienneté une grange, à présent Estables du Lyon enferré, en la rue du Plastre, fief de Gallande à Saint-Aignan,» c'est-à-dire aux chanoines de ce nom.

Maisoncelle sans désignation (1600), formant dépendance du Lyon enferré, lequel avait façade sur la rue Saint-Jacques.

Maison de la Croix d'or, formant l'angle des rues Saint-Jacques et du Plâtre, ayant été aussi appelée la Corne de Cerf et la Petite Maison, ainsi qu'il résulte du texte suivant : «Maison du Lyon enferré, rue Saint-Jacques, tenant et aboutissant à Delisle, avec petite maison rue du Plastre, la première contenant un corps d'hostel tenant au derrière de la Corne de Cerf...» La petite maison sans désignation était donc une dépendance du Lyon enferré, sur la rue du Plâtre, et l'enseigne de la Corne de Cerf était attribuée, en 1600, à la Maison de la Croix d'or.

COLLÈGE DE CORNOUAILLES.

Ce collège breton n'a jamais eu d'importance; après avoir commencé par cinq boursiers, il a fini par n'en compter plus que deux. Et cependant il appartenait, par la date de sa fondation, à ce grand mouvement scolaire du xive siècle, qui fut si fécond. En 1317, Galeran Nicolas, clerc de Bretagne, voulut assurer à ses pauvres compatriotes le bienfait de l'instruction parisienne; mais il mourut avant d'avoir pu réaliser son dessein. En 1321, ses exécuteurs testamentaires usèrent du tiers de ses biens, qu'il avait légué pour cet objet, en plaçant cinq boursiers bretons, du diocèse de Cornouailles, dans le nouveau collège que Geoffroy du Plessis venait de fonder en la rue Saint-Jacques. Un demi-siècle après (1379), un autre Breton, du même diocèse, Jehan de Guistry, fit un nouveau legs, qui permit de porter à neuf le nombre des boursiers cornouaillais. Mais il leur donna une existence distincte, « en ajoutant aux biens en fonds de terre qu'il avoit acquis dans le pays de Caux et aux rentes amorties qu'il possédoit tant à Paris qu'au comté de Dreux, pour les loger tous ensemble, une maison qu'il avoit achetée exprès, située dans la rue du Plastre ⁽¹⁾». Trois autres bourses y furent fondées, deux au xve et une au xviiie siècle, pour des sujets du diocèse de Quimper; mais la diminution des revenus et la nécessité de reconstruire des bâtiments en ruine firent tomber ce nombre à deux seulement.

L'immeuble où le collège fut installé, en 1380, occupait un emplacement sur lequel jadis s'élevaient quatre maisons petites, et qui communiquait, par une longue allée, avec la rue Galande. Ces quatre corps de logis paraissent avoir été LE MOUTON, SAINT-JEAN, SAINT-CORENTIN, LA MAISON DES BOURSIERS, et quelques dépendances consistant en cours, jardins, appentis, chantiers et autres. L'*Inventaire des titres et papiers du collège de Cornouailles*, rédigé à l'occasion de la réunion à Louis-le-Grand des établissements sans exercice, nous apprend ce qu'étaient ces vieilles bâtisses et les reconstructions qu'elles exigèrent et qui furent effectuées, vers le milieu du xviiie siècle, après injonction du lieutenant de police « pour cause de péril imminent ».

« Anciennement, dit le rédacteur de ce document, il existait sur l'emplacement du collège quatre petites maisons situées sur la rue du Plâtre, plus un corps de logis derrière, qui était occupé par les principal, procureur et boursiers du collège, et, derrière le corps de logis, il y avait deux jardins, ou chantiers, et une allée aboutissant dans la rue Gallande. Ces différentes maisons étaient louées par des baux séparés; mais, en 1752, les maisons situées sur la rue du Plâtre étaient

---

⁽¹⁾ *Histoire de la Ville de Paris*, t. I, p. 544; — *Preuves*, t. I, p. 490.

dans un tel état de caducité que le collège fut condamné à les faire démolir. Alors le collège se détermina à faire une nouvelle construction sur le terrain donnant sur la rue du Plâtre, et y fit construire la maison telle qu'elle existe aujourd'hui [1]. »
Cette construction fut très onéreuse, et le collège, pour en solder la dépense, dut mettre immédiatement en location tous les locaux pouvant produire un revenu. Les Archives nationales conservent plusieurs pièces originales indiquant ce que la reconstruction avait coûté, ce qu'on tirait des divers étages non occupés par le principal, le procureur et les boursiers, et ce qui restait à payer aux entrepreneurs. D'autres documents de même origine donnent l'état des immeubles et des rentes appartenant au collège [2].

La maison reconstruite en 1752 existe encore au numéro 20 de la rue Domat; rien n'y rappelle le collège breton du xiv° siècle.

RUES DES POIRÉES.

Des deux voies qui ont porté ce nom, la plus ancienne s'étendait primitivement de la rue Saint-Jacques à celle de la Harpe et longeait, avant de déboucher dans cette dernière, les bâtiments du collège de Cluny. En cet état, elle n'a subsisté que jusqu'à la reconstruction de la Sorbonne, époque où elle fut condamnée par suite de l'annexion du COLLÈGE DES DIX-HUIT à la nouvelle église de cet établissement. On lui ménagea alors un autre débouché, en la ramenant, à angle droit, vers la rue des Cordiers; c'est ce retour d'équerre auquel on donna le nom de « rue Neuve des Poirées ». La partie orientale de l'ancienne voie, considérablement élargie en 1839, a formé une sorte de place, la place du Collège-Louis-le-Grand, puis de Gerson. L'antique nom propre qu'elles portaient l'une et l'autre a complètement disparu, puisque la rue Neuve, qui l'avait d'abord conservé, prit de bonne heure celui du grammairien Restaut, en attendant son absorption dans le périmètre des bâtiments de la Sorbonne agrandie.

La plus ancienne appellation attribuée à la primitive rue des Poirées paraît avoir été empruntée à une notable famille issue d'Argenteuil. On lit, en effet, dans le cartulaire de la Sorbonne, *vicus Thome de Argentolio, vicus Guillelmi de Argentolio*, puis *vicus Simonis de Argentolis* [3], et simplement *vicus de Argentolio*, le

---

[1] Archives nationales, MM 392.
Le grand dépôt contient, en outre, de nombreuses pièces relatives aux biens-fonds, rentes et revenus du collège, ainsi qu'à ses dépenses de toute nature. Ne pouvant reproduire ces pièces ici, nous y renvoyons le lecteur, en le prévenant que les plus anciens titres ont été rendus illisibles par l'humidité.

[2] Archives nationales, M 117, 195. — S 6417, MM 392.

[3] On sait que les rues portant un nom de famille prenaient le prénom du nouveau titulaire après le décès de l'ancien.

tout vers 1236. Mais dès 1254, le nom de *Porée, Poirée,* ou *Porréez,* se montre dans les titres. Les deux vocables sont employés concurremment, d'où découle l'identification de la voie. Ainsi, une charte de 1262, appartenant au cartulaire de Saint-Étienne-des-Grès, porte *vicus Guidonis de Argentolio,* et un autre titre du même recueil enregistre *vicus Poretarum.* Cette dernière dénomination prévaut à partir de la précédente date; car on trouve, en 1264, *vicus ad Poretas;* en 1269, *vicus des Poréez;* en 1271, *vicus qui dicitur de Poreis;* enfin, en 1292, dans le Livre de la Taille, toujours rue *aux Porées.* Quant à la première appellation, elle a varié comme orthographe; mais elle n'en rappelle pas moins la famille à laquelle appartenait un certain Hugues mentionné, dès 1254, dans un titre où on lit : *Vicus Hugonis ad Poreas.*

Il ne saurait donc, encore une fois, y avoir de doute sur l'identité de la voie portant simultanément les noms d'Argenteuil et des Poirées. Celui de « la Sorbonne » commence à se montrer vers la fin du xve siècle, et a été employé aussi tard qu'en 1679, dans un arrêt du Parlement, ordonnant « que la porte majeure, *sur la rue de la Sorbonne,* s'ouvre seule pour accéder au Collège du Trésorier ».

CÔTÉ MÉRIDIONAL
(d'Orient en Occident).

CENSIVE DU PARLOIR AUX BOURGEOIS.

Maison de la Fleur de Lys (1575), dépendant de celle qui faisait le coin de la rue Saint-Jacques; appartenait à Nicolas Malot et payait iiii s. parisis de cens à la Sorbonne. Dénommée en 1490 l'Espée de Jacques, ou l'Espée de boys, elle formait, l'année suivante, « deux places vides », sur l'une desquelles, tout au moins, dut être bâtie la Fleur de lys. En l'année 1656, les deux corps de logis sont encore indivis sous une enseigne commune : le Roy David, hôtellerie où Pascal s'occupa de la composition des *Provinciales* [1].

PAROISSE SAINT-BENOÎT.

JUSTICE ET CENSIVE DE LA SORBONNE.

Grange dépendant de la Maison de l'Image Saint-Louis, celle-ci située rue Saint-Jacques. En 1243, il existait sur l'emplacement de cette grange deux maisons, dont l'une était appelée la Maison de Denisete la Sédille, l'autre la Maison Boucandry, ou Bocandrien (1491), ou Brocandrin, appartenant, en 1557, à Symon

---

[1] Sainte-Beuve (*Port-Royal,* t. III, p. 60) relate le fait en ces lignes : « Au moment où il commença les *Provinciales,* Pascal logeait encore près du Luxembourg, dans une maison qui faisait face à la porte Saint-Michel. Mais, pour plus de sûreté, il la quitta et s'alla cacher, sous le nom de M. de Mons (qui était celui de sa mère), dans une petite auberge de la rue des Poirées, à l'enseigne du Roi David, derrière la Sorbonne et tout vis-à-vis du Collège des Jésuites. »

de Costes. Cette dernière avait huit toises un pied six lignes de long, sur quatre toises six lignes de large. Elle aboutissait au collège de Rethel, et devait dix sous parisis de cens à la Sorbonne, comme partie de son fief du Franc Rosier.

CENSIVE DU PARLOIR AUX BOURGEOIS.

OSTEL DE RETHEL, dit aussi par corruption de RHETEIL, RACHEIL, RACHEL, NECHEL, et également de RAIMS, dans différents titres antérieurs au XVIe siècle. On lui trouve ensuite, soit avec des adjonctions, soit avec des détachements de corps d'hôtel, les enseignes des CHANTRES, de SAINT-REMY, de SAINT-LOUIS. On le désigne donc tantôt comme contigu à ces divers corps de logis, tantôt comme les comprenant dans son ensemble. C'est ainsi qu'il est désigné, en 1540, comme «tenant à l'IMAIGE SAINT-LOYS, d'autre part à Marguerite La Julye, aboutissant à l'HOSTEL DE LA ROZE, en censive de la ville et de la justice du Prevost de Paris». Il n'était plus alors occupé par le collège, — dont on trouvera la notice à la suite de la description topographique de la présente rue; — car l'annexion du COLLÈGE DE RETHEL à celui de Reims remonte à 1443.

RUE NEUVE DES POIRÉES. — Ici s'ouvrait le retour d'équerre ménagé à l'ancienne rue des Poirées, vers celle des Cordiers, pour lui donner un débouché et compenser la partie centrale qu'elle perdait par suite de la reconstruction du collège de la Sorbonne, auquel était réuni celui des Dix-Huit. Le parcours, formant angle droit avec l'ancienne voie, était fort peu étendu; on n'y comptait que sept immeubles, dont trois sur le côté oriental et quatre sur le côté occidental.

CÔTÉ ORIENTAL DE LA RUE NEUVE
(du Nord au Sud).

PARTIE DU COLLÈGE DE RETHEL, occupant l'angle de la rue des Poirées.

MAISON DE LA ROZE BLANCHE. Cet immeuble, dont l'entrée principale ouvrait rue Saint-Jacques, figurait, aux conditions suivantes, sur la liste des acquisitions de Richelieu (1642), en vue de la reconstruction de la Sorbonne : «Retranchement du jardin de la ROSE BLANCHE, appartenant aux sieurs Couturier père et fils, consistant en six toises demy pied de longueur sur quatre toises deux pieds et demy de large, le tout montant à vingt-six toises et demy treize pieds un quart de terre en superficie; prisée, 11^m tournois.»

MAISON DU NOM DE JÉSUS, qui s'appela plus tard L'HÔTEL DE BOURGOGNE; les titres la désignent comme «tenant à LA ROZE BLANCHE, d'autre part à la maison d'angle». Elle fut acquise comme la précédente, alors qu'elle appartenait par indivis au sieur de Lessy et à Jean Thibault, prêtre, et consistait en quatre toises et demie de face sur trois toises et demie de profondeur, le tout prisé à la charge du cens, pour portion, «iiii^m tournois».

CÔTÉ OCCIDENTAL DE LA RUE NEUVE
(du Sud au Nord).

Le Droit Canon, ou *ultima ratio regum*. Un document de 1642 le désigne ainsi : «Maison cy-devant le Droit Canon, tenant au collège des Dix-Huit, d'autre part au retour sur la rue des Poirées (rue Neuve des Poirées), par derrière, au même collège des Dix-Huit.»

Partie du collège des Dix-Huit.

Partie du collège de Rethel.

PAROISSE DE SAINT-BENOÎT.
JUSTICE ET CENSIVE DE LA SORBONNE.

Maison de l'Imaige Saint-Jullien (1575), faisant l'angle de l'ancienne et de la nouvelle rue des Poirées. Elle est mentionnée dans un document de 1609 et dans un autre de 1644, où elle est dite «démolie par le cardinal de Richelieu». La démolition porta sur la totalité de l'immeuble, prisé, en 1642, «à la charge du cens seulement, ix^m ii^c liv. tournois.» (Arch. nat., S 6212.)

Maison de l'Imaige Saint-Anthoine (1575), appartenant au collège de Montaigu et payant à la Sorbonne xii^d parisis. Antérieurement (1557) elle était la propriété de M. Loys Barthélemy, procureur en la Cour du Parlement, lequel devait, «par chacun an, de rente foncière et bail d'héritage, lxiii^s parisis». Son annexion totale à la Sorbonne reconstruite s'effectua, en 1642, moyennant une indemnité de vii^m livres tournois. (Arch. nat., S 6212.)

Maison de la Queue de Reynard (1575) et de l'Escrevisse (1603). Une note inscrite sous ce dernier millésime porte ce peu de renseignements : «*Maison de l'Écrevisse*, contenant deux corps d'hôtel, cour entre deux, tenant le tout au *Collège des Dix-Huit*; d'autre part aux appartenances du collège de Montaigu.»

Collège des Dix-Huit, formant le coin de la rue de Cluny. Nous lui consacrerons une notice spéciale, à la suite de la description topographique de la rue des Poirées.

Maison du Soleil d'or, en 1698, c'est-à-dire après la reconstruction du Collège de la Sorbonne, formant le coin oriental de la place de ce nom. Dans un titre portant cette date, le Soleil d'or est dit, en effet, «faisant le coin de la place de Sorbonne et de la rue des Cordiers» — c'est-à-dire de la rue de Cluny, dont le xviie siècle lui donne souvent le nom — «et tenant, d'un côté, à la Maison de l'Image Saint Anthoine, d'autre part, à la porte et principale entrée du collège; par derrière, audit collège et, par devant, sur ladite place de Sorbonne».

Porte du Collège de Cluny. — Le pourpris du collège, dans lequel cette porte donnait accès, est assez vaguement délimité, si l'on s'en rapporte aux anciens titres. Sur le contrat de 1261, on le donne comme situé «vers la porte Gibard, confinant, d'aultre part, aux Frères Prescheurs, à droite et à gauche, aux voies publiques». Il est déclaré alors appartenir à Robert de Corbie, et, plus tard, ne tenir à la rue des Poirées que par une partie de la chapelle. Nous consacrons à cet établissement une courte notice placée à la suite de celles qui concernent Rethel et les Dix-Huit.

Maison sans désignation, placée entre les bâtiments scolaires et la chapelle du Collège de Cluny. La situation de cet immeuble résulte de la note suivante extraite d'un document authentique : «Item, une autre maison, tenant à ladite principale porte et attenant à l'église du collège, adossée contre elle.»

Église, ou Chapelle, du Collège de Cluny. (Voir ci-après.)

Maison sans désignation, tenant d'une part à l'église, de l'autre «à des maisons basties sur l'emplacement de ladite rue des Poirées», est-il dit dans un titre de 1698. A cette date, en effet, par suite de l'ouverture de la rue Neuve-Richelieu, l'issue occidentale de celle des Poirées étant devenue sans objet, on avait déjà recouvert ce tronçon de constructions nouvelles.

Maison de l'Image Saint-Pierre, ainsi désignée dans un document de 1696 : «Item, une autre maison faisant autrefois l'encognure de la rue des Poirées et de celle de la Harpe, l'Image Saint-Pierre, tenant, d'un costé aux maisons basties sur l'emplacement de la rue des Poirées, et d'autre part à l'Image Saint-Joseph, par derrière à la maison précédente, et par devant sur ladite rue de la Harpe.»

CÔTÉ SEPTENTRIONAL

(d'Occident en Orient).

Collège du Trésorier, ou des Trésoriers — selon que l'appellation visait le fondateur ou les boursiers, — s'étendant de la rue de la Harpe à celle des Maçons. (Voir la notice ci-après.)

Maison de l'Image Saint-Sébastien (1526), ayant quatre toises cinq pieds quatre pouces de profondeur, et distante de l'angle occidental de la rue de la Sorbonne de six toises trois pieds quatre pouces. C'était « une masure » en 1499. En 1517, Jean Messier y avait établi ses presses. Dès 1575, elle était réunie aux *Grandes Écoles;* on l'a démolie pour la formation de la place de la Sorbonne. L'Image Saint-Sébastien faisait le coin oriental de la rue des Maçons et précédait, dans la direction du couchant au levant, les *Grandes Écoles.*

Grandes Écoles (1482), dépendant de la Sorbonne et faisant le coin occidental de la rue de ce nom. Démolies en même temps que le précédent immeuble, et dans un but identique, elles ont été rebâties sur le flanc septentrional de la place, entre les rues de la Sorbonne et des Maçons. Les Grandes Écoles n'ont pas entièrement disparu, et nous lisons à la page 107 de *Nos Adieux à la Vieille Sorbonne :* « Place de la Sorbonne, 6, on retrouve encore toute une aile des bâtiments du temps, avec le toit, la porte cintrée, les fenêtres plus larges que hautes, les barreaux de fer forgé, la porte en boiserie sculptée, les rampes et les paliers de l'escalier. »

Maison sans désignation, faisant le coin oriental de la rue de la Sorbonne. En 1546, elle est réputée Maison de l'Arbre vert. Elle céda, ainsi que le Collège de Calvy, son emplacement à la chapelle construite par Lemercier.

Collège de Calvy, avec double issue, l'une sur la rue des Poirées, l'autre sur celle de la Sorbonne. Une notice spéciale lui est consacrée plus loin.

Place vide, ayant dû dépendre du Collège de Calvy.

Maison de la Corne de Daim (1575), contiguë aux dépendances de celle qui faisait le coin septentrional de la rue Saint-Jacques, ou Maison de Notre-Dame.

Cour fermée (1542), dépendant de ladite maison d'angle.

LES COLLÈGES DE LA RUE DES POIRÉES :
RETHEL, LES DIX-HUIT, CLUNY, LE TRÉSORIER ET CALVY.

I. COLLÈGE DE RETHEL.

On ignore en quelle année fut fondé cet établissement, dont les historiens de Paris font à peine mention ; il est probable qu'il datait de la première moitié du xiv° siècle, époque féconde en fondations scolaires. Un mémoire manuscrit, rédigé sur le vu des titres de ce collège et conservé aux Archives nationales, sous la cote MM 434, résume ainsi le peu que l'on sait sur la matière :

« Il existoit anciennement à Paris un collége appelé le Collége de Rethel, lequel avoit été fondé, en l'Université de cette ville, par M° Gaultier de Launoy, dont on ignore la qualité, pour recueillir les pauvres écoliers et maîtres du Rethelois et du pays d'environ, qui seroient du diocèse de Rheims; lesquels maîtres et écoliers étoient ordonnés par l'abbé de Saint-Denis de Rheims et le grand prieur de Saint-Remy de la même ville. La demoiselle Jeanne de Bresles avoit fondé quatre bourses dans le collége, pour quatre écoliers de la comté de Portien et du pays d'environ, au diocèse de Rheims... Les troubles qui s'élevèrent dans Paris au commencement du xv° siècle entraînèrent la ruine du collége; les écoliers qui l'habitoient l'abandonnèrent, se dispersèrent, et la maison fut pillée. Le collége de Rheims éprouva à peu près le même sort. »

Gauthier de Launoy logea les écoliers du Rethelois « en sa maison scize ruë des Porées prez la ruë Sainct Jacques, derrière le collége de Sorbonne, laquelle maison devint l'hostel dudict collége ». La demoiselle de Bresles ne donna que des biens ruraux.

C'est en 1418, au moment où les Bourguignons et les Armagnacs se disputaient la possession de Paris, que le collège de Rethel fut pillé, et c'est en 1443 seulement, après la rentrée de la ville en l'obéissance du Roi, que Charles VII, sur les instances de l'évêque de Castres, son confesseur, « et de plusieurs autres notables personnages », songea à le relever de ses ruines, en l'unissant à celui de Reims, tombé aussi, par le malheur des temps, « en décadence, grant ruine et désolation ».

Rethel apporta à Reims ses bâtiments délabrés, ce qui lui restait de cens, rentes et autres revenus à lui donnés par Gauthier de Launoy et Jeanne de Bresles, et les deux établissements firent dès lors vie commune [1].

Le rédacteur du Mémoire manuscrit que nous venons de citer nous apprend ce que devint l'apport immobilier de Rethel : « Le collége de Rheims, dit-il, a joui de la maison située rue des Poirées jusqu'au moment où elle a été comprise dans la construction de l'église et maison de Sorbonne. Le 1ᵉʳ décembre 1642, le cardinal de Richelieu fit l'acquisition du jardin de cette maison, moyennant la somme de 6,000 livres, laquelle est employée, dans le compte de cette année, à payer, en partie, les ouvriers qui venoient de reconstruire quatre maisons du collége, donnant sur la rue Chartière. Et, le 21 août 1647, le collège vendit à

---

[1] L'ordonnance d'union, qui est inédite, nous a paru devoir être reproduite aux Appendices.

Messieurs de Sorbonne cette maison, moyennant 21,000 livres, qui furent employées au remboursement de trois parties de rentes, qui avoient été constituées par le collége, et à payer un ouvrier. Ainsi la maison du Collége de Rhetel a produit 27,000 livres, qui ont été employées utilement par celui de Rheims [1]. » Les contrats d'acquisition attribuèrent à l'immeuble environ cinquante toises de superficie.

Absorbé en 1443, le collège de Rethel a disparu complètement de la topographie parisienne en 1642, par la démolition de l'hôtel qui l'avait autrefois abrité.

II. COLLÈGE DES DIX-HUIT.

Ce doyen des établissements scolaires n'a appartenu au quartier de l'Université que dans la seconde phase de son existence. Il avait été fondé au XIe ou XIIe siècle, dans la Cité, «devant la porte de l'Hotel-Dieu, proche le parvis de Notre-Dame, en une grande maison où étoient logés et entretenus dix-huit pauvres écoliers». Félibien, qui nous fournit ce renseignement, ajoute : «C'est de là que le nom de Dix-Huit est demeuré, tant à la maison qu'à une rue voisine qui conduit de la rue Neuve-Notre-Dame à Saint-Christophe [2]. » Cette grande maison avait, paraît-il, succédé à une simple chambre, ou dortoir, que les pauvres écoliers occupaient à l'Hôtel-Dieu. Elle leur fut achetée par un pèlerin anglais venant de Jérusalem et nommé Josse de Londres, *Jocius de Londiniis*.

Les Dix-Huit durent être transférés dans la rue des Poirées vers 1529. Leur nouveau local était situé, dit Félibien, «au-dessus de la rue de Sorbonne, devant le Collége de Cluny, d'un côté, et, de l'autre, devant le Collége de Calvy, au lieu qui prit d'eux le nom de *Collége des Dix-Huit*, autrement dit de Notre-Dame».

La maison qui les reçut et qui subit plus tard le sort de l'Ostel de Rethel, est localisée après sa démolition, par la note suivante : «Place du Collége des Dix-Huit, tenant, d'une part, au long, à la nouvelle église de Sorbonne, la rue des Poirées entre deux; d'autre part, au long, à la rue des Cordiers; d'un bout, par derrière, à une maison du Collége de Reims, sise rue des Poirées, et à celle de la Roze blanche, rue Saint-Jacques, et encore à une maison rue des Cordiers, où pend pour enseigne Le nom de Jésus. » C'était donc sur le côté méridional de la rue des Poirées que se trouvait la maison où fut transféré le Collège des Dix-Huit, puisqu'elle touchait, par derrière, à la rue des Cordiers.

Les Archives nationales conservent, sous la cote S 6426, une notice écrite, est-il dit, «d'après un manuscrit sans titre et sans date»; cette notice consiste en un historique du Collège des Dix-Huit, auquel nous ne faisons que de très courts

---

[1] Archives nationales, MM 434. — [2] *Histoire de la Ville de Paris*, t. I, p. 419.

emprunts, parce qu'il se réfère surtout au séjour des Dix-Huit dans la Cité. Voici comment y est expliqué le transfert du collège dans le quartier de l'Université : « Les écoliers se trouvoient retardez dans leurs études parce qu'ils perdoient beaucoup de temps à se rendre dans les différentes écoles de l'Université où ils étudioient. Pour remédier à ces inconvénients, il fut fait, en 1529, un échange par lequel les dix-huit écoliers cédèrent leur collège à l'Hôtel-Dieu, qui leur bailla, en contre-échange, une maison assez vaste située dans le quartier de l'Université, sur la rue des Cordiers, entre le collège de Cluny et celui de Calvy, ou Petite Sorbonne. Le chapitre de Paris ayant approuvé cet échange, par sa délibération du 30 avril 1529, la translation des dix-huit écoliers fut faite alors dans cette maison et dans une autre qui lui étoit contiguë, acquise de M° Jean Deschamps, moyennant vingt-deux livres parisis de rente [1]. »

Le Mémoire parle ensuite des dépenses qu'il fallut s'imposer pour réparer les deux immeubles et qui absorbèrent les revenus du collège. « Il commençoit à peine, dit l'auteur en terminant, à jouir du fruit de ses dépenses, lorsqu'il fut obligé de céder son emplacement au crédit immense du cardinal de Richelieu et au désir que ce cardinal avoit de s'immortaliser par la construction des édifices somptueux de la Sorbonne. Depuis 1642, les Dix-Huit ont cessé de loger ensemble et ils se trouvent dispersez dans les différents collèges de l'Université [2]. »

L'histoire topographique du Collège des Dix-Huit pourrait se terminer là; cependant une autre pièce déposée aux Archives nationales, sous la même cote, nous apprend que « le collège se pourvut en cour de Parlement contre le chiffre de l'estimation de la valeur des terrains et bastimens fixée à 40,000 livres, et que, le 30 juin 1670, il obtint un arrest qui condamna les héritiers du cardinal de Richelieu à luy payer une somme de 16,000 livres pour le *quanti minoris* de cette adjudication ».

Toute cette histoire du Collège des Dix-Huit a été exposée, avec d'intéressants détails, par M. Ernest Coyecque, dans le *Bulletin de la Société de l'Histoire de Paris et de l'Île-de-France* (14e année, 6e livraison). Cette notice, très étudiée, ne pourrait cependant prendre place aux Appendices, sans faire double emploi. Nous nous contenterons d'y insérer quelques pièces inédites conservées aux Archives nationales et relatives aux bâtiments du collège.

III. COLLÈGE DE CLUNY.

Comme les collèges de Prémontré et des Bernardins, celui de Cluny fut fondé pour donner aux jeunes bénédictins la facilité de suivre les cours des facultés parisiennes. Ce dernier établissement eut pour auteur Yves de Vergy, *Yvo Ver-*

---

[1] Archives nationales, S 6426. — [2] Id., *ibid.*

TOPOGRAPHIE DV VIEVX PARIS

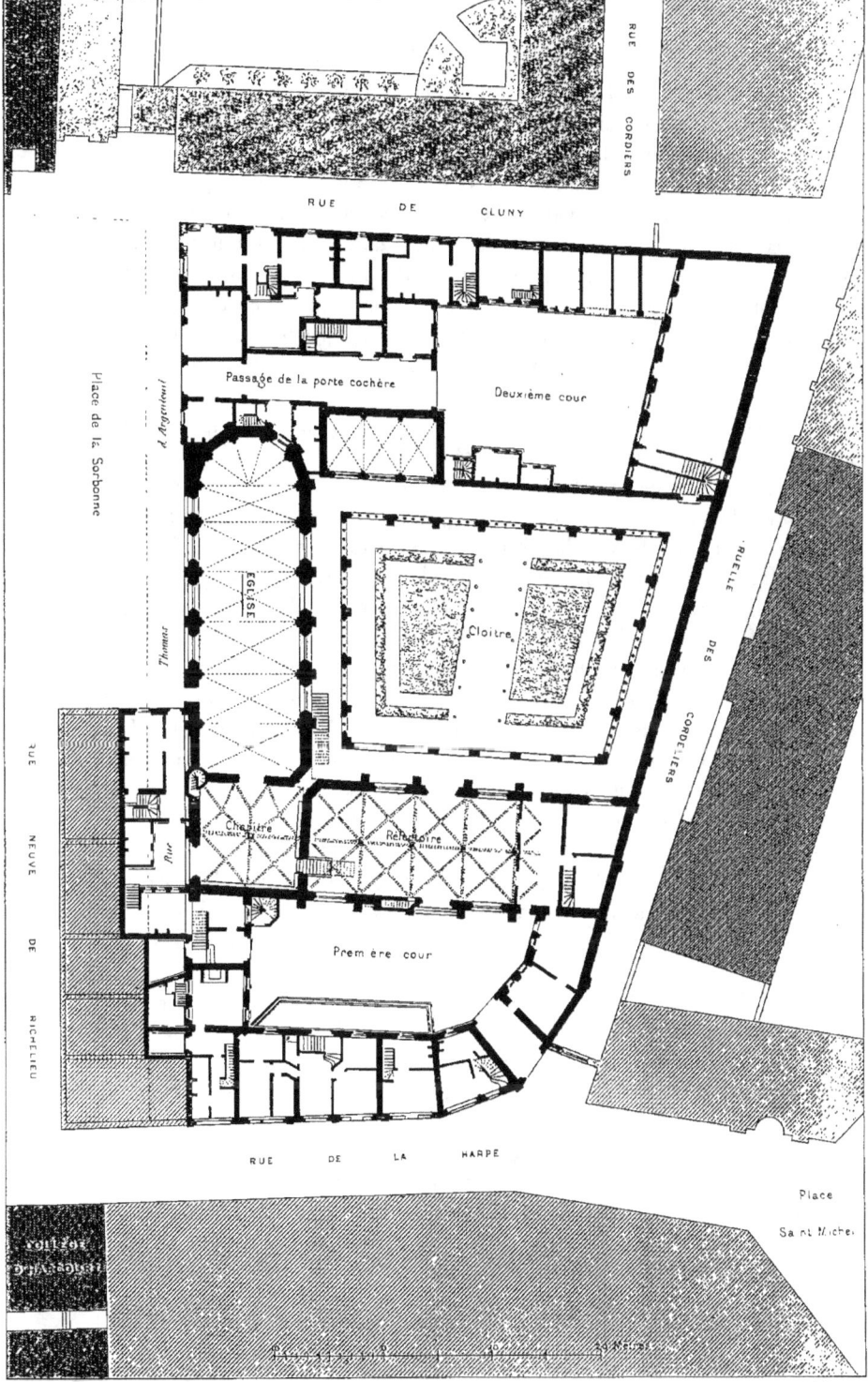

E. Hochereau del. J. Sulpis sc.

EGLISE ET COLLÈGE DE CLVNY

d'après un plan conservé à la Bibliothèque nationale

giacus, vingt-cinquième abbé cluniste, qui, voulant assurer à ses novices un logis distinct, les retira de l'Hôtel des évêques d'Auxerre, situé près de la porte Gibard, où ils séjournaient pendant la durée de leurs études, et les logea, en 1269, dans une maison située entre les rues de la Harpe, des Cordiers, le passage des Jacobins et la rue des Poirées. C'était plutôt une «place vide» qu'une maison; aussi le fondateur fut-il obligé de bâtir immédiatement un dortoir, un réfectoire, une cuisine et un cloître, constructions qu'il entoura de murailles flanquées de quatre tourelles angulaires pour donner aux étudiants clunistes la clôture nécessaire au recueillement. Son neveu, qui lui succéda et qui s'appelait Yves comme lui, termina le cloître, construisit le chapitre, l'église et un bâtiment pour la bibliothèque.

Dans ces diverses constructions, les clunistes furent inquiétés par les jacobins, ou frères prêcheurs, qui les avaient précédés de près d'un demi-siècle, et qui non seulement s'occupaient d'étendre largement leur pourpris, mais aussi de le mettre à l'abri de tout fâcheux voisinage. Un inventaire de leur chartrier mentionne, à la date du 1er décembre 1271, des lettres de Philippe le Bel portant que «les moines de Cluny ayant demandé avec instance au Roy qu'il leur accordât un certain terrein contigu à la nouvelle maison qu'ils avoient commencé à édifier à Paris, proche la maison des F. F. Prescheurs, pour clore et finir leur dite maison, offrant au Roy de lui donner, dans un autre emplacement, un terrein aussi bon et même meilleur et de la même quantité, Philippe le Bel, voulant pourvoir au dédommagement et à la tranquillité des F. F. Prescheurs, qui avoient leurs écoles, leur dortoir et leurs autres bâtiments proche ledit emplacement, met les conditions suivantes à ladite concession : qu'il ne sera permis aucunement auxdits moines de faire, du côté qui regarde les F. F. Prescheurs, ni construire de cuisine, ou cloaque, ou autre chose qui trouble, ou inquiète, ou cause du dommage auxdits F. F. Prescheurs, qu'ils ne pourront pas même avoir de cloche, ou quelque autre chose, dans ladite maison, qui nuise ou cause quelque dommage auxdits F. F. Prescheurs [1]».

Les clunistes, obligés de se limiter, du côté des jacobins, c'est-à-dire vers le sud, s'en tinrent au nord et à l'est, et c'est là que, de 1827 à 1833, tombèrent sous la pioche leurs principaux bâtiments. L'opposition d'intérêts subsista, du reste, entre les deux couvents; une pièce insérée dans le *Chartrier des Jacobins* contient, à la date du 6 octobre 1585, un «Procez verbal de visite des lieux de la rue et des bâtiments de Cluny, où il est rapporté par témoins que les bâtimens de Cluny sont tels qu'ils étoient depuis trois cens ans, et que la ruë, ou Passage des Jacobins, est publique...» Par contre, à la fin dudit acte,

---

[1] Archives nationales, S 4239.

selon le rédacteur qui le résume, « est une sentence qui condamne les Jacobins à faire démolir le bâtiment qu'ils faisoient contre le college de Cluny [1]».

Deux ans après, les clunistes répliquent, requérant, à la date du 1ᵉʳ septembre 1587, que « les Dominicains ayent à faire remettre les lieux ainsy qu'ils étoient auparavant...; qu'il y a plus de trois cens ans que leur cuisine est dans le même endroit, et qu'elle n'a jamais été ailleurs ». Ils ajoutent — ce qui importe à la topographie parisienne — que « il y a quatre ruës autour de leur bâtiment et quatre tours, (une) à chaque coin, le tout édifié depuis trois cens ans... [2]. »

Le même chartrier contient, datée du 2 août 1620, une sentence du Châtelet risquant, à l'encontre du Passage des Jacobins, la dénomination insolite de rue Coupe-Gueule, en même temps qu'elle établit, avec détails, une délimitation exacte entre les deux couvents, et détermine leurs droits respectifs en matière de construction. Le lecteur en trouvera les parties essentielles aux Appendices.

Collège de Cluny. — Chapelle basse.

Judiciairement circonscrit, le pourpris du collège de Cluny resta ce qu'il était, avec les bâtiments de toute nature qu'on y avait édifiés. La reconstruction du Collège de la Sorbonne, qui avait été fatale aux collèges voisins, ne lui causa aucun préjudice, et il était encore intact au moment de la Révolution.

[1] Archives nationales, S 4239. — [2] Id., ibid.

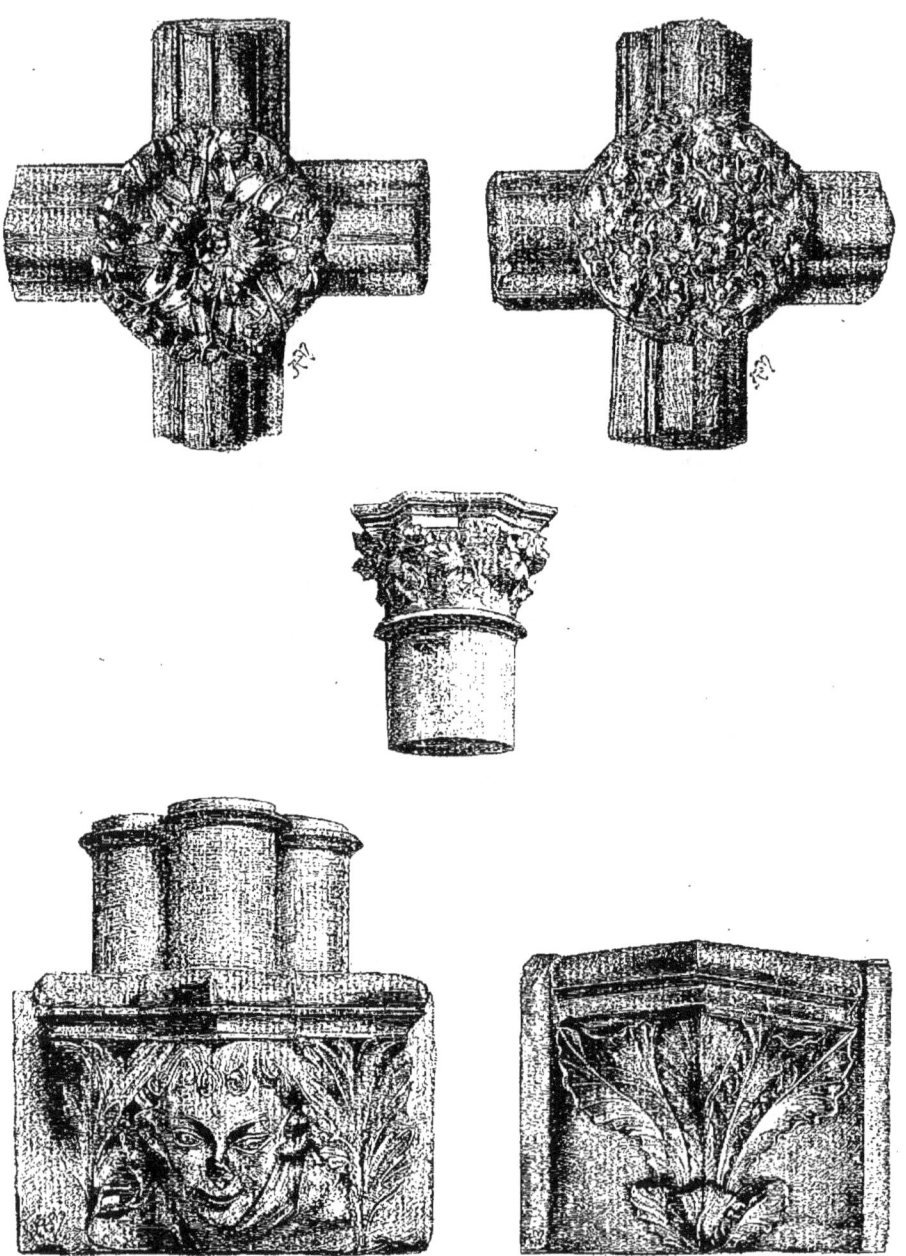

Chapelle du Collège de Cluny, xiiie siècle. — Clefs de voûte, chapiteau et console. (Musée de Cluny.)

La sécularisation des biens d'église transforma ses bâtiments en propriétés particulières et en amena fatalement la destruction. Aliénée en 1797, l'église devint successivement l'atelier du peintre David, un magasin de papier, etc.; après diverses appropriations qui la dénaturèrent, elle fut partiellement démolie en 1833, et ce qui en restait, sur la place de la Sorbonne, acheva de disparaître au moment où fut ouvert le boulevard Saint-Michel.

La valeur archéologique de l'église, ou chapelle, du Collège de Cluny est attestée par presque tous les descripteurs contemporains. « Elle ne le cédait guère à la Sainte-Chapelle du Palais, dit M. de Guilhermy; elle était toute travaillée à jour; c'était même finesse de sculpture, même légèreté de voûte, même élégance de proportions... Des vitraux en grisaille, à fleurons colorés, en garnissaient les fenêtres; les stalles avaient leurs miséricordes, leurs accoudoirs et leurs panneaux sculptés de sujets, les uns graves et les autres burlesques. Des dalles, sur lesquelles se dessinaient en creux des figures d'abbés, de prieurs, de docteurs en théologie, composaient le pavé [1]. »

De cette merveille architectonique et sculpturale on a pu sauver quelques rares débris, dont nous reproduisons (p. 383) plusieurs spécimens qui sont conservés au Musée de Cluny.

IV. COLLÈGE DU ou DES TRÉSORIERS, dit aussi DE NOTRE-DAME DE ROUEN.

Cet établissement scolaire devait son nom à son fondateur Guillaume de Saône, *Guillelmus de Saana*, trésorier de l'église de Rouen, qui fut aidé, dans cette fondation, par M⁰ Gémétial, archidiacre du Vexin normand. Ses successeurs, dans cette dignité, ayant ajouté quelques libéralités aux siennes, l'œuvre commune fut appelée Collège *du* ou *des* Trésoriers. Les titres latins le désignent sous le nom de *Collegium Quæstorum* ou *Quæstoris*.

La fondation est de 1268; mais l'installation des boursiers dans la maison achetée pour eux par le fondateur n'eut lieu qu'en 1279. Cette maison, acquise d'un autre Guillaume surnommé le Fruitier, « *domum quam emi, Parisius, a Guillelmo dicto Fructuario* », était située en la rue des Poirées et en la paroisse de Saint-Séverin, touchant à la rue Saint-Côme et à distance d'un autre immeuble où pendait l'enseigne DE LA HARPE, *ad Citharam*, dit l'acte de fondation. Cependant elle n'était point, à proprement parler, en bordure de la rue de la Harpe; elle y touchait par son arrière-façade, ainsi qu'il appert des indications suivantes contenues dans un titre de 1269 : « Une meson et toutes ses appartenances séant à

[1] *Itinéraire archéologique de Paris*, p. 334.

Paris, en la grant ruë de Sainct Cosme et de Sainct Damien, devant la meson a l'evesque d'Auxerre, laquele fet le coing de la ruë as Porées, tenant, d'une part, à la rue des Machons, de l'aultre part à la meson des escholiers de Clugny..., joingnant, sur la ruë Sainct Cosme, à la granche Guillaume et à la meson Guillaume le Vigneron.» L'original en latin est conservé aux Archives nationales, S 6586[1].

C'est là que prirent résidence douze pauvres écoliers du Petit et du Grand Caux, qu'on appela, pour cette raison, *Calets*; ils seront portés au nombre de vingt-quatre. Aux douze théologiens, douze «petits artiens» furent adjoints un peu plus tard.

La maison acquise de Guillaume le Fruitier n'était point appropriée à usage scolaire; elle avait plusieurs issues, une entre autres, sur la rue des Maçons, qu'un arrêt du Parlement ordonna de murer, pour assurer le bon gouvernement intérieur. Une seule entrée fut conservée, sur la rue des Poirées, dite aussi de Sorbonne dans les titres. Ainsi clos et délimité, le nouveau collège, avec les annexions qui y furent faites, constitua une sorte de fief qu'on appelait «le fief du Trésorier», et qui se composait de bâtiments scolaires, puis de maisons de rapport, comme en avaient tous les collèges, pour suppléer à l'insuffisance de leurs revenus. Il en existait cinq à proximité du Trésorier, après les remaniements qu'amena la reconstruction du Collège de la Sorbonne. Elles occupaient la partie du «fief» située au nord, qui avait été séparée, par la rue Neuve-Richelieu, du collège proprement dit, lequel s'était cantonné dans la partie méridionale de ce même fief. Moins d'un demi-siècle après cette séparation (1679), le collège est dit s'ouvrir sur la rue Neuve-Richelieu, et non plus sur la rue des Poirées, c'est-à-dire sur l'extrémité occidentale de cette voie[1].

La rue Neuve-Richelieu, qui n'était qu'une voie très courte faisant communiquer la place de la Sorbonne avec la rue de la Harpe, marquait donc le milieu du fief du Trésorier, à travers lequel elle avait été ouverte. Plusieurs des maisons de rapport y avaient leur entrée, maisons dont une se projetait latéralement sur la rue des Maçons, et une seconde sur la rue de la Harpe. Les bâtiments scolaires leur faisaient face, de l'autre côté de la rue.

La mesure de concentration prise en 1763 amena la suppression du Collège du Trésorier, ou plutôt sa réunion à Louis-le-Grand. Les bâtiments furent vendus peu après et appropriés à usage privé. Ce qui en restait a disparu, de nos jours, avec la rue qui les séparait, pour faire place au boulevard Saint-Michel.

---

[1] Il existe aux Archives nationales, sous diverses cotes, des documents contenant de nombreux détails sur l'état de ces bâtiments, leurs dispositions et le terrain qu'ils occupaient. Nous publions, aux Appendices, quelques extraits de ces pièces.

V. COLLÈGE DE CALVY.

Ce collège, achevé en 1271, comptait parmi les plus anciens de Paris; il était contemporain de celui de la Sorbonne et s'honorait d'avoir le même fondateur : «Robert Sorbon, dit une notice manuscrite conservée aux Archives nationales, fonda un petit collège dans le voisinage du grand pour des écoliers artiens; il avait placé le second dans le voisinage du premier, afin que celui-ci en fût, en quelque sorte, le patron. C'est pour cette raison que le Collège de Calvy fut appelé *la Petite Sorbonne*, comme une fille et une dépendance de la principale[1].» Cette communauté d'origine et l'espèce de filiation qu'elle comportait avait, dit-on, motivé cette inscription placée sur la porte de Calvy :

Sorbona parva vocor; mater mea Sorbona major.

Bien que Robert Sorbon eût consacré à sa double fondation tout son avoir, augmenté des libéralités de Blanche de Castille et de saint Louis, la Petite Sorbonne, destinée à loger quelques boursiers seulement, dut être beaucoup moins importante que la grande; ce n'était en réalité que la division inférieure, on dirait, de nos jours, la division de grammaire et d'humanités de l'établissement principal, réservé aux théologiens. Les bâtiments scolaires furent achetés en 1270 et touchaient à ceux de la Grande Sorbonne, ayant été construits sur une partie du terrain acquis, pour les deux établissements, par Robert Sorbon. Il ne fut sans doute élevé qu'un petit oratoire, puisqu'une reconstruction de chapelle eut lieu en 1326 et une dédicace en 1347, sous le vocable de la Vierge, vocable qui s'explique par la protection et l'autorité que le Chapitre de Notre-Dame exerçait sur le petit Collège.

On ne rencontre, dans les historines de Paris, aucune description des bâtiments de Calvy ni aucune explication de ce nom quelque peu singulier. Il faut descendre jusqu'à l'année 1590 pour trouver des indications sur les locaux scolaires, et c'est à propos d'un bail que ces indications sont données, car la Petite Sorbonne était baillée «à titre de loyer et prix d'or... du jour de Pasques à quatre ans ensuyvans, finiz, revolus et accompliz». C'était une sorte de pensionnat mis en location, après un état des lieux. Voici donc ce que prenait, en 1590, «vénérable et scientiffique personne maistre Rodolphe Gazil..., compaignon d'icelluy college de Sorbonne» :

«Une maison comprenant plusieurs corps d'hostelz, court et puis au milieu, les lieux ainsy qu'ilz se poursuivent et estendent de toutes parts et de fond en

[1] Archives nationales, S 6211.

comble, antiennement appelée LE PETIT SORBONNE, et à présent le Collège de Calvy, assize en ladicte université, ruë des Porées, ayant sa principale entrée en ladicte ruë et issuë en la rue de Sorbonne, audict College de Sorbonne appartenant, en ce non compris la MAISON DU SOUFFLET VERT et aultres maisons que celluy college a situées et assizes en ceste ville de Paris, grant ruë Sainct Jacques[1]. »

Il résulte de ce texte que le nom de Calvy n'avait pas été donné primitivement au collège, puisqu'il est dit le porter «à présent», en 1590. D'où lui venait-il? En l'absence de pièces probantes, il n'y a, sur ce point, que des conjectures à émettre. Il faut repousser toute origine italienne ou corse; mais peut-être y a-t-il eu un personnage du nom de Calvy, principal, procureur, ou bienfaiteur du petit Collège} auquel il n'est pas déraisonnable de supposer qu'on en aura donné le nom pour le distinguer du grand. La note suivante, extraite d'un document authentique, peut aider à la solution du problème : «*Déclaration de 1465, devant le Chapitre de Paris :* Les escholiers de Cornouailles, au lieu de Me Yves Calvy, pour un petit corps de logis tenant par haut au college et par bas à L'HOSTEL DES ANNIVERSAIRES » — voir la rue du Plâtre. — Cet Yves Calvy, qui était en relations avec le collège de Cornouailles, a pu avoir des rapports de bienveillance avec la Petite Sorbonne et mériter, par ses bons offices, que son nom fût porté par l'établissement. C'est la seule hypothèse qui offre quelque vraisemblance, le nom du propriétaire qui vendit à Robert Sorbon, savoir Guillaume de Cambrai, n'ayant aucune similitude avec Calvy.

Le régime des baux fut fatal au collège, puisque Rodolphe, Raoul, ou René Gazil, ou Gazel, dut en fermer les portes (1591) par suite de la dispersion des élèves et d'une sentence du Châtelet. L'établissement qui, en 1540, occupait le quatrième rang, comme importance, parmi les collèges de Paris (Arch. de l'Univ., reg. XIX, fol. 136), n'était plus qu'une ruine universitairement et matériellement, lorsque Richelieu entreprit de relever, en même temps, la Grande et la Petite Sorbonne. Celle-ci fut naturellement laissée au second plan, et Messieurs de la Grande lui signifièrent assez durement, en la personne du locataire, l'arrêt qui la condamnait à être transplantée. Les Archives nationales conservent, sous la cote S 6211 et à la date du 23 juin 1628, «une sommation au principal du collège de Calvy de sortir dudict collége, comme appartenant à MM. de Sorbonne, et dont ils auroient besoin pour achever leurs bastimens».

La reconstruction de la Sorbonne était donc commencée, depuis le 18 mars 1627, lorsqu'on somma, le 23 juin 1628, le principal du Collège des Artiens de déguerpir. C'est à ce moment, en effet, qu'on allait entreprendre l'édification de la chapelle, sur l'emplacement même de Calvy. Cette localisation précise résulte de

---

[1] Archives nationales, S 6211.

la mention suivante extraite des Archives de l'Université, conservées au Ministère de l'Instruction publique (registre XXVI, p. 21) : *Collegium Calvicum tunc fuit ubi hodie exstructum est sacellum Sorbonæ.*

La plupart des historiens de Paris donnent la date de 1626 comme celle de la démolition du Collège de Calvy : la sommation que nous venons de citer prouve, par sa date, que l'œuvre de destruction n'a pu être inaugurée avant 1628.

« Richelieu, dit ensuite l'auteur de la notice manuscrite conservée aux Archives nationales, ne vouloit cependant pas que le collége fondé pour des artiens fût anéanti. Il avoit promis de le faire réédifier, toujours dans le voisinage de la Sorbonne, comme une dépendance de ce collége. N'ayant pas le tems d'exécuter ce projet, il ordonna, par son testament, que, pour remplacer le Collège de Calvy, ses héritiers en feroient bâtir un autre, et il destina pour cela la place qui se trouve entre la ruë de Sorbonne et celle des Massons, depuis les Écoles de Sorbonne jusqu'à la ruë des Mathurins. Mais, comme l'exécution de cette disposition du testament exigeoit une dépense considérable, les héritiers de Richelieu refusèrent de l'exécuter, et on n'osa pas les y contraindre. Seulement, pour remplir, en apparence, les intentions et les obligations du testateur, et pour qu'il dependît de la maison de Sorbonne un collége fondé pour des artiens, les héritiers de Richelieu firent unir à la Sorbonne, en 1646, le Collège du Plessis; c'est pour cette raison que le collége a été connu depuis sous le nom de Collège du Plessis-Sorbonne [1]. »

Les artiens de Calvy ayant été transférés au Collège du Plessis, devenu propriété de la Grande Sorbonne, la Petite n'a plus dès lors d'existence propre, et son histoire se confond avec celle de l'établissement auquel on l'annexa. (Voir, à l'article des colléges de la rue Saint-Jacques, la notice que nous avons consacrée au Plessis-Marmoutier et au Plessis-Sorbonne.)

RUE DES PRÊTRES-SAINT-SÉVERIN.

Cette voie aboutit, d'une extrémité à la rue Saint-Séverin, et de l'autre à celle de la Parcheminerie. Elle a été fréquemment qualifiée de « ruelle » et de « ruelette » à cause de son étroitesse et de son peu d'étendue. Un titre de 1244 la nomme *ruella ante Sanctum Severinum.* Guillot l'appelle *la ruelette Sainct Severin.* Sauval lui a trouvé un autre nom, celui de *ruele à l'arci-prêtre,* parce que le curé de Saint-Séverin y demeuroit [2]; circonstance que nous fait connaître

[1] Archives nationales, S 6211. — [2] *Antiquités de Paris,* t. I, p. 159.

également le Livre de la Taille de 1298, en l'appelant *ruele au curé*. Certains titres, sans la confondre avec la rue Sacalie, la désignent comme y aboutissant : *ruella que est in capite vici qui dicitur Sacqualie* (1236). Puis, malgré sa petitesse, elle paraît avoir été parfois qualifiée de *grande* : «la grant ruelle Sainct Séverin» (1359), par comparaison avec «la ruelette allant du cimetière à la rue de la Parcheminerie». (Voir à l'article de cette dernière rue.) En 1374, c'est par *strictus vicus Sancti Severini* qu'on la désigne. Le nom de rue ou ruelle des Prêtres lui fut attribué vers la fin du xv⁰ siècle (1489 et 1493), et a subsisté jusqu'à nos jours.

Par sa situation entre le Palais des Thermes et le Petit-Châtelet, que des substructions gallo-romaines montrent comme ayant dû être rattachés l'un à l'autre, le sol occupé par la ruelle et l'église a été couvert de constructions de la même époque. Des fouilles récentes en ont donné la preuve [1].

CÔTÉ OCCIDENTAL
(du Nord au Sud).

PAROISSE DE SAINT-SÉVERIN.

JUSTICE ET CENSIVE DE SAINTE-GENEVIÈVE.

Maison à deux pignons, sans désignation, faisant le coin de la rue Saint-Séverin. Cette maison fut donnée en 1287 au Chapitre de Notre-Dame par Guillaume de Montmorency, archiprêtre-curé de Saint-Séverin [2]. Son importance tenta la cupidité anglo-bourguignonne. Elle figura, dans les termes suivants, sur le Compte des confiscations, dès l'année 1421 (Sauval, t. III, p. 295) : «Maison, rue Saint-Séverin, au coin de la ruelle Saint-Séverin, qui fut à Henri Olivier, absent; ladite maison chargée de sept livres dix sols parisis de rente envers les chanoines de la Sainte-Chapelle, de soixante sols envers l'église Saint-Benoît.»

Presbytère de l'église Saint-Séverin (1469), contigu à la maison formant l'angle occidental de la rue de ce nom. L'archiprêtre y demeurait dès 1243.

---

[1] Un savant archéologue, Jollois (dans un *Mémoire sur les antiquités romaines et gallo-romaines de Paris*, inséré dans le tome I des *Mémoires de l'Institut*, année 1843, p. 88), donne d'intéressants détails sur les tombes en plâtre découvertes en ce lieu, ainsi que «sur une véritable construction romaine en maçonnerie de briques et de moellons alternativement, sur laquelle les fondations de l'église seraient assises». Le même Jollois détaille ensuite les particularités suivantes : «Les fouilles ont mis à découvert un assez grand nombre de tessons de belle poterie rouge et de poterie plus commune, de couleur grise et noirâtre..., une médaille petit bronze de Probus..., des médailles du Haut et du Bas-Empire, entre autres d'Antonin, de Faustine, de Domitien, de Claude le Gothique, de Dioclétien, de Constance, de Licinius et de Tetricus.»

[2] Archives nationales, S³⁴, p. parch. — Suivant ce document, cette maison était sise en la censive de Saint-Germain-des-Prés. — Communication de M. P. Le Vayer.

Hostel de Lisieux (1336), puis Maison de la Corne de cerf (1512), ayant été le premier domicile du collège de Lisieux, d'où lui venait son nom. Lorsque l'établissement «des pauvres clercs» eut été transféré dans la rue des Grès, l'hôtel passa à un certain Geoffroy et devint finalement la propriété de la paroisse Saint-Séverin.

Maison de la petite Autruche, ou simplement de l'Autruche (1334), appartenant alors à M⁰ Philippe, médecin, *domus magistri Philippi, medici*. En 1516, elle aboutissait à un jardin des appartenances de l'église voisine.

Maison de la grande Autruche, ou simplement de l'Autruche (1490), ayant, selon toute probabilité, formé deux corps de logis portant la même enseigne. Quand on les divisa, le plus considérable s'appela *la Grande*, et le moins important la petite Autruche. Au XVIᵉ siècle, la petite Autruche paraît avoir eu pour dénominations Trois Images, celles de Saint-Clément, Saint-Martin et Saint-Séverin.

CENSIVE DE LA SORBONNE.

Corps de logis, dépendant de la Maison de la Séraine (1454), ou des Gans (1490), ou des Verts galans (1518), sise en la rue de la Harpe. Elle est ainsi désignée dans des titres de la fin du XVᵉ siècle : «Place où souloit avoir masure et, de présent, est ung jardin, nommé la place Jehan Bourdon, contiguë à l'Autruche, aboutissant à la Seraine.» — «Grant maison et deux masures, l'une le Four, l'autre la Masure de Bourdon, contiguë à l'Autruche.» — «Masure du Foin, alors Jeu de Paulme, ruë des Prestres, tenant à l'Estoille, d'aultre part aux Verts galands, antiennement place Jehan Bourdon.»

Maison avec four (1308), *domus ad furnum* (1314), appelée successivement l'Hostel au four (1414) : *Quamdam domum sitam in parva ruella Sancti Severini et est quidam furnus in domo eadem.* En 1454, on la désigne ainsi : «Masure où souloit avoir maison appellée antiennement la Maison du Four, ruë aux Prestres, tenant à un jardin de l'Estoille, et d'autre à une place vide des appartenances de la Seraine.» Quelques années auparavant, un titre la localise ainsi : «Meson dans une petite ruele, devers l'église parochiale de Sainct-Séverin, ayant regard sur la goutiere d'icelle église, tenant et aboutissant à la Seraine, d'autre à J. Cornet, en la censive des Escoliers de Sorbonne, à cause du fief appelé le Franc Rozier.» Devenue Jardin en 1490, Jeu de Paulme du Four en 1526, Jeu de Paume du Pré en 1535, elle dut être rendue plus tard à sa destination première, puisqu'on la trouve désignée, en 1575, sous le nom de Four d'Allexis. A cette époque, d'après l'*Inventaire des biens de la Sorbonne*, celle-ci percevait sur l'immeuble, «par chacun an, xiiᵈ parisis».

Jardin dépendant de l'Estoille d'or (1454) et faisant le coin occidental de la rue de la Parcheminerie. En 1575, c'est la Maison de l'Image Sainte-Catherine; on la voit plus tard «faisant le coing de la ruë des Prebstres, tenant, d'une part à un jeu de Paulme, puis à Colin Vanier, parcheminier, et au jardin de la Maison des Gans».

CÔTÉ ORIENTAL
(du Sud au Nord).

PAROISSE DE SAINT-SÉVERIN.

JUSTICE ET CENSIVE DE LA SORBONNE.

Maison de la Fleur de lys (1483), faisant le coin de la rue des Prêtres. Elle paraît s'être nommée, en 1350, la Maison de l'Angle.

Maison du Patin (1517), contiguë à celle qui occupait le coin oriental de la rue de la Parcheminerie. Elle avait primitivement fait partie de la Maison du Boisseau. Elle est dite, à la date précitée, «aboutissant, par derrière, à la Maison de Saincte-Geneviefve», et, en 1546, «contenant plusieurs corps d'hostel, tenant à la Fleur de lys, faisant le coing de la ruele, aboutissant, par derriere, aux charniers du cymetierre de l'église Sainct-Séverin». En 1557, elle «appartient à M⁰ Claude Parisot, procureur au Parlement, et doibt, par chacun an, viii^s parisis» à la Sorbonne.

Côté occidental des charniers Saint-Séverin. C'est à la rue Saint-Séverin que se rattache la description historique et topographique de cette nécropole.

Façade de l'église de Saint-Séverin. La notice consacrée à cet édifice se trouve à l'article de la même rue Saint-Séverin.

RUE DES RATS.

Cette voie, perpendiculaire à la Seine, débouche, d'une part, dans la rue Galande, et, de l'autre, dans celle de la Bûcherie. Il en est fait mention dès le xiiie siècle, et elle doit être contemporaine des deux rues auxquelles elle aboutit encore aujourd'hui.

Le nom qu'elle a longtemps porté, et qui est orthographié de deux façons dans les titres, a donné lieu à diverses conjectures étymologiques : «Il pourrait bien venir, dit A. Berty, de ce que les chantiers situés en la rue de la Bûcherie et voisins du bord de la rivière, servaient de refuge à de nombreuses troupes de ces rongeurs. » L'hypothèse n'est pas dépourvue de vraisemblance : seulement, comme l'auteur précité constate, en 1298, l'existence, dans cette rue, d'une ancienne Maison des Ratz, il se demande si cet immeuble a reçu son nom de la rue dans laquelle il était situé, ou s'il le lui a donné.

Une autre étymologie se présente, appuyée sur le Dit de Guillot : rue d'Arras, mot que l'on trouve traduit, en latin, dans le censier de 1343, ainsi que dans plusieurs titres du xive siècle, *vicus atrebatum* et *atrebatus*. Un hôtel de ce nom a pu exister dans la rue et lui valoir cette appellation.

Celle qu'on lui donne aujourd'hui date de 1829; elle lui vient d'une maison qui aurait appartenu au célèbre ministre de Louis XIV, ou à l'un de ses parents; maison qui se faisait remarquer par sa belle porte à heurtoir ciselé, son riche escalier, dont la rampe était en fer forgé, et les bas-reliefs décorant sa cour. Le nom d'Hôtel Colbert a donc été, au début du siècle et sur la demande des riverains de la voie, substitué à celui des Rats, lequel était beaucoup moins euphonique.

CÔTÉ OCCIDENTAL
(du Sud au Nord).

PAROISSE DE SAINT-ÉTIENNE-DU-MONT.

JUSTICE ET CENSIVE DE SAINTE-GENEVIÈVE.

Maison de la longue Allée (1380), plus tard Hôtel Colbert, contiguë à l'immeuble qui faisait le coin occidental de la rue Galande. Elle était importante et comprenait plusieurs corps de logis, dont l'un n'était autre que la maison suivante. Son nom lui venait sans doute de la ruelle, ou passage, qui la longeait, avant son démembrement, et faisait communiquer la rue des Rats avec celle du Fouarre.

Maison sans désignation, ayant constitué un corps de logis de la précédente et tenant le coin méridional de la ruelle que nous venons de mentionner.

Maison de l'Ymaige Nostre-Dame (1380), formant l'angle septentrional de la même ruelle; contiguë à l'édifice des Écoles de Médecine, qui faisait le coin occidental de la rue de la Bûcherie, elle aboutissait rue du Fouarre, sous forme d'autres écoles, lesquelles dépendaient, en 1507, de l'Hostel de Chartres. En 1401, elle appartenait en totalité à un évêque de Chartres, nommé Miles d'Illiers. En 1557, elle est déjà démembrée et ainsi désignée : «Maison contenant plusieurs corps d'hostel, appellée l'Hostel du Puits des Chartiers, sise rues des Rats et du Fouarre, tenant, d'une part, lesdicts lieux, à Me de Melior et à l'huissier

Cantot, d'autre part à F. Richerel, M⁰ Jean Ruelle et autres, d'un bout sur la rue des Rats et d'autre à ladite rue du Fouarre. » Les prélats chartrains se défirent enfin de la partie centrale de cet immeuble, car un censier de 1646 donne à l'ancien HÔTEL DE CHARTRES, DU PUITS DE CHARTRES, ou d'ILLIERS, deux enseignes nouvelles : LES TROIS POULLES BLANCHES et NOSTRE-DAME.

ANCIENNES ÉCOLES DE MÉDECINE (1475). Leur notice se lit à l'article de la rue de la Bûcherie.

CÔTÉ ORIENTAL
(du Nord au Sud).

MÊMES PAROISSE, JUSTICE ET CENSIVE.

MAISON DES RATS (1362), contiguë au vaste chantier qui tenait le coin septentrional de la rue de la Bûcherie. C'est, avec la suivante, dont elle n'était point séparée primitivement, l'immeuble qu'on dit avoir donné ou emprunté son nom à la rue. Il en est fait fréquemment mention dans les titres, avec des tenants et aboutissants divers, notamment en 1357, 1362, 1380, 1431 et 1490. On le dit, à ces différentes dates, situé « devers les Trois portes..., devers la Buscherie », et tenir « par derriere à l'OSTEL DES TROYS JANETTES ».

Autre MAISON DES RATZ, démembrement de la précédente, ayant contenu une sorte d'hospice, ainsi qu'il résulte de cette mention qu'on trouve dans un titre de 1380 : « LES RAZ ; les deux jadis en faisoient une seule et y eust un HOSTEL DIEU, contigu à la maison faisant le coing » de la rue des Trois-Portes. C'était l'un des cinq hôpitaux fondés en l'Université par Philippe de Valois.

L'une des deux MAISONS DES RATS appartenait, en 1362, à l'abbaye de Sainte-Geneviève. Témoin un document portant cette date : « La meson des Raz, rue des Raz, tenant a une meson des religieux de Saincte Geneviefve, appelée aussy la Meson des Raz. »

MAISON DE LA CORNE DE CERF (1551), faisant le coin septentrional de la rue des Trois-Portes. Elle était primitivement comprise dans le grand immeuble portant le nom de RATS. Détachée à une époque qu'on ne peut préciser, elle est ainsi désignée en 1489 : « Maison à Nicolas Morillon, tenant d'une part et faisant le coing de la rue des Trois-Portes, d'autre à l'HOSTEL DES RATZ, précédemment à P. de La Fosse. » En 1551, LA CORNE DE CERF reparaît, « tenant à Al. Regnard et à la ruë des Trois-Portes, d'une part, par devant à la rue des Rats ».

MAISON DE L'IMAGE SAINT JEHAN (1586), formant l'angle méridional de la rue des

Trois-Portes et contiguë à celle qui faisait le coin oriental de la rue Galande, ou Maison de la Teste-Pelée. Elle en avait primitivement dépendu.

RUE DE REIMS.

Avant les remaniements modernes, qui ont bouleversé toute cette région, la rue de Reims aboutissait, d'un côté, à celle des Chollets, de l'autre, à celle des Sept-Voies, aujourd'hui rue Valette. Le nom qu'elle devait au collège qu'on y fonda, en 1412, n'est pas le premier qu'elle ait reçu; elle s'appelait auparavant «ruë au duc de Bourgongne», et c'est ainsi que la désigne le Livre de la Taille de 1392. Mais elle avait eu une dénomination antérieure : avant que les ducs de Bourgogne de la branche des Valois se rendissent acquéreurs de plusieurs maisons pour les réunir en un vaste hôtel et en faire leur résidence occasionnelle, la rue portait le nom d'un certain Gaultier le Mire, *vicus Gualterii Medici*, lequel n'était pas médecin, comme son père, ou son aïeul, avait pu l'être, mais maçon, *cementarius*, dit un titre de 1247; c'est le censier de Sainte-Geneviève.

Lorsque «les grands ducs d'Occident» quittèrent leur hôtel du quartier de l'Université pour habiter celui qui était situé en la ville, et qui leur venait de Marguerite, comtesse de Flandre et d'Artois, la résidence abandonnée devint un collège et en prit le nom; un titre de 1417 porte : «la ruë au duc de Bourgongne à présent appellée la ruë du Collège de Reims.» Malgré cette mutation, l'ancienne appellation ne disparut pas complètement et plusieurs documents du xvi° siècle la lui donnent encore.

CÔTÉ MÉRIDIONAL
(d'Orient en Occident).

PAROISSE DE SAINT-ÉTIENNE-DU-MONT.

JUSTICE ET CENSIVE DE SAINTE-GENEVIÈVE.

Jardin dépendant du Collège de Reims, occupé plus tard par la Maison de l'Image Saint-Pierre, laquelle tenait à un Petit-Ouvrouer, celui-ci donnant sur la rue des Sept-Voies, dont il formait l'angle méridional. Ce jardin est dit, en 1580, «cloz de murs, ouquel y a ung petit appentis sur le derriere, assiz devant la porte du college, ruë de Bourgongne, aultrement dicte de Reims, contenant deux quartiers de terre, tenant, d'une part, au collège de Saincte Barbe, d'aultre part au collège Fortet (ou appartenances desdits), aboutissant à une maison estant du collège de Montaigu; d'aultre bout, par le devant, sur ladicte ruë de Bourgongne, dicte de Reims».

Ostel des Coulons (1402). Cette maison s'alignait à l'ouest du jardin précité et aboutissait en partie sur la rue des Chiens. Nous n'avons pu vérifier si elle attenait, comme il y a lieu de le croire, aux deux maisons suivantes.

Deux maisons, mentionnées, en 1407, comme placées «au derriere d'un jardinet ayant entrée sur la rue des Chiens». L'une de ces maisons appartenait alors à un certain Jehan d'Auvergne. En 1426, elle avait passé en d'autres mains; un titre portant cette date cite, en effet, «deux maisons entretenantes, l'une grande, l'autre petite, appartenant à Jean Savin, tenant aux maisons de M° de Chalon, et à une maison appartenant à Guillaume Arcus, aboutissant ledict jardin à une ruë par laquelle len va à la chapelle de Sainct Siphorien». La renommée de l'immeuble se prolonge dans le xvi° siècle. En effet, J. Quicherat y introduit en ces termes (*Histoire de Sainte-Barbe*, t. I, p. 274-275) Jean Louis Tilletan, ou de Thielt : «Cet imprimeur, élève des Étienne et beau-père de Guillaume Morel, qu'il employa comme correcteur d'épreuves depuis 1540, demeurait en face du Collège de Reims, dans une maison bâtie depuis peu, à côté du vieil hôtel des Coulons. Son établissement est le même que Thomas Richard illustra depuis sous l'enseigne de la Bible d'or.»

Maison de la Hache (1404), aboutissant à l'hôtel de Chalon, ainsi que le dit formellement un titre de cette année, où elle est énoncée comme «tenant à Jehan d'Auvergne et à Jean Bonsergent, prebstre, par derriere à l'ostel de Chalon».

Hostel de Chalon, ou des Cinq Écus, dans lequel fut installé plus tard le collège de Sainte-Barbe. Il s'agit ici de la résidence parisienne des princes d'Orange, de la dynastie de Chalon, et non de la demeure des évêques de Châlons-sur-Marne. La confusion a été très souvent commise, et Jules Quicherat la relève en ces termes : «Les évêques de Châlons-sur-Marne, domiciliés de tout temps au quartier Saint-Martin, n'ont rien à faire ici [1].» Nous l'avons relevée, d'après le même, à l'article de la rue des Chiens, et nous prions le lecteur de s'y reporter. La maison dont il s'agit, formée sans doute par la réunion de plusieurs autres, tenait l'angle méridional de la rue de Reims et s'étendait jusqu'à la rue des Chiens.

CÔTÉ SEPTENTRIONAL
(d'Orient en Occident).

MÊMES PAROISSE, JUSTICE ET CENSIVE.

Hostel de Bourgongne, s'étendant, en largeur, depuis la rue des Sept-Voies jusqu'à la rue Chartière. Au milieu du xiii° siècle, un certain Joce d'Arundel, mort

---

[1] *Histoire de Sainte-Barbe*, t. I, p. 4.

vers 1256, possédait, en la rue de Reims, une maison qui, après avoir passé à sa veuve, fut achetée par un duc de Bourgogne de la branche de Valois, par Philippe le Hardi, qui la possédait dès 1376. Pour en former une résidence digne de lui, le même duc y joignit plusieurs autres maisons voisines, entre autres celle de Hue le Picart, située devant celle de l'évêque du Mans et faisant le coin de la rue Chartière. Il y réunit également un autre hôtel épiscopal, celui qu'avait possédé, au XIIIe siècle, «l'evesque des Cinq églises, *episcopus quinque ecclesiarum*[1], » et qui formait l'angle septentrional de la rue des Sept-Voies. Enfin le pourpris de l'hôtel fut complété par une annexe occupant l'angle sud-est, par la maison de Gaultier le Mire, dans laquelle se trouvaient, en 1380, «les estables de l'ostel », et où le collège de Reims eut plus tard un jardin.

Les divers immeubles dont la réunion a formé l'Hostel de Bourgongne sont énumérés dans le censier de 1380 : « Monseigneur de Bourgongne, pour sa maison qui fut M^e Le Picart, devant la maison à l'évesque du Mans. Item, iceluy, pour la maison qui fut Josse d'Arundel. Item, iceluy, pour la maison qui fut à la Fillesoye. Item, iceluy, pour la maison qui fut à l'évesque des Cinq églises. Item, iceluy, pour la maison qui fut Gaultier le Mire, en laquelle souloient estre les estables. Item, iceluy, pour la maison où la grant porte est. » Tout cet ensemble, moins l'immeuble de Gaultier le Mire, formait un pourpris qui devait s'étendre, en formant hache, jusqu'à la rue du Mont-Saint-Hilaire, et couvrir l'espace compris entre les rues Chartière et d'Écosse. Les censiers de Saint-Marcel prouvent, en effet, que tout ce dernier terrain constituait le collège de Coqueret; or on sait que ce collège fut établi, en 1418, sur une partie du sol des bâtiments du ci-devant hôtel de Bourgogne.

En 1361, par suite de l'extinction de la deuxième race des ducs et avant la reconstitution du duché par le roi Jean, ce duché fut réuni au domaine royal, puis donné, trois ans après, à Philippe le Hardi, souche de la troisième et dernière famille ducale. Il ne paraît pas que le fondateur de l'hôtel l'ait beaucoup habité; il préférait sans doute le magnifique séjour que lui offrait l'hôtel de Flandre et d'Artois, apport dotal de sa femme Marguerite, et qui fut plus tard la résidence favorite de Jean sans Peur. Mais, en 1402, quand il partagea ses biens, l'hôtel échut à son troisième fils, Philippe, comte de Nevers et de Rethel. C'est à ce dernier qu'il fut acheté, en 1412, par les écoliers de Reims. Il est nommé, dans un acte de cette même année, Hostel de Poissy, parce que, vers 1364, les religieuses de Poissy, forcées par les événements — on était alors en pleine guerre — de venir chercher un refuge à Paris, y furent accueillies et logèrent soit dans le futur hôtel, soit dans une de ses futures dépendances.

---

[1] Cet évêque n'a pu posséder la maison visée dans le texte que vers le commencement du XIIIe siècle; car, dans le censier de 1257, elle est formellement indiquée comme ne lui appartenant plus depuis longtemps : *domo quæ quondam fuit episcopi quinque ecclesiarum.*

Collège de Reims, sis en la rue au duc de Bourgogne, dit un censier de 1544.

Hostel des evesques du Mans, où fut installé le collège de ce nom. Son pourpris s'étendait depuis la rue Chartière jusqu'à celle des Chollets. Chacun de ces établissements est l'objet d'une notice spéciale.

I. COLLÈGE DE REIMS.

Les écoliers qui acquirent, en 1412, l'hôtel de Bourgogne, formaient, dit un texte, « une communauté d'étudiants champenois » fondée en 1399, par un codicille de Guy de Roye, archevêque de Reims, et composée « des clercs de la table archiépiscopale ou de sa terre patrimoniale [1] ». Comme beaucoup d'autres boursiers, qui furent rentés avant de jouir d'un collège à eux appartenant, lorsque le fondateur n'avait pas à Paris de maison pour les y loger, ceux-ci étaient dispersés, et l'intérêt des études commandait de les réunir. Conseillés par le chancelier de l'Université, Jean Gerson, ils achetèrent, au prix de 2,000 livres tournois, la totalité de l'hôtel de Bourgogne, qui leur fut vendue par Philippe, comte de Nevers et de Rethel. La possession de ce dernier fief, situé en terre champenoise, n'a pu rendre le vendeur moins exigeant, puisque l'annexion de Rethel à Reims est postérieure de trente et un ans à la transaction dont s'agit.

A peine le collège était-il installé qu'il eut à subir les conséquences de la lutte entre Armagnacs et Bourguignons. Dans l'année 1418, pendant que les deux partis se proscrivaient alternativement et que le sang coulait à flots, le collège fut pillé, dévasté; mais la rage populaire échoua contre sa forte structure, « puisque, sous Charles VII, il présentait encore, sur la rue Chartière, un corps de logis et un mur crénelé, fortifié d'une tour à l'un de ses bouts [2] ». « C'est en 1443 seulement, dit le savant continuateur de Du Boulay, que Charles VII le restaura, à l'instigation de son confesseur Gérard Machot, et y réunit le petit collège de Rethel, fondation du xive siècle, également détruite par la guerre. » Grâce à cette restauration et à cette annexion, le Collège de Reims eut un siècle et demi de prospérité; mais, vers le milieu du xviie siècle, il était en pleine décadence, puisqu'on n'y voyait plus d'autres habitants que « le principal, sa mère, le procureur et un homme de peine [3] ». En 1720, le cardinal de Mailly, archevêque de Reims, entreprit de le rétablir, en réformant ses statuts et en y fondant huit bourses. Les bâtiments furent également l'objet de sa sollicitude; ils avaient, en effet, besoin de grandes réparations. Bien que le logis principal fût resté intact, même après les ravages de 1418, les dépendances, restaurées vingt-

---

[1] Archives nationales. MM 434. *Inventaire des titres du Collège.*

[2] *Histoire de Sainte-Barbe*, t. I, p. 17.

[3] Mémoire manuscrit, conservé aux Archives nationales, MM 434. C'est une notice extraite des *Titres du Collège.*

cinq ans après, exigeaient de nouveaux travaux. On ne comptait pas moins de onze bâtiments que l'*Inventaire des titres du Collège* énumère, et qui durent être reconstruits, les uns en 1640, époque où la porte majeure de l'établissement fut placée sur la rue des Sept-Voies, les autres en 1675, 1737, 1745 et 1752 [1]. Les frais que les diverses reconstructions avaient occasionnés n'étaient pas encore complètement soldés en 1763, au moment de la réunion du collège de Reims à celui de Louis-le-Grand, bien que le duc de Rohan, archevêque de Reims, eût patronné les travaux, ainsi qu'en témoignait une inscription latine placée sur la nouvelle façade du collège, en 1752, et bien que l'union, durant sept années, des deux établissements — le Mans et Reims — eût apporté à ce dernier un supplément de revenus (1757).

On comprend que, pour faire face à tant de dépenses, le collège ait songé à se créer des ressources; il les demanda à la location : une série de baux conservés aux Archives nationales nous montre les salles, galeries et appartements loués à des professeurs de droit, à des libraires, à un maître de pension. La chapelle elle-même, dont il n'est guère fait mention dans les titres, parce qu'elle était sans doute peu importante, fut louée comme magasin, moyennant 150 livres par an, et elle était encore en location lorsque les bâtiments du collège furent déclarés propriété nationale.

Comme la plupart des fondations scolaires des XIII°, XIV° et XV° siècles, le collège de Reims avait succombé sous le poids de ses charges. Les revenus avaient diminué; le prix des bourses était insuffisant; des constructions dispendieuses s'imposaient, et le personnel administrant abusait de l'hospitalité scolaire au détriment des écoliers. Ces causes de ruine, on y insiste, se retrouvent dans tous les vieux collèges parisiens. Vendus, comme biens nationaux, les 8 messidor an IV, 2 mai et 8 août 1807, les bâtiments du collège de Reims ont été réunis à ceux de la maison de Sainte-Barbe, avec lesquels ils se confondent aujourd'hui.

II. COLLÈGE DU MANS.

Ce collège était l'un des derniers venus dans la famille universitaire; sa fondation ne remontait, en effet, qu'à l'année 1521. Philippe de Luxembourg, cardinal, légat du Saint-Siège et évêque du Mans, dit Félibien, traduisant l'acte de fondation, «avoit témoigné plusieurs fois, pendant sa vie, le dessein qu'il avoit de fonder un collège dans l'Université, pour faciliter à douze pauvres escoliers de son diocèse les moyens de se former aux bonnes lettres. Mais ayant été prévenu par la mort, il en laissa l'exécution à Christophe de Chauvigné, chanoine du Mans, de-

---

[1] Archives nationales, MM 434. (Voir aux Appendices.)

puis évêque de Léon, et à ses exécuteurs testamentaires. Ceux-ci choisirent l'ancien hôtel des évêques du Mans, situé dans la rue de Reims, sur la montagne de Sainte-Geneviève, presque réduit en masures... Là ils bâtirent un collège tout neuf et de plein exercice, avec une chapelle, un puits et les autres commodités nécessaires; à quoi ils consumèrent plus de quatorze mille livres. Le bâtiment contenoit trente six chambres pour loger les boursiers, les régents et les pensionnaires, sans compter les classes et les autres offices[1]". Les détails qui précèdent sont aussi consignés dans une notice manuscrite en latin, dont l'original est conservé aux Archives nationales (M 170)[2]. Le texte mentionne *domos, capellam, puteum, pavimenta curiæ, et omnia quæ ibidem sunt magnifice a fundamentis.*

Ces magnificences étaient dues tout entières au cardinal de Luxembourg; un autre prince de l'Église, le cardinal Louis de Bourbon, qui lui avait succédé sur le siège épiscopal du Mans, se contenta, d'après un mémoire présenté, en 1762, aux commissaires de la Cour, de vendre aux exécuteurs testamentaires du fondateur l'hôtel du Mans, appartenant à son siège. "Cet achat fut fait moïennant 25 livres de rente perpétuelle et amortissable, païable à mondict cardinal de Bourbon et à ses successeurs évêques du Mans." Les mêmes exécuteurs testamentaires "achetèrent encore de l'abbé et du couvent de Marmoutiers une place pour y bâtir la chapelle du collège futur et ce que l'on appela le logis de la petite cour, près les *Treillis Verds*, moïennant 5 livres de rente et 17 sous de cens annuel, par acte du 23 avril 1524." (Arch. nat., S 6488.)

Corrozet, qui vit dans sa nouveauté la construction, et non la reconstruction du collège — car on n'avait rien utilisé de ce qui restait de l'ancienne résidence épiscopale — déclare que "c'estoit un hostel de très riche edifice". Le gros œuvre, lui seul, avait coûté, répétons-le, plus de 14,000 livres tournois.

Malgré le luxe de son installation et son union momentanée avec le collège de Reims, celui du Mans prospéra peu, car, moins d'un siècle après sa fondation, il ne pouvait suffire à ses charges; aussi l'un des successeurs de Philippe de Luxembourg, l'évêque Charles de Beaumanoir, consentit, dit Félibien, "à la suspension des exercices publics et permit aux principal, procureur et boursiers de louer les chambres du collège à leur profit... On n'enseigna plus dans le collège que la philosophie[3]".

Le collège, tombé en pleine décadence, ne trouva plus de nouveau bienfaiteur; mais il ne tarda point à être convoité par de puissants voisins. Habiles à profiter de toutes les occasions pour s'agrandir, les jésuites du collège de Cler-

---

[1] *Histoire de la Ville de Paris*, t. II, p. 974 et suiv.

[2] Les Archives nationales possèdent, sous diverses cotes, de nombreuses pièces inédites contenant l'histoire du collège et des états descriptifs très détaillés des locaux. Nous en publions quelques extraits aux Appendices.

[3] *Histoire de la Ville de Paris*, t. II, p. 975.

mont, qui s'étaient déjà annexé une partie des bâtiments du collège des Chollets, une partie de ceux de Marmoutiers, ce qui les rendait proches voisins du Mans, puisque la magnifique chapelle de ce dernier collège avait été construite sur un terrain acheté à Marmoutiers, négocièrent, dit l'historien de Sainte-Barbe, « avec le principal et les boursiers, sous le couvert de l'évêque du Mans », l'acquisition de l'établissement fondé par ses prédécesseurs. Après trois tentatives « d'union », que l'opposition de l'Université rendit infructueuses (1625, 1631 et 1653), l'achat du collège eut enfin lieu par acte du 18 mai 1683, et Louis XIV fit délivrer à Mr de Tressan, lors évêque du Mans, la somme de 53,156 livres, à la charge, par les vendeurs, de réinstaller l'établissement dans un autre immeuble; ce qu'ils firent, cinq ans plus tard, en acquérant, de l'abbé de Marillac, au prix de 28,000 livres, une maison sise tout près de la porte Gibart, à l'entrée de la rue d'Enfer (1687). Nous y suivrons les boursiers lorsque nous exposerons l'histoire topographique du faubourg Saint-Michel.

Mais, dans l'intervalle et en attendant les appropriations nécessaires à leur réinstallation, les écoliers dépossédés de leur ancien local durent chercher un asile; ils le trouvèrent dans une maison de la rue de la Harpe, qu'on loua pour eux, moyennant 763 livres par an, et qui était voisine des nouveaux bâtiments où ils devaient être transférés.

Quant aux anciens locaux, les jésuites s'empressèrent de les approprier à leur nouvelle destination. Sans égards pour « l'hostel de tres riche ediffice » qu'admirait Corrozet, ils le démolirent, ainsi que la chapelle, pour raccorder le tout avec les bâtiments de leur collège de Louis-le-Grand. Tout l'emplacement est occupé aujourd'hui par les nouvelles constructions du lycée, constructions qui ont bouleversé l'ancien parcellaire de cette région et en ont complètement changé l'aspect topographique.

IMPASSE SAILLENBIEN, SAILLEMBIER, SALLEMBRIER, SALLEMBRIERE.

Cette quadruple orthographe a été appliquée à une ancienne ruelle perçant de la rue Saint-Séverin au petit bras de la Seine, et transformée en « cul-de-sac » par les constructions qu'on a élevées à son extrémité septentrionale; d'où le nom de « ruelle sans bout », sous lequel on la désigne au XVIe siècle. La singulière dénomination dont nous indiquons les principales variantes, lui venait d'une famille qui y possédait une maison, la plus importante sans doute; or cette famille s'appelait *Saillant bien*, ou plutôt *Saille en bien*, *Saliens in bonum*, et plusieurs de ses membres, Rodolphe, Denys, Jacques, sont cités, dans les titres des XIIIe et xive siècles, comme propriétaires de maisons dans Paris et d'îles en Seine, à la hauteur de Vitry, Clichy et Asnières. «*Saille en bien*, dit Lebeuf, rectifiant Sauval, étoit le nom, ou plutôt le sobriquet, d'un bourgeois de Paris, qui vivoit du temps de saint Louis; j'ai vu un acte de vente qu'il fit en 1268, avec Agnès, sa femme, à l'abbaye de Saint-Maur-des-Fossés, à la tête duquel il est nommé *Adam dictus Saliens in bonum* [1].» Le savant annotateur de Lebeuf ajoute à ce renseignement quelques détails sur la famille : «Les *Sal-en-bien*, dit-il, ont été fort opulents au moyen âge; un membre de cette famille a été enterré dans l'église de Saint-Lubin près Chevreuse[2].» Elle était peut-être d'origine ultramontaine, car il est fort question, aux xiiie et xive siècles, d'une famille italienne de *Salimbene*.

Si cette origine exotique est certaine, elle explique les variations que le nom a subies; on a dit *Saillembien*, puis *Saillembier* et *Saillembière*, et enfin *Sallembrier*, *Sallembrière*, *Saillembois*; autant de «corruptions», comme il y en a de nombreux exemples dans les dénominations des voies parisiennes.

Cette ruelle étant déjà une impasse dès le xve siècle, on comprend qu'elle soit restée à l'état de «cul-de-sac», depuis l'établissement du quai Saint-Michel (1816).

CÔTÉ OCCIDENTAL
(du Sud au Nord).

PAROISSE SAINT-SÉVERIN.

JUSTICE ET CENSIVE DU CHAPITRE DE NOTRE-DAME.

Maison du Moulinet (1465), faisant le coin occidental de la rue Saint-Séverin. Sauval (t. III, p. 644) la désigne ainsi : «Le Molinet, tenant d'un côté à la rue Salembien, aboutissant par derrière à la rue des Jardins — c'est-à-dire à «l'allée du Jardin et Fonderye —, et par-devant sur ladite rue Saint-Séverin».

En 1577, la Maison du Moulinet appartenait à Jean Cabry et à sa femme, héritiers de feu Pierre Prévost, lequel l'avait acquise des hoirs de feu Me Louis Regnot[3].

Le chapitre de Notre-Dame soutint, en 1588, un procès contre la Ville qui lui contestait le droit de censive sur cette maison[4].

Portion de la Maison de la Lymace (1444), divisée en deux, puis en trois corps d'hôtel, dont l'un, dit un censier de 1700, «sur la rue Saillembien».

Jardin et Fonderye (1444), dépendant de la Maison de la Limace et ayant dû,

---

[1] *Histoire de tout le diocèse de Paris*, t. I, p. 416.
[2] *Ibid.*, p. 456.
[3] Archives nationales, LL 161, f° 450.
[4] *Ibid.*, f° 453. — Communiqué par M. P. Le Vayer.

à une époque indéterminée, occuper le terrain ainsi désigné dans une note : «Place vuide, rue Saillembois (*sic*), tenant de présent au long de ladicte rue, et d'aultre à une ALLÉE, venant d'une masure en la ruë Sainct Séverin, aboutissant à la masure de L'ESCU DE FRANCE, d'aultre au MORTIER — lequel doit s'identifier avec LE COCQ — et à L'HOSTEL DE LA LIMACE.»

HOSTEL GRESLE (1545), appartenant à Me Gresle, procureur général au Châtelet, et mitoyen, au nord, avec la

MAISON DU GRAIL, et DE LA LAMPROYE, tenant à l'IMAIGE NOSTRE-DAME, et dite, en 1428, «aboutissant par derrière à la ruelle Sallembier». Malgré la consonance de leurs noms, ces deux immeubles étaient distincts. LE GRAIL et LA LAMPROYE appartenaient en même temps à la rue de la Huchette, sur laquelle se profilait une partie de leurs bâtiments.

CÔTÉ ORIENTAL

(du Nord au Sud).

CENSIVE DE SAINTE-GENEVIÈVE.

PARTIE POSTÉRIEURE DE LA MAISON DES TROIS FILLES (1380) et de l'YMAIGE SAINCT JEHAN (1398), joignant l'arrière-façade d'un immeuble de la rue de la Huchette, l'YMAIGE NOSTRE-DAME, dénommée plus tard LE FLACON.

PARTIES POSTÉRIEURES DE L'ESTOILE D'OR (1509);

DU GRAND CORNET (1509);

DE LA CLEF (1509);

DU PANIER (1380), DU PANYER BLANC (1489);

DE LA BALE, puis DU MOUTON (1526) et DU MOUTON BLANC (1542);

DU SOLEIL D'OR (1543);

DE LA FLEUR DE LYS (1440), DE LA FLEUR DE LYS D'OR (1516), DU DENYER D'OR (1577), DE LA CROIX BLANCHE (116..). Ces huit immeubles avaient seulement une issue sur la ruelle qui nous occupe en ce moment et leur entrée principale sur la rue du Petit-Pont. (Voir, pages 359 et 360, les diverses notices y relatives.)

MAISON sans désignation, faisant le coin oriental de la rue Saint-Séverin et attenant au Pot d'étain, divisée en deux corps vers 1585. Les deux tierces parties de cet immeuble, après avoir appartenu à N. Gohorry et à Denise Dampjan, sa femme, furent adjugées, le 4 septembre 1571, aux criées du Châtelet, et pour le prix de 600 livres tournois, à noble homme M° Jacques Viole, seigneur d'Aspremont et d'Andresel, président au Parlement de Paris, et à demoiselle Philippe de Bailly, sa femme, qui les revendirent, le 9 avril 1574, à Jean Lange, bourgeois de Paris, et à Louise Girard, sa femme, moyennant une rente annuelle de 67 l. 15 s. tz. — Ces derniers, par contrat du 10 avril 1574, obtinrent de Jacques Chédeville, procureur au Châtelet, et de Jacques son fils, la cession du surplus de cet immeuble, qui leur provenait de la succession de feu Catherine Dampjan.

Enfin, suivant contrats des 9-20 novembre et 30 décembre 1598, M° Lambert Thomassin, procureur au Châtelet de Paris, devint propriétaire, pour partie, de cette maison, qui est dite « sise en la rue S¹-Séverin, faisant l'angle de la rue de Salenbien [1]. »

RUE SAINT-SÉVERIN.

Cette voie, qui est fort ancienne, subsiste encore presque intégralement aujourd'hui et a conservé son aspect d'autrefois. Elle commence au carrefour formé par les rues Galande, du Petit-Pont et Saint-Jacques, que le Cartulaire des Mathurins appelle, en 1269, *Quadrivium Sancti Severini*, et aboutit au point de jonction des rues de la Harpe et de la Vieille-Boucherie. De ce côté, les grandes modifications de la voirie moderne l'ont allongée sans l'entamer, et, de l'autre, elle n'a subi encore que quelques démolitions pour le dégagement du chevet de l'église.

C'est à cet édifice qu'elle doit son nom, le seul qu'elle ait officiellement porté, car on ne peut regarder comme une appellation régulière certaine dénomination de circonstance citée par Sauval [2], et qui se rencontre dans un acte des Archives de la Ville, à la date de 1551 : « Rue Colin Pochet »; et encore ce vocable n'est-il appliqué qu'à la partie de la voie comprise entre la rue Zacharie et celle de la Harpe, au xvi° siècle seulement. Il y a là sans doute quelque actualité qui n'a pas laissé de traces durables, ni dans les écrits ni dans les souvenirs : ce Colin Pochet aura joué un certain rôle à une certaine date, et la voix populaire aura, pendant quelque temps, donné son nom à la partie de la rue où il demeurait.

Au point où la rue Zacharie débouche dans celle de Saint-Séverin, il existait une croix qui, dans un titre de 1640, est appelée « grande croix de ladite église ». Plusieurs carrefours parisiens en possédaient également; mais, dans les voies étroites, les besoins de la circulation les ont successivement fait disparaître.

[1] Archives nationales, LL 158, f° 327. – LL 159, f° 299 verso, 300 recto. – LL 160, f° 450-451. – LL 168, f° 686. — Communiqué par M. P. Le Vayer. — [2] *Antiquités de Paris*, t. III, p. 644.

De nos jours, la rue Saint-Séverin a bénéficié d'un double prolongement, l'un entre les rues de la Vieille-Bouclerie et le boulevard Saint-Michel, l'autre, entre cette dernière voie et la place où fut l'église Saint-André-des-Arts.

CÔTÉ MÉRIDIONAL

(d'Orient en Occident).

PAROISSE DE SAINT-SÉVERIN.

JUSTICE ET CENSIVE DE SAINTE-GENEVIÈVE.

Maison ayant porté successivement les enseignes la Caige, l'Ymaige Sainct Martin et la Taverne. C'était l'Ostel de la Caige, en 1427, lorsque le jeune roi anglais Henri VI confisqua les rentes dues par ledit immeuble au profit de Roger de Bréauté, chevalier normand, du parti des envahisseurs. Il appartenait alors à Jehan le Vichier, cité dans *Paris sous la domination anglaise*, p. 260 : «Item, sur la maison de Jehan le Vichier, fripier, assise en la rue Sainct Severin, tenant, d'une part, à l'ostel où pend l'enseigne du Daulphin, cinquante-deux sols parisis, lesquelles rentes furent et apartindrent à Marguerite de Tuillieres.»

Deux autres documents portant la date de 1488 localisent et délimitent ainsi l'immeuble dont il s'agit : «Une maison, ses appartenances, appendances, rue et prés du chevet de l'église Sainct Severin, tenant, d'une part, à une maison appartenant à Jehan Pivot (ou Pinot) et, d'autre part, formant le coin de Chaalis, aboutissant, par derrière, à une autre petite maison appartenant audit Maniglier, assise en ladite ruele de Chaalis, et par devant au pavé de ladite rue Sainct Severin...» — «Une petite maison située et assise près du Carrefour Sainct Severin, tenant, d'une part, à Mlle de Tuillières, et d'autre part, à Jehan Pivot, notaire, aboutissant par derrière à l'Hostel de la Croix de fer, appartenant à ladite église Sainct Severin...; en laquelle souloit pendre pour enseigne l'Imaige Sainct Martin.»

C'est en 1509 seulement qu'apparaît l'enseigne de la Taverne.

CENSIVE DU CHAPITRE DE NOTRE-DAME.

Ruelle conduisant à l'Ostel de Chaalis, et, plus tard, aux charniers de Saint-Séverin, établis sur une partie de l'emplacement occupé par cet hôtel.

Ostel de Chaalis, Chaliz et Charlies, dont il est question au xive siècle, et qui était la résidence parisienne des abbés de la célèbre abbaye cistercienne située au diocèse de Sens. (Voir le *Gallia christiana*.) L'hôtel de Chaalis occupait un emplacement considérable : il était borné, à l'est, par un rideau de maisons en bordure sur la rue Saint-Jacques; au nord, par l'église de Saint-Séverin; au sud, par l'arrière-façade des immeubles de la rue de la Parcheminerie; à l'ouest, par les charniers de la paroisse. On y accédait par la ruelle dont nous venons de parler. En 1399, on lui trouve pour enseigne l'Ymaige Nostre-Dame, et l'on constate qu'il avait appartenu à Girard et Simon de Neelle. L'abbaye de Chaalis le céda à celle de Fontenoy, qui le vendit, en 1428, aux marguilliers de Saint-Séverin. Ceux-ci, ayant déjà acquis, en 1406, une « place vide » qui en dépendait, achetèrent encore l'emplacement en question avec les diverses maisons qui le couvraient, pour y étendre leur cimetière, lequel avait été rétréci antérieurement. En 1445, en effet, lorsqu'on démolit les bâtiments dépendant de cet hôtel et destinés à l'agrandissement des charniers, on découvrit des sépultures. « En faisant icelle démolition, dit un document de cette époque, ont esté trouvez, en ladicte place, plusieurs ossemens de personnes, serqueux et bières de plastre croisées. » Le projet des marguilliers ne reçut pas, du reste, son exécution immédiate; un titre de 1478 nous apprend que, à cette époque, l'emplacement de l'hôtel de Chaalis n'était encore que « une grant place vide tenant au cymetierre ».

Toute cette négociation entre les abbés de Fontenoy et les marguilliers de Saint-Séverin est résumée par Sauval dans les termes suivants : « Les abbés de Chaalis, pendant une longue suite d'années, ont eu une grande maison amortie, située à la rue Saint-Jacques, derrière l'église Saint-Severin, en la censive de l'évêché de Paris, auquel on en payoit les cens et rentes. Par le guichet de la porte, l'hôtel regnoit le long d'une ruelle, qu'on a condamnée vers l'an 1448, et qui se nommoit la ruelle de Chaslis, ou de Chasles. Mais les marguilliers de Saint-Severin, ayant besoin de cet hôtel, en 1428, pour augmenter leur paroisse, l'achetèrent cent francs, avec douze deniers parisis de fonds de terre, et quarante sols de rente, de Simon Evrard, abbé de Fontenai, visiteur de cette abbaye [1]. »

Le style des charniers de Saint-Séverin, encore existants, prouve, selon Berty, que ce fut vers le milieu du XVe siècle (1445) que ce terrain fut définitivement approprié à sa destination. Quant au passage de l'hôtel, ouvrant sur la rue Saint-Jacques, il a été pris à tort pour la principale entrée.

Maison de la Cave Saint-Séverin, ainsi désignée dans un document de 1585 : « La cave Saint-Séverin, ayant son entrée par la rue dudict Sainct-Séverin, et à ladicte fabrique appartenant. » Dix ans auparavant, elle est dite « estant au-dessoubz du revestiere de ladicte église, ayant son entrée par la rue Sainct Severin, appelée la Cave Sainct Severin ». En 1517 et 1533, elle est indiquée presque identiquement : « Petite maison, appellée la Cave Sainct Severin, avec appentis, adossée

---

[1] *Antiquités de Paris*, t. II, p. 270.

contre la chapelle Saincte Anne, lieux et appartenances, joignant le petit huys et aboutissant de toutes parts à ladicte église. »

ÉGLISE SAINT-SÉVERIN. La notice consacrée à cet édifice est à la suite de la description topographique de la rue.

MAISON DE L'ANGE, *alias* DE L'ANGLE, ayant eu une existence distincte au XVe siècle, mais incorporée au XVIe à l'église Saint-Séverin, ainsi qu'il résulte d'un arrêt daté de 1556, par lequel les marguilliers de Saint-Séverin furent condamnés à payer au Prévôt de Paris soixante-sept sous parisis de rente, pour «une MAISON DE L'ANGE, qui avoit été incorporée en icelle eglise et à l'edifice du portail».

MAISON sans désignation, faisant le coin occidental de la rue des Prêtres-Saint-Séverin, qui la séparait de la tour de l'église, en face de laquelle elle était située, et aboutissant, par derrière, au presbytère.

Du document suivant, il résulte que cette maison se trouvait dans la censive de Saint-Germain-des-Prés. Elle avait été donnée au Chapitre de Notre-Dame par Guillaume de Montmorenci, docteur en théologie, de la maison et Société de Sorbonne, chanoine de Paris, archiprêtre-curé de Saint-Séverin (1275), sous-chantre de Notre-Dame (1284) :

«*Vico Sancti Severini*. — Guillelmus de Montemorenciaco, *concanonicus noster, dedit nobis domum ultra parvum pontem, in vico Sancti Severini, contiguam domui archipresbyterali Sancti Severini*[1]. »

Suivant lettres du jeudi avant les Brandons (20 février) 1287, Guillaume de Garnelles (*alias* de Garneliis) et Hodierne, sa femme, déclarent prendre à perpétuité une maison «qui fut maistre Guillaume de Montmorancy, archiprestre de Saint-Séverin et sous-chantre de l'Église de Paris, assise à Paris en la rue Saint-Séverin, tenant d'une part à la maison archipresbytérale de Saint-Séverin et d'autre part à la maison de Raoul le Cordonnier (*alias* Cordubenarii) », en la censive de Saint-Germain-des-Prés, et ce, pour huit livres de rente annuelle. Cette rente fut amortie par lettres datées du vendredi avant la fête de saint Philippe et saint Jacques, 1288[2].

Un document de 1432 désigne l'immeuble en ces termes : «Maison à deux pignons, assise en la ruë Sainct Séverin soubz la tour d'ycelle eglise, faisant le coing et tenant tout au long à une petite ruelle qui est entre ladicte tour et ladicte maison, d'une part, et d'aultre à une maison qui appartient à la chapelle

---

[1] Archives nationales, LL 290, f° 46 r°. - LL 86, f° 20. — [2] *Ibid.*, S³⁴, p. parch. Communications de M. P. Le Vayer.

Sainct Thomas, fondée en l'eglise Sainct Séverin, aboutissant par derrière à l'hostel de ladicte cure...; et fut à Henry Olivier.» Ce propriétaire étant «absent», c'est-à-dire fidèle à Charles VII, sa maison, comme l'une des précédentes que nous avons citée, fut confisquée par les Anglais, en 1421.

Maison sans désignation, appartenant, en 1287, à Raoul le Cordonnier, et, en 1432, à la chapelle Saint-Thomas, ainsi qu'il a été articulé ci-dessus.

La Heaume (1432), faisant suite à l'immeuble précédent et attenant à la

Pennevoire (1432), «assise devant le bout de *Sacalia*», ou rue Sacalie, aujourd'hui Zacharie.

CENSIVE DU PARLOIR AUX BOURGEOIS.

Maison du Croissant (1432).

Maison du Fer à cheval, puis du Coffin (1543), contiguë à celle qui faisait le coin de la rue de la Harpe, c'est-à-dire au Panier vert, l'une des dernières enseignes qu'elle a portées. Sur le Fer à cheval, un document de 1551 fournit les détails suivants : «Gillecte Everard, veuve en dernières nopces de Jehan de Gayecte, barbier-chirurgien, et auparavant de Nicolas Babinet, aussi maistre barbier: maison, rue Colin Pochet, à l'enseigne le *Fer à cheval* et depuis le *Coffin*, qui fut à Estiennette Chapillet, femme de Pierre Moulle, boulanger...»

CÔTÉ SEPTENTRIONAL
(d'Occident en Orient).
JUSTICE ET CENSIVE DE L'ÉVÊCHÉ.

Maison de l'Ymaige Sainct Eustache (1399), contiguë à celle qui faisait le coin oriental de la rue de la Vieille-Bouclerie. Un document de 1572 la désigne ainsi : «Maison au carrefour de la rue de la Harpe, vers le coing de la ruë Sainct Séverin, tenant à R. Pailly, d'autre au chef de Sainct Denys, appartenant à Leconte.»

Maison de l'Ymaige Sainct Denys (1404), ou du Chef de Sainct Denys (1459), divisée en deux corps d'hôtel, dont l'un, celui de derrière sans doute, paraît avoir été, en 1462, la Maison de la Nasse.

Sans être en censive de Notre-Dame, les trois maisons qui précèdent appartenaient au chapitre de cette église.

Maison du Cigne (1551), du Cigne blanc (1603), ayant, selon toute apparence, porté, en 1462, l'enseigne DE L'ANGE, et appartenu à LA MAISON DES TROIS CLEFS, laquelle faisait front sur la rue Zacharie.

CENSIVE ET CHAPITRE DE SAINT-BENOÎT.

MAISON DE L'YMAIGE DE SAINCT LÉONARD (1447), puis DE L'YMAIGE SAINCT MARTIN (1448), formant l'angle occidental de la rue Zacharie. Elle est indiquée, dans divers titres, comme faisant partie du fief de l'évêché. On y constate l'existence d'une forge en 1397.

CENSIVE DU PARLOIR AUX BOURGEOIS.

MAISON DU GODET (1543), faisant l'angle oriental de la rue Zacharie, et ayant conservé jusqu'au XVIII° siècle, dit Saint-Foix, une très intéressante imposte historiée[1]. En 1559, elle appartenait à Raymond d'Orléans, procureur au Châtelet.

MAISON DE LA MAGDELAINE (1543), faisant hache sur la rue Zacharie. Vers le milieu du XVI° siècle (1559), Marie Bourdet, veuve d'Anthoine Doultre, était «propriétaresse» de l'immeuble.

MAISON DE LA SERPENTE (1522), dans une situation topographique identique à celle de LA MAGDELAINE. D'après une note de 1543, «à Jean de Pré, notaire au Châtelet, appartient la SERPENTE, tenant au BERSEAU DE FER, et d'autre à veuve Anthoine Doultre».

MAISON DU BERSEAU DE FER (1547), ayant la même assiette. A la date précitée, LE BERCEAU appartenait à Fleurant Luillier, avocat au Parlement, et à sa sœur Catherine Luillier, veuve de M° Nicole du Cayet. En 1557, selon l'*Inventaire des biens de la Sorbonne*, le frère, resté seul propriétaire, «doibt par chacun an XII deniers parisis» aux ayants droit de Sorbon.

MAISON DE LA POMME DE PIN (1507), DE LA POMME ROUGE (1543). En 1643, elle était gérée par Martin Chatellier, avocat au Parlement, pour le compte de Marie Anthoine, veuve de Germain Chatellier, conseiller du Roi en son vivant. En 1570, on prit, sur le terrain occupé par cette maison, une allée pour servir d'issue à LA MAISON DU HÉRON, faisant front sur la rue Zacharie.

CENSIVE DE L'ÉVÊCHÉ.

MAISON DE LA CROIX D'OR (1430), dite, à cette époque, «devant le clocher, tenant

---

[1] *Essais historiques sur Paris*, t. I, p. 354. Voir *loco citato*.

à Jehan..., d'autre à Jacques Bellepipe ». En 1543, c'est la propriété de Nicolas Versoris.

CENSIVE DE LA SORBONNE.

Maison de l'Escu de France (1444), puis du Croissant (1575). L'*Inventaire de la Sorbonne* (1557) constate que « M° Jehan Le Guay, docteur en médecine, tenant à longues années du chapitre Nostre-Dame de Paris une maison où souloit pendre l'Escu de France, doit chacun an III s. 6 d. parisis ».

JUSTICE ET CENSIVE DU PARLOIR AUX BOURGEOIS.

Maison des Trois Boyttes (1543), et, un siècle auparavant, du Cocq, « aboutissant, rue de la Huchette, à l'hostellerye du Lyon d'or ». Le document d'où ce renseignement est tiré ajoute : « Devant la grant porte du Cocq, a une ruelle — ou allée — entre la Lymace, tenant aux Trois Boyttes. » A cette époque, Thibault Charles, procureur au Parlement, en acquittait le cens.

Maison de la Lymace (1444), divisée, comme les précédentes, en plusieurs corps de logis. Elle était séparée des Trois Boyttes par une allée, qui se dissimule, dans quelques titres, sous l'appellation de « rue des Jardins ». Ainsi que plusieurs autres immeubles du quartier, elle fut, en 1427, l'objet d'une spoliation commise par Henri VI au profit du traître chevalier normand Roger de Bréauté, si fréquemment cité pour des exploits de cette sorte : « Item, sur l'ostel de Sicart Olon, où souloit demourer Ysabelet du Mont, où pend l'enseigne de la Lymace, près du Moulinet, assiz en la ruë Sainct Séverin, soixante cinq solz parisis, laquele rente fut et appartint à Maistre Robert de Tuillieres, sa femme et ses enfans [1]. »

Au XVIII° siècle, la Lymace avait « trois corps d'hôtel, deux rue Saint-Séverin et un rue Saillembien ». Ce dernier avait été construit probablement sur le terrain situé, dit un titre de 1444. « au derriere de la Lymace, où avoit jardin, estable et fonderye, auxquels conduisait une allée ».

Maison du Moulinet (1465), faisant le coin occidental de la ruelle Saillembien, ainsi désignée dans un titre cité par Sauval : « Le Moulinet, tenant d'un côté à la rue Salembien, aboutissant par derriere à la *rue des Jardins*, et, par devant sur ladicte rue Sainct Severin. » Cette « rue des Jardins » ne peut être que l'allée conduisant à « l'estable et fonderye » situées derriere la Lymace, et à laquelle le Moulinet du plan Berty ne saurait aboutir. Encore une occasion de bénéfice pour l'insatiable Roger de Bréauté. Voici ce que Sauval a lu dans les *Comptes des confiscations de la Ville de Paris*, pour la période comprise entre 1427 et 1434 : « Mai-

---

[1] *Paris sous la domination anglaise*, p. 261.

son scize rue Sainct Severin, tenant, d'une part, à une petite ruelle sans bout, appellée ruelle Sallembien [1]»; renseignement complété par cet autre texte : «Item, sur la maison Jehan Regnault, où pend pour enseigne Le Moulinet..., trente solz quatre deniers parisis [2].» En 1546, l'immeuble en question est occupé par Catherine Belin, veuve de Jacques Regnault, examinateur au Châtelet. L'année suivante, le *statu quo* persiste, avec cette seule variante, que Catherine Belin possède au lieu et place de M⁰ Jehan Belin. Ensuite divers documents nous font connaître que cette maison fut l'objet d'un procès entre le chapitre de Notre-Dame et le Prévôt des Échevins de Paris qui s'en disputaient la censive (1577-1588).

Au xvi⁰ siècle, elle est possédée par M⁰ Louis Regnault : ses héritiers en font cession à M⁰ Pierre Prévost, dont la succession est recueillie en 1577 par Jean Cabry [3].

Rue, ou Ruelle Saillembien. Voir, à son ordre alphabétique, la notice qui lui est consacrée.

Maison sans désignation, faisant le coin oriental de la ruelle, ainsi désignée en 1585 : «Maison en deux corps d'hostel, en la rue Saint-Séverin, contiguë au Pot d'estain.»

Maison du Pot d'estain (1465), ayant eu primitivement un corps de logis sur la ruelle Saillembien, et paraissant avoir porté, en 1418, l'enseigne de la Caige. M⁰ Étienne Gourlon, docteur en médecine, en fit acquisition aux criées du Châtelet le 23 avril 1603, sur Philippe Mégissier, moyennant onze cens soixante livres tournois [4].

Maison de l'Ymaige Saint Morice (1545), contiguë à l'Ymaige Nostre Dame, dont elle faisait partie au xv⁰ siècle. Claude Lange et Cécile de Launay, sa femme, vendent la tierce partie de la maison (1586).

Bien que nous ayons déjà mentionné de nombreuses confiscations d'immeubles et de rentes, tant dans cette rue que dans les rues avoisinantes, il en est une encore qui frappe sur «la maison de Jehan Boutelière, drapier, assise au carrefour Sainct Séverin et faisant le coing d'icelluy carrefour; quarante cinq solz parisis [5]». Par suite de localisations antérieures ayant identifié deux des maisons d'angle de ce carrefour, il n'y a place, pour la boutique du drapier spolié, qu'au coin de la rue

[1] Sauval, *Antiquités de la Ville de Paris*, t. III, p. 567.
[2] *Paris sous la domination anglaise*, p. 262.
[3] Arch. nat., LL 161, fol. 450-453. – LL 165, fol. 147. — Communiqué par M. P. Le Vayer.
[4] Arch. nat., LL 168, fol. 275. — Communiqué par M. P. Le Vayer.
[5] *Paris sous la domination anglaise*, p. 260.

Saint-Séverin, ou à celui de la rue Galande, à l'Ymaige Nostre-Dame, ou à l'Ymaige Sainct Jehan.

Une autre localisation présente plus de difficultés : c'est celle de la maison de Henri de Grève, « scize ruë Sainct Séverin et taxée à quatre livres pour le logement des escholiers[1] ». Aucune autre désignation ne nous permet de préciser l'emplacement de ce logis scolaire.

ÉGLISE SAINT-SÉVERIN.

Cet édifice remonterait au IVᵉ siècle. A vrai dire, on ne connaît pas l'époque précise de sa fondation; on ne sait pas même quel est le saint sous le vocable duquel il est placé. Est-ce saint Séverin d'Agaune; saint Séverin, apôtre de la Bavière; deux autres saints du même nom, évêques, l'un de Cologne, l'autre de Bordeaux, ou simplement un pieux ermite parisien, de l'époque mérovingienne, qui paraît avoir vécu sous le règne de Childebert? Les historiens sont partagés à cet égard et il n'existe pas de document qui permette de trancher la question.

L'antiquité de cette église donne à penser qu'elle a pu faire partie du vaste enclos entourant le palais des Thermes; les débris gallo-romains qu'on a découverts, chaque fois qu'on a fouillé le sol environnant, rendent cette hypothèse assez vraisemblable. Soit qu'on ait utilisé pour le culte chrétien des constructions préexistantes, soit qu'on ait bâti à nouveau dans une partie du pourpris du palais, l'antiquité de ce coin du Vieux Paris paraît démontrée.

La dernière année du VIIᵉ siècle, une femme de haut rang, Erminethrude, lègue, par son testament, à une église de Paris, qu'elle appelle *Basilica Sancti Sinsuriani*, des biens considérables. Mabillon, qui, le premier, a publié ce testament, a cru que *Sinsurien* était une altération de *Symphorien*; il semble plus raisonnable de diviser le mot : *Saint Surien*, comme on dit encore aujourd'hui à Bordeaux, ou *Saint Sevrin*, par syncope de l'*e* muet, comme on a continué à dire à Paris et dans tout le nord de la France.

L'origine gallo-romaine et mérovingienne de l'église Saint-Séverin semble donc très probable. Quant aux diverses phases de son existence archéologique, elles ont été exposées de diverses façons, et la vérité n'est pas absolue sur ce point. Les antiquaires contemporains ont serré la question d'assez près; M. de Guilhermy, en particulier, résumant tout ce qui avait été écrit avant lui, est arrivé à présenter un exposé assez complet de l'histoire monumentale de Saint-Séverin. Le premier auteur du présent ouvrage, A. Berty, a donné, lui aussi, une monographie cri-

---

[1] *Mémoires de la Société de l'Histoire de Paris*, t. IV, p. 148.

TOPOGRAPHIE HISTORIQVE DV VIEVX PARIS

EGLISE DE SAINT SÉVERIN
Façade principale _ État ancien

tique de cette église. Nous croyons devoir reproduire les deux articles de ces archéologues, parce qu'ils se complètent l'un l'autre.

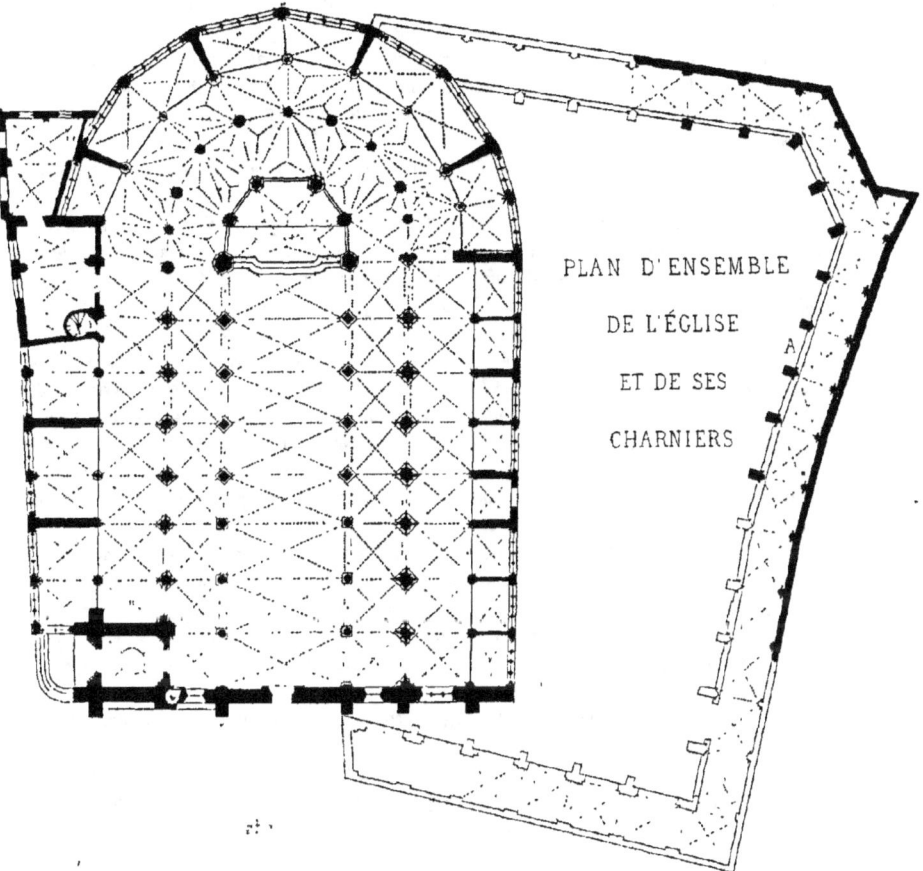

Église et charniers Saint-Séverin. — Plan d'ensemble.

L'église, article Guilhermy, a la forme d'un parallélogramme terminé par une abside demi-circulaire. Il n'existe pas de transept. Le clocher s'élève sur la façade à l'angle nord-ouest. C'est une tour carrée, d'une structure élégante et fine, percée de deux étages de longues baies ogivales, avec de jolies colonnettes dans les embrasures. La forme et le travail des chapiteaux, les moulures des arcs ne permettent pas d'assigner à la construction une date moins éloignée que le milieu du XIIIe siècle. Le couronnement, avec ses clochetons et sa balustrade, est postérieur d'environ deux cents ans. Cette tour se termine par une flèche très aiguë, décorée de lucarnes et coiffée d'un lanternon. La pointe s'en fait apercevoir de toute l'étendue des quais. Un porche voûté, d'un bon style, occupe l'étage inférieur du clocher; jusqu'à nos jours, il a servi d'entrée principale. Sa porte est accompagnée de colonnes et bordée de cordons toriques à l'archivolte ; une arcature ornée d'animaux et de pignons en tapisse les parois. On distingue encore sur le stylobate les vestiges d'une inscription en petites capitales de la fin du xiii° siècle, qui relatait les diverses charges auxquelles étaient tenus les fossoyeurs de Saint-Séverin... Deux lions, que nous croyons du xvi° siècle tout au plus, et qui nous paraissent avoir servi de supports à quelques armoiries, sont encastrés à droite et à gauche de la baie. Il se trouvait de ces figures de lion aux portes d'un grand nombre d'anciennes églises ; de là, cette formule qui termine certains jugements prononcés par l'autorité ecclésiastique, au seuil des temples, *datum inter leones.*

Le bas-relief du tympan vient d'être rétabli ; il représente saint Martin donnant à un pauvre la moitié de son manteau.....

La façade occidentale de Saint-Séverin n'offrait pour entrée qu'une simple baie en ogive, sans aucun ornement. Mais, en 1837, on y a transporté la décoration architecturale de la porte de l'église Saint-Pierre-aux-Bœufs en la Cité, qui venait d'être démolie. Il y a douze colonnes que séparent des gorges sculptées de feuillages et de rinceaux. L'archivolte en ogive a des crochets en saillie et des moulures toriques. Un bas-relief, exécuté depuis la réédification de la porte, remplit le champ trilobé du tympan. A part quelques restaurations, la porte de Saint-Pierre date de la première moitié du xiii° siècle. Elle garde encore ses vantaux, xvii° siècle, où les saints apôtres, Pierre et Paul, figurent en médaillons. On surprend, au bas de la façade de l'ouest, quelques ogives d'un style plus ancien que celles du porche. Au xvi° siècle appartiennent les parties supérieures, galerie à jour, rose flamboyante, balustrades, corniches à feuillages frisés où se jouent de petits animaux. La statue de la Vierge, debout sur le sommet du pignon, n'a été sculptée qu'en 1842.

Toute la ceinture de chapelles, ainsi que la majeure partie du grand vaisseau, accuse les xv° et xvi° siècles. Seules les trois premières travées de la nef révèlent un style tout différent. Le xiii° siècle y a mis sa signature dans les arcs-boutants, dans la forme des fenêtres, dans l'entablement rehaussé de grands feuillages. Des frontons, tout couverts d'arcatures et de moulures en treillis, surmontent les chapelles. Les contreforts sont munis d'arcs-boutants et chargés en tête par des clochetons. Des gargouilles, façonnées en oiseaux et en quadrupèdes, rejettent les eaux loin des murs. Des feuillages serpentent dans les corniches. A l'angle nord-ouest des chapelles, une niche élégante renferme un saint Séverin tenant une crosse à la main. Auprès de cette figure, une inscription gothique invite à prier pour les trépassés, et l'ajustement du cadre de l'horloge se fait remarquer par son petit arc ogival, avec feuillages et fleurons du xv° siècle. Du côté du midi, un presbytère moderne a pris la place d'une partie des charniers, et l'ancien cimetière paroissial est devenu un jardin pour le curé. Quelques arceaux des charniers, contemporains des chapelles de l'église, existent encore vers l'orient, notamment celui qui abritait la sépulture des prêtres de la paroisse ; on y fait les catéchismes.

..... A l'intérieur, le vaisseau central est accompagné de collatéraux doubles, et de nombreuses chapelles viennent accroître encore l'étendue déjà considérable de l'édifice dans le sens de la largeur. La nef a cinq travées ; le chœur en a trois ; l'abside, cinq en pourtour. Nous constatons ici les mêmes caractères qu'au dehors. Les trois premières travées de la nef et le premier rang de leur collatéral au midi ont été construits dans la première moitié du xiii° siècle. Leur élévation présente un ordre inférieur de colonnes trapues, dont la taille ramassée et lourde n'est nullement proportionnée à la hauteur assez grande de la voûte ; puis, une galerie en ogives trilobées et de larges fenêtres à deux baies avec œil-de-bœuf dans le tympan. Les nervures croisées à la voûte sont cylindriques, et les clefs en feuillages sont accostées de têtes grimaçantes. Des feuilles à grandes côtes et d'autres en crochets composent les chapiteaux. Les

TOPOGRAPHIE HISTORIQUE DU VIEUX PARIS

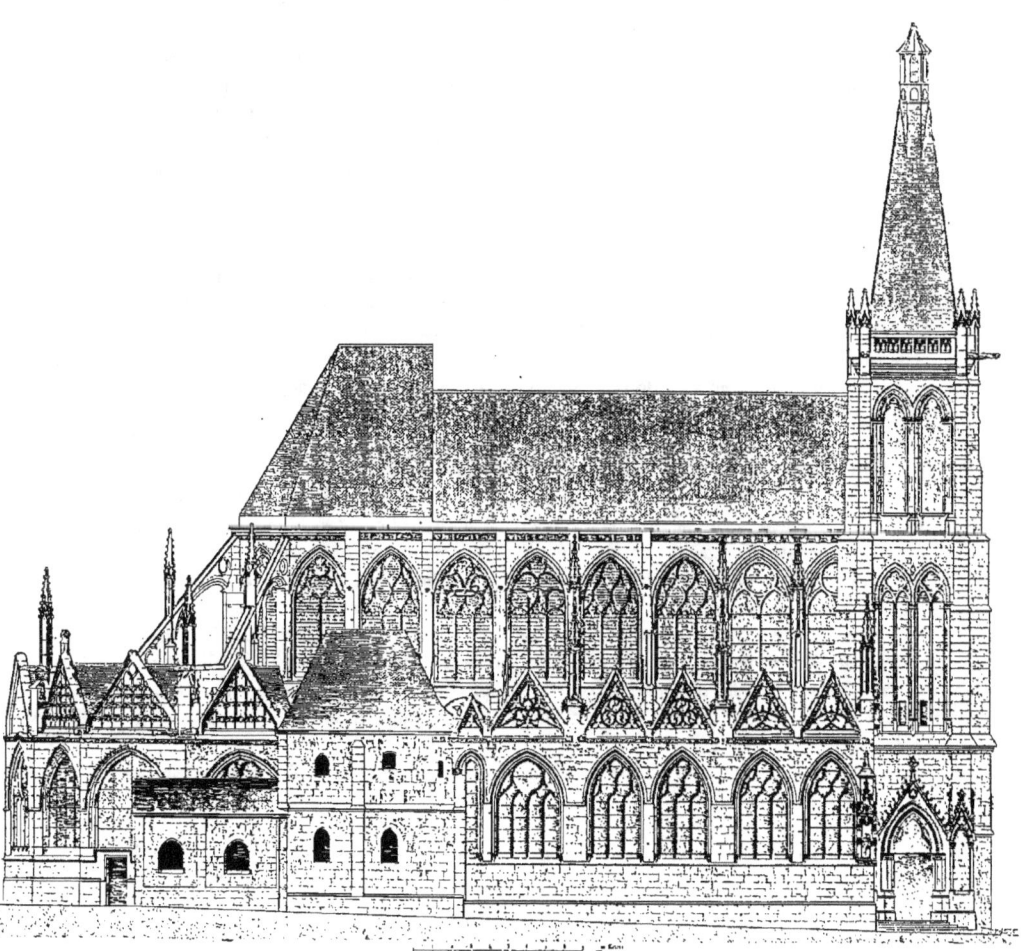

FAÇADE LATÉRALE, COTE DU NORD

ÉGLISE SAINT SÉVERIN

État ancien

autres parties de l'église ont bien pu être commencées vers la fin du xiv° siècle, mais il n'en est pas moins vrai de dire que leur style est celui du xv°. Piliers formés de colonnettes, sans chapiteaux; moulures et nervures prismatiques; galerie et fenêtres à compartiments anguleux et tourmentés; dans les collatéraux et les chapelles, anges, prophètes et autres personnages en diverses attitudes, faisant office de consoles aux retombées des arcs. La maîtresse voûte est partout d'une hauteur égale. Deux de ses clefs, dans la partie du xv° siècle, sont historiées, l'une de l'écusson de France aux fleurs de lys sans nombre, l'autre du couronnement de la Vierge. La galerie que nous avons indiquée dans les travées du xv° siècle, a été continuée, sur un autre dessin, par les architectes du xv°. Des feuilles frisées et des animaux contournés couvrent les chapiteaux des colonnettes qui en soutiennent les ogives. Au rond-point de l'abside, une hauteur un peu plus grande dans les arcs du rez-de-chaussée, et de nouveaux changements dans la disposition de la galerie attestent que cette partie n'est pas de la même main que le chœur.

Du temps de Henri IV, des prophètes et des sibylles, des patriarches et des apôtres furent peints sur fonds d'or, par Jacques Bunel, au-dessus des arcs de la nef et du chœur. Nous n'en avons découvert aucun vestige. Les tympans ont été retaillés et divisés en caissons. Les cinq travées de l'abside sont défigurées par les placages de marbre qui, depuis l'année 1684, enveloppent les piliers et transforment les ogives en arcades cintrées. Cette décoration, beaucoup plus riche d'ailleurs autrefois qu'elle ne l'est aujourd'hui, fut exécutée, ainsi que le petit baldaquin du maître-autel, aux dépens de Mlle de Montpensier, par le sculpteur Tubi, d'après les dessins de Lebrun.

Les chapelles occupent vingt-trois travées. Celle de la Communion, aujourd'hui de Notre-Dame d'Espérance, située vers le sud-est, a été reconstruite dans la seconde moitié du xvii° siècle. Dans une chapelle, près de la sacristie, une peinture sur châssis mobile, représentant la mort de saint Louis, cache une résurrection des morts peinte sur le mur vers la fin du xv° siècle. Une autre chapelle, au chevet, renferme une prédication de saint Jean-Baptiste, également peinte sur une de ses parois. Au nord, la ligne des chapelles est interrompue par la sacristie, construite et voûtée comme l'église elle-même. Un escalier, ayant sa porte sur le collatéral, monte à l'ancienne salle du trésor, qui forme un autre étage au-dessus de la sacristie basse. Leurs fenêtres en ogive sont fortement grillées. On remarque dans le collatéral, au rond-point, une file de colonnes isolées, les unes cylindriques, les autres taillées à pans, une surtout dont le fût tourne sur lui-même en spirale. Les clefs de voûte sont pour la plupart fleuronnées et entourées d'ornements à jour; quelques-unes représentent sainte Anne et Joachim à la Porte dorée, l'Annonciation, la Sainte-Face, un calice surmonté de l'hostie.

....

L'église conserve une assez nombreuse série de vitraux, les uns de la fin du xv° siècle, les autres des premières années du siècle suivant... [1].

A cette description, dont la maîtrise archéologique est incontestable, nous croyons devoir en ajouter une autre due à la plume d'Adolphe Berty, l'initiateur du présent ouvrage. Le lecteur y trouvera des appréciations plus personnelles et une étude détaillée sur les piliers de l'édifice.

L'église Saint-Séverin, de Paris, est un de ces monuments hybrides qui, pour parler comme nos voisins d'outre-Manche, *exemplifient* à la fois quatre ou cinq styles. Fondée à l'époque mérovingienne, sous l'invocation, non de saint Séverin, abbé d'Agaune, mais sous celle de saint

---

[1] *Itinéraire archéologique de Paris* (1855), par M. F. de Guilhermy, p. 155 à 159.

Séverin le Solitaire, contemporain de Childebert Ier, elle fut renversée lors de l'invasion des Normands, au temps de Charles le Chauve, et ne se releva probablement de ses ruines que postérieurement au don que, l'an 1050, le roi Henri Ier en fit à l'évêque Imbert. Dans le siècle suivant, la population des environs s'accroissant rapidement, elle fut érigée en paroisse, et, en 1210, une sentence arbitrale détermina l'étendue de son territoire. La paroisse Saint-Séverin a été la première établie dans le quartier d'outre-Petit-Pont, plus tard dit de l'Université, et en a toujours été la plus importante. C'est pour cela que le curé chargé de l'administrer avait le titre d'archiprêtre, dignité qui lui assurait la prééminence sur ses collègues.

Des fouilles récentes ont appris que Saint-Séverin a été élevée sur un terrain précédemment occupé par des constructions de l'ère gallo-romaine. Ce qu'on aperçoit de plus ancien dans l'édifice actuel ne remonte qu'aux environs de l'an 1100; c'est le pan de mur, sur la rue des Prêtres, qui correspond au premier bas-côté méridional, et où il y avait une fenêtre en plein cintre, avec archivolte à dents de scie, que M. Godde, dans sa restauration, a maladroitement transformée en une fenêtre ogivale. Viennent ensuite, dans l'ordre chronologique, et datant du commencement du xiiie siècle, les trois premières colonnes ou piliers cylindriques de la nef, de chaque côté, le mur où est percée la porte occidentale, et la baie par laquelle on passe du bas-côté septentrional dans le porche. Quant à la porte de celui-ci, s'ouvrant sur la rue Saint-Séverin, et à la tour qui la surmonte, elles sont un peu plus récentes et paraissent avoir été construites vers 1250. Comme le démontre bien clairement le contrefort du porche, qu'on voit encore dans le collatéral du nord, en 1250 l'église Saint-Séverin ne consistait qu'en une nef avec simples bas-côtés, et le porche était en saillie par rapport au vaisseau, alors presque totalement caché derrière les maisons en bordure sur la rue Saint-Séverin.

En 1347, le pape Clément VI accorda des indulgences dont le revenu devait servir à rebâtir l'église Saint-Séverin; mais rien dans le monument ne peut être assigné à cette date. Avant la Révolution, au second pilier du premier bas-côté méridional, on remarquait une inscription, gravée sur cuivre, et où il était dit que ce pilier avait été bâti l'an 1414. Le style du pilier justifie l'inscription, et c'est donc à la fin du règne de Charles VI qu'il faut assigner le second collatéral du midi, avec les piliers qui le séparent du premier. Les contreforts de ce second collatéral, très faciles à distinguer dans les murs séparant aujourd'hui les chapelles de ce côté, prouvent que ces dernières n'ont point été précédées par d'autres. Un contrefort analogue à ceux du sud, encore garni de sa gargouille et engagé dans le mur de la sacristie, démontre que la seconde extension donnée à l'église et à nous connue, comportait un double bas-côté au nord, de même qu'au midi.

Le dernier grand accroissement de l'église Saint-Séverin a eu lieu à la fin du xve siècle : « Le lundy ive jour de may 1489, était-il indiqué dans les archives de la paroisse, on commença à faire les vuidanges (fouilles), pour faire les fondements de l'accroissement fait à l'église; et le ive jour d'iceluy fust assise la première pierre de la chapelle de Saint-Sébastien; le 3e mars 1495 l'évêque de Paris bénit la nouvelle abside, avec ses chapelles, et le 12 février 1498 on entreprit la construction de celle du midi, sous la conduite de Micheaul le Gros. On ne sait point la date exacte de la réédification des bas-côtés du nord, mais il est évident qu'ils furent entièrement refaits, à la même époque, et qu'on érigea à peu près simultanément les chapelles attenantes, avec la première sacristie; puis la flèche [1], à partir de la dernière moulure de la corniche terminant la tour, et les charniers fort curieux qui jadis entouraient le cimetière, et sont en très grande partie conservés. Pour en finir avec l'âge des différentes portions de l'édi-

---

[1] Nous avons constaté que la cloche placée dans le campanile porte une inscription en vers, apprenant qu'elle a été fondue, en 1412, par Thomas de Chaville. (Note de Berty.)

TOPOGRAPHIE HISTORIQVE DV VIEVX PARIS

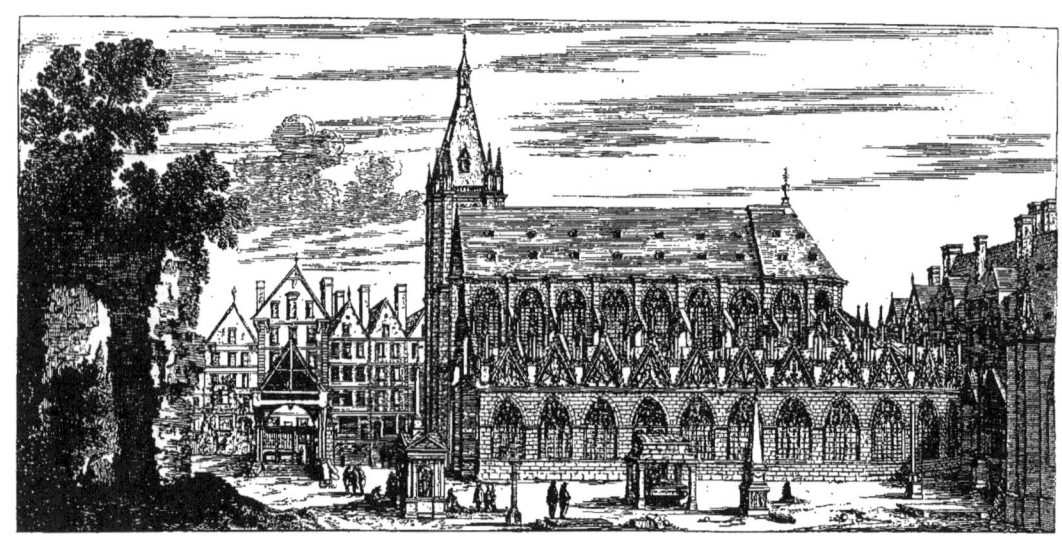

ÉGLISE SAINT-SÉVERIN
Vue prise du Cimetière _ Réduction héliographique d'une estampe de J. Marot

fice, nous ajouterons que la seconde sacristie a été élevée sur l'autorisation accordée par le Parlement aux marguilliers, le 12 août 1540, et que la triste chapelle elliptique du Saint-Sacrement a été construite en 1673.

Les piliers appartiennent à la fin du xv⁰ siècle. Celui qui est situé dans le pourtour du chœur, derrière le maître-autel, constitue un des points d'appui d'où s'échappent les doubleaux, les formerets, les croisées d'ogives et les tiercerons des voûtes. Il en est un, décoré de *filets* et de *nacelles*, faisant partie de la ligne centrale des piliers qui reçoivent la retombée des réserves des doubles bas-côtés du nord.

Les pénétrations réciproques des moulures sont un des caractères essentiels de l'architecture française de la dernière période ogivale. Elles ont eu la nécessité pour origine. En effet, dès le commencement du xiii⁰ siècle, l'obligation de faire reposer sur d'étroits tailloirs la retombée de nervures larges et saillantes a conduit à les faire se confondre partiellement à leur naissance, et le porche même de Saint-Séverin nous en fournit un exemple; plus tard, ce qui avait été d'abord accepté comme un expédient imposé par la force des choses, fut considéré comme un moyen d'embellissement et servit aux maçons habiles de prétexte pour faire preuve de science en matière de stéréotomie... On vit alors apparaître ces extravagants piliers qui, tordus sur eux-mêmes, semblent formés d'une substance élastique; ces filets qui grimpent en se contournant autour d'une colonne, comme des lianes autour d'un tronc d'arbre; ces archivoltes qui plongent dans les pieds droits des baies; cette complication de moulures qui, pénétrant les unes dans les autres, se perdent entièrement de vue, puis surgissent de nouveau et à de si grandes distances qu'on oublie parfois d'où elles sont parties et ce qui les motive [1].

Dégagée au sud et à l'est, par la suppression des charniers et par la démolition de quelques maisons entourant «la fontaine de Saint-Séverin»; débarrassée des constructions basses qui en écrasaient «le Trésor et la Revestière», l'église gallo-romaine et mérovingienne, réédifiée au xiii⁰ siècle, agrandie aux xiv⁰ et xv⁰ [2], offre encore aujourd'hui, malgré certaines disparates, une remarquable adaptation des types de l'architecture ogivale à ses meilleures époques. Les prétendus embellissements des siècles postérieurs n'en ont point altéré le caractère.

LES CHARNIERS DE SAINT-SÉVERIN.

Comme ceux de Saint-Paul et des Saints-Innocents, les charniers de Saint-Séverin n'étaient que la ceinture de la nécropole, où ils tenaient lieu des monuments funéraires de nos cimetières modernes. Disposés de manière à former clôture autour de l'enceinte funèbre, ils étaient adossés aux murs de fond, aux cours, jardins et dépendances des maisons ayant façade sur les deux rues Saint-Jacques et de la Parcheminerie, et séparés par un simple mur de celle des Prêtres-Saint-Séverin. Vers le nord seulement, ils touchaient à l'église et avaient reçu

---

[1] *Revue d'architecture*, publiée par César Daly, année 1857, p. 192, 193, 194, 195.

[2] Lebeuf donne (t. I, p. 392 et suiv. de l'édition Cocheris) plusieurs dates de travaux de construction et de reconstruction qu'il a relevées sur d'anciennes dalles ou pierres commémoratives.

diverses surcharges à raison de cette contiguité, sous forme de « revestieres », ou sacristies secondaires — la principale étant sur la rue Saint-Séverin — et d'autres constructions annexes.

Ces dépôts funéraires étaient, d'ailleurs, situés partout dans les mêmes conditions. Après le chroniqueur Raveil Glaber, qui nous apprend comment l'insuffisance des lieux de sépulture a conduit à créer les charniers autour des églises et dans les cloîtres mêmes des monastères, Viollet-le-Duc, M. Albert Lenoir et l'abbé Pascal ont dit ce qu'il importe de savoir sur ces lieux destinés à recueillir les os décharnés des morts, après un séjour plus ou moins prolongé dans l'étroit cimetière où l'affluence des cadavres ne permettait pas de les conserver. Les charniers étaient généralement composés d'une galerie couverte, ou cloître, et de galetas fermés.

Un savant monographe des charniers de Paris, l'abbé Valentin Dufour, a fait une étude approfondie de ceux de Saint-Séverin :

Ce n'est qu'à partir du xv° siècle, dit-il, qu'on peut affirmer la construction des charniers de cette paroisse... L'établissement du passage concédé par l'abbaye des Eschallis pour faire communiquer la rue de la Parcheminerie avec le bas-côté méridional de l'église en longeant le cimetière exigu de Saint-Séverin, n'a dû précéder que de peu d'années l'acquisition de l'hôtel des abbés des Eschallis. On peut donc, sans crainte de faire une grande erreur, placer la construction des charniers vers la fin de la première moitié du xv° siècle... Les galeries du cloître des charniers entouraient le nouveau cimetière à l'est, au sud et au nord, en partie seulement. Au nord, l'érection des chapelles du collatéral méridional de l'église avait diminué d'autant l'ancien cimetière paroissial qui s'était étendu en profondeur du côté de la Parcheminerie... L'érection de la galerie des charniers est un peu antérieure à 1478, époque de transformation générale des charniers parisiens... Les charniers de Saint-Séverin n'étaient ni réguliers ni symétriques..., ils affectaient la forme de cloîtres, ou galeries couvertes, embrassant le cimetière de trois côtés, l'église formant le quatrième côté du quadrilatère. Toutes les baies étaient tournées intérieurement du côté du cimetière et reçurent plus tard des vitraux... De forts piliers saillants faisaient fonction de contreforts et maintenaient de ce côté la poussée des voûtes... Les charniers de Saint-Séverin, comme les autres, du reste, n'ont pas toujours été aux usages funèbres ; le Bureau de l'Œuvre y tenait séance... ; on en fit plus tard un accessoire de l'église dans lequel on distribuait la communion aux fidèles ; une partie était affectée aux catéchismes et aux petites écoles de la paroisse. Ils ne paraissent pas avoir été, comme ceux des Saints-Innocents, le rendez-vous des oisifs, des nouvellistes, le refuge des gens sans asile et sans aveu, la foire aux vanités, le vestibule des écrivains publics, le lieu d'exposition permanente des libraires qui vendaient les nouveautés et des industriels de bas étage [1].

C'est sur la rue des Prêtres-Saint-Séverin, fort étroite et peu passante, qu'a été créé le cimetière primitif et qu'ont dû être établis les premiers charniers. A l'extrémité opposée, l'hôtel de Chaalis et, après la suppression de celui-ci, la rue Saint-Jacques faisaient obstacle à toute extension ; il en était de même de la rue de la Parcheminerie, habitée industriellement par des parcheminiers et des enlu-

[1] *Les charniers des églises de Paris*, Saint-Séverin, p. 9 et 10.

mineurs. L'achat de l'hôtel de Chaalis, opéré en 1428 par «l'OEuvre» de Saint-Séverin, permit de prolonger le cimetière vers l'est et de construire une galerie de charniers sur les trois quarts de son pourtour. Il y eut alors (1445) trois entrées, l'une par la rue Saint-Jacques, l'autre par celle de la Parcheminerie, enfin l'accès par la ruelle de Chaalis.

Deux siècles après la construction, les charniers de Saint-Séverin eurent besoin de réparations. Il en résulta des procès-verbaux de visiteurs jurés, dont l'original est conservé aux Archives nationales et qui donnent d'intéressants détails sur les galeries funéraires.

Le charnier qui est le long du mur sur la ruelle des Prestres, est-il dit dans un de ces documents, est formé, en sa face sur le cimetière, par un mur en arcades pour les vitraux, avec treneaux de pierre de taille entre lesdites arcades et quatre pilliers boutans de pierre de taille en dehors œuvre de quatre desdits treneaux, lesquels pilliers boutans sont en saillye et advances dans ledit cimetière de dix-huit à vingt pouces, outre les dehors œuvre desdits treneaux, et portent un encorbellement, par hault aussi, de dix-huit à vingt pouces de saillye et advances par ledit cimetière, plus que le devant de la teste desdits piliers... Ledit charnier est formé, par le dessus, de cinq travées de voulte d'ogives faites de neuf, et au-dessus d'icelles il a aussi été fait de neuf un bastiment élevé d'un estage carré, ledit bastiment distribué à un corridor, le long du mur de la ruelle des Prestres et cinq chambres du costé du cimetière, servantes au logement des prestres de ladite église...

Le charnier en retour..., depuis le mur de la ruelle des Prestres jusques au passage qui va du cimetière à la rue de la Parcheminerie, est couvert de cinq travées d'antiennes voultes d'ogives... Il y en a une qui est dans l'angle au bout du charnier, et les quatre autres ont leur face sur le cimetière, au retour dudit charnier, et sont fermées d'un mur de vitraulx en arcade, dont les deux premières travées sont garnyes de pilliers boutans, de pareille saillye dans le cimetière, et encorbellement par hault...; les deux travées ensuite vers le passage de la rue de la Parcheminerie, garnyes de deux autres pilliers boutans, pareillement en advance, mais sans encorbellement...

Au-dessous dudit charnier, en l'estendue desdites cinq travées d'antiennes voultes, il a esté fait et construit un bastiment neuf eslevé d'un estage carré et un estage en galetas au-dessus appliqué à un corridor, et quatre chambres à quatre estages, servant aussy au logement des prestres de ladite église... Le bastiment fait et construit au-dessus des cinq travées d'antiennes voultes est formé, en sa face sur le cimetière, d'un pan de bois eslevé d'un estage carré et un exhaussement au-dessus... s'estendant jusques aux deux autres travées du bout, joignant le passage de la rue de la Parcheminerie... [1].

L'état détaillé de ces galeries, les plus importantes de tout l'ensemble, nous dispense de décrire les autres, qui régnaient depuis le passage de la Parcheminerie jusqu'au flanc oriental du cimetière et le long de ce flanc; c'était le même mode de construction et d'ornementation, sauf les surcharges de bâtiments ultérieurement construits. Les galeries funéraires de Saint-Séverin formaient donc un tout assez homogène, quoique peu symétrique. Elles ont disparu, mais non entiè-

[1] Archives nationales, S 3505-3506.

rement, à l'époque où une mesure générale de suppression a été appliquée aux cimetières intérieurs de Paris. En somme, les charniers de Saint-Séverin ont conservé surtout leur intérêt historique et géologique; mais cet intérêt est d'un ressort subordonné au nôtre : le côté topographique devait être notre capital souci.

RUE DE LA SORBONNE.

La voie qui garde ce nom depuis près de six siècles et demi, le doit au collège qui y fut fondé, en 1250 [1], par Robert Sorbon, chapelain de saint Louis. Elle s'étendait alors de la rue des Mathurins à celle des Poirées, et portait, ainsi que cette dernière, le nom d'une famille d'Argenteuil, propriétaire de nombreux terrains dans cette région. Elle est appelée, en effet, dans un titre de 1254, *vicus Guidonis de Argentolio;* ce Guy, frère ou cousin de Thomas et de Guillaume, dont le nom a été appliqué à la rue des Poirées, a certainement servi à désigner la rue dont nous parlons avant la fondation de Robert Sorbon, et même quelques années après, car, dans le document de 1254 que nous venons de citer, il est question de deux maisons possédées par lui en cette même rue, lesquelles sont dites s'étendre jusqu'à la rue ou ruelle Coupe-Gueule, *a vico supradicto ad vicum Coupegueule* [2]. Un autre titre de 1258 précise à son tour; une maison en la rue Guy d'Argenteuil est située devant, *ante*, le Palais des Thermes; désignation qui ne peut s'appliquer qu'à la rue de la Sorbonne. Son agencement, combiné avec celui des rues Coupe-Gueule et des Maçons, offre certainement des difficultés de détail pour la topographie moderne : il y avait là des tenants, des aboutissants, des pénétrations, que des annexions et des séparations, des démolitions et des reconstructions ont rendus peu aisés à reconnaître et encore moins à figurer sur un plan de restitution.

Une autre dénomination que l'on rencontre dans les archives de la Sorbonne vient encore compliquer le problème; il y est question d'une rue *André de Machel, Andreas de Macholio,* que Jaillot a identifiée avec celle du Cloître-Saint-

---

[1] Sur l'origine de cette fondation, ainsi s'exprime M. Oct. Gréard, à la page 25 de *Nos adieux à la vieille Sorbonne* : «Est-ce 1242? 1250? 1252? 1253? 1255? 1256? 1257? 1267? Toutes ces dates ont leur garant. Aucune ne s'appuie sur une autorité décisive. La vérité ne serait-elle pas que chacune d'elles marque une des étapes d'un développement successif?»

[2] Ce texte s'oppose formellement à l'identification, adoptée par M. Gréard, des rues de la Sorbonne et Coupe-Gueule. Autant en dire de la note suivante, extraite par Berty du *Cartulaire de la Sorbonne* : «En 1258, S. Louis donne à Robert de Sorbonne, pour la commodité des théologiens, la permission de clore les deux rues Sorbonne et Coupe-Gueule.»

Au surplus, à la page 85 de son magistral ouvrage, l'auteur précité insère un *plan de la Sorbonne au xviᵉ siècle,* où la rue litigieuse figure parallèlement à celle qui nous occupe.

Benoît. Mais cette identification, que les limites respectives des censives ne permettent point d'admettre, ne tient pas davantage devant les faits. Puisque la première acquisition, par Robert Sorbon, pour l'établissement de son collège, eut lieu dans cette rue André de Macheux, il faut croire ou qu'on donnait ce nom à la partie septentrionale de la rue Guy d'Argenteuil, ou que André de Macheux servait à dénommer le côté nord soit de la rue Coupe-Gueule, soit de celle des Maçons, à moins qu'il ne s'agit d'une de ces venelles dont nous venons de parler, qui «traversaient» d'une rue à l'autre et créent, aujourd'hui qu'elles ont disparu, autant de difficultés au topographe qu'elles donnaient jadis de facilités à la circulation et au trafic.

Quoi qu'il en soit, le nom de «rue de la Sorbonne» ne s'est pas substitué tout d'abord aux vocables que nous venons de rappeler. Mais le censier de Sainte-Geneviève de 1276 l'appelle : *Vicus scolarum magistri Roberti de Sorbone*. Le Livre de la Taille, de 1298, porte : «ruë as Sorbonnois», et le Dit de Guillot, en 1300 : «ruë as hoirs de Sarbonnes.»

Comme la plupart des voies contenant des écoles ou habitées par des écoliers, la rue de la Sorbonne fut fermée, en 1258, à ses deux extrémités; dès 1271, on la nomme : *Vicus portarum*, *Vicus ad portas*. Une charte de 1283 est encore plus précise, elle porte : *Vicus de Sorbona, inter duas portas*. Cette clôture, qui s'est perpétuée jusqu'au siècle dernier, avait déterminé l'appellation suivante qu'on trouve dans un acte de 1540 : «rue et cloistre de Sorbonne.» En 1519, un libraire, y demeurant, remplissait les fonctions de portier.

Amputée à son extrémité méridionale par suite de la reconstruction du collège de Robert Sorbon et de la fondation de la chapelle monumentale bâtie par les soins de Richelieu, elle n'atteint plus, depuis 1640, l'emplacement de l'ancienne rue des Poirées. Le cloître Saint-Benoît, qui y avait conservé une issue jusque dans ces derniers temps, n'y a plus laissé de trace, depuis les travaux d'agrandissement qui auront pour résultat de tripler le périmètre de la Sorbonne du Cardinal, laquelle avait déjà été une amplification considérable du collège primitif. — Voir, comme supplément à l'ancienne topographie de cette rue, les articles consacrés à celles de Coupe-Gueule et des Maçons.

CÔTÉ OCCIDENTAL
(du Sud au Nord).

PAROISSE DE SAINT-SÉVERIN.

JUSTICE ET CENSIVE DE LA SORBONNE.

Vieilles écoles extérieures de la Sorbonne (1470), érigées à l'angle occidental des rues de la Sorbonne et des Poirées.

Grandes écoles neuves (1650). Démoli pour la création du parvis de la Sorbonne, le précédent immeuble fut reculé sur le flanc septentrional de la place, entre les rues de la Sorbonne et des Maçons. A l'angle de cette dernière, on retrouve encore une aile des bâtiments du xviie siècle.

Maison du Soleil d'or (1483), aboutissant à la rue des Maçons et ayant servi d'atelier typographique à Ulrich Gering. On sait que cet imprimeur, après avoir installé ses presses dans l'enceinte de la Sorbonne, les transporta, en 1473, dans la rue Saint-Jacques, au Soleil d'Or, et, dix ans après, dans la rue de la Sorbonne à la fois et dans celle des Maçons, où il existait une Maison au buis, *domus ad Buxum*, dont il remplaça l'enseigne par son inséparable Soleil d'or.

En 1492, un autre imprimeur allemand, Georges Wolft, occupa le même Soleil d'or de Gering, rues des Maçons et de la Sorbonne; puis, s'étant associé avec son compatriote Cruzenach, il transféra son matériel rue Saint-Jacques, à l'enseigne de Sainte-Barbe.

Hotel des Espagnols (1521), appartenant à la Sorbonne. La preuve en est consignée dans le suivant article.

Maison sans désignation (1521), située devant l'ancienne chapelle du collège et ainsi localisée : «tenant à un jardin des appartenances de Sorbonne, d'autre part, à une maison appartenant au collège, vulgairement nommée l'Hostel des Espaignols, aboutissant rue des Massons.» Cette désignation est donnée par le Cartulaire de la Sorbonne (f° 394).

Jardin appartenant au collège (1458).

Maison du Figuier (1458), réputée, en 1668, porter ce nom «d'ancienneté, et estant au-dessous du jardin des escoliers, devant leur collège, tenant, d'une part, à iceluy jardin, d'autre part, à une maison du collège, aboutissant en partie à la ruë Coupe-Gueule».

PAROISSE DE SAINT-BENOÎT.

Maison des Carneaulx (1485), ayant porté également l'enseigne de Saint-Michel, ainsi qu'en témoigne cet extrait du Cartulaire de la Sorbonne : «1510. Ung hostel en quatre corps, jardin et dépendances, en la ruë de Sorbonne et en la ruë du Palais de l'Orme, c'est-à-dire des Thermes, dicte de Cluny, où est painct contre le mur, sur les entrées, l'Ymaige sainct Michel; tenant du long en la dicte ruë de Sorbonne, et sur le derriere d'une maison et cour appartenant au collège; d'aultre, au long, à l'Hostel de Harcourt, d'un bout à l'Hostel du

Plat d'Estaing.» Un autre document, celui-ci de 1502, confirme cette localisation, en précisant deux aboutissants et une issue; les aboutissants sont : «la maison des enfans de feu Thiellement et les docteurs de Sorbonne»; l'issue est une «ruelle des Carneaulx», débouchant dans la rue des Mathurins. En 1552, ce vaste immeuble était animé par la présence du président de Saint-André.

La Liure, ou la Livre, occupant, avec les Carneaulx, l'emplacement que couvraient jadis deux maisons appartenant à Guy d'Argenteuil. Deux anciens titres, l'un de 1254, l'autre de 1259, signalent, en effet, *duas domos contiguas, sitas Parisius, in vico Guidonis de Argentolio, que se extendunt a vico supradicto usque ad vicum de Coupegueule..., prope Palatium Termorum.....* C'est bien sur le terrain occupé par ces maisons qu'a été bâtie celle de la Liure, ou la Livre, puisqu'elle est énoncée dans un document inédit, conservé aux Archives nationales, et portant la date de 1560, comme «au coin de la rue de Sorbonne et des Mathurins, du costé de la rue de la Harpe, d'autre tenant à la ruelle des Carneaulx, d'un bout à la maison du président de Saint-André, d'autre à la rue des Mathurins [1]».

Puisque la Liure, ou la Livre, tenait à la ruelle des Carneaulx et à la rue des Mathurins, devant le Palais des Thermes, elle occupait donc une partie de l'emplacement des maisons de Guy d'Argenteuil, auxquelles les textes précités donnent la même assiette. Du reste, La Livre avait concurremment porté la désignation de :

Maison du Plat d'Estaing (1485). Voici même en quels termes elle figure, en 1282, sur la liste des logements taxés par l'Université pour l'hospitalisation de ses écoliers externes :

«La maison des escoliers de Sorbonne, ruë des Sorbonistes, la première en venant de Sainct Cosme, qui sert d'habitation aux clercs, dix livres [2].»

CÔTÉ ORIENTAL
(du Nord au Sud).

PAROISSE ET CENSIVE DE SAINT-BENOÎT.

Maison sans désignation, contiguë à celle qui faisait le coin sur la rue des Mathurins. Nous la voyons, en 1485, «tenant aux Petites escoles de la Sorbonne, d'aultre part, à l'Ymaige Sainct Martin, ayant issue au cloître Sainct-Benoist par une allée passant devant l'hostel des Petites Escoles».

Petites Escoles de la Sorbonne (1485), ne paraissant pas avoir été im-

---
[1] Archives nationales, S 897⁵. — [2] *Mémoires de la Société de l'Histoire de Paris*, t. IV, p. 147.

médiatement contiguës au collège de ce nom; un espace intermédiaire, figuré sur le plan de restitution, semble les en avoir séparées.

Espace vide, scindé en deux parties inégales par une venelle aboutissant au cloître Saint-Benoît et confondue peut-être avec l'allée susmentionnée à l'article de la précédente Maison sans désignation.

CENSIVE DE LA SORBONNE.

Collège, ou Maison, de la Sorbonne. On lira plus loin une notice spéciale à cet établissement de premier ordre.

Petite maison sans désignation, où demeurait, en 1492, le «portier d'en haut de la rue», fermée, comme l'on sait, en 1258, à ses deux bouts; elle touchait au collège de Calvy.

Collège de Calvy, dont nous avons inséré la monographie à l'article de la rue des Poirées. L'immeuble qu'il occupait s'offre, en 1544, «tenant à une maison qui fait le coin de la rue de Sorbonne»; en 1590, on trouve cet immeuble ainsi désigné : «Maison du Collège de Calvy, anciennement le Petit Sorbonne, ayant entrée en la rue des Poirées et issue en la rue de Sorbonne». Il avait été reconstruit dans les premières années du xvi° siècle.

Maison sans désignation (1544), faisant le coin de la rue des Poirées. (Cart. de la Sorbonne, 397.)

COLLÈGE DE LA SORBONNE.

L'existence de cet établissement célèbre présente deux phases bien distinctes : *la Sorbonne fondée; la Sorbonne rebâtie*. Ce sont les expressions dont se sert Félibien pour différencier les deux époques. La seconde excédant un peu la date terminale imposée au présent ouvrage, nous n'en parlerons que sommairement; mais la première appartient pleinement à l'ancienne topographie parisienne. Quant à l'édifice, c'est le cœur de la région connue sous le nom de *l'Université*.

On sait ce qu'était le premier fondateur du collège qui a pris son nom : Robert Sorbon, originaire de Rethel, en Champagne, chanoine de Cambrai, puis de Paris, chapelain de saint Louis, dont il avait la confiance. Honoré également de celle de Blanche de Castille, il eut la pensée d'hospitaliser quelques pauvres clercs, étudiants en théologie, et obtint pour eux de la reine mère, en l'absence du roi, «une maison située vis-à-vis du Palais des Thermes, en la rue Coupe-gueule....., à laquelle il en ajouta bientôt plusieurs autres qu'il acquit du roi, situées au même endroit ou aux environs, particulièrement dans la rue des Massons, par échange avec d'autres héritages qu'il avoit ailleurs dans la ville..... Par son testament de l'an 1270, il légua à la communauté, composée alors de seize pauvres écoliers, tous ses biens immeubles amortis..... "[1].

C'est entre 1250 et 1274, c'est-à-dire dans un espace de vingt-quatre ans, que fut fondé et doté le nouvel établissement. Aux libéralités de Robert Sorbon, augmentées de celles de saint Louis et de Blanche de Castille, s'ajoutèrent divers dons de Guillaume de Brai, de Robert de Douai, Geoffroi de Bar, Guillaume de Chartres, etc.; ce qui n'empêcha point la pauvre Sorbonne, *pauperrima domus*, pressée par la gêne ou écrasée par l'impôt, de louer, puis de vendre le collège de Calvy, sauf à le racheter deux fois pour le céder encore à bail, et cela jusqu'en 1628.

Ce qui nous importe plus particulièrement, c'est la description topographique de la Sorbonne de Robert. La voici, d'après M. Gréard, pages 76, 77, 78 de *Nos adieux à la vieille Sorbonne*: «Une pièce d'un procès intervenu en 1281, y est-il dit, entre le cloître de Saint-Benoît et les Sorbonistes, décrit ainsi l'ensemble des bâtiments tels qu'ils étaient alors: la maison de Robert, maison en pierre de taille, percée de trente-six fenêtres étroites comme des meurtrières...; puis, le long de la rue, montant jusqu'au collège de Calvi, les chambres des hôtes et des associés. Le règlement de taxation des loyers de l'année 1282 parle également de la maison nouvelle des Sorbonistes allant du cloître Saint-Benoît à leur maison plus nouvelle, c'est-à-dire à la petite Sorbonne ou collège de Calvi, et il la distingue de leur asile primitif qui était devenu la demeure quasi-gratuite des écoliers, depuis que les maîtres l'avaient quittée. Enfin les prescriptions statutaires de 1274 parlent expressément et de la cour qui s'étendait au pied de la maison de Robert, et des jardins ou petits prés qui touchaient aux derrières des maisons de la rue Saint-Jacques. On peut donc dire qu'avant sa mort Robert avait mis la Société de Sorbonne en possession du domaine qu'elle devait occuper... Les diverses parties dont il se composait portaient encore le nom de leurs anciens maîtres, mais elles avaient leur enceinte commune....

«Moins de soixante-dix ans après la mort de Robert, il avait fallu reprendre de fond en comble les masures qui avaient servi de chambres aux premiers fondateurs. Mal couvertes, mal closes, éparses çà et là ou à cheval les unes sur les autres, sans air ni soleil, elles ne se soutenaient plus. Dans l'aile construite par Robert, on avait dû faire entrer tout ce qui pouvait y tenir: les écoles, la salle des examens, la salle à manger qui servait en même temps aux délibérations des

---

[1] Félibien, *Histoire de la Ville de Paris*, t. I, p. 329.

résidents, la chapelle, la bibliothèque. La chapelle fut la première construite à part (1322). Vinrent ensuite les écoles extérieures (1470), érigées à l'angle de la rue de la Sorbonne et de la rue des Poirées, et enfin la bibliothèque... Dix ans après qu'elle avait été ouverte, la chapelle n'avait pas encore de cloche...»

Nous arrivons au xvie siècle. Sur cette période, notre guide, à la page 82 de l'ouvrage allégué, emprunte un surcroît de renseignements au plan de Bâle: «Ce plan, articule le descripteur émérite, celui qui porte la date de 1552, représente le périmètre des bâtiments, irrégulièrement et grossièrement formé, mais déjà bien dessiné dans son ensemble: sur la rue de la Sorbonne, la maison de Robert, d'un aspect monumental, une sorte de forteresse, la série des maisons des hôtes et des sociétaires reliées tant mal que bien les unes aux autres, la chapelle avec ses trois tours octogones et l'entrée du collège de Calvi; à l'intérieur, deux cours séparées l'une de l'autre par des degrés et, dans la partie supérieure, un jardin; au delà, d'une part les deux bibliothèques dans un bâtiment isolé et entourées de leur portique; d'autre part, se rattachant à l'extrémité du collège de Calvi, le logis des bénéficiaires, des clercs ou des étudiants hospitalisés dans la Maison; par derrière et fermant l'enceinte, un autre jardin plus étendu [1].» Ce dernier état des lieux persista jusqu'en 1629.

La reconstruction de la Sorbonne par Richelieu constitue la seconde phase de l'histoire de cet établissement. Les bâtiments du xive siècle tombaient de caducité; les collèges de la rue des Poirées encombraient le terrain et ne laissaient aucun développement possible à la fondation de Robert Sorbon. Une seconde fondation fut jugée nécessaire, et ce fut le cardinal qui, au lendemain de la prise de la Rochelle, assit la première pierre du monument. Pour lui donner toute la splendeur monumentale qu'il souhaitait, il se concerta avec l'un des plus grands architectes du temps, et résolut de faire entrer dans son plan la presque totalité de la rue des Poirées, une partie des rues de la Sorbonne et des Maçons, ainsi que l'emplacement total ou partiel des collèges de Rethel, des Dix-Huit, de Calvy, et du Trésorier. Nous avons indiqué, à l'article de la rue des Poirées, les diverses emprises qu'il fit sur ces établissements scolaires.

«Richelieu, dit Félibien, a rebâti la Sorbonne avec magnificence: il commença

---

[1] Ces détails circonstanciés résultent moins, croyons-nous, de l'étude du plan de Bâle, — dont les éléments présentent une masse sans netteté de lignes et réfractaire à l'analyse, — que du latin suivant d'Héméré, bibliothécaire de la Sorbonne (1638-1646):

«Illa quidem [Sorbona major], quantam ipsi vidimus, constitit habitaculis quaternis, disparis et differentis ædificationis, alio nempe intro projectiori, alio minus producto... Primum appelletur illud quod, vico ad duas portas, claudebatur patescente ingressu in eundem vicum. Secundum, tertium et quartum sita fuerunt in vico Porretarum. Primum istud appendix fuit pomœrii Sorbonensis attributum beneficiariis... Altera domus sita fuit in vico Porretarum adjacens habitaculo beneficiariorum ad Robertumque pertinuit, numerata inter Sorbonæ possessiones. Tertia fuit magistri Guillelmi de Camberisco, quarta canonicorum Sancti Stephani de Gressibus...; quà fuit Sorbona minor.» (Héméré, *Sorbonæ origines*, cap. xvii, f° 122. — Bibl. nat., mss lat., 5493.)

par les édifices du collège, dont la première pierre fut posée le 4 juin 1629, et l'on mit dessus une grande médaille d'argent, où la Sorbonne étoit représentée sous la figure d'une vénérable vieille, qui tenoit une bible de la main gauche et avoit la droite appuyée sur le Temps, avec cette inscription tout autour : *Huic sorte bona senescebam*, pour marquer que c'étoit un effet de son bonheur que sa vieillesse fût parvenue jusqu'au temps d'un pareil restaurateur. On passa ensuite à l'église, qui fut bâtie sur l'emplacement du collège de Calvi. La première pierre en fut assise au mois de mai 1635; on y mit une grande médaille où étoit gravé le portrait du cardinal, avec de grandes inscriptions [1]. »

L'architecte Le Mercier voulut naturellement que la façade de cet édifice fût précédée d'un parvis de quelque étendue. On avait déjà démoli deux collèges et détruit presque tout le côté septentrional de la rue des Poirées, pour que la façade sorbonique tournée au midi ne fût point obstruée. A l'ouest, on exécuta d'autres travaux de dégagement. Une nouvelle place, dite « de la Sorbonne », fut créée devant le portail de la chapelle, et pour cela, on amputa les extrémités méridionales des rues de la Sorbonne et des Maçons. Cette place fut limitée, au sud, par la façade nord du collège de Cluny; à l'ouest, par le collège du Trésorier, à travers lequel une voie courte la fit déboucher dans la rue de la Harpe. C'est la rue Neuve-Richelieu, que la génération contemporaine a pu voir, et qui n'a disparu que par suite du percement du boulevard Saint-Michel.

L'œuvre de Richelieu est dépassée de nos jours : le périmètre que ce cardinal avait donné à la Sorbonne, au prix de si nombreuses démolitions, est sur le point d'être triplé. Le nouveau chef-lieu de l'Académie de Paris et des facultés, auquel manque précisément celle de théologie, qui a été la cause déterminante de la fondation de la Sorbonne, couvrira un vaste parallélogramme circonscrit, au nord, par la rue des Écoles ; au sud, par la rue Cujas; à l'est, par la rue Saint-Jacques: à l'ouest, par celles de la Sorbonne et Victor-Cousin. En un mot, *pulchra, pulchrior, pulcherrima*, ces trois degrés de signification résument les trois phases architectoniques de la Sorbonne.

RUELLE DES TROIS-CANETTES.

Cette petite voie, dépourvue de toute importance, sous le double rapport de la circulation et du trafic, établissait une communication entre la rue de la

---

[1] *Histoire de la ville de Paris*, t. II, p. 378.

Huchette et la Seine, se tenant à égale distance de la rue Berthe, des Bouticles, ou du Chat qui pêche et de celle des Trois Chandeliers. Le nom sous lequel nous la désignons est relativement moderne; on ne le trouve point dans les anciens documents, quoique la ruelle dont il s'agit paraisse avoir existé dès le xiiie siècle. Le Censier du Temple de 1253 semble la désigner assez clairement en l'appelant « ruë feu Estienne le Mounier ». En 1298 et plus tard, il est fait confusion entre cette ruelle et les voisines, la rue Berthe en particulier, et l'on ne saurait dire si la dénomination Hébert aus broches, que le Livre de la Taille donne, en 1298, ainsi que celle de Hébert aus tables, s'applique à l'une ou à l'autre de ces venelles. La topographie de cette région est, en effet, très confuse : les ruelles s'y pressent dans un espace fort restreint, et les maisons y ont des aboutissants des deux côtés à la fois.

Nous avons même constaté l'existence d'une ruelle innommée entre la Maison à l'abbé de Pontigny et l'une de celles qui lui étaient contiguës. Cette ruelle, qui a disparu, comme celle des Trois-Canettes, ne peut être exactement localisée; elle ne fait qu'augmenter la confusion du vieux parcellaire. Il en est de même d'un certain *Vicus Roberti Normanni*, mais non d'une « ruë des Troys Poissons », qui n'est autre que celle des Trois-Canettes. En effet, la maison à l'enseigne des Trois-Poissons, laquelle occupait l'entrée de la rue, lui conféra une sorte de baptême momentané.

CÔTÉ ORIENTAL
(du Nord au Sud).

Estables de la Fleur de lys, situées en face de la résidence dont elles dépendaient, ce qui était assez fréquent dans le Vieux Paris et ailleurs.

Partie postérieure d'une Maison sans désignation, en façade sur la rue Berthe et appartenant à l'église Saint-Séverin.

Façade latérale de la Maison des Trois-Poissons, sise en la rue de la Huchette.

CÔTÉ OCCIDENTAL.
(du Sud au Nord).

Maisoncelle sans désignation, faisant encoignure sur la rue de la Huchette.

Maison de la Fleur de lys, avec une maîtresse façade sur la rue des Trois-Chandeliers et une arrière-façade à l'avenant sur la rue des Trois-Canettes.

RUELLE DES TROIS-CHANDELIERS.

Cette petite voie est encore une de ces «descentes à la rivière», comme il en existait plusieurs entre les rues de la Bûcherie, de la Huchette et la Seine, ce qui amenait une confusion dont la trace se retrouve dans les anciens titres; on les prenait et on les désignait les unes pour les autres, parce qu'elles étaient parallèles et avaient les mêmes tenants et aboutissants.

La plupart ont disparu par suite de reconstruction ou d'absorption des immeubles qu'elles longeaient; celles qui sont restées desservaient sans doute des immeubles plus importants, ou avaient été ouvertes dans l'axe d'autres voies, dont elles formaient la continuation.

C'est le cas de la rue des Trois-Chandeliers, qui fait aujourd'hui suite à la rue *Zacharie*, à laquelle on l'a incorporée. Avant de porter la dénomination des *Trois-Chandeliers*, qu'elle dut à une enseigne et qu'on lui a donnée à partir du xive siècle, elle paraît avoir été appelée rue *Hébert aux broches, Bertaut aux broches, Thibault aux broches*, du nom de trois rôtisseurs fameux (1292-1421), et simplement rue *des Broches* (1447), ou *des Troches* (1455). Comme on trouve également rue *des Tables* et *des Bouticles*, il faut, selon toute apparence, ne voir dans ces dénominations, communes à toutes les ruelles descendant à la Seine, que des indications relatives à l'industrie de la pêche et au commerce du poisson. Là est la cause des confusions commises par Sauval, Jaillot et autres auteurs, qui ont cru voir la rue Berthe dans celle des Trois-Canettes ou celle des Trois-Chandeliers, et réciproquement.

On trouve encore cette dernière appelée, par erreur, ou par corruption de mots, *Orillon, Dorrelion, Doreillon, Frépillon* (1253), et aussi *Chandelière*, à cause d'une chandellerie. L'enseigne d'une fabrique de cette catégorie a dû, plus tard, s'étendre à la rue entière. C'est en 1366 qu'on la voit appliquée à l'Hôtel de Thouars, dont nous parlons plus loin.

Peut-être faut-il ajouter aux divers vocables de la rue des Trois-Chandeliers celui de *Vicus Roberti Normanni*, dont il a été question à propos de la ruelle des Trois-Canettes, et qu'un titre de 1234 localise *juxta Saquelie*.

La ruelle des Trois-Chandeliers offrait des dangers de diverse nature, que les pouvoirs publics ont voulu prévenir. En 1611, le Prévôt des Marchands et les Échevins en autorisèrent la fermeture comme d'une «voie sujète aux accidens». En 1654, une ordonnance des Trésoriers de France prescrivit de nouveau la clôture de cette ruelle «pour obvier aux accidens qui arrivent journellement par la mort de plusieurs personnes qui s'y introduisent de nuit».

La construction du quai Saint-Michel, livré à la circulation en 1816, a coupé à la rue des Trois-Chandeliers son extrémité septentrionale qui aboutissait au fleuve. Ainsi réduite, elle n'a plus été qu'une rallonge de la rue Zacharie.

CÔTÉ OCCIDENTAL
(du Nord au Sud).

Hostel de Thouars, contigu à la maison qui faisait le coin de la rue de la Huchette, ayant englobé cette maison d'angle, et s'étendant jusqu'au petit bras de la Seine, où son jardin avait vue. Les vicomtes de Thouars, ne voulant pas le reconstruire, quoiqu'il fût «en masure» dans la seconde moitié du xiv° siècle, l'abandonnèrent, ainsi que le jardin en friche, à la fabrique de «Saint-Germain-le-Vieil, à cause de plusieurs années de rente foncière duës à ceste église». La fabrique paraît l'avoir laissé tel quel, puisque, à la fin du xvi° siècle, il est encore «en l'estat de masure et jardin».

Ces détails sont tirés de Sauval, qui, après avoir constaté la confiscation de l'hôtel pendant l'occupation anglaise, en résume ainsi l'historique :

«Les ancêtres des ducs et pairs de Thouars et de la Trémoille, dit-il, si fameux dans l'histoire, du temps qu'ils n'étoient que vicomtes, avoient hostel en la rue de la Huchette et à celle des Trois Chandeliers, qui y aboutit. Et, parce que, en 1379, il tomboit en ruine, que son jardin, qui regardoit sur la rivière, étoit en friche, ils aimèrent mieux l'abandonner à la fabrique de Saint-Germain-le-Vieux, pour plusieurs années de rente foncière qu'ils lui devoient à cause de ce logis, que de le réparer ou de le rebâtir[1].»

C'est, du reste, pour le même motif que nombre de maisons étaient jadis abandonnées, d'où la fréquence des «masures», dont le chiffre se serait élevé à vingt-quatre mille sous la domination anglo-bourguignonne. Exagération évidente.

Maison des Cinges et des Civettes, mentionnée, dans les *Comptes de la Pitancerie* de l'abbaye Saint-Germain-des-Prés, comme taxée d'une redevance de cinq sous. Elle est désignée : «Maison qui fu Pierre de Brisolles, joignant celle des Chandeliers.»

CÔTÉ ORIENTAL.

Maison de la fleur de lys, occupant tout ce côté de la rue des Trois-Chandeliers.

[1] Sauval, t. II. p. 128.

RUE DES TROIS-PORTES.

Cette voie, qui existe encore aujourd'hui, et qui aboutit, à l'est, à la rue du Pavé de la Place Maubert, à l'ouest, à la rue de l'Hôtel-Colbert, ancienne rue des Rats, n'est pas mentionnée dans les Livres de la Taille de la fin du xiiie siècle. Il semble qu'on a donné, en 1303, à la ruelle Jacinthe, le nom de petite rue des Trois-Portes, ce qui implique, dit Berty, qu'il existait alors une plus grande rue de ce nom. Le Dit de Guillot (1300) et un rôle de 1313 mentionnent la «ruë des deux portes», qu'un acte de 1370 appelle *vicus inter duas portas*. Après l'avoir confondue avec la ruelle Jacinthe, qui la faisait déboucher sur la rue Galande, on a donné à la seconde le nom de *Augustin*, qui était sans doute celui d'un riverain notable.

La rue des Trois-Portes devait-elle cette dénomination, qui lui est restée, au petit nombre des immeubles qui la bordaient, ou aux clôtures dont on l'avait munie pour en rendre le séjour moins dangereux? Les historiens de Paris se sont divisés sur ce point. Jaillot croit qu'elle ne renfermait que trois maisons, et, par conséquent, trois portes; étymologie qui a eu sa raison d'être sur d'autres points de Paris, dans le quartier du Marais notamment, où six immeubles de chaque côté de la voie justifiaient le nom de «rue des Douze Portes». Lebeuf est d'un avis tout différent, et il faut bien convenir que le Censier de 1483 énumère sept maisons sur le seul côté septentrional. Ces maisons, en y ajoutant celles en bordure sur le côté opposé, pouvaient avoir leur principale entrée sur les rues adjacentes, mais elles possédaient certainement plus de trois issues sur celle-ci.

Les trois portes étaient donc trois fermetures sur la rue du Pavé de la Place Maubert, la rue des Rats et la ruelle Jacinthe, fermetures motivées par la nécessité de défendre les habitants contre les écoliers de la rue du Fouarre et contre les «mauvais garçons».

Il existait anciennement, en face de la rue des Trois-Portes, une ruelle laissant communiquer la rue du Fouarre avec celle des Rats, et dont il est fait mention, dans plusieurs titres des xive et xve siècles, comme d'«une ruelle commune aus maisons aïant yssue en la ruë des Rats, laquelle ruelle est directement devant la ruë des Trois-Portes». Le même Censier de 1483, par nous cité plus haut, la place entre une courcelle de la rue du Fouarre et «les grans escolles de la nacion d'Angleterre». Fermée à ses extrémités, comme la rue des Trois-Portes, cette ruelle n'était plus qu'une impasse en 1577.

La rue des Trois-Portes s'était conservée à peu près intacte. Tout récemment, le prolongement de la rue Monge en a reculé le côté méridional et a complètement changé l'aspect de cette région si longtemps déshéritée.

CÔTÉ MÉRIDIONAL
(d'Orient en Occident).

PAROISSE SAINT-ÉTIENNE-DU-MONT.

JUSTICE ET CENSIVE DE SAINTE-GENEVIÈVE.

Maison du Chesne vert (1549), contiguë à celle du coin, laquelle se décomposait en certaines masures avec issue sur la Place Maubert; en 1561, tenant « à l'Hostel de la Pomme rouge »; en 1591, « à l'Hostel du Cerf ».

Façades postérieures d'une série de huit maisons ayant leur entrée principale sur la rue Galande.

CÔTÉ SEPTENTRIONAL
(d'Ouest en Est).

MÊMES PAROISSE, JUSTICE ET CENSIVE.

Maison sans désignation, attenante à celle qui faisait l'angle occidental de la rue des Rats. En 1598, elle appartenait à M⁰ Antoine Cadebert.

Maison des Troys Janettes (1490), ou Genettes (1519). Antérieurement à cette dernière date, il existait une plâtrière dans cette maison, ainsi que le constate le Censier de 1509 : « Les Troys Genettes, où souloit avoir plastriere. » En 1598, la plâtrière a fait place à deux corps de logis, et cela résulte du texte suivant : « Maison contenant deux corps d'hostel et deux jeux de paulme, tenant la totalité aux hoirs de Cocherache et M⁰ Julien, et à autre jeu de paulme, appelé le Jeu de Paulme du Faucheur, des deux bouts à M⁰ Antoine Cadebert et à la Maison de l'Imaige Sainct Marc.

Partie postérieure de l'Imaige Sainct Marc, *alias* du Panier, ayant façade sur la rue de la Bûcherie (1440).

Maison sans désignation d'enseigne ni de millésime.

Partie postérieure de la Teste noire (1446).

Maison dépendant, vers 1490, de l'Imaige Sainct Michel, en façade sur la Place Maubert. Elle porta l'enseigne du Griffon, à la fin du xvi⁰ siècle.

Estables de la Pomme rouge (1509), qualifiées « maison et grange » à la fin du xvi⁰ siècle, et contiguës à la maison faisant le coin septentrional de la Place Maubert.

Ces diverses enseignes subissent de nombreuses modifications dans le cours du xviie siècle. Un document de 1646 cite, en effet, comme étant soit en façade, soit en arrière-façade, une Maison des Poulles, une Image Saint Denis, un Tripot des Aquitains, un Cheval vert bardé, une Lettre F couronnée, une Clef de bois, un Bout du Monde, et même une Maison des trois P.....

RUE ZACHARIE.

Le peuple nomme *Zacarie* la rue *Sac-à-lie*, dit Sauval [1]. L'altération de l'ancien vocable par assimilation était donc, à une lettre près, un fait accompli dès le xviie siècle. Les formes les plus anciennes sont : en 1150, *Sachalia* (Cartulaire de Notre-Dame, t. IV, p. 156); en 1219, *Sacqualie* (même recueil, t. II, p. 460); en 1284, *vicus Sacaliae* (id., t. III, p. 54); en 1292, *Sac-à-lie* (Livre de la Taille); en 1300, *Sacalie* (Dit de Guillot); en 1309, *Cacalie* (Déclaration, p. p., Archives nationales); en 1310, *Sac alie;* en 1316, *Saccalie;* en 1366, *Sac-Alye* (compte cité par Sauval, t. III, p. 126); en 1450, «rue du *Sacalit*» (ms. de Sainte-Geneviève). Le *z* et l'*r* n'apparaissent qu'en 1662, et ne sont point encore accompagnés de l'*h;* Félibien cite, en effet, un acte de cette année où la rue est dénommée *Zacarie*. L'identification avec le nom du personnage biblique n'est complète qu'au xviiie siècle.

On a beaucoup recherché les origines de l'ancien vocable : *Sacalie* était, paraît-il, le nom d'une maison que Pierre de Ruilée, vingt-septième prieur de Saint-Martin-des-Champs, donna à ce monastère, dans les premières années du xiiie siècle [2]. Ce nom était-il celui d'un propriétaire? La rue le devait-elle au voisinage des pressoirs, d'où l'on y transportait le résidu des vendanges? Ce sont de pures hypothèses. La dernière cependant ne manque pas d'une certaine vraisemblance, quand on lit ce passage d'un compte du Pitancier de l'abbaye de Saint-Germain-des-Prés : «Item, pour quatre barriques achetez du tonelier qui demeure au bout de Sacalie.» Il se peut qu'on ait traité en cette rue les lies des pressoirs parisiens pour en faire de l'eau-de-vie de marc, ainsi que cela se pratique encore dans les pays vignobles. Conjecture assurément, mais qui n'a rien de déraisonnable, puisqu'il est constant que des vignes couvraient les pentes de la Montagne Sainte-Geneviève, et que de nombreux pressoirs existaient dans cette région, deux desquels en la présente rue. Pour parfaire la démonstration, au Pressouer d'or et au Petit Pressouer, ajoutons la Maison des Bouteilles, siège d'une industrie auxiliaire de la viticulture.

---

[1] *Antiquités de Paris*, t. I, p. 123. — [2] M. Marrier, *Historia S. Martini a Campis*, p. 219.

La rue Zacharie commençait autrefois à celle de Saint-Séverin, pour aboutir à celle de la Huchette; elle a conservé le même parcours, mais on l'a augmenté de celui que l'établissement du quai Saint-Michel a laissé à la rue des Trois-Chandeliers. Toutes deux sont aujourd'hui comprises sous la même dénomination.

CÔTÉ OCCIDENTAL

(du Sud au Nord).

PAROISSE DE SAINT-SÉVERIN.

CENSIVE DE L'ÉVÊCHÉ.

Maison de la Caige (1426), appelée aussi Maison des Trois Clefs, contiguë à celle qui faisait le coin occidental de la rue Saint-Séverin, c'est-à-dire à l'Image Saint Martin. Comme la Maison du Cigne, sise rue Saint-Séverin, paraît, dit un texte, avoir été jointe à celle des Trois Clefs, il se pourrait que la Caige eût formé un ensemble composé de deux corps d'hôtel nommés, l'un la Caige, l'autre les Trois Clefs.

Maison de l'Espée (1530).

Maison de la Coignée (1399), puis du Pressouer d'or (1603).

Maison de l'Escu de Bourgogne, ou de Bourges (1399), puis du Petit Pressouer (1603).

En 1575, cette maison et la précédente étaient réunies en une seule qui avait pour enseigne l'Escu de Bretaigne, lequel avait ainsi effacé les deux autres.

CENSIVE DE LA GRANDE CONFRÉRIE.

Jardin de la Maison du Paon (1318), puis Maison de la Magdelaine (1555), paraissant devoir être identifiés avec la Pomme et le Croissant, auxquels, en 1430, aboutissait la Maison du Paon.

CENSIVE DE L'ÉVÊCHÉ.

Maison de la Couronne (1399), puis du Marteau (1530), du Marteau d'or (1568), du Marteau d'argent (1571).

Maison du Petit Paradis (1575).

CENSIVE DE LA GRANDE CONFRÉRIE.

Dépendances de la Maison de l'Escrevisse, sise en la rue de la Huchette, paraissant avoir constitué, en 1435, la Maison du Cigne.

Maison des Bouteilles (1603), contiguë à celle qui formait l'angle occidental des rues Zacharie et de la Huchette, c'est-à-dire à la Maison de l'Albanoys.

CÔTÉ ORIENTAL
(du Nord au Sud).

CENSIVE DU PARLOIR AUX BOURGEOIS.

Maison du Daulphin, contiguë à celle des Deux Boulles, qui faisait le coin oriental de la rue de la Huchette, et dont elle dépendait primitivement. Il paraît y avoir eu sur cet emplacement le Petit et le Grand Daulphin, qui se sont démembrés plus tard; l'un des corps de logis semble avoir été dénommé Maison des deux Boulles.

CENSIVE DU ROI.

Maison de la Nasse (1533), contiguë à celle des Trois clefs d'or (1497), et n'ayant dû former primitivement qu'un seul immeuble avec celle-ci, puisqu'on les trouve énoncées, tantôt avant, tantôt après, dans leur ordre de succession du Nord au Sud.

Adjugée par décret, le 24ᵉ janvier 1604, à Pierre de Cinq-Fonds, bourgeois de Paris; celui-ci fit abandon de ladite maison, en 1606, à Mᵉ Thierry de Monantheuil, avocat en la Cour de Parlement, à Paris. L'immeuble avait été déclaré appartenir à la censive du Roi par ordonnance des trésoriers généraux de France du 29ᵉ jour de novembre 1605[1].

CENSIVE DE L'ÉVÊCHÉ.

Chasteau de Marly, dénomination peu ordinaire dans l'ancienne topographie parisienne et ayant dû s'appliquer originairement non pas à une construction considérable, appartenant en 1448 à Regnault du Noyer, mais à une enseigne. C'est dans les mêmes conditions, et à aussi peu de frais, que la rue Saint-Victor jouissait du Château de Milan.

Maison sans désignation, dite, en 1543, « contenant un corps d'hostel à pignon

---

[1] Arch. nat., Q¹, 1099 63². — Communication de M. P. Le Vayer.

sur ruë, allée au-devant, cour par derrière, tenant au Chasteau de Marly, aboutissant au Héron». Appartenait, en 1448, à Pierre Curreau, faiseur de taillans; en 152..., à Jehan Dyvette, marchand chapelier, bourgeois de Paris; en 1537, à honorable homme Léon Boulland, procureur en Parlement; en 1556, à honorable femme Marguerite Bonnet, veuve du précédent; en 1580, à M° Denys Grasseteau, procureur en Parlement, à cause de Marie Bouland, sa femme; en 1615, à M° Claude Rousseau, s. de Basoches, conseiller et procureur général du Roi aux eaux et forêts de France, à cause de Ysabel Grasseteau sa femme, etc. [1].

Maison du Héron (1481), ayant probablement formé avec les deux corps d'hôtel précédents un ensemble de quelque importance, et tenant son vocable d'un de ses anciens propriétaires, M° Marc Héron, vivant vers la fin du xiv° et au commencement du xv° siècle [2].

CENSIVE DE LA SORBONNE.

Portion de la Maison du Berceau (1547), en façade sur la rue Saint-Séverin.

Portion de la Maison de la Serpente (1522), ayant entrée sur la même rue.

Portion de la Maison de la Magdelaine (1542), située dans les mêmes conditions, et contiguë à celle qui faisait l'encoignure, c'est-à-dire à la Maison du Godet.

C'est par un retour d'équerre que ces trois dernières maisons présentaient une arrière-façade sur la rue Zacharie.

Nous ne pouvons, en terminant, que reproduire nos précédentes observations sur les difficultés que présente la restitution exacte de l'ancien parcellaire, dans une région si dense, coupée de tant de petites voies et d'impasses, où les maisons projetaient des corps de logis, des dépendances diverses sur le flanc de leurs voisines, dépendances et corps de logis tantôt réunis sous un même vocable, tantôt détachés avec des enseignes particulières. Il a fallu colliger et compulser un grand nombre de textes, les comparer, les éclairer les uns par les autres, pour arriver à serrer d'aussi près que possible la vérité topographique.

[1] Arch. nat., S³⁷. — Communication de M. P. Le Vayer. — [2] Arch. nat., S³⁷, p. p. — Communication de M. P. Le Vayer.

APPENDICES
ET PIÈCES JUSTIFICATIVES

APPENDICES

ET PIÈCES JUSTIFICATIVES [1]

I

ÉCOLE DE MÉDECINE.

INVENTAIRE DES TITRES DE L'ÉCOLE DE MÉDECINE DE PARIS DEPUIS L'AN 1468 JUSQU'À L'AN 1521.

(Archives nationales, S 6209-6210.)

(Voir le texte du présent volume, p. 26, 27 et 37-41.)

Cotte 1re, n° 2637.

Contrat du legs testamentaire fait par les héritiers de Me Guillaume Canteleu, exécuteurs de son testament, aux religieux chartreux de la Maison des Escholes, autrement dite Maison de la Couronne.

4° aoust 1468.

Contrat de vente, faite par dom Richard Blondel, prieur des religieux et chartreux, à la Faculté, d'une maison, court, cave derrière, avec une masure ou jardin, à eux léguée par Me Guillaume de Canteleu. C'est la Maison de la Couronne.

Du 13° apvril 1469.

Cotte trois, n° 2637.

Contrat d'acquisition de la maison faisant le coin des rues de la Bucherie et des Rats. Acquise de Marc Gilbin et autres. C'est le Soufflet.

Cotte 6, n° 2637.

Contrat de délaissement d'une place où estoit la maison de la Couronne, fait au profit de

---

[1] Toutes les pièces des Appendices, sauf deux attribuées nommément à Berty, sont dues aux recherches de M. Camille Platon, attaché au service des travaux historiques.

M° Guillaume de Canteleu par Estienne Bernier, à la charge de payer les redevances de l'Hostel-Dieu et des religieux de S¹⁰-Geneviesve.

12° febvrier 1452.

Cotte 2, n° 2637.

Décret d'adjudication de la Maison des Trois Roys, size rue de la Bucherie.

30° octobre 1523, à la Faculté de médecine de Paris.

Contrat d'achapt d'un septiesme de la Maison des Trois Roys pour la Faculté, de Sébastien Fournier, charpentier.

27° apvril 1521.

Manquent les titres de propriété de l'Image Sainte Catherine et de la Maison sans désignation faisant le coin oriental de la rue du Fouarre. Les Archives nationales ne possèdent point ces pièces; mais les fragments des *Registres-Commentaires de la Faculté*, intercalés dans notre texte, comblent cette lacune.

II
COLLÈGE DE FRANCE.

(Texte, pages 48 et suivantes.)

Les pièces d'archives concernant les collèges de Tréguier et de Cambray visent aussi le Collège de France. (Voir ci-après.)

III
COLLÈGE DE SAINTE-BARBE.

SES REVENUS, D'APRÈS LE COMPTE DE 1777-1778 [1].

(Archives nationales, M 195.)

(Texte, p. 63 et suivantes.)

RENTES SUR LES AIDES ET GABELLES.

CAPITAUX DES RENTES.			MONTANT DES RENTES.		
3,000ᶫᵗ	" ˢ	" ᵈ	75ᶫᵗ	" ˢ	" ᵈ
1,200	"	"	30	"	"
4,000	"	"	200	"	"
"	"	"	207	8	2

[1] Bien qu'un document soit postérieur à 1610, année où s'arrêtent nos investigations, nous l'éditons néanmoins s'il reflète un passé plus lointain que sa date. Remarque faite ici une fois pour toutes.

RENTES SUR LES ÉTATS DE BRETAGNE.

" " "	100^{tt}	"	" ^d
6,000 " "	300	"	"
Sept septiers de bled sur Vitry, évalués à	140	"	"
	1,052	3	2

MAISONS.

MONTANT DES LOYERS.

L'intérieur du collège..	2,200^{tt}	"	" ^d
S. Ambroise, rue du Four-Saint-Hilaire	540	"	"
S. Grégoire, S. Gérôme et S. Augustin, même rue	430	"	"
Le Mûrier, rue d'Écosse...................................	375	"	"
L'Écusson, même rue	300	"	"
Le Chaudron, au coin de ladite rue	900	"	"
Maison, rue des Trois-Couronnes........................	400	"	"
	5,145	"	"
TOTAL des revenus	6,197	3	2

CHARGES.

1° Les vingtièmes des maisons.............................	436^{tt}	"	3^d
2° Les cens et rentes sur lesdites maisons, savoir :			
À l'abbaïe S. Geneviève................................	"	2	"
Au chapitre S. Marcel.................................	"	7	3
3° Logement des gardes françaises sur les maisons des 3 Couronnes....	40	"	"
4° Rentes à la fabrique S. Hilaire	16	5	"
5° La pension à l'ancien procureur........................	800	"	"
6° La pension de huit boursiers à raison de 400 livres............	3,200	"	"
7° L'acquit des fondations	102	"	"
8° La contribution aux dépenses communes.................	500	"	"
9° Les couvertures des maisons............................	70	10	"
	5,165	4	6
EXCÉDENT des revenus.......................	1,032	"	"

IV

PROCÈS-VERBAL DU 3 SEPTEMBRE 1555,

VISANT LA CHAPELLE DE SAINTE-BARBE.

(Note de Berty, sans indication de provenance.)

(Texte, p. 67 et 68.)

« Ladicte chappelle St Symphorien tient par bas à la rue St Symphorien passant entre ladicte chappelle (*blanc*) et le collège Ste Barbe, et par hault à une place vuyde qui souloit estre jardin, de présent estant une court, estant au dessoubz la maison St Michel, et que ladicte chappelle aboutist par devant à la rue anciennement appelée LA RUE DE Me JEHAN, passant par devant le collège des Chollets, et par derrière au collège de Montégu, et que ladicte chappelle est bastie et ediffiée d'ancienneté et des premières de Paris, de grosses estoffes, matières et pierres de taille, et est faicte à vostes antiques, et de gros arcs ou pilliers boutans de pierres de taille, et en toutes les parties d'icelle en la forme et modèle antique, et les fondemens d'iceulx, arcs et pilliers boutans, s'étendent dedans la terre près ladicte chappelle, et de plus d'une toyse, et est ladicte chappelle séparée et séquestrée par toutes les parties et endroicts d'icelle de tous édiffices; il y a plusieurs grandes et larges (*blanc*) et de tous costés, bouts et endroicts d'icelle; et que le cueur et grant aultel de ladicte chappelle sont tombez par terre jusques aus fondemens, estant à fleur de terre, et sont apparentz à fleur de terre; estre de trois piedz de largeur ou environ, et le grant autel estre environ de quatre piedz et y avoir des gros arcs et pilliers boutans, allant en longueur en terre comme les aultres de ladicte chappelle qui sont encore debout, et que les fondemens au cueur de ladicte chappelle et des gros arcs et pilliers boutans hors icelle, à fleur de terre, sont à une toize et deux, ou environ, près le collège de Montaigu, et par dedans terre, se joignant jusques aux fondemens dudict collège de Montaigu.

Pareillement, que ladicte chappelle St Symphorian, le tour et circuit d'icelle, du costé d'en bas, s'estend jusques à ladicte rue St Symphorian, et est close et fermée d'un meur, estant de dix piedz ou environ de hault, au dessus rez de chaussée de ladicte rue, distant de trois à quatre toizes de ladicte chappelle, et que les fondemens dudict, gros arcs et pilliers boutans vont dedans terre, jusques près le meur de ladicte rue St Symphorian, ou place d'une toyse près ladicte chappelle, ainsi qu'il appert par l'ouverture faicte de la terre qui couvre les fondemens desdicts gros arcs et piliers boutans; et en ladicte rue St Symphorian, y a une petite porte dedans le meur faisant ladicte closture de ladicte chappelle, et une aultre petite porte vis à vis, dedans le gros meur de ladicte chappelle, pour entrer en icelle et sortir hors de ladicte chappelle pour toutes personnes; et entre ledict gros meur de ladicte chappelle St Symphorian, dedans icellui gros meur et adjasant icellui, depuis l'un des coings de ladicte chappelle jusques à ladicte rue St Symphorian, y a un petit appentis ou gallerie de la longueur de trois à quatre toizes et de la largeur de deux toyzes ou environ, servant seullement pour monter en la chambre faicte en ladicte chappelle. Et soubz cest appentiz ou gallerie, y a un petit trou ou fenestre, qu'on appelle ouvrouër, où se tient un petit ravauldeur de chaulses d'escolliers. Semblablement que ladicte chappelle, le tour et le circuyt s'estend par le devant de ladicte chappelle, le coing de ladicte rue Me Jehan, passant par devant le collège des Chollets et au coing de ladicte rue St Symphorian, depuis le coing de ladicte chappelle jusqués au pavé desdictes rues. Entre lesquelles rues, au devant de ladicte chapelle, y a une belle place carrée non pavée de ladicte chapelle St Symphorian et du (*blanc*) d'icelle, allant de front depuis le pavé qui est au dessus la porte du collège des Chollets jusques à la porte commune, estant entre ladicte chapelle et la MAISON St MICHEL, et depuis ladicte porte commune jusques à ladicte rue St Symphorian; contenant, ladicte place, environ huit toizes de longueur et six toizes de largeur, servant pour les aisances de ladicte chappelle et le obstencion et montrée d'icelle chappelle, aussi pour la commodité des gens de bien et pellerins qui souloient venir en ladicte chapelle, et pareillement pour mettre et lever, le jour de la fête de St Symphorian, les bancs, selles et tables des marchands qui vendent aux gens qui viennent en dévotion en ladicte chappelle St Symphorian, et par le devant, y a beau portail et belle entrée au mylieu de ladicte chapelle. Auquel y a de présent ung petit ouvrouër, dedans lequel semblablement demoure ung aultre petit ravauldeur de chaulses d'escolliers; et au feste et sommetz de ladicte chappelle y a deux fenestres de longueur environ de trois piedz, et de hautteur de cinq piedz; desquelles le bas est en carré et le hault en rond, et au dessoubz desdictes fenestres, entre icelles et le portail de ladicte esglise, y a de présent une chambre, estuve et grenier ayant veues faictes de toutes parts, puis environ vingt ans, dedans icelle mesme chapelle, depuis le portail de ladicte chapelle jusques au mylieu de la nef d'icelle.

Pareillement que ladicte chappelle contencieuse, le tour et circuyt du costé d'en hault, s'estend jusques à ung meur tombé par terre, de présent apparent, qui auroit esté cydevant couvert de terre, et encore partye d'icelluy meur auroit, depuis la feste de Pasques dernier passée, esté couvert de pavé, et est ledict meur entre ladicte chappelle contencieuse et ladicte place vuide qui, comme dict est, souloit estre jardin, et de présent est court, estant au dessoubz, joignant et contiguë ladicte maison St Michel.

Et lequel meur va du long de ladicte chappelle et place vuyde, depuis un pillier rond de pierre de taille, planté dedans terre, près la porte commune ou au dessoubz (*blanc*) pillier jusques au collège de Montaigu, et est distant de deux toizes ou environ de ladicte chappelle et de plus de six toizes ou environ de ladicte maison de St Michel. Par dedans la court d'icelle maison il faict la division et séparacion de circuyt de ladicte chappelle contencieuse, et de ladicte court et maison St Michel; et que c'est le mesme meur, séparacion et division de ladicte maison St Michel, alleguez par les deffendeurs au procès d'entre les parties, et que jusques à ce meur, qui est planté dedans terre de tout temps et antiquité, ladicte chappelle et partye du tour et circuyt d'icelle et aussi le fondement dedans terre desdicts gros arcs et pilliers boutans estant hors d'icelle chappelle, du cousté de ladicte maison St Michel, s'estendent et se contiennent. Par delà ledict meur planté dedans terre, est la maison et appartenances de St Michel, entre laquelle et ladicte chappelle est la grande porte commune aux parties, à l'encougneure de ladicte chappelle contencieuse et de ladicte maison St Michel. En oultre, y a une autre porte, bouchée depuis le procès entre les parties, près de ladicte porte commune, oultre ladicte chappelle et lesdicts pilliers ronds de pierre de taille, qui sert pour entrée pour les deffendeurs dedans l'allée, circuyt et closture de la chappelle, et une autre plus petite porte dedans le gros meur en pierres de ladicte chappelle, pour entrer en icelle et sortir d'icelle, pour toutes personnes, et faire les processions, oraisons et dévotions ordinaires et accoutumées allentour et dedans le circuit de ladicte chappelle et allant d'icelluy pillier rond audict collège de Montaigu, du costé de ladicte rue St Michel. »

V

REVENUS DU COLLÈGE DES CHOLLETS.

COMPTE DE L'ANNÉE 1777-1778 [1].

(Archives nationales, M 195.)

(Texte, p. 72, 73 et 74.)

RENTES SUR :	MONTANT DES RENTES.		
Le domaine du roi à Paris.............................	260^{lt}	s	d
Le domaine à Montlhéry.............................	50	»	»
A reporter........................	310	0	0

[1] Ce compte et ses similaires sont conformes aux textes, mais non toujours exacts.

Report......................................	310[l]	0[s]	0[d]
Le duché de Valois................................	300	»	»
....	260	»	»
Les aides et gabelles...........................	90	»	»
....	100	»	»
....	530	2	8
L'ancien clergé................................	3	15	»
Les États du Languedoc.........................	1,000	»	»
Les États de Bretagne...........................	400	»	»
Les drapiers et merciers........................	801	»	»
Le collège Louis-le-Grand.......................	1,600	»	»
Une maison, rue des Lavandières-Sainte-Opportune.	5	»	»
Une maison et une vgine, à Champagne............	20	»	»
55 muids de bled sur les Postes.................	12,061	»	»
Le minage de Beauvais..........................	450	»	»
La maison du Pressoir d'or.....................	445	»	»
Messe de Sainte-Cécile.........................	5	»	»
	18,380	17	8

NOMS DES FERMES. — PRIX DES BAUX.

Terres et bois à Tilloloy......................	1,200[l]	»[s]	»[d]
Idem..	480	»	»
Terres à Ravenel...............................	400	»	»
Dixmes à Jard.................................	500	»	»
Terres et rentes à Coupvray et Ebly.............	240	»	»
Terres à Guyancourt...........................	130	»	»
Ferme du Chat, à Verberie.....................	1,400	»	»
Coupe du bois d'Hallencourt...................	1,200	»	»
	5,550	»	»

MAISONS. — MONTANT DES LOYERS.

Maison du Croissant, rue S. Jacques............	1,050[l]	»[s]	»[d]
Maison des deux Maillets, même rue.............	800	»	»
Maison de la Bergerie..........................	600	»	»
	2,450	»	»
TOTAL des revenus.............................	26,370	17	8

CHARGES.

1° Les vingtièmes des maisons..................	226[l]	14[s]	2[d]
2° Cens des dixmes du Jard....................	38	10	»
3° Les cens et rentes qui sont dus, savoir :			
1° Au curé de la basse Sainte-Chapelle........	2	10	»
2° A l'abbaye Sainte-Geneviève................	2	4	»
3° Au chapitre Saint-Étienne-des-Grès........	»	3	4
4° Au prévôt des marchands..................	»	5	»
5° Au receveur du duché de Valois.............	26	13	4
A reporter...................	296	19	10

Report.........................	296ˡᵗ	19ˢ	10ᵈ
4° La somme de 200 livres à deux anciens directeurs de la maison des Chollets...............................	400	"	"
5° La pension de 48 boursiers à raison de 400 livres pour chacun....	19.200	"	"
6° L'acquit des fondations.....................	626	"	"
7° La contribution aux dépenses communes................	2,600	"	"
8° Les appointements des officiers de justice d'Hallencourt et de Prout Le Roy...............................	183	"	"
9° Le loyer d'une ancienne portière du collège................	50	"	"
10° L'entretien annuel des couvertures des maisons.............	23	9	6
	23,379	9	4
Excédent des revenus...................	2,091	8	4

VI

EXTRAIT

D'UNE DÉLIBÉRATION PRISE PAR LE BUREAU D'ADMINISTRATION DU COLLÈGE LOUIS-LE-GRAND RELATIVEMENT AU COLLÈGE DES CHOLLETS.

(Archives nationales, M 157.)

(Texte, p. 172, 173 et 174.)

« Ce collège et celui de Laon sont les seuls qui se soient ouvertement opposés à la réunion; les boursiers du collège des Cholets voulurent faire adopter leur réclamation par la Faculté de théologie; ils ne purent y parvenir; en conséquence, plusieurs formèrent opposition à l'ordonnance des commissaires du Parlement; mais ils en furent déboutés par l'arrêt du 21 août 1764... Au surplus, quant à ce collège, on observera :

1° Que ses revenus, au moment de la réunion, n'étoient que de quatorze mille trois cens quatre-vingt treize livres, et qu'ils sont actuellement de vingt-sept mille six cens vingt-neuf livres; que ses charges, y compris quatre cens cinquante livres pour le montant de ses réparations, sont de vingt-six mille quatre-vingts livres; qu'ainsi l'excédent de ses revenus sur ses charges est de quinze cens quarante-neuf livres, et qu'il avoit en caisse au 1ᵉʳ octobre 1780 la somme de 26,587 livres.

2° Que ses dettes montoient, en 1763, à 27,911 livres, qui sont actuellement payées.

3° Qu'il n'y avoit alors que vingt bourses; qu'il y en a actuellement quarante-huit, et qu'il ne peut en être créé que quatre à la fois, savoir : deux pour chaque diocèse d'Amiens et de Beauvais...

....

5° Par le règlement de 1767, il a été accordé à chacun des anciens boursiers de ce collège, docteurs en théologie et résidens à Paris, 200 livres pour leur tenir lieu du logement qu'ils avoient droit d'avoir dans ce collège...... »

VII

REVENUS DU COLLÈGE DE DORMANS-BEAUVAIS,

D'APRÈS LE COMPTE DE 1777-1780.

(Archives nationales, M 195.)

(Texte, p. 103-112.)

RENTES SUR :	MONTANT DES RENTES.		
Les tailles.	27ᵗ	4ˢ	″ᵈ
Les aides et gabelles.	889	11	6
Les États de Bretagne.	1,500	″	″
La ville de Mondidier.	226	8	6
Rentes foncières sur la maison du Gris Vêtu, rue Lavandières S. Opportune.	10	″	″
Maison du Chien Noir, rue S. Denis.	12	10	″
Maison, rue de la Monnoye.	3	2	6
Deux maisons, rue Montorgueil.	2	10	″
Maison, rue du Monceau S. Gervais.	″	16	4
Maison sur le Petit Pont.	9	5	″
Maison, rue de la Huchette.	2	″	″
Maison, rue des Noyers.	2	10	″
Chêne Vert, rue des Trois Portes.	3	15	″
Sur un pré, à Chelles.	2	5	″
Sur des terres et vignes, à Vitry.	2	5	″
Sur une terre, à Châtillon.	8	″	″
Messe.	6	″	″
Intérêt du prix de la maison du collège.	8,000	″	″
24 muids de bled sur la ferme des Postes.	5,536	4	″
Bled sur l'abbaïe Saincte Colombe.	700	″	″
5 muids de bled sur la terre de Plessis l'Évêque.	1,440	″	″
8 septiers sur le moulin de la Tour à Voux, en Gatinois.	166	13	4
Cens sur led. moulin et terres en dépendantes.	444	″	″
18 septiers à Choisy.	360	″	″
Redevance en bled sur l'abbaïe de Thiers, etc.	220	″	″
	19,135	4	6

FERMES.	PRIX DES FERMES.		
Dixmes d'Epégard.	665ᵗ	″ˢ	″ᵈ
Dixmes de Liancourt.	700	″	″
Terres de Silly.	400	″	″
Vignes à Athis.	11	″	″
Fiefs à Beauvais.	1,400	″	″
Ferme à Lizy.	1,375	″	″
Terres de Brie-Comte-Robert.	550	″	″
Droits à Montreuil.	72	″	″
	5,173	″	″

MAISONS.

	Montant des loiers.		
Maison, rue du Mont S. Hilaire	950ʰ	″ˢ	″ᵈ
La Corne de Cerf, rue Darnetal	750	″	″
Les grosses Patenôtres, *ibid.*	850	″	″
Maison, rue Maubuée	820	″	″
Maison, rue Frepillon	35	12	″
Total des revenus	27,713	16	6

CHARGES.

1° Les vingtièmes des maisons dans Paris	370ʰ	14ˢ	″ᵈ
2° Cens des terres de Silly	43	9	″
3° Cens de la ferme de Lizy	110	″	″
4° Cens et rentes sur diverses maisons	16	13	2
5° Les arrérages de rentes constituées à divers	133	10	″
6° Les pensions viagères accordées à divers	2,800	″	″
7° Les pensions des deux boursiers de Sainct-Jean-des-Vignes et du boursier Vittemont, à 500 livres	1,000	″	″
8° La pension de 18 grands boursiers, à 400 livres	7,200	″	″
9° La pension de 25 artiens, sur le même pied	10,000	″	″
10° Gratification aux boursiers pauvres	100	″	″
11° L'acquit des fondations	1,048	″	″
12° Dépenses communes	2,600	″	″
13° Cierges et chapon	60	″	″
14° Couvertures des maisons	27	11	″
Total des charges	25,509	17	2
Excédent des revenus	″	″	″

VIII

FONDATION DE LA CHAPELLE DU COLLÈGE DE BEAUVAIS.

(Archives nationales, H 2785¹. — 1377 à 1382.)

(Texte, p. 110, 111 et 112.)

« C'est la despence des euvres et édifices que ont commencé et que font construire ou collége des Escoliers de Dormans fondé à Paris japieça par bonne mémoire feu monseigneur J. de Dormans, cardinal dit de Beauvés, jadis chancellier de France et évesque de Beauvés, monseigneur l'évesque de Paris, monseigneur l'évesque de Beauvés, patron dudit collège, et les autres seigneurs et exécuteurs du testament et derrenière ordonnance dudit feu monseigneur cardinal.

Sur lequel fait, est assavoir que pour aviser comment au proufit dudit collége et au salut dudit fondeur l'en pourroit mieu pour l'abitation et mélioracion dudit collége l'edit édifice commancer faire et ordonner, nos seigneurs, prélats et autres dessus dis en leurs personnes, le mercredy feste Saint Gervais en juing 1387, vindrent sur la place où est ledit édifice commancé... et la appelle avec eulx singulièrement et spécialement entre les autres maistre Raimon du Temple, sergent d'armes et maistre maçon du Roy, lequel édifice ce mesme jour par eulx avisé, ordené et conseillé nos dis seigneurs commirent très espécialement et singulièrement audit maistre Raimon tout à son ordonnence... Et l'en feroit les deniers de ceste despense paier et délivrer par B. Palissant, changeur et bourgois de Paris.

....

Et est assavoir que, pour l'expédicion de ceste œuvre, messeigneurs les exécuteurs dessus nommés ont ordonné messire Clément de Soilly, chanoine de Soissons et exécuteur dessus nommé, à estre continuellement sur le lieu dudit édifice en sa personne pour veoir et visiter les ouvriers et pour faire toutes despenses cotidiennes, hors les grosses, en ceste besoigne...

Somme de la chaux dessus dite, 48 muis et demy, qui montent 246 livres, 13 sols parisis.

....

Somme pour toutes les pierres dessus déclariées, 2,175 livres, 7 sols, 19 deniers parisis.

....

Somme toute pour salaires de massons, 2,900 livres, 16 sous parisis.

....

Somme de toute la charpenterie et marrien, 1,600 livres.

....

Somme toute pour couverture, 498 livres, 16 sols, 8 deniers.

....

Somme toute pour cloche, coulombes et chandeliers de laiton, 90 livres, 19 sols.

....

Ouvrage de voirie (verrerie)... Il appert icelles voirrières monter en somme toute à 608 livres, 10 deniers parisis.

....

Pour despence de fer aloué ou fait de ladite chapelle tant pour massonnage et charpenterie comme pour voirrières et pluseurs autres choses... Somme toute, 428 livres, 8 deniers parisis.

....

Autres ferreures grosses... Somme toute pour fer, 464 livres, 11 sols, 8 deniers.

....

Somme toute pour ouvrages de fil d'archal, 57 livres, 16 sols, vi deniers.

....

Somme toute pour ymages de taille, 102 livres, 8 sols.

....

Somme toute pour dons et courtoisies, 102 livres, 8 sols.

....

Somme toute pour plommerie (ouvrages de plomb), 399 livres, 17 sols. »

Item environ la première sepmaine de septembre, maistre Raimon ordenna que, pour aviser les huisseries et fenestrages de ce présent édifice, l'on fait venir maistre Jacques de Chartres sur le lieu aussi comme il avoit autreffoiz fait pour toute autre charpenterie. Lequel maistre Jacques vinst, etc.

....

Marchié fait a Baudet le voirier, demourant à Soissons, le vendredy 8ᵉ jour de février l'an 76, de faire toutes les voirrières de ladite chapelle et y mettre les ouvrages et ymages qui devisées lui furent, par lequel marchié il dut avoir pour chascun pié quarré de voirre blans, vignète et borde, 5 livres parisis. Et pour chascun pié de voirre ouvré, ymagié, chapiteaulx ou autrement, 10 livres parisis. Si comme plus a plain est contenu et desclarié es lettres obligatoires sur ce faittes.

Et est assavoir que le xi° jour de décembre, l'an 1378, après ce que lesdites voirrières furent faictes et parfaictes et présentées, furent icelles veues et visitées, mesurées et tesées par maistre Jehan de Huy, juré sur le fait de la massonnerie, Pierre d'Abeville, Bertault le voirrier et Jehan de Saint Quentin voirriers, présents à ce maistre dudit collége ledit messire Clément de Soilly, Michel Salemon et ledit maistre G° de Ullus et pluseurs autres, lesquels tesement et mesure furent faictes par lesdits jurés et laquelle est scellée de leurs scaulz, par laquelle il appert icelles voirrières monter en somme toute à 608 livres, 10 deniers.

....

Autre despense pour ouvrage de ymages de taille.

A Hennequin de Liége, lequel a fait et livré les trois ymages qui sont au portail de ladicte chapelle. C'est assavoir l'ymage de saint Jehan l'évangéliste, la représentation de feu monseigneur le cardinal et celle de monseigneur de Dormant son frère, pour lesquelz ymages faire et tailler, 60 livres parisis. Seulement ledit Hennequin dut avoir et a eu, dont il a esté payé pour ce, 60 livres parisis.

Item, à maistre Bauduin le voirrier, pour un crucifix de noyer qu'il fist tailler tout ppre à Soissons, pour boys, taille et adménage seulement, 9 livres, 12 sols parisis.

Item, pour marchié fait à Thomas (*blanc*), tailleur d'ymages, pour tailler les quatre angelots qui sont autour le grand autel de ladite chapelle; pour ce, 10 francs.

Item, à Thomas Folle, peinctre, pour yceux dorer et peindre, 26 francs.

Item, fu payé ledit maistre Gérard pour la façon et dorure du cochet mis sur le clochier de ladicte chapelle, 4 livres parisis.

....

Pour pluseurs peinctures faictes en ladite chapelle, tant pour les ymages dessus dites et le portail de devant comme pluseurs autres choses.

A maistre Nicolas de Vertus, peintre, pour peindre la croix et la croupe de ladite chapelle, etc., 16 livres, 12 deniers.

Item, fu payé audit maistre Nicolas pour peindre d'or bruni et asseoir le crucifix dessus dit et toutes ses appartenances, 10 livres parisis.

Item, du commandement de messeigneurs dessus nommez, fut marchandé audit maistre Nicole de peindre les trois ymages ou portail, les chapiteaux, les linteaux, chambranles et toutes appartenances à icellui portail de bonnes et fines couleurs selon la devise à lui balliée et contenue es lettres sur ce faictes, pour lequel ouvrage faire il a eu 140 francs d'or valent 112 livres parisis.

Item, pour les douze demi apostres pour ycelle dédié, 18 frans valent 14 livres, 8 deniers parisis.

Item, pour estoffer le saint Jean nu sur l'autel, 9 livres, 12 deniers parisis.

Item, pour peindre la table du grant autel dessus et devant, 14 livres, 8 sols.

Item, en l'oratoire pour estoffer uns tableaux de taille sur l'autel, frontel et dessus d'icellui autel peindre, 4 livres, 16 sols parisis.

Item, pour peindre le porche de l'entrée d'icelle chapelle par devers le collége, etc., 6 frans valent 4 livres, 16 sols parisis.

Item, pour faire une demye image de Notre Dame tenant son enfant sur l'uis dudit porche, les bosses, nasselles et le plain de environ, revestir de colleurs et faire deux escussons aux deux costez; pour ce, 100 sols parisis.»

IX

COLLÈGE DE LISIEUX.

(Archives nationales, S 6464, 5° liasse.)

1er EXTRAIT D'UN «PROCÈS-VERBAL DE VISITE AU COLLÈGE DE LISIEUX, SOUSSIGNÉ PAR ROBERT CHAMBYS, *ALIAS* CHAMBRYEZ, JEHAN CHAPPONNET ET JACQUES LE PEUPLE, CHARPENTIERS DU ROY NOSTRE SIRE, ÈS OFFICE DE MASSONNERIE ET CHARPENTERIE À PARIS». (12 ET 13 FÉ-VRIER 1570.)

(Texte, p. 126-129.)

«Nous sommes transportés en et sur *ung grand corps d'hostel faict faire de neuf par desfunct Symon Larcher*[1] *dedans l'encloz dudict collége en entrant par la grand porte vers la main dextre* et du costé où sont les latrines dudit collége, pour veoir et visiter, toiser et mesurer tous et chacuns des ouvraiges de massonnerie, charpenterie, couverture, menuiserie et serrurerie faictz en icelluy corps d'hostel et iceulx priser et estimer combien ilz pouvoient valloir et qu'ilz ont cousté à faire ès années mil cinq cens quarante et ung et quarante deux, eu esgard aux matières qu'ilz coustèrent lors desdictes deux années, et sy lesdits ouvraiges ont esté et sont bien et deuement faictz, ainsy qu'il appartient, et de pareille matière et estoffes que ledict deffunct Larcher a faict bastir un grand corps d'hostel estant joignant ledict collége du costé et vers la porte sainct Jacques et à costé des murailles de la ville, etc.

Ouvraiges de massonnerie faictz audict corps d'hostel.

Somme toute des ouvraiges de massonnerie devant déclairez — six cens treize toises douze piedz toiséz, mesurez, comptez et avalluez à mur, suivant les us et coustumes de Paris, prisez à raison de quarante solz pour chacune toise audict temps des années mil cinq cens quarante et ung et quarante deux que lesdicts ouvraiges furent faictz, pour avoir quiz, fourny et livré plastre, moillon, chaulds, sable, pierre de taille, la taille et massonnerie d'icelle, peine d'ouvriers et d'aydes, faict mener les gravoys et terres massives aux champs et rendu place nette, vallent ensemble, audict pris, la somme de douze cents vingts six livres treize sols quatre deniers tournoys; pour ce, cy xii^c xxvi^{lt} xiii^s iiii^d.

Ouvraiges de charpenterie, menuiserie et serrurerie faictz audict corps d'hostel.

Somme totalle de tous lesdicts ouvraiges devant contenuz et déclairez — dix sept cens cinquante sept livres dix neuf solz deux deniers tournoys.»

---

[1] C'était le Principal du collège.

APPENDICES ET PIÈCES JUSTIFICATIVES.

X

(Archives nationales, S 6464, 5ᵉ liasse.)

2ᵉ EXTRAIT D'UN « PROCÈS-VERBAL DE VISITE DES BÂTIMENS DU COLLÉGE DE LISIEUX, SOUS-SIGNÉ PAR GUILLAUME GUILLAIN, JURÉ DU ROY ET MAISTRE DES ŒUVRES DE MAÇONNERIE DE LA VILLE DE PARIS; LÉONART FONTAINE, JURÉ ET MAISTRE DES ŒUVRES DE CHARPENTERIE; ESTIENNE GRANDREMY, MAISTRE GÉNÉRAL DES ŒUVRES DE MAÇONNERIE, ET JACQUES BEAUSSAULT, AUSSI JURÉ EN LED. OFFICE DE MAÇONNERIE ». (25 SEPTEMBRE 1571.)

(Texte, p. 126-129.)

« Le samedy quinziesme et mardi dix huitiesme jours de septembre l'an m vᶜ soixante onze, nous sommes transportés tant en et sur ung corps d'Ostel basti et assis en la première court dudit collége de Lizieux et dont mention est faite audit cas, que en ung autre corps d'ostel fait et édiffié près et joignant ledit collége par ledit deffunct Mᵉ Simon Larcher, au paravant l'an mil vᶜ xl, pour veoir et visiter et faire l'estimacion et appréciation dudit corps d'ostel basti et assis en la première court dudit collége, ensemble adviser et regarder si ledit corps d'ostel dudit collége est fait, basti et édiffié de pareils et semblables estoffes, matériaux, structure et façon que le corps d'ostel joignant, le tout eu esgard et consulté le temps où ledit corps d'ostel dudit collége de Lizieux a esté construit, basti et édiffié, qui fut en ladite année mil cinq cens quarante ou environ, peu devant ou peu après. Lesquels deux corps d'ostel, tant ledit édiffice audit collége que ledict estant près icelluy collége, en la présence de vous, messieurs, etc., nous avons veuz et visitez, etc. »

« Et premièrement le pan de mur du front de devant sur la court contient justement huit toises de long, comprins l'espoisseur des deux encoigneures par le dehors euvre, sur sept toises ung pié trois quars de hault, comprins l'espaulement par dedans œuvre sous la couverture jusques à l'empatement audessoubs des assises de pierre de taille.

L'autre pan de mur du costé de derrière contient sept toises quatre piez et demy de long, comprins l'espoisseur des deux encoignures par le dehors euvre, qui est un pié et demy moins de longueur que le pan de mur de devant dessus dit, sur sept toises un pié trois de hault à prendre jusques à l'empatement soubs les assises de pierre de taille.

Le pan de mur du pignon du costé du puys dudit collége contient trois toises demie de long par dedans œuvre sur ycelle haulteur de sept toises ung pié trois quars.

L'autre pignon du costé de la rue contient trois toises deux piez de long par devant euvre, qui est un pié moins de largeur que le pignon dessusdit près le puys sur semblable haulteur de sept toises un pié trois quars.

Le mur de refend faisant séparation dudit corps d'hostel contient treize piés demy de long à prendre jusques aux cloisons de la closture de la viz sur mesme haulteur de sept toises un pié trois quars.

La poincte du pignon du costé du puys contient trois toises demye de large sur sept piez demy de hault prinse par moictié.

La poincte de l'autre pignon vers la rue contient trois toises deux pieds de long sur sept pieds demy de hault aussi prins par le millieu.

La demye poincte sur le mur de refend contient treize piez demy de long sur sept piez demy de hault aussi par le millieu.

Le petit mur servant pour porter la goutière sur le pan de mur de derrière vers les voysins contient sept toises quatre piés demy de long sur un pié de hault.

Les six saillyes faictes de plastre tant au pan de devant que au pignon du costé du pays contiennent douze toises de long sur sept piez demy de hault.

La septième saillye dudit pignon audessoubz de la poincte contient quatre toises de long sur ung pié ung quart de hault.

La saillye de l'entablement et de l'arquitrave de bricque faiz audit pan de mur de devant contient huit toises de long sur trois piez demy de hault comprins les bouts des encoigneures qui sont de pierre de taille.

Les deux lucarnes et les troys demies lucarnes faictes de bricques au hault dudit pan de mur audessoubs de l'entablement garnies de leurs piez droitz portant pillastres à vayes et chappiteaux, arquitraves et frontispices, et les deux vayes et rolleaux de pierres pour l'amortissement avalluez pour chascune lucarne quatre toises demie neuf piez et pour chascune demye lucarne trois toises sept piez demy.

....

La fondacion des quatres pans de mur dudit corps d'hostel, depuys l'empatement soubz les assizes de pierre de taille en embas, contient quatorze piez troys quars de hault après les avoir fait fouller sur vingt deux toises deux piez demy de pourtour.

La fondacion du mur de refend qui sépare les caves contient troys toises deux piez demy de long sur quatorze piez trois quars de hault.

Le mur de refend qui sépare le premier et le deuxième barceau de caves contient troys toises deux piez ung quart de long sur neuf piez demy de hault.

La voulte du premier barceau de cave du costé du puys contient troys toises deux piez un quart de long sur quinze piez un quart de pourtour.

La voulte du deuxième barceau de cave contient trois toises deux piez un quart de long sur quinze piez de pourtour.

Le mur de séparation entre ledit deuxième barceau et le troisième barceau de cave contient troys toises deux piez demy quart de long sur neuf piez demy de haut à prendre depuys le fondement jusques audessoubs de la voulte.

La voulte dudit troisième barceau de cave contient troys toises deux piez de long sur quinze piez de pourtour.

Le mur faisant séparation de ladite troisième et qatriesme cave contient troys toises deux piez de long sur neuf piez demy de hault.

La quatriesme voulte du quatriesme barceau de cave du costé de la rue contient troys toises deux piez de long sur douze piez troys quarts de pourtour.

Le mur qui sépare lesdites caves et l'allée pour aller en icelles contient troys toises deux piez demy de long sur huit piez de hault à prendre jusques soubs la voulte.

La maçonnerie et embrasement des troys soubspiraulx qui donnent air aux caves avalluez, ensemble avec la voulte sur le devant de l'entrée desdites caves, troys toises demy.

Nombre des ouvraiges de maçonnerie dessus contenus et declairez, toisez, comptez et avalluez à mur suivant les us et coustumes de Paris, cinq cens trente huit toises demie quinze piez, prisés et estimés à raison de quarante deux solz six deniers tournois la toise, pour avoir quis, fourny et livré par l'ouvrier et à ses despens la pierre de taille, la taille de ladite pierre, moislon, bloc, chaulx, sable, plastre, bricque, carreau et autres mathériaulx nécessaires à faire lesdits ouvraiges, engins, eschaffaulx, peine d'ouvriers et aydes, rendu place nette, vallent lesdits v^{c}xxxviii toises estimé et prisé ensemble audit pris de xlii sols tournois la toise, eu esgard le temps que lesdits ouvraiges furent faiz, *qui est de trente ung à trente deux ans*, et considéré la valleur des mathériaulx, peine d'ouvriers et autres choses lors dudit temps, la somme de onze cens quarante cinq livres quatre sols deux deniers tournois.

Item la couverture de tuille faicte audit corps d'ostel contient huit toises de long comprins l'espesseur des pignons et les tuilles sur sept toises de pourtour comprins les esgouts, les enfestemens et les revers, en ce compte les lucarnes et les passaiges des tuiaux de cheminées rabatu, vallent cinquante six toises prisé et estimé à raison de trente cinq sols tournois la toise pour avoir livré la tuille, la latte et contre-latte, cloud, plastre, peine d'ouvrier et aydes et rendu place nette, eu esgard et considéré le temps dessus dit de xxxi à xxxii ans qu'ils ont été faiz, vallent la somme de quatre vingts dix huit livres tournois.

Item a esté mis des goutières à ladite couverture au revers du costé du voisin pour rachetter les caves estimées c sols.

Item la vuidange des terres massives ostées et vuidées pour faire les caves de ladite maison contiennent six toises quatre piez de long, rabatu l'espesseur des murs, sur troys toises deux piez de large et huit piez de hault, aussi rabatu l'espesseur des murs, sur trois toises deux piez de large et huit piez de hault, aussi rabatu l'espesseur desdits murs, vallent vingt neuf toises douze pieds estimés à raison de dix sols tournois pour chacune toise, pour les avoir fouillées et vuidées, portées et gectées seulement en la court dudit colége, comme nous ont dit iceulx dudit colége, vallent ensemble eu esgard aux temps où lesdites vidanges ont esté faictes la somme de quatorze livres, treize sols, quatre deniers tournois.

. . . .

Tous lesquels ouvraiges de menuiserie, ferrures et verres nous avons prisez et estimez ensemblement, après avoir mesuré leurs haulteur, longueur et largeur, les estoffes et mathériaulx de quoy ils sont faiz et le tout calculé par le menu, avons iceulz prisez et estimez, eu esgard et considéré le temps dessusdit qu'ilz furent faiz, la somme de quatre vingts cinq livres tournois.

Somme totale de tous et chacuns les ouvraiges de maçonnerie, charpenterie, couverture, menuiserie, ferrures, verrières et autres choses dessus contenus et déclairez — seize cens quarante huict livres douze solz six deniers tournois. »

Le collège de Lisieux contenait au moins un autre corps d'hôtel. Preuve en soit la phrase suivante :

« Après lesquels ouvraiges ainsi par nous toisez, etc., nous avons advisé et regardé si ledit corps d'ostel dessus estimé est faict, basty, etc., de la mesme et semblable sorte, etc., que le corps d'ostel fait près ladite cour dudit colége, et ce faisant avons trouvé... que le corps d'ostel dessus toisé n'est du tout fourny et garny de mathériaux ainsi que l'autre corps d'ostel près ladite cour... »

XI

COLLÈGE DE SÉEZ.

(Archives nationales, S 6565.)

« VISITE DES BÂTIMENS VIEUX ET DES NEUFS PAR JEAN-BAPTISTE LOIR, JURÉ-EXPERT, ET ANTOINE-CHARLES CALLOU, GREFFIER DES BÂTIMENS À PARIS (18 DÉCEMBRE 1730). »

(Texte, p. 181-185.)

« Nous avons veu et visitté l'emplacement sur lequel estoit la maison tenante et à gauche dudit collége acquise par lesdits sieurs principal, chapelain, procureur, boursiers d'ycelui et trouvé qu'il contient en sa face sur la rue de la Harpe dix neuf pieds et demy de largeur comprise la demie épaisseur des murs mitoyens à droite et à gauche d'icelluy et que ledit bâtiment avoit quinze pieds de profondeur de hors œuvre des murs de face d'icelluy tant sur la rue que sur la petite cour au derrière et étoit élevé seulement d'un petit étage de rez de chaussée et appliqué audit rez de chaussée à une entrée et passage de porte cochère et petite salette à droite dans laquelle étoit une descente de cave pour communiquer à un barceau de cave sous ledit petit bâtiment, ladite petite cour ensuite de dix neuf pieds de profondeur dans laquelle est un puits en aisle à droite de laquelle étoit un escalier de pierre de taille en vis servant à communiquer tant audit petit corps de logis de devant qu'à un autre bâtiment au fond de ladite petite cour entre icelle et une seconde cour, lequel bâtiment est de (*en blanc*) de profondeur sur la largeur dudit terrain et élevé de trois étages quarrez et grenier au-dessus de l'étage du rez de chaussée, couvert de tuiles de même que celui cy devant et appliqué au rez de chaussée à deux petites salles à cheminée avec une allée de communication à droite de la première à la seconde cour, et sous ledit bâtiment sont deux étages de caves l'un sur l'autre auxquelles on communiquoit des caves du petit corps de logis de devant par un corridor sous ladite première cour, et au fond de ladite seconde cour est un troisième édifice de bâtimens élevé seulement d'un petit étage quarré et grenier au dessus de l'étage du rez de chaussée couvert de tuiles en comble à égoust tant sur ladite seconde cour que sur la rue des Maçons sur laquelle ledit petit bâtiment fait face, et en aisle à gauche de ladite seconde cour sont trois petits réduits.

Avons ensuite veu et visité la maison appelée l'hostel de Sées au dessus du bâtiment neuf dudit collége encommencé, contenant trente quatre pieds et demy de face sur ladite rue de la Harpe compris la demie épaisseur du mur mitoyen à droite avec le collége de Narbonne sur (*en blanc*) de profondeur et est élevé de trois étages quarrez et grenier, le tout au dessus de l'étage du rez de chaussée couvert de tuiles en comble tant sur ladite rue que sur une petite cour qui est ensuite et sous partie dudit bâtiment est un étage de cave, l'étage du rez de chaussée dudit édifice appliqué à une boutique et une petite cuisine et une allée de passage entre icelles et deux chambres à chaque étage, et ensuite de ladite petite salle et allée estoit un escalier à deux noyaux, et dans ladite petite cour sont trois petits réduits dans l'un desquels est un siège d'aisance.

Et après ainsi vu et visité lesdites maisons, considération faite de leur mauvais état et caducité, nous estimons qu'il est indispensable, pour le bien et avantage dudit collége, de démolir ledit bâtiment pour continuer celuy encommencé dans le milieu d'iceux suivant et conformement au plan général... »

XII

(Archives nationales, M 191.)

« MÉMOIRE DE SCULPTURE, TANT EN PIERRE DURE QU'EN PIERRE DE SAINT-LEU ET EN BOIS, FAITE POUR LE SERVICE DE MESSIEURS DU COLLÉGE DE SEZ À LEURS GRANDS BÂTIMENS SIS RUE DE LA HARPE VIS À VIS LA PETITE PORTE DE L'ÉGLISE DE SAINT COME, SUIVANT LE DESSIN DE MONSIEUR DE MESERAY, ARCHITECTE, DANS LES PREMIERS SIX MOIS DE L'ANNÉE 1731, PAR LE GOUPIL. »

(Texte, p. 181-185.)

« Premièrement, en pierre dure :

Un grand cartouche au haut et au milieu du cintre de la grande porte cochère de deux pieds et demy de haut sur neuf pieds de large orné en coquillage renfermé dans ledit cartouche avec palmette dans le milieu par le haut et une agraphe par le bas d'où sortent des palmes pour accompagner ledit cartouche, le haut duquel cartouche est enrichy d'une grande feuille de refente et le milieu duquel cartouche devoit rester en bossage, pour lequel cartouche me doit être payée pour toute la sculpture et ornement la somme de quarante livres. Cy .. 40^{tt}.

Plus deux consolles au haut de chacun des pilastres de la grande porte de six pieds de long sur six pieds de large par en haut et de dix-huit pouces par en bas, composées chacune de bandes formant enroulement haut et bas, ornées d'une grande feuille de refente par le bas et une autre feuille qui agraphe la corniche par le haut, une palmette au-dessous avec une petite chute de fleurons et un morceau de coquillage rocaillé dans le milieu et au-dessous de l'enroulement d'en bas de chacune desdites consoles avec une chute de feuilles de laurier. Pour chacune desquelles consoles me sera payée pour toute la sculpture et ornement la somme de vingt-cinq livres, qui est pour les deux celle de cinquante livres. Cy.................. 50^{tt}.

En pierre de Saint-Leu :

Un cartouche d'environ cinq pieds en carré orné de bandes de différens contours avec feuilles de refente et coquilles, une coquille renversée par le haut, le milieu dudit cartouche formant un globe sur lequel sont sculptées les armes du premier fondateur consistant en trois pommes de pin et une rosette dans le milieu, et le bout d'en bas dudit cartouche déchiré avec une agraffe, auquel cartouche sont aussy sculptés tous les attributs d'un évesque avec une couronne de marquis au dessous du chapeau, et l'autre cartouche qui est à gauche reste à faire jusqu'à ce que ces Messieurs décident quelles armes l'on mettra[1]. Pour lequel cartouche qui est fait me doit être payée pour toute la sculpture et ornement la somme de trente livres. Cy... 30^{tt}.

Pour le bois :

Premièrement. Les deux grands panneaux au haut de la porte cochère sculptés chacun sur les tables d'attente d'un chiffre portant le nom dudit collége, une chute de fleurons au-dessous et une couronne d'étoiles au-dessus.

Plus au-dessus desdites tables d'attente deux grandes oreilles enrichies de feuilles de refente et de bandes avec une agraffe dans le milieu de la moulure formant oreille.

Plus au-dessus de chacun des panneaux, tant du guichet que du faux guichet à côté, une grande agraffe dans le milieu avec une coquille et une chute de fleurons tombant sur le panneau avec un petit listel dans le milieu, par en haut deux oreilles de chaque costé dudit panneau enrichi de deux petites feuilles de refente avec deux grandes tenant aux moulures du cadre qui renferme le panneau.

Plus par le bas de chacun desdits panneaux une agraffe dans le milieu prise dans le listel avec deux grandes feuilles de refente et deux petits bouts de feuille avec culots aux deux côtés de chacun dedits panneaux. Pour toute la sculpture en bois de ladite porte me sera payée la somme de cinquante livres. Cy.. 50^{tt}.
Total des sommes cy-dessus... 170^{tt}.

Plus a été fait, par augmentation d'ouvrage qui n'est point compris dans notre marché,

---

[1] Le devis portait qu'on mettrait sur le cartouche de gauche « les armes de l'évesque de Sez qui est actuellement consistant en un lion. »

deux agraffes, au-dessus des deux petites portes de l'allée, en pierre dure, enrichies d'une grande coquille par en haut et d'une chute de fleurons au-dessous qui descend dans une feuille d'eau rocaillée et de deux bandes formant enroulement par en haut pour agraffer la corniche et par en bas pour agraffer le chambranle de la porte. Pour chacune desdites agraphes la somme de quinze livres fait pour les deux la somme de...................... 30^{tt}.

Plus a été fait, autour de l'ovale des petites portes de l'allée, deux fausses consoles, qui ont environ quatre pieds de haut, enrichies par le haut d'une feuille de refente sortant de l'enroulement qui forment un carré et d'une chute de feuilles de laurier d'environ un pied de long, et par le bas d'une grande feuille de refente d'environ deux pieds de haut très-difficile à traiter par le peu de saillie que nous avions, avec cela de pierre dure, et enrichie de quatre panneaux renfoncés pris dans la masse de la pierre, c'est à dire deux par en haut et deux par en bas enrichis de carrés et d'un gros bouton par en haut. Pour chaque dessus de porte la somme de quarante livres fait pour les deux celle de quatre vingt livres. Cy....... 80^{tt}.

Plus au-dessus de la grande porte d'entrée de la cour a été fait une console, qui sert d'agraffe, de la hauteur de deux pieds et de quinze pouces environ de large ornée de volute par en haut et d'une feuille qui agraffe la corniche et d'une grande feuille de refente par en bas qui agraffe les dessous de la porte et de deux fleurons au dessus du revers de la grande feuille ornée le long de la console de carrés. Pour ladite console qui est fort riche la somme de vingt-deux livres. Cy.. 22^{tt}.

Le total se monte à la somme de................................... 132^{tt}.»

Note d'une autre main et d'une encre différente :

«Réduit et modéré le présent mémoire de sculpture tant en pierre qu'en bois, ledit suivant tant le marché fait sous signature privée que suivant l'estimation cottée en marge pour l'ouvrage fait par augmentation et non compris dans ledit marché, à la somme de deux cens cinquante trois livres. Cy... 253^{tt}.»

XIII

REVENUS DU COLLÈGE DE SÉEZ, D'APRÈS LE COMPTE DE L'ANNÉE 1777-1778.

(Archives nationales, M 195.)

(Texte, pages 181-185.)

RENTES FONCIÈRES.

	MONTANT DES RENTES.		
Sur divers héritages en province...........................	80^{tt}	1^s	8^d
Autres de même nature....................................	3,480	»	»

MAISONS.

	MONTANT DES LOYERS.		
Maison rue de la Harpe, 1re boutique et partie du 1er étage..........	960^{tt}	»^s	»^d
2e boutique..	300	»	»
A reporter...............................	4,820^{tt}	1^s	8^d

Report...	4,820^{lt}	1^s	8^d
3° boutique...	300	"	"
4° boutique...	300	"	"
5° boutique...	450	"	"
Partie du 1er étage...........................	650	"	"
Partie du 2° étage.................................	550	"	"
Autre partie du 2° et appartement au 3°............	800	"	"
Autre partie du 3°.................................	260	"	"
Autre partie du 3°.................................	340	"	"
Intérieur du collège...............................	1,350	"	"
1re maison, rue des Maçons...................	1,000	"	"
2° maison, même rue................................	309	"	"
Chantier, même rue.................................	200	"	"
Total des revenus..................	11,329	1	8

CHARGES.

1° Les vingtièmes des maisons........................	546^{lt}	19^s	10^d
2° Impositions sur la terre de Cherville et le moulin Boisard..........	275	1	"
3° Les cens et rentes dus à divers....................	115	5	10
4° Impositions sur la terre de Boudainville et du moulin Cuisset.......	146	17	"
5° Les rentes constituées à divers....................	595	12	"
6° Pensions viagères à d'anciens officiers du collège..............	2,250	"	"
7° La pension de trois boursiers à 400^{lt}..................	1,200	"	"
8° L'acquit des fondations...........................	113	"	"
9° Dépenses communes...............................	1,100	"	"
10° Les gages du garde de la terre de Boudainville................	60	"	"
11° Couvertures des maisons............................	66	8	6
	6,469	4	2
Excédent des revenus.....................	4,859	17	6

XIV

PROCÈS-VERBAL DE VISITE RELATIF À LA RECONSTRUCTION DU COLLÈGE DE NARBONNE.

(Archives nationales, S 6536.)

(Texte, p. 186, 187, 188.)

« L'an mil sept cent soixante et un, le mercredy dix juin deux heures de relevée, nous Pierre Caqué, architecte expert des bâtimens à Paris, etc., nous sommes, avec maître Denis Joseph François Picquenon, greffier des bâtimens à Paris, transportez audit collège de Narbonne situé à Paris ruë de la Harpe, où estant, etc., l'avons visité de haut en bas en commençant par le grenier et reconnu existant les ouvrages qui suivent. »

(Comme l'énumération interminable des menus ouvrages de ferrure dont s'agit ne saurait prendre place dans une étude spécialement topographique du collège, on se bornera à extraire du présent document la partie *involontairement descriptive*.)

« Au grenier lambrissé formant le quatrième estage au-dessus de l'entressolle, les quatre chambres sur la ruë contiennent cinq croisées dans les lucarnes sur laditte ruë, ferrées, etc.

Au même grenier sur la cour, quatre chambres contenant ensemble cinq croisées dans les lucarnes, compris les deux en tour creuse en retour en aile sur la cour, chacune ferrée, etc.

Audit grenier lambrissé, neuf portes pleines ferrées, etc.

Au troisième estage au dessus de l'entresol, les douze croisées, tant du costé de la ruë que du costé de la cour, sont ouvrantes à deux venteaux et ferrées, etc. — Cinq portes de menuiserie d'assemblage à un venteau ferrées, etc.

Au second estage au dessus de l'entresol, dix croisées tant sur la ruë que sur la cour, savoir sept sur la ruë et trois sur la cour, les bayes des retours en tour creuse n'estant pas même garnies de menuiserie, ferrés chacune, etc.

Au devant des sept croisées sur la ruë a à chacune un balcon renfermé dans un cadre avec enroulement et oreille à platte bande estampée par dessus de chacune quatre pieds de long sur vingt un pouces de haut.

Au premier estage au dessus de l'entresol, dix croisées compris une porte croisée sur le grand balcon, savoir dix sur la ruë, la porte croisée sur le balcon, et deux sur la cour avec guichets brisés et une seule sur la cour qui éclaire l'escalier sans guichet, le tout à deux venteaux.

Les deux croisées en tour creuse n'estant pas même garnies de menuiserie; lesdittes croisées sur la ruë et les deux sur la cour qui ont des guichets ferrées, etc.

Au devant des dix croisées sur la ruë a à chacune un balcon de fer enfermé dans un châssis de fer quarré avec platte bande estampée par dessus, renfermant un panneau étiré formant divers enroulements, entrelats et fleurons de cuivre dans le milieu, lesdits balcons chacun de quatre pieds de long sur vingt deux pouches de haut, observant que le grand balcon au dessus de la corniche de la porte cochère n'est pas fait.

Audit estage, quatre portes à placards ouvrantes à deux venteaux, ferrées, etc. Plus une porte à un venteau, ferrée, etc.

A l'entresol, cinq croisées cintrées, savoir quatre sur la rue et une sur la cour, touttes avec guichets brisés, ferrée chacune, etc.

Et sur la cour, deux croisées comprenantes la hauteur du rez de chaussée et de l'entresol, un panneau de menuiserie entre deux d'apuy à l'entresol, ferrées chacune, etc.

Deux portes à placard ouvrantes à un venteau ferrées chacune, etc.

De l'entresol au rez de chaussée dans la partie à gauche en entrant dans ledit colége, une rampe à barreaux droits au nombre de dix neuf, compris le pilastre au bas de laditte rampe avec platte bande estampée de quinze pieds un quart et une platte bande simple en bas de pareil pourtour, en observant qu'il n'y a point de vase audessus du pilastre.

Une autre rampe au derrière des deux boutiques à droite en entrant montant du rez de chaussée au cabinet d'aisance en entresol, composée de dix sept barreaux avec platte bande estampée par le haut et platte bande simple par le bas chacune de quinze pieds et demy de pourtour, également sans vase.

Au rez de chaussée, quatre boutiques fermées de fermetures de menuiserie pleine, ferrées chacune, etc.

Quatre portes pleines dans le fond desdittes boutiques, dont deux ferrées, etc."

XV

EXTRAIT D'UN MÉMOIRE AU SUJET DE LA VENTE DE LA MAISON DU COLLÈGE DE NARBONNE.

(Archives nationales, S 6536.)

(Texte, p. 186, 187, 188.)

« Le collége de Narbonne s'étendoit autrefois jusques sur la rue des Maçons. La partie du terrain qui aboutissoit à cette rue étoit occupé par deux maisons entièrement séparées de celle du collége. Elles étoient louées à des externes.

Vers le milieu du siècle dernier, ces deux maisons tomboient en ruine. Le collége ne se trouvant pas en état de faire la dépense de reconstructions se détermina à bailler l'une à emphitéose; il aliéna l'autre sous une rente perpétuelle et non rachetable.

Le bail à emphitéose de l'une de ces maisons fut passé pour quatre-vingt dix-neuf années à Étienne Brocard, maître serrurier, le 14 février 1662. Le preneur s'obligea de faire construire, à la place de la maison ou masure qui lui étoit baillée, un ou deux corps de logis qui devoient avoir trois étages complets et des greniers au dessus. Il est dit dans ce bail qu'il sera loisible au preneur de faire des vues et bayes au derrière desdits logis du côté de la grande cour du collége autant qu'il seroit nécessaire pour la commodité desdits corps de logis, lesquelles vues et bayes, du côté de la cour, seroient construites dans le mur au dessus, de quatre à cinq pieds de hauteur à compter du bas de chaque plancher.

Le sieur Brocard s'obligea par le même bail de faire construire à ses frais et dépens un mur de séparation d'entre le collége et la maison et la place à lui baillée, lequel mur devoit avoir une toise et demie de hauteur seulement à prendre au rez de chaussée, sans qu'il put être à l'avenir élevé plus haut.

. . . .

L'autre maison située dans la rue des Maçons fut baillée à rente perpétuelle au sieur Pierre Boissac par contrat du 14 décembre 1668. Il fut aussi fait bail par le même contrat d'une certaine place à prendre dans la cour et jardin du collége. Le preneur s'obligea de faire construire un mur de cloture ou séparation d'entre cette place et la cour ou jardin du collége, lequel mur ne pourroit avoir que neuf piés de hauteur sous chaperon.

Il fut stipulé : 1° que le preneur ni ses ayans cause ne pourroient sous aucun prétexte faire élever ni exhausser le mur de cloture au dessus desdits neuf pieds sous chaperon; qu'au contraire les principal et boursiers du collége pourroient tant et quand bon leur sembleroit faire élever et exhausser ledit mur, aussi haut et de telle manière qu'ils désireroient, même y faire des vues sur la cour de la maison délaissée de telle façon et en telle quantité qu'ils voudroient, nonobstant la coutume de Paris, à laquelle les parties renoncèrent par le contrat.

. . . .

4° Enfin il fut accordé que le preneur et ceux qui auroient droit de lui, jouiroient de toutes les vues qui étoient pour lors à la maison ou masure délaissée...; qu'ils pourroient même en augmenter le nombre tant et de tel côté qu'ils voudroient...

On croit devoir observer que les souffrances qu'on avoit accordées au sieur Boissac sont devenues presque inutiles, parce que le collége a profité de la faculté qui lui étoit accordée par ce contrat, en faisant élever jusqu'à la hauteur de deux étages le mur de séparation construit entre la cour du collége et celle de la maison du sieur Boissac, laquelle est parvenue à M⁶ Cailleau, procureur au Parlement », etc.

XVI

EXTRAIT D'UN MÉMOIRE AU SUJET DE LA VENTE DE LA MAISON DU COLLÈGE DE NARBONNE.

(Archives nationales, S 6536.)

(Texte, p. 186, 187, 188.)

«La maison appartenante au collége de Narbonne est un bien de la première fondation de ce collége. On n'a pas trouvé le titre de cette fondation; mais on est porté à croire que cette maison appartenoit à Bernard de Fargis, archevêque de Narbonne, lequel au commencement du XIVᵉ siècle établit dans cette maison un collége pour des sujets du diocèse et de la province ecclésiastique de Narbonne.

Dans les statuts dressés le 5 octobre 1317, pour la discipline de ce collége, il est dit expressément que les boursiers habitoient la maison qui appartenoit à cet archevêque : *Istæ sunt ordinationes, seu constitutiones, quas debent observare, custodire et tenere scholares Reverendi Patris domini B., archiepiscopi Narbonensis, habitantes et studentes in domo sua Parisiis.*

La situation de cette maison est pareillement désignée et déterminée au lieu même où se trouve placé aujourd'hui le collége de Narbonne, dans d'autres statuts faits par Roger de Beaufort, archevêque du même siège, le 16 aoust 1379. Il y est dit que les archevêques ses prédécesseurs ont fondé à Paris un collége, situé sur la rue de la Harpe, entre la Porte de Fer et le Palais des Termes, à l'opposite du couvent des frères mineurs, du côté de l'Orient, et que ce lieu est appelé le collége de Narbonne : *Beati ac reverendissimi antecessores nostri..... unum speciale collegium supremæ universitatis scholasticæ nobile membrum, Parisiis, in vico Citharæ, inter portam ferri et Palatia thermarum, ante cœnobium fratrum minorum, a parte orientali, in loco qui dicitur collegium Narbonense, pro pauperibus scholaribus fondaverunt et ordinaverunt.*

Depuis la fondation du collège de Narbonne, cette maison a toujours servi à l'usage de ce collége; de sorte qu'il est vrai de dire qu'une possession aussi longue, qui remonte à plus de trois siècles, se trouvant d'ailleurs fortifiée par les énonciations qu'on vient de rapporter, équivaut et supplée au titre le plus formel et le plus authentique.

La maison du collége de Narbonne relève du Roi. Il ne paraît pas qu'elle soit sujette à aucune censive ni redevance; du moins il n'en a été payé aucune par le collége depuis plus d'un siècle : mais il a payé différentes taxes pour l'amortissement, savoir : une somme de 600ᵗᵗ en 1640, et une autre somme de 1,800ᵗᵗ en 1762 pour les nouvelles constructions.

Le collége de Narbonne s'étendoit autrefois jusqu'à la rue des Maçons. La partie du terrain qui aboutissoit à cette rue étoit occupée par deux maisons entièrement séparées de celle du collége. Elles étoient louées à des externes.

Vers le milieu du siècle dernier, ces deux maisons tomboient en ruine. Le collége ne se trouvant pas en état de faire la dépense des reconstructions, se détermina à bailler l'une en emphitéose; il aliéna l'autre sous une rente perpétuelle et non rachetable.»

....

RECONSTRUCTIONS.

«Les bâtimens qui composoient la maison du collége de Narbonne et ses dépendances se trouvant en état de vétusté et menaçant une ruine prochaine, il fut décidé par des gens de l'art qu'il étoit indispensable de les faire démolir et reconstruire..... En conséquence d'un arrest du Parlement du 22 aoust 1758, qui ordonnoit la démolition et la reconstruction des bâtimens du collége de Narbonne, il fut passé, le 16 juin 1759, un devis et marché par lequel les sieurs Étienne Moussard, maître maçon, Jean Simonet, maître charpentier, Michel-Claude Corbay, maître couvreur, Guillaume Bellon, maître plombier, Thomas Augé, maistre serrurier, Antoine Montjoie, maître vitrier, Jean-Mathieu Jarrié, maître menuisier, Jean Adam, maître sculpteur marbrier, René Remy Wibert, maître carreleur, Gilles Richard Menant, maître paveur et Philippe La Planche, maître peintre, s'obligèrent de faire les ouvrages contenus auxdits devis aux prix y mentionnés, etc.

....

Tous les ouvrages ont été achevés et reçus et les mémoires des ouvriers réglés en la manière qui suit :

DATES DES RÈGLEMENS.	NOMS DES OUVRIERS.	PRIX DES OUVRAGES.		
11 septembre 1762	s' Augé, m' serrurier	6,745^{lt}	18^s	8^d
12 février 1763	s' Moussard, m' maçon	76,397	8	"
2 juillet 1763	s' Prévot, m' serrurier	4,017	"	"
25 novembre 1763	s' Beton, m' plombier	821	"	"
26 novembre 1763	s' Adam, marbrier	1,603	"	"
27 novembre 1763	s' Minant, m' paveur	827	"	"
27 novembre 1763	s' Corbay, m' couvreur	1,926	"	"
6 décembre 1763	s' Simonet, m' charpentier	21,238	"	"
10 décembre 1763	s' Wibert, m' carreleur	1,839	"	"
24 février 1764	s' Montjoie, m' vitrier	821	"	"
27 février 1764	s' Jarrie, m' menuisier	9,292	"	"
TOTAL		125,521^{lt}	6^s	8^d

Le collége auroit du payer la moitié de tous ces ouvrages et une partie de la seconde moitié; mais il ne lui a pas été possible de satisfaire à ces engagements, quoiqu'il ait été autorisé à emprunter pour cela », etc.

....

«La maison du collége de Narbonne produit actuellement plus de 6,000^{lt}», etc.

XVII

VENTE DU COLLÈGE DE NARBONNE

(26 juillet 1766),

PAR LES ADMINISTRATEURS DU COLLÉGE LOUIS-LE-GRAND, À M. ET MME DUPIN. (CLAUDE DUPIN, ÉCUYER, CONSEILLER, SECRÉTAIRE DU ROY, MAISON, COURONNE DE FRANCE ET DE SES FINANCES, HONORAIRE ET ANCIEN FERMIER GÉNÉRAL DE SA MAJESTÉ. — LOUISE GUILLAUME DE FONTAINE, SON ÉPOUSE. — DEMEURANT À PARIS, RUE PLATRIÈRE, PAROISSE SAINT-EUSTACHE [1].)

(Archives nationales S 6536.)

(Texte, p. 186, 187, 188.)

Extrait du contrat de vente :

«Ont par ces présentes vendu, cédé et délaissé et promettent ès dits noms garantir de tous

[1] On lit au tome IV, chap. xi, p. 422 et suivantes, de l'*Histoire de ma vie*, par George Sand (éd. Calmann Lévy) : «Il (M. Dudevant) me fit demander une somme de cinquante mille francs, moyennant laquelle il me

trouble, dettes, hypotèques, évictions et autres empeschemens généralement quelconques auxdits sieur Claude Dupin et dame Louise Guillaume de Fontaine son épouse..., la maison appelée le collége de Narbonne scize à Paris, rue de la Harpe, paroisse Saint-Cosme, consistante en quatre corps de bâtimens nouvellement construits, cour au milieu, aisance et dépendance, ainsy que le tout se poursuit et se comporte de fond en comble, sans aucune exception ni réserve, tenant le tout d'un côté aux maisons du collége de Séez, d'autre côté à une maison dépendante du collége de Bayeux, d'un bout par devant sur ladite rue de la Harpe, et d'autre par derrière à la maison du sieur Cailleau, procureur au Parlement, et à une autre maison que la demoiselle Perrot tient par bail emphitéotique du collége de Narbonne, de laquelle maison, présentement vendue, lesdits sieur et dame acquéreurs n'ont désiré qu'il fut fait plus ample description, déclarant la bien et parfaitement connoitre, tant par les plans que pour l'avoir vu et visitté.

Etant ladite maison et dépendances en la mouvance du Roy et chargée vers Sa Majesté de tels cens, droits et devoirs seigneuriaux que les parties n'ont sçu précisément déclarer, de ce requises.

Et appartenant ladite maison et dépendances aux Boursiers dudit collége de Narbonne comme nouvellement construite à leurs frais sur un terrain et à la place d'anciens bâtimens faisant partie de la fondation qui a été faitte dudit collége au commencement du xiv° siècle, dont mesdits sieurs vendeurs déclarent n'avoir point de titres.

Pour de ladite maison de dépendances, jouir, faire et disposer par lesdits sieur et dame Dupin en toutte propriété comme de chose leur appartenante au moyen des présentes et en commencer la jouissance à compter du premier du présent mois de juillet.... (1766).

Et, outre, la présente vente est faitte pour et moyennant le prix et somme de cent vingt mille deux cent livres, prix principal de laditte adjudication, francs deniers, aux Bourgeois du collége de Narbonne, sur et en déduction de laquelle somme principale lesdits sieur et dame Dupin promettent et s'obligent solidairement l'un pour l'autre, un d'eux seul pour le tout, sous les renonciations aux bénéfices de droits requises, payer incessamment et à l'acquit du collége de Narbonne, une somme de soixante quatorze mille livres aux créanciers dudit collége ci-après nommés....

Sçavoir au sieur Mathieu Le Carpentier, architecte du Roy et de l'Académie Royalle d'architecture, quatre mille huit cent livres», etc.

XVIII
REVENUS DU COLLÉGE DE NARBONNE.
D'APRÈS LES COMPTES DE L'ANNÉE 1777-1778.
(Archives nationales, M 195.)

(Texte, p. 186, 187, 188.)

	MONTANT DES RENTES		
Rentes sur les aides et gabelles....................	317^{tt}	6^s	8^d
....	466	13	4
A reporter................................	784^{tt}	0^s	0^d

rendit la jouissance de l'hôtel de Narbonne, patrimoine de mon père... Le collège de Narbonne, maison historique fort vieille, avait été si peu entretenu et réparé, qu'il me fallut y dépenser près de cent mille francs pour le mettre en bon rapport... et pour en faire la dot de ma fille Solange.»

APPENDICES ET PIÈCES JUSTIFICATIVES.

Report..	784ᴸ	0ˢ	0ᵈ
États de Bretagne................................	300	//	//
Collége Louis-le-Grand............................	400	//	//
....	400	//	//
Sur une maison rue des Maçons....................	267	//	//
	2,151	//	//

FERMES.

PRIX DES FERMES.

Dixmes de Notre-Dame-de-Marseille................	1,010ᴸ	//ˢ	//ᵈ
Dixmes de la Madelaine des Azilles................	3,000	//	//
Maison rue des Maçons............................	800	//	//
Total des revenus........................	6,961	//	//

CHARGES.

1° Les vingtièmes de la maison....................	88ᴸ	//ˢ	//ᵈ
2° La pension de 12 boursiers à 400ᴸ..............	4,800	//	//
3° L'acquit des fondations........................	4	//	//
4° Dépenses communes............................	600	//	//
5° Couvertures de la maison......................	10	1	3
	5,502	1	3
Excédent des revenus..........................	1,458	18	9

XIX

COLLÈGE DE BAYEUX.

EXTRAIT DU REGISTRE DES DÉLIBÉRATIONS DU BUREAU D'ADMINISTRATION DU COLLÈGE LOUIS-LE-GRAND, DU JEUDI NEUF AOÛT MIL SEPT CENT SOIXANTE-QUATRE (1764).

(Archives nationales, M 87.)

(Texte, p. 188-193.)

« Le collége ne possède plus que la grande maison occupée par le fondateur et la petite maison attenante, abandonnée de son vivant pour le logement des boursiers. Ce terrain forme aujourd'hui quatre maisons et l'intérieur du collége.

Les quatre maisons sont louées quatre mille cinq cent soixante livres, cy.	4,560ᴸ	//ˢ	//ᵈ
L'intérieur peut être considéré comme un objet de douze cent livres, cy..	1,200	//	//
Plus la rente de quatre vingt une livres cinq sols 9 deniers sur le thrésor Royal, cy...	81	5	9
La rente foncière de cinq cens livres due par le collége d'Harcourt et dont le dernier titre nouvel est du mois de septembre mil sept cent cinquante six, cy..	500	//	//
Trois parties de rentes foncières faisant douze livres seize sols trois deniers, cy...	12	16	3
A reporter..................................	6,354	2	0

Report..	6,354ʰ	2ˢ	0ᵈ
Le collége a acquis récemment trois parties de rentes sur le clergé formant trois cens livres, cy...................................	300	"	"
Le collége, qui ne doit rien, a actuellement six mille livres à placer, ce qui augmentera son revenu de trois cens livres, cy...............	300	"	"
Total six mille neuf cent cinquante quatre livres deux sols, cy........	6,954	2	"

Les maisons du collège sont en assez bon état de réparations année commune. L'architecte du Bureau estime qu'elles couteront cinquante livres d'entretien; mais deux d'entre elles ne lui paraissent pas devoir subsister plus de quinze ans. Il est donc essentiel de se précautionner contre la nécessité d'une reconstruction qui, aux yeux d'une administration intelligente, paraît prochaine. »

XX

REVENUS DU COLLÈGE DE BAYEUX,

D'APRÈS LE COMPTE DE L'ANNÉE 1777-1778.

(Archives nationales, M 195.)

(Texte p. 188-193.)

RENTES SUR :	MONTANT DES RENTES :		
L'état des finances.............................	81ʰ	5ˢ	9ᵈ
Les aides et gabelles............................	280	"	"
....	250	"	"
Les États de Bretagne...........................	350	"	"
....	300	"	"
Le collége Louis-le-Grand........................	200	"	"
Le collége d'Harcourt............................	445	"	"
Sur une maison rue de la Cossonnerie..............	10	"	"
Terres à Gentilly................................	2	3	9
Vignes à Arcueil.................................	"	12	6
	1,919	2	"

MAISONS.	MONTANT DES LOYERS :		
Le collége rue de la Harpe et boutique.............	1,670ʰ	"ˢ	"ᵈ
Le Bras d'Hercule, même rue.....................	2,040	"	"
Autre maison, même rue.........................	1,150	"	"
Autre, même rue................................	850	"	"
Autre, rue des Maçons...........................	1,400	"	"
	7,110	"	"
TOTAL des revenus.............................	9,029	2	"

CHARGES :			
1° Les xxᵉ des maisons, déduction faite de la pension accordée à M. le Principal..	565ʰ	8ˢ	"ᵈ
2° Cens et rentes à Saint-Jean de Latran...........	1	12	"
A la Sorbonne..................................	2	2	3
A reporter.....................................	569ʰ	2	3

Report...	569^{tt}	2^s	3^d
3° Pension viagère à M. La Tour, ancien principal.................	1,200	"	"
4° La pension de 12 boursiers, de 400^{tt} chacun...................	4,800	"	"
5° L'acquit des fondations.....................................	15	"	"
6° Dépenses communes......................................	800	"	"
7° Couvertures des maisons.................................	69	3	"
	7,453	5	3
Excédent des revenus......................	1,575	17	9

XXI

EXTRAIT

D'UN RECUEIL DE TOUTES LES DÉLIBÉRATIONS IMPORTANTES PRISES DEPUIS 1763 PAR LE BUREAU D'ADMINISTRATION DU COLLÈGE DE LOUIS-LE-GRAND ET DES COLLÈGES Y RÉUNIS CONCERNANT LE COLLÈGE DE BAYEUX.

(A Paris, chez Pierre-Guillaume Simon, imprimeur du Parlement et du collége Louis-le-Grand.)

(Archives nationales, M, 87).

(Texte, p. 188-193).

«Les détails relatifs à ce collége sont:

1° Que les revenus, lors de la réunion, n'étoient que de *six mille cent soixante-neuf livres*, et ils sont actuellement de *neuf mille deux cens trente cinq livres*; et ses charges ordinaires, y compris la *pension* de son ancien principal, qui est de *douze cens livres*, et le montant de ses *réparations* fixé à *douze cens livres* par la Délibération du 3 mai 1781, sont de *neuf mille cent quatre-vingt-quatre livres*; qu'en conséquence, l'excédent de son revenu sur ses charges n'est que de *cinquante et une livres*; qu'il étoit, au premier octobre 1780, débiteur de 1,621 livres, dont il s'acquittera successivement, notamment en ménageant le plus qu'il sera possible sur les réparations que l'on a porté dans ses charges pour 1,200 livres; et effectivement ce collége ne devoit plus au 28 mai 1781 que 704 livres.

2° Que ce collége n'avoit aucune dette en 1763, et s'il en a dans ce moment, elles proviennent singulièrement des dépenses occasionnées par des réparations extraordinaires et des placemens qui ont été faits à son profit.

3° Qu'il n'avoit en 1763 que quatre boursiers qui ne touchoient chacun que 150 livres, et qu'il y en a actuellement douze; mais, vu l'augmentation du prix de la pension des boursiers, ordonnée par les lettres-patentes du 19 mars 1780, le Bureau, par délibération du 15 juin suivant, a arrêté que les Supérieurs-Majeurs seroient invités à laisser deux bourses vacantes jusqu'à l'extinction de la pension viagère de l'ancien Principal [1].

4° Que ces boursiers doivent être *moitié du diocèse d'Angers*, et *moitié du diocèse du Mans*...»

---

[1] «La mort de l'ancien Principal, arrivée au mois de novembre 1781, en diminuant de 1,200 livres les charges de ce collége, procurera plutôt sa libération et fera cesser la suspension momentanée de deux de ses bourses, suspension faite par la délibération du 15 juin 1780.»

XXII

RENTES DU COLLÈGE DE BAYEUX.

(Archives nationales, S 6364.)

(Texte, p. 188-193.)

Extrait d'un Registre portant les biens, revenus, dettes et charges du collège de Bayeux :

«Rente de 80^{tt} 5^s 9^d établie par des lettres patentes du Roy Philippe de l'année 1306 et assignée sur les finances de la Généralité de Paris par ordonnance de M^{rs} les Commissaires du Conseil du 2 août 1721.

Rente de 150^{tt} constituée sur le nouveau clergé pour le sort principal de 3,000^{tt} au d^{er} xx, par contrat passé le 1er juillet 1762.

Rente foncière de bail d'héritage de 500^{tt} établie sur une maison sise à Paris, rue de la Harpe, et un petit corps de logis en dépendant appartenant au collége d'Harcourt, par contrat du 27 août 1630.

Rente foncière de 10 livres sur une maison, rue de la Cossonnerie, appartenant aux sieurs Antoine, Antoine-Jean et Nicolas Picault frères, comme héritiers de Marie Le Clerc leur mère, lesquels ont passé titre nouvel de la rente le 21 août 1750.

Rente foncière de bail d'héritage de 35^s parisis ou 2^{tt} 3^s 9^d tournois sur trois pièces de terre situées au terroir de Gentilly, possédées par l'Hôtel-Dieu de Paris, les administrateurs duquel ont passé titre nouvel de ladite rente le 23 juin 1751.

Rente foncière de 10^s parisis ou 6^s 6^d tournois à prendre sur trois quartiers et demi de terre situés au terroir d'Arcueil appartenant au chapitre de Notre-Dame de Paris, lequel a consenti un titre nouvel le 27 mai 1752.

Rente de 200^{tt} constituée sur le collége de Louis-le-Grand pour le sort principal de 5,000^{tt} au d^{er} xxv, en exécution de la Délibération du 4 février 1768.

Rente de 200^{tt} sur le collège de Louis-le-Grand pour le sort principal de 5,000^{tt} au d^{er} xxv, en exécution de l'article 2 de la délibération du 17 may 1768.»

XXIII

RENTE DE 500^{tt} SUR UNE MAISON ET DÉPENDANCES, RUE DE LA HARPE, ATTENANT AU COLLÈGE D'HARCOURT.

(Archives nationales, MM 347.)

(Texte, p. 188-193.)

Extrait de l'Inventaire des titres du collège de Bayeux :

«Me Guillaume Bouvet, fondateur du collége, par son testament de 1312, donna en augmentation et dotation trois maisons situées à Paris, rue de la Harpe, à l'opposite de sa grande maison qui forme aujourd'hui le collége, lesquelles trois maisons il déclare avoir acquis de Gérard de Cutry et attenantes le collége d'Harcourt. Le collége de Bayeux jouit pendant plusieurs siècles de ces trois maisons qui, selon toutes les apparences, furent ensuite réduites en une seule, et comme cette maison étoit pour ainsi dire à charge au collége par les réparations continuelles qu'il y avoit à faire, il se détermina à la donner à bail à rente foncière en l'année 1630, comme on le voit par l'acte qui suit :

28 août 1630. Grosse en parchemin d'un contrat... par lequel les Principal, Procureur et Boursiers du collége de Bayeux donnent à titre de bail d'héritage aux Proviseur, Prieur, Principal, Procureur et Boursiers du collége d'Harcourt, une maison située à Paris, rue de la Harpe, cour et dépendance, tenant d'une part audit collége d'Harcourt, d'autre au jardin des Cordeliers, d'un bout aux sieurs Trouson et d'autre, par devant, sur ladite ruë de la Harpe, en la censive du chapitre de Saint-Marcel-lez-Paris et chargée du cens et de la rente foncière qu'elle peut devoir, moyennant 500tt tournois de rente annuelle, perpétuelle, amortie et non rachetable et de bail d'héritage, payable aux quatre termes à Paris en l'an accoutumé, dont le premier quartier de payement écherra au dernier jour du mois de décembre prochain."

XXIV

CE QUE RENFERMAIT LA MAISON D'UN BOURGEOIS DE PARIS.
INVENTAIRE DE 1431.

(Copié par Adolphe Berty aux Archives nationales, S 3631 [1].)

(Texte, p. 214.)

"Et premierement ou scelier dudict Hostel fut trouvé deux poinçons de vin vermeil, chacun poinson prisé IIIItt huit solz parisis, vallent huit livres seize sols parisis. Item ung caque de vin blanc prisé vint quatre solz parisis, ung petit barillet de verjus tenant trois septiers ou environ, prisé huit solz parisis. Item quatre chantiers de bois, ung poinçon petit baril wiz prisé ensemble huit solz parisis. Item ou bouge bas dudict hostel fut trouvé ung banc a dossier et ung coffre de sept a huit piedz de long ou environ, prisé trente deux solz parisis. Item un autre banc a dossier trelissé par en hault et ung petit coffre au bout, de douze piez de long ou environ, prisé quarante huit solz parisis. Item une table de chesne de siz piez de long ou environ, deux treteaulx, une forme a quatre piez de VIII piez de long ou environ, prisé ensemble six solz parisis. Item ung petit escran treillissé par en hault et a ung guichet, prisé huit solz parisis. Item unes aulmoires a trois guichez et deux estaiges en façon de dreçouer, prisé quarante huit solz parisis. Item une forme a goussez a mettre a huis, deux scabelles, lune petite, lautre grande, une chaière de blanc bois despecies, une petite chaière persée a enffans et une eschielle de bois, prisées ensemble six solz parisis. Item un banc a perche de six piez de long ou environ tel quel, prisé quatre solz parisis. Item ung porche a deux escrans et un guichet couvert dessus, prisés cinquante six solz parisis. Item ung troul a desvuider fusées, unes ballences et une livre de poix de plonc, prisés ensemble deux solz parisis. Item une huche de blanc bois telle quelle, prisée trois solz parisis. Item ung chiennet de fer a crosse et une cramaillée, prisés en-

---

[1] Dans un article de la *Revue de France* du 1er août 1878, feu L.-M. Tisserand a exploité cette précieuse trouvaille sans en mentionner l'auteur.

semble six solz parisis. Item deux vielz carreaulx de tapicerie enfoncez de cuir et un petit marchepie ouvré à papegaulx de plusieurs coulleurs, prisés ensemble cinq solz parisis. Item esdites aulmoires fut trouvé environ un boisseau de poix et de fèves malcuisans, prisés ensemble deux solz huit deniers parisis. Item en une petite despense joignant dudict bouge, fut trouvé quatre petiz ayx faisans tablète, tels quels, prisés ensemble douze deniers parisis. Item deux chandeliers de cuivre, chacun a boeste et a tuyau, et une petite paelle darin telle quelle, prisés ensemble deux solz parisis. Item une quarte, un pot de trois chopines, quatre pintes, quatre chopines, un pot de demi sextier, trois sallières a pié, tout destain, prisés ensemble trente deux solz parisis. Item dix plaz, que grans que petis, dix sept escuelle et une saulcière, tout destain, et prisés ensemble quarante huit solz parisis. Item une pinte et une chopine de potin en façon de taverne avec un pot moustardier, aussi de potin, prisé ensemble six solz parisis. Item en lestude ou escriptouer dudit deffunt, furent trouvées deux fourmes a goussez, chacune de quatre piez de long ou environ, prisées ensemble trois solz quatre deniers parisis. Item une petite huche de fou de deux piez et demi de long ou environ, prisée six solz parisis. Item ung petit coffre de chesne, deux petites scelles, chacune a quatre piez et trois ays faisant tabletes, tout prisé ensemble cinq solz parisis. Item ung comptouer de bois fermant a ung guichet de cinq piez de long ou environ, prisé seize solz parisis. Item un ancrier destain et un chendelier de cuivre a ung tuyau, prisés ensemble cinq solz parisis. Item une petite espée marquée a une roue, prisée six solz parisis. Item en la cuisine de derrière dudict hostel fut trouvé un coffre de chesne faisant pestrin, de six piez de long ou environ, tel quel, prisé cinq solz parisis. Item une scabelle, deux scelles a lessive, un corbillon dosier a ance, un sacs a sasser, avec un caque et une fillette, tout tel quel, et prisé ensemble trois solz parisis. Item une chauldière a deux anneaulx, tenant huit seaulx ou environ, et une cassette, prisées ensemble cinquante six solz parisis. Item un chauderon a ance, tenant deux seaulx environ, prisé seize solz parisis. Item un autre chauderon a ance, tenant un sceau ou environ, et y a plusieurs pièces, prisé quatre solz parisis. Item une petite marmite darin, prisée quatre solz parisis. Item un petit becdasne, prisé quatre solz parisis. Item quatre autres petites paelles rondes darin, prisées ensemble quatre solz parisis. Item trois baçins a laver sur table, deux chauferetes de cuivre dont l'une est sans couvercle, avec un lavouer pendant, prisé ensemble vint huit solz parisis. Item trois baçins a barbier, prisés ensemble seize solz parisis. Item quatre chandeliers de cuivre a boeste et a pointe, chacun a deux tuyaulx, prisés ensemble dix solz parisis. Item une paelle de fer, un havet et une pallette a atiser le feu, et tout de fer, prisés ensemble quatre solz parisis. Item un plat, dix escuelles destain, prisés ensemble seize solz parisis. Item en la sallette basse de derrières, sur le jardin joignant de ladicte cuisine, fut trouvé un banc a perche et a marche enfoncé par devant, de huit piez de long ou environ, prisé quatorze solz parisis. Item ung autre banc a perche et a marche aussi enfoncé par devant, de six piez de long ou environ, prisé huit solz parisis. Item ung autre banc a perche, de six piez de long ou environ, et tel quel, prisé six solz parisis. Item deux scabelles de bois, prisées trois solz parisis. Item un dreçouer de bois, avec un pié a banis de blanc bois, prisés ensemble quatre solz parisis. Item un coffre de noyer ravalé devant, de trois piez et demi de long ou environ, prisé seize sous parisis. Item vint livres environ de plomb qui a servi une fontaine, chacune livre prisée quatre deniers parisis, vallent six solz huit deniers parisis. Item une table de bois de six piez de long ou environ et deux tresteaux, prisé ensemble huit solz parisis. Item en la granche de derrière aboutissant a la rue du Foing et joignant de la dicte sallette [sur ledict jardin fut trouvé une petite] furent trouvez trois poinçons vuiz (vides), que grans que petis, et ung caque vuit, dont les deux desdiz poinçons ne valent riens a mettre vin, prisés ensemble, telz quilz sont, huit solz parisis. Item deux parcs de bois a ployer cerceaux, lung grand et lautre petit, prisés ensemble douze solz parisis. Item deux broiches de fer, prisé ensemble quatre solz parisis. Item en la chambre au dessus de ladicte sallette sur ledict jardin, furent trouvé une petite table tournant, une forme a gousset et une scabelle de bois, prisées ensemble six solz parisis. Item deux ays de bois en manière de couche, avecques deux veilles fenestres de bois, prisés ensemble deux solz huit deniers parisis. Item un lit de deux lez coiste et coissin a taie raiée aux coustez, prisée quarante solz parisis. Item une serge vermeille a cinq raies, telle quelle, prisée dix solz parisis. Item une autre petite serge verte de quatre raies, telle quelle, prisée six solz parisis. Item un ciel et dossier de toile perse, tel quel, prisé dix solz parisis. Item deux verges de fer, prisées ensemble cinq solz parisis. Item une couche de bois bordée et coudée, prisée douz solz parisis. Item ung porche de bois a deux panneaux fermant a deux guichets et couvert par en hault a couvescle et a clere voye, prisé trente deux solz parisis. Item ou grenier de deriere audessus de ladicte chambre, sur ledict jardin, fut trouvé deux tresteaux, ung viel salouer faict de doues en manière de cuvete a baigner et une sie, tout prisé ensemble deux solz huit deniers parisis. Item en la chambre ou gisoit ledict deffunct, sur ladicte rue Saint Jacques, fut trouvé une table de boit de huit piez de long ou environ, et deux tresteaux, prisés ensemble dix solz parisis. Item un banc a perche et a marche, enfoncé devant, de huit piez de long ou environ, prisé seize solz parisis. Item un autre banc a perche et enfoncé par devant, de huit piez de long ou environ, prisé douze solz parisis. Item une chaière a dox, cavée, a coffre et a clervoye par en hault, prisée dix solz parisis. Item une forme a quatre piez, de huit piez de long ou environ, prisée deux solz huit deniers parisis. Item un coffre de noyer, de six piez de long ou environ, ravalé sur le couvescle, prisé seize solz parisis. Item un porche a deux panneaulx, et ung guichet couvert pardessus, prisés u^e vint quatre solz parisis. Item ung dreçouer a double fons fermant a deux guichez, prisé vint quatre solz parisis. Item une petite couche de bois cordée et bordée, prisée dix solz parisis. Item une autre couche de bois de deux lez enchasselée, bordée et enfoncée, clouant autour, par dessoubz, prisée quarante solz parisis. Item une scabelle de bois, prisée seize deniers parisis. Item deux chiennez de fer a crosse et une pallette de fer, prisé dix solz parisis. Item un lit de duvet de deux lez, coiste et coissin entaié dune taye de Flandres, raiée aux coustez, prisé huit livres parisis. Item une courte pointe blanche de trois lez, prisée trente deux solz parisis. Item une serge perse a quatre raies, telle quelle, prisée vint huit solz parisis. Item un ciel et dossier, trois custodes de toilles perse et trois verges de fer, prisées ensemble six livres parisis. Item ung petit tableau rond painct a une ymaige de Nostre Dame, prisée deux solz parisis. Item une petite courtepointe blanche, prisée seize solz parisis. Item un petit lit de lé et demi, coiste et coissin entaié dune taye raiée aux coustez, prisés ensemble trente deux solz parisis. Item une coiste et coissin de lé et demi, entaié d'une taye raiée au long, prisé vint quatre solz parisis. Item une petite demie serge verte, telle quelle, prisée huit solz parisis. Item une custode faisant dossier, de toile persè, prisée huit solz parisis. Item ung jareron de fer, prisé trente deux solz parisis. Item ung petit marchepié ouvré a oiselles, tel quel, prisé quatre solz parisis. Item une hoppelande de drap gris sangle, prisé seize solz parisis. Item une autre houppelande de vert fourrée d'une vieille panne de coussins par le baz et par le hault de rempailles de gris, non prisée pour ce que lon dit quelle est et appartient a Pierre Caillier demourant en ladicte rue Sainct Jacques et que ledict deffunct lavoit en gaige pour soixante quatre solz parisis quil lui devoit. Lesquelz ledict feu Jolivet par sondict testament avoit et a remis et quittiez audit Pierre Caillier, comme lon dit, pour ce non prisée. Item ung petit tableau carré painct a un dieu de pitié, prisé quatre solz parisis. Item dedans ledit dreçouer fut trouvé ung petit escrin ferré de fer blanc, prisé seize deniers parisis. Item ou dit coffre de six piez de long ou environ fut trouvé une hoppelande de drap gris, a usaige de femme, fourrée par embas de gros vair et par le corps daigneaux blans, et aux poignes et au colet de gris, prisée six livres huit solz parisis. Item un surcot long descarlite vermeille a pendans de lelices, prisé quatre livres parisis. Item une cote simple de drap vermeil, lassée par devant, prisée vint huit solz parisis. Item une hoppelande de drap gris, a usaige de femme, fourrée de panne noire de Lombardie, avec une paire de manches de mesmes, prisée six livres huit solz parisis. Item une aultre houppelande de drap violet, audict usaige de femme, fourrée de cruppes de gris par le bas, et parmy le corps de testes descureux rouges, prisée huict livres parisis. Item ung chapperon de drap vermeil a usaige de femme, prisé dix solz parisis. Item un aultre chapperon de drap vert brun, audit usaige, a trente six boutons de perles, ou il y a en chacun bouton ung Υ dor, prisé ainsi qu'il est soixante quatre solz parisis. Item ung aultre chapperon de drap vert brun audit usaige, prisé vint solz parisis. Item une cornète dun chapperon a homme avec la moitié dune pate audit chapperon, tout de drap vert brun, prisé cinq solz parisis. Item une hoppelande de drap vert brun, a usaige domme, fourrée de panne noire, prisé quarante solz parisis. Item une autre hoppelande de drap violet audit usaige fourrée de gorges de foynes, telles quelles, par le bas, et parmy le corps d'autres plusieurs pannes, prisée quatre livres seize solz parisis. Item une autre hoppelande de pers, audit usaige, fourrée de coles (queues) descurieux noirs, et doublés par les manches de blanchet, prisée quarante huit solz parisis. Item une autre houppelande de drap noir, audit usaige, fourrée de coles descurieux, prisée quatre livres parisis. Item un chapperon doublé de drap vert brun audit usaige domme, prisé vint solz parisis. Item un autre chapperon doublé de drap vert brun, audit usaige, prisé huit solz parisis. Item ung autre chapperon doublé de drap violet, audit usaige, prisé douze solz parisis. Item ung autre chapperon de drap vermeil, audit usaige, et doublé par la visagière, prisé vint solz parisis. Item deux draps de lin, chacun de trois lez, prisez ensemble vint huit solz parisis. Item deux autres draps de lin, chacun de deux lez et demi, prisez ensemble vint deux solz parisis. Item dix autres draps de lin, chacun de deux lez, prisez ensemble quatre livres seize solz parisis. Item sept autres draps de chanvre, chacun de deux lez, prisés ensemble quarante solz parisis. Item huit nappes de lin, a leuvre de paris, de plusieurs longueurs, prisés ensemble quarante solz parisis. Item douze pesnes, a leuvre de Paris, de plusieurs longueurs, telz quelz, prisez ensemble quarante quatre solz parisis. Item une nappe de lin, a leuvre de dammas, de cinq quartiers de lé et de six aulnes de long; laune prisée seize solz parisis; vallent quatre livres seize solz. Item cinq pesnes de lin, a ladite euvre de dampmas; quatre serviètes, les trois audit ouvraige de dampmas et lautre a leuvre de reins, et de plusieurs longueurs, prisées ensemble trente deux solz parisis. Item cinq nappes de chanvre, a leuvre de Paris, de plusieurs longueurs et telles quelles, prisées ensemble quatorze solz parisis. Item unze queuvrechefs de lin et trois petites tayes d'orillier, prisés ensemble seize solz parisis. Item en une petite gallerie joignant de ladite chambre, fut trouvez deux tresteaux, prisez ensemble deux solz parisis. Item unes popines de bois, prisées deux solz huit deniers parisis. Item unes presses a chapperons, prisées huit solz parisis. Item un sacs a sasser farine, prisez douze deniers parisis. Item un pourpoint de fustaine blanche, a colet et poignet de drap noir, prisez six solz parisis. Item deux petits orilliers de plume, prisez ensemble quatre solz parisis. Item en la chambre audessus de la salle, sur la court, fut trouvé un coffre de noyer sans serreure, de quatre piez de long ou environ, ravalé devant et sur le couvescle, prisé douze solz parisis. Item ou dit coffre sans serreure fut trouvé une pièce de toille de lin contenant vint quatre aulnes; laulne prisée quatre solz parisis, vallent quatre livres seize sols parisis. Item une autre pièce de toille de lin contenant quarante deux aulnes ou environ; laulne prisée III s. VIII d. parisis, vallent neuf livres seize solz parisis. Item une pièce de nappes de chanvre, a leuvre de Paris, contenant vint et une aulnes; laulne prisée III s. parisis, vallent soixante quatre solz parisis. Item en icelle chambre furent aussi trouvez quatre sextiers de blé, que froment, que mestueil, que seigle, vielz et nouvel, chacun sextier prisé, lun parmi lautre, xxx s. parisis; vallent six livres parisis. Item environ deux livres de fil de lin en pelotes, prisées ensemble huit solz parisis. Item environ deux livres et demi de fil de chanvre en pelotes, prisées cinq solz parisis. Item un ciel de deux lez de toille de chanvre frangé autour de frange blanche, prisé douze solz parisis. Item (le jeudi ensuiant dixiesme jour dudit mois de janvier), ou grenier dudit hostel sur ladite rue S. Jacques, fut trouvé deux formes, lune a gousset et lautre a quatre picz, prisées ensemble deux solz parisis. Item ung chaslit de blanc bois, prisé deux solz huit deniers parisis. Item trois tresteaux de bois, prisez ensemble deux solz huit deniers parisis. Item cinq petites pièces de bois en manière de chantiers, ung petit ays, deux demies lances, dont lune est ferrée, et deux perches de bois a estandre draps, tout prisé ensemble quatre solz parisis. Item ung vieil vennier de fer, prisé deux solz parisis. Item un petit barillet ou il a environ deux sextiers de vin aigre, prisé quatre solz parisis. Item un serceau et une potence de fer, servans pour un bacin a laver, avec une vieille doulouère, prisez trois solz quatre deniers parisis. Item trois pesnes de chanvre, à leuvre de Paris, lune contenant trois aulnes et demie et les autres chacune deux aulnes et demie, prisées ensemble huit solz parisis. Item cinq touailles à essuies mains, a leuvre de Paris, prisées ensemble quatorze solz parisis. Item fut trouvé audit hostel ung petit cuvier a lessive, demi quarteron de petits serceaux a caque et quatre douves, prisées ensemble quatorze solz parisis. Item s'ensuit le linge qui estoit en la lessive appartenant audit feu Jean Jolivet, prisé par ledit priseur et inventorié par lesdis notaires en cette manière. Premièrement trois draps de lin, chacun de deux lez, prisés ensemble vint huit solz parisis. Item huit draps de chanvre, lun de deux petiz lez et les autres chacun de lé et demi, prisez ensemble trente deux solz parisis. Item une nappe de lin, a leuvre de dampmas, de cinq quartiers de lé, et de trois aulnes et demie de long, prisée cinquante six solz parisis. Item deux vielz draps de lin, chacun de deux lez, dont lun est rempiecé, prisez ensemble dix solz parisis. Item deux nappes de lin, a leuvre de Paris, telles quelles, prisées ensemble cinq solz parisis. Item trois autre veilles nappes de chanvre, a leuvre de Paris, prisées ensemble quatre solz parisis. Item ung pesne de lin, a leuvre de dampmas, contenant trois aulnes de long, prisé huit solz parisis. Ung autre pesne de lin de ladite longueur et a leuvre de Paris, prisé cinq solz parisis. Item un autre pesne de lin, a leuvre de dampmas, contenant trois aulnes de long, prisé huit solz parisis. Item ung aultre pesne de lin, a leuvre de Paris, contenant trois aulnes de long, prisé huit solz parisis. Item un aultre pesne de lin, a leuvre de Paris, contenant deux aulnes et demie, prisé quatre solz parisis. Item ung aultre pesne de lin, a leuvre de dampmas, contenant trois aulnes et demie de long ou environ, prisé dix solz parisis. Item huit touailles, tant lin que chanvre, de plusieurs longueurs, et telles quelles, prisées ensemble quatorze solz parisis. Item deux tayes d'orillier, prisées ensemble deux solz huit deniers parisis. Item quatre queuvrechiefs de lin, tels quels, prisés ensemble trois solz parisis. Item ung vieil sac et ung vieil havier, prisez ensemble deux solz parisis. Item en faisant ce présent inventaire furent trouvées unes heures de Nostre dame, a lusaige de Paris, commençant au second fuaillet, après le kalendrier, *nos jubilemus* et finissant au pénultième *matris*, garnies de deux fermouers dargent et esmaillées lun a une ymaige Nostre dame et lautre de sainct Kristofle, et garnies aussi dune chemise de veluau de cramoisy, doublé de sandal vermeil, prisées par Denis Courtillier lun des quatre principaulx libraires jurez de luniversité de Paris, après ce quil ot juré et fait serment de bien et justement les priser, a la somme de cent solz parisis. Item une autres heures de Nostre Dame, audit usaige de Paris, escriptes de lettre courant, commencens au second fueillet après le kalendrier, *eis filios* et finissant au pénultième *et tristitia*, prisées douze solz parisis. Item et unes autres heures de N. Dame, a icellui usaige, escriptes aussi de lettre courant, telles quelles, prisées quatre solz parisis. Item sensuit la vaisselle, sainture et joyaulx d'argent, aussi appartenant audit deffunct, trouvés en faisant ce présent inventaire, prisés par Jehan Martin orfèvre demourant à Paris. Après ce quil ot juré et fait serment de bien et justement les priser, aux sommes et en la manière qui sensuit. Premierement deux tasses d'argent vérées et martelées au fons, pesans ensemble quinze onces et treize esterlins; le marc prisé vi^{lt} ix s. parisis; vallent audit pris douze livres douze solz sept deniers maille parisis. Item une petite tasse dargent vérée et martelée, pesant six onces, prisées, au pris dessus dit, quatre livres seize solz neuf deniers parisis. Item deux gobelez dargent vérez et martelez, pesans ensemble six onces, prisez au pris et valleur dessus dite quatre livres seize solz neuf deniers parisis. Item six cuilliers dargent, pesans ensemble six onces esterlin et demi, prisé au pris dessus dit quatre livres dix huit solz parisis. Item trois saintures dargent, a usaige domme, lune sur ung tissu noir, lautre sur un tissu pers et lautre sur un tissu vermeil, pesans ensemble atouz les tissuz cinq onces et trois quars, prisez ensemble ainsi quelles sont, soixante solz parisis. Item une sursainte dargent, a usaige de femme, sur un tissu vert, pesant atout le tissu trois onces et deux esterlins, prisée ainsi quelle est quarante solz parisis. Item deux virolles dargent blanc en une gaigne noire et une platine d'argent dune sainture a femme, prisées ensemble neuf solz parisis. Item deux signez dor, lun grant et lautre petit, dont le petit est de meilleur or que le grant, pensans ensemble treize esterlins et maille, prisez ensemble cent quatorze solz parisis. Somme des biens dessuz diz prisez et inventoriez, deux cens trente neuf livres seize solz ung demi obole parisis, monnoie courant a present.»

Adolphe Berty.

XXV

LES BÂTIMENTS DES DOMINICAINS,

RUE SAINT-JACQUES, D'APRÈS LA DÉCLARATION DE LEUR PRIEUR, JOSEPH FAITOT,

(27 FÉVRIER 1790).

(Archives nationales, S 4228.)

(Texte, p. 249-258).

«La maison religieuse dont j'ai l'honneur de présenter le tableau, est la plus ancienne, la plus célèbre et la plus délabrée que l'ordre des FF. Prêcheurs ait en France. Les bâtimens presque tous inhabitables et inhabités occupent un espace de terrain qui s'étend dans sa longueur depuis la rue St Jacques jusqu'à la place St Michel, et dans sa plus grande largeur, depuis la rue des Cordiers jusqu'au voisinage de la rue St Hyacinthe.

Elle a des issues sur les rues des Cordiers, de Cluni, de St Jacques et la place St Michel; elle en auroit sur la rue Neuve Ste Geneviève, si elle étoit percée. Plusieurs des maisons qui la bornent d'ailleurs dépendent de son domaine, et faisoient autrefois partie de son enclos : ce qui lui donnoit à peu près la forme d'une isle. Avantage considérable pour quiconque auroit eu moyen d'en tirer librement le parti possible. Mais comme jusqu'en 1780 nous avons toujours tenu une communauté beaucoup trop nombreuse pour nos revenus, jamais on n'a pu même réparer les dégradations successives de ce couvent, et tout s'y est tellement affaissé, que le 18 octobre 1780, l'église fut fermée par ordre du Lieutenant de Police et le cloître abandonné par les Religieux, effrayés du risque qu'on trouvoit à l'habiter. La communauté forcée de se réduire au tiers de son ancien nombre, se réfugia dans un petit corps de logis, qui lui servoit d'infirmerie et qu'elle habite encore aujourd'hui. Tel est l'état actuel de nos bâtimens, et c'est cependant de ces murailles ruineuses que nous tirons la partie non la plus ample, mais la plus nette de nos revenus. Toute l'ancienne maison, sans beaucoup d'entretien ni réparations, est louée par parcelles à des libraires, qui nous en rendent sur parole et sans aucun bail la somme de quatre mille quatre-vingt-sept livres. Cy.............. 4087 ₶

....

Mon appartement est composé de deux pièces : l'une de sept pieds quelques pouces de largeur, et l'autre de huit et demi. Les autres Religieux prêtres ont la même étendue, mais autrement partagée... »

XXVI

DEVIS ET MARCHÉS POUR DIVERS OUVRAGES, TANT DANS LE MONASTÈRE DES JACOBINS QUE DEHORS.

(Archives nationales, S 4239.)

(Texte, p. 249-258.)

« Du 18 nov. 1621. Devis de massonnerie et charpenterie qu'il convient faire à six petits corps de logis derrière leur mur d'église rue St Jacques. Marché passé moyennant 5,000 ₶. »

« Du 23 février 1640. Devis des ouvrages de massonnerie, etc., qu'il convient faire... du bâtiment des conventuels..., des caves sous les infirmeries, de l'élargissement du corridor desdites infirmeries, ensemble les chambres ou galetas desdites infirmeries. Marché passé 76,000 ₶. »

« Du 18 aoust 1640. Devis des ouvrages de massonnerie et d'architecture qu'il convient faire du grand autel de l'église, suivant le dessein du sieur Biard. Marché passé moyennant 12,700 ₶. »

Du 17 juin 1639. Devis des ouvrages de massonnerie, etc., qu'il convient faire aux infirmeries et au corps de logis derrière la maison du pied de Biche. Marché passé moyennant 24,000 ₶. »

« 11 nov. 1751. Devis des ouvrages de massonnerie, etc., qu'il convient faire à neuf en deux logis joignant le Dortoir St Dominique et pour le parachèvement de l'infirmerie et de la grande voute qui fait le passage des deux dortoirs. »

« Du 24 avril 1665. Devis et marché pour les ouvrages de massonnerie, etc., d'un bâtiment au-dessus de la porte de l'Église du couvent, moyennant 9 ₶ pour chaque toise. »

« Du 30 juin 1680. Devis des ouvrages de charpenterie pour la construction d'un petit corps de logis contre le pignon de leur infirmerie. Marché moyennant 340 ₶ pour chaque cent de bois neuf. »

« Du 29 aoust 1685. Devis des ouvrages de massonnerie, etc., pour la construction de cinq corps de logis doubles en la place cy devant occupée par partie de la porte St Jacques et par les vieux logis qui tombent en ruine. Marché moyennant 70,000 ₶. »

«Du 21 juin 1727. Devis et marché des ouvrages de charpenterie, etc., en une maison sise à la porte St Jacques derrière leur couvent et sacristie moyennant 400 ₶ le cent de bois neuf et 80 ₶ le cent de vieux bois.»

«Du 16 juin 1727. Devis des ouvrages de massonnerie, etc., pour la construction d'une maison au derrière du chapitre et sacristie.»

«Des mois de may et juin 1644. Procès-verbal de visite du dortoir St Dominique ou maison des conventuels, des infirmeries, boulangerie et autres lieux dans le couvent des Dominicains, dans lequel les experts ont trouvé plusieurs ouvrages mal faits, etc.»

«Du 24 avril 1665. Procès-verbal de visite des ouvrages de massonnerie, etc., en la construction d'un bâtiment au-dessus le portail de l'église, moyennant 1,272 ₶ 10 s.»

«Du 6 novembre 1665. Procès-verbal de visite des ouvrages de couverture faits au bâtiment neuf au-dessus de l'entrée de l'église, au couvent et à divers maisons voisines, se montant à la somme de 1,455 ₶ 3 s.»

«Du mois de nov. 1689. Procès-verbal de visite d'ouvrages de menuiserie pour diverses maisons des Dominicains, se montant à 5,314 ₶.»

«Du mois de février 1728. Procès-verbal pour les ouvrages de massonnerie, etc., pour maisons dont l'une derrière et au-dessus de leur sacristie, se montant à 11,007 ₶ 5 s. 3 d.»

«Juin 1728. Procès-verbal pour les ouvrages de charpente faits aux maisons cy-dessus, se montant à 3,309 ₶ 12 s.»

«Janv. 1730. Procès-verbal pour les ouvrages de couverture aux maisons cy dessus, se montant à 5,379 ₶ 16 s.»

«6 may 1675. Mémoire sous sein privé pour rétablir la souflerie des orgues, lequel se monte à 200 ₶.»

«1727. Mémoire des ouvrages de charpenterie faits dans le clocher, lequel se monte à 35 ₶.»

«1730. Mémoire des ouvrages de massonnerie dans différents endroits du couvent, lequel se monte à 1,629 ₶ 10 s.»

«1731. Mémoire des ouvrages de massonnerie dans le couvent, etc., se montant à 1,355 ₶.»

«1732. Ouvrages de serrurerie tant dans le couvent que dehors, se montant à 705 ₶. Second mémoire se montant à 1,758 ₶.»

«1733. Ouvrages de massonnerie tant dans le couvent que dehors, se montant à 2,284 ₶.»

«1735. Ouvrages de massonnerie tant dans le couvent que dehors, se montant à 1,215 ₶

3 s. 9 d. — Second mémoire se montant à 1,825 ₶. — Troisième mémoire se montant à 2,156 ₶. »

« 1736. Ouvrages de serrurerie se montant à 683 ₶. »

« 1737. Ouvrages de serrurerie se montant à 1,173 ₶ 16 s. — Mémoire de massonnerie se montant à 1,427 ₶ 10 s. 5 d. »

« 1738 et 1739. Massonnerie dans le couvent et à côté, 1,301 ₶ 12 s. 9 d. »

« 1739. Massonnerie encore dans les mêmes conditions, 2,405 ₶. »

« 1740. Massonnerie, mêmes conditions, se montant à 1,891 ₶. »

« 1740 et 1741. Massonnerie, 39 ₶, plus 827 ₶, plus 3,303 ₶. »

« 1742. Massonnerie, 2,348 ₶; serrurerie, 1,963 ₶; massonnerie encore, 371 ₶; serrurerie encore, 326 et 194 ₶. »

« 1743. Massonnerie dans le couvent et à côté, 885 ₶. »

« 1759. Massonnerie à une maison sise à l'entrée du portail de l'Eglise, se montant à 582 ₶ 4 s. »

XXVII

REVENUS DU COUVENT DES JACOBINS,

D'APRÈS LA DÉCLARATION DE LEUR PRIEUR, JOSEPH FAITOT (27 FÉVRIER 1790).

(Archives nationales, S 4228.)

(Texte, p. 249-258.)

« Déclare mon dit sieur Faitot que le collége des Dominicains établi rue St Jacques est composé de vingt-trois religieux, dont dix-huit profès françois; des cinq autres, quatre sont Savoyards et sur le point de retourner dans leur patrie, et un non profès.

Que les revenus appartenant audit collége consistent :

1° En vingt-trois maisons louées à divers, ensemble vingt-neuf mille cinq cent dix livres;

2° En vingt-neuf petites boutiques louées à divers, ensemble trois mille huit cens vingt-six livres;

3° En échoppes louées treize cens vingt-une livres;

4° En vingt-neuf magasins situés dans l'enceinte de clôture loués à divers libraires quatre mille quatre-vingt-sept livres;

5° Un fief, situé faubourg St Jacques rapportant, année commune, deux mille cinquante huit livres quatorze sols cinq deniers;

6° En rentes sur la Ville, ancien clergé et autres, dix neuf cens vingt trois livres cinq sols quatre deniers;

7° En fondations casuelles, cent cinquante six livres seize sols cinq deniers.

Les charges fixes consistent en cens, rentes foncières, rentes viagères, rentes constituées. Elles montent annuellement à trois mille cent vingt cinq livres dix-huit sols cinq deniers.

Les décimes montent à trois mille quatre cent vingt-sept livres dix-huit sols.

Déclare le comparant que ledit collége doit à différens fournisseurs la somme de quarante mille six cent soixante douze livres quinze sols quatre deniers; mais qu'il est du aud. collége en arrérages échus dix sept mille sept cens quatre-vingt-dix livres huit sols trois deniers. Plus, qu'il est du audit collége, savoir par M⁺ Mussey, procureur au Parlement, la somme de trois mille quatre cens quatre-vingt livres seize sols, et par le sieur Bodeville, huissier, celle de quatre cens quatre livres.

Observe le comparant que dans ledit état il n'y a pas compris les charges casuelles telles que réparations, frais de culte, etc.»

XXVIII

ÉCHOPPES DES JACOBINS, RUE SAINT-JACQUES,

D'APRÈS DIFFÉRENTES PIÈCES ANALYSÉES DANS LE TOME III DE LEUR CHARTIER.

(Archives nationales, S 4239.)

(Texte, p. 249-258.)

«1° Du 12 janvier 1621. Requete présentée à M⁺⁺ les Trésoriers généraux de France par les Dominicains de S⁺ Jacques, pour donner un allignement aux échoppes qu'ils ont derrière le gros mur de leur église, depuis leur porte d'entrée jusqu'à la maison où il y avoit un boulanger, ce qui fait actuellement en cette présente année 1768, sept échoppes qui menacent ruine, lesquelles lesdits Religieux veulent faire rebâtir.

2° Du 21 janvier 1621. Procès-verbal de visite desdites échoppes fait par un Commissaire de M⁺⁺ les Trésoriers, par lequel il décide que lesdites échoppes doivent être rebaties, vûë le péril éminent ou elles sont.

. . . .

4° Du 4 may 1621. Permission accordée. . . . .

. . . .

6° Du 21 janvier 1623. Rapport d'un ingénieur sur lesdites échoppes construites à neuf, dans lequel il expose ce qu'il convient de faire outre ce qui est fait.»

XXIX

ÉCHOPPES SUR LE PASSAGE DES JACOBINS,

D'APRÈS LA DÉCLARATION DE LEUR PRIEUR, JOSEPH FAITOT (27 FÉVRIER 1790).

(Archives nationales, S 4228.)

(Texte, p. 249-258.)

«Les vingt-neuf échoppes ou petites boutiques sont toutes renfermées dans la grande cour

APPENDICES ET PIECES JUSTIFICATIVES. 477

du couvent, connue sous le nom de *passage des Jacobins*. Elles rapportent sur parole et sans aucun bail, treize cent vingt et une livres. »

XXX

CHAPELLE DE SAINT-YVES.

ÉTAT DE SES REVENUS, EN 1787.

(Archives nationales, S 3631.)

(Texte, p. 261-265.)

BAUX DES MAISONS.

7 juin 1783. 1° Bail d'une maison ruë S¹ Jacques, moyennant mille livres. Ci..	1,000ᵗᵗ	"ˢ	"ᵈ
15 septembre 1787. 2° D'une maison sise ruë des Noiers, de sept cens quatre vingt livres. Ci..............................	780	"	"
16 janvier 1788. 3° D'une maison située ruë Galande, de mille cinquante livres. Ci..	1,050	"	"
1786. 4° D'une maison située ruë S¹ Jacques, moyennant mille livres. Ci.	1,000	"	"
5° Autre bail d'une maison située ruë du Plâtre S¹ Jacques, moyennant 400ᵗᵗ. Ci..	400	"	"
6° D'un emplacement à gauche de l'Eglise, ruë S¹ Jacques vis a vis ladicte Église, moyennant quarante deux livres. Ci...........	42	"	"
7° D'un autre petit emplacement ou boutique pratiqué dans la profondeur du mur de l'Église sur la ruë des Noiers, loué moyennant cent livres par an. Ci..................................	100	"	"
8° Droit de louer les chaises en ladite Église cédé moyennant quatre cens cinquante livres par an. Ci............................	450	"	"
Plus l'administration est propriétaire d'un contrat de reconstitution de rente sur l'hotel de Ville du 27 mai 1785, de la somme de 600ᵗᵗ, produisant net, sauf la retribution du receveur à la Ville, cinq cens cinquante livres par an. Ci..............................	550	"	"
Plus il est dû à l'administration une autre rente de cinquante livres par transport qui lui a été fait le 7 avril 1773..., lesd. 50 livres réduites à trente six livres. Ci..................................	36	"	"
Plus il est dû une rente annuelle de 50 livres à l'administration par l'Université de Paris pour un droit de vuë et souffrance d'une maison appartenante à ladite Université, contiguë à ladite Église. Ci...........	50	"	"
TOTAL des revenus.......................	5,458	"	"

DÉPENSES FIXES DE L'ADMINISTRATION.

Il est dû au desservant tant pour ses honoraires que pour le pain et le vin..	624ᵗᵗ	"ˢ	"ᵈ
Au diacre d'office.......................................	240	"	"
Au sous-diacre...	72	"	"
Au 1ᵉʳ choriste..	120	"	"
A reporter.......................	1,056ᵗᵗ	0ˢ	0ᵈ

Report...............................	1,056#	0ˢ	0ᵈ
Au 2ᵐᵉ................................	120	″	″
Au serpent............................	36	″	″
Aux enfans de chœur pour rétributions et étrennes...............	27	″	″
Au Bedault pour ses gages sans comprendre le logement qui lui est fourni par l'administration................................	100	″	″
Pour l'entretien de l'huile de la lampe, cierges de l'Église et bougies de distribution, environ...................................	250	″	″
Au tapissier pour le forfait des tentures de l'Église par chaque année, à compter d'une fête de Sᵗ Yves à l'autre.......................	60	″	″
Pour les décimes.....................	121	″	″
Pour une rente due aux chanoines de Saint Aignan sur la maison de la ruë Galande...........................	8	2	″
Pour une autre due aux titulaires des chapelles Sᵗ Michel et Sᵗ Antoine..	8	15	″
Pour une autre duë aux héritiers de M. Boullenois, ancien confrère....	33	12	″
Outre ces dépenses fixes il en est de casuelles, comme le blanchissage et autres fournitures pour le service des habits d'Eglise et ornemens, montant au moins à................................	100	″	″
Plus les réparations des différentes maisons, prix commun par estime, au moins...............................	1,200	″	″
Total des dépenses........................	3,220	9	″
La recette se monte à...........................	5,458#	″ˢ	″ᵈ
La dépense à................................	3,220	9	″
Partant la recette excède la dépense de........................	2,237	11	″

XXXI

ÉCHOPPES ADOSSÉES CONTRE LA CHAPELLE SAINT-YVES.

(Archives nationales, S 3629.)

(Texte, p. 249-258.)

« Ce carton renferme quatre pièces au sujet de la demande formée par les bourgeois de la rue Sᵗ-Jacques pour empescher les Mʳˢ et gouverneur de Sᵗ-Yves de faire rebastir les échoppes le long de l'église dudit Saint-Yves.

La première est une requête présentée (23 juillet 1626) à la Ville par lesdits habitans de la rue Sᵗ-Jacques, par laquelle ils la supplient d'empêcher lesdits de Sᵗ-Yves de faire rebâtir les échoppes qui étoient le long de ladite chapelle; au bas de laquelle requête est assignation donnée auxdits de Sᵗ-Yves pour comparoir audit hôtel de Ville afin que deffences leurs soient faites de les faire réédifier.

La 2ᵉ est une requête présentée à la Ville par lesd. de Sᵗ-Yves à ce que lesd. habitans de la rue Sᵗ-Jacques soient tenus de faire faire la visite par eux demandée pour empescher le rétablissement de l'échoppe en question et que faute par eux de ce faire, que les deffenses seront levées et la reconstruction faite.

La 3ᵉ ordonnance de Mᵉ Augustin Le Roux conseiller au Châtelet de faire commendement à la requête desdits habitans aud. sieurs de Sᵗ-Yves, de se trouver devant la porte dud. Sᵗ-Yves pour estre présens à la visite qui sera faite des échoppes en question (7 octobre 1628).

La 4° est la communication faite du commendement à la requête desd. habitans auxd. de S¹-Yves de se trouver à la visitation des lieux dont question est (16 octobre 1628).

Une nouvelle liasse, contenant cinq pièces, est une suite de la procedure faite par les habitans de la rue S¹-Jacques pour empescher les administrateurs de S¹-Yves de reediffier les échoppes le long de ladite église. Malheureusement on ne voit pas finir cette affaire. En effet la 5° et dernière pièce, à la date du 5 février 1629, est un extrait d'une sentence de l'Hôtel de Ville qui remet la cause d'entre les parties lorsque le procureur du Roy sera à l'audiance.

En attendant les Gouverneur et confrères de S¹-Yves remontrent dans la 2° pièce «que la place sur laquelle étoit bastie l'échoppe qu'ils entendent restablir appartient à ladite chapelle S¹-Yves, que sy les habitans qui ont signé la requeste ont interest audict restablissement qu'ils ayent a payer en leurs privez noms la valleur de la chose pour estre les deniers employez au proffict de ladicte chapelle, laquelle boutique auroit esté de tous temps baillée au serviteur de l'église pour ses gages des services qu'il faict a ladicte chapelle pour toutes les necessitez, desquelz gages qui vallent au moings quarente ou cinquante livres par an la chapelle seroit surchargée s'il n'étoit permis de rebastir lad. échoppe qui est tombée en partye par la caducité et en partye par la viollence de quelques charrois, et que la chapelle est pauvre, chargée de deulx ou trois vieilles maisons qu'il convient dans peu d'années rebastir, et doit des rentes pour celles qu'il convient rebastir. Voila pourquoy il n'est pas juste de diminuer son revenu pour la commodité des particuliers, et que l'échoppe n'a point esté bastie comme lon dict pour faire un corps de garde pendant la Ligue, et ayant esté de tous temps et antienneté, et qu'il est moings juste de prendre le bien de l'église que des particuliers. Que sy lesdicts particuliers ou la Ville veulent indempniser ladicte église, ils accordent de ne point rebastir, mays aultrement soubtiennent qu'il est loisible a l'église de bastir sur son fonds.»

XXXII

COLLÈGE DU PLESSIS.

SON LOCAL PRIMITIF D'APRÈS LE TESTAMENT DU FONDATEUR (1332), «TRADUIT DU LATIN EN FRANÇOIS, SUIVANT LA DÉCLARATION DU ROY DU 21 AVRIL 1632».

(Archives nationales, M 182.)

(Texte, p. 265-269.)

«A ces fins, j'ay dès auparavant ce jour, cedé et transporté ma maison, que j'ay longtemps habitée, sise ruë S. Jacques au Mont de Paris, ainsi qu'elle se comporte et estend vers la maison de l'Hospital et la ruë de Noierie (vicum de Noerio, c'est la rue des Noyers)[1] : avec nos autres maisons, voysines et contigües, leurs entrées, sorties et issües, les jardins et vignes : avec tous leurs droicts, appartenances et dependances, toutes lesquelles choses, j'ay données a perpetuité... et en pur don et aumosne aux pauvres maistres et escoliers, lesquels habiteront a perpetuité ladite Maison.

Aux quels j'ay pareillement donné quatre cens livres ou environ de revenu annuel, perpetuel et admorties consistantes ès terres, fiefs et seigneuries, partagées et baillées à fieffe, ou ferme perpetuelle, communement dits et appelez les fiefs et fieffermes de Saynneville, et des environs dudit Saynneville.

[1] Un titre existant dans le carton S 6547 porte, au contraire : «C'est à présent la rue Frementel vers le Puis Certin.»

Je leur ay pareillement donné et delaissé mes maisons, vignes, prés, bois, avec toutes les autres possessions et appartenances que j'ay a Brie, Eury et aux environs.

Et ma maison de Venus-les-Paris avec tous ces droits, circonstances et dépendances.

Et généralement tous mes biens, meubles et immeubles en quelques lieux et de quelque nature qu'ils soient... »

XXXIII

ÉTAT DES BÂTIMENTS DU COLLÈGE DU PLESSIS EN 1640, D'APRÈS UN PROCÈS-VERBAL DE VISITE DRESSÉ PAR LES EXPERTS.

(Archives nationales, M 182.)

(Texte, p. 265-269.)

« ... Et trouvons que esditz lieux il est necessaire d'y faire les reparations quy seront cy après declarées, le tout ainsy qu'il suit.

Au premier Bastiment sur la rue Sainct Jacques estant sous la cloche de l'escalier joignant le college de Marmoutier qui est l'entrée dudit colleige du Plessis.

Premierement est necessaire de refaire la pointe de charpenterie du costé dudit colleige de Marmoutier qui est deversée de plus d'un pied, redresser la charpenterie des fermes du comble qui ont suivy la même pente, remettre deux fenestres au grenyer, reffaire la souche de cheminée à deux tuiaux adossée contre le mur de refend, qui est corrompue et de nulle valleur, comme pareillement l'autre souche de cheminée adossée contre le pignon ensuitte, reffaire les lambrys de la chambre de gallas ensuitte qui sont corrompus et en partye cheutz, ensemble les lambrys sur le hault de la montée vers la cour, refaire les portes et fenestres quy sont de nulle valleur, reffaire la souche de cheminée à deux tuiaux et un aultre tuiau a costé qui sont de nulle valleur, et prest à cheoir, ensemble la lucarne de charpenterie, reffaire la maçonnerie du plancher dud. grenyer et galtas, et redresser les solives de partye dud. plancher quy sont deversées vers led. colleige de Marmoutier.

Item en lestage au dessoubz qui est appliqué à trois chambres et cabinetz, est necessaire de restablir les planchers, tuiaux et manteaux de cheminée, ensemble les cloisons quy sont corrompues et affessez par le moyen des sollives desditz planchers qui sont ployées, et refaire les portes et fenestres quy sont rompues, pourryes et de nulle valleur.

Item en lestage au dessoubs, est necessaire de restablir le plancher qui est (*en blanc*) et les sollives ployées contrebas, reffaire les tuiaux et manteaux de cheminée, ensemble les cloisons, portes et fenestres quy sont de nulle valleur, refaire partye des marches et coquille de la montée vers la cour qui sont rompues, reffaire entièrement la montée du costé du colleige de Marmoutier qui est fractionné, prest à cheoir et en péril.

Item est necessaire de refaire la chausse à privez adossée contre le mur du costé de Marmoutier qui est pourrye par les mathieres qui l'ont penétrée et vider la fosse au dessoubz qui est plaine et comblée de mathieres fecalles, refaire le manteau de cheminée de la salette, restablir laire et la fenestra de boutique, reprendre le mur de refend, refaire les portes et fenestres quy sont de nulle valleur. reffaire le pan de mur de pierre de taille du costé de la rue en moitiée de sa longueur tant au droit de l'anonciation, que de l'entrée dudit colleige à cause qu'il est execivement pendant, bouclé et corrompu, faire les estayemens et chevallemens qu'il conviendra a cause de ce et restablir tout ce que pour ce faire fust rompu et demoly, ensemble reffaire la porte de menuiserye de l'entrée dudit colleige qui est de nulle valleur.

Toutes lesquelles réparations déclarées par les articles cy dessus, après les avoir considérées par le menu chacune en sa qualité et valleur, trouvons qu'ils pourront couster ensemble a repparer la somme de quatre mil huit cent livres tournois. Cy.............. iiii^m viii^{c tt}

En la maison à l'autre costé de l'entrée dudit colleige ou est demeurant le sieur Mallet et une fruitiere et quy contient quatre travées de long, ayant pignon sur rue,

Est necessaire de rechercher la couverture du comble a cause qu'il y a plusieurs thuilles cassées, reffaire les plastres et ressouder les plombs qui sont cassez, reffaire le plancher du grenier et y mettre des sollives au lieu de celles qui sont ployées, refaire les lambrys de la ferme ronde, ensemble les architectures du mur sur la rue quy sont prest à choir, et les fermetures des cheminées qui sont rompues.

Item est necessaire de rechercher la couverture tant de la gallerye vers le colleige que de la montée, a cause qu'il y a plusieurs thuilles cassées, reffaire la fenestre de la petite chambre et restablir le plancher qui est rompu.

Item en l'estage au dessoubs est necessaire de restablir les portes qui sont en partye rompues, ensemble le plancher, attre et contrecœur de cheminée qui sont pareillement rompues.

Item est necessaire de restablir le plancher de l'estage audessoubs, ensemble les portes qui sont pourryes et rompues, mêmes les attres et contrecœurs des cheminées, et les entrevoulx desdits planchers qui sont corrompus.

Item est necessaire de refaire le plancher et pans de bois de partie des galleryes qui sont de nulle valleur, ensemble le mur entre la petite chambre a costé de la montée et la gallerye, et ce depuis la bonne fondation jusques ou il se pourra recœuillir, refaire les deux planchers des deux petites chambres dont les sollives sont ployées contrebas, ensemble partie de la montée qui est estayée.

Item en l'estage audessoubs est necessaire de reffaire la maconnerye du plancher et entrevoulx quy sont rompus, faire la reprise du mur entre ledit logis et les galleryes qui sont la pluspart de nulle valleur, mettre une poultre au plancher vers la rue au lieu de celle qui est trop faible dessoubs laquelle il y a un poteau pour la soustenir.

Item est necessaire de faire la reprise du mur entre l'allée de la présente maison et la maison attenant qui appartient pour moitié audit colleige, et ce depuis la bonne fondation jusques ou il se pourra recœuillir, faire les estayemens, chevallemens et restablissemens qu'il conviendra à cause de ce, restablir les aires au rez de chaussée, ensemble lattre et le contrecœur de cheminée et les fenestres de boutique qui ne peuvent aysément fermer, ensemble le manteau de cheminée qui est prest à choir, reffaire les portes et fenestres dont une partie des bées sont sans fermeture, comme aussy est necessaire de reparer le pavé de la cour qui est de nulle valleur, vidder la fosse a privez qui est plaine et comblée de mathieres fecalles, restablir les murs a travers lesquels les mathieres passent, revernisser le pan de mur qui est fractionné et restablir le mur mitoyen entre ladite cour et la maison du Mouton, qui est bouclé, fort corrompu et de nulle valleur, ensemble reffaire l'ancien sur rue qui est de nulle valleur.

Lesquelles repparations ainsy a faire en ladite maison nous estimons pouvoir couster a faire la somme de trois mil deux cens livres tournois. Cy...................... iii^m ii^{c tt}

En la maison du Mouton appartenant au colleige et contenant quatre travées de long,

Est necessaire de reffaire les plastres et ressouder les plombs qui sont cassez, remettre un teivent a la ferme de charpenterye vers la rue au lieu de celuy qui est de nulle valleur, reffaire les cheminées jusques sur la couverture, ensemble le plancher du galtas qui est rompu accause des sollives qui sont ployées, mesmes les portes et fenestres quy sont aussy de nulle valleur, et au grenier il n'y a point de fenestres.

Item en l'estage au dessoubs la premiere poultre du costé de la cour n'a point de portée dans le mur, plusieurs sollives ployées et le plancher rompu, convient mettre des fenestres sur la rue parcequ'il n'y a que des chassis à verre et des contrevens de nulle valleur, reffaire les aultres fenestres dudit estage vers la cour, qui sont en partye pourryes et revernisser le pan de mur sur ladite cour qui est fractionné en plusieurs endroits.

Item sur le rez de chaussée convient reffaire les fermetures de boutiques, ensemble les portes et fenestres qui sont de nulle valleur, repparer les aires, ensemble les entrevoulx du plancher, tant des boutiques que sallettes et allée, mesmes lattre et contrecœur de cheminée, reffaire la maconnerye de partye des cloisons de sepparation qui sont de nulle valleur et les potteaux pourrys, reffaire une trappe en ballée, au lieu de celle qui est de nulle valleur, reffaire le plancher de la soupente au dessus d'icelle qui est aussy de nulle valleur, et repprendre le dessoubs de lappuye au mur sur la cour qui est de nulle valleur.

Item au petit logis a laboutissant de la cour contenant trois travées de long, appliqué a une imprimerye et cuisine, chambre audessus et galtas par hault ayant face sur la rue Frementel, avons trouvé que les murs au pourtour sont excevement pendans, bouclez, corrompuz et prets de choir, specialement le pignon sur rue et mur du costé de la grande maistrise, la charpenterye tant du comble que planchers, faite de bois de petit eschantillon ployée contrebas, la maconnerye des planchers accause de ce corrompue, les cheminées vieilles et caduques, les huis et fenestres de nulle valleur, la montée prest à choir, au moyen de quoy il est plus necessaire dabattre et demolir ledit logis, pour le reffaire de neuf que de le repparer, parceque toutes aultres repparations que l'on y pourroit faire ne serviroient de rien, ains y seroient inutilles, a laquelle refection sera fait reservir les meilleurs matheriaux desdites demolitions.

Touttes lesquelles repparations ainsy à faire en ladite maison pourront couster a faire la somme de quatre mil livres tournois qui est, pour la moitié appartenant audit colleige, la somme de deux mil livres tournois. Cy.. II^{m} tt

Aussy avons trouvé que l'édiffice des classes a lun des costés de la premiere cour, qui sont les premier, trois et quatriesme adossant contre ledit colleige de Marmoutiers, contenant ensemble dix toises de long sur treize pieds de large convertis en appentis, garnyes d'un plancher dais, ledit plancher est de nulle valleur, le mur de devant et le mur de refend excevement pendans et corrompus et la charpenterye de nulle valleur, a cause de quoy il est necessaire d'abattre ledit edifice pour le reffaire de neuf, parceque touttes repparations que l'on y pourroit faire n'y serviroient de rien, ains y seroient inutilles, ce qui pourra couster à reffaire la somme de trois mil livres tournois. Cy.. III^{m} tt

Aussy avons trouvé que ledifice de la cinquiesme classe contenant trois toises et demye de longueur sur neuf pieds trois quarts de large, eslevé de deux estages, appliquez a chambres et deux estudes, il est necessaire de rechercher la couverture accause qu'il y a plusieurs thuilles cassées, ressouder les plombs qui sont cassés, restablir les planchers, attres et contrecœurs de cheminée, ensemble les portes et fenestres qui sont de nulle valleur et reffaire laire de ladite classe qui est toutte rompue, ce qui pourra couster a reffaire la somme de trois cens livres tournois. Cy.. III^{c} tt

Aussy avons trouvé que les édiffices des classes ensuite adossez contre la chapelle de Marmoutier, contenant neuf toises de long sur onze pieds de large y compris les montées et retour de classes de sept toises et demye de longueur adossé contre le grand jardin et contre la salle sur lesquelles y a de petites estuddes dont a present fort vieux et caducques, les potteaux, sollives des pans de bois et sollives des planchers en partye pourryes, la maconnerie corrompue, les huis et fenestres de nulle valleur, accause de quoy il est necessaire dabattre lesditz ediffices pour les reffaire de neuf, lesquels cousteront a refaire la somme de six mil quatre cens livres tournois. Cy.. $\text{vi}^m \text{iiii}^e$ ₶

Item au logis de la grande maistrise contenant trois travées de long ayant face sur la première cour, appliqué au rez de chaussée a une salette et cuisine, deux estages carrez dessus appliquez chacun a deux chambres et estudes et deux chambres de galtas par hault, avons trouvé que la charpenterye de comble tant ferme que feste, pannes et chevrons sont pourryes et de nulle valleur, la couverture dudit comble en ruyne, etc., etc., au moyen de quoy il est necessaire d'abattre et demolir ledit bastiment de fond en comble, pour le reffaire de neuf. Et après avoir consideré la despense a faire pour la reconstruction dudit edifice, trouvons quelle pourra couster..... la somme de six mil livres tournois. Cy.................... vi^m ₶

Aussy avons trouvé que le dessoubs de ladite cuisine est massif et soubs le reste dudit logis en deux travées est une cave, sepparée d'un mur de refend ou il est necessaire de reffaire le pottoyé, dont les marches ne sont que de plastre, ensemble reffaire la voulte de mur a costé de la descente hors œuvre, etc., etc., ce que nous estimons pouvoir couster a faire la somme de quatre cens livres tournois. Cy... iiiie ₶

Aussy avons trouvé que les pans de bois au pourtour des cabinetz, les sollives et potteaux diceux tous pourrys et la maconnerye corrompue, lesquels ne pourront subsister, en abattant le logis devant déclaré. Pour reffaire lesquels cabinetz il sera fait dépense de la somme de huit cens livres tournois. Cy.. viiie ₶

Item est necessaire de refaire le pavé de la petite courcelle qui est rompu et affessé, aussy reffaire le mur entre la cour et le petit jardin qui est corrompu et de nulle valleur, et à lediffier en appentis au bout du jardin, les sollives et potteaux des pans de bois tout pourrys et la maconnerye corrompue qu'il est necessaire de reffaire de neuf. Pour lequel reffaire, il sera fait despense de la somme cinq cens livres tournois. Cy.......................... v^e ₶

Aussy avons trouvé que a costé dudit jardin entre iceluy et la seconde cour, est un petit ediffice dépendant de la grande maistryse qui est appliqué a une sallette et un grenié dessus, lequel ediffice est tout en ruyne, qu'il est necessaire de reffaire, ce que nous estimons pouvoir couster la somme de sept cens livres tournois. Cy............................ viie ₶

Aussy avons trouvé qu'il convient reffaire le mur entre ladite courcelle et la seconde cour, d'aultant qu'il est execivement pendant, de nulle valleur et prest a choir, ensemble reffaire les marches servant a descendre de ladite grande cour en la petite, qui sont rompues et de nulle valleur. Ce qui pourra couster a reffaire la somme de cent cinquante livres tournois. Cy... cl ₶

Item au corps de logis de la principalité, contenant trois travées de long, appliqué par bas a la logicque, salle et cuisine, deux estages audessus, appliquez à deux chambres et estudes et grenyer par hault, avons trouvé que la poultre du premier plancher est rompue, ou il a eté mis plusieurs pièces de bois par soubs œuvre, pour soustenir les sollives, etc. Estant le tout en ruyne, etc. Lequel ediffice nous estimons pouvoir couster à reffaire la somme de six mil livres tournois. Cy... VI^m ₶

Item au corps de logis ou est la chappelle, a costé de partye de la troisiesme cour, ou est a présent logé le grand maistre, ayant vue sur le grand jardin et contenant six travées de long, appliqué par bas a la grande salle de la rétoricque, deux estages carrez audessus et un estage de galtas, appliquez chacun estage a quatre chambres, avons trouvé que tous les planchers sont execivement pendans et affessez, etc., etc. Et après avoir considéré la dépense a faire pour la reconstruction dudit bastiment, trouvons que icelle depense montera a la somme de douze mil livres tournois. Cy... XII^m ₶

Aussy avons trouvé qu'il est necessaire de refaire le mur entre le grand jardin et le jardin de la maison du Treillis, etc. La moitié duquel mur, pour la part dudit colleige, pourra couster a faire la somme de trois cens livres tournois. Cy............................... III^c ₶

Item au bastiment de quatre travées de long attenant celuy susdit au droit des deux tours de montée, a costé de ladite derniere cour, iceluy tenant a logis les regens et pedagogues, eslevé de quatre estages carrez y compris celuy du rez de chaussée et un aultre estage de galtas audessus, avons trouvé que les murs au pourtour sont execivement pendans, bouclez et corrompus, etc. Et ayant lesdits bastimens considerez par le menu, trouvons qu'ils pourront couster a faire la somme de dix mil livres tournois. Cy......................... X^m ₶

Aussy avons trouvé qu'il est necessaire de refaire partye des cinq caveaux soubs la cour, etc. Ce qui pourra couster la somme de deux cens livres tournois. Cy.................. II^c ₶

Item au petit ediffice ou sont les lieux commungs, contenant deux travées de long, appliqué au rez de chaussée a une boutique de libraire, avons trouvé que les murs au pourtour sont execivement pendans, bouclez corrompus et de nulle valleur, etc. Il est plus proffittable dabattre et demolir ledit ediffice, pour le reconstruire de neuf de fond en comble, que de le restablir... Ce qui pourra couster a faire la somme de six mil livres tournois. Cy.... VI^m ₶

Item au petit logis neuf sur la rue Frementel, avons trouvé qu'il est necessaire de rechercher la couverture du comble, accause qu'il y a plusieurs thuilles cassées, restablir les attres et contrecœur des cheminées, etc., et seroit necessaire de continuer ledit logis dans la place pour ce destinée, de la façon qu'est a present disposé ledit bastiment neuf. Tous lesquels bastimens pourront couster la somme de six mil livres tournois. Cy....................... VI^m ₶

Item au bastiment du petit perron, ayant face tant sur la grande cour que sur ladite rue Frementel, contenant quatre travées de long, appliqué à quatre boutiques et sallettes, berceau de cave audessoubs de partie desdites boutiques et sallettes et le reste en cellyé, trois estages audessus, dont lun en galtas, appliquez chacun a deux chambres, garderobbes et cabinetz, grenyé par hault et montée dans œuvre, avons trouvé que ledit ediffice est fort viel et caducque, dont les murs au pourtour sont execivement pendans, bouclez, fractionnez et corrompus, etc. Au moyen de quoi il est plus necessaire dabattre et démolir lesdits anciens bastimens pour les refaire de neuf plustost que de les repparer, etc. Et ayant considéré la despense a faire pour leur reconstruction, trouvons qu'ils cousteront la somme de huit mil livres tournois. Cy. VIII^m ₶

Au petit logis attenant, contenant deux travées de long, appliqué à deux boutiques, deux estages carrez audessus appliquez chacun a trois chambres et deux chambres de galtas audessus, montée hors œuvre et gallerye attenant, avons trouvé que ledit ediffice est tout en ruyne, etc., et la fosse d'aysance plaine et comblée de matieres fecalles, a cause de quoy il est necessaire dabattre et demolir ledit ediffice pour le refaire de neuf, etc., laquelle reconstruction pourra couster a faire la somme de quatre mil livres tournois. Cy.................... IIII^m ₶

Somme totalle des prisées desdites repparations et bastimens susdeclarez, quatre vingt mil sept cens cinquante livres tournois. »

XXXIV

VIEUX LOCAL DU COLLÈGE DU PLESSIS,

D'APRÈS LES LETTRES D'UNION DUDIT COLLÈGE À LA SORBONNE (8 JUIN 1646).

(Archives nationales, M 182.)

(Texte, pages 265-269.)

« Sur le rapport qui nous a été fait de l'état ruïneux dudit collége du Plessis, non seulement quant aux edifices et bastimens, mais aussi quant à l'administration du revenu et l'exercice des bonnes lettres, après avoir fait visiter lesdits edifices par Pierre Merean, Robert Chuppin et Denis Hebert, maistre maçon, charpentier et couvreur de maisons à Paris, par procès verbaux du 10 du mois de juin 1644 et jours suivans, desquels il se trouve qu'il faut entierement abattre un corps de logis sur la ruë Froidmentel dependant dudit collége, et que pour le reedifier et reparer le reste des bastimens et les mettre en seureté et en estat logeable, il faut dépenser plus de quatre vingt mil livres tournois... Nous abbé susdit désirant prevenir et empescher à notre possible l'entiere ruïne des edifices et bastimens dudit collége qui emporteroit la ruine presque totale du bien et du fond d'iceluy, dont la vente ne suffiroit pas pour restablir les ruïnes des bastimens... A ces causes, et autres grandes considérations à ce nous mouvantes, nous avons cedé, quitté et delaissé..., pour estre uny et incorporé pour jamais et a perpetuité a vostre dite société ledit college du Plessis... Ces presentes donnation, cession, delaissement et incorporation faites a la charge, et specialement quant a present et au plustot apres la possession par vous prise dudit college. d'y faire faire aux depens de vostredite société toutes les grosses et menuës reparations contenuës au procès verbal de la visitation qui en a été faite par lesdits Merean maçon, Chuppin, charpentier, et Hebert, couvreur, et a l'advenir d'entretenir ledit college, maisons et edifices en dependans en bon estat de toutes grosses et menuës réparations, et d'y faire faire exercice public de bonnes lettres... Ainsi signé *Amador Jean Baptiste de Vvignerod.* »

XXXV

ÉDIFICES NOUVEAUX DU COLLÈGE DU PLESSIS,

D'APRÈS L'INVENTAIRE DES TITRES DE CE COLLÈGE.

(Archives nationales, S 6547.)

(Texte, p. 265-269.)

« Sac B : Ce sac contient les papiers qui concernent les bâtimens du collége du Plessis, divisés en quatre liasses.

Dans la liasse BA, qui concerne les premiers bastimens, sont :

....

2° Une copie collationnée du procès verbal mentionné auxdites lettres de la visite et estimation des réparations à faire des bastimens dudit collége le 10 juin 1644.

3° Les devis des bastimens nouveaux dudit collége faits par M. Le Mercier, architecte du roy, avec le marché au bas, fait avec les maçons pour la maçonnerie d'iceux, par MM. de Sorbonne, par devant Le Gay et S¹ Vast, le 15 novembre 1649.

....

10° Les parties de Claude Falempin, serrurier, contenuës en deux mémoires, l'un de 1,006ᵗᵗ 5ˢ avec la quittance au bas du 30 aoust 1656. L'autre montant à 2,605ᵗᵗ 2ˢ 9ᵈ avec la quittance au bas, du 15 septembre 1657.

11° Les parties de Guillaume Simon aussi serrurier, arrestées le 30 mars 1661 à la somme de 7,026ᵗᵗ 12ˢ 6ᵈ avec mention des payements au bas.

12° Les parties de Martin Coule, menuisier, arrêtées le 15 novembre 1660 à la somme de 12,371ᵗᵗ 14ˢ 4ᵈ avec mention des payemens au bas, avec une feuille contenant les parties de André Bonigot, autre menuisier, portant quittance au bas, du 16 février 1656.

13° Les parties de la veuve de René de Puisy, plombier, contenues dans deux mémoires, l'un de 902ᵗᵗ 12ᵈ, avec quittance au bas, du 14 novembre 1656. L'autre de la somme de 1110ᵗᵗ avec quittance au bas, du 12 mars 1657.

14° Les parties de mᵉ Silvain Edme, peintre pour les peintures des bastimens, arrestées le 11 juillet 1656 à 1160ᵗᵗ 13ˢ avec quittance au bas, du 16 aoust 1658. Et deux dudit Silvain Edme, l'une de 300ᵗᵗ et l'autre de 90ᵗᵗ.

15° Les parties de Guillaume Jamet, vitrier, arrestées le 13 aoust 1655 à la somme de 1,430ᵗᵗ 13ˢ avec quittances au bas, du 11 janvier 1658.

16° Les parties du pavé de petits carreaux en quatre mémoires.

Le 1ᵉʳ de 216ᵗᵗ.

Le 2ᵉ de 370ᵗᵗ.

Le 3ᵉ de 132ᵗᵗ.

Le 4ᵉ de 570ᵗᵗ, avec les quittances au bas.

17° Le mémoire du plomb employé au réservoir d'eau, ou fontaine, montant à 1,395ᵗᵗ 4ˢ 6ᵈ avec la quittance de François Travers, du 15 novembre 1657.

18° La quittance pour l'horloge de 350ᵗᵗ du 24 octobre 1656. Et une autre de 218ᵗᵗ 14ˢ du 23 octobre 1656, pour deux cloches servant de timbre.

———

Dans la liasse BC, qui concerne les seconds bastimens faits sur le devant du collége, sont :

1° Le toisé du compte de la maçonnerie desdits bastimens, fait par M. de Verdun en novembre et décembre 1659 et février 1660, montant à 34,955ᵗᵗ 12ˢ 1ᵈ avec mention de payement au bas...

2° Le compte de la charpenterie fait par le sieur de Verdun en mars 1661, montant à 16,062ᵗᵗ 12ˢ, avec mention du payement total au bas...

3° Le toisé et compte de la couverture de thuille arresté à la somme de 1,771^{tt} 10' le 7 mai 1661, avec mention du payement au bas...

4° Le toisé de la couverture d'ardoise pour le dome, daté du 23 nov. 1661, montant à la somme de 1,076^{tt}, avec mention du payement au bas...

5° Les comptes du plomb en deux mémoires, l'un de 1,494^{tt} 19' 6^d, arresté le 15 novembre 1659; l'autre, de 3,833^{tt} 2', arresté le 29 novembre 1659, avec mention du payement au bas...

6° Les parties de m° Guillaume Simon, serrurier, arrestées le 1er janvier 1662, à la somme de 6,166^{tt} 19' 9^d, avec mention du payement au bas...

7° Les parties de menuiserie arrestées le 1er février 1664, à la somme de 8,277^{tt}, avec quittance de 1669 au bas...

8° Les parties de peinture, arrestées à la somme de 472^{tt} 10', le 5 may 1661, avec quittance au bas...

9° Les parties de m° Guillaume James, vitrier, du 9 (*en blanc*) 1661, arrestées à la somme de 644^{tt}, avec quittance au bas...

10° Les parties de Pierre Foret pour les pavez de petits carreaux, arrestées le 10 may 1659, à la somme de 691^{tt}, avec quittance au bas...

11° Les parties pour les chassis de fil de laiton, montant à 113^{tt} 12', avec la quittance au bas...

12° Les parties du pavé de gré en deux mémoires.
Le 1er, de 361^{tt}.
Le 2e, de 337^{tt} 10', avec quittance au bas...

13° Trois quittances de Léonard Charpentier pour vidanges de fosses, montant à 514^{tt}...

14° Une quittance de 90^{tt} de Bernard, sculpteur, pour une table de marbre sur le frontispice de la porte du collège.

15° Deux quittances pour la grosse cloche du collége et les deux timbres refondus, montant ensemble à 549^{tt} 14'...

Dans la liasse BC, qui concerne les bastimens de la Chapelle, sont :

1° Le toisé au compte de la maçonnerie fait par Mr de Verdun, le 27 juin 1661, montant à 18,370^{tt} 13' 8^d, avec mention du payement au bas...

2° Le toisé de la charpenterie, montant à 6,092^{tt}...

3° La couverture, montant à 1,317^{tt}...

4° La serrurerie, montant à 4,025^{tt}...

5° Le plomb pour la couverture, montant à 637^{tt} 14'...

6° La vitrerie, montant à 279^{tt} 7'...

7° La peinture, montant à 404^{tt}.

8° Le pavage de grés, montant à 250^{tt}.

9° Le pavé de petits carreaux, montant à 160^{tt}...

10° Le fil de laiton, montant à 75ᵗᵗ...

11° Menuiserie des chaires, balustres, etc., montant à 4,314ᵗᵗ 14ˢ 6ᵈ...

12° Menuiserie des petits autels, montant à 2,646ᵗᵗ...

13° Dorure des petits autels, montant à 300ᵗᵗ.

14° Tabernacle du grand autel et quadre du grand tableau, montant à 300ᵗᵗ...

15° La quittance du tableau du grand autel fait par M. Davrigny, peintre du Roy, pour 600ᵗᵗ...

16° Tableau d'un grand crucifix qui a cousté 100ᵗᵗ...

17° Quittance de 230ᵗᵗ pour trois toises de maçonnerie dans la cuve basse...

18° Changement de deux portes et autres accommodemens dans la salle à manger, montant à 35ᵗᵗ...

———

Dans la liasse BD, qui concerne les bastimens neufs faits en l'année 1675, le long du mur du jardin du collège de Marmoutier, sont :

1° Le devis des ouvrages de maçonnerie avec le marché fait avec le sʳ Nion, mᵉ maçon, le 30 septembre 1674.

2° Le toisé de maçonnerie, montant à la somme de 13,140ᵗᵗ 7ˢ 4ᵈ, avec la quittance...

3° Quittance dudit Nion de la somme de 300ᵗᵗ, pour l'exhaussement du mur de face, travail non compris dans le marché...

4° Maçonnerie des lieux et du puisard, 126ᵗᵗ, avec quittance...

5° Charpenterie, 5,258ᵗᵗ 7ˢ 8ᵈ...

6° Couverture, 926ᵗᵗ 14ˢ 4ᵈ.

7° Plomberie, 606ᵗᵗ 7ˢ...

8° Serrurerie, 1,664ᵗᵗ 1ˢ 6ᵈ...

....

10° Ferrure des portes et croisées, 268ᵗᵗ 9ˢ...

11° Pour des chassis de fer, 308ᵗᵗ...

12° Pour fil d'archal, 265ᵗᵗ 14ˢ.

13° Menuiserie, 2,194ᵗᵗ 11ˢ 10ᵈ...

14° Pavage, 51ᵗᵗ...

15° Peinture, 298ᵗᵗ...

16° Vitrerie, 260ᵗᵗ 8ˢ 6ᵈ...

....»

XXXVI

NOUVELLES CONSTRUCTIONS DU COLLÈGE DU PLESSIS.

«DEVIS DES OUVRAGES DE MASSONNERIE QU'IL CONVIENT FAIRE POUR LA CONSTRUCTION D'UN CORPS DE LOGIS EN AISLE DANS LA COUR DU COLLÉGE DU PLESSIS, DU COSTÉ DE MAIN DROITE EN ENTRANT EN LADITE COUR, EN L'ÉTENDUE ET ESPACE DE L'ENCLAVE ET RENFONCEMENT QU'ELLE FAIT LE LONG DU MUR DU JARDIN DU COLLÉGE DE MARMOUTIER, SUIVANT LE PLAN, ESLEVATION ET PROFIL QUI SERONT POUR CE FAITS ET ARRÊTÉS.» (30 AOÛT 1674.)

(Archives nationales, S 6547.)

(Texte, p. 265-269.)

«Premierement, pour la disposition et distribution dudit bâtiment :

Sera ledit bâtiment fait et construit de pareil hauteur et symetrie que le grand corps de logis du fond de la cour, à la reserve des frontons et tympans qui ne seront point observée, et de treize toises de longueur ou environ, depuis le dehors œuvre du mur de face dudit grand corps de logis du fond de la cour jusqu'au mur du bout de l'enclave du collége de Marmoutier sur vingt pieds ou environ de largeur dans œuvre, esquelles longueur et largeur icelui batiment sera distribué à un vestibule et un escalié à quatre noyaux au bout, joignant le susdit grand corps de logis du fond de la cour, lorsqu'il montera en toute la hauteur dudit batiment pour l'usage des chambres avec une grande descente au dessous d'icelui pour l'usage de la cave, et ensuite dudit escalier à l'étage du rez de chaussée sera ledit logis distribué à deux salles ou classes ensuitte l'une de l'autre, des grandeurs et largeurs figurées sur le plan; sous la plus grande desquelles, qui sera celles alternant l'escalié, sera fait un grand berceau de cave qui aura dix pieds de hauteur sous clef, et au dessus du susdit étage du rez de chaussée seront levés quatre étages l'un sur l'autre, dont le premier sera en entresol, et trois étages serrés l'un sur l'autre au dessus de celui de même hauteur que ceux du grand corps de logis...

CONSTRUCTION.

(Suivent des détails interminables de maçonnerie. Nous les supprimons, parce qu'il serait impossible à l'histoire de les utiliser.)

. . . .

Le tout moyennant le prix et somme de quatorze livres pour chacune toise de tous lesdits ouvrages, le fort ou faible, lesquels seront toisés et réduits au VS, selon la coutume de Paris; à la réserve seulement qu'il ne sera toisé ni compté aucune saillie ni avant corps quelconque.»

XXXVII

COLLÈGE DE MARMOUTIERS.

SON LOCAL ATTRIBUÉ AUX JÉSUITES.

(Archives nationales, MM 388.)

(Texte, p. 269-272.)

«Arrest du conseil d'État du seize may 1641, par lequel Sa Majesté y étant, sans avoir égard aux opositions formées par lesdits religieux anciens de l'abbaye de Marmoutier, demeurant dans le collége de Marmoutier à Paris, a uni et unit ce collége, ensemble la place et les batimens d'iceluy, au collège des Pères Jésuites de Clermont, en payant par eux la somme de 90,000ᵗᵗ comptant ès mains d'un notable bourgeois de Paris au choix des parties, lequel s'obligera tant en son nom que pour les Pères Jésuites, de remettre aux Pères Réformés de ladite abaye ladite somme de 90,000ᵗᵗ à la première réquisition desdits Pères Réformés, voulant Sa Majesté que ladite somme soit par eux employée à l'acquisition d'une autre maison qui portera le nom de collége de Marmoutier et auquel seront annexés tous les revenus dudit ancien collége; en outre de payer par ledit bourgeois auxdits Pères Réformés 4,500ᵗᵗ pour l'interest de ladite somme par chacun an jusqu'à ce que l'acquisition soit faite d'une maison ou collége pour loger lesdits anciens religieux, lesquels en attendant seront logés dans un des batimens neufs du collége de Cluny, etc.»

XXXVIII

NOUVELLE ATTRIBUTION DU COLLÈGE DE MARMOUTIERS À LA SOCIÉTÉ DE JÉSUS.

(Archives nationales, MM 388.)

(Texte, p. 269-272.)

«Autre arrest du Conseil privé, du 21 juin 1641, par lequel il est ordonné que sans avoir égard aux oppositions des Religieux anciens de Marmoutier logez au collége de Marmoutier à Paris, les Révérends Pères Jésuites en seront mis en possession, et qu'au lieu de consigner les 90,000ᵗᵗ entre les mains d'un bourgeois, ils les garderont par devers eux en baillant suffisante caution et feront l'intérêt de ladite somme jusqu'à l'employ d'icelle aux Religieux anciens de ladite abbaye. Lequel arrest leur a été signifié, et encore aux Religieux dudit Ordre reformez demeurant en l'abbaye de Saint Germain des Prez à Paris, le 22 desdits mois et an...»

«Petite liasse contenant les sommations faites par les Pères Jésuites, aux anciens Religieux du collége de Marmoutier, de sortir dudit collége et d'aller prendre leur logement dans un des batimens neufs du collége de Cluny, rue de la Harpe.»

XXXIX

ANNEXION DU COLLÈGE DE MARMOUTIERS.

(Archives nationales, MM 388.)

(Texte, p. 269-272.).

«Accord fait et passé par devant Fournier et son confrère, notaires, le 26 août 1641, entre R. P. don Lerminier, profès de la congrégation de Sᵗ-Maur et Cluny, grand maître du collége de Marmoutier de Paris, et les R. P. Jésuites Julien Haineuve, recteur, et Charles Lallemant, procureur de ce collége, par lequel accord ledit Père Lerminier consent que lesdits Pères Jésuites entrent en possession réelle et actuelle du collége de Marmoutier en payant par eux 4,500ᵗᵗ par an jusqu'au rachapt qui sera de 90,000ᵗᵗ, suivant les arrest du Conseil du 16 may et 21 juin audit an, à la charge que s'il intervient procès de la part des religieux anciens dudit Marmoutier, iceux Bénédictins n'en seront point tenus, et qu'en cas de remploy desdits 90,000ᵗᵗ, les Pères Jésuites acquitteront tous droits de lots et ventes, d'indemnité et d'amortissement, et au payement d'icelle somme s'est obligé et s'est porté caution Nicolas de Creil, bourgeois de Paris, ancien échevin, que les Bénédictins ont accepté et lesquels seront tenuz recevoir ledit rachat, étant avertis à cette fin un an devant...»

XL

OPPOSITION DE L'UNIVERSITÉ À L'ABSORPTION DU COLLÈGE DE MARMOUTIERS.

(Archives nationales, MM 388.)

(Texte, p. 269-272.)

«Arrest du Conseil du 28 avril 1643 sur requeste présentée par les Révérends Pères Jésuites contre les doyen, recteur et suppots de l'Université qui prétendoient oter aux Jésuites la possession du collége de Marmoutier. Par lequel il est dit que les parties seront assignées à huitaine pour être ouïes par devant les commissaires cy devant deputez par Sa Majesté pour l'execution de l'arrest d'union du 16 may 1641, surçoiront toutes les poursuites faites au Parlement, tant contre les Pères Jésuites que contre les locataires de quelques maisons dépendantes du collége de Marmoutier...»

XLI

INDEMNITÉ AUX ANCIENS RELIGIEUX DE MARMOUTIERS DÉPOSSÉDÉS DE LEUR COLLÈGE.

(Archives nationales, MM 388.)

(Texte, p. 269-272.)

«Quittance faite et passée devant Gautier et son confrère, notaires au Chatelet de Paris, en datte du 7 fevrier 1654, par laquelle Dom Benoist Brachet et Sébastien du Busc, residens en l'abbaye Sᵗ Germain à Paris, stipulant tant pour le R. Pere superieur general, duquel ils promettent ratification dans trois jours, que comme fondez de procuration spéciale des religieux, prieur et couvent de l'abbaye de Marmoutier lez Tours desquelz ils ont aussi promis ratification dans un mois, reconnoissent avoir reçu en espèces sonnantes des Reverends Peres Philippe Cahu, recteur, et Denis Joly, procureur du college de Clermont, en vertu de la transaction passée entre Don Lerminier, grand maître du college de Marmoutier, et les Peres Jesuites, le 26 aout 1641, en execution d'un arrest du Conseil touchant l'union dudit college de Marmoutier à celuy de Clermont, la somme de 101,593ᵗᵗ 15ˢ, savoir: 90,000ᵗᵗ pour le prix dudit college et rachapt et extinction de 4,500ᵗᵗ de rente, 1,593ᵗᵗ 15ˢ pour les arrerages d'icelle rente, et 10,000ᵗᵗ pour tenir lieu auxdits Peres Benedictins des lots et ventes et indemnité que les Peres Jesuites étoient obligez par ladicte transaction de payer à qui il appartiendroit pour raison des fonds et maisons qui seroient acquis au lieu et place du college de Marmoutier, dont lesdits Brachet et du Busc esdits noms les ont tenus et tiennent quittes, à l'exception du droit d'amortissement dont lesdits Jesuites se sont chargés et ont déclaré que lesdites 100,000ᵗᵗ provenoient des emprunts par eux faits à constitution de rente aux dénommez ès présentes, et lesdits Brachet et du Busc ont aussi déclaré que ladite somme étoit pour employer à l'achat de la terre de Serouville appartenant au sieur Auvray, baron de Courvois et autres lieux, et par delegation à ses creanciers, duquel employ ont promis copies collationnées, etc.»

XLII

TRANSFERT DU COLLÈGE DE MARMOUTIERS À ORLÉANS.

(Archives nationales, MM 388.)

(Texte, p. 269-272.)

«Lettres patentes accordées au mois de janvier 1653 aux religieux de l'ordre de St Benoist, par lesquelles il est permis auxdits religieux de transferer le collége ancien de Marmoutier avec les revenus d'iceluy au prieuré de Notre Dame de Bonnes Nouvelles de la ville d'Orléans, et d'en rebatir les cloîtres et faire telles autres acquisitions qu'ils jugeront à propos pour le remploy des 90,000# à eux dües par les Reverends Peres Jesuites, et leur fait don de tous droits d'amortissement, etc.»

XLIII

COLLÈGE DE CLERMONT.

LES JÉSUITES À L'HÔTEL DE CLERMONT, RUE DE LA HARPE, EN 1559.

(Archives nationales, MM 388.)

(Texte, p. 272-277.)

«Contrat d'echange passé entre Me Guillaume Duprat, eveque de Clermont, et me Jean-Baptiste Violle, superieur de la Société de Jesus au collége de Billon, fondé de procuration des superieur, pretres et ecoliers de ladite société du college destiné à Paris, collegialement assemblez et usant de la puissance à eux donnée par leur général, au château de Beauregard en Auvergne le 10 may 1559 par devant Me Henri de la Salle, notaire, et deux temoins, par lequel ledict sieur eveque donne auxdicts supérieur et religieux de ladicte compagnie du collége destiné à Paris, l'hôtel de Clermont, situé à Paris, rue de la Harpe, dependant de son eveché de Clermont au moyen de ce que ledict Me Jean-Baptiste Viole audit nom lui cède les droits et propriétés des seigneuries de Lampde, Cormede et St Amans, cy-devant données par ledict seigneur eveque auxdicts religieux de la Compagnie de Jesus, en intention d'avoir et d'acquerir une maison à Paris pour y etablir un college, et lesquelles avoient été amorties par lettres du Roy en la Chambre des comptes au profit desdictz religieux, lesquelles dites seigneuries ledit seigneur eveque donne et affecte à sondict eveché de Clermont pour l'indemniser de ladite maison ou hôtel de Clermont à Paris.»

XLIV

L'HÔTEL DE LANGRES, EN 1486,

D'APRÈS UN REGISTRE CONTENANT EN ABRÉGÉ LES TITRES DU COLLÈGE LOUIS-LE-GRAND.

(Archives nationales, MM 388.)

(Texte, p. 272-277.)

«28 juin 1486, Pierre Simart achetta de M. de la Tour d'Auvergne la cour et hôtel de Langres.

«Par les pièces qui furent remises au R. P. Cogordan, acquereur de cette maison ou hôtel en 1563, il paroit que M⁰ Pierre Simart, notaire et secretaire du Roy, m⁰ des eaux et forests du duché d'Orléans, par contrat passé le 28 juin 1486 en la prévôté de Paris, par devant Nicolas Contesse et Jean Beaufils, notaires, avoit achetté l'hotel dit la cour de Langres, assis en la ruë S¹ Jacques à Paris, de M⁰ Bertrand de la Tour, comte de Boulogne et d'Auvergne, moyennant 400ᵗᵗ tournois, lequel étoit composé d'une maison, cour, puits, jardin, étables et plusieurs corps d'hostel assis en la ruë S¹ Jacques, tenant d'une part au collége des Chollets et à Colin Everard, d'autre part à l'hotel du Mans et au collége de Marmoutier et à Guillot Gruant, aboutissant par derrière à la ruë des Chollets, ainsi qu'il apert par la copie dudit contrat...»

Ibidem :

«2 juillet 1563.

Acquisition de l'hôtel de Langres par les PP. Jesuites moyennant 1,327ᵗᵗ 10ˢ de rente et 70ᵗᵗ de soulte, ce qui fait sur le pied du denier 12 :

Fonds.. 15,950
Soulte.. 70
      Total.................... 16,020

«Par contrat passé en la prevoté de Paris par devant Pierre Pontrain et Jean Cruce, notaires au Chatelet, le 2 juillet 1563, le R. Pere Cogordan, recteur du college des jesuites de Paris, situé à l'hotel de Clermont, rue de la Harpe, et procureur general de tous les colleges de l'ordre en France suivant les lettres de procuration à luy données à Trente, le 16 janvier 1563, signées Laynez et transcrites à la fin desdits contrats, achetta à titre d'échange de Pierre Hennequin, conseiller du roy au Parlement à Paris, au nom et comme fondé de procuration, dont la teneur est insérée au premier desdicts contrats, de Jean Brachet, seigneur de Froville et Portmorant, et d'Antoinette Hennequin sa femme, sœur dudict Pierre Hennequin, desquels Brachet et sa femme les lettres de ratification sont inserées audict contrat, *la moitié de la cour et hotel de Langres*, et de Nicole Prevost, conseiller au Parlement et president de la Chambre des enquestes, tant en son nom que comme fondé de procuration, dont la teneur est inscrite en ce deuxième contrat, de Jean Prevost, seigneur de S¹ Cyr du Sault en Touraine et général cons⁰ʳ en la cour des Aides à Paris et pour Mag⁰ du Refuge, femme dudict Jean Prevost, desquels lettres de ratification sont aussi inserées en ce contrat, et encore de Benard Prevost, cons⁰ʳ au Parlement, premier president des Requestes du palais, et Marie Pottier, sa femme, à ce par luy autorisée, *l'autre moitié* à eux appartenante dudict hotel et cour de Langres, situé ruë S¹ Jacques, le tout suivant le partage précédemment fait entre lesdicts coheritiers, la totalité dudict hotel chargé envers la commanderie de S¹ Jean de Latran, de soixante cinq sols tournois et envers S¹ᵉ Genevieve du Mont de 12ˢ 6ᵈ de cens et rente. *Cet echange et achapt* fait moyennant treize cens vingt sept livres dix sols de rente, tant sur l'hôtel de ville de Paris que sur differents particuliers, et soixante dix livres de soulte...»

Ibidem :

«Janvier 1563.

Lettres patentes de Charles IX portant *amortissement de la cour et hotel de Langres* en faveur des Pères Jésuites :

Le mois de janvier suivant (auquel on comptait encore 1563, parce que l'année 1564 ne devoit commencer qu'à Paques), Charles IX donnant des lettres patentes portant amortissement de toute somme à luy due par les R. P. Jesuites pour raison de l'acquisition de l'hotel de Langres...»

Ibidem :

«*Indemnité de la cour de Langres* fixée à 3,200ᵗᵗ, payables en deux termes :

«Par arrest du Parlement du 9 avril 1565 les R. P. Jesuites furent condamnez à payer aux religieux, abbé et couvent de Sᵗᵉ Geneviève du Mont, et au commandeur de Sᵗ Jean de Latran la somme de 3,200ᵗᵗ pour indemnité de leur acquisition de l'hotel de Langres à raison de la cinquiesme partie du prix d'échange de ladicte acquisition, et en exécution dudict arrest les sʳˢ Cartier et Chassebras, maitres apoticaires, epiciers, furent commis pour recevoir ladicte somme en depot jusqu'à ce qu'il eut été trouvé un fonds propre à l'employer au profit desdictes abbaye et commanderie; mais les Peres Jesuites n'ayant pas les fonds suffisans se pourvurent au Conseil où ils obtinrent un arrest qui fixa le payement de ladicte somme en deux termes, savoir dans quinzaine à la somme de 2,000ᵗᵗ, et à Paques suivant, les douze cens livres restantes...»

XLV

ACQUISITION DE HUIT IMMEUBLES ENGLOBÉS PAR LE COLLÈGE DE CLERMONT.

(Archives nationales, MM 388.)

(Texte, p. 272-277.)

«L'image Sᵗ Martin et la Malassise, acquises par le collége en 1578 et 1580.
Maison joignant la cour de Langres, acquise de Gabriel Bourdet en 1582.
L'image Sᵗ Jacques, acquise en 1621 de la veuve et héritiers Cardinal.
La maison de l'Écu de Bourgogne, acquise en 1625, par le R. P. Filleau, recteur du collége.
La maison de l'Annonciation, acquise en 1633 de Jacques Sanlecq, libraire.
La maison de l'Image Sᵗ Jean, acquise par le collége le 26 juillet 1636.
La maison du Fer à cheval, acquise par le collége en aout 1647.»

XLVI

LE COLLÈGE DU MANS ANNEXÉ À CELUI DE CLERMONT.

(Archives nationales, MM 388.)

(Texte, p. 272-277.)

«Par contrat passé par devant Claude Boucot et Philibert Contenot, le 11 octobre 1625, entre Charles de Beaumanoir de Lavardin, évêque du Mans, et Jean Filleau, prêtre de la compagnie de Jésus, recteur du collége de Clermont, touchant l'Union des maisons et places qui composoient le collége du Mans situé rue de Reims, près Saint-Étienne-du-Mont à Paris, audit collége de Clermont, il est dit et accordé que la fondation dudit collége du Mans, faite par M. le cardinal du Luxembourg, subsistera, ainsi que ses armes ès lieux où elles sont; en cas de reconstruction des bâtiments, qu'elles seront rétablies et celles dudit Beaumanoir aposées...;

qu'en la chapelle ou église qui se doit bâtir, il y aura une chapelle de Saint-Julien où seront les armes dudit cardinal et évêque : qu'au moyen de ce que lesdits Pères Jésuites jouïront de 1,274^{tt} de rente appartenant audit collége du Mans, ils entretiendront de nourriture semblable à celle des autres pensionnaires, cinq boursiers qui seront du diocèse du Mans et placez par ledit sieur évêque et ses successeurs, à raison de 240^{tt} par chacun bourcier sans que ladite pension de 240^{tt} puisse être augmentée pour aucune raison ny de cherté ni autre, et sera libre audit sieur évêque et à ses successeurs de mettre plusieurs autres bourciers en payant lesdites 240^{tt} pour la pension de chacun. Que les réparations des bâtimens seroient faites... aux dépens des Pères Jésuites et non des bourciers. Qu'en faveur de ladite union et des charges d'icelle, ledit sieur évêque abandonne aux dits Pères Jésuites et leur fait remise de 25^{tt} de rente que le collége du Mans doit à son évêché. Qu'attendu que ledit collége du Mans est le séjour des évêques du Mans à Paris, les Pères Jésuites achèteront un hôtel dans Paris, au quartier que ledit sieur évêque aura indiqué, et ce moyennant 33,000^{tt} qui seront consignées entre les mains du sieur Fournier caution à ce présent et acceptant ladite somme, et s'obligeant solidairement de la fournir dans six mois sans qu'au moyen de la garantie et indemnité promise audit Fournier, notaire, par le Père Filleau, les poursuites pour raison desdites 33,000^{tt}, lesdits six mois expirés, puissent être empeschées de la part dudit évêque à l'encontre dudit Fournier... Le tout sous le bon plaisir du Roy...»

Ibidem :

«12 septembre 1625.

Opposition de M^{rs} de l'Université :

Peu de temps après l'accord et convention cy dessus, les Recteur, doyen et suposts de l'Université s'opposèrent à ce que les traités faits et à faire pour raison de l'union des colléges de Marmoutier, le Plessis, le Mans, des Chollets audit collége de Clermont, fussent entérinés et vérifiés au Parlement, ledit acte d'opposition datté du 12 septembre 1625...»

Ibidem :

«22 novembre 1625.

Désistement des S^{rs} évêque et P. Jésuites du contrat du 11 octobre 1625.

Messieurs de l'Université joints avec les principal, procureur et bourciers du collége du Mans, obtinrent au Parlement, à la chambre des vacations, un arrest sur requeste qui ordonnoit que les Pères Jésuites seroient assignés au lendemain de la St-Martin pour représenter le contrat d'union en question, et cependant deffenses de le mettre à exécution sans préjudice du droit des parties. Les choses en cet état, M. de Beaumanoir et les Pères Jésuites passèrent devant notaires le 22 novembre 1625 un désistement qui remit les parties en l'état qu'elles étoient avant d'avoir traité, et rendit nul ledit contrat d'union, lequel désistement fut signifié à M^{rs} de l'Université, qui suspendirent leurs poursuites.»

Ibidem :

«11 octobre 1631.

Renouvellement du contrat du 11 octobre 1625 :

En 1631, Louis de la Mechinière, fondé de procuration de M. Charles de Beaumanoir, par contrat du 11 octobre audit an, renouvella le contrat de ladite union purement et simplement consentant par ce nouveau contrat passé par devant Fournier et Desnots que celuy du 11 octobre 1625 eût la pleine et entière exécution nonobstant le desistement fait entre les parties le 22 novembre suivant et, au lieu du sieur Fournier, caution y denommé de 33,000ᵗᵗ ensemble de l'indemnité, lots et ventes et amortissement que les Pères Jésuites s'étoient engagés solidairement à payer avec ledit Fournier, le sieur Sébastien Cramoisy, libraire à Paris, se porte volontairement caution pour la somme de 33,000ᵗᵗ, indemnité, lots et ventes et amortissement de la maison qui sera achetée comme dit est au quartier où ledit sieur évêque voudra, laquelle sera nommée l'hôtel du Mans, et promet ledit sieur de la Mechiniere audit nom faire ratifier le présent contrat par ledit sieur de Beaumanoir de Lavardin évêque du Mans.»

Ibidem :

«Lettres patentes données à Châteautiers au mois d'octobre 1631 signées Louis....., par lesquelles Sa Majesté aprouve, agrée et confirme l'union du collége du Mans à celuy de Clermont, etc.»

Ibidem :

«8 octobre 1631.

Prise de possession du collége du Mans.

Deux copies non signées du procès verbal de prise de possession des Révérends Pères Jésuites du collége du Mans par le sieur Mangot, maître des Requestes...»

Nota. — Par contrat du 20 juillet 1653, les 33,000ᵗᵗ destinées à l'achat d'un hôtel affecté à l'évêque du Mans sont portées à 40,000ᵗᵗ; en échange de quoi ledit évêque accorde que les 240ᵗᵗ de pension des bourciers du Mans seront, dans les années de cherté, portées par les parents des séminaristes jusqu'à concurrence de la pension des autres écoliers.

Ibidem :

«29 avril 1682.

Première estimation des bastiments du collége du Mans par deux experts qui l'estiment l'un à 55,063ᵗᵗ 10ˢ, et l'autre à 49,026ᵗᵗ 10ˢ.»

Ibidem :

«12 may 1682.

Estimation du tiers expert à 53,156ᵗᵗ 13ˢ 4ᵈ.»

Ibidem :

«15 juin 1682.

Ordonnance du Roy sur le trésor royal pour la délivrance de la somme de 53,156ᵗᵗ 13ˢ 4ᵈ à M. Vaillant, avocat nommé par Sa Majesté pour être le gardien de ladite somme, en payer les intérêts jusqu'après deux années accordées à M. l'évêque du Mans pour faire le remploy de ladite somme à l'achat d'un autre collége du Mans...»

XLVII.

ÉCHANGE D'IMMEUBLES ENTRE LE COLLÈGE DE CLERMONT ET CELUI DES CHOLLETS.

(Archives nationales, MM 388.)

(Texte, p. 272-277.)

«Contrat d'échange fait et passé devant Gaudin et Gaultier, notaires au Châtelet de Paris, en datte du 8 mars 1656, par lequel les Prieur, Procureur et Boursiers du collège des Chollets, pour terminer les différens et procès d'entre eux et les Pères Jésuites du collège de Clermont, tant au sujet des allignemens des gros murs mitoyens qui les séparent que sur l'extinction du droit de passage qu'ils ont pour la maison du Chef St-Jean aboutissant en la ruë St-Jacques, ont volontairement cédé et cedent à titre d'échange auxdits R. Pères Jésuites les petits Bastimens et petite Cour appartenant et joignant audit collège des Chollets enclavés dans les maisons et héritages de celuy de Clermont avec le droit de passage par ladite maison du Chef Saint-Jean apartenant audit collège de Clermont, iceux batimens et cour ceddez contenant environ 24 toises plus ou moins, tant en largeur que longueur, tenant d'une part et d'autre et d'un bout aux dépendances du collège de Clermont et d'autre bout au grand pignon d'une maison appartenant audit collège des Chollets, iceluy passage contenant environ 7 toises de long sur 4 pieds de large ou environ evaluez à 4 toises 1/2 6 pieds quarrez, tenant d'une part et d'autre et dessus et dessous audit collège de Clermont, aboutissant d'un bout par derrière auxdits petite cour et batimens cy echangez et par devant sur la ruë St-Jacques en la censive de la Commanderie de St Jean de Latran, et chargés envers elle du cens tel qu'il soit et de 33 sols 4 deniers de surcens au jour de Saint Jean-Baptiste; ensemble tous les materiaux non employez tant sur lesdits bastimens que les pierres qui sont dans la ruë destinées auxdits petits batimens, avec pouvoir de jetter bas lesdits petits batimens et les faire construire comme il leur plaira. En contre echange de quoy les R. Pères Castillon, recteur, et Jolly, procureur dudit collège de Clermont ont cédé, delaissé et transporté audit titre d'échange à Messieurs des Chollets quatre toises ou environ de terre apartenant audit collège de Clermont enclavées dans la cour dudit collège des Chollets pour servir à l'accroissement et écarisseure de leurdite cour, icelle place étant en la censive de M^r. du Chapitre de Notre-Dame de Paris et chargée envers eux de tel cens qui se peut devoir, également quitte de tous arrerages du passé que la portion échangée; ont accordé lesdits des Chollets que le grand pignon de leur collège, qui sert d'aboutissant audit petit batiment par eux délaissé, sera mitoyen en toute sa hauteur et étenduë, que lesdits Pères Jésuites pourront, sans payer aucunes charges et sans prisée ni estimation, s'en servir et batir contre, auquel cas seront tenus de mettre des jambes sous poutre en pierre de taille dure à leurs frais et depens, et reciproquement les R. Pères Jesuites ont accordé que les murs qui sépareront leur collège de celuy des Chollets faisant l'équarisseure susdite, seront aussi mitoyens, etc. Cet échange fait à la charge dudit cens et surcens et autres conditions y detaillées, en outre moyennant la somme de 14,700^{tt} de soulte que lesdits des Chollets confessent avoir reçu comptant desdits R. Pères Jesuites qui l'ont déclaré venir de l'emprunt de 1,600^{tt} fait par eux ce jour, à constitution de rente y mentionnée et détaillée.»

«Ibidem :

30 juin 1660.

Acquisition de 14 toises 11 pieds 1/2 de terrain des Chollets.

Grosse du contrat d'acquisition faite par les R. Pères Jesuites, par devant Gautier et Desnots notaires, d'une petite place ou espace de vieux batiment et lieux en dependans mentionnés audit contrat en datte du 30 juin 1660, contenant tout reduit 14 toises, 11 pieds 1/4 de superficie de terre déclarée par le rapport du 22 juin précédent appartenant et étant des dépendances du collége des Chollets, aux charges, clauses et conditions détaillées audit contrat et moyennant 648^{tt} 1^s 3^d tournois de rente au denier 16 au principal de 10,369^{tt} tournois, ladite rente faisant partie et à prendre en 1,000^{tt} tournois de rente apartenant auxdits R. Pères Jesuites et à eux cédée et transportée par Dame Claude Marguerite de Gondy, veuve du sieur marquis de Mesnclay pour jouir par M^{rs}. des Chollets de la susdite rente de 648^{tt} 1^s 3^d a perpetuité jusqu'au rachat, et a été convenu que les R. Pères Jesuites feroient faire à leurs frais les reparations des dommages qui pourroient survenir aux batimens du collége des Chollets à l'occasion de la démolition desdits batimens cedés, ou construction d'iceluy que les R. Pères Jesuites entendent faire édifier sur ledit espace cedé... "

« *Ibidem :*

30 juin 1660.

Devis des batimens que les Reverends Pères Jesuites destinoient faire faire sur le petit espace cy dessus... »

« *Ibidem :*

15 septembre 1660.

Acquisition de 14 pieds de superficie de terre qui se sont retrouvés en faisant la fouille de la place cy dessus.

Accord fait sous seing privé le 15 septembre 1660 entre les prieur, procureur et boursiers du collége des Chollets et les Reverends Peres Jesuites, par lequel les parties sont convenues que les 14 pieds quarrez de terre qui s'étoient trouvez de plus dans le second toisé de la petite place et batiment cy dessus en en faisant la demolition, lesdits 14 pieds provenant d'un contremur qui avoient empeché l'exactitude du premier toisé, seroient joints à l'acquisition de ladite petite place et payés au prorata des autres toises pour en jouir par les acquereurs, comme du reste de ladite place aux charges et conditions du premier marché; et au pied du double de la présente transaction est la quittance par devant Gautier et Desnots, notaires, donnée par lesdits des Chollets aux R. Pères de la somme de 272^{tt} 4^s 8^d pour le prix des 14 pieds, 10^{tt} 15^s 4^d pour les interest d'icelle a raison du denier 16 depuis le 30 juin, datte du contrat jusqu'à laditte des présentes, 19 fevrier 1661... »

XLVIII.

INSTALLATION DE L'UNIVERSITÉ AU COLLÈGE LOUIS-LE-GRAND.

(Archives nationales, MM 388.)

(Texte, p. 272-277.)

« Nous comissaires... Ordonnons que les deux salles du rez de chaussée dans le batiment à droite de la grande cour seront rétablies pour y former deux classes; que le premier étage du batiment à gauche sera distribué pour le Bureau d'administration et la partie à droite pour le Bureau de discipline. Que dans les rez de chaussée des batimens, dit batiment neuf, et le mans neuf, seront placées les quatre salles d'assemblée et dependances necessaires pour les quatre nations de la faculté des arts, ensemble les pieces necessaires pour les trois facultés supérieures. Que la salle des assemblées générales de l'Université sera dans la grande piece au rez de chaussée du batiment sur la rue des Cholets, et que pour y parvenir il sera en face du batiment neuf ouvert une porte pour entrer dans la galerie qui est sous une partie de l'appartement qu'occupoit par provision le principal du college de Lisieux, et à cet effet que la pièce occupant une partie de ladite galerie sera supprimée. Que les salles où seront logées lesdites nations et facultés leur appartiendront... après qu'elles auront été mises... dans l'etat necessaire pour servir auxdites nations et facultés ; et qu'à l'égard de la salle commune de l'Université ci dessous destinée, elle n'appartiendra que par provision à ladite Université, et jusqu'à ce qu'il ait pu etre... fait faire une salle pour les assemblées de ladite Université.

17 mars 1764. Ordonnons que des classes actuelles de logique et physique il ne sera fait qu'une salle qui sera destinée à la nation de France; que la salle du rez de chaussée de l'autre côté du batiment neuf sera destinée à la nation de Picardie; que la troisième salle au rez de chaussée dudit batiment sera destinée pour la nation de Normandie, qu'enfin la nation d'Allemagne sera placée dans le rez de chaussée à gauche du mans neuf, et que les chambres à droite dudit batiment neuf seront séparées en trois parties de deux croisées chacune pour les facultés supérieures...

21 mars 1764. Par Daujau, expert architecte juré, a été dit que le devis de tous les ouvrages que nous avons ordonné par notre procès verbal du 17 mars... pourront faire un objet d'environ cinquante mille livres...

8 may 1764. Ordonnons que les classes du collège de Louis-le-Grand seront placées, savoir six dans les lieux actuellement destinés audit objet dans la grande Cour, et les deux autres dans le réfectoire qui est au fond de ladite cour, attenant le batiment qui est au fond de la cour; que le Principal sera logé au premier, dans le batiment au fond de la cour; que la grande porte sur la rue St-Jacques sera faite en tour creusée et couronnée des armes de France et qu'il y sera mis pour inscription : *Collegium Ludovici Magni in quo Universitatis parisiensis ædes, alumnique et collegium Domano-Bellovacum, ex munificentia Ludovici XV, Regis dilectissimi. 1764.* et que sur ladite porte il sera fait deux médaillons, l'un représentant Louis XIV, et l'autre Louis XV, et que la tour qui est au dessus de ladite porte sera démolie; que la totalité du premier étage du batiment sur la rue sera destiné pour fournir le logement du Grand Maitre et de son controlleur; que le bureau dudit Grand Maitre sera placé au dessus de lui avec le logement d'un commis; que le petit escalier étant sous la grande porte sera rendu plus commode...; que les batimens dudit mans, excepté le rez de chaussée, seront destinés pour le logement des professeurs émerites; que la communication de la cour sera fermée avec le surplus dudit collège par un mur qui sera placé dans la dite cour; qu'il sera dans l'espace vuide entre les mans neuf et vieux pratiqué un perron pour arriver au corridor qui regne le long du rez de chaussé dudit batiment; que le mur qui separe le jardin d'avec la cour sera démoli pour du tout former une seule et même cour; que les archives des collèges réunis seront placées dans ce qui formoit anciennement la classe de seconde, et celles de l'Université, ensemble des différentes nations, dans l'ancienne classe joignante celles où seront les archives des collèges de non plain exercice, à l'effet de quoi il sera pratiqué les armoires à ce necessaires, et que le surplus du collège sera employé au logement des boursiers et pen-

sionnaires du collége de Louis-le-Grand; à l'effet de quoi Ordonnons que par Daujau il sera formé un plan de distribution des logements...

19 may 1764. Ordonnons que... Dans le mans neuf, au premier étage, trois logemens de professeurs émérites; au quatrieme étage, les cuisiniers des logemens ci-dessus. Dans le bâtiment des Arméniens, au premier étage, le logement des Arméniens et salle d'études; au second quartier de quatrieme, au troisieme quartier de troisieme, aux quatrieme et cinquieme quartier de Rethorique. Dans le bâtiment au-dessus des cuisines de Lisieux au premier et deuxieme étages, quartier de sixieme; dans le bâtiment entre les deux cours du collège de Marmontier, au premier étage deux appartemens, au second étage un appartement et une salle d'étude pour le quartier de cinquieme, par laquelle salle on communiquera au deuxieme étage au-dessus des Bureaux où seront les chambres à coucher dudit quartier de cinquieme; au troisieme étage un appartement a gauche, et a droite la salle d'étude pour le quartier de quatrieme, par laquelle on communiquera au troisieme étage au-dessus des Bureaux où seront les dortoirs dud. quartier; au quatrieme deux appartemens dans le batiment sur la rue St Jacques; au premier étage le logement du Grand Maître et de son controlleur; un appartement pour le greffier de l'Université au-dessus du Grand Maître, les Bureaux et un logement pour un commis et au-dessus de la cuisine le logement de l'économe; au troisieme étage au-dessus du Grand Maître et du controlleur les deux salles d'étude des quartiers de philosophie, et au-dessus des cuisines le logement des cuisiniers et autres gens de cuisine. Au quatrième le logement des philosophes, lequel sera prolongé sur les deux ailes au retour de la grande cour; dans l'aile, à droite de la grande cour, au premier étage, la salle de conférences des théologiens et deux appartemens; au second étage, deux autres salles de conférences des théologiens; au troisieme étage seront pratiquées, en cas de besoin, dans toute la longueur dud. troisieme des chambres pour les théologiens; au quatrieme, des chambres pour les philosophes... Dans l'aile, à gauche, au premier étage, les Bureaux d'administration et de discipline; au second étage, dortoir du quartier de cinquieme; au troisieme, dortoir ou quartier de quatrieme; au quatrième étage, des chambres pour les philosophes... Dans les batimens en face de la porte au premier étage, le logement du principal, et quelques chambres de théologiens dans le batiment entre la cour dite *des Pères* et le jardin; le rez-de-chaussée pour les messagers jurés au premier; second et troisieme étage, des chambres de théologiens...; dans le batiment au fond de la cour dite *des Pères*, le premier et le second étages seront arrangés pour infirmerie; dans le batiment entre le vieux mans et le jardin et le batiment du vieux mans au premier étage le logement du bibliothécaire et bibliothèque; au premier étage, chambres d'études des théologiens; au troisieme, dans le vieux mans, sera pratiquée une infirmerie pour les domestiques...

4 juin 1764. Ordonnons que le bassin qui est dans le jardin, lequel doit être préparé pour servir de cour, sera entouré de façon qu'il ne puisse arriver aucun accident, que le réservoir sera ôté d'où il est placé en face des cuisines du collége de Lisieux; il sera pratiqué un escalier pour monter à l'appartement du principal.

11 aoust 1764. Ordonnons qu'aux second et troisieme étage du bâtiment dit *de la cordonnerie* sur la rue, il sera formé des appartemens pour deux professeurs émérites, pour le second commis du grand Maître; que le rez-de-chaussée et le premier du surplus desd. batimens seront arrangés pour y former un troisieme appartement; au-dessus l'appartement du secrétaire du Bureau et au quatrieme l'appartement de l'archiviste. »

XLIX

REVENUS DU COLLÈGE LOUIS-LE-GRAND,

D'APRÈS LE COMPTE DE L'ANNÉE 1777-1778.

(Archives nationales, MM 388.)

(Texte, p. 272-277.)

NATURE DES REVENUS.	PRODUIT DES biens sans distraction.			MONTANT DES charges ordinaires.			PRODUIT DES BIENS, DISTRACTION FAITE des charges ordinaires.		
Rentes et arrérages.............	27,232^{lt}	11^s	3^d	26,600^{lt}	$"^s$	$"^d$	2,632^{lt}	11^s	3^d
Exemptions et gratifications.......	45,069	8	"	2,210	19	6	42,858	8	6
Acquit des fondations...........	3,490	"	"	2,875	15	"	614	5	"
Dépenses communes.............	31,775	"	"	"	"	"	31,775	"	"
Ferme des Montubois............	1,650	"	"	150	"	"	1,500	"	"
Ferme de la Chaussée, à Vaquemoulin.	3,000	"	"	"	"	"	3,000	"	"
Abbaïe St Martin aux Bois........	36,622	8	"	10,361 / 15,000	3 "	4 "	11,261	4	8
Prieurés de Gargeuville et Montalet.	3,020	"	"	1,000	"	"	2,020	"	"
Prieuré de Villenauxe...........	6,075	"	"	2,897	"	"	3,178	"	"
Maladrerie de Brie Comte Robert...	1,800	"	"	395	"	"	1,405	"	"
Maisons dans Paris.............	3,920	"	"	1,076	17	2	2,843	2	10
TOTAUX.............	163,654	7	3	60,566	15	"	103,087	12	3

L

ÉGLISE SAINT-ÉTIENNE-DES-GRÈS.

SON ÉTAL DE BOUCHERIE, SIS AU COIN DE LA RUE SAINT-JACQUES ET DE LA RUE SAINT-ÉTIENNE-DES-GRÈS, D'APRÈS UN EXTRAIT DES REGISTRES DU CONSEIL D'ÉTAT, 12 FÉVRIER 1621.

(Archives nationales, S 907.).

(Texte, p. 277-281.)

« ... Attendu qu'il y a appel intenté par lesd. bouchers de la permission octroyée aud. Chapitre de construire led. estail..., attendu que led. estail est utile et nécessaire au public et que lad. permission leur a esté accordée pour remettre sus le service divin qui estoit délaissé dans lad. Église faute de moyens et pour rebastir leur clocher et maison joignant, Il plaist à Sa Majesté, évoquant led. appel et sans avoir esgard a la requeste desd. acquereurs, maintenir led. Chapitre en la possession dud. estail pour en jouir à perpétuité conformément à la permission et sentence dud. prevost de Paris donnée en conséquence..., à la charge de payer doresnavant par chacun an à la recepte du domaine de Paris trente sols de cens... »

LI

MAISONS ET CENSIVES DE SAINT-ÉTIENNE-DES-GRÈS,

D'APRÈS UNE DÉCLARATION PASSÉE EN LA CHAMBRE DU TRÉSOR, LE 13 JUIN 1693.

(Archives nationales, S 909.)

(Texte, p. 277-281.)

«Au Chapitre appartient droit et censive portant lots et ventes sur les maisons dont la Déclaration ensuit :

Premièrement, en la ruë St Jacques sur une maison où pend pour enseigne le *Paon d'Or*, tenant d'un costé à la ruë de la Bretonnerie... et par devant à la ruë St Jacques..., chargée de 15 deniers tournois de cens.

Item sur une maison où pend pour enseigne l'*Image Notre-Dame* tenant, d'une part, à la maison qui a pour enseigne le *Paon d'Or*, d'autre faisant le coing de la ruë de la petite Bretonnerie et par-devant à la ruë St Jacques... — 15 deniers de cens.

Item sur une autre maison suivante où pend pour enseigne le *Heaulme*, faisant le coing de ladite ruë de la petite Bretonnerie..., par devant sur la rue St Jacques. — 23 deniers tournois de cens.

Item sur une maison ruë St Jacques où pend pour enseigne le *Croissant*, tenant à la précédente, possédée par les boucheries du collége des Cholets... — 2 sols de cens.

Item sur une autre maison en lad. ruë St Jacques où estoit pour enseigne la *Croix blanche* et partagée en deux corps de logis, l'un où est pour enseigne le *Roy David* et l'autre le *Chef de St Denis*, tenant à lad. Eglise St Étienne et par derrière au cloistre dudit chapitre... 15 deniers tournois de cens.

Déclarent lesd. sieurs du Chapitre que dans lad. maison de la *Croix blanche* il y avoit ci-devant une grande cour dans laquelle ils ont fait bastir de neuf plusieurs corps de logis, dont partie leur sert pour le cloistre de leur Chapitre et leur logement et les autres sont par eux louées à plusieurs particuliers, le tout ayant entrée par une porte cochère estant en ladite rue St Jacques.

Item déclarent encore lesdits sieurs du Chapitre que dans une court tenante à lad. Église et au devant d'icelle, ils y ont fait bastir deux petites boutiques et deux chambres au-dessus, le tout ayant face sur la ruë St Jacques, dans l'une desquelles boutiques ils ont fait transporter un estail de boucherie qui estoit dans ladite maison de la *Croix blanche* à eux appartenante, suivant la permission qui leur a esté accordée pour la construction d'iceluy par sentence du Prevost de Paris du 4 décembre 1619 et l'arrest de nosseigneurs du Conseil d'État du 13 février 1621 et par une sentence rendue par M. le Lieutenant de Police en datte du 19 février 1669.

Item sur une maison scise sur laditte ruë St Jacques où pend pour enseigne le *Panier Verd*[1],

---

[1] Voir, sur ce scandaleux *Panier Verd*, l'*Apologie sur Hérodote*, par Henri Estienne, chap. xxxvi, p. 185 (éd. de La Haye.

faisant le coing de la ruë des Cordiers et tenant à l'enseigne de l'*Image S*^{t} *Bernard*... — 10 sols de cens.

Item sur toutes les maisons nouvellement basties en la ruë des Cordiers depuis ledit *Panier Verd* jusqu'à la porte de derrière du couvent des Jacobins ou estoit un jardin appartenant auxdits Jacobins... — 2 sols 6 deniers de cens.

Item sur une autre maison en la ruë St Jacques, vis-à-vis la ruë des Poirées, où estoit pour enseigne l'*Annonciation*, a présent possédée par les Pères Jésuites du collége de Clermont, tenant de tout costé audit collége... 6 sols 3 deniers de cens.

Item sur six maisons qui autrefois n'en faisoient qu'une où il y avoit pour lors l'Image St Estienne, desquelles il y avoit trois faisant face sur la ruë St Jacques et les trois autres sur la ruë St Estienne des Grecs... — 7 sols 8 deniers tournois de cens.

Item sur la maison attenante les précédentes, ruë St Estienne et appartenante au collége des Cholets, devant la petite porte de l'Église, où est à présent pour enseigne le *Miroir*... — Six deniers de cens.

Item sur une autre maison de l'autre costé de la ruë St Estienne, ayant pour enseigne le *Pressoir*, appartenant au collége des Cholés et tenant par derrière au collége de Lisieux... — Six deniers de cens.

Item sur une maison ruë St Estienne, ayant pour enseigne l'*Image N.-D.*, tenant par derrière à la ruelle... — 3 deniers de cens.

Item sur la maison de l'Image St Christophe tenant à la précédente et, par derrière, à la ruelle. — 3 deniers de cens.

Item sur une maison joignante à celle ci-dessus, ou estoit cy devant pour enseigne les *Trois bouteilles* et est à présent l'*Image S*^{t} *Joseph*, tenant par derrière à la ruelle... — 5 deniers tournois de cens.

Item sur une maison attenante celle cy dessus, ayant pour enseigne le *Bœuf d'argent*, tenant par derrière à l'église St Étienne-des-Grecs et a la petite ruelle... — 12 deniers obole de cens.

Item en la ruë de la petite Bretonnerie sur une maison faisant le coing de lad. ruë ou estoit cy devant pour enseigne le *Moulinet*... — 2 sols tournois de cens.

Item sur une maison en lad. ruë attenante à la précédente, nommée la *Cour du Paulmier*, tenant par derrière à la petite ruelle... — 2 sols tournois de cens.

Item sur une autre maison attenante, ayant son entrée du costé de laditte ruë à travers laquelle la procession de lad. église passe le jour de la feste Dieu, tenant d'un costé à la cour de Paulmier et d'autre à l'Image N.-D... — 15 deniers de cens.

Item sur une autre maison en laditte ruë ou est pour enseigne sur la porte l'*Image S*^{te} *Anne*, tenant d'un costé à l'Image N.-D., d'autre à un passage de derrière la maison du *Croissant*... — 5 deniers tournois de cens.

Item sur une maison suivant la précédente, le passage de la maison du Croissant entre deux... — 3 deniers obole de cens.

Item de l'autre costé de la ruë de la petite Bretonnerie, sur une maison ou estoit cy devant l'*Image St Nicolas*, tenant à lad. Image N.-D... — 3 deniers obole de cens.

Item sur une autre maison attenante, faisant le coing de la ruë de la petite Bretonnerie... 3 deniers obole de cens.

Item en la ruë de la grande Bretonnerie sur la maison du *Dauphin*, tenant d'un costé au Paon d'or, d'autre à la cy devant Corne de Cerf et à présent appelée les *Roses de Provins*... — 5 deniers de cens.

Item sur lad. maison des Roses de Provins, tenant d'un costé à lad. maison du Dauphin d'or... — 5 deniers de cens.

Item sur une autre maison attenante ou estoit cy devant l'*Image St Antoine*, tenant d'un costé aux Roses de Provins... — 8 deniers tournois de cens.

Item une autre maison attenante la précédente, faisant le coing de la ruë de la petite Bretonnerie, par devant sur ladite ruë de la grande Bretonnerie... — 5 deniers de cens.

Sans préjudice des rentes foncières et de bail d'héritage et des servitudes que lesdits sieurs du Chapitre ont sur la plus grande partie desd. maisons susdéclarées. »

LII

REVENUS DE SAINT-ÉTIENNE-DES-GRÈS
(26 novembre 1783),

D'APRÈS UN PROCÈS-VERBAL DE VISITE PAR MM. LES COMMISSAIRES DU CHAPITRE DE L'ÉGLISE DE PARIS.

(Archives nationales, L 582.)

(Texte, p. 277-281.)

« Les revenus consistent :

1° Dans les contrats sur les tailles, l'ancien clergé, les postes, etc., montant ensemble..................................	789^{lt}	14^s	6^d
2° Dans les rentes sur les maisons hors du cloître rapportant......	30	12	7
3° Dans les cens sur maisons hors du cloître. Ils étoient autrefois de 1^{lt} 10^s 11^d et réduits aujourd'hui à.....................	//	14	//
4° Dans les rentes provenant de la libéralité de l'abbé Queusas et qui montent à..	1,965	5	9
5° D'une rente de.................................	310	12	6
6° Dans le produit de la vente de deux maisons, pour le prix desquelles on paye annuellement au chapitre................	1,130	//	//
À reporter....................	4,226	19	4

Report...............................	4,226#	19'	4ᵈ
7° Dans le loyer des dixmes, terres et rentes à la campagne......	264	6	3
8° Dans le loyer des chaises de l'église affermées...............	700	//	//
9° Dans une rente léguée par un sieur de la Frenaye............	78	//	//
10° Dans une rente payée par le Domaine.....................	283	3	//
11° Dans la location de maisons tant en dedans que hors du Cloître..	2,676	//	//
12° Dans la location sans bail de différentes chambres dans le Cloître, et qui monte à...................................	2,524	//	//
13° Dans le produit des lods et ventes, estimé année commune......	132	//	//
14° Dans le produit de la réception des chanoines, année commune..	70	//	//
15° Dans une rente de 90# par contrat passé en 1782...........	90	//	//
Total des revenus.................	11,091	8	7

DÉPENSES.

Les dépenses consistent :

1° Dans une somme de 1,700# de rentes payées aux anciens créanciers...	1,700#	//ˢ	//ᵈ
2° Dans les charges de la succession de l'abbé Dumas...........	114	18	//
3° Dans une rente viagère de.............................	41	//	//
4° Dans une somme de 192# que le chapitre paye annuellement pour les logements canonicaux à trois chanoines non logés....	192	//	//
5° Dans les dépenses extraordinaires, année commune...........	1,400	//	//
6° Dans les gages du portier...............................	160	//	//
7° Dans les menues dépenses, année commune................	124	//	//
8° Dans une somme de 120# pour dépenses intitulées : *Usages constans*..	120	//	//
9° Dans les honoraires du sacristain et gages des chantres........	585	//	//
10° Dans les fondations de certaines messes...................	758	5	//
11° Dans les rentes que paye le Chapitre pour emprunt fait en 1783..	560	//	//
12° Dans les dixmes montantes à...........................	278	//	//
13° Dans la taxe des pauvres...............................	7	10	//
14° Dans l'abonnement fait par le Chapitre pour les locations intérieures..	12	//	//
15° Dans les dépenses pour la grande et petite sacristie...........	700	//	//
16° Rente de 40# due par le Chapitre pour un fonds de 800# prêté aud. Chapitre...	40	//	//
17° Dans une somme de 1,100# payée annuellement aux chanoines pour leur assistance à la chapelle de la Sᵗᵉ Vierge..........	1,100	//	//
18° Enfin, dans la distribution qui se fait aux sʳˢ chanoines, pour leur assistance à l'office canonical, gros, semaines, gratifications, indemnités, lods et ventes, le tout calculé, année commune, à..	4,778	9	//
Total des dépenses....................	12,971	2	//

DETTES EN ARGENT.

Total des dettes en argent...............................	25,195#	//ˢ	//ᵈ r.

LIII

MAISON DU COLLÈGE DE TRÉGUIER,
(1325),

D'APRÈS LE TESTAMENT DU PREMIER FONDATEUR.

(Archives nationales, S 6582.)

(Texte, p. 283-286.)

«Ego Guillelmus de Coetmohan, cantor ecclesiæ trecorensis, etc. Volo quod domus quam emi a Petro Conversi, vel domus quam emi a Guillelmo Natin, aut una de aliis domibus meis, secundum quod meis executoribus videbitur expedire, ordinetur et ædificetur pro octo scholaribus pauperibus quos in perpetuum volo ac præcipio institui et fundari ibidem pro meæ, parentum, amicorum ac benefactorum meorum salutis remedio animarum, de quibus erunt nepotes mei moderni ac proximiores de genere meo in perpetuum, si sint pauperes, idonei et habiles ad studendum, et aliqui alii notabiliores scholares diocesis trecorensis secundum quod facultates creverint, augeantur et bursæ, inter quos volo quod Yvo nepos meus qui mecum moratur, sit unus, quem tamen tenebit Guillelmus frater suus et nepos meus prædictus, usque ad biennium post decessum meum in suis expensis, et volo quod omnes fructus, exitus et proventus omnium hæreditatum mearum ac locatio domorum mearum convertantur in constructionem et reparationem domorum mearum et amendationem hæreditatum mearum et solutionem debitorum meorum, si mobilia non sufficiunt per biennium prædictum...»

LIV

TERRAINS ET BÂTIMENTS DÉPENDANTS DU COLLÈGE, ACQUIS PAR LE ROI LOUIS XIII POUR L'ÉTABLISSEMENT DU COLLÈGE DE FRANCE (15 AVRIL 1610 ET 28 JUIN 1610), D'APRÈS UN PROCÈS-VERBAL DE VISITE ET ESTIMATION.

(Archives nationales, S 6581.)

(Texte, p. 283-286.)

«Et premièrement une cuisine au derrière de la salle de la maison, ou est pour enseigne la Sallemande size ruë St Jean de Latran, ou est demeurant Jean Le Clerc, tailleur d'histoires, laquelle cuisine il tient à longues années dud. college de Treguier et en doit encore jouir pendant soixante, l'estaige au dessus d'icelle cuisine occupée par lesd. sieurs du college, contenant *trois toises et demie de long*, compris l'epoisseur du mur, *sur douze pieds de large*, prisée assavoir pour la prinse et entrée du bail la somme de 300^{tt} tournois, pour les réparations faites par led. Le Clerc et incommodité de sa maison la somme de 500^{tt} tournois et pour les dommages et interest dud. Le Clerc pour les 60 années de son bail la somme de 30^{tt} pour chacun an, qui se monteront à 1200^{tt} tournois, revenant lesd. prisées ensemble à 2000^{tt} tournois, en quoi faisant le college Royal aura ses vuës et egouts sur la cour dud. Le Clerc et icelui Le Clerc la jouissance d'icelle cour. Pour ce, cy............................... 200^{tt}.

Item une maison size ruë Frumenteil *ou est pour enseigne l'Etoile d'or*, couverte en comble a egout sur la ruë et sur le jardin cy après declaré, que tient led. Le Clerc encore de longues années dudict college de Treguier, appliquée au rez de chaussée a deux salles, deux estaiges au dessus l'un de l'autre, chacun appliqué a trois chambres et garderobe, dont l'un d'iceux estaiges en galletas, et un grenier au dessus, *une viz dans œuvre*, un berceau de cave garni de sa descente droite et potoyer, une cour outre, a coté de laquelle est un édifice en appentis appliqué tant a une cuisine que aisances de privés, *contenant icelle maison 10 toises quatre pieds de long sur trois toises de large*, tenant d'une part au petit Corbeil autrement Saint Jean de l'Isle, d'autre a la ruelle aboutissant a la place de Cambray, aboutissant par derrière aud. jardin et pardevant sur lad. ruë Fromentil, prisée pour les dedommagemens et non jouissance de vingt années qui restent à jouir et eu egard aux reparations faites par led. Le Clerc la somme de 150tt tournois par chacun an qui feroit pour le tout ensemble la somme de 3,000tt tournois. Cy.. 3,000tt.

Item une maison sise ruë St Jean de Latran ou est pour enseigne le *Lys Royal* que tient a longues années Jean Buée, couvert en comble de quatre travées de long, appliqué au rez de chaussée à une salle et boutique, deux estaiges carrés au dessus l'un de l'autre, chacun appliqué à deux chambres et une garderobe, et un grenier dessus, deux estaiges de galeries pour aller auxd. lieux, une viz et un edifice outre, appliqué tant a aisance de privés, cabinets et volet a pigeons, une cour a l'aboutissant de laquelle est un edifice en appentis appliqué a une cuisine, une autre petite vis regnant jusque au deuxieme estaige partie en enclave dans le passage dud. college Treguier, deux berceaux de cave soubs led. logis et partie soubs led. college garnie d'une descente droite, icelle maison *contenant dix toises de long sur quinze pieds de large*. Un jardin outre ce *contenant neuf toises et demie de long sur neuf toises et demie de large*, planté d'arbres fruitiers et treilles, tenant d'une part a une petite ruelle, d'autre aud. college, aboutissant par derrière a la maison de l'*Etoile d'or* dessus declarée et pardevant sur lad. ruë St Jean de Latran, prisée, assavoir pour la prinse du bail et entrée payée par led. Buée, la somme de 600tt tournois, pour les ameliorations par lui faites aud. jardin derrière lad. maison, tant pour le plan des arbres fruitiers, treilles et maçonneries du paron la somme de 200tt tournois, et pour les réparations par lui faites en lad. maison tant au pan du mur sur la ruë fait de neuf, partie des planchers et cheminées, galerie et vis outre et cour pavée de neuf la somme de 2,400tt tournois et pour les dedommagemens et non jouissances de 25 années qui restent a jouir la somme de 4,000tt, montant lesd. prisées cy dessus la somme de................ 7,200tt

Item un corps de logis étant dans led. college de Treguier, que tient pour 10 ans Hervé Dumesnier, libraire, étant sur le devant dud. college appliqué au rez de chaussée a une boutique, deux estaiges au dessus, chacun appliqué a une chambre, dont l'un en galetas et grenier au dessus et une montée, prisée eu égard aux reparations faites en lad. maison et pour la prinse du bail payé auxd. sieurs du college la somme de 250tt et pour le dedommagement de la non jouissance la somme de quatre cens livres, montant ensemble la somme de.. 650tt

Item le surplus dud. college de Treguier appliqué au rez de chaussée a un grand passage, une grande salle outre deux estaiges au dessus appliqués a grandes salles et garderobe et grenier dessus, une montée passant dans lad. allée servant aux deux logis, un corps de logis appliqué a une salle, a coté de la cuisine de la maison dud. Le Clerc dessus déclarée, quatre chambres au dessus l'une de l'autre et grenier dessus *contenant 6 toises de long sur trois toises 2 pieds de large*, une cour outre partie appliquée en jardin, a l'aboutissant de laquelle est erigée une porte ayant issuë du coté du puits Certain, *contenant neuf toises de long sur quatre toises de large*, le tout rapporté le fort au faible, a coté de laquelle est un edifice couvert en appentis appliqué a aisances de privés, cuisine et cabinets et une montée de pied droit, le tout (*en blanc*) ainsi que le surplus dud. college se comporte, lequel avons prisé avec le fonds des cuisines, maison sur la ruë Frementeil que tient led. Le Clerc, maison et jardin dud. Buée et corps d'hostel que tient led., aussi led. Dumesnil, la somme de vingt quatre mille huit cent cinquante livres, de laquelle somme notre avis est que lesd. Le Clerc, Buée et Dumesnil doivent être remboursés par Sa Majesté de 12,850ᵗᵗ suivant les prisées cy dessus, et le surplus montant 12,000ᵗᵗ sera remboursé aud. college de Tréguier, sans en ce comprendre le surplus des lieux dud. Le Clerc qui ne sont declarés ci-dessus, moyennant lesquelles prisées cy dessus les matériaux des démolitions des lieux cy dessus prisés demeureront au profit du Roy... »

LV

LOCAL DU COLLÈGE DE TRÉGUIER, EN 1775, D'APRÈS UN ÉTAT ESTIMATIF.

(Archives nationales, MM 388.)

(Texte, p. 283-286.)

« Le collége de Tréguier est situé place de Cambrai; l'enceinte est fermée de planches tant sur la place que sur la ruë, et il tient au surplus au collége Royal, et de l'autre à une maison appartenante a Messieurs de Sᵗ Jean de Latran.

Il consiste en un édifice en pan de bois, elevé d'un rez de chaussée, d'un étage carré et d'un lambrissé : au surplus sur ledit terrain il y a differens angards couverts en thuile, observant toutefois que celui adossé sur la maison de Messieurs de Sᵗ Jean de Latran appartient au locataire.

Le locataire est tenu par son bail de toutes réparations généralement quelconques, même des grosses, le collége s'étant déclaré par led. bail n'en vouloir ni n'entendre en faire aucune, ayant stipulé que dans le cas ou quelques parties viendroient a menacer ruine et a ne pouvoir subsister, il se reservoit le droit de raser et démolir l'objet en question, de laisser la place vague sans que le locataire put lui demander aucune indemnité, quoique contraint a tenir et continuer son bail au même prix qu'avant la suppression, la location ne frappant que sur le terrain.

Cette clause ne peut qu'être mise en grande considération pour l'estimation de la maison, dont le loyer est de 500ᵗᵗ, et que l'on croit en conséquence devoir être appréciée au prix des terrains qui suivant le cours du tems sont portés au denier trente et ce qui en ce cas produiroit pour la valeur dud. college ou terrain dont il est question la somme de quinze mille livres. Cy... 15,000ᵗᵗ

A Paris ce 2° juin 1775. »

LVI

LES QUATRE FONDATIONS DU COLLÈGE DE TRÉGUIER,

D'APRÈS UN MÉMOIRE ADRESSÉ AU PARLEMENT APRÈS 1683.

(Archives nationales, S 6582.)

(Texte, p. 283-286.)

Première fondation.

« Le collége de Tréguier a eu quatre fondateurs. Le premier fut Guillaume de Coetmohan, chantre de Tréguier et recteur de la paroisse de Plezidy, même diocèse, qui légua et donna en 1325 les biens qui suivent :

1° Au village de Sève une maison a porte cochere, cour, jardin, terres, vignes et autres héritages, et bois en dépendans, louez à Louis Chattard..	277ᵗᵗ	"ˢ	"ᵈ
2° Deux petites maisons sises a Paris, rue St Jean de Latran, louées au nommé Pitron trois cent livres par an. Cy....................	300	"	"
Total du revenu de cette première fondation, cy......	577	"	"

CHARGES DE LA MÊME FONDATION.

Total des charges, non comprises les réparations. Cy...................... 317ᵗᵗ

Le dessein de ce premier fondateur fut d'établir un collége dans l'Université de Paris pour huit boursiers de ses parens et au défaut du diocèze de Tréguier...

Deuxième fondation.

Cette seconde fondation du collége de Tréguier a été faite par Olivier Donzon, l'an 1412, pour six écoliers de ses parens ou du diocèze de Treguier... Ce fondateur est docteur régent en droit de la Faculté de Paris.

Biens de lad. fondation, TOTAL...	1,325ᵗᵗ
Charges, seulement..	150ᵗᵗ

Troisième fondation.

Cette fondation du collége de Tréguier a été faite en 1416 par Me Christian d'Hauterive, évêque de Tréguier, lequel, par son testament, a donné et légué au collége de Tréguier six corps d'hôtels sis en cette ville de Paris ruë des petits champs... le tout loué sept cens soixante livres. Cy... 760ᵗᵗ

Charges de lad. fondation, TOTAL... 140ᵗᵗ

Quatrième fondation.

Laquelle n'est autre chose que l'union et l'incorporation du collége de Karembert au collége de Tréguier. C'est donc plutot de la fondation du collége de Karembert dont il s'agit que du collége de Tréguier.

Par contrat du 26 avril 1575, la fondation de Karembert, qui consiste en deux bourses, a été unie au collége de Tréguier, ce qui a été homologué par arrest de nos seigneurs du Parlement du 23 may 1577, aux charges et conditions y portées.

BIENS DE LADITTE FONDATION.

Premièrement une maison rue d'Écosse au Mont St Hilaire louée 300^{tt}. Cy.	300^{tt}	" ^s	" ^d
Plus une autre maison même ruë louée par an 180^{tt}. Cy.	180	"	"
Plus autre maison rue des Sept Voies, louée par an 220^{tt}. Cy.	220	"	"
Plus une rente de 36^{tt} a prendre sur une maison rue des Sept Voiés. Cy.	36	"	"
Plus autre rente de 6^{tt} sur la maison qui fait l'encoignure de la ruë d'Ecosse. Cy.	6		
Plus autre rente de trois livres quinze sols sur une maison sise a Pierrefite. Cy.	3	15	"
Total.	765	15	"

CHARGES DE LADITTE FONDATION.

Un service tous les ans et une messe par semaine pour lesquels l'on paye tous les ans 50^{tt}. Cy.	50^{tt}	" ^s	" ^d
Item pour les réparations annuelles 150^{tt}. Cy.	150	"	"
Total.	200	"	"

....

A l'égard de la fondation du collége de Kérembert uni au collége de Tréguier, on n'a pu trouver jusqu'ici qu'une pièce collationnée du 26 juin 1683, qui établit deux boursiers, ou plustost qui les suppose, pour le dioceze de Leon... »

LVII

REVENUS DU COLLÈGE DE TRÉGUIER,

(29 octobre 1734),

D'APRÈS UNE DÉCLARATION À MM. DU BUREAU DES GENS DE MAIN-MORTE

(Archives nationales, S 6581.)

(Texte, p. 283-286.)

« 1° D'une maison sise à Paris rue d'Ecosse ou du Four louée moyennant par an... 240^{tt}

2° D'une maison sise à Paris même ruë d'Ecosse ou du Four louée moyennant par an. 400^{tt}

3° D'une maison à Paris ruë des Sept voies louée moyennant par an. 140^{tt}

4° D'une maison à Paris même ruë des Sept voies louée moyennant par an. 150^{tt}

5° D'une maison à Paris même ruë des Sept voies louée moyennant par an. 240^{tt}

6° D'une maison et chantier clos de planches, reste de l'ancien emplacement du collége, ruë St Jean de Latran, louée moyennant par an. 260^{tt}

7° D'une maison à Paris ruë de la Buscherie louée moyennant par an. 800^{tt}

APPENDICES ET PIÈCES JUSTIFICATIVES. 511

8° Des terres et vignes à Vanvres louées moyennant par an............ .... 100ᵗᵗ

9° D'une ferme, terres et dépendances, louées moyennant par an............ 800ᵗᵗ

10° D'une petite maison et jardin à côté de ladite ferme louée moyennant par an.. 24ᵗᵗ

11° D'une rente de 110ᵗᵗ. Cy.................................... 110ᵗᵗ

Tous lesquels revenus susdits sont destinés et employés par arrest de la cour a payer les dettes et faire les réparations des maisons toutes caduques, et ne sont aucuns principal, boursiers ni officiers dans ledit collége, jusqu'à ce que, par l'événement du procès avec la succession Grolleau, principal vivant, il en soit ordonné par la cour ce que de raison. »

LVIII

REVENUS DU COLLÈGE DE TRÉGUIER,

D'APRÈS LE COMPTE DE L'ANNÉE 1777-1778.

(Archives nationales, M 195.)

(Texte, p. 283-286.)

	MONTANT DES RENTES.		
«Rentes sur les aides et gabelles........................	48ᵗᵗ	″ˢ	″ᵈ
....	466	13	4
....	392	″	″
Domaines et bois de Paris............................	184	″	″
Taxations..	28	2	6
....	150	″	″
Cuirs...	15	″	″
États de Bretagne....................................	300	″	″
Domaine de la Ville de Paris.........................	110	″	″
Drapiers, merciers...................................	267	″	″
Collège Louis le Grand...............................	200	″	″
Intérêts du prix de la ferme de Cahamans.............	700	″	″
22 muids de bled sur la ferme des Postes.............	4,882	7	″
2 setiers de bled sur des terres à Thiais..............	40	″	″
	7,783	2	10
Ferme sur des terres et vignes à Vanves..............	150	″	″

MAISONS.

	MONTANT DES LOYERS.		
Maison, rue de la Bucherie...........................	1,000ᵗᵗ	″ˢ	″ᵈ
Autre, rue du Four S. Hilaire.........................	800	″	″
1ʳᵉ, rue des 7 Voies.................................	420	″	″
2ᵉ, id...	168	″	″
3ᵉ, id...	210	″	″
4ᵉ, id...	260	″	″
	2,858	″	″
TOTAL des revenus..................	10,791ᵗᵗ	2ˢ	10ᵈ

CHARGES.

1° Les vingtièmes des maisons	283ᴧ	16ˢ	″ᵈ
2° Cens pour les terres de Vanves............................	16	10	″
3° Cens et rentes sur les maisons, savoir :			
Au chambrier de l'église S. Marcel...........................	1	1	8
A la communauté de lad. église.........................	3	7	6
Au chapelain de Sᵗᵉ Agnès, même église...................	1	5	″
4° La pension de 20 boursiers à raison de 400ᵗᵗ...............	8,000	″	″
5° L'acquit des fondations.................................	9	″	″
6° La contribution aux dépenses communes...................	1,000	″	″
7° Couvertures des maisons...............................	32	8	9
	9,347	8	11
Excédent des revenus	1,443	13	11 ″.

LIX

ÉDIFICES ET TERRAINS DU COLLÈGE DE CAMBRAI, EN 1611,

D'APRÈS UN PROCÈS-VERBAL D'ESTIMATION.

(Archives nationales, M 109.)

(Texte, p. 286-288.)

I

«Et premièrement ai trouvé que le grand corps d'hôtel auquel est la grande salle, est couvert en trois combles differens, le tout contenant dix toises et demie de longueur selon l'étendüe d'icelle salle sur cinq toises et demie de largeur ou environ et consistant au rez de chaussée en une grande salle de quatre grandes travées de longueur, dedans laquelle est enclavée partie d'une vis à pans servant tant pour le présent corps d'hotel qu'autres logis du côté des boutiques cy après déclarées.

Et audessus de ladite salle est un étage quarré appliqué à une grande chambre vers la petite cour, dedans laquelle y a trois études closes d'ais de menuiserie et à coté de laquelle chambre proche l'entrée sont deux autres études faites de cloisons de maçonnerie, en l'une desquelles l'on monte par une petite vis prise en entresolle, un vestibule joignant servant de passage et une vis attenant servant pour monter ès greniers cy après déclarés.

Et audessus de laquelle grande chambre est un grand grenier de trois travées de long dedans lequel est prise une grande étude en galletas de menuiserie, a coté de laquelle est une grande étude de cloisons de maçonnerie et une allée de siége de privez, au dessus de laquelle grande étude et allée est une chambre en galletas, et attenant à icelle étude et chambre est un pied droit servant pour aller et monter en un grenier des logis cy après déclarés.

A coté de laquelle chambre au dessous du deuxième comble est une petite chambre en laquelle y a une petite vis attenant servant pour monter ès chambres cy après déclarées, joignant laquelle vis y a un cabinet ou étude ; ayant iceux cabinet et vis vûes au dessus des couvertures en appentis étant entre lesdits second et troisième comble.

APPENDICES ET PIÈCES JUSTIFICATIVES. 513

Et attenant laquelle chambre sont quatre cabinets ou études, entre lesquels est une allée de passage clos et séparé de menuiserie et de cloisons de maçonnerie.

Et au dessus de ladite chambre est une autre seconde chambre quarrée en laquelle est demeurant le procureur dudit collége.

Et au dessus une chambre en galletas, chacune desdites deux chambres garnie de deux petites études closes de menuiserie.

Et le surplus du résidu audessus de lad. salle faisant le troisième comble proche le corps de logis de la chapelle est une grande chambre séparée de murailles de trois cotés accompagnée de deux études sur le jardin et deux autres études attenant la porte de lad. chambre en laquelle l'on entre par la montée du logis de la chapelle cy après déclarée.

Et au dessus dud. étage quarré est une autre chambre en galletas, à coté de laquelle sont deux études closes et séparées de cloisons de maçonnerie, une autre étude vers l'entrée dud. galletas et vestibule joignant et grenier au dessus dud. galletas auquel l'on monte par une petite vis étant audit étage.

Prisés lesd. batimens dud. corps de logis et commodités qui sont en iceux, de l'étenduë de lad. salle selon que dit est cy dessus et comme ils se poursuivent et comportent eu égard aux grandes épaisseurs des murs, à la qualité des matériaux dont ils sont construits, mêmement toutes les gouttières garnies et revetuës de plomb, à l'état et disposition qu'ils sont de présent, la somme de dix huit mille livres. Cy.................................... xviii^{mtt}

11

Item le *corps d'hotel auquel est demeurant M^r le principal* dud. collége ayant vuë sur la cour pavée au derrière des boutiques cy après déclarées, attenant au cimetière St Benoist, contenant iceluy corps d'hotel huit toises de long sur six toises de largeur ou environ, étant appliqué par bas au rez de chaussée a six scelliers séparés de cloisons et murs garnis de deux descentes droites, dedans l'un desquels scelliers est une vis servant ès lieux que tient M^r le principal.

Au dessus desquels scelliers est un étage en entresolle appliqué a magasins séparés en quatre, a coté de partie d'iceux est une allée de passage ou sont deux petits cabinets et un vestibule auquel est un siége de privés.

Un étage quarré audessus desd. entresolles que tient led. principal appliqué a deux chambres entre lesquelles est une étude ayant cheminée et deux petits cabinets dans une tourelle en saillie sur la place de l'entrée dud. collége, en l'un desquels on monte par une petite vis faite de menuiserie; a coté desd. chambres est une cuisine, vestibule, garderobe et une allée de passage entre iceux.

Un autre étage quarré au dessus appliqué a deux chambres ayant un vestibule attenant de la porte desd. chambres, joignant l'une d'icelles et de même pied tirant vers l'entrée desd. chambres; et l'autre chambre ayant trois cabinets ou études et un petit quarré auquel y a une petite vix de menuiserie pour monter en une gallerie en terrasse sur lad. cour pavée etant a presant couverte d'ardoise.

Et au dessus dud. second étage est un troisième étage appliqué a deux chambres dont l'une en galletas, en l'une desquelles sont deux études, cour, allée a coté de l'une desd. chambres, en laquelle allée sont deux études et cour aisance de privés joignant et grenier au dessus séparé en deux, joignant lesquels et a l'entrée d'iceux sont deux études au haut de lad. grande montée.

Et attenant la susd. chambre et joignant a l'allée des privés sont deux autres chambres des appartenances du corps de logis dud. sieur principal, pour entrer ésquelles deux chambres y a une allée et vestibule joignant à la première chambre, et attenant de la seconde y a une garderobe et un vestibule avec une vis et montée de menuiserie pour monter en une grande gallerie couverte d'ardoise avec un grand canal cuvette et tuyau de plomb, et aux deux bouts d'icelle gallerie deux cabinets ou études de maçonnerie.

Et au dessus desd. deux chambres un grand grenier attenant de l'autre grenier déclaré aud. premier article, étant le tout couvert.

Prisé led. corps d'hotel de fond en comble selon qu'il se poursuit et se comporte eu egard a l'etat et disposition d'iceluy, aux commodités des lieux des gros murs et a la qualité des materiaux dont iceluy corps de logis est bati, mêmement des goutières garnies de plomb, la somme de dix huit mille livres tournois.. xviii^{m}ₗₜ

III

Item le comble et petit corps de logis faisant le residu du dessus de l'entrée de lad. grande salle étant appliqué a une place pour l'entrée d'icelle salle, et au dessus deux etages quarrés, le premier appliqué en trois bouges servant de scelliers, un siége de privés dans l'un d'iceux, le second appliqué a deux chambres.

Un autre étage en galletas au dessus appliqué a une chambre vestibule et allée des privés a coté et grenier au dessus, attenant lequel comble; entre l'edifice qui est sur la grande porte et entrée est un petit intervalle a jour en forme de cour, a coté de laquelle sont trois etages de galleryes de passage servant pour aller aud. edifice sur lad. porte. Prisé led. corps de logis selon qu'il se poursuit et comporte eu egard a l'etat d'iceluy la somme de quatre mille livres tournois. Cy.. iiii^{m}ₗₜ

IV

Item l'edifice couvert en appentis etant audessus de la grande porte et entrée dud. collége, aud. de laquelle entrée est une chambre garnie de deux cabinets et audessus un étage en galletas, sur iceluy etage quarré étant appliqué a cinq études séparées de cloisons partie de maçonnerie et autre partie de cloisons d'ais, allée a coté et grenier, au dessus une gallerie en terrasse.

Sur lad. entrée et aux deux cotés de lad. grande porte et entrée sont deux édifices servant de logis pour le portier. Prisé led. corps de logis, selon qu'il se poursuit et comporte eu egard a l'etat d'iceluy et aux matériaux dont il est construit, la somme de deux mille cinq cens livres tournois. Cy.. ii^{m} v^{c}ₗₜ

V

Item le corps d'hotel auquel est la chapelle et ou est demeurant Monsr Delbeine etant au bout de lad. grande salle, contenant environ douze toises de long sur quatre toises de largeur couvert en trois combles, le premier d'iceux etant vers le jardin appliqué par bas a lad. chapelle, le premier etage audessus appliqué a une chambre garnie de deux cabinets et aisance de privez et allée pour aller de lad. montée.

Le second etage au dessus appliqué a une chambre quarrée sur le jardin, accompagné de trois cabinets et d'une place ou est un siége de privez et grenier au dessus.

Le second comble appliqué par bas a une chambre pour le trésor de la chapelle, une cuisine au dessus pour le premier etage et une chambre en galletas au dessus avec un siége de privez, atte ant lequel edifice est une petite courcelle et une grande vis dedans œuvre pour monter tant esd. premier et second comble qu'au troisième logis cy après déclaré.

Et le troisième comble suivant tirant vers la place du devant dud. collége, appliqué par bas a un grand passage servant pour aller en la cour du puys et un grand magasin séparé en deux.

Et audessus d'iceux passage et magasins, est un etage quarré appliqué a une grande chambre regardant sur lad. place accompagné de deux cabinets, allée entre iceux pour aller de lad. chambre en la cuisine.

Le second étage au dessus appliqué a une grande chambre accompagnée de deux grands cabinets attenant a la montée de lad. chapelle, ayant lad. grande chambre un cabinet ou étude en une tournelle en saillie de pierres de taille regardant sur la grande place du collége, et attenant de lad. tournelle est une vis pour monter au troisième étage.

Et led. troisième etage au dessus appliqué a une autre chambre attenant a lad. gallerie en terrasse non couverte, lad. chambre accompagnée de cinq grands cabinets et un vestibule attenant du coté de la porte pour descendre à lad. grande montée et grenier au dessus.

Et au dessous du rez de chaussée duquel corps de logis y a deux berceaux de caves au premier étage, l'un a coté de l'autre, chacun de six toises et demie de long et de neuf pieds de largeur, et au dessous un autre berceau de cave de trois toises et demie de long, de neuf pieds de largeur environ garnis d'une descente droite et d'un portrier.

Et a coté d'icelles caves, audessous de quelque partie de la grande salle, sont trois autres berceaux de cave de chacun trois toises et demie de long, de neuf pieds de largeur ou environ, et audessous un autre berceau de cave de trois toises et demie de long, de neuf pieds de largeur, et attenant lesd. berceaux est un grand carré de quatre toises de longueur et de trois toises de largeur, auquel sont deux scelliers séparés de cloisons de maçonnerie lesquels sont garnis d'une descente droite servant a toutes lesd. caves et ayant la porte sur la grande place dud. collége.

Prisés les batimens des corps de logis selon qu'ils se poursuivent et comportent avec les commodités qui sont en iceux eu egard a l'etat et disposition d'iceux, mêmement aux grosses murailles et goutières revetuës et garnies de plomb, la somme de dix huit mille livres tournois. Cy.. xviii^{mlt}

VI

Item, attenant a icelui corps d'hotel dernier déclaré cy devant et sur la cour du puys, est un autre corps de logis contenant environ cinq toises de long sur six toises de large étant appliqué par bas a une grande salle ou est imprimerie avec une chambre joignant et cuisine attenant a la montée servant pour aller aux deux chambres hautes et étant en étage premier au dessus de lad. imprimerie, et attenant lesquelles deux chambres y a une autre chambre accompagnée de deux cabinets et sur lad. cour du puys, et une autre chambre attenant ayant deux cabinets regardant sur lad. place du collége et une autre joignant la cheminée, ayant lad. chambre vuë sur les salles du Roy.

Le second etage au dessus appliqué a deux chambres, la première accompagnée de deux cabinets regardant sur la gallerie du coté de lad. grande place, aux coings et angles de laquelle gallerie y a deux etudes faites d'ais de menuiserie et une autre petite etude joignant la cheminée de lad. chambre.

Et la seconde chambre ayant deux cabinets ou etudes regardant sur lad. grande place et une autre petite joignant la cheminée ayant aussi lad. seconde chambre vuë sur les salles du Roy.

Et le troisième etage appliqué a cinq études et une grande allée pour entrer a icelles et grenier au dessus, une vis hors du mur servant a monter aud. corps d'hotel.

Prisé le corps de logis de fond en comble ainsy qu'il se comporte eu égard a l'etat et disposition d'iceluy et aux commodités qui sont en icelui, mêmement aux grosses murailles, les goutières garnies et revetuës de plomb, la somme de huit mille livres tournois. Cy... viii^{m tt}

VII

Item outre ledit corps d'hotel de l'imprimerie est une cour de huit toises de long et de trois toises de largeur, a l'un des cotés de laquelle est un edifice en appentys appliqué a deux étages de galleries de privez, dedans lesquelles galleries sont pris deux petits cabinets, et attenant a icelles galleries de privez deux autres petits etages de galleries et une petite vis hors œuvre servant au corps de logis suivant, lequel est couvert en comble contenant cinq toises de long sur douze pieds dedans œuvre, appliqué par bas au rez de chaussée a quatre magasins séparés de murs et cloisons et audessus un etage quarré appliqué a deux chambres garnies de trois cabinets; et le second etage aussi appliqué a deux chambres et trois cabinets et grenier au dessus.

Prisés lesd. batimens etant en lad. cour cy dessus mentionnée et pavement d'icelle cour, le tout ayant egard a l'etat et disposition dont ils sont, a la qualité des matériaux dont ils sont construits et aux commodités qui sont en iceux, la somme de dix huit cens livres tournois. Cy.. xviii^{c tt}

VIII

Item outre lad. cour dernière déclarée est une autre cour en laquelle est le puis dud. collége, contenant icelle cour six toises de long sur trois toises de largeur et le recoin ou est le puis contenant deux toises de long sur neuf pieds de largeur, a l'un des cotés de laquelle cour y a un edifice en appentys adossé contre le mur de cloture du jardin dud. collége, contenant environ six toises de long sur neuf pieds de largeur, appliqué a cinq scelliers.

Et hors l'enclos dud. collége, entre iceluy et le collége de Tréguier, est une ruelle commune entre lesd. deux colléges et par ce moyen moitié d'icelle appartenant aud. collége des trois Evêques, qui seroit pour leur moitié quatre pieds de largeur ou environ sur vingt une toises et demie de longueur.

Prisés lesd. batimens et puis etant en lad. cour et pavé etant en la moitié de lad. ruelle et en lad. cour, eu egard a l'etat et qualité desd. edifices et lieux, la somme de deux mille cinq cens livres tournois. Cy... ii^m v^{c tt}

IX

Item un grand jardin etant outre le corps de logis de la grande salle et chapelle clos de murs, peuplé d'arbres, treilles, menuë verdure, avec palissades et bordures, contenant iceluy jardin quatorze toises cinq pieds de long sur vingt toises un pied de large, le tout dedans œuvre.

Prisés lesd. treilles, arbres, bordures, ensemencure, cloture et pavé des allées d'iceluy, la somme de neuf cens livres tournois. Cy... ix^{c tt}

Item a l'autre bout de lad. grande salle est une cour de cinq toises et demie de long et de deux toises et demie de largeur etant pavée de grais, et sur laquelle est un petit bout de gallerie en saillie servant pour le logis de Monsr le Principal, au bout de laquelle cour est un corps de

APPENDICES ET PIÈCES JUSTIFICATIVES. 517

logis de deux toises et demie de largeur et de quatre toises de longueur couvert en comble, etant appliqué par bas a une salle garnie de deux cabinets deux etages quarrés au dessous, le premier appliqué a une chambre garnie de trois cabinets, l'un sur le jardin et les deux autres sur la cour, et le deuxième appliqué a une chambre garnie de trois cabinets et grenier au dessus, une vis dehors œuvre servant pour monter aud. corps d'hotel au dessus de laquelle y a un cabinet ou étude. Et attenant de lad. montée est un siége de privez ayant dehors œuvre le tuyau maconné de pierre de taille et attenant dud. corps de logis; du coté du jardin y a un canal cuvette et tuyau de plomb.

Prisé led. corps de logis de fond en comble en ce qui est seulement de batimens et commodités qui sont en iceluy avec le pavé d'icelle cour, eu egard a la qualité, etat et disposition d'iceux, mêmement desd. goutières garnies de plomb, la somme de trois mille livres tournois. Cy.. $\text{III}^{m\text{tt}}$

X

Item sur le devant de la rue, outre led. collége et attenant au cimetière St Benoist, est un edifice couvert en un comble appliqué a trois boutiques au dessus desquelles est un grenier et au derrière d'icelles est une cour pavée, contenant le tout quatre toises de largeur sur six toises de longueur.

Prisé led. edifice avec le pavé de lad. cour selon qu'ils se comportent et eu egard a la qualité des matériaux dont ils sont construits, la somme de quinze cens livres tournois. Cy.. $\text{xv}^{c\text{tt}}$

XI

Item le fond et parterre de la totalité desd. lieux, selon lesd. mesures cy dessus prises montant et revenant le tout ensemble en fond de terre et superficie a la quantité de quatre cens quarante toises ou environ de platte forme qui au fur et prix de soixante quinze livres pour chacune toise que j'ai prisée estimée valoir eu egard et considéré l'assiette du lieu et au cours du temps de présent, vallent ensemble aud. prix la somme de trente trois mille livres tournois. Cy.. $\text{xxxiii}^{m\text{tt}}$

XII

Item outre la totalité du fond et parterre des lieux ci-dessus, il y a encore une grande place audevant dud. collége depuis lesd. boutiques dessus déclarées jusques a la ruelle commune desd. colléges de Tréguier et Cambrai, lad. place de longueur de quinze toises ou environ sur quatre toises ou environ de largeur, pour laquelle grande place led. collége est redevable et paye par chacun an a l'hopital de Saint Jean de Latran la somme de sept livres douze sols trois deniers tournois de rente foncière annuelle et perpétuelle, restant de plus grande somme qui a été acquittée par led. collége de Cambray envers led. hopital de St Jean de Latran, lad. place prisée a raison de soixante quinze livres tournois la toise, vallent la somme de quatre mille cinq cens livres tournois. Cy.................................... $\text{IIII}^m\text{ v}^{c\text{tt}}$

XIII

Item en tous les batimens du collége il y a six grosses fosses a privez, a sçavoir trois foss au corps de logis de la grande montée attenant de la grande salle; la quatrième fosse au corps de logis de la petite cour de derrière au bout de la grande salle; la cinquième en la montée attenant la chapelle, et la sixième en la montée de la cour allant au puis dud. collége, lesd. fosses ayant douze siéges servant aux chambres des corps de logis cy dessus mentionnés, prisées lesd. fosses la somme de dix huit cens livres tournois. Cy.................. xviii^{ctt}

Somme totale en quoi se montent les prisées et estimations des batimens, corps de logis, edifices, superficie du fond de terre de l'étenduë dud. collége dessus declarez cent dix sept mille cinq cens livres tournois. Cy............................... cxvii^m v^{ctt} ».

LX

VENTE DU COLLÈGE DE CAMBRAI (18 AVRIL 1612), D'APRÈS L'INVENTAIRE DE SES TITRES.

(Archives nationales, MM 372.)

(Texte, p. 286-288.)

« Grosse en parchemin d'un contrat passé devant Laurent Haut du Sens et son confrère, notaires à Paris, etc., dans lequel les commissaires de Sa Majesté exposent que le Roy ayant désiré de fonder, bâtir et construire en l'Université de Paris un collége royal du nom de France à l'endroit ou étoient les colléges de Tréguier et de Cambray, il auroit résolu de joindre ensemble lesdicts deux colléges; que Sa Majesté avoit déjà traité, à cet effet, avec les principal, procureur et boursiers du collége de Tréguier par contrat du mois de juin 1610, et qu'il ne restoit plus qu'à traiter avec ceux du collége de Cambray, ce qui ayant été communiqué à M. de Silvive de Pierre Vive, chancelier de l'église et Université de Paris, et en cette qualité supérieur du collége de Cambray, et aux principal, chapellain, procureur et boursiers du collége de Cambray, ils avoient déclaré y accéder...

Lequel collége de Cambray est dit contenir quatre à cinq cents toises de superficie ou environ, sur laquelle il y a plusieurs beaux et grands batimens, comme grandes salles servant pour les lectures publiques, quarante chambres à cheminée accompagnées chacune de trois ou quatre cabinets; cinq caves voutées; plusieurs greniers; quatre cours pavées; trois boutiques et une imprimerie au dehors; un puits, six buchers ou celliers en la cour du puits et six fosses d'aisance en six différens endroits. Lesdites cession et transport faits aux charges suivantes:

1° Que le collége de France étant bâti, les officiers et boursiers du collége de Cambray demeureront en iceluy et seront logés avec ceux du collége de Tréguier au grand corps d'hôtel qui doit être bâti en face dudict collége sur le derrière d'iceluy; lequel grand corps d'hôtel sera divisé à cet effet en deux parties, pour y être logés séparément, savoir ceux du collége de Cambray à droite, et ceux du collége de Tréguier à gauche.

2° Que la chapelle qui devoit être bâtie pour le collége de France sur le fonds du collége de Cambray, appartiendroit aux officiers et boursiers de ce collége, à la charge par eux de l'entretenir d'ornemens, livres et luminaires et y faire le service divin, ainsy qu'ils étoient accoutumés faire en celle qui étoit alors, à la place de laquelle devoit être bâtie la nouvelle; en laquelle chapelle les officiers et boursiers du collége de Tréguier seroient admis et prendroient le côté gauche et ceux de Cambray le côté droit.

....
....

4° Que Sa Majesté entretiendroit le grand corps d'hôtel qui devoit être construit et tout ledict collége de toutes sortes de réparations et batimens et les acquitteroit des taxes des pauvres, boues, chandelles, lanternes et pavé.

5° Que Sa Majesté seroit chargée de racheter les 7^{tt} 12^s 3^d de rente foncière due au commandant de St Jean de Latran, à cause de la place qui étoit devant ledict collége et de la ruelle commune entre ledict collége et celui de Tréguier.

6° Pour tous dommages, intérêts et récompense....., les commissaires de Sa Majesté promettent leur faire payer, par le trésorier de l'épargne, 1,000^{tt} de rente...

7° Que les officiers et boursiers du collége de Cambray pourront loger dans leur collége, tant que le nouveau batiment pourroit le permettre et qu'ils n'empêcheroient point la continuation d'iceluy; qu'à cet effet il ne seroit abattu, pour le présent, que ce qui étoit depuis le collége de Tréguier jusques après la grande porte du collége de Cambray, et qu'il ne seroit point touché, pour le présent, à la grande salle et batimens sur icelle jusques à la rue St Jacques et au cimetière St Benoist. Que lorsqu'il seroit nécessaire de desloger quelques boursiers, Sa Majesté leur feroit payer 60^{tt} à chacun par an, et au principal 160^{tt} pour leur procurer les moyens de se loger en la ville, et ce jusques à ce que le nouveau collége royal de France fût bâti, et que les officiers et boursiers du collége de Cambray fussent logés, ainsi qu'il a été dit cy-dessus. »

LXI

SITUATION DU COLLÈGE DE CAMBRAI APRÈS LA VENTE (1612-1763), D'APRÈS L'INVENTAIRE DES TITRES DE CET ÉTABLISSEMENT.

(Archives nationales, MM 378.)

(Texte, p. 286-288.)

« Le contrat de vente (18 avril 1612) ne lezoit point les officiers et boursiers du collége de Cambray, car quoique les bâtimens en dépendans eussent été estimés 117,500^{tt}, cependant ces bâtimens ne produisoient alors que 720^{tt} de loyer, outre le logement des officiers et boursiers; ainsi en les supposant logés dans le collége de France, la rente de 1,000^{tt} représentoit avantageusement les loyers qu'ils pouvoient retirer en ce tems-là.

Mais les conditions contenues dans ce contrat ne furent point exécutées littéralement. On ne détruisit qu'une partie du collége de Cambray, et trois boursiers seulement furent délogés. Il leur fut accordé à chacun 60^{tt} par an d'indemnité, ce qui porte la rente de 1,000^{tt} à 1,180^{tt}.

Le corps d'hôtel destiné pour le logement des officiers et boursiers ne fut point construit, non plus que la chapelle que Sa Majesté s'étoit obligée de faire bâtir; de sorte que ces officiers et boursiers continuèrent d'occuper leur maison, qui, peu de tems après, tomboit presque en ruine, surtout à cause des démolitions qu'on y avoit faites pour construire une portion du collége royal.

Quoique par contrat le roy fût tenu d'entretenir de toutes réparations les bâtimens dépendans du collége de Cambray, cependant les officiers et boursiers de ce collége furent obligés, en l'année 1670, de les réparer à leurs dépens et d'emprunter, pour cela, une somme de trois mille livres, pour le payement de laquelle ils furent contraints de vendre, en 1672, la rente de 100^{tt} parisis qui leur appartenoit sur la chatellenie de Mallay le Roy, etc.

D'un autre côté, la rente de 1,180^{tt} qui étoit duë par le Roy, ne fut point acquittée exactement, de sorte que lorsque ledict collège a été réuni à Louis le Grand, il étoit dû une somme de 20,680tt pour arrérages de cette rente depuis l'année 1637 jusques en 1662.

De plus la rente de 7tt 12s 6d due au commandeur de St Jean de Latran, non seulement ne fut point rachetée par le roy, mais depuis 1672 jusques en 1694, le collége de Cambray fut contraint de payer les arrerages, en vertu d'un arrêt du Parlement, obtenu contre lui par ce commandeur, de sorte que le collége paya, tant pour les arrerages de ladicte rente que pour les frais, la somme de 579tt 2s dont il ne put jamais obtenir le remboursement, etc.

Telle étoit la situation lorsque le collége de Cambray a été réuni à celui de Louis le Grand. Dès les premiers momens de cette réunion, le bureau d'administration crut devoir s'occuper de faire indemniser le collége des préjudices que lui avoit causés l'inexécution du contrat du 18 avril 1612. »

LXII

REVENUS DU COLLÈGE DE CAMBRAI,
D'APRÈS LE COMPTE DE L'ANNÉE 1777-1778.

(Archives nationales, M 195.)

(Texte, p. 286-288.)

MONTANT :

33 muids de bled sur la ferme des Postes.	7,323tt	10s	6d
Rentes sur les aides et gabelles.	500	"	"
. . . .	81	15	"
. . . .	25	12	6
. . . .	125	"	"
. . . .	150	"	"
. . . .	85	19	2
. . . .	200	"	"
. . . .	184	"	"
. . . .	158	13	4
Ancien clergé.	15	"	"
Généralité de Paris.	73	5	"
Nouveau clergé.	160	"	"
États de Bretagne.	150	"	"
La ville de Montdidier.	115	3	"
Collége Louis-le-Grand.	400	"	"
Total.	10,117	18	6

CHARGES.

1° La pension de 13 boursiers à raison de 400tt pour chacun.	5,200tt	"s	"d
2° L'acquit des fondations.	14	"	"
3° La contribution aux dépenses communes.	1,000	"	"
Total.	6,214	"	"
Excédent des revenus.	3,903	18	6 ».

APPENDICES ET PIÈCES JUSTIFICATIVES.

LXIII

SAINT-JEAN-DE-LATRAN.

DÉCLARATION GÉNÉRALE DES BIENS DE LA COMMANDERIE (VERS 1595).
(Archives nationales, S 5118-20.)

(Texte, p. 291-294.)

CENS ET RENTES.

« De M^{rs} les escoliers, principal, boursiers et procureur du collége de Triquet la somme de douze livres dix sols de rente foncière que lad. commanderie a droit de prendre et percevoir par chacun an aux quatre termes en l'an à Paris accoustumez sur leurdit collége situé à l'opposite de ladite commanderie, tenant d'une part à une petite ruelle qui est entre ledit collége et le collége de Cambray, d'aultre aux maison et jardin appartenant au prieuré St Jehan de Lisle, nommés la maison du petit Corbeuil, aboutissant par devant au carrefour dudit lieu et par derrière à la rue Fromentel. Pour ce, cy.......................... xII^{tt} x^s.

De M^{rs} les escoliers du collége de Cambray douze deniers parisis de cens payables à St Remy par chacun an et six livres parisis de rentes foncières payables aux quatre termes sur leurdit collége, assis en ladite rue St Jean de Latran, tenant d'une part au logis des Quatre fils Aymon et au cimetière St Benoist, d'aultre part, à ladite ruelle, d'aultre le collége de Triquet et ledit de Cambray, aboutissant sur ladite rue Froitmentel, pour et receu pour ladite année escheue au jour St Jehan Baptiste sept livres onze solz trois deniers................. vII^{tt} xI^s III^d.

De M^{rs} les escoliers du collége de Bayeulx, vingt six solz parisis pour rente et fondz de terre que ladite commanderie a droit de prendre par chacun an aux quatre termes accoustumez sur leur collége assis en la rue de la Harpe, tenant d'une part et aboutissant au collége de Narbonne, d'aultre sur la chaussée de ladite rue de la Harpe. Pour ce, icy...... xxxII^s vI^d.

De M^{rs} les escoliers du collége de Sées, soixante solz parisis pour rente et fondz de terre que ledit couvent a droit de prendre par chacun an aux quatre termes sur leur collége assis sur la rue de la Harpe. Pour ce, icy... LXXV^s.

De M^{rs} les escoliers du collége de Clermont, dict Jésuites, trente deux soubz parisis pour une année écheue au jour St Jehan Baptiste, à cause de pareille somme, tant de cens que de rente foncière que ledit couvent a droit de prendre sur leurdit collége, c'est assavoir douze soubz parisis de cens et vingt soubz parisis de rente ausdits quatre termes, qui fut premier à Me Jehan Prevost, président aux Requestes du pallais et Me Guillaume Prevost, son frère, pour deux maisons assises en la rue St Jacques, tenant d'une part aux hoirs de Colin Guérard, d'aultre au collége de Marmoutier, aboutissant sur la chaussée de ladite rue St Jacques, et par derrière jusques aux enseignes d'une croix et d'une crosse, oultre le puis de la maison et le mur de la censive qui faict séparation de la censive appartenant à ladite commanderie et de la censive de saincte Geneviefve, laquelle maison fut appelée entiennement l'hostel de Langres, que lesdits M^{rs} et escoliers ont acquise desdicts Prevost. Pour ce, icy............... xL^s.

Ceulx au lieu des hoirs feu Jehan Frolo, pour leurs maisons sises rue St Jacques ou pend pour enseigne l'imaige S¹ Martin et la Malassize, tenant d'une part à la maison de l'Escu de Bourgogne, d'aultre au s⁻ Jehan Cherrier, aboutissant par derrière au collége de Marmoutier, doibvent par chacun an, tant pour cens que rente foncière, douze deniers aux quatre termes en l'an accoustumez et ledit cens au jour S¹ Remy quatre livres un soubz parisis. Pour ce, icy... cιˢ ιιι^d.

Pierre de Cagny, au lieu de Marguerite Mars, veufve de feu Martin Turpin, paticier, Isaac Thoret et les escoliers du collége des Chollets, etc., pour leurs maisons assises en la rue S¹ Jacques, où pend pour enseigne l'imaige de S¹ Jehan Baptiste, et l'aultre l'imaige de S¹ Jacques et autres enseignes, tenant d'une part au collége des Jésuites, et par derriere audit collége, et par devant en ladite rue S¹ Jacques, doibvent de cens par chacun an au jour S¹ Remy trois soubz quatre deniers parisis, lesquels cens ledit Pierre de Cagny paie par chacun an et acquitte pour tous les dessusnommez. Pour ce, icy........................ ιιιˢ ιι^d.

M⁻ Jehan Rochon, medecin, la somme de huict livres parisis, pour sa maison size en la rue S¹ Jacques, où pend pour enseigne l'Escu de Bourgogne, tenant d'une part et d'aultre aux Jésuites, d'un bout sur le collége desdicts Jésuites et par devant sur ladicte rue S¹ Jacques, paiable ladicte somme, tant pour cens que fond de terre, aux quatre termes en l'an à Paris accoustumez. Pour ce, icy... x^tt.

Nicollas Noel, pour sa maison sise rue S¹ Jacques, ou pend pour enseigne le Lion d'or, tenant d'une part à l'hostel des religieux de S¹ Pere, daultre à l'hostel du Coq, aboutissant sur le jardin de Sorbonne et par devant sur la rue, doit pour chacun an de rente cent soubz parisis paiables aux quatre termes en l'an. Pour cy............................... v^tt v^s.

Sébastien Nivelle, libraire, et Guillaume Bellard, cordonnier, pour leur maison size rue S¹ Jacques, ou pend pour enseigne l'Escu de Bretaigne, tenant d'une part au logis de la Belle imaige, d'aultre au logis des Quatre Elemens, et y a une petite ruelle entre deux, par derrière au logis qui a pour enseigne l'imaige S¹ Christofle et par devant à ladite rue, doibvent par chacun an de rente fonciere, sept livres paiables aux quatre termes à Paris accoustumez. Pour ce, icy... vιι^tt.

Messieurs les gouverneurs de l'hostel Dieu de Paris, pour leur maison assise en la rue S¹ Jacques ou pend pour enseigne la Mulle, tenant d'une part à la veufve et héritiers feu M⁻ Claude Boucheron, d'aultre à Anthoine Gouy, à un bout par derriere à un corps d'hostel appartenant auxdicts gouverneurs dudict hostel Dieu, et par devant sur la chaussée de ladicte rue, doibvent par chacun an, tant pour cens que rente foncière, la somme de douze soubz parisis payables au jour S¹ Remy. Pour ce, cy........................ xv^s.

Anthoine Henry et Henry Pagot, pour neuf toises de terre prises au grand jardin en long sur trois toises de large, tenant d'une part à eulx mesmes, d'aultre aux ayant cause de M⁻ Philippe Morin, aboutissant sur les hoirs de Jean Cherrière et d'aultre bout sur un corps d'hostel qui y ont fait faire Messieurs de l'hostel Dieu, doit pour chacun an au jour S¹ Remy tant pour cens que rente quatre soubz six deniers parisis. Pour ce, d'icy................ v^s vιι^d.

Les gouverneurs de S¹ Jacques de l'hospital rue S¹ Denis, pour une maison sise rue S¹ Jacques, tenant d'une part à feu Guillaume Roger, d'aultre à Anthoine Houy, aboutissant par derriere sur ledit Houy et par devant sur ladite rue, doibvent par chacun an au jour S' Remy, tant pour cens que rente, la somme de dix soubz parisis. Pour ce, icy.......... xıı' vı^d.

M° Guillaume Roger, rapporteur en la chancellerie de France, pour sa maison assize rue S' Jacques ou souloit pendre pour enseigne le Mortier d'or et à present la Couronne, tenant d'une part au logis de l'Ange et d'aultre à Anthoine Houy, aboutissant par derriere audit Houy et par devant à ladite rue, doit par chacun an au jour S' Remy douze soubz parisis de rente. Pour ce, icy... xv' vı^d.

La veufve M° François Croisan, notaire au Chatelet de Paris, pour sa maison assise en la rue S' Jacques devant l'eglise S' Yves, tenant d'une part à M° François Raffin, notaire, d'aultre part, aux ayant cause de M° François Thouroude, aboutissant par derriere à M° Jean Pochon, medecin, et par devant à ladite rue, doibt par chacun an au jour S' Remy six deniers parisis de cens. Pour ce, icy... vıı^d.

M° François Raffin, notaire au Chatelet, pour sa maison sise rue S' Jacques, devant l'eglise S' Yves, tenant d'une part à François Croisan, d'aultre à M° Jean Rochon, medecin, par devant à ladite rue, doit par chacun an au jour S' Remy six deniers parisis de rente. Pour ce, icy. vıı^d.

Denise de Freschin, veufve de M° Pierre Sarrazin, lui vivant drappier, pour sa maison size rue S' Jacques ou pend pour enseigne les trois Estrislz du costé de S' Severin, tenant d'une part aux hoirs feu Thibault, prestre, d'aultre et aboutissant au cimetiere de S' Severin et par devant à ladicte rue, doibt par chascun an de rente fonciere cinquante un soubs parisis paiables aux quatre termes en l'an à Paris accoustumez. Pour ce, icy.................. Lxıı' vı^d.

Morice de Lannoy, drappier, pour sa maison assize en la rue S' Jacques faisant le coing du carrefour S' Severin, tenant d'une part aux hoirs Pierre Boucher, d'aultre part à la rue S' Severin, aboutissant d'un bout à la veufve Orange et par devant sur ladite rue en laquelle maison est contre le mur l'image Nostre Dame, doit par chacun an au jour S' Remy de rente fonciere trois soubz parisis. Pour ce, icy.. ııı' ıx^d.

AULTRES CENS ET RENTES SITUEZ AU CLOS BRUNEAU.

Henry Pichonnart et François Pichonnart, pour leur maison assize en la rue Chartiere ou souloit pendre pour enseigne l'imaige S' Sebastien, tenant d'une part à une maison qui fut au college d'Arras et à present au chapitre S' Marcel, aboutissant par derriere au jardin du college du Plessis et de Marmoutier, doibvent par chacun an aux quatre termes en l'an à Paris accoustumez la somme de quarante huict soubz de rente. Pour ce, icy............. *(en blanc).*

M° Pierre B..., procureur en la court, pour sa maison assize en la rue S' Jean de Beauvais ou soulloit pendre pour enseigne l'imaige S' Martin devant les Escolles de Decrest, tenant d'une part au logis ou pend pour enseigne le Cheval Rouge, daultre à M° Jean Crespin, aboutissant par derriere à la commanderie S' Jean de Latran et par devant sur ladite rue, doibvent par chacun an pour cens et rente fonciere, quarante soubz parisis au jour S' Remy. Pour ce, icy.. L'.

Jean Mascot, marchand de chevaulx, pour une partie du derrière de sa maison avec court, assize en la rue St Jean de Beauvais ou pend pour enseigne l'Eschiquier, tenant d'une part à luy mesme, d'aultre au logis du Cheval vollant, aboutissant par derrière au logis de ladite commanderie et par devant sur ladicte rue, doibt par chacun an tant de cens que rente quatre soubz un denier parisis paiable au jour St Remy. Pour ce, icy.................... v^s r^d.

RUE DES NOYERS.

Dame Denise de Pernis, veufve de feu Monseigneur Archambault, pour sa maison et jardin derriere les héritiers de Me Nicolas Auroux, luy vivant bancquier, assize rue des Noyers, tenant aux aiant cause de Me Jean Bouchart, d'aultre aux héritiers de Me Anthoine Guibert, d'un bout à elle mesme et d'aultre bout sur ladicte rue, doibt par chacun an au jour St Remy six deniers parisis de cens et soixante solz parisis de rente aux quatre termes en l'an à Paris accoustumez. Pour ce, icy.. LXV^s VII^d.

Me François d'Auvergne, conseiller du Roy en sa chambre du thrésor au pallais à Paris pour sa maison, court et gallerie assize en la rue des Noyers, tenant d'une part à Denise de Pernis, veufve de monseigneur Archambault, d'aultre à luy mesme, aboutissant par devant à ladicte rue, doit par chacun an tant par cens que rente aux quatre termes en l'an à Paris accoustumez cinquante solz parisis. Pour ce, icy.................................... LXII^s VI^d.

Monsieur Nicolas de Reil et maintenant Loys Petrel, advocat au Parlement, au lieu de Me Anthoine Guibert et premier à Me Michel Cherrier pour sa maison size en la rue des Noyers ou pend pour enseigne l'Anonciation nostre dame, tenant d'une part à Me François d'Auvergne, d'aultre à (*en blanc*), aboutissant à Monseigneur Rasselin, et d'aultre sur ladicte rue, doibt par chacun an de cens au jour St Remy six soubz parisis et trente soubz parisis de rente aux quatre termes en l'an à Paris accoustumez. Pour ce, icy............................ XLV^s.

Me Jean Doulcet, procureur en la court du Parlement, pour sa maison, court et jardin assiz en la rue des Noyers, ou pend pour enseigne l'imaige St Jacques, tenant d'une part à Jacques, d'aultre part à Me Pierre Rasselin, aboutissant à luy mesme, d'aultre sur ladicte rue, doibt par chacun an au jour St Remy deux soubz parisis de cens et vingt soubz parisis de rente et fond de terre paiables par chacun an aux quatre termes en l'an à Paris accoustumez. Pour ce, icy.. XXVII^s VI^d.

Me Jacques Raffelin, notaire apostolique en l'Université de Paris, pour sa maison sise en la rue des Noyers ou pend pour enseigne l'imaige St Nicolas, tenant d'une part aux hoirs feu Anthoine Guibert, d'aultre à Me Jean Doulcet, aboutissant par derriere à luy mesmes, d'aultre à ladicte rue, doibt par chacun an six soubz parisis de cens au jour St Remy et cinquante soubz parisis de rente payables en quatre termes en l'an. Pour ce, icy................. LXV^s.

Me Martin Auger, luy vivant, notaire apostolique en l'Université de Paris, pour sa maison size en la rue des Noyers ou solloit pendre pour enseigne le Coq, tenant d'une part à Me Oudin Cruce, procureur au Chatelet de Paris, d'aultre à Me Jean Bridon, aboutissant à luy mesme et d'aultre sur ladicte rue, doibt neuf deniers parisis de cens au jour St Remy. Pour ce, icy. XI^d

Me Romain, de la court, de la faculté de théologie, au paravant à Me Pierre Le Joux, pour trente trois thoises de terre prinses au grant jardin de céans, tenant d'une part à la veufve et héritiers M° Jean Bridon, d'aultre à M° Jacques Raffelin, dun bout sur luy mesme à cause de ladicte maison appartenant à ladicte faculté et daultre sur le grand jardin, doibt par chacun an deux soubz parisis de cens au jour St Remy et vingt soubz parisis de rente aux quatre termes à Paris accoustumez. Pour ce, icy.. xxvii^s vii^d.

Jehane Crolo, veufve de feu Eustache Berthault, au lieu de Jehan Crolo son père, pour sa maison assize en la rue de la Harpe, faisant le coing de la rue Poupée, tenant d'une part et aboutissant d'un bout sur l'hostel du Cheval blanc et par devant sur ladicte rue de la Harpe, doibt de cens et fond de terre cinq soubz parisis au jour St Remy. Pour ce, icy.... vi^s iii^d.

RUE DU MARCHÉ PALU ET DE LA JUIVERIE.

Pierre de Breniere, bourgeois de Paris, doibt pour deux maisons assizes l'une en la rue de la Juiverie, faisant le coing du marché Palu, qui fut premier à feu Guillaume Perdrier, appoticaire, ou est pour enseigne l'Anonciation Nostre Dame au coing de la muraille, et l'autre maison assise rue St Christofe et joignant icelle ou soulloit pendre pour enseigne la Sereine, tenant d'une part l'une à l'autre, et par devant auxdites rues, doibvent par chacun an au jour St Remy trois deniers obolles... iii^d par^s.

Nicolas de la Porte Gauttier, pour sa maison size en la rue aux Febves ou pend pour enseigne le Panier verd, tenant d'une part à Jehan Lannoy et consors, d'aultre à la veuve et heritiers Leudey, aboutissant sur Girard Denison et par devant à ladicte rue aux Febves, doibt par chacun an au jour St Remy huict deniers parisis de cens. Pour ce, icy.......... viii^d.

Jehan de Lannoy et Jehan Cressé, pour une maison faisant le coin de la rue des Febves, tenant à la maison du Panier verd et par devant à l'eglise St Germain le Viel, doibt huict deniers au jour St Remy de cens. Pour ce, icy....................... viii^d parisis.

La veufve Me Anthoine Fortin, notaire, pour sa maison size rue de la Calandre, faisant le coing de l'église de St Germain le Viel, tenant d'une part à l'hostel Vallance, d'aultre à la ruelle dudict St Germain, par derrière à la rivière de Saine et par devant sur ladicte rue, doibt par chascun an au jour St Remy huict deniers parisis...................... viii^d.

DEVANT L'HORLOGE DU PALLAIS.

Pierre Parlant, drappier, et Germain Chonin, maistre saincturier, et Marie Pannier sa femme, pour leurs maisons assizes sur le pont au Change, l'une tenant à l'aultre, en l'une desquelles pend pour enseigne l'Homme sauvaige et à l'aultre le Mouton d'or, lesquelles maisons appliquées maintenant en quatre louaiges ou demeures, doibvent quatre livres parisis de cens et fondz de terre paiables aux quatre termes en l'an à Paris accoustumez. Pour ce, icy... c^s.

Sébastien du Bois, pour sa maison assize en la rue St Denis ou pend pour enseigne le Marteau d'or, tenant d'une part à la maison ou pend pour enseigne le Chat, d'aultre à une maison ou pend pour enseigne le Heaulme, aboutissant à ladicte rue St Denis, doibt par chacun an pour rente foncière seize soubz parisis par chacun an aux quatre termes à Paris accoustumez. Pour ce, icy... xx^s.

Jehan Denis, potier d'estain, demourant soubz les pilliers aux Halles, et Christophe Millon, orphevre, pour leur maison assise en la rue de la Mortellerie ou soulloit pendre pour enseigne l'imaige S¹ Michel, tenant d'une part à une maison ou pend pour enseigne l'imaige S¹ Adrien appartenant à Claude Nau et Severine Manceau sa femme, d'aultre à Jehan de la Place et aultres, d'un bout par derrière sur le quay de la rivière de Saine devant les Ormes, et d'aultre bout à ladicte rue de la Mortellerie, doibvent pour chascun an de cens et rente foncière au jour S¹ Remy vingt soubz parisis. Pour ce, icy.................................. xxv°.

Claude de Nau et Simone Manceau sa femme, pour leur maison size en la rue de la Mortellerie ou pend pour enseigne l'imaige S¹ Adrien, tenant d'une part à la maison de Jehan Denis et consors, d'aultre à Pierre Conault, d'un bout sur le quay de la Saine et d'aultre par devant à ladicte rue, doibt par chascun an au jour S¹ Jehan Baptiste, tant pour cens que rente foncière, vingt soubz parisis. Pour ce, icy.................................. xxv°. »

LXIV

COUVENT DES MATHURINS.

PRÉTOIRE DE L'UNIVERSITÉ, Y INCLUS,
D'APRÈS L'INVENTAIRE DES TITRES DU MONASTÈRE.

(Archives nationales, LL 1549, n° 44.)

(Texte, p. 330-335.)

« 28 janvier 1542. Quittance donnée devant Bourgeon et Croron, notaires à Paris, par J. Thibault Meusnier, docteur en décret, ministre de S¹ Mathurin, à M° Jean Dubuz, évesque de Meaux, conservateur des privilèges apostoliques de l'Université, de la somme de 4ᴛᵗ pour une année de loier, échu à Noël, du prétoire et auditoire de ladite conservation, étant des appartenances de ladite maison des Mathurins que ledit seigneur évesque a tenu et tient encore audit titre de loier desdits Mathurins.

Le 5 mars 1555. Acte devant ledit Croron, notaire, par lequel R. P. en Dieu M° Thibault Meusnier, docteur en decret et ministre des Mathurins, s'étant transporté avec lesdits notaires au lieu et prétoire de ladite conservation, étant en dedans de son siége, maison dudit couvent, par devers et à la personne de noble et circonspect maistre Le Clerc, vice gérant de Mgneur le conservateur desdits privilèges, qui étoit en son siège judiciaire et auquel le seigneur dessusdit a dit et exposé que iceluy seigneur Le Clerc lui avoit fait commandement, sous peine d'excomuniement, de faire ouvrir la grande porte par laquelle on a accoustumé d'aller et venir audit prétoire, pour quoy il étoit allé vers lui pour lui dire qu'il étoit forcé de faire faire ouverture de la porte en lui payant 25ᴛᵗ par chacun an pour le louage dudit prétoire avec les arrérages échus que ledit vice gérant avoit toujours offert et au regard des censives qu'il prétendoit qu'il ne peut être et ne pouvoit être son juge et partie, en ce regard protestant d'en appeler s'il passoit outre, à quoy par iceluy seigneur Le Clerc a été dit qu'il feroit sa réponse par son greffier.

Le 6 octobre 1586. Requette présentée à la chambre des vacations par Louis de Brezé, évesque de Meaux, conservateur, disant que le couvent des Mathurins et hopital d'iceluy a été bati sur le fond et domaine de ladite Université, laquelle se seroit retenu et réservé une salle pour l'exercice de la justice et juridiction de la conservation des privilèges apostoliques, auquel lieu de temps immémorial elle l'exerce sinon depuis quelques jours que le général et ministre avoit fait fermer la porte, et conclu qu'il soit ordonné que deffenses soient faites au général d'empescher l'exercice au lieu accoustumé.

Le 10 octobre 1586. Requette, au contraire, desdits Mathurins à ladite chambre des vacations pour être les titres justificatifs de ce que dessus à eux communiqués."

LXV

CHAMBRE DE LA VENTE DU PARCHEMIN,
ÉTANT DES APPARTENANCES DU COUVENT DES MATHURINS.

(Archives nationales, LL 1549, n° 44.)

(Texte, p. 330-335.)

"Juin 1291. Deux déclarations de l'Université de Paris qu'elle ne prétend aucun droit dans la place que les Mathurins leur ont accordés pour recevoir et vendre le parchemin, mais que ce n'est qu'à sa prière et pour sa plus grande commodité.

15 décembre 1433. Bail fait par M° Nicole Meusnier, docteur régent en la faculté de décret en l'Université de Paris, ministre commandataire et les autres religieux à Ambroise Grivaut, libraire, d'une grande salle au 2° étage sur la salle du plaidoier de la conservation des privilèges apostoliques de l'Université ayant veuë sur la cour dudit couvent, moiennant 10^{tt} par an.

18 avril 1561. Quittance devant Lamiral, notaire à Paris de P. Coste, procureur des Mathurins, à M° Louis Bonneau receveur de ladite Université de la somme de 30^{tt} pour deux années de loier de la salle servant à mettre les parchemins, étant des appartenances dudit couvent et que ladite Université tient d'iceluy audit titre de loier.

5 juillet 1566. Reconnaissance et obligation devant (*en blanc*), notaire, au profit des Mathurins par M° Jean Lalement, fermier du droit que le recteur et supost de l'Université ont droit de prendre sur la vente du parchemin, de leur paier par chacun an 15^{tt}.

10 septembre 1572. Sentence par deffaut du Chatelet de Paris qui condamne le recteur de l'Université de paier audits Religieux 8 années à raison de 30^{tt} par an pour le loier de ladite chambre et d'une salle basse.

16 mars 1578. Autre sentence dudit Chatelet pour le paiement des loiers de ladite salle aux Mathurins.

Du même jour, offres faites aux Mathurins par le recteur de l'Université de cent sols pour trois mois de loier de ladite salle.

28 aoust 1598. Bail à vie devant Pierre Bela et Jacques Sandeau, notaire à Paris, à Nicolas Dubuz et autres jurés parcheminiers par P. François Petit, ministre d'une salle basse dépendante dudit couvent joignante la grande porte d'iceluy, en laquelle salle iceux parcheminiers auront leur entrée par l'entrée de la porte sortante sur la rue du Foin qui anciennement étoit une boutique, moiennant six cent dix livres d'écu sol de loier et à condition que lesdits reli-

gieux pourront recevoir les 2 sols parisis de droit qui leur a été pnié de tout tems par tous les marchands forains qui apportent en ladite halle leur parchemin, auquel sont attachés un procès verbal et les procédures touchant le congé que lesdits religieux vouloient donner audits jurés à cause des insolences qu'ils commettoient en ladite halle."

LXVI

CONFIRMATION PAR LE PAPE DE L'HÔPITAL SAINT-MATHURIN.

EXTRAITS DE L'INVENTAIRE DES CHARTES ET LETTRES SUR LE FAIT DES DROITS, FRANCHISES, PRIVILÈGES, ETC., APPARTENANT À L'ÉGLISE DE SAINT-MATURIN DE PARIS, DRESSÉ PAR R. P. ROBERT GAGUIN, DOCTEUR EN DÉCRET, GRAND MINISTRE DE L'ORDRE DES TRINITAIRES ET MINISTRE COMMANDATAIRE DE LADITE ÉGLISE SAINT-MATHURIN (sans date).

(Archives nationales, LL 1550.)

(Texte, p. 330-335.)

"Item une bulle du pape Grégoire IX, *pontificatus sui anno sexto*, qui confirme aux Maturins de Paris la donation de l'évesque de Paris et son chappitre à eulx faitte de l'Ospital, chappelle et autres lieux de Saint Maturin à Paris.

RECONNAISSANCE DE L'UNIVERSITÉ.

Item une lettre de l'Université de Paris de l'an m iii^{xx} et xi ou mois de juing par laquelle ladite Université recognoist que les Maturins de leur grace ont presté à ladite Université pour recepvoir et vendre leur parchemin ce lieu et place en la court de leur hôtel, laquelle chosse est sans préjudice des Maturins et que ladite Université y puisse réclamer aucun droit ores ne pour les temps advenir.

Item unes lettres du roy Philippe de l'an m iii^{xx} et xiii le dimanche devant la St Lorens par lesquelles est mandé au prévost de Paris et recepveur du Roy qu'ilz ne molestent point les Maturins de Paris contre et ou préjudice des admortissemens à eulx baillés par le roy Loys son prédécesseur."

LXVII

BIENS ET REVENUS DES MATHURINS, EN 1738.

(Archives nationales, S 4282.)

(Texte, p. 330-335.)

PARIS.

RUE DU FOIN.

"1. Une maison qui est la première en venant de la ruë de la Harpe. Louée à Mr Mulot treize cent trente livres par bail passé devant Valet, n^{re} à Paris, le 20 juin 1730, dont il a été diminué cinquante livres par convention verballe à cause du mauvais état du petit corps de logis sur la rue. Cy... 1,280^{tt}

2. Une maison qui est la deuxième en venant de ladite rüe de la Harpe. Louée à la communauté des libraires cinq cent livres par bail passé devant Doyen l'aisné, n^re à Paris, le 16 février 1728. Cy... 500^tt

3. Une maison qui est la troisième. Louée à Mr de Bar sept cent livres par bail passé devant Meny, n^re à Paris, le 20 janvier 1736. Cy................................. 700^tt

4. Une maison et boutique qui est la quatrième. Louée à Mr Brunet trois cent quatre vingt dix livres par bail passé devant ledit Valet le 26 mars 1732. Cy................ 390^tt

5. Une cave ouverte sur la rüe. Louée au sieur Orry quarante deux livres par bail passé devant Brelu de la Grange, n^re à Paris, le 15 novembre 1737. Cy.............. 42^tt

6. Une maison qui est la première à droitte en venant de la rue St Jacques au collège de Me Gervais. Louée à Mr Desrochers, graveur, cinq cent livres par bail passé devant ledit de la Grange le 15 avril 1736. Cy... 500^tt

7. Une maison qui est la deuxième avec les caves qui sont vis-à-vis. Louée au sieur Girardin, marchand de vin, cinq cent quatre vingt livres par bail passé devant Marchand, n^re à Paris, le 13 juillet 1737. Cy.. 580^tt

8. Une maison qui est la troisième. Louée à Mme de Lormel, imprimeuse, cinq cent livres par bail passé devant ledit de la Grange, le 17 janvier 1738. Cy.................. 500^tt

9. Un denier parisis de cens à prendre en la cour d'une maison qui est la quatrième acquise par le sieur Duflos.

10. Vingt livres de rentes et deux deniers parisis de cens à prendre sur une maison qui est la cinquième appartenante aux héritiers du sieur Maclary. Cy.................. 20^tt

11. Une maison qui est la sixième tenant au collège de Me Gervais. Louée par bail passé devant ledit Valet le 16 août 1731. Cy... 700^tt

RUE SAINT JACQUES.

12. Une maison et boutique faisant partie de la grande maison appelée la Vieille Poste sur le devant de la rüe et le long de l'allée d'entrée. Louée à la veuve Blouïn six cent livres par bail passé devant ledit Valet le 15 avril 1730. Cy........................... 600^tt

13. Un corps de logis en la grande maison appelée la Vieille Poste au fond de la cour sur l'aile gauche. Loué à M^r l'abbé Foucault cinq cent cinquante livres par bail passé devant Blanchans, no^re à Paris, le 14 décembre 1734. Cy.................................. 550^tt

14. Un autre corps de logis au fond de ladite cour faisant face à l'entrée à Mr Colin de la Touche, procureur, cinq cent cinquante livres par bail. Cy..................... 550^tt

15. Un autre corps de logis en entrant dans la cour à gauche. Loué à Mr Lecomte quatre cent livres par bail passé devant ledit Valet le 5 aoust 1731................... 400^tt

16. Une maison et boutique où pend l'enseigne l'Étoile d'or, ladite maison ayant vue par derrière sur ladite grande maison. Louée à M⁰ Martin, libraire, quatorze cent livres par bail passé devant ledit Doyen, le 27 mars 1730. Cy.......................... 1,400ᵗᵗ

17. Une maison et boutique en montant ladite rüe Sᵗ Jacques vis à vis Sᵗ Yves. Louée à Mʳ Ganeau, libraire, sept cent cinquante livres par transport du sieur Henry, aussi libraire, passé devant ledit de la Grange le 15 mars 1736. Cy....................... 750ᵗᵗ

18. Une maison et boutique attenante celles ci dessus faisant le coin de la rüe du Foin. Louée à Bertrand, notre chirurgien, huit cent livres par bail passé devant (*en blanc*), sur quoi déduction est faitte de cent livres pour les Rasures et Pansements des Religieux. Cy... 800ᵗᵗ

19. Cent cinquante livres de rente foncière et non racheptable à prendre sur une maison faisant l'autre coin en montant vers la rue des Mathurins...................... 150ᵗᵗ

20. Cent cinquante livres de rente foncière et non racheptable à prendre sur la maison qui est la deuxième en montant vers la rüe des Mathurins, acquise de Mʳˢ Brillon et Vérité par Mʳ et Mᵐᵉ de Laulne........ .... 150ᵗᵗ

21. Cent livres de rente foncière et non racheptable à prendre sur la maison qui est la troisième en montant, acquise par Mʳ Mariotte, libraire, des héritiers du sieur Paty... 100ᵗᵗ

22. Cent livres de rente foncière et non racheptable à prendre sur la maison qui est la quatrième en montant appartenant à M. Pinon............................ 100ᵗᵗ

23. Une maison et boutique qui est la cinquième en montant. Louée à Mʳ Boulanger, papetier, sept cent cinquante livres par bail passé devant ledit de la Grange le 10 février 1735... 750ᵗᵗ

24. Une maison et boutique qui est la sixième en montant. Louée à Mʳ Giffart, libraire et graveur, six cent cinquante livres par bail passé devant ledit de la Grange le 28 avril 1736, ... 650ᵗᵗ

25. Une maison et boutique qui sont la septième et huitième dépendantes de la même maison. Louée à M. Huot cinq cent cinquante livres par bail passé devant ledit de la Grange, le 2 avril 1738... 550ᵗᵗ

26. Une petite place derrière le maître autel de notre église. Louée cy devant.. (*en blanc*).

27. Six livres cinq sols de rente à prendre sur une maison qui fait le coin de la rüe Sᵗ Jacques à celle des Noyers appartenante à Mademoiselle de Sevignane............... 6ᵗᵗ 5ˢ

RUE DES MATHURINS.

28. Une maison neufve dans la cour de notre église. Louée à Mʳ Thorel, advocat au conseil, mille livres par bail passé devant ledit de la Grange le 15 septembre 1737........ 1,000ᵗᵗ

AUX HALLES.

29. Une maison et boutique qui fait le coin de la rüe Mondétour ou Pirouette en Thy-

roüanne. Louée à M' Pincemaille, bonnetier, six cent livres par bail passé devant ledit de la Grange le 1er décembre 1736.. 600tt

RUE DU MURIER.

30. Une maison et boutique qui fait le coin de la rüe du Murier à la rüe Traversine. Louée à M. Laisné deux cent cinquante livres par bail passé devant ledit de la Grange le 13 octobre 1733.. 250tt

RUE DE LA MORTELLERIE.

31. Seize livres de rente à prendre sur une maison appartenante à M' de la Boissière. 16tt

FAUBOURG SAINT JACQUES.

32. Trente trois sols neuf deniers de rente à prendre sur une maison où pend pour enseigne le Christ d'or acquise du sieur Imbert Huet par M. d'Aubigny, secrétaire du Roy.. 1tt 13' 9d

RUE DES JARDINS.

33. Sept sols six deniers de rente à prendre sur une maison appartenant à M' Godin. 7' 6d

RUES SAINT FIACRE ET DES SENTIERS.

34. Dix sept sols six deniers de rente à prendre sur deux maisons, l'une sur la rüe St Fiacre et l'autre en la rüe des Sentiers près la porte Mont-Martre, appartenantes aux héritiers de la veuve Canapte ou ayants cause.. 17' 6d

DOMAINE DE PARIS.

35. Cinquante deux livres dix sols par chacun an..................... 52tt 10'

FABRIQUE DE SAINT JACQUES DE LA BOUCHERIE.

36. Douze livres six sols pour une messe basse...................... (en blanc).

RUE DE LA PARCHEMINERIE.

37. Quatre maisons sur lesquelles nos prédécesseurs ont prétendu droit de cens portant lods et ventes. Il ne se trouve de bien justifié par titre et possession que ledit cens sur la quatrième partie de la troisième desdites maisons sur le derrière d'icelle... en notre censive de six deniers.. 6d.

RUE DE LA HARPE.

38. Un denier parisis de cens portant lods et ventes à prendre sur l'ancien collège d'Harcourt vis à vis le nouveau.

FAUBOURG SAINT MICHEL.

39. Cent livres de rente sur une maison et la tour d'un moulin appelé le *Moulin la Tour*, ruiné par incendie le 13 octobre 1721, scis derrière le clos des prestres de l'Oratoire de l'Institution.. 100tt

GABELLE DE PARIS.

40. Trois minots de sel à prendre par chacun an sur le grenier à sel de Paris.

CLERGÉ.

41. Treize livres quinze sols de rente anciennement constitués sur le clergé au principal de cinq cent livres à raison du denier douze réduit au dernier quarante............ 13ᵗᵗ 15ˢ

HÔTEL DE VILLE.

42. Soixante et quinze livres de rentes sur les aydes et gabelles, réduites au denier quarante par arrêt du 14 juillet 1720, provenantes de la fondation de Mlle Lambin......... 75ᵗᵗ

43. Soixante huit livres de rentes reduittes comme dessus provenantes de la donation de Madame Rezard.. 68ᵗᵗ

BIENS DE CAMPAGNE.

.... »

LXVIII

BIENS ET REVENUS DES MATHURINS,
D'APRÈS UNE DÉCLARATION DU 27 FÉVRIER 1790.

(Archives nationales, S 4241, n° 1345.)

(Texte, p. 330-335.)

«Déclare Mondit sieur Audibert, au nom de fondé de procuration de M. le Général des Mathurins, que la maison des Mathurins de Paris, ordre des chanoines réguliers de la Sᵗᵉ Trinité pour la rédemption des captifs, est composée de dix-huit chanoines réguliers et de deux frères convers; que les revenus attachés à cette maison se montent à quatre vingt onze mille cent cinquante quatre livres quinze sols neuf deniers, savoir :

1° Vingt un mil sept cent quinze livres trois sols pour la location des maisons dans Paris appartenant à ladite maison;

2° Quarante sept mil cinq cent quarante une livres sept sols six deniers pour les revenus des baux emphithéotiques, et des baux à vie, de plusieurs terreins dépendans de la maison et situés rue de la Chaussée d'Antin et rue Neuve des Mathurins à gauche et à droite;

3° Douze mille sept cent quarante neuf livres pour le fermage des biens de campagne;

4° Dix neuf cent quatre vingt quinze livres seize sols un denier pour les rentes foncières dans Paris;

5° Sept cent quatre vingt treize livres treize sols six deniers pour celles hors Paris;

6° Trois mille six cent trente six livres pour les rentes perpétuelles assignées sur les revenus du Roy et sur les États;

7° Quatre cent dix neuf livres cinq sols sept deniers pour les rentes à l'acquit des fondations;

8° Neuf cens livres pour le loyer des chaises de l'église.

Que les charges dont ces revenus sont grevés se divisent en deux classes, savoir les rentes perpétuelles qui se montent à six mille neuf cent quatre vingt seize livres, et les rentes viagères qui sont de la somme de cinq mil quatre cent quarante trois livres quinze sols............

Déclare en outre mondit sieur Audibert, comme fondé de la procuration de M. le Général en qualité de directeur de l'œuvre pour la rédemption des captifs, que les revenus de l'œuvre des captifs se montent à neuf mille deux cent soixante dix huit livres quatorze sols six deniers, savoir trois mille neuf cent soixante dix neuf livres neuf sols cinq deniers pour les loyers des maisons et fermages des biens dépendans de ladite œuvre, trois mille huit cent livres pour les rentes sur les aides et gabelles et quatorze cent quatre vingt dix neuf livres cinq sols un denier pour les rentes foncières;

Que les revenus de cet œuvre sont grevés de mille trente sept livres six deniers pour rente perpétuelle à acquitter;

Que l'actif de la caisse, y compris les arrérages, se monte à soixante dix mille cent quatorze livres seize sols six deniers, et le passif à vingt trois mille quatre cent livres.»

LXIX

ÉGLISE SAINT-HILAIRE.

SES REVENUS, D'APRÈS UNE DÉCLARATION DU 15 MARS 1790, DEVANT LE CONSEILLER ADMINISTRATEUR AU DÉPARTEMENT DU DOMAINE DE LA VILLE, PAR CLAUDE-AUGUSTIN LÉGER, MARGUILLIER COMPTABLE DE LA FABRIQUE.

(Archives nationales, S 3370.)

(Texte, p. 339-341.)

«Déclare mondit sieur Léger audit nom que les revenus de la fabrique de lad. église Saint-Hilaire du Mont consistent :

1° Dans le loyer de cinq maisons attenant l'église Saint-Hilaire du produit annuel de deux mille quatre cent quatorze livres;

2° Dans le produit des chaises louées, trois cent quatre vingt livres;

3° En deux mille cinq cent quarante livres de rente sur la Ville;

4° En seize livres cinq sols de rente duë par le collége de Louis le Grand;

5° En cinq cent quatre vingt six livres un sol payés annuellement par les fermiers généraux;

6° En une rente de deux cent livres duë sur une maison rue Saint-Hilaire, appartenant à Madame Jalabert;

7° En un casuel évalué deux cent cinquante livres.

En sorte que le revenu de ladite fabrique est de cinq mille neuf cent quatre vingt six livres six sols.

CHARGES.

1° La fabrique paye au curé, aux deux vicaires, au trésorier de lad. fabrique et pour l'acquit de seize cent vingt trois messes, dix huit cent quatre vingt onze livres cinq sols;

2° Aux maître d'école, enfants de chœur, chantres, serpent, organiste, onze cent soixante douze livres;

3° Aux bedeau, suisse, porte-bannière, épicier, parfumeur, gantier, plumassier, cinq cent sept livres douze sols;

4° A la bouquetière, aux pâtissier, imprimeur, afficheur, vitrier et ferblantier, cent soixante neuf livres dix sols;

5° A cause des rentes perpétuelles duës à divers, huit cent trente cinq livres dix sols;

6° A cause des décimes, cent trente livres;

7° Et pour sermons et menus frais de fabrique, quatre cent quatre vingt dix huit livres."

LXX

COLLÉGE DE CORNOUAILLES.

SON LOCAL D'ORIGINE, D'APRÈS L'INVENTAIRE DE SES TITRES ET PAPIERS.

(Archives nationales, MM 392.)

(Texte, p. 371-372.)

"Par acte du 2 décembre 1321, les exécuteurs du testament de M° Galleran Nicolas ordonnèrent que les cinq écoliers par eux fondés habiteroient dans la maison que Geoffroy du Plessis notaire du pape avoit instituée à Paris, et qu'il leur accordoit par grâce, à cet effet, si ces écoliers pouvoient y être reçus commodément; et dans le cas où Geoffroy du Plessis changeroit de dessein, ou que lesd. écoliers ne pourroient point être logés commodément dans sa maison, lesdits exécuteurs testamentaires se réservent le droit de leur assigner une demeure ailleurs. On n'a pu découvrir où étoit située cette maison de Geoffroy du Plessis[1], et on ignore où les premiers écoliers du collége de Cornouailles firent leur résidence jusqu'à ce que Jean de Guistry leur assignât une demeure fixe dans la maison située ruë du Plâtre Saint Jacques."

LXXI

DONATION DE GUISTRY AU COLLÉGE DE CORNOUAILLES,

D'APRÈS L'INVENTAIRE DE SES TITRES ET PAPIERS.

(Archives nationales, MM 392.)

(Texte, p. 371-372.)

"23 avril 1379. Grosse en parchemin d'un contrat passé devant Jean Fourquant et son confrère, notaires à Paris, par lequel les exécuteurs du testament de M° Jean de Guistry, jadis chanoine de Paris, de Nantes et de Cornoüailles, donnent aux Écoliers de Cornoüailles, fondés à Paris par M° Galleran Nicolas et led. M° Jean de Guistry, les biens qui suivent :

Savoir,

Une rente de 15^{lt} 10^s p^{is} sur une maison tant devant comme derrière située à Paris en la

---

[1] C'était le collège du Plessis lui-même (voir pages 265-269).

rüe de la Mortellerie devant la chapelle Étienne Haudry et aboutissant par derrière devant l'église Saint Jean.

Une rente de 70ˢ pⁱˢ sur une maison située rue au Feurre à l'opposite de la fontaine des Saints Innocents.

Une rente de 7ᵗᵗ sur une pièce d'isle située en la rivière de Seine entre Maison sur Seine et le Port aux Anglois.

Une rente de 4ᵗᵗ 3ˢ 4ᵈ sur une maison ayant pour enseigne la Fleur de Lys, située en la rue au Feure.

Une rente de 32 sols sur une maison située rue de la Cossonnerie, ayant pour enseigne le Plat d'Étain.

La dixme de Pinçon, prise à Dreux.

Tous lesquels objets avoient appartenu aud. Mᵉ Jean de Guistry qui avoit eû intention, de son vivant, de les donner auxdits Écoliers. »

Le rédacteur de l'Inventaire ajoute :

« Il résulte des derniers actes ci-devant énoncés que Mᵉ Jean de Guistry doit être regardé comme le restaurateur et même comme le véritable fondateur du collége de Cornoüailles. Il paroît[1], en effet, que les écoliers établis par les exécuteurs du testament de Mᵉ Galleran Nicolas de la Grève n'avoient aucune demeure fixe ni aucune dotation assurée lorsque Mᵉ Jean de Guistry entreprit de leur procurer l'une et l'autre. De tous les biens dont le collége de Cornouailles joüit aujourd'hui il n'y a que la seule rente foncière de 4ᵗᵗ 2ˢ 6ᵈ sur une maison rue Poupée qui provienne de la fondation de Mᵉ Galleran Nicolas, et la majeure partie de ces biens provient de la fondation de Mᵉ Jean de Guistry.

Savoir :

La maison appelée le collége de Cornouailles située rue du Plâtre, qui est la seule que ce collége possède dans Paris;

Les dixmes et fief de Fresles;

Les dixmes de Reinville près Dreux;

Trois arpents et demi de pré au Port à l'Anglois;

Une rente foncière de 7ᵗᵗ 10ˢ sur une maison située devant l'église Saint Jean en Grève;

Et une rente de 3ᵗᵗ 8ˢ 9ᵈ sur une maison située rue de la Mortellerie, qui a été remboursée le 23 octobre 1780.

Ainsi on pense que c'est avec raison que dans tous les temps Mᵉ Jean de Guistry a été associé à Mᵉ Galleran Nicolas de la Grève comme fondateur du collége. »

---

[1] La pièce LXX lève ce doute du scribe.

LXXII

RECONSTRUCTION, EN 1380, DU COLLÈGE DE CORNOUAILLES,
D'APRÈS L'INVENTAIRE DE SES TITRES ET PAPIERS.

(Archives nationales, MM 392.)

(Texte, p. 371-372.)

«Il est dit dans le même titre (*un cahier en parchemin*) que le 1er jour de may 1380 les exécuteurs du testament dud. M° Jean de Guistry s'étoient assemblés pour visiter la maison des écoliers du Défunt, située à Paris ruë du Plâtre, et avoient appelé plusieurs maçons et charpentiers, attendu qu'il y falloit faire de grandes réparations.

«Dans le troisième titre, se trouvent plusieurs articles relatifs au collége, conçus en ces termes :

«Item, led. Testateur avoit laissée aus Escoliers d'icelui fondés au collége de Cornoüaille la somme de mil francs, et avec ce lesd. Exécuteurs ont creu et augmenté led. lays d'autres cinq cent francs pour réparer et mettre à point la maison dud. collége qui chiet en ruïne, se remède n'y étoit mis. Ainsi somme payée aud. collége par lesd. Exécuteurs, tant de lays comme de don, xve francs d'or valant xiie livres parisis.»

Ibidem, page 125, au *verso*. Analyse du même document avec l'addition suivante :

«3° Il est fait dépense d'une somme de 80^{tt} employée par Pierre de Montigny, l'un des exécuteurs testamentaires, à acheter pour et au profit du collége des Écoliers de Cornoüailles, une maison où il y avait plusieurs louages, joignante la maison desd. Écoliers, laquelle leur était très necessaire.»

LXXIII

CHAPELLE PRIMITIVE DU COLLÈGE DE CORNOUAILLES,
D'APRÈS L'INVENTAIRE DE SES TITRES ET PAPIERS.

(Archives nationales, MM 392.)

(Texte, p. 371-372.)

«Par ces mêmes lettres (*émanant d'Aymeric, évêque de Paris, du 30 juillet 1380*), Aymeric accorda aux Écoliers du collége la permission de célébrer l'office divin dans la chapelle qui avoit été, ou qui seroit établie, à cet effet, dans la maison par eux habitée, sans préjudice toutefois des droits du curé de la paroisse.»

10 et 11 août 1516 :

«Expédition en parchemin d'un acte passé devant Jean Crozon et son confrère, notaires à Paris, par lequel les exécuteurs du testament dud. M° Pierre Pétry fondent, dans la chapelle dudit collége, un obit solennel qui doit être célébré la veille de la fête de saint Pierre et saint Paul pour le repos de l'âme dud. Pierre Pétry, ses parents et amis..... Laquelle fondation est acceptée par les maîtres et écoliers du collége de Cornouailles.»

LXXIV

ANNEXION DU COLLÈGE D'AUBUSSON À CELUI DE CORNOUAILLES, D'APRÈS L'INVENTAIRE DES TITRES ET PAPIERS DE CE DERNIER.

(Archives nationales, MM 392.)

(Texte, p. 371-372.)

«Il est certain qu'il a été fondé dans l'Université de Paris un collége appelé anciennement le *collége d'Albusson* et postérieurement d'*Aubusson*; mais on ne connoît ni l'époque à laquelle ce collége a été fondé, ni le lieu où il étoit situé, ni le nombre des personnes dont il étoit composé, ni l'affectation des bourses qui pouvoient y avoir été fondées, ni le temps auquel il a été uni au collége de Cornoüailles, ni la manière dont cette union a été faite.

. . . .

Outre les actes dont on vient de parler, il en existe plusieurs autres passés collectivement, tant au nom des principal, procureur et boursiers du collége de Cornouailles qu'en celui des *Boursiers de la communauté d'Albusson y annexée*...

Au reste, le collége de Cornoüailles jouit aujourd'hui, à cause de l'union du collége d'Aubusson, des biens ci-après énoncés.

Savoir :

1° Unze quartiers de pré situés au terroir de Brie sur Marne;

2° Un arpent et demi d'isle situé au même lieu;

3° Trois arpens et demi, deux perches de pré situés en la prairie de Viry;

4° Une rente de 26^{tt} 6^s sur le domaine du Roy;

5° Et une rente de 22^{tt} 10^s sur l'abbaye de Saint Germain des Prés.»

LXXV

DISTRIBUTION DU LOCAL PRIMITIF DU COLLÈGE DE CORNOUAILLES, D'APRÈS L'INVENTAIRE DE SES TITRES ET PAPIERS.

(Archives nationales, MM 392.)

(Texte, p. 371-372.)

«Anciennement il existoit, sur l'emplacement de cette maison, quatre petites maisons situées sur la rue du Plâtre; plus un corps de logis derrière, qui étoit occupé par les principal, procureur et boursiers du collége; et derrière ce corps de logis, il y avoit deux jardins ou chantiers et une allée aboutissant dans la rüe Gallande. Ces différentes maisons étoient louées par des baux séparés; mais en 1752, les maisons situées sur la rue du Plâtre étoient dans un tel état de caducité, que le collége fut condamné à les faire démolir. Alors le collége se détermina à faire une nouvelle construction sur le terrain donnant sur la rue du Plâtre, et y fit construire la maison telle qu'elle existe aujourd'hui.»

LXXVI

CONSTRUCTION À NEUF D'UN CORPS DE BÂTIMENT DU COLLÈGE DE CORNOUAILLES.

(Archives nationales, M 117.)

(Texte, p. 371-372.)

Extrait du devis (1752) :

« Devis des ouvrages de maçonnerie, charpenterie, gros fer, serrurerie, couverture, menuiserie, plomberie, pavé de grais, peinture d'impression et vitrerie qu'il convient faire pour la construction à neuf d'un corps de bastiment appartenant au collége de Cornouailles, fondé en l'université de Paris, rue du Plastre, paroisse Saint Severin, que ledit collége est tenu de faire, attendu la vétusté et le péril imminent, en quoi ledit collége a été condamné par sentence de police du vingt quatre may dernier, qui enthérine le procès-verbal de visite dudit corps de batiment fait par le sieur Egresset, juré expert, en conséquence d'une autre sentence de police du trois dudit mois de may dernier, et lequel corps de bâtiment est à gauche en entrant dans ledict collége, et jusques et compris les murs mitoyens au pourtour dudict batiment, le tout suivant les plans qui en sont faits par le sieur Rossignol, architecte entrepreneur de batimens, et sous la conduite duquel lesdits plans seront exécutés. »

LXXVII

RECONSTRUCTION GÉNÉRALE DU COLLÈGE DE CORNOUAILLES (1752-1755),
D'APRÈS L'INVENTAIRE DE SES TITRES ET PAPIERS.

(Archives nationales, MM 392.)

(Texte, p. 371-372.)

16 juin 1739. « Expédition d'un procès-verbal de visitte des bâtimens composans la maison appelée le collége de Cornouailles, faite par le s^r Louis Joubert, architecte expert des batimens nommé à cet effet par une ordonnance de M. l'archevêque de Paris, rendue sur la requête à luy présentée par les principal et boursiers du collége, d'après laquelle visite ledit expert estime que la majeure partie de ces bâtimens étoit dans le cas d'une reconstruction prochaine, et que le surplus avoit besoin de grandes réparations; et que ces reconstructions et réparations pourroient monter à la somme de 80,000^{lt}. »

26 avril 1754. « Exploit d'assignation donnée au collége, par devant M. le Lieutenant général de Police, pour se voir condamner à faire cesser le péril imminent dans lequel étoit une maison située rue du Plâtre. »

« Copie d'une ordonnance de M. de Beaumont, archevêque de Paris, du 3 mai 1754, par laquelle il permet aux principal et boursiers du collége d'emprunter la somme de 15,000^{lt}, pour reconstruire une partie des bâtimens d'iceluy. »

6 juin 1757. « Grosse en parchemin d'un acte passé devant Mouette, notaire à Paris, contenant compte entre les principal et boursiers du collége et les différens ouvriers qui avoien fait

les deux reconstructions (*la façade et le logis intérieur*); par le résultat duquel il paroît qu'il étoit dû, pour restant desdicts ouvrages, la somme de 31,016^{tt} 1ˢ 9ᵈ; pour le payement de laquelle lesdits principal et boursiers délèguent les loyers desdits deux corps de logis, à compter du 1ᵉʳ janvier 1757, montant à 2,400^{tt} par année, et consentent que lesdits loyers soient partagés au marc la livre, de six mois en six mois, entre les ouvriers, déduction faite des impositions royales. »

« Un état des mémoires des ouvrages faits pour les deux constructions, tant en demande que d'après les réglemens, par lequel il paroît que le premier bâtiment a couté 29,594^{tt} 9ˢ 9ᵈ, et le second 32,820^{tt} 1ˢ 6ᵈ. — En tout 62,414^{tt} 10ˢ 3ᵈ. »

« Lorsque le collège de Cornouailles a été réuni à celui de Louis le Grand, il étoit encore dû sur ces reconstructions la somme de 15,115^{tt} 2ˢ 6ᵈ qui a été payée en différens payemens dont le dernier a été fait en 1772. »

LXXVIII

DISTRIBUTION D'UN BÂTIMENT DE CORNOUAILLES,
D'APRÈS LE COMPTE DE CE COLLÈGE (1746-1747) POUR LE LOYER.

(Archives nationales, M 117.)

(Texte, p. 371-372.)

« BÂTIMENT DU CÔTÉ DU PUITS.

Les quatre pièces du rez de chaussée servent de salle à manger, de cuisine, de porterie et de bucher.

1ᵉʳ ÉTAGE.

Le première pièce est affectée au portier pour lui servir de logement et ensuite à une partie du logement du principal.
La deuxième a été occupée par un locataire à raison de quarante livres par an.

2ᵉ ÉTAGE.

2 pièces.
L'une louée à un abbé quarante livres par an.
L'autre, à raison de soixante cinq livres par an, à des imprimeurs en taille douce.

3ᵉ ÉTAGE.

2 pièces.
L'une louée quarante livres par an.
L'autre louée à un prêtre 36 livres.

4ᵉ ÉTAGE.

3 pièces.
Deux louées 24 livres par an, et la 3ᵉ 45^{tt} par an.

5ᵉ ÉTAGE.

3 pièces.

Deux louées 24ᵗᵗ par an, et la 3ᵉ accordée par gratification au nommé Gallois.

BÂTIMENT AU-DESSUS DE LA CHAPELLE.

1ᵉʳ ÉTAGE.

L'appartement sert de logement à M. le Principal.

2ᵉ ÉTAGE.

L'appartement est loué 75ᵗᵗ par chacun an.

3ᵉ ÉTAGE.

L'appartement est loué 60ᵗᵗ par chacun an.

4ᵉ ÉTAGE.

3 pièces.

La 1ʳᵉ de 30ᵗᵗ par an.
La 2ᵉ occupée par le boucher du collége.
La 3ᵉ louée à raison de 25ᵗᵗ par an.

ESCALIER DE M. LE PRINCIPAL, À GAUCHE EN MONTANT.

1ᵉʳ ÉTAGE.

3 pièces.

Le 1ᵉʳ cabinet au fond du corridor occupé à raison de 15ᵗᵗ par an.
Les 2ᵉ et 3ᵉ, qui servoient autrefois de magasin, ne sont plus habitables.

2ᵉ ÉTAGE.

3 pièces.

Les 1ʳᵉ et 2ᵉ, jadis magasin, à présent inhabitables.
La 3ᵉ occupée à raison de 30ᵗᵗ par an».

LXXIX

RECONSTRUCTION, EN 1754, D'UN CORPS DE BÂTIMENT DÉPENDANT DU COLLÈGE DE CORNOUAILLES.

(Archives nationales, M 117.)

(Texte, p. 371-372.)

«Par procès-verbal du sieur Nicolas Le Camus, architecte expert, etc.
Appert avoir été fait la réception des ouvrages faits pour la reconstruction d'un corps de bâtiment dépendant du collége de Cornouailles, etc., et que lesdits ouvrages montoient sur voie ceux de maçonnerie et carrelage à dix huit mille cinq cens cinquante quatre livres quatre sols trois deniers.

Ceux de charpente à cinq mille trois cens quarante sept livres trois sols quatre deniers.

Ceux de serrurerie et gros fer à trois mil cent quarante livres un sol trois deniers.

Ceux de menuiserie faits par le sieur Gasparis à dix huit cens quatre vingt dix huit livres quatre sols.

Ceux de menuiserie faits par le sieur Dazanvillier à treize cens quarante six livres deux sols trois deniers.

Ceux de vitrerie à trois cens trente livres un sol trois deniers.

Ceux de couverture à huit cens soixante douze livres treize sols.

Ceux de plomberie à quatre cens quatre vingt huit livres dix huit sols six deniers.

Ceux de pavé de grais à trois cens cinquante six livres unze sols six deniers.

Ceux de marbrerie à cent quatre vingt sept livres.

Et ceux de peinture d'impression à trois cens dix livres neuf sols neuf deniers.

Qu'ainsi le total des ouvrages montoit à trente deux mille huit cens vingt une livres neuf sols un denier. »

LXXX

LOUAGES DU COLLÈGE DE CORNOUAILLES.

(Archives nationales, S 6417.)

(Texte, p. 371-372.)

« Une déclaration au greffe des enregistremens et contrôle des domaines de main-morte par Philippe de Trédern, principal (15 et 22 juin 1740), porte :

« Une maison sise rue du Plâtre, attenante au collége, portant pour enseigne le Mouton, louée par an.. 430ll

Une autre maison sise rue du Plâtre, attenante audit collége, louée par an...... 360ll

Une autre maison sise rue du Plâtre, attenante audit collége, louée par an...... 300ll

Une autre maison sise rue du Plâtre, attenante audit collége, louée par an...... 160ll

Trois chambres de la même maison louées par an........................ 150ll

Une allée ayant issue dans la rue Galande louée par an................... 24ll ».

LXXXI

LE MOUTON BLANC, MAISON DES APPARTENANCES DU COLLÈGE DE CORNOUAILLES.

(Archives nationales, MM 392.)

(Texte, p. 367.)

8 juin 1674. « Expédition en parchemin d'une déclaration passée devant Jacques Rallu et son confrère, notaires au Châtelet de Paris, par laquelle les principal, procureur et boursiers

du collége de Cornouailles se reconnoissent propriétaires d'une maison située rue du Plâtre, consistant en un corps de logis sur le devant, composé d'une cave, salle, écurie, cuisine, plusieurs chambres l'une sur l'autre et grenier au dessus, lieux, aisances et dépendances de ladite maison, où est une petite cour, tenant d'une part au collége, d'autre à la maison de la veuve Baudinot, aboutissant par derrière à la maison des Trois Canettes, et par devant sur la rue du Plâtre, appartenant au collége au moyen de la fondation du collége faite par M° Galleran de la Grève et M° Jean de Guistry; étant ladite maison en la censive du Roy, et vers luy chargée de 15ˢ de cens et rente payables le jour saint Remy chaque année, portant lods et vente, saisine et amende; et lesdits principal, procureur et boursiers s'obligent de faire mettre, insculper et graver en pierre, marbre ou autre matière convenable, incessamment, au dessus de la porte de ladite maison, l'*Enseigne du Mouton blanc*, pour donner à connoître qu'elle est dans la censive du Roy[1]. »

LXXXII

REVENUS DU COLLÈGE DE CORNOUAILLES, D'APRÈS LE COMPTE DE 1777-1778.

(Archives nationales, M 195.)

(Texte, p. 371-372.)

	MONTANT DES RENTES.		
« Rentes sur les aides et gabelles...............................	200ᵗᵗ	″ˢ	″ᵈ
....	116	13	4
Domaine du roi..	26	6	″
Etats de Bretagne...	53	8	″
....	150	″	″
....	150	″	″
Officiers vendeurs de marée......................................	111	5	″
Rentes foncières sur l'abbaïe de Sᵗ Germain.......................	22	10	″
Maison, rue des Arcis..	1	17	6
Maison, rue du Martroi...	7	10	″
Autre, rue de la Harpe...	5	12	6
Autre, rue de la Mortellerie.....................................	3	8	9
Autre, rue des Graviliers..	″	15	″
Maison, rue de la Croix, à Orly..................................	0	″	″
Autre, à Orly, rue Grenetat......................................	2	14	″
Portion de terre, à Orly...	″	15	″
Vigne, même lieu...	1	7	4
Vigne, à Charonne..	1	″	″
Presbitère, à Fresles..	″	3	″
Autre maison, même lieu..	3	10	″
Vigny, à Vitry sur Seine...	1	17	6
	863	12	11

NOTA. Le collége a acquis de ses épargnes 150ᵗᵗ de rente au principal de 3,000ᵗᵗ.

---

[1] De cette déclaration, il semble résulter que les immeubles à l'*Enseigne du Mouton blanc*, si fréquents dans l'ancien Paris, se réclamaient tous de la censive royale.

FERMES.

Dixmes de Fresles..	1,050^{tt}	"	"
Dixmes de Rieuville......................................	260	"	"
Terres à Maisons...	95	"	"
Terres à Juvisy..	130	"	"
Terres à Brie sur Marne.................................	75	"	"
	1,610	"	"
Maison louée...	3,100	"	"
Total des revenus......................................	5,573	12	11

CHARGES.

1° Les vingtièmes des maisons...........................	253^{tt}	"	"
2° Divers cens et rentes dus par le collége.............	8	19	"
3° La portion congruë du curé de Fresles................	250	"	"
4° Pension viagère à M. Girault de Coudou, ancien principal........	800	"	"
5° La pension de six boursiers à 480^{tt}.......	2,400	"	"
6° L'acquit des fondations...............................	55	"	"
7° Dépenses communes.....................................	500	"	"
8° L'entretien des couvertures...........................	38	7	"
	4,305	6	"
Excédent des revenus....................................	1,268	6	11 v.

LXXXIII

COLLÈGE DE RETHEL.

SON INCORPORATION AU COLLÈGE DE REIMS (1443), D'APRÈS L'INVENTAIRE DES TITRES DE CE DERNIER.

(Archives nationales, MM 434.)

(Texte, p. 377-378.)

« Il existoit anciennement à Paris un collége appelé le collége de Rethel, lequel avoit été fondé, en l'Université de cette ville, par Me Gaultier de Launoy (dont on ignore la qualité) pour recueillir les pauvres écoliers et maîtres du pays de Rethelois et du pays d'environ, qui seroient du dioceze de Reims, lesquels maîtres et écoliers étoient ordonnés par l'abbé de St Denis de Reims et le grand prieur de St Remy de la même ville.

La demoiselle Jeanne de Bresles avoit fondé quatre bourses dans ce collége pour quatre écoliers de la Comté de Portien et du pays d'environ au dioceze de Rheims, dont elle s'étoit réservée et à ses successeurs la collation. Pour laquelle fondation elle avoit donné certains héritages situés à Velly, desquels est provenue une rente de 3^{tt} 15^s dont le collége jouit encore et dont sera parlé cy après.

Les troubles qui s'élevèrent dans Paris au commencement du quinzième siècle, entraînèrent la ruine du collége Rethel. Les écoliers qui l'habitoient se dispersèrent et la maison fut pillée.

Le collége de Reims éprouva à peu près le même sort.

En l'année 1443, l'évêque de Castres confesseur du Roy Charles VII, et plusieurs autres notables personnages du dioceze de Rheims, exposèrent à ce prince la situation fâcheuse dans laquelle se trouvoient ces deux colléges; qu'il n'y avoit plus aucuns maîtres ni écoliers et que notamment la maison du collége de Rethel étoit entièrement en ruine, ce qui causoit un grand préjudice aux écoliers du dioceze de Rheims pour lesquels ces colléges avoient été fondés, et ils proposèrent au Roy de réunir ces deux colléges, comme le seul moyen de les faire revivre.

L'abbé de Saint Denis de Rheims et le prieur de Saint Remy de la même ville, qui paroissoient avoir été institués les supérieurs majeurs du collége de Rethel, avoient entièrement abandonné ce collége et il ne se trouvoit plus aucuns parens de la demoiselle de Bresles qui y avoit fondé quatre bourses. En conséquence, le Roy Charles VII, par des lettres patentes de l'année 1443, déclara que le droit de nomination à ces bourses et de supériorité sur le collége lui étoit dévolu, et il unit et incorpora à perpétuité le collége de Rethel à celui de Reims, et il attribua à l'archevêque de Rheims et à ses successeurs la collation des bourses de ce collége et l'institution des officiers.

On voit par ses lettres patentes que tous les biens du collége de Rethel consistoient en la maison du collége située ruë des Poirées, laquelle étoit alors entièrement en ruine, et en 6ᵗᵗ 18ˢ parisis ou environ de rente, dont on ne donne point l'affectation; plus dans les héritages situés à Velly, qui avoient été donnés par la demoiselle de Bresles.

Le collége de Rheims a joui de la maison située rue des Poirées jusque vers le milieu du siècle dernier, qu'elle a été comprise dans la construction de l'église et maison de Sorbonne. Le premier décembre 1642, le cardinal de Richelieu fit l'acquisition du jardin de cette maison, moyennant la somme de 6,000ᵗᵗ, laquelle est employée dans le compte de cette année à payer, en partie, les ouvriers qui venoient de reconstruire quatre maisons du collége donnant sur la ruë Charretière. Et le 12 aoust 1647, le collége vendit à messieurs de Sorbonne cette maison moyennant 21,000ᵗᵗ qui furent employées au remboursement de trois parties de rentes qui avoient été constituées par le collége et à payer un ouvrier. Ainsi la maison du collége de Rethel a produit 27,000ᵗᵗ qui ont été employées utilement par celui de Rheims.

Comme les comptes du collége de Rheims ne remontent pas au delà de l'année 1608, on n'a pas pu découvrir sur quoi étoient affectés les 16ᵗᵗ 18ˢ parisis de rentes qui appartenoient au collége de Rethel, ni ce que sont devenues ces rentes. Ce qu'il y a de certain, c'est que le collége de Rheims n'en jouissoit plus à cette époque.

A l'égard des héritages situés à Velly ou Vailly, il y a lieu de croire qu'ils furent donnés à rente, mais on n'a pas pu découvrir en quel temps, et il ne reste plus de ces biens qu'une rente de 3ᵗᵗ 15ˢ.

On n'a trouvé aussi aucun renseignement qui annonce qu'il y ait jamais eu, dans le collége de Rheims, des boursiers du pays de Rethelois ou de la comté de Porcien; ce n'a été qu'en 1720 que M. le cardinal de Mailly, archevêque, voulant faire revivre ces anciennes fondations, ordonna par ses statuts qu'il y auroit dans le collége au moins sept boursiers, dont un seroit de la ville ou duché de Rethel et un de la ville ou comté de Porcien; mais il ne paroît point que cette disposition ait eu son entière exécution. Le compte de l'année 1721 annonce bien qu'il y a (*ce nombre d'écoliers*) dans le collége, mais dans celui de l'année suivante il n'est plus fait mention que de quatre, qui se trouvent réduits à trois dans les comptes subséquens; jusqu'à ce que toutes les bourses furent suspendues à cause de la reconstruction d'un bâtiment sur la ruë de Rheims. Aucunes des provisions de bourses ne portent l'affectation du pays de Rethel ou de Porcien, mais sont toutes pour des sujets du dioceze de Rheims indistinctement. »

LXXXIV

LETTRES PATENTES DÉCLARANT L'INCORPORATION DU COLLÈGE DE RETHEL À CELUI DE REIMS.

(Archives nationales, S 6560.)

(Texte, p. 377-378.)

«Charles par la grâce de Dieu Roy de France : Scavoir faisons à tous présens et advenir, estre venu à nostre cognoissance par la relation de nostre amé et féal conseiller et confesseur l'evesque de Castres et de plusieurs autres personnages du diocèse de Rheims, que en nostre ville de Paris a plusieurs beaux et notables colléges, qui de longtemps et anciennement ont été fondez, les aucuns par nos predecesseurs Roys de France et les autres par congé et licence de nosdits predecesseurs, par plusieurs notables personnes de divers estats. Affin qu'en iceulx colléges fussent recueillis receus et logez pauvres escoliers venans a Paris de diverses parties de notre Royaulme pour estudier et acquerir science et degré et proffiter ez facultez de nostre fille l'Université de nostre ditte ville de Paris chacun selon sa nation, pays, province et diocese esdits colleges à ce fondez et ordonnez; et est l'une des choses qui plus a entretenu et entretient la dite Université en vigueur. Et entre les aultres colleges fut jadis par M. Gaultier de Launoy fondé en nostre dite ville un college nommé le college de Rethel pour recueillir les pauvres escoliers et maistres du pays de Rethelois, et du pays d'environ, qui seroient du diocese de Rheins à l'ordonnance de l'abbé de Saint Denis de Rheins et du grand prieur de S. Denis dudit Rheins, et pour la fondation d'iceluy et habitation desdits escolliers desdits pays et diocese, leur bailla l'hostel dudit college et six livres dix huicts sols parisis de rente ou environ. Et que semblablement feuë Jehanne de Bresles damoiselle fonda quatre bourses pour quatre escolliers de la comté de Portien et du pays d'environ au diocèse de Rheins, réservé à elle et à ses successeurs la collation desdites bourses, pour la fondation desquelles elle donna certains héritages à elle appartenans assis à Velly. Et pour ce que n'a pas longtemps, n'y avoit aucun college pour les escolliers de la province ou diocese de Rheins qui porta le nom de Rheins qui est la principalle province de nostre Royaulme, feu Guy de Roye, en son vivant archevesque de Rheims, delibera et par son testament ordonna estre faict et fondé en nostre dite ville de Paris un college qui seroit nommé le collége de Rheins : auquel seroient recueillis et receus les escolliers dudit diocese et province, par la forme et maniere plus à plein contenuz es ordonnances sur ce faictes, pour l'habitation et fondation duquel ledit archevesque laissa certaine grande somme de deniers à ses executeurs, lesquels ensuivant l'ordonnance dudit archevesque ont depuis achepté un dit grand noble et spacieux hostel amorty, et lequel ne doit que sept deniers de fonds de terre, et aussi acheterent plusieurs rentes et revenuz et firent audit hostel plusieurs réparations et edifices pour iceluy approprier à l'usance et l'habitation des escolliers qui y demeureront, et y mirent et instituerent maistre particulier, procureur et chappelain, et le garnirent d'ornemens de chappelle et de plusieurs ustensiles et mesnages. Mais pour les divisions qui survindrent l'an mil quatre cens dix huict et pour les guerres qui depuis sont ensuivies, lesdits ornemens, ustensiles, mesnages et estoremens d'hostel ont été pillez, desrobez et perduz : ledit hostel venu en decadence, grand ruine et désolation, et pareillement ledit collége de Rethel et les rentes et revenuz d'iceluy ont été et sont comme du tout laissées et abandonnées, et en aventure d'estre perduës. Et pour ce ledit college de Rethel et aussi lesdittes quatre bourses, heritage et revenuz d'icelles ordonnez pour la fondation d'icelles sont tournez en ruine, et de present ne de longtemps il n'a demeuré personne audit hostel de Rhetel, et n'y est oncques aucun logis pour les escolliers desdites quatre bourses, parquoy fauldroit qu'ils fussent vagabons, et encores de present n'y a aulcun heritier apparent de ladite fondatrice, parquoy la collation et restitution des bourses avoit esté et estoit devolue à nous et encores n'y a esté pourveu, et à l'occasion des choses susdites n'y a eu, ne a aucun qui se soit donné ne preigne cure ne garde ne entremis desdites rentes et revenus appartenans à iceulx colleges et quatre bourses, et vont de jour en jour les édifices en ruine et s'y perdent iceulx droicts, rentes et revenus appartenans auxdits quatre bourses et colleges. Et parceque sont lesdits colléges de Rheins et Rethel et lesdites quatre bourses en voye d'estre du tout anéanties et déperies, et ledit argent qui a esté employé esdits hostels, edifices, reparations et rentes et aultre chose perdu, et ledit testateur et aultres fondateurs frustrez de leurs ordonnances et intentions, si par nous n'y est sur ce pourveu, si comme dit et remonstré nous a esté. Pour toutes ces choses considérées, etc. etc. Ordonne et ordonnons que lesdits collége de Rethel et bources de Portien et les droicts, rentes et revenuz d'iceux soient unis, incorporez, annexez et appliquez, et lesquels par ces présentes nous unissons, incorporons, annexons et appliquons audit collége de Rheins, pour estre dorénavant perpetuellement dits et nommez et appelez le collége de Rheins... »

LXXXV

BÂTIMENTS DU COLLÈGE DES DIX-HUIT, DÉCRITS ET PRISÉS, D'APRÈS UN PROCÈS-VERBAL DE VISITE.

(Archives nationales, S 6560.)

(Texte, p. 379-380.)

«Nous Claude Doublet juré du Roy nostre sire des œuvres de charpenterie, Jean Bailly, Jean Pastel, maistres maçons à Paris, et Jean Le Goust, charpentier à Paris, après serment par nous faict par devant tous mesdits sieurs, par titre et en ensuivant certaine ordonnance en date du unziesme jour d'octobre mil six cens quarante un à nous signiffiée par Quiquebœuf, huissier, sommes, le 28° jour dudit mois d'octobre an que dessus, transportez au collége des *dix-huit*, siz en l'Université de Paris rue des Poirées et ayant ses entrées et issues en rue des Cordiers, pour, suivant lad. ordonnance, le veoir, visiter et iceluy priser et estimer pour estre dans l'estendue du desseing de la Maison et Collége Royal de Sorbonne, lequel collége, en la présence de M° Jean Jacques de Barthet, principal dud. collége, nous avons veu et visité de fond en comble, comme il appartient, et trouvons qu'il se consiste en plusieurs corps de logis et édiffices, courtz et jardin, assavoir, un grand corps de logis ayant face sur ladite rue des Poirées, faisant encoignure en la rue de Cluny, contenant six travées de long, séparé d'un mur de refend, couvert de thuiles en comble, appliqué au rez de chaussée à trois boutiques et trois sallettes derrière, un puys à costé de l'une desdites sallettes, deux berceaux de cave à costé l'un de l'autre sous ledit rez de chaussée, séparez de murs garnis d'une descente droicte en l'une desdites sallettes et d'un potoyer soubz la viz cy après déclarée, deux estages carrez l'un sur l'autre sur ledit rez de chaussée, appliquez chacun à trois chambres et plusieurs cabynetz à chacune desdites chambres, un estage de galtas dessus appliqué à pareilles chambres et cabynetz et un grenyer par hault dans lequel est pratiqué une chambre et quatre cabynetz, une montée partye dedans et aultre partye hors œuvre servant à monter audit logis, une court au derrière dudit logis, à l'un des costez delaquel sont des lieux communs enclavez dans le jardin cy après déclaré, à l'aboutissant de laquelle court est un corps de logis qui a pignon sur ladite rue des Poirées, contenant quatre travées de long, couvert de thuiles en comble, appliqué au rez de chaussée à une boutique, sallette et allée pour aller à la chapelle, une cave soubz ladite salle garnye d'une descente droicte, troys estages carrez l'un sur l'autre sur ledit rez de chaussée, le premier estage a troys chambres et six cabynetz, le second a troys chambres, sept cabynetz, le troyesme a quatre chambres et pareilz cabynetz, un estage de galtas dessus appliqué aussi a quatre chambres avecq cabynetz et un grenyer par hault, une montée hors œuvre au dessus de laquelle est un cabinet où il y a cheminée, et ensuite est le logement de Monsieur le Principal, contenant deux travées de long, couvert de thuilles en comble, appliqué par bas à un cellyer, deux estages l'un sur l'autre accompagnez de garderobes garnys de cheminée, d'un grenyer dessus, une viz hors œuvre servant à y monter, un cabynet au dessus, et au derrière de ladite court est un jardin clos de murs, à costé duquel jardin est une aultre court, à l'un des costez de partye de laquelle est la chapelle couverte de thuilles et un grenyer sur ladite chapelle, un logis ensuite couvert de thuilles en appentis, appliqué à deux sallettes, une escurye entre deux, une cave soubz l'une desdites deux sallettes, garny d'une descente droicte, un estage carré sur ledit rez de chaussée appliqué à deux chambres et troys cabynetz et un grenyer par hault; une viz dans œuvre servant à y monter, un aultre corps de logis ensuite contenant deux grandes travées de long, couvert de thuilles en appentis, appliqué au rez de chaussée à une salle, un berceau de cave dessoubz, garny d'une descente droicte, un estage carré appliqué à une chambre et deux cabynetz, un estage de galtas dessus appliqué à une chambre et troys cabynetz, un grenyer par hault auquel l'on monte par une eschelle, une viz dans œuvre servant à monter auxdites chambres, un aultre corps de logis ensuite ayant face sur la rue des Cordiers, couvert de thuilles en comble, contenant deux travées de long, appliqué au rez de chaussée à une sallette, deux estages carrez l'un sur l'autre sur ledit rez de chaussée, appliquez chacun à une chambre et cabyne, une chambre en galtas au dessus et grenyer par hault, une viz servant à monter audit corps de logis, ledit collége ainsy qu'il se poursuit et comporte de toutes partz et de fond en comble tenant d'une part à la maison et appartenances du collége de Clugny et à ladite rue des Cordiers, d'aultre part aux maisons appartenant aux sieurs Belesme et Letellier, aboutissant par derrière à la rue des Cordiers et par devant à ladite rue des Poirées et ayant, par nous mesuré, la superficie de terre dudit collége tant en vidde et vague que bastimens, trouvons qu'il y a la quantité de troys cens soixante huict toises de terre en superficie, dont lesdits bastimens sont vieilz, caducques et ruyneux, qui ne peuvent plus subsister sans estre refaicts de neuf, pour quoi faire causeroit une grande despense de bastimens, Nous Dublet et Pastel, sur telles considérations, avons ledit collége, superficye et anciens bastimens, prisé et estimé ensemble à la somme de quarante mille livres tournois. Cy..... $\qquad$ XL m^{lt}

.... Signé : Dublet et Pastel.

Et Nous Bailly et Le Goust, ayant considéré qu'au dit collége il y a, comme dict est, troys cens soixante huict toises de terre en superficye, dont partye des bastimens sont vieilz et aultre partye neufs sans réparation, la situation et disposition des lieux qui est un collége, avons iceluy prisé et estimé à la somme de quatre vingtz mil livres tournois. Cy. $\qquad$ IIII^{xx} m^{lt}

.... Signé : Bailly et Le Goust.

1642.

....
Je Jean Sanaria Me Maçon à Paris, nommé d'office après serment, etc., me suis le septiesme

jour desdits mois et an transporté audict collége des dix huict, etc., pour le veoir, visiter et iceluy priser et estimer *comme tiers* sur ces differens advis de Claude Dublet et Jean Pastel d'une part, et Jean Bailly et Jean Le Goux d'aultre, déclarez par le rapport cy dessus, etc., *et ayant iceluy collége considéré, la vieillesse et caducité des bastimens, spécialement du corps de logis sur ladite rue des Poirées qui est de présent estayé pour en esviter la cheutte et aussy ladite quantitté de troys cens soixante huict toises de superficye*, sa disposition et situation, ay iceluy collége prisé et estimé la somme de quarante mille livres tournois, eu esgard à sa situation et le cours du temps de présent. Cy . ㅤㅤ xl m^{tt}

.... Signé : Savaria. »

LXXXVI

REVENUS DU COLLÈGE DES DIX-HUIT,

D'APRÈS LE COMPTE DE L'ANNÉE 1777-1778.

(Archives nationales. M 193.)

(Texte. p. 379-380.)

	MONTANT DES RENTES.		
«Rentes sur les Aides et Gabelles.............	775^{tt}	u^s	u^d
....	261	5	"
....	227	10	"
....	933	6	8
....	116	13	4
....	116	13	4
Domaine du Roi à Paris............	25	"	"
Ancien clergé....................	37	10	"
....	7	10	"
Sur deux arpens de terre à Villiers le Bel....	6	"	"
	2,506	8	4

MAISONS.

	MONTANT DES LOYERS.		
Maison rue du Faub. S. Jacques................	1,450^{tt}	u^s	u^d
Maison neuve attenant........................	1,250	"	"
Maison au coin sur le marché aux chevaux......	184	"	"
Quartier de terre en dépendant................	36	"	"
Quatre arpens de terre en marais..............	170	"	"
Demi arpent labourable.......................	170	"	"
Un arpent de terre...........................	96	"	"
Petite maison et arpent en marais.............	250	"	"
Maison et terre en marais.....................	600	"	"
Id., id.......................................	500	"	"
	4,706	"	"
Total des revenus.........	7,212	8	4

CHARGES.

1° Les vingtièmes des maisons............................	407^{lt}	4^s	5^d
2° Les cens et rentes sur les maisons du faubourg S. Jacques.......	1	"	6
3° La contribution au logement des Gardes françoises............	96	"	"
4° Les pensions accordées, savoir :			
A M. Lucas, ancien Principal........................	450	"	"
A M. Canicaille, ancien Procureur.....................	150	"	"
5° La pension de huit boursiers à raison de 400^{tt}...............	3,200	"	"
6° L'acquit des fondations................................	46	"	"
7° Contribution aux dépenses communes.....................	700	"	"
8° Couvertures des maisons...............................	61	13	3
	5,111	18	2
Excédent des revenus...............	2,100	10	2 r.

LXXXVII

COLLÈGE DE CLUNY.

ANNEXION D'UN TERRAIN CONTIGU À SON POURPRIS, D'APRÈS LE CHARTIER DES JACOBINS.

(Archives nationales, S 4239.)

(Texte, p. 380-385.)

«Du 1er décembre 1271. Lettres de Philippe le Bel obtenues par les Religieux de Cluny, portans que les moines de Cluny ayant demandé avec instance au Roy qu'il leur accordât un certain terrain contigu à la nouvelle maison qu'ils avoient commencé à édifier à Paris proche la maison des FF. prescheurs, pour clore et finir leur dite maison, offrant au Roy de lui donner dans un autre emplacement un terrain aussi bon et même meilleur et de la même quantité; Philippe le Bel voulant pourvoir au dédomagement et à la tranquilité des frères prescheurs qui avoient leurs écoles, leur dortoir et leurs autres batimens proche ledit emplacement, met les conditions suivantes à ladite concession :

Qu'il ne sera permis aucunement auxd. moines de faire du côté qui regarde les frères prescheurs ni construire de cuisine ou cloaque ou autre chose qui trouble ou inquiète ou cause du dommage auxd. ff. prescheurs; qu'ils ne pourront pas même avoir de cloche, ou quelque autre chose dans ladite maison qui nuise ou cause quelque dommage auxd. ff. prescheurs.»

LXXXVIII

ÉTAT DES BÂTIMENTS DU COLLÈGE DE CLUNY, EN 1585, D'APRÈS LE CHARTIER DES JACOBINS.

(Archives nationales, S 4239.)

(Texte, p. 380-385.)

«Du 6 octobre 1585. Procès verbal de visite des lieux de la ruë et des batimens de Cluny, ou il est rapporté par témoins que *les batimens de Cluny sont tels qu'ils estoient depuis 3oo ans, et que la rue (ou passage des Jacobins) est publique.*

A la fin dud. acte, est une sentence qui condamne lesd. Jacobins à faire démolir le batiment qu'ils faisoient contre le collége de Cluny et aux dépens.»

LXXXIX

LES QUATRE TOURELLES ANGULAIRES DU COLLÈGE DE CLUNY [1],
D'APRÈS LE CHARTIER DES JACOBINS.

(Archives nationales, S 4239.)

(Texte, p. 380-385.)

«Du premier septembre 1587. Réplique des Religieux de Cluny, disant que les Dominicains ayant à faire remettre les lieux ainsy qu'ils étoient auparavant, le tout aux frais desdits Dominicains; disant encore qu'il y a plus de 3oo ans que leur cuisine est dans le même endroit, et qu'elle n'a jamais été ailleurs; *disant qu'il y a quatre ruës autour de leur batiment, et quatre tours,* (l'une) *à chaque coin,* le tout édifié depuis plus de 3oo ans, tellement que lesdits Dominicains sont non recevables à faire déplacer la cuisine à l'occasion des eaux. A quoi lesdits de Cluny concluent avec dépens.»

XC

ARRIÈRE-FAÇADE DU COLLÈGE DE CLUNY, EN 1620,
D'APRÈS LE CHARTIER DES JACOBINS.

(Archives nationales, S 4239.)

(Texte, p. 380-385.)

«Du 2 aoust 1620. Sentence du Chatelet intervenue entre les Jacobins et les Cluny, de laquelle voicy le prononcé : «Nous disons, après que les juges se sont transportés sur les lieux contentieux, qu'il est permis et permettent aux Religieux de Cluny de faire parachever leur batiment encommencé et l'élever à telle hauteur que bon leur semblera, et que les gargouillets et égouts qui sont en leur mur faisant séparation de leur collége d'avec la ruë dite de Coupe gueulle [2], et partie de celle de Cluny close et fermée par lesd. Jacobins demeureront en la forme et manière qu'elles sont de présent, et pourront lesd. de Cluny donner pente à la couverture et égout de leur batiment sur lesd. ruës et demeureront les vuës qui sont de présent au batiment desd. de Cluny en la forme et manière qui ensuit, scavoir la vuë de l'allée qui va du dortoir de Ste Scholastique dedans les Ecoles et qui donne vuë à lad. allée sera reformée et

---

[1] Tours universitaires. — Le collège de Cluny resta jusqu'au bout flanqué de quatre tours, déjà vieilles, en 1587, de près de trois cents ans; le collège de Tréguier n'en possédait qu'une, mais où était enclavé un *marmouzet* de pierre de taille marquant la séparation des hautes justices de Saint-Benoît et de Sainte-Geneviève; le collège du Trésorier reconstruisit la sienne en 1610; celle de Fortet enveloppe et protège encore un escalier caduc; enfin Louis-le-Grand en conserve deux, dont l'une abrita la *Chartreuse* de Gresset.

[2] Ainsi le seul quartier de la Sorbonne compte jusqu'à trois ruelles dites de Coupe-Gueule ou de Coupe-Gorge, double dénomination allusive aux assassinats qui s'y perpétraient.

elevée au dessus du rest de chaussée de cinq pieds, fermée a fer maillé de cinq pouces en cinq pouces; comme aussy sera la vuë qui regarde sur la montée qui va au dortoir du corps de logis bati de neuf reformé et élevé de cinq pieds du rest de chaussée du planché a fer maillé de cinq pouces en cinq pouces; comme aussy les vuës étant aux chambres dud. dortoir ayant regard sur la ruë de Coupe gueulle demeureront en la forme qu'elles sont, à la charge de renfler et remplir l'épaisseur du mur qui a été retranché au droit desd. vuës et de mettre ès dites fenestres à chacune d'icelles montant de fer également compassé; et sera la vuë du milieu étant en la tournelle du coin desd. ruës bouchée du consentement des parties, et aux deux autres il sera mis à chacune un montant; et quant à la vuë éclairant l'allée du dortoir d'en bas ayant vuë sur la ruë de Cluny sera fermée à fer maillé de cinq pouces en cinq pouces, et sera mis aux deux vollets d'en bas du verre dormant; comme aussy la vuë de l'allée du dortoir d'en haut regardant sur lad. ruë de Cluny, sera pareillement fermée de fer maillé de cinq pouces en cinq pouces; et les deux vollets d'en bas fermés de verre dormant; sera aussi la vuë étant au grenier regardant sur lad. ruë de Cluny fermé de fer maillé de cinq pouces en cinq pouces; comme aussi une autre vuë étant dans l'escalier fait de neuf et au haut d'icelui sera rehaussée et mise à cinq pieds du rest de chaussée et fermée de fer maillé de cinq pouces en cinq pouces. Deffences sont faites auxdits de Cluny de jetter aucunes ordures par lesd. vuës et de faire faire aucunes ouvertures, portes ou celliers du côté des Jacobins pour y aller ou isser. Deffenses sont pareillement faites auxd. Jacobins de faire aucun batiment dans la largeur et longueur desd. ruës de Coupe gueulle et de Cluny par eux clauses et enjoint a eux de faire oter dans quinzaine l'edifice d'appenty adossé contre le mur desd. de Cluny, ensemble de faire enlever a leurs frais les hayes et bois et les terres, ordures et immondices étant en lad. ruë de Coupe gueulle qui sera pavée de grés a frais communs sans que si après lesd. Jacobins puissent mettre, jetter ou faire jetter aucunes immondices, ny laisser bois ou matériaux en lad. ruë et empêcher le cours des eaux pluviales tombant dud. collége de Cluny; et seront tenus lesd. Jacobins faire ouverture auxd. de Cluny, si besoin est, pour entrer esdites ruës pour réparer les murs et couvertures de leur collége, aboutissant sur lesd. ruës... »

XCI

REVENUS DU COLLÈGE DE CLUNY (8 MAI 1737).

D'APRÈS UNE DÉCLARATION DE CE COLLÈGE.

(Archives nationales, S 6415.)

(Texte, p. 380-385.)

« Une maison scise rue de Cluny louée pour six ans moyennant la somme de cinq cents livres par bail passé devant M⁰ Vatry, notaire à Paris, le 18 janvier 1754. Cy...... 500ᵗᵗ

Une maison scise rue de Cluni avec une boutique et entresolle sur la place de Sorbonne louée pour six années au sieur Meunier moyennant la somme de sept cents cinquante huit livres par le bail passé devant M⁰ Vatry, notaire, le 3 mars 1755. Cy............ 758ᵗᵗ

Une maison scise place Sorbonne louée au Sʳ de Saint pour six années moyennant la somme de six cents livres par bail passé devant M⁰ Vatry, notaire, le 31 décembre 1751. Cy.. 600ᵗᵗ

Une petite cour située derrière les maisons de la rue neuve Richelieu louée verbalement au sieur de la Noux moyennant vingt livres. Cy............................... 20tt

La somme de trente neuf livres neuf sols au principal de dix neuf cens soixante douze livres dix sols sur les tailles de la généralité de Paris par quittance en forme de contrat du sieur Gruin, garde du trésor royal, du 28 novembre 1722. Cy.................... 39tt 9'

Une maison scise rue de la Harpe louée pour dix années à madame Jauniot moyennant trois mille livres par bail passé devant M° Vatry, notaire, le 31 décembre 1751. Cette maison a été rebâtie en grande partie des sommes provenantes du diocèse de Chartres, et elle est représentative des deniers de ce même diocèse, pour raison desquels le collége paye les décimes... C'est pourquoi cet article ne sera porté ici que pour mémoire. Cy............. Mémoire.

Trois minots de sel franc salé à prendre sur le grenier à sel de Mantes provenant de la réunion de la communauté de Gassicourt, diocèse de Chartres, où le collége paye les décimes, lesdits trois minots estimés cent quinze livres, déduction faite de trente cinq livres qui se payent pour les droits manuels dudit franc salé, ce qui sera aussi porté pour mémoire. Cy... Mémoire.

TOTAL des revenus du collége de Cluny............................. 1,957tt 9'
Sur laquelle somme de dix neuf cens cinquante sept livres neuf sols il doit être fait déduction des charges cy après énoncées.

CHARGES.

La somme de trois cens livres de rente au principal de six mille livres due à Mr l'abbé de Cluny comme subrogé aux droits de M. de Canillac par acte du (*en blanc*). Cy.. 300tt

La somme de six livres cinq sols pour droit de censive due à l'abbaye de sainte Geneviève. Cy.. 6tt 5'

La somme de douze livres de redevance annuelle due à la procure générale de l'ordre de Cluny par arrêt du Conseil d'Etat du 31 décembre 1738. Cy.................. 12tt

La somme de cinq cens livres pour l'entretien et réparation de maisons appartenantes audit collége attendu leur vétusté et leur caducité, laquelle estimation justifiée pour une année commune prisée sur les quittances de réparations des dix dernières années. Cy....... 500tt

TOTAL des charges à déduire desdits revenus........................ 818tt 5'

RÉCAPITULATION.

TOTAL des revenus........................	1,957tt	9'	"d
TOTAL des charges,........................	818	5	"
Partant reste net..................	1,139	4	"

Nota. Sur laquelle somme de onze cent trente neuf livres quatre sols le collége est obligé par les réglemens de payer deux cens livres à M. le Prieur pour son vestière et entretien, de

APPENDICES ET PIECES JUSTIFICATIVES. 553

fournir la nourriture dudit Prieur estimée trois cens livres, attendu qu'il est du nombre des boursiers, plus les gages du portier cent six livres, et autres frais nécessaires et indispensables.»

XCII

INSTALLATION PRIMITIVE DU COLLÈGE DU TRÉSORIER.

(Archives nationales, S 6586¹.)

(Texte, p. 385-387.)

«Achapt d'une maison au coin de la rue des Porées pour faire le collége, fait par M⁰ de Saane et Mᵉ de Gémétial, archidiacre du Vexin normand, moyennant la somme de 280ᴸᴸ qu'ils payèrent à Mᵉ Richard de Néalfa, propriétaire de ladite maison. Cet acte fut fait dans le mois de septembre, le jeudi avant la fête de Saint Michel 1273.»

Sur l'original, qui a beaucoup souffert, l'immeuble en question est localisé en ces termes :

«Domum quandam sitam Parisius in magno vico sanctorum Cosme et Damiani ante domum episcoporum Antiss. facientem cuneum vici Poretarum sup. vicum sancti Cosme ex una parte et ex parte alia in vico Poretarum, facientem cuneum vici Lathomorum ab opposito domus scolarium Cluniasen., contiguam in vico sancti Cosme grangiæ Guillelmi Olearii et domui (*en blanc*) Vigneron in vico Lathomorum, in censiva domini Roberti de Villapetrosa militis fratris ipsius Magistri, oneratam in sex denarios annui census.»

XCIII

RECONSTRUCTION DU COLLÈGE DU TRÉSORIER, EN 1610.

(Archives nationales, M 195.)

(Texte, p. 385-387.)

«Devis des ouvrages de maçonnerie et autres œuvres qu'il convient faire au collége de Notre Dame de Rouen, dit des Trésoriers en l'Université de Paris.

Premièrement

Convient faire une maison consistant en trois corps d'hostelz de chacun dix huit pieds de profondeur sur quinze à seize pieds de large le long de la rue des Poirées, faisant face en rue des Poirées et des Maçons et sur le jardin.

Item en chacune chambre haulte y aura deux estudes ou trois sy la commodité le permet.
....

Seront les haulteurs des salettes et premières chambres de neuf piedz soubz poultre et la deuxiesme de huict piedz soubz poultre et la troisiesme de quatre piedz d'exaussement et le lambry continué depuis la haulteur d'exaussement jusqu'à la haulteur de l'entrant.

Pour la construction desdicts trois logis.

Item convient construire les murs au dessus du fondement cy dessus des caves pour la perfection d'iceulx à haulteur convenable, iceulx murs garnis de trois assises de pierre de Clicart d'espoisseur de dix huict poulces entre deux, un au rez de chaussée, et dont iceluy mur de la rue des Poirées sera massonné de chaux, sable et moislon, sera érigé des croisées à chasque estage dans icelluy mur, scavoir la première croisée des premiers estages seront faictes de pierre de taille de Saint Leu, garny de leur vousure au dessus desdictz premiers estages, seront enduictes de plastre et dans icelluy mur sera érigé des jambes soubz poultre... Outre icelles jambes et au dessus d'icelluy mur y faire trois lucarnes pour la commodité des chambres et dont icelles lucarnes seront enduictes de plastre, garny de leur fronton. Ensemble au pourtour desdictes croisées se fera des retraictes chasque estage et sur icelle retraicte se fera une plainte ou larmyé sur les murs et au bas d'iceulx murs sera continué une encoingnure de pierre de taille de Clicart de quatre à cinq pieds de long du rez de chaussée jusques au premier estage et sur icelle encoingnure sera construict une tournelle contenant trois pieds dans œuvre ou environ, et icelle tournelle continuée du premier estage jusques à la haulteur d'icelluy logis. Icelle tournelle sera bastie de pierre de taille de Haultban, comme elle est à présent.

Item convient construire le pignon joignant icelle tournelle du costé de la rue des Maçons et en icelluy mur sera érigé troys assis de pierre de taille entre deux de dix poulces au rez de chaussée et sera maçonné le rez dudict mur. Sera érigé des retraictes et une plainte ou larmyé de plastre.

Item convient faire au bout d'icelluy mur une jambe boutisse de pierre de taille de Haultban qui sera continuée au rez de chaussée jusques à la haulteur de l'entablement d'icelluy logis.

Item il convient construire le mur *du costé du jardin* sur la fondation cy dessus déclarée et en icelluy mur sera érigé trois assises de pierre de taille de Clicart par paque entre deux, une de dix huitct poulces, et sera maçonné ledict mur au dessuz d'icelle de chaux, sable et moislon ou plastre et dans icelluy mur érigé deux croisées chasque estage d'iceulx logis.

Assavoir les croisées du premier estage seront de pierre de taille de Haultban ou sainct Leu garny de leur vousure bombée et pour les estages du dessus seront icelles croisées et demy croisées enduictes de plastre.

Item dans icelluy mur des jambes soubz poultres par peigne garny de leur corbeaulx de haultbant, et seront continué icelles jambes du rez de chaussée jusques à la haulteur de l'entablement et dans la dernière pierre sera l'entablement de plastre entre icelles jambes.

Item convient faire sur icelluy mur trois lucarnes maçonnez de plastre et de plastras enduicts de plastre garny de leur fronton. Ensemble sur icelluy mur se fera des retraictes chasque estage d'un poulce par hault et sur icelle retraicte se fera une plainte ou larmyé dont iceulx pantz de mur cy dessus déclarez seront crespis par dehors de chaux, sable, enduicts iceulx murs par dedans de plastre.

Item convient massonner les poinctes des pignons, dont icelles poinctes seront massonnées de plastre et de plastras d'éspoisseur convenable jusques à la haulteur qu'il conviendra.

Item convient faire deux murs pour faire la séparation des troys corps de logis, dont iceulx murs seront maçonnés de chaux, sable ou moislon ou plastre d'espoisseur de quinze poulces jusques à la haulteur convenable.

Item d'y ériger quatre tuiaulx de cheminée pour chacun logis, lesquelles cheminées seront maçonnés de plastre, garny de leur manteaux, dont iceulx seront de vingt pieds de long ornés d'une plainte par hault et d'une petite corniche par bas.

Item convient faire la massonnerye de quatre planchers qui seront massonnés de plastre et plastras.

Item convient faire la massonnerye d'une cloison et allée pour aller à l'escalier, et dont icelluy escalier servira pour deux logis, et soubz les noyaux d'icelluy escallier convient mettre deux assizes et quatre marches de pierre de taille.

. . . .

Item convient faire une montée ronde hors œuvre, sy la commodité le permet, à l'un d'iceulx logis, du costé de la chappelle pour monter à la première, deux, trois et quatre^{me} chambre et au grenié, sy mestié est, et dont icelle montée sera de cinq pieds et demy dans œuvre en tous cens.

Item convient faire la massonnerye de la coquille dudit escallier, dont le tout sera massonné de plastre et plastras.

Item convient faire deux jambes de pierre de taille propres pour porter un porteal garny de corbeaux au rez de chaussée de la petite cour où est le puis à présent pour rendre clairté en icelle allée et en la montée.

. . . .

Item ledit entrepreneur tiendra les huisseries de deux pieds et demy à trois pieds de largeur et de cinq à six pieds de haulteur.

Item fera l'abatis des vielx bastimens à ses despens.
Fera deux fosses à privez, l'une pour servir à deux des sallettes basses et l'aultre pour servir à l'ancien corps de logis devers la chappelle.

. . . .

Restablira tout ce qu'il desmolira des aultres bastimens.

Pour la charpenterie :

. . . .

Pour le couvreur :

. . . .

Pour la serrurerie :

. . . .

Pour le verre :

. . . .
Etc...

Mathurin Gaullier, m^e maçon à Paris, demourant au faulxbourg Sainct Marcel lez Paris grande rue dud. lieu paroisse Sainct Médard, et Anthoine Lepainctre, maçon, demourant au faulxbourg Sainct Germain des Prez les Paris, confessent avoir faict marché, etc..., aux vénérables proviseur, procureur et boursiers du collége du Trésorier N. D. de Rouen fondé en l'Université de Paris et acceptant par noble personne M⁰ Jehan de Rouen, proviseur dudit collége, Jean Certain et Charles Nourry, boursiers; de faire et parfaire... les ouvrages... qu'il convient faire pour la construction des trois logis que lesdicts du collége entendent faire bastir de neuf au lieu et endroict selon et ainsy qu'il est déclaré par les devis cy dessus escriptz, ... à y travailler dès lundy prochain... jusques à l'entière perfection desdictz ouvrages qu'ilz promettent rendre deuement parfaictz... dans neuf mois prochains...

Cette promesse et marché faictz moyennant la somme de huict mil livres, laquelle somme lesdictz du collége ont promis et promettent ou dict nom baillé et payé ausdicts entrepreneurs ou au porteur à feur et à mesure qu'ilz travailleront ausdictz ouvrages....................

Faict et passé en la chappelle dudict collége, le trente ung^{me} et dernier jour de juillet après midy l'an mil six cens dix... »

XCIV

PROCÈS-VERBAL DE VISITE (22 DÉC. 1638) DES BÀTIMENTS DU COLLÈGE DU TRÉSORIER DONT RICHELIEU POURSUIVAIT L'EXPROPRIATION.

(Archives nationales, S 6586ᴬ.)

(Texte, p. 385-387.)

« A la prière et requeste de Messieurs les principal, procureur et boursiers du collége des Trésoriers fondé en ceste ville et université de Paris, rue de la Harpe, je Jean Tevenon, maistre maçon à Paris, le vingt deuxiesme jour de décembre mil six cens trente huict, me suis transporté au dedans dudict collége, pour, suivant l'intention desdicts sieurs dudict collége des Trésoriers, veoir, visiter et prendre par déclaration en quoi se consiste les corps de logis qui sont dans la cour dudict collége et les maisons qui sont dans la rue des Poirées dépendantes aussi dudict collége, etc.

Et premièrement, y ai trouvé un corps de logis à l'entrée dudict collége sur la porte cochère d'icelluy qui est de trois travées de long sur quinze pieds de large compris les espoisseurs des murs, couvert de thuille en comble à esgout, *sur la rue de la Harpe* et sur la cour dudit collége cy après déclarée, appliqué au rez de chaussée à un passage de porte cochère, une petite salette sans cheminée à costé servant au portier, une petite allée de passage à costé servant à conduire aux caves dudict corps de logis en retour cy après déclaré, trois estages l'un sur l'autre au dessus, dont un en galletas et un appliqué à une chambre et deux estudes, et grenier dessus auquel l'on monte avec une échelle, une viz ronde à costé servant à monter audict logis.

Un autre corps de trois travées de long sur IIII pieds soubz laquelle y a cave en berceau, une viz soubz la montée ronde devant déclarée et une descente droicte attenant une autre maison sur ladite rue de la Harpe dépendant du collége de Harcourt appliqué à deux salles à costé l'une de l'autre, deux estages au dessus dont un en galletas et un appliqué à deux chambres, estudes et grenier dessus.

Un corps de logis en retour faisant l'une des encoignures de la rue des Poirées, de quatre travées de long sur quatre toises de large dans œuvre couvert de thuille en comble à esgout sur ladicte rue des Poirées et sur la cour dudict collége et aussy à pignon sur la rue de la Harpe appliqué au rez de chaussée à une grande salle, un petit guichet et passage attenant pour conduire au corps de logis sur la chapelle deux estages l'un sur l'autre appliqué à trois chambres et grenier lambrissé dessus servant de bibliotèque.

Un corps de logis aussy en retour sur la cour et faisant enclave dans icelle de quatre travées de long et de quatre pieds de large dans œuvre, couvert de thuilles en comble, à pignon sur ladicte rue des Poirées et sur la cour dudict collége appliqué au rez de chaussée à un chapitre et chapelle, dans lequel chapitre y a trois colonnes, dont deux de pierre et une de bois, et ladicte chapelle est hors œuvre en card de rond lambrissé par dessus et couvert d'ardoises avec plomb, deux estages l'un sur l'autre, dont un en galletas et un appliqué à trois chambres et estudes et grenier dessus auquel on monte avec une échelle, une viz ronde dans œuvre servant aux deux corps de logis unis et déclarés.

Ay trouvé un corps de logis attenant ladicte chapelle de deux travées de long à esgout sur ladite rue des Poirées et sur la petite cour cy après déclarée, couvert de thuille en comble, appliqué au rez de chaussée à une boutieque, une salle au derrière et une allée à costé d'icelle, deux estages au dessus, dont un en galletas et un appliqué à une chambre, garderobe et estudes et grenier dessus, auquel on monte avec une échelle, un escallier hors œuvre, couvert d'ardoises en comble soubz lequel y a un siège d'aizance en berceau de cave soubz ledict logis, garny d'une descente droicte, une petite cour ou et dans laquelle y a un puiz moutoyen tant à ladite maison quaudict collége.

Un autre corps de logis attenant de quatre travées de long couvert de thuille en comble à esgout sur ladicte rue des Poirées et sur la cour après déclarée, séparé d'un mur de refend, appliqué au rez de chaussée à deux salles, cuisine et une allée, un berceau de cave soubz deux de travée dudict logis, garny d'une descente droicte, trois étages l'un sur l'autre, dont un en galletas et un appliqué à deux chambres et estudes et grenier dessus, auquel on monte avec une eschelle, une court où et dans laquelle y a un appenty couvert de thuille appliqué à poulalier et siège d'aizance à costé.

Un corps de logis en retour servant audict collége de trois travées de long et de douze pieds de profondeur, couvert de thuille en comble à esgout sur la rue des Maçons et sur la cour dudict collége et appliqué au rez de chaussée à une imprimerie, trois estages l'un sur l'autre au dessus, dont un en galletas et un appliqué à une chambre et estudes et grenier dessus, auquel on monte avec une eschelle.

Un autre corps de logis en retour de quatre travée de long couvert de thuille en comble séparé d'un mur de refend à esgout sur ladicte cour dudict collége et sur une cour d'une autre maison où est demeurant M⁰ Jacquin, imprimeur, aussy de quatre toises de large dans œuvre, trois étages dont un en galletas et un appliqué à deux chambres et estudes et grenier au dessus, auquel on monte avec une eschelle, une viz ronde hors œuvre, servant aux susdits deux corps de logis, un petit comble attenant sur ladicte cour, couvert de thuilles et appliqué au rez de chaussée à sept siéges d'aizance, deux petites garderobes l'une sur l'autre servant de cuisine aux chambres du corps de logis dernier déclaré. Qui est le contenu et déclaration des corps de logis qui sont dans la cour et servant à présent audict collége, aussy de deux maisons qui sont sur ladicte rue des Poirées. Le tout consistant trois cens toises de superficie ou environ... »

XCV

COMPTE DU COLLÈGE DU TRÉSORIER, ANNÉE 1787-1788.

(Archives nationales, M 195.)

(Texte, p. 385-387.)

REVENUS.

	l.	s.	d.
Rentes et cens sur les aides et gabelles．	168	13	4
—————— les moulins de la ville de Rouen．	20	"	"
—————— le domaine de la ville de Paris．	320	"	"
—————— les deux maisons de Samson Fortin, rue de la Harpe．	2	14	4
—————— la maison au coin de la rue Neuve Richelieu, place de la Sorbonne．	"	10	"
—————— la maison suivante．	"	5	"
—————— la maison contiguë．	"	5	"
—————— la maison suivante．	"	5	"
—————— la maison au coin de la rue Neuve Richelieu et de celle de la Harpe．	"	5	"

FERMES.

Dixmes d'Oissel．	800	"	"
Tierce portion du fief de Gilleville．	600	"	"

SITUATION DES MAISONS ET MONTANT DES LOYERS.

Hôtel des Trésoriers, rue des Maçons．	925	"	"
1ʳᵉ partie de maison au coin des rues des Maçons et Neuve Richelieu．	360	"	"
1ʳᵉ maison, rue Neuve Richelieu．	480	"	"
2ᵉ partie de la maison ci-dessus, 2ᵉ maison, rue Neuve Richelieu et 3ᵉ appelée le collége. Total．	11,330	"	"
4ᵉ maison, rue Neuve Richelieu．	755	"	"
5ᵉ maison, même rue, au coin．	1,400	"	"
1ʳᵉ maison de la rue de la Harpe．	850	"	"
2ᵉ maison de la rue de la Harpe．	800	"	"
3ᵉ maison de la rue de la Harpe．	850	"	"
Total des revenus．	13,232	17	8

CHARGES.

1° Les vingtièmes des maisons．	716	6	5
2° Les cens et rentes sur les maisons, savoir :			
Au domaine du Roi．	"	5	"
A la maison de Sorbonne．	1	13	6
A reporter．	718	4	11

Report..................................	718″	4ˢ	11ᵈ
3° La pension viagère à M. Huillard, ancien principal.............	2,200	″	″
4° La pension de quatorze boursiers, à raison de 400ᴹ............	5,600	″	″
5° L'acquit des fondations................................	21	″	″
6° La contribution aux dépenses communes...................	1,100	″	″
7° Couvertures des maisons...............................	78	″	″
	10,281	4	11
Excédent des revenus.....................	2,045	12	9ᴰ

XCVI

BAIL DU COLLÈGE DE CALVY À UN PRINCIPAL (1590), D'APRÈS L'ACTE ORIGINAL.

(Archives nationales, S 6211.)

(Texte, p. 387-389.)

« ... confessèrent et confessent avoir baillé et délaissé, baillent et délaissent, a tiltre de loyer et prix d'or, au jour de pasques dernier passé, jusques a quatre ans prochains après ensuivant finiz, revoluz et accompliz, promisrent et promettent garantir et faire joyr, durant ledict temps, a venerable et scientiflicque personne Maistre Rodolphe Gazil formé en ladicte faculté de théologie en icelle Université y demourant et compaignon d'icelluy collége de Sorbonne, a ce présent, acceptant et preneur audict tiltre et pour ledict tems,

Une Maison contenant plusieurs corps d'hostelz, court et puis au millieu, les lieux ainsy qu'ilz se poursuivent et étendent de toutes parts et de fond en comble, antiennement appelé le petit Sorbonne et a présent le collége de Calvy, assize en ladicte Université, rue des Porées, ayant sa principalle entrée en la rue des Porées et issue en la rue de Sorbonne, audict collége de Sorbonne appartenant, en ce non compris la maison du Soufflet Vert et aultres maisons que icelluy collége de Sorbonne a situées et assizes en ceste ville de Paris, grand rue Sainct Jacques, laquelle pour par le preneur en joyr audict tiltre et pour ledict temps, cestz présens bail et prinse faictz a la reservation des deuz plus proches chambres d'icelluy collége de Calvy, estant des appartenances du corps d'hostel qui est joignant et attenant a icelluy collége de Sorbonne, ayant veue sur les escolles de Sorbonne, pour par iceulx de Sorbonne y loger, si nécessité y estoit, deux des compaignons et boursiers d'icelluy collége de Sorbonne, ce quilz pourroient faire sans diminution du prix cy après déclaré, et oultre moyennant quarante escuz sol que de loyer et prix d'or pour et par chascune desdites quatre années en a promis, sera tenu, promet et gaige bailler et payer ausdict bailleurs, leurs successeurs, procureur et recepveur ou au porteur, aux quatre termes en l'an a Paris accoustumez, dont le premier terme de payement eschéra au jour Sainct Jehan Baptiste prochain venant et ainsy a continuer par chacun terme après ensuivant lesdictes quatre années durant.

Et en oultre que le preneur sera aussy tenu et promet payer, faire et accomplir sans diminution du prix et loyer susdict, assavoir de garnir ladicte maison de vieux meubles a lui appartenant exploictables pour les loyers et sortissant nature d'iceulx, de l'entretenir et y faire faire pendant ce bail toutes et chacunes les menues réparations qui y seront nécessaires faire, et en la fin d'icelluy, les rendre et délaisser en bon estat desdictes menues réparations; payer les deniers a quoy icelle maison pourroit estre taxée, ce dict bail durant, pour le regard des fortifications de ceste ville de Paris, avec toutes aultres taxes et impositions a quoy aussy elle pourroit estre taxée et imposée, ce dict bail durant, soit de par le Roy ou ladicte ville, et de tout acquitte, indempnise et descharge iceulx de Sorbonne et en la fin de chascune année leur en baille et delivre les acquictz et descharges;

De faire régenter en ladict maison en grand maire et de trois classes en arts, ainsy que défunct maistre Estienne Fontaine a faict de son vivant et au contentement d'iceulx de Sorbonne, de soy y maintenir et gouverner avec ses régens bien et honnestement, ainsy qu'il appartient; de contenir lesdicts régens et enfans en la relligion de l'église catholique et apostolique romaine, aussy en habitz honnestes de faire assister lesditz régens et enfans au service divin qui se faict, dict et célèbre en la chapelle dudict collége es jours et festes que iceulx de Sorbonne y font service solempnel; d'entretenir en la chapelle dudict collége de Calvy le service divin deu et accoustumé y estre faict, dict, chanté et célébré, qui est entre aultres d'une messe par jour; de ne permettre et souffrir que aulcuns d'iceulx régens, pedagogues, enfans et aultres personnes gectent aulcunes pierres ni aultres choses quelconques du costé de l'église et chapelle du collége de Sorbonne ne pareillement allentour d'icelluy collége de Calvy; aussy que ceulx qui demeureront es chambres qui ont veue sur icelle rue de Sorbonne gectent en icelle aulcunes urines ne aultres immondices; semblablement de ne permettre que lesdicts régens, pédagogues, enfans et aultres qui demeurent en ladicte maison tiennent en leurs chambres aulcunes armes ne aultres bastons, ne quilz gectent aulcunes urines ne aultres immondices par le canal qui est viz a viz la petite porte des escolles d'icelluy collége de Sorbonne, par lequel les eaues qui tombent du ciel en ladicte maison distillent, ny semblablement en icelle rue de Sorbonne, ny entre les murs et murailles de ladicte maison estant en la rue des Porées; de garder icelle maison de dommaige, specialement les couvertures, aussy des classes et lieux en dépendance; de ne demander et faire payer aulcune chose aux serviteurs desdicts de Sorbonne, pour ce que l'on a accoustumé prandre chacun mois des martinetz pour la porte. Et quant au regard de la vuidange des privez d'icelle maison de Calvy[1], le preneur sera tenu de contribuer aux fraiz et despens de la vuidange d'iceulx de ce qui se trouvera avoir esté remply de son temps.

Sans touteffois qu'il puisse bailler ne transporter son droict d'icelluy présent bail et prinse à quelque personne que ce soit ne appliquer ladicte maison et lieux a aultre chose que en exercice de collége sans l'exprès consentement desdicts de Sorbonne.

. . . .

Sy icelluy preneur estoit défaillant payer ledict loyer par deux termes entresuivans et consécutifs l'un l'aultre, aussy de faire et accomplir les charges susdites, que en ce cas ou l'un d'iceulx advenant, lesditz de Sorbonne pourront de leur auctoritté privée et sans figure de procès ne aultre solempnité de justice, garder, reprendre et remettre en leurs mains ladicte maison, la bailler a aultres et en faire ce que bon leur semblera, nonobstant ledict bail, qui esdits cas ou l'un d'iceulx advenant, comme dict est, sera et demeurera nul et résolu comme non faict ni advenu pour le temps qui en pourroit lors rester a eschoir et néantmoings le contraindre a paier ce quil pourroit lors debvoir a raison d'icelluy loyer...

L'an mil cinq cens quatre vingts dix, le mardy quinziesme may....»

[1] C'est sur les lieux d'aisances du collège de Calvy que Girardon éleva, en 1694, le sublime mausolée du cardinal de Richelieu.

XCVII

BAUX PAR MM. DE SORBONNE A DIVERS PRINCIPAUX DE LEUR COLLÈGE DE CALVY.

(Archives nationales, S 6211.)

(Texte, p. 387-389.)

«Bail fait du collége de Calvy a M⁰ Anthoine Fatte pour 80ᵗᵗ. 1514.

Bail du collége de Calvy fait par MM. de Sorbonne a M. Jean de Vico, le 29 aoust 1517.

Transaction par laquelle Guillaume Turquant, principal du collége dit petit Sorbonne, dit Calvy, renonce, au profit dudit collége, ce acceptant par Mʳˢ de Sorbonne, au bail qu'ils lui avoient fait dudit collége, 1ᵉʳ aout 1553.

Et outre reconnoit leur devoir xiiᵗᵗ pour loyer et 200 pour réparations, lesquelles sommes ont été réduites et modérées par Mʳˢ de Sorbonne à 200, que ledit principal s'est obligé leur payer sous le cautionnement de deux particuliers dénommez, et pour en demeurer quitte, il a cédé tous les meubles qu'il avoit audit collége, avec les estudes et améliorations qu'il y avoit fait faire. 15 avril 1563.

Bail du collége de Calvy, pour 9 années, faict par Mʳˢ de Sorbonne a M⁰ Hugues Prévosteau, régent, moyennant 120ᵗᵗ. 3 juillet 1563.

30 juillet 1571. Acte par lequel Hugues Prévosteau renonce, au profit du collége, au bail qui lui en avoit esté fait par Mʳˢ de Sorbonne, lesquels, en considération de ce, l'ont quitté de tous loyers restans par luy deus.

7 janvier 1575. Bail du collége de Calvy à M⁰ Estienne Fontaine, maistre ès ars, pour quatre ans.

15 mars 1590. Bail de la maison appelée le collége de Calvy et anciennement le petit Sorbonne, à M⁰ Rodolphe Gazel, bachelier en la faculté de Théologie.

15 mars 1591. Sentence du Chatelet qui permet à Mʳˢ de Sorbonne de commettre telle personne que bon leur semblera pour régir et gouverner le collége de Calvy et faire ce qu'il appartiendroit, attendu l'absence de René Gazel, qui en étoit principal et condamné par autre sentence précédente d'en laisser la disposition libre à Mʳˢ de Sorbonne, comme en estant propriétaires, et nonobstant le bail qu'ils en auroient fait audit Gazel, lequel auroit esté résolu par lad. sentence.

Le 23 juin 1628, sommation par MM. de Sorbonne au principal du collége de Calvy de sortir dudict collége, comme a eux appartenant et dont ils auroient besoin pour achever leurs batimens.»

XCVIII

ACHAT DE L'HÔTEL DE BOURGOGNE PAR LE COLLÈGE DE REIMS (1412),
D'APRÈS L'INVENTAIRE DES TITRES DUDIT COLLÈGE.

(Archives nationales, M 195.)

(Texte, p. 398-399.)

« Un contrat passé devant Guillaume Pérot et Jean du Conseil, notaires au Châtelet de Paris, le 12 may 1412, par lequel Philippe, comte de Nevers et de Rethel, baron de Douzy et chambrier de France, vend aux maîtres et écoliers étudians à Paris nés de la cité et diocèse de Reims, acquéreurs pour eux et leurs successeurs, maîtres et écoliers nés de ladite ville et dioseze, un grand hôtel fermé de hauts murs de pierre de taille, cour, jardin, pourprins, appartenances et appendances, appelé d'ancienneté l'hôtel de Bourgogne, à lui appartenant de son propre, situé à Paris au dessus de Saint Hilaire, en la ruë de Bourgogne, tenant tout au long d'un côté en icelle ruë de Bourgogne, et d'autre part au long de la ruë Charretière, aboutissant de l'un des côtés au long de la ruë des Sept voyes et aboutissant par dehors à la ruë du clos Brunel, dont le jardin dudit hôtel joint à l'hôtel de Me Thomas Boutin et Me Simon Pinart. Item une grande masure ou place vuide étant devant et à l'opposite de la porte et maîtresse entrée dudit grand hôtel de Bourgogne, tenant d'une part à l'hôtel de Sorbonne et à l'hôtel de Chateaufétu, et d'autre part au long de ladite ruë des Sept voyes et à l'hôtel de Coulon; chargé icelui hôtel et place vuide de charges foncières et anciennes tant seulement. Ladite vente faite moyennant 2,000^{tt} tournois.

Il est en outre porté dans ledit contrat que lesdits maîtres et écoliers, qui se proposoient de faire construire audit lieu un collége, seroient tenus de prier Dieu pour l'âme dudit comte de Nevers et de Rethel et de ses prédécesseurs et successeurs; et qu'en outre ledit comte et ses successeurs pourroient mettre à leurs dépens, quand il leur plairoit, trois écoliers audit collége, sçavoir : deux de leur pays de Rethélois et un de leur pays de Nivernois; mais il ne paroît pas que cette dernière disposition ait jamais eu son exécution. »

XCIX

BÂTIMENTS ANCIENS ET MODERNES DU COLLÈGE DE REIMS, D'APRÈS L'INVENTAIRE DE SES TITRES.

(Archives nationales, M 195.)

(Texte, p. 398-399.)

« Par contrat du 12 may 1412, les maîtres et écoliers étudians à Paris, nés de la cité et diocèze de Reims, acquirent de Philippe, comte de Nevers et de Rhetel, baron de Douzy et chambrier de France, pour établir le collége dont la fondation avoit été ordonnée par Guy de Roye, une grande maison et hôtel fermé de hauts murs de pierre de taille, cour, jardin, pourprins, appartenances et dépendances appelé d'ancienneté l'hôtel de Bourgogne, à lui appartenant de son propre héritage, situé à Paris au dessus de Saint Hilaire, dans la ruë de Bourgogne (aujourd'hui appelée la rue de Reims), tenant d'une part au long de la rue des Sept voyes et faisant le coin par aval, en la ruë du Chaudron (aujourd'hui appelée la rue du Four) et de l'autre côté à la ruë Charretière, à l'opposite de l'hôtel à l'évêque du Mans, faisant front par devant au long de la ruë de Bourgogne, aboutissant par derrière, par le jardin (du côté de la rue d'Ecosse) à l'hôtel de M° Thomas Boutin et M° Simon Pinart.

Plus une grande masure sur place vuide, étant devant et à l'opposite de la porte et maîtresse entrée dudit grand hôtel de Bourgogne, et tenant d'une part à l'hôtel de Sorbonne et à l'hôtel du Chateaufêtu, et d'autre part au long de ladite ruë des Sept voyes et à l'hôtel de Coulon.

C'est sur ces différens emplacemens qu'ont été construites les maisons dont le collége de Reims jouit aujourd'huy. Ces maisons sont au nombre de unze et une mazure. Dix de ces maisons et la mazure ont été construites sur l'emplacement de l'ancien hôtel de Bourgogne, et la dixième maison a été construite sur l'emplacement de la masure ou place vuide comprise dans le contrat du 12 may 1412.

Les dix maisons et la masure qui ont été construites sur l'emplacement de l'ancien hôtel de Bourgogne sont situées, sçavoir :

1° Une maison qui fait l'encoignure de la ruë des Sept voyes et de la ruë du Four.

2° Une maison attenante la précédente située rue des Sept voyes.

3° La maison appelée aujourd'hui (après la réunion) le collége de Reims, laquelle donne sur la même rue des Sept voyes et forme le coin de cette rue et de celle de Reims.

4° Trois maisons donnant sur la rue de Reims.

5° La masure forme le coin de cette rue et de la rue Charretière.

6° Et quatre maisons donnant sur ladite rue Charretière.

A l'exception des deux premières maisons, toutes les autres ont des vues et même des issues sur la grande cour du collége.

A l'égard de la unzième maison, elle forme l'encoignure de la ruë des Sept voyes et de celle de Reims, à l'opposite de la maison du collége.

La première maison appelée le collége de Reims qui fut construite sur une partie de l'emplacement de l'ancien hôtel de Bourgogne, pour former l'établissement du collége, avoit son entrée par la rue lors appelée de Bourgogne, et qui par la suite a été appelée de Reims, à cause de la fondation du collége; mais en l'année 1640, le collége s'étant trouvé obligé de faire des reconstructions considérables, la principale porte d'entrée fut alors placée sur la ruë des Sept voyes.

Le corps de logis dans lequel se trouve cette porte et qui est aujourd'huy appelé le collége de Reims a été reconstruit à neuf en 1745.

Les quatre maisons donnant sur la rue Charretière furent reconstruites en 1640.

La première maison qui fait l'encoignure de la ruë des Sept voyes et de la ruë du Four; la maison étant ensuite dans la ruë des Sept voyes, et la maison qui forme le coin de ladite ruë des Sept voyes et de celle de Reims, à l'opposite de la maison appelée le collége, furent reconstruites en l'année 1675.

La première maison rue de Reims, en entrant par la ruë des Sept voyes, laquelle servoit anciennement à loger les officiers du collége, a été reconstruite en 1737.

Enfin, en l'année 1752, le collége a fait reconstruire un corps de logis considérable qui forme la troisième maison sur la rue de Reims, mais dont la principale entrée est dans la cour du collége. Cette reconstruction a coûté 71,584^{lt}, et au moment de la réunion du collége de

Reims à celui de Louis le Grand, il étoit encore dû aux ouvriers la somme de 15,331ʰ, qui a été payée depuis. »

C

REVENUS DU COLLÈGE DE REIMS, D'APRÈS LE COMPTE DE L'ANNÉE 1777-1778.

(Archives nationales, M 195.)

(Texte, p. 398-399.)

	MONTANT DES RENTES.		
"Rentes sur les aides et gabelles........................	296ʰ	17ˢ	6ᵈ
....	205	6	8
Généralité de Paris.....................................	23	16	"
Sur héritages à Vailly..................................	3	15	"
	529	15	2

MAISONS.

	MONTANT DES LOYERS.		
Maison du collége, 1ʳᵉ gallerie, deux chambres et une cave.........	130ʰ	"ˢ	"ᵈ
Trois chambres et un grenier...........................	270	"	"
2ᵉ gallerie, occupée par M. le Principal.................	"	"	"
3ᵉ et 4ᵉ galleries......................................	420	"	"
1ᵉʳ coridor, une chambre...............................	80	"	"
3 chambres..	216	"	"
2ᵉ coridor, 2 chambres.................................	120	"	"
2 chambres..	132	"	"
Grenier...	45	"	"
Salle basse...	280	"	"
Chapelle..	150	"	"
1ʳᵉ maison, rue de Reims...............................	950	"	"
2ᵉ maison, même rue...................................	350	"	"
3ᵉ maison, même rue. Partie du rez-de-chaussée..........	260	"	"
Autre partie et 1ᵉʳ étage...............................	1,000	"	"
2ᵉ étage..	450	"	"
....	470	"	"
3ᵉ étage..	280	"	"
Mazure, même rue.....................................	90	"	"
1ʳᵉ et 2ᵉ maisons, rue Charretière......................	1,350	"	"
3ᵉ maison, même rue...................................	420	"	"
4ᵉ maison, même rue...................................	700	"	"
1ʳᵉ et 2ᵉ maisons, rue des 7 voies......................	720	"	"
3ᵉ maison, même rue...................................	130	"	"
4ᵉ maison, même rue...................................	132	"	"
5ᵉ maison, même rue...................................	320	"	"
	9,465	"	"
Total des revenus............................	9,994	15	2

CHARGES.

1° Les vingtièmes des maisons..................................	612#	18ˢ	5ᵈ
2° Cens et rentes dues sur les maisons à l'abbaye Sᵗᵉ Geneviève......	1	3	"
3° La pension viagère à M. Coppette, ancien Principal...........	1,000	"	"
4° La pension de huit boursiers.............:.................	3,200	"	"
5° L'acquit des fondations...................................	4	"	"
6° La contribution des dépenses communes....................	900	"	"
7° Les gages du portier......................................	50	"	"
8° La capitation dudit portier...............................	3	13	6
9° L'entretien des couvertures des maisons....................	126	15	6
10° L'huile pour éclairer la porte et les escaliers du collége.........	25	"	"
11° Le balayage du collége et de la 1ʳᵉ maison, rue Charretière.....	24	"	"
12° Les étrennes aux ouvriers et autres dépenses............... .	12	"	"
	5,959	10	5
Excédent des revenus.....................	4,035	4	9ᵈ.

CI

ANCIEN COLLÈGE DU MANS, D'APRÈS UN « INVENTAIRE DES MEUBLES ET GARNITURES DES CHAMBRES ET ESTUDES DU COLLÉGE DU MANS FONDÉ EN L'UNIVERSITÉ DE PARIS, FAICT LES QUINZIESME ET SEZIESME JOUR DE JUIN MIL SIX CENS QUATRE PAR LES PRINCIPAL ET PROCUREUR DUDICT COLLÉGE, SUIVANT L'INJONCTION ET COMMANDEMENT DE MESSEIGNEURS LES DÉPUTEZ DU CHAPPITRE DU MANS, POUR CLORE ET ARRESTER LES COMPTES DU PROCUREUR. »

(Archives nationales, S 6488.)

(Texte, p. 399-401.)

« ETAGE PREMIER.

De la 1ʳᵉ montée du collége vers Lizieux.

Etage premier. Les trois chambres basses dessus la grande porte du collége qui regarde vers Lizieux où se trouve de présent ledit procureur.

La 1ʳᵉ chambre en entrant ferme de porte, serrure et clef, un entredeux d'ais séparant ladicte chambre en deux, fermant de porte, 1 petite serrure à locquet, sans clef.

Une croisée de vitres sur la rue garnie de fenestres, et six vollets et deux petites cages au hault seulement. 1 demye croisée de vitres et fenestres et deux vollets sur la cour. 1 grande cage et 1 petite à ladicte demye croisée. 1 petite cloison de forme d'estude sur la rue, garnie d'une fenestre et deux petits ais sans porte. 1 garde manger de façon d'estude au coing de la cheminée sur la rue fermant de serrure et clef, et d'ais tant dessus qu'à lentour, deux ais au dedans.

La 2ᵉ chambre ferme sans serrure ny locquet. Une croisée et demye de vitres enchassées en leurs fenestres avec trois vollets seulement, trois grandes cages et trois petites, le tout sur la cour du collége.

Deux estudes sur ladite cour fermantes de portes, serrures et clefs, garnies l'une d'une table d'estude, de deux ais et de deux autres ais, d'un chassis de vitre et 1 cage; l'autre d'une table d'estude, aussi de deux ais et de deux autres ais, fenestres à chassis et 1 cage.

Cinq estudes sur la rue fermantes de portes, serrures et clefs avec six chassis de bois, six cages, cinq tables d'estudes, les unes faites de un ais seulement, les autres de deux ais, et huict autres ais de cinq estudes, 1 degré de bois pour monter aux haultes estudes.

La 3ᵉ chambre fermant de serrure et clef. Une croisée de vitres sur la rue garnie de fenestres et un vollet seulement, deux grandes cages et deux petites, 1 estude sur la cour fermante de serrure et clef, garnie de la table d'estude d'un ais et de deux autres petits ais, 1 fenestre avec des vitres et 1 cage.

1 autre estude sur la rue fermante de serrure et clef, 1 chassis à papier, une grande table d'estude de deux ais et deux autres ais, 1 cloison d'ais entre ladicte estude et une autre estude de la 2ᵉ chambre cy dessus.

Le premier en la montée ferme de porte, serrure et clef, une petite estude sur le premier de ladicte montée, fermante de porte, serrure de bois et clef, 1 petit chassis, 1 cage sur la cour, une petite table d'estude d'un ais.

LES TROIS CHAMBRES DU 2ᵉ ESTAGE DE LADICTE MONTÉE.

La 1ʳᵉ en entrant ferme de porte, serrure, clef et locquet. 1 croisée de vitres, six chassis et trois vollets sur la rue, une misérable petite estude toute rompue, sans porte et sans plancher, où il y a un petit chassis et 1 table d'un ais. Deux croisées de vitres sur la cour, fenestre et 1 vollet, 1 grande cage au bas, 1 estude près la porte, fermante de porte, serrure et clef, 1 table d'estude et deux autres ais, 1 petite vitre et un petit chassis à pappier au bas.

La 2ᵉ chambre ferme d'une porte sans serrure ny clef. Demye croisée de vitres sur la cour, une fenestre et un vollet, 1 cage, 1 estude fermante de serrure et clef, table d'estude de 2 ais et un autre ais, 1 panneau de vitres et 1 cage à ladicte estude. L'estude sur la rue garnie d'une meschante porte et 1 serrure de bois sans clef, 1 petite table d'estude de deux ais et deux autres ais, une misérable fenestre sans vitres.

La 3ᵉ chambre dudict estage ferme de serrure et clef. 1 croisée de vitres avec les fenestres et deux vollets, deux cages, une estude fermante d'une porte, serrure et clef, 1 chassis et 1 cage, 1 table de deux ais et un autre ais. L'estude sur la rue ferme de porte, serrure et clef et locquet, demye croisée de vitres, une fenestre et vollet, 1 chassis moitié vitre et moitié pappier, 1 table d'estude et six autres ais, et y a à ladicte estude une porte fermée pour entrée de la seconde chambre cy dessus.

LES TROIS CHAMBRES HAULTES DE LADICTE MONTÉE.

La 1ʳᵉ chambre ferme de porte, serrure, clef, locquet et verrou. 1 grand fenestre de bois avec deux grands vollets sur la cour. Une fenestre et vollet sur la rue, deux estudes fermantes de deux portes neufves et deux chassis, l'estude dessus la cour planchée d'ais, 1 petit lieu pour jetter les eaux faict de neuf et fermant d'une fenestre neufve.

La 2ᵉ chambre ferme d'une porte et verrou. 1 panneau de vitres sur la cour, 1 estude fermante d'une porte à demye neufve, 1 chassis, la 1ʳᵉ estude sur la rue fermante d'une porte neufve, 1 chassis au hault et une fenestre de bois neufve au bas, l'autre estude sur la rue fermante d'une porte neufve et chassis à pappier.

La 3ᵉ chambre ferme d'une porte neufve et verrou. 1 croisée de vitres avec les fenestres et 2 vollets fermant de locquet sur la cour.

Les deux estudes de ladicte chambre fermant de portes et de leurs chassis.

Le grenier à l'entrée ou sortie desdites chambres ferme d'une grande porte neufve, serrure et clef.

L'estude du hault de la montée ferme de porte, serrure et clef et d'un chassis.

La janitorrie ferme de deux fenestres et verroux et d'une porte faicte et couppée en deux à la façon de boutique, avec une serrure et 1 clef.

Les grandes portes du collége ferment de leurs verrouz entre lesquelles y a deux grandes barres de fer pour fermer celle dessus la rue, et outre celle dessus la cour ferme de serrure et clef.

La grande salle du collége ferme de une porte ronde qui s'ouvre des deux costés, garnie de serrure et clef. Une autre petite porte close à présent, près la porte du collége, de fenestres et chassis à vitres et quatre vollets sans vitres, à cause que les escolliers les ont cassées et que l'on a osté le reste pour l'emploier quand il en sera de besoing audit collége. Deux fenestres de bois entre la despense, dont l'une ferme de verrou, laquelle despense et la grande cuisine ferment de leurs portes, serrures et clefs, chassis sans vitres.

Pour les buschers et toutes les caves de soubz le grand logis, une porte commune auxdites caves fermante de porte, serrure et clef, 1 grande porte en hault sur la cour sans serrure.

DE LA 2ᵉ MONTÉE DU PAVILLON POUR LE GRAND LOGIS.

Le bas de ladite montée fermant d'une porte. 1 petit charbonnier fermant de porte, serrure et clef.

Les 3 basses chambres sur la grande cuisine.

La gallerie ferme d'une porte.

1 estude auprès ferme de porte, serrure et clef, 1 chassis, 1 table.

La 1ʳᵉ chambre du bout ferme de porte, serrure et clef. 1 croisée de vitres sur la rue, les fenestres rabillées de neuf de 3 ais, de deux panneaux, deux vollets. L'estude de l'entrée de ladite chambre ferme d'une porte neufve. 1 chassis, 1 table de deux ais. 1 autre estude sur la rue ferme de porte, 1 chassis long, 1 table de deux ais et un entredeux de quatre grands ais qui font la séparation des deux estudes, 1 porte entre la 2ᵉ chambre.

La 2ᵉ chambre ferme sur la gallerie de porte, serrure, clef et verrou. 1 croisée de vitre, les fenestres d'icelle où il y a un ais neuf et un vollet, 4 cages, 2 chassis sur la cour, une estude auprès fermante de porte et un chassis, 1 autre estude sur la rue fermante de porte et un long chassis.

La 3ᵉ chambre ferme de porte et serrure sans clef. 1 croisée de vitres et fenestres, 4 cages, 1 estude sur la rue fermante de 1 porte, 1 chassis et 1 cage, et l'estude dessus la rue ferme de porte, serrure et clef, 1 grand chassis et 1 petit, 1 table de deux ais.

LES TROIS CHAMBRES DU 2ᵉ ESTAGE DE LADICTE MONTÉE DU PAVILLON.

La 1ʳᵉ porte de la gallerie demye neufve ferme de serrure et clef.

La première chambre qui est à présent ferme de porte, serrure et clef à double ressort. 1 croisée de vitres sur la rue, les fenestres et six vollets. L'estude sur la rue ferme de porte neufve, table d'estude et chassis et planchée de neuf, le dessus fermant d'une porte. L'autre estude ferme d'une porte et chassis, 1 table.

Un petit buscher à l'entrée de ladicte chambre qui est sur une estude de la 2ᵉ chambre, fermant de porte et cadenas.

La 2ᵉ chambre ferme de porte, serrure et clef et verrou. 1 croisée de vitres et fenestres, deux vollets sur la cour, 1 estude fermante de porte et chassis, 1 estude et un autre ais et est ladite estude planchée. Une autre estude sur la rue fermante de porte et chassis, deux tables d'estude.

La 3ᵉ chambre ferme d'une porte; deux croisées de vitres garnies de fenestres et quatre vollets, 4 cages grandes, 1 estude sur la rue fermante de porte, serrure et clef, 1 chassis, 1 cage, 1 table et deux ais scellez. 1 autre estude sur la cour planchée d'ais, fermante de porte et fenestre avec vitres. 1 cage, 1 table d'estude et 1 ais. Une estude sur la rue fermante de porte, serrure et clef. 1 chassis, 1 ais et une table d'estude. 1 autre estude garnie de porte, 1 chassis. 1 autre estude fermante de porte et verrou. Toutes les estudes sur la rue sont planchées, où il y a plusieurs portes qui servent de cloison. Le jambage de la cheminée refaict naguères.

LES CHAMBRES HAULTES PRÈS LE PAVILLON.

La 1ʳᵉ fermante de porte, serrure, clef et verrou. 1 croisée de vitres et fenestres sur la rue. 1 estude fermante de porte, serrure et clef et 1 chassis. Une porte entre ladicte chambre et la seconde, avec un locquet.

La 2ᵉ ferme de porte, serrure et clef et verrou. 1 croisée de vitres et fenestres et deux vollets sur la cour avec des locquets. 1 estude fermante de porte et chassis. Les deux estudes dessus la rue fermantes de 2 portes et 2 chassis.

La 3ᵉ chambre ferme de porte, serrure et clef. 1 croisée de vitres et fenestres et deux vollets, le tout fermant de locquets. 1 autre panneau de vitre, le tout sur la cour. L'estude ferme de porte et chassis. Les trois estudes dessus la rue ferment de trois portes et quatre chassis. 1 porte entre ladicte chambre et la 4ᵉ contiguë, où il y a un verrou.

AU PAVILLON.

La 1ʳᵉ porte de la montée garnie de serrure et clef. 1 estude auprès fermante de porte et chassis.

Les chambres et estudes dudict pavillon sont garnies de portes et de chassis. Deux croisées de vitres en la chambre, une sur la cour du collége et l'autre sur la rue Chartière, avec les fenestres et huict vollets.

DE LA MESME MONTÉE DU PAVILLON PRÈS LE PETIT LOGIS. — LES CHAMBRES BASSES.

La 1ʳᵉ sur la montée du pavillon ferme de porte, serrure et clef. Les lieux privez ferment de porte et locquet, et encore ladicte chambre fermante d'une autre porte. 1 croisée de vitres et fenestres et 4 vollets, 2 cages de bois et 2 de fil de fer. 1 fenestre de bois sur la rue fermante d'un verrou, l'estude ferme de porte, serrure et clef. 1 chassis, 1 cage, 1 panneau de vitres.

La 2ᵉ ferme de porte et locquet, outre la présente et d'une autre porte, serrure, clef et verrou sur la montée du milieu qui est pour aller à 1 ais. Une croisée et cage de vitres et fenestres, six vollets sur cage. Une autre fenestre de bois et un vollet, le tout sur la cour. L'estude ferme de porte, serrure et clef. 1 chassis, 1 cage, 1 table d'estude et 3 petits ais.

La 3ᵉ chambre ferme de porte, serrure, clef et locquet tout neuf, l'estude qui est celle de M. le principal ferme de porte, serrure et clef, garnie de chassis à pappier où il y a un careau de vitre, 1 cage, une fenestre avec un panneau de vitres et un vollet. Une cloison de bois au hault fermante de porte, serrure et clef, 2 grand ais d'estude, et en ladicte chambre une croisée de vitres et fenestres à six panneaux de verre, trois vollets. La grande estude sur la rue ferme de porte, 1 fenestre, vitres et 1 vollet, 1 cage, 1 table d'estudes de 2 ais, avec deux autres ais d'estude. L'autre estude sur la cour garnie de porte, chassis et cage.

L'une des estudes sur la rue ferme de porte avec une croisée, un chassis, 1 cage, 1 table d'estudes de 2 ais, planchée d'ais avec deux autres ais, et une autre porte fermée sur la montée de Reims. L'autre estude ferme de porte, avec une serrure, 1 chassis, 1 cage.

La porte de l'entredeux de Reims à la montée de Reims est barrée de deux barres de bois en croix, deux serrures à bosse garnies de verrous dont l'une ferme à clef.

La 4e chambre du bas du petit logis contiguë à la précédente ferme de porte et un verrou, plus et locquet, et d'une autre porte sur la montée du bas dud. collège garnie de serrure, clef et verrou. Une croisée de vitres et fenestres, 1 vollet et deux cages sur la cour, 1 demye croisée de vitres sur la rue et fenestres, une porte fermée entre lad. chambre et le vieil logis. 2 colonnes qui servent de table à l'estude, lad. estude fermante de porte, serrure et clef, deux chassis, 2 cages, et en closture d'icelle y a une grande barre de bois du long de lad. estude et trois ais mis de neuf.

LES CHAMBRES HAULTES DU PETIT LOGIS COMMENÇANT À LA MONTÉE DU PAVILLON.

La première porte sur lad. montée ferme de porte, serrure, clef et verrou; les lieux privez ferment de porte, la première des haultes chambres ferme de porte, serrure et clef. Une croisée de vitres et fenestres et quatre vollets sur la cour. 1 estude fermante de porte, un chassis, 1 autre près la cheminée fermante de porte, où il y a un jambage neuf à lad. cheminée.

La 2e chambre ferme seulement sur la montée du milieu du petit logis, d'une porte, serrure et verrou sans clef. Une croisée de vitres et fenestres et quatre vollets sur la cour, un panneau de vitres sur la rue, deux estudes sur la rue fermantes, 1 chassis à l'une et un panneau de vitres à l'autre. 1 petite estude sur la cour fermante de porte neufve, 1 panneau de vitres. L'autre estude dessus la cour ferme de porte. 1 croisée de vitres et fenestres, avec quatre vollets, le tout fourny de locquets.

La 3e chambre dud. estage ferme de porte, serrure, clef et verrou. Une croisée de vitres et fenestres, 1 vollet, 2 grandes estudes sur la cour fermantes de portes, garnies de fenestres, vitres et vollets, entières et fournies, en l'une y a une table de 2 ais et deux autres ais, en l'autre un ais seulement. 1 autre petite estude sur la cour ferme de porte, 1 chassis, 1 table de deux ais. 2 estudes sur la rue fermantes de portes, en chacune y a une table de deux ais et chassis à toutes deux.

La 4e chambre ferme de porte entre la précédente et encore d'une autre porte, serrure, clef et verrou sur la montée du bas du collége. Une croisée de vitres et fenestres, 2 vollets sur la cour, et sur la rue y a une fenestre de bois et deux vollets. L'estude ferme de porte, 1 chassis, 1 table de 2 ais, plus un chassis pour lad. fenestre de la chambre sur la rue.

Le busché qui est soubz le petit logis proche de la grande cuisine, ferme de porte neufve, serrure et clef, où on souloit faire une classe.

Ung autre busché entre les deux portes du bas du collége, lesquelles deux portes, l'une sur la cour et l'autre sur la rue, ferment de serrures et clefs et les grandes à doubles verrous. Un autre petit busché en lad. sur la vieille janitorerie fermant d'une fenestre.

Deux portes pendues à deux huisseries d'une petite chambre basse près la petite salle du bas du collége que l'on appelle l'hermitage.

DE LA MONTÉE DU BAS DU COLLÉGE POUR LE VIEIL LOGIS.

La petite salle ferme de porte, serrure, clef et verrou, planchée d'ais, en bas trois demyes croisées de vitres sur la rue et une demye sur la cour, où il y a six vollets aux fenestres, 1 porte à deux petites estudes planchées d'ais sur l'allée de Marmoutier.

La première chambre en montant ferme de porte, serrure et clef et locquet, 1 porte entre icelle et une autre chambre du petit logis où il y a un verrou. 1 croisée demye de vitres et fenestres avec sept vollets sur la rue. Trois panneaux de vitres, 1 fenestre et deux vollets sur la cour. 1 estude près la cheminée ferme de porte et d'un chassis, 1 table et un fonds de deux ais. Les deux autres estudes fermantes des portes.

La gallerie de ladite chambre ferme de porte, serrure et verrou.

La 2ᵉ chambre en montant ferme de porte, serrure à double ressort et clef et verrou, laquelle serrure et clef avec une autre à une estude de la mesme chambre a esté comptée pour cent dix solz au collége par Mʳ le principal. 1 croisée et demye de vitres et fenestres et huict vollets avec des locquets. 1 autre porte fermée d'entre une des chambres du petit logis, où il y a un locquet. L'estude auprès la cheminée ferme de porte, 1 chassis, une table de 2 ais et un autre ais. Une autre estude sur la rue ferme de porte, clef et serrure à double ressort dont il est fait mention cy dessus de la gallerie. 1 chassis, 1 table de 2 ais et trois autres ais. L'autre estude sur la cour ferme de porte, une grande table du long de l'estude de 2 ais et un autre grand ais aussi du long, 1 chassis. Entre lesquelles deux estudes y a cinq grands ais qui font la séparation et vont jusqu'au plancher.

La gallerie de lad. chambre ferme de porte et d'un verrou.

La 3ᵉ chambre dud. vieil logis ferme de porte, serrure, clef et verrou. 1 croisée et demye de vitres où il y a cinq panneaux de verre seulement, les fenestres garnies de quatre vollets et locquets. Deux estudes fermantes de portes.

La gallerie de ladite chambre ferme de porte, locquet et verrou.

Le petit grenier qui va sur le petit logis ferme d'une petite porte, serrure et clef.

Une petite estude auprès sur ledit petit logis ferme de porte.

La 4ᵉ chambre de hault ferme de porte, serrure et clef et 1 locquet auquel il manque une partye. 2 fenestres garnies de locquets sans gasches, 2 panneaux de vitres et deux vollets, une estude fermante de porte, 1 table de deux petits ais, plus en lad. chambre sept ais et une colonne qui reste d'une autre estude. Un degré pour monter au grenier où il n'y a que quatre planches, une porte au hault.

Les deux portes de l'allée de Marmoutiers ferment de serrure et clef, et encore une serrure à bosse et verrou à celle dessus la rue.

Les caves dud. vieil logis ferment d'une porte en hault, serrure et clef, les deux caves ferment au bas de deux portes, serrures et clefs, à l'une desquelles y a une autre porte sur la rue fermante de verrous et deux barres de fer.

DE LA MONTÉE DE LA CHAPPELLE.

La première porte de la chappelle en entrant ferme d'un locquet neuf et de verrous, 1 serrure sans clef.

La 2ᵉ porte près le révestiaire ferme d'un locquet et 1 verrou.

La cave qui est tout joignant ferme de porte, serrure et clef. Une porte sur la petite cour.

La première estude de la montée ferme de porte, serrure et clef. 1 chassis, 1 table et deux autres ais, l'estude est planchée au dessus d'ais.

APPENDICES ET PIÈCES JUSTIFICATIVES.

La première et basse chambre ferme de porte, serrure et clef. 1 croisée de vitres et fenestres, quatre vollets et locquet. 1 fenestre fermante d'un locquet à bois en la chappelle avec un petit chassis et une petite cage à lad. fenestre.

L'estude de lad. chambre ferme de porte, serrure et clef. Une fenestre et deux vollets sans vitres.

La seconde estude de lad. montée ferme de porte, serrure et clef. Un chassis de verre, 1 table de deux ais et deux autres ais.

La 2ᵉ chambre ferme de porte, serrure et clef, deux petits panneaux de vitres et deux vollets avec des locquets.

L'estude de lad. chambre ferme de porte, serrure et clef. Un chassis, 1 table d'estude et quatre grands ais.

La 3ᵉ estude dessus la montée ferme de porte, serrure et clef. 1 table, deux panneaux de vitres.

La 3ᵉ chambre haulte ferme de porte, serrure et clef. 1 demye croisée de vitres et fenestres et deux vollets, et autre chambre à costé, et les deux estudes fermantes de portes seulement, à l'une desquelles y a une table de deux petits ais et 1 petit chassis. La cheminée et les deux chambres sont racommodées de neuf.

Le grenier dessus la vouste de la chapelle ferme de porte, serrure et clef et verrou.

Les lieux privez ferment de porte avec un loquet.

Lequel inventaire cy dessus faict..... le septiesme jour de juillet mil six cens quatre. »

CII

UNION DU COLLÈGE DU MANS À CELUI DE REIMS,
D'APRÈS UN EXTRAIT DE L'INVENTAIRE DE CE DERNIER COLLÈGE (28 JUILLET 1577).

(Archives nationales, MM 425.)

(Texte, p. 399-401.)

« Expédition en papier d'un acte passé devant Chappelain et son confrère, notaires au Châtelet de Paris, contenant association entre les Principal, Procureur et Boursiers du collége du Mans, et le Principal du collége de Reims au nom dud. collége, pour l'instruction publique et les exercices tant de philosophie comme de grammaire et humanités, laquelle association devoit avoir lieu à compter du 1ᵉʳ octobre 1577, et devoit durer tant qu'il plairoit aux Principaux et supérieurs desdits colléges. »

L'association dont il s'agit, « ne dura qu'environ sept ans », ajoute le rédacteur de l'Inventaire des titres.

CIII

PRÉJUDICE CAUSÉ AU COLLÈGE DU MANS, D'APRÈS UN MÉMOIRE DE 1740.

(Archives nationales, S 6488.)

(Texte, p. 399-401.)

« On ne put jamais trouver de maison à acheter dans la censive du Roi, ni par conséquent profiter du don ou remise qu'il faisoit du droit d'indemnité. Il a fallu acheter ailleurs et payer des lots et ventes avec le droit d'indemnité dans toute la rigueur. Dommage bien réel, qui ne seroit point arrivé, si l'on n'avoit point été obligé de changer de collége; sans parler des frais considérables qu'entraînoit cette transmigration, sur tout la nécessité de pratiquer et d'orner décemment une chapelle en ce nouveau logement et d'en distribuer touttes les parties d'une manière commode et propre à un collége au lieu des ménages bourgeois qui l'avoient occupé jusqu'alors. Touttes pertes bien certaines, mais que nous aurions évitées en restant paisibles dans un collége très bien distribué et qui avoit entre autres choses essentielles à pareils établissemens une des plus belles chapelles de tous les colléges de l'Université."

CIV

TRANSFERT DU COLLÈGE DU MANS DANS UN LOCAL DE LA RUE DE LA HARPE,
D'APRÈS UN MÉMOIRE.

(Texte, p. 399-401.)

"On sait assez de quels moyens se servirent les Jésuites pour s'emparer du collége lui-même, et comment ils eurent l'adresse de faire payer au Roy Louis XIV les 53,156ᵗᵗ 13ˢ 4ᵈ que ce collége avoit été estimé, pour que ce prince en parut acquéreur, et qu'ils en devinsent eux-mêmes réellement propriétaires. Expulsés de leur première demeure, le principal, procureur et boursiers du collége se réfugièrent dans une maison rue de la Harpe, où ils demeurèrent depuis 1682, tems de l'invasion faitte par les Jésuites, jusqu'en 1687, qu'ils en sortirent pour aller occuper l'hôtel de Marillac[1], rue d'Enfer, que l'évêque du Mans achetta 28,000ᵗᵗ pour les y fixer. Cette somme de 28,000ᵗᵗ étant prise sur les 53,156ᵗᵗ 13ˢ 4ᵈ, le surplus de cette dernière somme fut mis en rentes au profit dudit collége."

CV

LES ÉCOLIERS DU MANS DANS UN LOCAL DE LA RUE D'ENFER,
D'APRÈS LEUR INVENTAIRE DES TITRES.

(Archives nationales, S 6307.)

(Texte, p. 399-401.)

22 février 1687. "Grosse en parchemin d'un contrat passé devant Béchet et son confrère, notaires au Châtelet de Paris, par lequel M. Louis de Marillac, prêtre docteur de Sorbonne et prieur de Lancey, vend à Mᵉ Louis de la Vergne Moutenard de Tressan, évêque du Mans, au nom et comme patron, collateur et fondateur du collége du Mans, une maison à porte cochère située à Paris rue d'Enfer, consistant en deux corps de logis, l'un devant et l'autre derrière, une aile à droite, une demie aile à gauche, cour au milieu, puits en icelle et dépendances, à la réserve d'un jardin joignant ladite maison; le tout appartenant audict abbé de Marillac, au moyen de l'acquisition par lui faite de Claude Hugues de Lusignan Lizay, comte de Lusignan,

[1] Cet hôtel fut vendu par Mʳᵉ Louis de Marillac, prestre, docteur de Sorbonne, prieur de Lancey. Il étoit en la censive de la confrairie aux seigneurs, prestres et bourgeois de Paris à cause de leur fief du clos aux bourgeois, et chargé envers eux d'un denier de cens et trente sols de rente.

par contrat passé devant Simonnet et son confrère, notaires à Paris, le 28 juin 1684, et étant en la censive des abbé, doyen et confrères de la grande confrairie de Notre Dame aux Seigneurs, Prêtres et Bourgeois de Paris, à cause de leur fief appelé le clos aux Bourgeois, et chargée envers eux, avec ledit jardin réservé, d'un denier parisis de cens et de trente sols tournois de rente. Ladite vente faite à la charge de la portion dont ladite maison doit être tenue desdits cens et trente sols de rente et en outre moyennant 28,000^{tt} à payer par Me Antoine Vaillant de la somme de 53,156^{tt} 13^s 4^d déposée entre ses mains, sur laquelle somme de 28,000^{tt} ledit s^r abbé de Marillac, vendeur, délègue celle de 19,600^{tt} pour le remboursement de plusieurs rentes par lui constituées; dans lequel contrat il est stipulé que ladite maison demeurera chargée envers l'évêché du Mans de la rente de 25^{tt} livres duë audit évêché sur l'ancien collége."

CVI

ESTIMATION DESCRIPTIVE DU DERNIER COLLÈGE DU MANS (1764).

(Archives nationales, S 6488.)

(Texte, p. 399-401.)

« Le collége du Mans, situé place Saint Michel, consiste en deux corps de logis, et deux autres petits édifices, trois cours, dont deux sont formées par le moyen d'un retranchement en la grande dans laquelle est un puits.

Le corps de logis sur la rue est composé de deux étages de caves, un rez de chaussée, trois étages quarrés et des pointes de greniers.

Sur la cour au contraire deux étages quarrés et un en mansarde, chaque étage de ce côté percé de deux croisées.

Les premières sous-caves sont divisées en plusieurs berceaux construits en moëlon et chaînes de pierres.

Le deuxième étage de caves est composé d'un seul berceau et construit aussi en moëlon et chaînes de pierres.

L'escalier desdites caves est en danger, étant appuyé à la voute des sous-caves, etc.

REZ DE CHAUSSÉE.

Le rez de chaussée est percé d'une porte cochère, passage d'allée et ouverture de boutique, est composé de trois petites pièces.

La boutique dans laquelle est une supente en carrelée et à solives apparentes.

La cuisine à cheminée, chambranle de bois, garnie de plaque, est carrelée et à solives apparentes.

La petite salle à cheminée, avec chambranle de bois, garnie de sa plaque, est planchéiée et aussi à solives apparentes.

PREMIER ÉTAGE.

Le premier étage est composé de sept pièces, sçavoir deux antichambres, deux chambres à coucher, une salle de compagnie, une cuisine et deux petits cabinets. Les deux antichambres sans cheminée, sont carrelées et plafonnées.

Une des chambres à coucher appartient au bâtiment en aile, est à cheminée, avec chambranle de bois, garnie de sa plaque, est carrelée et plafonnée.

L'autre appartenante audit corps de logis est à cheminée avec chambranle de bois et sa plaque, est carrelée et plafonnée.

La salle à manger, sans cheminée, est carrelée et plafonnée.

La cuisine avec cheminée et plaque sans chambranle est carrelée et à solives apparentes.

DEUXIÈME ÉTAGE.

Le deuxième étage est aussi composé de sept pièces semblables en tout au premier étage.

TROISIÈME ÉTAGE.

Le troisième étage est composé de six pièces seulement, dont quatre à cheminée. Les deux premières chambres sans cheminée sont carrelées et plafonnées.

Deux chambres à coucher à cheminée avec chambranles de pierres de liais; les deux autres sans chambranles; toutes lesdites cheminées garnies de plaques, et lesdites chambres carrelées et plafonnées.

L'ÉTAGE EN POINTE DE GRENIER.

L'étage en pointe de greniers est composé d'une seule pièce.

La charpente en bon état.

La couverture en thuile.

Ledit bâtiment est construit tant sur la rue que sur la cour, en pierre jusqu'au premier étage, le restant en moëlon et plâtre est en assez bon état.

BÂTIMENT À GAUCHE.

Le petit batiment à gauche, dans la première cour attenant le corps de logis sur rue, et dont il est parlé de la distribution extérieure, laditte étant relative et emmanchée avec celle dudit édifice sur rue, est composé d'un rez de chaussée, deux étages quarrés et un lambrissé, percé de deux croisées à chaque étage; il est construit en pan de bois et couvert en thuile.

BÂTIMENT À DROITE.

Le bâtiment en aile à droite, dans la grande cour, est composé d'un rez de chaussée, de trois étages quarrés et un en mansarde.

Le rez de chaussée comprend deux cages d'escalier et deux petites pièces, dont une avec cheminée, plaque et chambranle.

Le premier étage est composé de deux pièces, avec plaques et chambranles, carrelées et à solives apparentes.

Les deuxième et troisième étages, semblables en tout au premier.

Le quatrième en mansarde est composé de deux cabinets, sans cheminée, carrelés, plafonnés et lambrissés.

Ledit bâtiment construit en pan de bois est assez bon, la charpente en bon état, la mansarde couverte en ardoise, le restant en thuile.

BÂTIMENT DU FOND.

Le bâtiment au fond de la cour est sans cave, composé d'ailleurs d'un rez de chaussée; trois étages quarrés et grenier au dessus.

Ledit rez de chaussée contient trois pièces, sçavoir une chapelle, une sacristie, et une cuisine; la chapelle est lambrissée à six pieds de haut, carrelée et à solives apparentes.

La sacristie aussi lambrissée est carrelée et plafonnée.

Au dessus de la sacristie est une terrasse couverte en plomb et entourée d'un appui, sur quoi il est à observer que le voisin à gauche, Monsieur Germain, marchand de fer, réclame sur la vue droite et prétend qu'il n'y a point de titre, et que c'est par tolérance de sa part.

La cuisine, avec plaque sans chambranle, est pavée et à solives apparentes.

Le premier étage est composé de trois pièces (dont deux à cheminée), sçavoir une antichambre, une salle et une chambre à coucher, ensuite de laquelle est la terrasse dont il est parlé cy dessus.

L'antichambre sans cheminée est carrelée et à solives apparentes.

La salle à cheminée, avec chambranle de bois garnie de sa plaque, est carrelée et à solives apparentes.

La chambre à coucher, à cheminée, chambranle de bois avec plaque, est carrelée et à solives apparentes.

Au dessus de la terrasse une volière que le locataire a déclaré lui appartenir.

Le deuxième étage est semblable en tout au premier, excepté un lambris d'appui et la terrasse.

Le troisième étage est composé de quatre pièces, dont trois à cheminée.

La première est sans cheminée, carrelée et plafonnée.

Les trois avec cheminée sans chambranles, garnies de leurs plaques, toutes carrelées et plafonnées.

Ledit corps de bâtiment est construit sur les deux cours, en moëlons et chaînes de pierres.

La charpente en bon état.

La couverture en thuile.

La sacristie est construite en pierre.

RÉPARATIONS.

A l'égard des réparations, elles ne sont pas considérables, si ce n'est celle dont il est déjà parlé en la partie des caves, de sorte que toutes choses considérées pour mettre la maison en bon état de toute réparation il en pourait couter quinze cents livres. Cy.......... 1,500tt.

Les réparations annuelles sont un objet de soixante et quinze livres environ, et la maison peut encore durer une vingtaine d'années.

Son loyer peut se monter à la somme de deux mille livres. Cy.............. 2,000tt.

Et quant à la valeur de ladite maison, observation faite sur le quartier, sur ce qui est bâtiment et cour, sur la nature de la construction et sur le cours du temps présent, c'est un objet de trente six mille livres, à la charge toutefois des cens. Cy................. 36,000tt.

A Paris, ce premier juillet mil sept cent soixante et quatre. »

CVII

REVENUS DU COLLÈGE DU MANS, ANNÉE 1777-1778.

(Archives nationales, M 195.)

(Texte, p. 399-401.)

	MONTANT DES RENTES.		
Rentes sur les Aides et Gabelles................................	200ʰ	″ˢ	″ᵈ
....	933	6	8
....	3,266	13	4
Généralité de Paris...	25	16	″
Clergé de France...	400	″	″
Collége de Montaigu..	133	10	″
Maison rue d'Enfer...	2,000	″	″
TOTAL DES REVENUS...........	6,959	6	″

CHARGES.

1° Les vingtièmes de la maison..............................	74ʰ	16ˢ	″ᵈ
2° Cens et rentes sur la maison à la confrairie N.-D. aux Seigneurs....		15	1
3° Logement des gardes françaises...........................	40	″	″
4° La pension viagère à M. Georget, ancien principal.............	1,000	″	″
5° La pension de 10 boursiers à raison de 400ʰ chacun............	4,000	″	″
6° L'acquit des fondations..................................	14	″	″
7° La contribution aux dépenses communes.....	600	″	″
8° Couvertures de la maison.................................	21	6	″
TOTAL.................	5,750ʰ	8ˢ	11ᵈ
EXCÉDENT DES REVENUS.......	1,208	8	11

CVIII

ÉGLISE SAINT-SÉVERIN

BIENS ET REVENUS DE LA FABRIQUE (1785), D'APRÈS UNE DÉCLARATION AU GREFFE DES GENS DE MAINMORTE.

(Archives nationales, S 3505-6.)

(Texte, p. 412-417.)

«Premièrement, une maison et étal à boucherie louée moyennant la somme de six cent livres : size cul de sac Gloriette, cy... 600ʰ

Item, une autre maison, size ruë Zacharie, louée quatre cent livres, cy......... 400ʰ

Item, une autre maison, ruë de la Harpe, louée moyennant seize cent soixante livres, cy... 1,660ʰ

Item, une autre maison, susd. ruë, louée moyennant neuf cent cinquante livres, cy.   950ᵗᵗ

Item, une autre maison, ruë Percée, louée moyennant sept cent vingt cinq livres, cy.   725ᵗᵗ

Item, une autre maison, ruë de la Vieille Boucherie, louée moyennant onze cent livres, cy 1,100ᵗᵗ

Item, une autre maison, ruë Macon, louée moyennant mille livres, cy 1,000ᵗᵗ

Item, une autre maison, ruë de la Vieille Boucherie, louée mille livres, cy 1,000ᵗᵗ

Item, une autre maison, susd. ruë, louée moyennant sept cent cinquante livres, cy.   750ᵗᵗ

Item, une maison, ruë Saint Jacques, louée moyennant quatorze cent livres, cy..   1,400ᵗᵗ

Item, une autre maison, susd. ruë, louée moyennant neuf cent cinquante livres, cy.   950ᵗᵗ

Item, une autre maison, susd. ruë, louée moyennant huit cent cinquante livres, cy.   850ᵗᵗ

Item, une autre maison, susd. ruë, louée moyennant neuf cent livres, cy 900ᵗᵗ

Item, une autre maison, susd. ruë, louée moyennant huit cent cinquante livres, cy.   850ᵗᵗ

Item, une autre maison, susd. ruë, louée moyennant neuf cent livres, cy 900ᵗᵗ

Item, une autre maison, susd. ruë, louée moyennant six cent cinquante une livres neuf sous, cy 651ᵗᵗ 9ˢ

Item, une autre maison, susd. ruë, louée moyennant seize cent trente livres seize sols, cy 1,630ᵗᵗ 16ˢ

Item, une autre maison, ruë de la Parcheminerie, louée moyennant huit cent livres, cy 800ᵗᵗ

Item, une autre maison, susd. ruë, louée moyennant cinq cent livres, cy 500ᵗᵗ

Item, une autre maison, susd. ruë, louée moyennant mille cinquante livres, cy ...   1,050ᵗᵗ

Item, une autre maison, susd. ruë, louée moyennant sept cent quatre vingt livres, cy.   780ᵗᵗ

Item, une autre maison, susd. ruë, louée moyennant huit cent cinquante livres, cy.   850ᵗᵗ

Item, une autre maison, ruë des Prêtres, moyennant cinq cent douze livres, cy ...   512ᵗᵗ

Item, une autre maison, susd. ruë, louée moyennant trois cent quatre vingt livres, cy.   380ᵗᵗ

Item, une autre maison, susd. ruë, louée moyennant quatre cent cinquante livres, cy 450ᵗᵗ

578 TOPOGRAPHIE HISTORIQUE DU VIEUX PARIS.

Item, une autre maison, ruë Bourtebrie, louée moyennant quatre cent quatre vingt livres, cy.. 480^{tt}

Item, une autre maison, au coin des ruës de la Harpe et de la Parcheminerie, louée moyennant mille livres, cy... 1,000^{tt}

Item un demi arpent de marais, ruë Chanteraine, loué moyennant onze cent quatre vingt sept livres huit sols 4 deniers, cy................................. 1,187^{tt} 8^s 4^d

TOTAL PARTIEL.................... 25,056^{tt} 13^s 4^d

Item, cinq cent vingt six livres treize sols de rente sur onze particuliers...... 526^{tt} 13^s

Item quatre mille cinq cent trente neuf livres deux sols deux deniers de rentes perpétuelles sur l'hotel de ville, cy... 4,539 2^s 2^d

Item, cent soixante une livres sept sols de rente sur les tailles, cy........... 161^{tt} 7^s

Item, les offrandes peuvent produire annuellement environ trois cents livres, cy... 300^{tt}

Item, les convoys, services, enterremens, sonnerie, etc., produisent annuellement environ deux mille quatre cent livres, cy.. 2,400^{tt}

Item, les loyers et redevances de chapelles et bancs produisent annuellement la somme de six cent livres, cy... 600^{tt}

Item, le loyer des chaises de l'église, suivant le bail fait à (*en blanc*), moyennant 6,000^{tt}, dont il doit une indemnité de 1,500^{tt}, pour quoy on ne peut le porter pour plus que la somme de cinq mille livres, cy... 5,000^{tt}

DÉCLARATION DU 8 AVRIL 1713.

Total des revenus de ladite Fabrique, vingt quatre mille deux cent soixante huit livres dix neuf sols huit deniers, cy..................................... 24,268^{tt} 19^s 8^d

CHARGES (1704).

Les charges de la Fabrique montent ordinairement à la somme de vingt et un mille neuf cent soixante quatorze livres quatre sols cinq deniers.

Nota. Sera observé que la plus grande partie des biens de ladite Fabrique consistent en vingt huit maisons, dont plusieurs sont très vieilles et jettent ladite Fabrique dans des grandes dépenses pour les réparations qui se trouvent à y faire par chaque année. »

CIX

LES CHARNIERS ET LA CURE DE SAINT-SÉVERIN (1665), D'APRÈS UN RAPPORT SUR LES RÉPARATIONS À Y FAIRE.

(Archives nationales, S 3505-3506.)

(Texte, p. 417-420.)

1ᵉʳ CHARNIER.

« Avons trouvé que le charnier qui est le long du mur sur la ruelle des prestres est formé en sa face sur le cimetière par un mur en arcades pour les vitraux avec treneaux de pierres de taille entre lesdites arcades et quatre pilliers boutans de pierres de taille au dehors œuvre de quatre desdits treneaux, lesquels piliers boutans sont en saillye et advances dans le cimetière de dix huit à vingt pouces outre les dehors œuvre desdits treneaux et portent en encorbellement par hault aussi de dix huit à vingt pouces de sallye et advance sur ledit cimetière plusque le devant de la teste desdits piliers.

Plus, avons trouvé que ledit charnier est formé par le dessus de cinq travées de voultes d'ogives faites de neuf depuis quelques années, et qu'au dessus d'icelles il a aussi esté fait de neuf depuis quelques années un bastiment élevé d'un estage carré seulement, ledit bastiment distribué à un corridor le long du mur de la ruelle des prestres et cinq chambres du costé du cimetière servantes au logement des prestres de ladite église de Sainct Severin, dont la première du bout vers la grande porte et principalle entrée de ladite église est formée en sa face sur le cimetière d'un pan de bois eslevé sur le mur de face du charnier, et les quatre autres en suite aussi formées en leur dite face sur le cimetière d'un estage de pan de bois eslevé sur un cours de poictrails posez sur l'extrémité de la saillye des encorbellemens qui sont en haut des quatre pilliers boutans devant déclarez, en sorte que les deux, trois et quatriesme chambres, et partie de la cinquiesme qui sont en l'étendue du dessus des deux, trois, quatre et cinquiesme travées des susdites voultes sont en sallye et advance sur le susdit cimetière de trois pieds à trois pieds un quart oultre le dehors œuvre du susdit mur de face du charnier.

Après avoir considéré que lesdites voultes sont dès à présent frationnées et entrouvertes par la charge et pesanteur des susdits murs de refan et des thuyaux et manteaux de cheminée qui sont adossez contre iceux, à cause que lesdits murs sont portez à faux sur la travée des rains d'icelles voultes, et des travées de plancher qui sont en sallye sur le cimetière, et que par succession de temps ladite charge et pesanteur pourra escraser et faire périr lesdites voultes, comme sont les entiennes dont sera fait estat cy à part, Nostre avis est qu'il convient faire abattre et desmolir les thuyaux et manteaux de cheminée qui sont adossez contre lesditz murs de refan, ensemble faux murs de refan, et les cinq travées de voultes d'ogives sur lesquelz ils sont élevez et les quatre piliers boutans qui sont au dehors œuvre du mur de face du charnier pour faire refaire de neuf lesdits pilliers boutans avec quartiers de bonne pierre de taille dure en bonnes liaisons les uns sur les autres et avec les treneaux du mur de face dudit charnier et de telle longueur et advance dans le cimetière que le parement de la teste d'iceux soit au moins de deux à trois pouces en advance dans ledit cimetière, outre la plomb du dehors œuvre des poitrailx qui portent le pan de bois en saillye, afin que lesdits poitrailx soient entièrement portez sur le corps desdits pilliers, et non sur encorbellement en sallye au hault d'iceux, comme ils sont à présent; faire aussi fonder lesdits pilliers boutans jusque sur le bois et vif fonds avec bons libages et moillons durs et mortier de chaux et sable avec empattemens suffisans, tant en leur teste qu'en leurs costez, pour la solidité de l'ouvrage.

. . . .

2° CHARNIER.

Plus, avons trouvé que le charnier en retour qui est adossé contre le mur mitoyen à Mʳ Boisseau et mur de la maison de la communaulté, depuis le susdit mur de la ruelle des prestres jusques au passage qui va du cimetière à la rue de la Parcheminerye, est couvert de cinq travées d'antiennes voultes d'ogive toutes escrasées et ruynées, la pluspart des pierres des arcqs doubleaux et d'ogives estant cassées, et lesdites voultes en péril éminent, en sorte qu'elles ne subsistent que par le moyen de pièces de charpenterie que l'on a fait mettre depuis quelque temps au dessoubz d'icelles en toute la susdite étenduë pour les soustenir et en empescher la cheutte et les accidens qu'elle auroit pû causer.

Plus, avons trouvé qu'il y a une desdites cinq travées dudit charnier qui est dans l'angle au bout du charnier devant déclaré, et que les quatre autres travées ont leur face sur le cimetière en retour dudit charnier devant déclaré et sont fermées en leurd. face d'un mur de vitrailx en arcade, dont les deux premières travées sont garnyes de deux pilliers boutans de pareilles advances et sallyes dans le cimetière que les autres cy devant déclarez, et encorbellemens par hault aussi de pareilles saillyes que lesdits autres encorbellemens, et les deux travées ensuite au bout vers le passage de la rue de la Parcheminerie garnyes de deux autres pilliers boutans pareillement en advance dans ledit cimetière, mais sans aucuns encorbellemens au haut d'iceux; lesquels pilliers boutans, ensemble les deux autres précédens, sont déversez et penchant en dehors sur ledit cimetière.

Plus, avons trouvé qu'au dessus dudit charnier dernier déclaré, en l'estendue desdites cinq travées d'antiennes voultes, il a esté fait et construit depuis quelques années un bastiment neuf eslevé d'un estage carré et un étage en galetas audessus appliqué à un corridor et quatre chambres à chaque estage servant aussy au logement des prestres de ladite église, et que pour la séparation desdites chambres il a été fait et élevé sur lesdites voultes cinq murs de refan, dont le deuxiesme du bout vers l'angle des deux charniers eslevé à faux sur les rains de la troisiesme travée dudit bout, et les quatre autres sur les arcques doubleaux qui séparent les travées d'icelles voultes l'une de l'autre; et que contre lesdits murs de refan sont adossez les thuyaux et manteaux de cheminée servant auxdites chambres; comme aussy avons trouvé que les rains desdites cinq travées d'antiennes voultes, lors de la construction dudit bastiment, ont été remplys de terre et gravois, et sur iceux fait un aire de plastre pour servir de plancher au premier estage d'iceluy bastiment; la charge et la pesanteur desquelz et celle des mur de refan levez sur lesdites voultes, ensemble celle des thuyaux et manteaux de cheminée qui sont adossez contre lesditz murs, estant venuës à charge sur lesdites voultes, la poussée desquelles n'est retenuë que des susdits pilliers boutans qui ne sont de longueur suffisante de résister à ladite poussée, à cause de la grande charge qui est sur lesdites voultes, icelles voultes se sont escrasées sous ledit fardeau et ont poussé et fait déverser lesdits pilliers boutans et mur de face du charnier, comme ils sont à présent.

Plus, avons trouvé que ledit bastiment fait et construit au dessus desdites cinq travées d'antiennes voultes est formé en sa face sur le cimetière d'un pan de bois eslevé d'un étage carré et un exhaussement au dessus, lequel pan de bois en l'estenduë des deux travées du bout à l'angle des deux charniers est levé sur deux poitrailx posez sur le bout de la sallye des encorbellemens qui sont au hault des deux pilliers boutans d'icelles deux travées, et le résidu dudit pan de bois en l'estenduë des deux autres travées du bout joignant le passage de la ruë de la Parcheminerie levé sur deux autres poitrailx posez sur le corps des deux pilliers boutans en ladite estenduë, lesquels quatre poitrails sont pouris et cassez et ne subsistent qu'au moyen des estayes dont ils sont soustenus par dedans le cimetière. Comme aussy avons trouvé que le mur contre lequel est adossé ledit bastiment, tant au droit où il est mitoyen à Mr Boisseau qu'au droit de la maison de la communaulté, est déversé et penchant du costé desdites maisons par grande vieillesse et caducité.....

Après avoir veu et considéré l'estat dudit bastiment qui est en péril et ne pourroit subsister n'étoit les ceintres de charpenterye et estayes dont il est soustenu, Nostre avis (*est*) que pour réparer lesdits deffaults et mettre ledit bastiment en estat de subsister, il convient et est nécessaire de faire estayer et chevaller tant les pands de bois de face d'iceluy bastiment que le mur de refan dont il est séparé en sa longueur. Ce fait, faire desmollir les deux pilliers boutans qui sont à la face du charnier en l'estenduë de deux travées du bout à l'angle du charnier premier déclaré pour les refaire de neuf avec quartier de bonnes pierres de taille en bonnes liaisons les uns sur les autres, et avec le mur de face du charnier, et iceux alonger en dedans du cimetière jusques à deux ou trois pouces, outre l'aplomb de dehors œuvre de la saillye du pan de bois au dessus, en sorte que les poitraix sur lesquels ledit pan de bois est eslevé soient entièrement portez sur le corps desdits pilliers et non sur encorbellemens en sallye, etc.

Plus faire abattre et desmolir le mur de refan qui est à présent à faux sur les rains de la troisiesme travée des susdites voultes, etc.

Et ce fait, faire abattre et desmolir les cinq travées d'anciennes voultes et au lieu d'icelles faire un plancher de cinq travées de sollives de bois, etc.»

3ᵉ ET 4ᵉ CHARNIERS.

Dans la pièce ci-dessus, il n'est mention que de deux charniers, l'un parallèle à la rue des Prêtres-Saint-Séverin, côté ouest; l'autre sis au midi, faisant angle droit avec le premier et s'étendant jusqu'au passage du cimetière à la rue de la Parcheminerie.

Restent deux charniers non mentionnés dans le procès-verbal transcrit.

De ces deux derniers, l'un régnait depuis le passage susdit jusqu'au flanc oriental du cimetière, et l'autre longeait ce même flanc oriental.

Mêmes forme et ornementation que celles des charniers précédents, avec lesquels ils symétrisaient et composaient un tout indistinct. Seulement ceux-ci n'avaient pas reçu la surcharge massive d'un bâtiment curial ou autre. Ce détail résulte de l'extrait, qu'on va lire, d'un second procès-verbal de visite, où il s'agit des couvertures et gouttières des charniers restants.

EXTRAIT D'UN RAPPORT DE LA VISITE AUX CHARNIERS, DU 22 FÉVRIER 1664.
(Archives nationales, S 3505-3506.)

« Item, aux couvertures sur les autres charniers de ladite église, ay trouvé qu'il convient faire rejointoyer avec cyment les dalles de pierre qui servent de goustières auxdites couvertures. La pluspart desdits points estant fort degradez et ruynez.»

CX

SORBONNE.

MAISON DE LA RUE COUPE-GUEULE, CONCÉDÉE PAR SAINT LOUIS À R. DE SORBON (1256), D'APRÈS UNE TRADUCTION DE L'ACTE ORIGINAL.

(Archives nationales, S 6211.)

(Texte, p. 424-427.)

« Louis, par la grâce de Dieu, etc. Sçavoir faisons que nous avons donné et accordé à M° Robert de Sorbonne, chanoine de Cambray, pour la commodité des théologiens qui doivent y demeurer, une maison qui appartient à Jean d'Orléans, avec les écuries qui estoient à Pierre Poinlane, jointes et touchantes à ladite maison, laquelle maison et écuries sont sizes à Paris dans la ruë Coupegueule devant l'Hostel des Bains. De plus nous avons permuté avec led. Maistre dix sols de rente ancienne que nous avions à prendre sur une grange qui a appartenu à Jean des Baignolets, size dans lad. ruë, pour dix sols de rente ancienne que ledit Maistre avoit à prendre sur une maison qui a appartenu à Philippe de Fontenay, size dans la même ruë, lesquels dix sols led. Maistre nous a entièrement quittez et accordez, et nous pareillement lui avons quitté et accordé à perpétuité les autres dix sols susditz. En témoin de quoy, etc. Fait à Paris, l'an de grâce 1256, etc. »

CXI

CESSION PAR SAINT LOUIS À R. DE SORBON, EN 1258, D'IMMEUBLES SIS RUE COUPE-GUEULE ET RUE DE SORBONNE,

D'APRÈS UNE TRADUCTION DE L'ACTE ORIGINAL.

(Archives nationales, S 6211.)

(Texte, p. 424-427.)

« Louis, par la grâce de Dieu, etc. Sçavoir faisons que nostre amé clerc Robert de Sorbonne, ayant a nostre requeste transporté certaines maisons qu'il avoit achetées de Guillaume dit Mantes et de Gilbert de Braye, sizes à Paris dans la ruë de la Bretonnerie, paroisse Saint Jean de Greve, aux Frères de Sainte Croix; Nous, en échange et pour récompense d'icelles, accordons aud. maistre Robert et à ses ayans cause la possession perpétuelle et hereditaire de toutes les maisons que nous avions à Paris dans la ruë de Coupegueule devant l'Hostel des Bains, selon leur estendue, depuis la maison de Guillaume Pannetier et de Jean Hermeinville jusques au bout de lad. ruë; en outre certaines maisons sizes près la maison de maistre de Chamblay au bout de l'autre ruë opposée à celle-cy (*rue de Sorbonne*). Nous luy accordons aussi, autant que nous le pouvons, de pouvoir fermer les deux ruës qui enferment les maisons susd. sans préjudice d'autruy, et sans qu'il tienne en main morte les maisons sizes a Paris entre les maisons susdites qui sont a la censive des Bourgeois, sauf en tout le droit d'autruy. Et afin que cela demeure stable, etc. Fait à Paris, l'an de grâce 1258, etc. »

CXII

MAISONS ACQUISES PAR RICHELIEU POUR LA RECONSTRUCTION DE LA SORBONNE (1641).

(Archives nationales, S 6211.)

(Texte, p. 424-427.)

«Par rapport du troisiesme décembre mil six cens quarante un, fait par Claude Dublet, etc., le jardin à retrancher de la maison deppendante du colleige de Reims scize rue des Poirées, contenant ledit retranchement en superficye cinquante neuf toises huit pieds et demy, a esté estimé la somme de *six mille livres* tournois.

Par rapport du seize novembre audit an, fait par led. Dublet, etc., le retranchement à faire de la maison où est pour enseigne la Roze Blanche scize rue Saint Jacques, contenant led. retranchement vingt six toises et demye treize pieds un quart en superficye, a esté estimé la somme de *deux mil livres* tournois.

Par rapport dudit. jour seiziesme novembre mil six cens quarante un, etc., la maison scize rue des Poirées, où est pour enseigne Lymage Saint Jullien et contenant vingt toises en superficye, a esté estimée à la somme de *neuf mil deux cens cinquante livres* tournois.

Par rapport du troisiesme décembre mil six cens quarante un, etc., la maison et jardin deppendant du colleige de Montaigu [1] scize rue des Poirées et contenant en superficye quarante six toises dix sept pieds un quart, ont esté estimez la somme de *sept mil livres* tournois.

Par rapport dud. jour troisiesme décembre mil six cens quarante un, etc., la maison des sieurs Fombes et Simon, scize rue des Poirées, contenant en superficye quarante deux toises et demye, treize pieds et demy, a esté estimée la somme de *dix mil livres* tournois.

Par rapport du (*en blanc*) jour dud. mois de décembre mil six cens quarante un, etc., la maison du sieur Bellesme, scize rue des Poirées, contenant en superficye cinquante sept toises, a esté estimée la somme de *huit mil cent livres* tournois.

Par rapport du vingt huitiesme octobre aud. an mil six cens quarante un, etc., le *colleige des Dix Huit*, sciz rue des Poirées, contenant en superficye trois cens soixante huit toises, a esté estimé, tant en superficye que bastimens, la somme de *quarante mil livres tournois* par lesd. Dublet et Pastel, et par lesd. Bailly et Le Coux à la somme de *quatre vingt mil livres* tournois, sur laquel contrariété led. Savaria, nommé d'office, par son rapport dud. jour septiesme mars mil six cens quarante deux, a estimé icelle maison à lad. somme de *quarante mil livres* tournois.

Par rapport du vingtiesme novembre aud. an mil six cens quarante un, etc., la maison deppendant du colleige de Clugny, scize rue des Cordiers, contenant en superficye vingt huit toises, a esté estimée par led. Camard à la somme de *neuf mil livres* tournois, et par lesd. Dublet et Pastel à la somme de *six mil livres* tournois, sur laquelle contrariété, par un rapport du septiesme mars mil six cens quarante deux, fait par led. Savaria, nommé d'office, icelle maison a esté estimée à lad. somme de *six mil livres* tournois.

Par rapport du seiziesme novembre mil six cens quarante un, etc., la portion à retrancher

---

[1] Dans *Nos adieux à la vieille Sorbonne*, par Oct. Gréard, p. 101, note 1, il est question d'une maison «achetée au collége de *Montaigne* (sic).»

de la maison scize rue des Cordiers, où est pour enseigne le nom de Jésus, contenant led. retranchement quinze toises trois quarts en superficye, a esté estimé la somme de *quatre mil livres* tournois.

Par rapport du vingtiesme jour dud. mois de novembre mil six cens quarante un, etc., la maison appartenant à Monsieur Le Tellier, conseiller du Roy et maistre des requestes ordinaires en son hostel, scize rue des Cordiers et contenant en superficye soixante douze toises un quart, a esté estimé par led. Camard à la somme de *dix huit mil livres* tournois, et par lesd. Dublet et Pastel, à la somme de douze mil livres tournois, et sur lad. contrariété, par un aultre rapport du septiesme mars mil six cens quarante deux, fait par led. Savaria, nommé d'office, icelle maison a esté estimée à lad. somme de *douze mil livres* tournois.

Par rapport du troisiesme décembre mil six cens quarante un, etc., la maison scize rue des Mathurins, faisant encoignure en la rue de Sorbonne et contenant en superficye quarante cinq toises et demye, a esté estimée à la somme de *dix huit mil livres*.

Par rapport du (*en blanc*) novembre mil six cens quarante un, etc., la maison appartenant à Monsieur d'Orgeval et à Monsieur le marquis de la Luzerne, scize rue des Mathurins, et contenant en superficye sept toises et demye et six pieds trois quarts, a esté estimée la somme de *deux mil cinq cens livres* tournois.

Par rapport du deuxiesme décembre mil six cens quarante un, etc., la maison appartenant aux enfans de Monsieur le Piccart, advocat du Roy au Chastellet, scize rue des Mathurins, contenant en superficye soixante neuf toises deux pieds un quart, a esté estimée par lesd. Dublet et Pastel à la somme de *dix sept mil livres*, et par led. Nottin à la somme de vingt deux mil livres tournois, sur laquelle contrariété, par aultre rapport du septiesme mars mil six cens quarante deux, icelle maison a esté estimée par led. Savaria, nommé d'office, à la somme de *dix huit mil livres* tournois.

Par rapport du quatorziesme janvier mil six cens quarante un, etc., la maison au sieur de Ferrière, scize rue des Mathurins et des Maçons, contenant en superficye quatre cens trente sept toises, a esté estimée la somme de *six vingtz dix mil livres*, et par lesd. Dublet et Pastel la somme de quarante cinq mil livres, sur laquelle contrariété, par aultre rapport du septiesme mars mil six cens quarante deux, lad. maison a esté estimée par led. Savaria, nommé d'office, à la somme de cinquante mil livres tournois, et encore, par aultre rapport du quatorze avril aud. an, fait par Simon Harmet, aussi nommé d'office, icelle maison a esté estimée à la somme de *cinquante huit mil livres* tournois.

Par rapport dud. jour quatorze janvier mil six cens quarante deux, etc., la maison appartenant à madame de Montagu, scize en lad. rue des Maçons et contenant en superficye soixante toises et demye, a esté estimée à la somme de vingt un mil cinq cens vingt cinq livres, et par lesd. Dublet et Pastel à la somme de *douze mil livres* tournois, sur laquelle contrariété, par aultre rapport du septiesme mars mil six cens quarante deux, fait par iceluy Savaria, nommé d'office, lad. maison a esté estimée à la somme de *douze mil livres* tournois.

Et par rapport du quatriesme febvrier mil six cens quarante deux, etc., la maison appartenant au sieur Foucaulx, scize rue des Poirées au derrière de l'église de Sorbonne, contenant en superficye trente quatre toises, a esté estimée à la somme de *quinze mil livres* tournois.

Fait et extrait sur la minute desd. rapports estant es mains de moy greffier, etc. »

CXIII

ACQUISITION DU JARDIN DE L'HÔTEL DU BECQ (1632), EN VUE DE LA RECONSTRUCTION DE LA SORBONNE, D'APRÈS L'ACTE NOTARIÉ ET ORIGINAL.

(Archives nationales, S 6212.)

(Texte, p. 424-427.)

«Furent présens et comparans personnellement Messire Jehan du Tillet, baron de la Bussière, conseiller du Roy en ses conseils d'estat et privé et greffier de la cour du Parlement, demeurant rue de Bussy, paroisse Sainct André des Artz, et Monsieur Louis du Tillet, sieur de Servolles, conseiller en ladicte cour, demeurant en la maison cy après déclarée, paroisse Sainct Benoist, lesquelz ont vendu, etc., a toujours, sans aulcune garentie ny restitution de deniers, mesmes de l'éviction ou retraict qui pourroit estre faict en vertu des édictz et déclarations accordées et qui pourroyent estre prorogées ou cy après accordées en faveur des ecclésiastiques pour les biens de l'Eglise, et ont livré, pour quelque cause ou occasion que ce soit, a Monseigneur l'éminentissime Armand Jehan Duplessis, cardinal duc de Richelieu, grand maistre, chef et surintendant général de la navigation et commerce de France, à ce présent acquéreur, c'est assavoir le jardin entier et galerie qui est à présent dépendant et faisant partie de leur maison, vulgairement appelée l'Hostel du Becq, seize rue Sainct Jacques, ledict jardin et galerie contenant treize thoises demy pied de long sur huict thoises pied et demy de large par le bout d'en hault proche ladicte maison, et par le bout d'en bas huict thoises trois pieds sans comprendre l'espoisseur des murs, tenant ledict jardin et galerie d'un costé et d'un bout au collége de Calvy, appartenant a Messieurs de Sorbonne, d'aultre bout a la maison desdicts sieurs vendeurs, et d'aultre costé a Monanteuil, vefve Mᵉ Goulu, vivant docteur en médecine à Paris...

. . . .

Cette vente faicte moyennant la somme de dix mil livres tournois que lesdictz sieurs vendeurs confessent avoir eue et receue de mondict seigneur cardinal qui leur a icelle fait compter, nombrer, payer et délivrer par Messire Michel le Masle, Pierre Desroches son secrétaire, en présence des notaires soubsignez, le tout bon et ayant cours, etc., et de laquelle somme de dix mille livres tournois lesdictz sieurs vendeurs ont pris chacun leur contingente part...»

CXIV

RUE DES POIRÉES FERMÉE PAR LA SORBONNE.

(Archives nationales, S 6211.)

(Texte, p. 424-427.)

Extrait d'un factum pour les colléges de Reims, Fortet, Clermont et les propriétaires des rues des Poirées, Saint Jacques et de la Harpe, concluant au rétablissement de lad. rue des Poirées à son état précédent.

«Les opposans n'auront pas grande peine à faire cognoistre la nécessité de cette ruë pour le public : il suffit en ce regard de représenter qu'elle traverse de la ruë S. Jacques à celle de la

Harpe, et qu'icelle ostée, il n'en resteroit plus depuis la ruë des Jacobins jusques à celle des Mathurins, ce qui contient un très grand espace.

L'accroissement de Paris, et l'affluence prodigieuse d'hommes qui s'y rencontrent, requereroient qu'en chaque quartier il y eut une fois plus de traverses qu'il n'y en a, pour éviter l'embarras des grandes ruës, où les affaires et les fournitures nécessaires pour la subsistance de tant de personnes causent un concours perpétuel de mille choses qui font empeschement.

Entre toutes les grandes ruës, il n'y en a point notoirement une plus passante, plus sujette à ce qui forme embarras, et néantmoins plus étroite, plus salle et plus glissante que celle de S. Jacques, partant qui ait plus besoin de dégagement : et de là il suit que bien loin de souffrir la privation de cette traverse, il seroit expédient au public qu'on en fit de nouvelles.

Quant à l'intérêt particulier des opposans, il est sensible : pour lesdits colléges de Reims et de Fortet, en ce qu'ils sont propriétaires de plusieurs maisons et boutiques situées dans ladite ruë des Poirées, dont les loyers diminueroient notablement, si on ostoit la communication et commerce desdites rues.

A l'égard dudit collége de Clermont, deux choses sont encore considérables, l'une que deux fois le jour, à la sortie des classes, leurs escholiers, qui en cet aage sont naturellement impatiens, sortant avec impétuosité au nombre de près de deux mille[1], si ladite ruë ne se trouvoit vis à vis la grande porte du collége, il seroit impossible qu'à chaque fois quelqu'un ne fut tué ou blessé des carosses, charettes ou chevaux de charge très fréquens en ladite ruë, et dont les conducteurs d'ordinaire n'ont ni pitié ni discrétion; et de vray, nonobstant cette ruë, qui en un moment reçoit tout à propos la décharge de la plus grande partie desdits escholiers, comme estant leur passage pour gagner les plus grands et les plus fréquentés quartiers de Paris, il ne laisse pas d'y arriver souvent des accidens.

La faveur que méritent certainement les Demandeurs par leurs personnes ne doit pas prévaloir par dessus la vie de plusieurs enfans de famille, capables un jour de donner ornement à leur maison et service au public, s'agissant d'ailleurs d'une légère commodité pour leur divertissement qui peut être suppléée par quelque pont ou une voute sans intéresser le passage, joint que cessant la rencontre de cette ruë que lesdits PP. Jésuites ne pouvoient pas présumer devoir jamais estre fermée contre toutes les maximes de la police, ils eussent autrement disposé leur bastiment, et eussent fait quelque autre entrée, tant pour la sortie ordinaire de leurs escoliers que pour la descharge de plusieurs grandes assemblées qui se font souvent audit collége, où se rencontre un très grand nombre de carosses; ce qui a fait que lesdits PP. Jésuites ont donné au public pour six mille livres de leur place, pour élargir la ruë S. Jacques en cet endroit.

L'autre considération est que les canaux des fontaines dudit collége passent le long de ladite ruë, lesquels étant enfermés dans le jardin de la Sorbonne, outre que cela causeroit une servitude fascheuse, ils seroient exposés à l'insolence des valets, qui y pourroient méfaire, à l'insceu de leurs maistres.

Quant est des habitans desdites rues de la Harpe et de S. Jacques, ils ont l'intérêt commun avec le public, et encore commun avec les escoliers des colléges, en ce que cette ruë des Poi-

---

[1] Cette donnée comble une lacune dans la statistique scolaire du milieu du xvii° siècle.

rées leur facilite l'aller et le retour des quartiers où elle s'adonne et sert pour leur communication respective dans le commerce ou dans leurs fréquentations. Celui des habitans de ladite ruë mesme est encore plus précis, car en la fermant on rend entièrement leurs maisons inutiles, et en faisant de ladite ruë ou un cul de sac ou un détour, ce seroit un lieu d'infection, à cause du grand abbord des escholiers, et un réduit pour faciliter les vols et les mauvais coups, qui sont plus à craindre dans l'Université que dans les autres quartiers; outre que les canaux des fontaines publiques de l'Université, qui passent aussi le long de ladite ruë des Poirées, seroient enfermés dans la closture de la Sorbonne.

....

TABLE DES MATIÈRES.

	Pages.
Avant-propos	1
Sommaires du texte	v
Sommaires des planches	ix

TEXTE.

Chapitre I. Les clos Mauvoisin, de Garlande, Bruneau, l'Évêque, Saint-Symphorien, Saint-Étienne, des Jacobins, de Laas, du Chardonnet, Le Roy, Drapelet, Entéléchier, des Poteries. — Tours. — Château de Hautefeuille et Parloir aux Bourgeois................................. 1

Chapitre II. Les rues des Anglais, Berthe, Vieille Bouclerie, Boutebrie, Grande et Petite Bretonnerie, de la Bûcherie et diverses ruelles comprises dans la région centrale de l'Université..... 9

Chapitre III. Écoles de médecine de la rue de la Bûcherie............................. 37

Chapitre IV. Place de Cambrai. — Collège de France. — Rue Chartière. — Hôtel de Bourgogne. — Collège de Coqueret. — Rue des Chiens. — Chapelle de Saint-Symphorien. — Hôtel de Chalon... 45

Chapitre V. Monographie de la maison de Sainte-Barbe............................... 63

Chapitre VI. Rue des Chollets. — Collège des Chollets. — Rue et ruelle Fromentel. — Rue du Cimetière-de-Saint-Benoît. — Rue du Cloître-de-Saint-Benoît............................ 71

Chapitre VII. Monographie de l'église Saint-Benoît.................................. 87

Chapitre VIII. Rue du Clos-Bruneau. — Rue aux Écoles-de-Décret. — Collège de Tonnerre. — Écoles de Décret... 91

Chapitre IX. Monographie du collège de Dormans-Beauvais........................... 103

Chapitre X. Rues de Cluny, des Cordiers, d'Écosse. — Collège de Toul. — Rue de Saint-Étienne-des-Grès. — Le collège de Lisieux. — Rue du Foin. — Cloître des Mathurins. — Collège de Maître-Gervais. — Rue du Fouarre et ses écoles. — Rues du Four, Galande et la chapelle Saint-Blaise. — Rue de la Harpe et collèges de Séez, Narbonne, Bayeux. — Rues de la Huchette et Jacinthe. — Passage des Jacobins. — Rue Saint-Jacques. — Église Saint-Benoît. — Les Jacobins. — Parloir aux Bourgeois. — Chapelle Saint-Yves. — Collèges du Plessis, Marmoutiers, Clermont. — Encore l'église Saint-Étienne. — Rue Saint-Jean-de-Latran. — Collèges de Tréguier et de Cambrai. — Commanderie de Saint-Jean-de-Latran. — Rue Saint-Julien-le-Pauvre. — Chapelle ou église de Saint-Julien-le-Pauvre. — Rue des Lavandières. — Rue des Maçons. —

Hôtel d'Harcourt. — Rue des Mathurins. — Palais des Thermes et hôtel de Cluny. — Couvent des Mathurins. — Rue du Mont-Saint-Hilaire. — Église Saint-Hilaire. — Rue des Noyers. — Rue de la Parcheminerie. — Rue du Petit-Pont. — La Gloriette. — Petit-Châtelet. — Rue du Plâtre. — Rue des Poirées. — Collèges de Rethel, des Dix-Huit, de Cluny, du Trésorier et de Calvy. — Rue des Prêtres-Saint-Séverin. — Rue des Rats. — Rue de Reims. — Collèges de Reims et du Mans. — Impasse Saillembien. — Rue Saint-Séverin. — Église Saint-Séverin. — Les Charniers de Saint-Séverin. — Rue de la Sorbonne. — Collège de la Sorbonne. — Ruelles des Trois-Canettes, des Trois-Chandeliers et des Trois-Portes. — Rue Zacharie.................. 113

APPENDICES ET PIÈCES JUSTIFICATIVES.

	Pages.
École de médecine	439
Collège de France	440
Collège de Sainte-Barbe	440
Collège des Chollets	443
Collège de Dormans-Beauvais	446
Collège de Lisieux	450
Collège de Séez	453
Collège de Narbonne	457
Collège de Bayeux	463
Maison d'un bourgeois en 1431	467
Les Jacobins de la rue Saint-Jacques	472
Chapelle Saint-Yves	477
Collège du Plessis	479
Collège de Marmoutiers	489
Collège de Clermont	492
Église Saint Étienne-des-Grés	501
Collège de Tréguier	506
Collège de Cambrai	512
Commanderie de Saint-Jean-de-Latran	521
Couvent des Mathurins	526
Église Saint-Hilaire	533
Collège de Cornouailles	534
Collège de Rethel	543
Collège des Dix-Huit	546
Collège de Cluny	549
Collège du Trésorier	553
Collège de Calvy	559
Collège de Reims	562
Collège du Mans	565
Église Saint-Séverin	576
Charniers Saint-Séverin	579
Sorbonne	582

www.ingramcontent.com/pod-product-compliance
Lightning Source LLC
Chambersburg PA
CBHW051323230426
43668CB00010B/1127